Meinen Eltern

UWE G. FABRITZEK

GELBER DRACHE SCHWARZER ADLER

C. BERTELSMANN VERLAG

Gesamtherstellung Mohndruck Reinhard Mohn OHG, Gütersloh
ISBN 3-570-06520-0 Printed in Germany

INHALT

Erster Teil

Die Zeit der Kaiserreiche: Deutschland und China von den ersten Kontakten bis zum Ausbruch des Ersten Weltkrieges

KAPITEL I

Der historisch-politische Hintergrund

I.
Von den ersten Kontakten bis zum Erwerb von Kiautschou

Das Wissen um die Existenz Chinas und die ersten mittelbaren Kontakte zu diesem Land reichen in Europa bis weit in die Zeit vor die berühmte Entdeckungsreise Marco Polos im 13. Jahrhundert zurück. Der erste Bericht über China, der auch in Europa bekannt wurde, stammt von dem ägyptischen Geographen und Astronomen Claudius Ptolemäus (ca. 85–160 n. Chr.). Er wurde im Jahr 150 n. Chr. geschrieben. Bereits vor dieser Zeit hatten Erzählungen über das Land des Konfuzius und der Seide Persien erreicht. Es gab verschiedene Namen für jenes geheimnisvolle Land. Ptolemäus nannte es »Serize« und seine Hauptstadt »Sera«, daneben findet sich auch die Bezeichnung »Thina« oder »Tina« und »Sina«[1].

Es waren – wie im Falle Indiens, das mit China oft verwechselt wurde – vor allem die reichen Naturschätze und die handwerklichen Erzeugnisse Chinas, die Abenteurer und Entdeckungslustige aus Europa veranlaßten, den unsicheren Weg in den unbekannten Osten zu wagen[2]. Dies war auch das Motiv für Marco Polos Asienreise, als er in der zweiten Hälfte des 13. Jahrhunderts mit seinem Vater Nicolo und seinem Bruder Maffäo von Venedig aufbrach, um Zentral-, Ost- und Südostasien zu bereisen. Der venezianische Kaufmannssohn war gerade 17 Jahre alt, als er 1271 seine Reise antrat, die ihn erst nach dreieinhalb Jahren an den Hof des Mongolenkaisers Kubilai-Khan führte, der in der Nähe des heutigen Peking lag. Zwanzig Jahre lang lebte er dort in der Gunst des Groß-Khans und unternahm in dessen Auftrag ausgedehnte Reisen durch das Chinesische Reich. Was er sah – Städte mit mehreren Millionen Einwohnern, großartige Paläste, unermeßliche Schätze, einen allmächtigen und weisen Herrscher –, klang für die Zeitgenossen unglaubhaft, obwohl es im wesentlichen der Wahrheit entsprach. 1295 kehrte Marco Polo nach Venedig zurück, um kurz darauf als Kommandant einer venezianischen Galeere am Krieg Venedigs gegen Genua teilzunehmen. Venedig verlor diesen Krieg, und Marco Polo geriet in Gefangenschaft. In den vier Jahren seiner Haft diktierte er einem Mitgefangenen seine Reiseerinnerungen, der sie in mittelfranzösischer Sprache niederschrieb. Sie wurden ins Italienische, Lateinische und in viele andere Sprachen übersetzt. Von der mittelhochdeutschen Fassung der Erinnerungen »des edeln ritters und lanndtfarerß Marchopolo« wurde 1477 eine Version in Nürnberg gedruckt[3].

In den folgenden Jahrhunderten intensivierten sich die Kontakte zwischen Europa und China zunehmend. Im Jahr 1560 segelte der Portugiese Raphael Perestrello mit dem ersten Schiff unter der Flagge eines europäischen Landes nach China, und nur ein Jahr später folgte Ferdinand Andrade mit portugiesischen und malaiischen Schiffen. Portugal nahm auch als erstes Land offizielle Handelsbeziehungen zu China auf. Die Behörden von Kanton belohnten das reelle Geschäftsverhalten der portugiesischen Kaufleute dadurch, daß sie ihnen 1537 die Errichtung einer Niederlassung in der Nähe der Stadt auf dem Gebiet des heutigen Macao erlaubten[4]. Auch Spanien bemühte sich um offizielle Beziehungen zu China. Erste Versuche erfolgten 1575, nachdem Admiral Legasp 1543 die Philippinen erobert und sich von dort aus ein reger Handel mit China entwickelt hatte. Holland kam erst nach dem erfolgreichen Unabhängigkeitskampf gegen Spanien (1581) in Berührung mit China, als die Holländer bei ihrem Vorgehen gegen die asiatischen Besitztümer Spaniens auch Malacca und die Gewürzinseln erobert hatten. Im Jahr 1622 erschienen sie mit siebzehn Schiffen vor Macao, wurden aber in einem Gefecht von den Chinesen geschlagen, worauf sie sich auf den Pescadoren niederließen. Von da aus besetzten sie Formosa (Taiwan), wo sie 1624 das Fort Zealandia errichteten. Nachdem ihre Versuche, mit China Handelsbeziehungen aufzunehmen, von Spanien erfolgreich hintertrieben worden waren, griff im Juni 1661 Ching Ching-kung (portugiesisch Koxinga) Zealandia an und eroberte das Fort nach einer sechsmonatigen Belagerung. Die 38jährige Herrschaft Hollands auf Formosa war damit unrühmlich zu Ende gegangen[5].

Die Anfänge der Beziehungen zwischen China und Rußland, das damals eine ausschließlich europäische Macht war, datieren ebenfalls aus dem 17. Jahrhundert. Die Kontakte in den Jahrhunderten zuvor hatten nur sporadischen Charakter, da beide Reiche längst nicht ihr heutiges Ausmaß erreicht hatten und deshalb auch keine gemeinsame Grenze existierte. Die Gebiete zwischen den Einflußbereichen beider Länder waren größtenteils von Nomaden bewohnt. Direkte Kontakte ergaben sich erst mit der Ausdehnung des Russischen Reiches nach Osten und Südosten seit der Mitte des 17. Jahrhunderts. Nach militärischen Auseinandersetzungen zwischen russischen Kosaken und chinesischen Grenztruppen wurde zur Vermeidung von Wiederholungen 1689 in Nertschinsk ein Grenzvertrag zwischen beiden Staaten geschlossen – der erste Vertrag überhaupt, den China mit einem westlichen Land unterzeichnete. Der Vertrag von Nertschinsk regelte den Verlauf der nordwestlichen Grenze Chinas und ist vor allem auf die Mitwirkung von zwei Jesuiten – J. F. Gerbillon und Th. Pereira – auf chinesischer Seite zurückzuführen. Sie setzten durch, daß der Vertrag zwar in je einer lateinischen, chinesischen und russischen Fassung ausgefertigt wurde, jedoch allein die lateinische Fassung rechtsverbindlich war[6].

Frankreichs Beziehungen zu China waren besonderer Art: Obwohl lange Jahre keine formellen Kontakte bestanden, trugen gerade die Franzosen durch die Entsendung von Missionaren dazu bei, daß die Europäer ihr Wissen über China erweitern konnten[7]. Die Kontakte Englands mit China begannen zwar später als die der anderen seefahrenden Mächte, hatten aber infolge der sich entwickelnden Handelsbeziehungen weitreichende Konsequenzen. Das erste englische Schiff ankerte im Jahr 1635 in Macao, doch der Handel gewann erst seit der Mitte des 18. Jahrhunderts an Bedeutung.

Im 19. Jahrhundert wünschten englische Politiker an Stelle der bis dahin üblichen Silberwährung das in England wie China verbotene Opium in China als Zahlungsmittel einzuführen. Diese Entscheidung führte zum sogenannten Opiumkrieg von 1840–42. Die Niederlage Chinas machte dem Westen seine bis dahin unbekannte Schwäche offenkundig. Der Beginn der imperialistischen Politik der westlichen Seemächte gegenüber China wird deshalb auf das Jahr 1840 datiert[8].

Die ersten Begegnungen zwischen Deutschen und Chinesen

Als erster Deutscher betrat 1304 der Priester Arnold chinesischen Boden. Er war der Gehilfe des in Peking lebenden Franziskaners Johannes de Monte Corvion[9]. Weitere römisch-katholische Missionare kamen zu Beginn des 17. Jahrhunderts nach China, unter ihnen der Jesuit Adam Schall von Bell (1591–1666), der als Mathematiker und Astronom in China zu hohen Ehren kam. Schall, dessen chinesischer Name T'ang Jo-wang war, erarbeitete für China ein neues Kalendersystem nach europäischem Vorbild, das am 19. Oktober 1664 vom ersten Kaiser der Mandschu-Dynastie, Shun-chi, offiziell übernommen wurde. Am 5. Januar 1646 wurde Schall zum Direktor des Kaiserlichen Ministeriums für Astronomie ernannt, und im Juli darauf erhielt er den Titel des Zweiten Direktors des Hofes für Opferkult. Unter Schalls Leitung wurde auch das Kaiserliche Observatorium erbaut, das 250 Jahre später von einem anderen Deutschen, dem Grafen Waldersee, geplündert wurde – Erfolg und Niedergang deutscher Kulturpolitik in China. Adam Schall erreichte auch, daß zahlreiche Missionare, meist Jesuiten, in China arbeiten durften, wobei sie beträchtliche Erfolge erzielen konnten. Gegen Ende des 17. Jahrhunderts gab es in China bereits mehr als eine halbe Million Christen. Auf dem Höhepunkt seiner Karriere in China erhielt er am 30. März 1653 den Titel eines Direktors des Amtes für Opferkult und den Titel »Tung-hsüan Chiao-shih«. Seine weitere Karriere beweist jedoch, daß auch er den Hofintrigen nicht gewachsen war: Am 30. April 1665 wurde er aufgrund der Schrift eines Konkurrenten über »Die zehn Irrtümer von T'ang Jo-wang« zusammen mit seinen engsten Mitarbeitern zum Tode verurteilt, am 17. Mai desselben Jahres jedoch wegen seiner großen Verdienste begnadigt. Erst vier Jahre später, am 5. September 1669, wurden diese Urteile aufgehoben und Adam Schall von Bell voll rehabilitiert.

Außerdem erhielt er nach seinem Tode eine seinem Amt entsprechende Begräbnisfeier[9].

Auch der Handelsverkehr spielte bei den ersten Kontakten zwischen Deutschland und China eine gewisse, wenngleich nicht allzu große Rolle. Der Kaufmann Ferdinand Kron war schon um die Wende vom 16. zum 17. Jahrhundert am Handel der Portugiesen mit Goa und Macao beteiligt gewesen. In den Jahren 1752–1757 legten dann erstmals Schiffe einer von der preußischen Regierung privilegierten Gesellschaft, der »Chinesisch-Preußisch-Asiatischen Handelungs-Compagnie von Emden auf China«, in Kanton an.

Diese ersten Kontakte mit China hatten ausschließlich inoffiziellen Charakter, da die deutschen Missionare im Dienst der Kirche nach China fuhren und die Kaufleute aus Privatinitiative den Handel mit China suchten. In der Mitte des 19. Jahrhunderts bemühte sich Preußen dann jedoch den Anschluß an die Asienpolitik Englands, Frankreichs, der USA und Rußlands zu finden und versuchte seine Stellung in China ebenfalls zu stärken. Mit den Verträgen, die nach dem Opiumkrieg abgeschlossen wurden, hatten diese Staaten weitgehende Rechte in China erhalten, von denen Deutschland ausgeschlossen war[10]. Im internationalen Wettkampf um Vorrechte in China machte sich die preußische Regierung zum Vertreter der deutschen Wirtschaft und bemühte sich um den Abschluß eines Handelsvertrages. Im Winter des Jahres 1859 wurde eine diplomatische Mission im Auftrag der Regierung und des Hansestädtischen Zollvereins unter Leitung des Grafen zu Eulenburg nach Ostasien entsandt, deren Aufgabe es war »für den deutschen Handel und die deutsche Industrie neue Wege und Märkte zu eröffnen ... (und) mit den Höfen von Peking, Je-do (Tokyo) und Bangkok Freundschafts-, Handels- und Schiffahrtsverträge abzuschließen«[11]. Im April 1861 begannen die Verhandlungen mit China in Tientsin. Die Forderung Preußens auf zwei Vertragshäfen (Keelun auf Formosa und Wenchou in Chekiang) wurde jedoch ebenso abgelehnt wie der Wunsch, sofort einen Vertreter Preußens als ständigen Gesandten nach Peking zu entsenden. Am 2. September 1861 konnte schließlich nach langen Verhandlungen in Tientsin ein Vertrag unterzeichnet werden. Seine wichtigsten Punkte waren:

- ▷ die Entsendung eines preußischen Gesandten als »einzige diplomatische Vertretung aller deutscher Staaten« nach Ablauf von fünf Jahren (Artikel 2)
- ▷ die Erlaubnis für deutsche Kaufleute, Niederlassungen in den geöffneten Häfen zu errichten (Artikel 6)
- ▷ die Konsulargerichtsbarkeit in China, durch die deutsche Konsuln das Recht der Verurteilung Deutscher in China erhielten (Artikel 38)
- die Meistbegünstigung für die deutschen Staaten, wodurch Deutschland alle Vorrechte in demselben Maße wie die anderen Mächte erhielt (Artikel 40)[12].

Dieser Vertrag stellte insofern eine Besonderheit dar, als er dem Muster der »Ungleichen Verträge« mit den anderen Staaten entsprach, ohne daß Preußen aber wie diese massiven Druck auf China ausgeübt hatte. Die Position der chinesischen Unterhändler war von vornherein durch ihre Unkenntnis des europäischen Völkerrechts gehandicapt. Außerdem fehlten ihnen die einfachsten Kenntnisse der politischen Geographie. Sie hatten keine klare Vorstellung von der geographischen Lage Preußens und der 28 Staaten des Hansestädtischen Vereins. Aber sie überblickten offensichtlich auch nicht die Konsequenzen aus dem Zugeständnis der Konsulargerichtsbarkeit und Meistbegünstigung. Statt dessen verwandten sie ihr ganzes Geschick darauf, die Niederlassung ausländischer Gesandter in Peking zu verhindern, da ihnen dieser Punkt als der wichtigste erschien.

Der späte Eintritt Deutschlands in die koloniale Phase

Mit dem Vertrag von Tientsin begannen die offiziellen Beziehungen zwischen den deutschen Staaten und dem Kaiserreich China; zugleich erhielten diese die gleichen Vorrechte wie die anderen europäischen Mächte. Entsprechend Artikel 2 des Vertrages wurde 1866 eine Gesandtschaft der deutschen Staaten in Peking eröffnet, wobei freilich das Hauptbetätigungsfeld der Diplomaten weiterhin der Handel blieb. Ursache dafür war, daß Deutschland bis 1871 keine politische Einheit darstellte. Aber auch nach der Einigung der deutschen Nation im Jahr 1871 zeigte die Regierung in Berlin nur sehr wenig politisches Interesse an den Überseegebieten. Deutschland trat als imperialistisch-koloniales Land deshalb relativ spät in China auf, weil es erst spät in seine eigene koloniale Phase eintrat[13].

Die Reichsgründung brachte vor allem wirtschaftliche Vorteile, da dem bisherigen Übergewicht der Landwirtschaft nach 1871 eine rasche Entwicklung der Industrie folgte, wobei die Eisenindustrie Lothringens eine wichtige Rolle spielte. Aber auch für die Kolonialpolitik war die Einigung von Vorteil, da jetzt zentrale politische Institutionen für die auswärtigen Angelegenheiten geschaffen wurden. Hinzu kam der entstehende Nationalismus als geistige Grundlage der Expansionspolitik des Deutschen Reiches.

Einer Kolonialpolitik im Stil der europäischen Großmächte widersetzte sich jedoch – zumindest vorerst – der Reichskanzler. Noch im Februar 1871 lehnte Bismarck Kolonien, die er als »Versorgungsposten« bezeichnete, grundsätzlich mit der Begründung ab: »Diese ganze Kolonialpolitik wäre für uns genauso wie der seidene Zobelpelz in polnischen Adelsfamilien, die keine Hemden haben«[14]. Der Schwerpunkt seiner Politik lag auf der Sicherung des Bestandes des neuen Reiches und des europäischen Friedens. Wenn überhaupt, dann konnte Deutschland aus innenpolitischen Gründen und wegen der »Eifersucht Frankreichs und der Empfindlichkeit Englands« nur eine sehr vorsichtige Kolonialpolitik betreiben. Hinzu kam der starke

Einfluß liberaler Wirtschaftspolitiker, die Kolonien nur unter dem Gesichtspunkt der Handelsvorteile betrachteten[15].

Der große Wandel in der Kolonialpolitik Deutschlands erfolgte in der Mitte der neunziger Jahre und wurde durch zwei Umstände veranlaßt:

▷ den wirtschaftlichen Aufschwung Deutschlands und
▷ die ehrgeizige Außenpolitik Wilhelms II., die er nach dem Rücktritt Bismarcks zunehmend realisieren konnte.

Nach der Entlassung von Bismarcks Nachfolger Caprivi im Jahr 1894 konnte Wilhelm II. dann endlich sein Ziel, Deutschland zu einem Weltreich zu machen und mit dem gehaßten England zu konkurrieren, in Angriff nehmen[16].

Ihre entscheidende Wende nahm die Außenpolitik des Kaiserreiches durch die Nicht-Erneuerung des Rückversicherungsvertrages mit Rußland, der im Juni 1890 ablief. Das alte Bündnis- und Vertragssystem Bismarcks, das die Stabilität und Sicherheit in Europa garantieren sollte, war dadurch in einem entscheidenden Punkt geschwächt worden. Die damit verbundene Abkehr von Rußland förderte die Annäherung zwischen Rußland und Frankreich und drohte Deutschland zu isolieren[17].

Seit Ende des Jahres 1894 bemühte sich Deutschland dann um eine erneute Annäherung an Rußland, als Ergebnis dieser Bemühungen kam es im Frühjahr 1895 zu einer Zusammenarbeit in Ostasien im Rahmen des »Ostasiatischen Dreibundes«. Der Dreibund, dem neben Deutschland und Rußland auch Frankreich angehörte, sollte vor allem als Instrument dieser Staaten gegen die Ambitionen Japans in China dienen. Dies führte während des chinesisch-japanischen Krieges von 1894/95 zu einem gemeinsamen Handeln der Paktstaaten.

Wilhelm II. betrachtete Ostasien als wichtigste Arena im Kampf der Mächte um Einfluß und Kolonien, da in diesem Gebiet die Einflußbereiche der Mächte seiner Ansicht nach noch nicht konsolidiert waren. Ein Hauptziel des Kaisers war es, Rußland zur Expansion in Ostasien zu ermutigen, um Rußland von Europa abzulenken und eine Bedrohung Deutschlands zu vermeiden. Außerdem wollte er dadurch die englisch-japanische Allianz in Schach halten. Dies ist das erste Beispiel dafür, daß China in den machtpolitischen Überlegungen der deutschen Politiker keine Rolle spielte, sondern die deutsche Chinapolitik lediglich ein Aspekt der jeweiligen außenpolitischen Interessenlage Deutschlands war.

Der Beginn der imperialistischen Chinapolitik

In der Mitte des 19. Jahrhunderts veränderte sich das Verhältnis Europas zu China in entscheidender Weise. China wurde nicht mehr ausschließlich als Exportland von Seide und Gewürzen betrachtet, sondern »avancierte« zunehmend zum Gegenstand machtpolitischer Erwägungen der europäischen Seemächte. Voraussetzung dafür war neben dem technischen Fortschritt in Europa und Amerika, durch den man China jetzt in kurzer Zeit erreichen konnte, vor allem ein Umdenken in der europäischen Politik und Diplomatie.

Der von England provozierte Opiumkrieg von 1840 bis 1842 hatte den Anstoß zu einer Entwicklung gegeben, die um die Jahrhundertwende in die sogenannte »Sphärenpolitik« einmündete, die wiederum die Motivation für den Wettlauf der Mächte um ein möglichst großes Einflußgebiet in China lieferte. Die Niederlage im Opiumkrieg war vor allem für England, Rußland und Frankreich das Startzeichen für den Versuch, den eigenen Einfluß in China zu verstärken. »Meistbegünstigung«, »Exterritorialität« und »Entschädigung« waren dabei die üblichen Vokabeln zur Aufteilung und Beherrschung Chinas durch das Ausland. Tragisch war dabei, daß dies von den chinesischen Diplomaten und Politikern allzu lange nicht in seinen tatsächlichen Auswirkungen erkannt wurde.

Die entscheidende Wende in den Beziehungen Europas zu China brachte das Jahr 1894, als Japan als erster asiatischer Staat aus der Passivität gegenüber den europäischen Mächten ausscherte. Die weitausgreifende Überseepolitik der Kolonialmächte im 18. Jahrhundert kann noch nicht als »Weltpolitik«im heutigen Sinne bezeichnet werden, weil die außereuropäischen Länder nur Objekte dieser Politik waren. Die Ansatzpunkte für das heutige Weltstaatensystem bildeten sich erst, als die asiatischen Mächte in die politischen Interessen des Abendlandes einbezogen wurden und ihrerseits auf die Politik der europäischen Staaten einwirkten. Das geschah noch nicht beim Abschluß der Handelsverträge mit China und Japan um die Mitte des 19. Jahrhunderts, sondern erst durch den Krieg Japans mit China von 1894/95. Der Sieg Japans zeigte nicht nur zum zweitenmal innerhalb eines Jahrhunderts die Wehrlosigkeit Chinas, er berührte auch die umfangreichen Interessengebiete der abendländischen Großmächte in Asien. Damit wurden die Grundlagen, auf denen ihre politischen Konzepte beruhten, entscheidend verschoben.

Unter diesen Voraussetzungen erfolgte der Beginn der deutschen Kolonialpolitik im pazifischen Raum. Im Jahr 1895 nahm Deutschland von einem Teil der Küste Neu-Guineas und den Salomon-Inseln Besitz. Damit entstand das Bedürfnis nach einem eigenen Stützpunkt für den Handel und zur Versorgung der Kriegsflotte im Pazifik und in Ostasien, wofür nur die Küste Chinas in Frage kam. Die Beteiligung Deutschlands am erwähnten »Ostasiatischen Dreibund« ist auch aus dieser Perspektive zu sehen.

Die entscheidende Aktion des Dreibundes bestand jedoch im »Einspruch von Shimonoseki«. Mit ihm protestierten die drei Staaten gegen die Bedingungen des Friedensvertrages zwischen Japan und China. Dieser Krieg war von Japan erzwungen worden, das eine wesentliche Vergrößerung seines Einflußbereiches in Asien erreichen wollte. Schon aus diesem Grunde wurde die japanische Politik von den europäischen Mächten mit größtem

Mißtrauen beobachtet. Nach langwierigen Verhandlungen beschlossen die Mitglieder des Dreibundes, gegen den Friedensvertrag zwischen Japan und China und damit gegen die Ausdehnung des japanischen Einflusses in Asien Einspruch zu erheben[18]. Interessant ist, daß China bereits vor Beginn des Krieges die europäischen Staaten um Vermittlung angerufen hatte, aber nur von England eine positive Reaktion erhalten hatte. Rußland und Deutschland reagierten ablehnend. Die deutsche Ablehnung wurde mit den Worten begründet: »Wir haben sogleich auf die Bedenken, welche einem Eingriff (gegen Japan) entgegenstehen, aufmerksam gemacht, und . . . uns dahin geäußert, daß im gegenwärtigen Moment eine Intervention kaum opportun sei . . . Was speziell Rußland anbetrifft, so hat es sich zwar ›im Prinzip‹ mit dem Gedanken der Vermittlung einverstanden erklärt, die Zustimmung jedoch von der anscheinend bis jetzt nicht erfolgten Zustimmung des Zaren abhängig gemacht.«[19]

Der Entschluß Rußlands, sich nach der Beendigung des Krieges am Einspruch zu beteiligen, war in der Sorge um seine Interessen in der Mandschurei begründet. Deutschland schloß sich dem russischen Vorgehen an, da »ein Zusammengehen unsererseits mit Rußland in dieser asiatischen Angelegenheit von nicht zu unterschätzendem Einfluß auf die Stellung Rußlands zu uns auch in Europa sein müßte«. Hinzu kam, daß Deutschland durch eine Intervention von einem »dankbaren China, daß es dies wäre, dafür müßte freilich gesorgt werden, die Abtretung oder Vermietung . . . eines Platzes für eine Flotten- oder Kohlenstation zu erhalten« hoffte[20]. Am 23. April 1895 wurde von den Gesandten der drei Staaten in Tokyo der Einspruch vorgebracht. In der deutschen Erklärung hieß es unter anderem, daß »die jetzigen japanischen Friedensbedingungen übertrieben (sind); sie verletzen europäische, auch deutsche Interessen, wenn schon letztere in geringerem Maße. Die Regierung Seiner Majestät des Kaisers ist daher jetzt veranlaßt mit zu protestieren und wird, falls erforderlich, ihrem Protest auch den nötigen Nachdruck zu geben wissen. Japan kann daher nachgeben, da der Kampf gegen drei Großmächte aussichtslos (ist)«[21]. Der Einspruch von Shimonoseki war kein Ausdruck besonderer deutscher Interessen an China. Anlaß für die deutsche Beteiligung waren vielmehr das Verhältnis zu Rußland und allgemeine machtpolitische Interessen in Asien und im pazifischen Raum. Die deutsche Chinapolitik unterschied sich damit in nichts von der Politik anderer Staaten. Als direkte Auswirkung des Einspruchs war eine deutliche pro-deutsche Stimmung in China zu verzeichnen, während in Japan eine gewisse Verbitterung gegen Deutschland entstand, die allerdings erst zu Beginn des 20. Jahrhunderts zum Tragen kam[22].

Das Interesse Deutschlands an einer Niederlassung in China war nach dem Einspruch von Shimonoseki größer denn je, zumal von einem »dankbaren China« ja weitgehendes Entgegenkommen erwartet wurde. Als Platz dafür war auf Empfehlung des Geographen Freiherr von Richthofen die Bucht von Kiautschou vorgesehen. Dort sollte unter Wahrung der chinesischen Reichshoheit und Bezahlung eines Pachtzinses ein Handelsplatz errichtet werden, dessen militärischer Teil nur seinem Schutz dienen, »nicht aber Selbstzweck oder Basis für weitergehende militärische Unternehmungen werden« sollte, wie Wilhelm II. in seinen Memoiren berichtet[23]. Die Auswahl der Bucht war unter Berücksichtigung der Interessen der anderen Nationen, vor allem Englands und Rußlands, erfolgt, wobei es mit letzteren fast zu Auseinandersetzungen kam, die schließlich vom Kaiser selbst beigelegt wurden: Nachdem Außenminister Graf Muraview auf eine Anfrage einen russischen Anspruch mit Hinweis auf das »droit du premier mouillage« (das Recht der ersten Ankerung) geltend machte, besprach der deutsche Kaiser bei seinem Besuch in Petersburg im August 1897 mit dem Zaren diese Frage. Als der Zar erklärte, daß Rußland »an den Landesteilen südlich der Linie Tientsin–Peking kein Interesse« habe, machte Wilhelm II. Graf Muraview in einem Gespräch klar, daß es das »Recht der ersten Ankerung« nach dem Völkerrecht gar nicht gäbe[24].

Trotz dieser Vorklärungen zeigte sich China nicht bereit, eine Niederlassung auf seinem Territorium zu gestatten. Weder konnte der chinesische Außenminister Li Hung-chang bei seinem Besuch im Juni 1896 in Deutschland von der Notwendigkeit der deutschen Ansprüche überzeugt werden, noch gelang dies dem deutschen Gesandten in Peking. Daraufhin mehrten sich in Deutschland die Stimmen, notfalls auch Gewalt anzuwenden, um das angestrebte Ziel zu erreichen. Daß Wilhelm II. sich ebenfalls für dieses Vorgehen einsetzte, zeigt einmal mehr, welche Bedeutung er diesem Problem beimaß, zum anderen aber auch, mit welcher Leichtigkeit man bereit war, sich über die Hoheitsrechte anderer Staaten hinwegzusetzen. Entscheidend für diese Überlegungen dürfte dabei die deutsche Vorstellung gewesen sein, daß China in absehbarer Zeit von den europäischen Großmächten untereinander aufgeteilt werde und die Gefahr bestünde, daß Deutschland dabei leer ausginge.

Die Gelegenheit zum Handeln ergab sich schon sehr bald, als »endlich die Chinesen uns den . . . so langersehnten Grund und ›Zwischenfall‹ geboten« hatten, wie sich Wilhelm II. dazu äußerte[25]: Am 4. November 1897 wurden zwei katholische deutsche Missionare in Shantung von Chinesen ermordet, worauf der Kaiser – entsprechend einem vorher ausgearbeiteten Plan – den Befehl gab, daß das deutsche Geschwader vor Shanghai »augenblicklich nach Kiautschou fahren (solle), die dort befindliche chinesische Ortschaft besetzen . . . und wenn nötig, mit brutalster Rücksichtslosigkeit den Chinesen gegenüber endlich zeigen (solle), daß der deutsche Kaiser nicht mit sich spaßen läßt und es übel ist, denselben zum Feind zu haben«. Die Marine sollte »dreinfahren mit gepanzerter Faust« und »das Evangelium von Eurer Majestät geheiligter Person« predigen[26]. Am 14. November besetzte die deutsche Kreuzerdivision unter Admiral von Diederichs Kiautschou, nachdem die chinesischen Truppen, ohne Widerstand zu leisten, abgezogen waren. Am 6. März 1898 wurde nach harten Verhandlungen ein Vertrag mit China abgeschlossen, durch den die Bucht Kiautschou und ein beträchtlicher Landstreifen für 99 Jahre an Deutschland verpachtet wurden (siehe Karte 1); außerdem erhielt Deutschland für alle Unternehmen in Shantung, zu denen ausländisches Kapital herangezogen wurde, das Recht einer bevorzugten Beteiligung sowie Eisenbahnkonzessionen und Bergwerksunternehmungen zugesprochen.

Shantung war damit durch militärischen und diplomatischen Druck zu einem direkten Einflußgebiet Deutschlands geworden. Der Preis für das Vorgehen des Deutschen Reiches war der Verlust aller chinesischen Sympathien für Deutschland – ein Faktor, dessen Wert von Berlin nicht immer richtig eingeschätzt wurde[27].

Die Besetzung von Kiautschou blieb nicht ohne Auswirkung auf die anderen Staaten. Japan opponierte ebenso wie Frankreich und auch Rußland – ungeachtet der ein Jahr vorher gegebenen Zustimmung des Zaren – gegen die deutsche Politik. Diese Staaten empfahlen China die Gewährung jeder anderen verlangten Sühne, verbunden mit der Ablehnung des Vertrages und der daraus resultierenden Landabtretung. Die Auseinandersetzung um Kiautschou drohte sich zu einem Politikum auszuweiten, wurde dann aber durch einen Interessenkonflikt zwischen England und Rußland verdrängt: Im Dezember 1897 war das englische Kriegsschiff »Iphigenia« nach Port Arthur entsandt worden, das Rußland besetzt hatte. Der russische Kommandant verweigerte dem Schiff das Verbleiben im Hafen, und da diese direkte Bedrohung für Rußland wesentlich schwerer wog als die indirekte durch die deutsche Besetzung von Kiautschou, wurde durch dieses Ereignis – von England sicher ungewollt – ein weiterer Streit um die deutsche Besetzung vermieden[28].

Dem Beispiel Deutschlands folgend, zwangen die anderen europäischen Großmächte China im selben Jahr durch eine Reihe von Verträgen zur Anerkennung ihrer »Einflußsphären«. Rußland erreichte dabei die Verpachtung der Häfen Talien (Dairen) und Port Arthur, während England unter anderem die Häfen Wei-hai-hei und Kowloon in Besitz nahm. Frankreich erhielt die Gebiete Kuangtung, Kuangsi und Yünnan als Einflußsphäre, außerdem pachtete es die Bucht Kuangchou. Die USA, deren Interesse in Asien durch die Besetzung der Philippinen nach dem amerikanisch-spanischen Krieg von 1898 deutlich geworden war, hatten keine Ambitionen, an der Aufteilung Chinas teilzunehmen. Sie hielten ein derartiges Vorgehen für ihren eigenen Handel auch für nachteilig. Washington verlangte daher von den europäischen Mächten die Garantie, in China eine »cooperative policy« der »offenen Tür« zu betreiben, wobei die Integrität Chinas ebenso geachtet wie die Erfüllung der internationalen Verpflichtungen Chinas beachtet werden sollte – eine Forderung, der keiner der angesprochenen Staaten nachkommen wollte[29].

Das Jahr 1898 kann wegen der tiefgreifenden Einwirkungen der europäischen Mächte auf China als der Beginn einer neuen Ära in der diplomatischen Geschichte Chinas betrachtet werden. Dies gilt nicht nur für die deutsch-chinesischen Beziehungen, sondern für die Beziehungen Chinas zu den westlichen Mächten überhaupt. Die Lehren, die China daraus zog, bestanden unter anderem in der Erkenntnis , daß das Schicksal des Landes nur durch eigene Initiativen zu wenden sei. Aus dieser Situation entstand die bereits im April 1898 von einigen Gelehrten angestrebte »Reform von oben« unter der Leitung von Kang Yu-wei, die zunächst von Kaiser Kuang-hsü begeistert befürwortet wurde. Der Widerstand der Kaiserin Tsu-hsi und der meisten Konservativen führte jedoch dazu, daß die Reformer ihre Vorstellungen nicht realisieren konnten. Dadurch entstand eine reaktionäre Gegenbewegung, aus der zwei Jahre später jene fremdenfeindliche Revolte hervorging, die unter dem Namen »Boxeraufstand« bekannt wurde und die für die weitere Entwicklung der deutsch-chinesischen Beziehungen wie für China selbst von großer Bedeutung sein sollte.

II.
Der Boxeraufstand und die Rolle des Deutschen Reiches

Der sogenannte Boxeraufstand wurde maßgeblich von den Mitgliedern der Gesellschaft der »I Ho-tuan«, (deutsch etwa: »Faust zum Schutz von Gerechtigkeit und Eintracht«) ausgelöst, deren Mitglieder in Europa »Boxer« genannt wurden. Die »I Ho-tuan« rekrutierten sich ursprünglich aus Angehörigen des Dorfmilitärs, das in der Mitte des 19. Jahrhunderts aufgestellt worden war. Die Aufgabe der »I Ho-tuan« bestand im »Schutz der eigenen Familie, der Abwehr gegen Banditen und der gegenseitigen Hilfe«. In der Jahreszeit, in der die Pflaumen blühen, fanden Boxwettbewerbe statt, weshalb sich die Gesellschaft auch »Mei-hoa-chüan« (Mei-hoa = Pflaumenblüte, Chüan = Faust) nannte, woraus schließlich der Name »Boxer« entstanden ist. Nach zahlreichen Übergriffen von Missionaren – 1887 wurden beispielsweise in der Provinz Shantung von deutschen Missionaren buddhistische Tempel in katholische Kirchen umgewandelt, was den Widerstand der Dorfbewohner hervorrief – richteten sich die Aktivitäten der »I Ho-tuan« zunehmend gegen den Einfluß der Europäer und der christlichen Kirche[30]. Um den Unruhen durch die Boxer ein Ende zu bereiten, benannte die Mandschu-Regierung auf Drängen der deutschen Diplomaten General Yüan Shi-kai 1899 zum Generalgouverneur der Provinz, in der die deutsche Besitzung lag. Daraufhin flüchtete ein Großteil der Boxer in die benachbarte Provinz Chi-li, wo sie von einem fremdenfeindlichen Gouverneur aufgenommen wurden. Diese gegensätzliche Haltung zweier Provinz-Gouverneure gegenüber den Boxern kennzeichnet die unentschlossene Politik der Zentralregierung: Einerseits wollte eine konservative Gruppe am Kaiserhof die Boxer zum Kampf gegen die »Fremden Teufel« benutzen, andererseits bezweifelte die Kaiserin-Witwe Tsu-hsi, daß China in der Lage sei, einen Krieg mit allen europäischen Mächten gleichzeitig zu führen.

Die Boxer fühlten sich durch die Unentschlossenheit der Regierung bestärkt, wobei ihnen zugute kam, daß die fremdenfeindliche Bewegung nicht nur in der Oberschicht, sondern auch im Volk an Boden gewann. Ein wesentlicher Grund dafür war, daß gegen Ende des 19. Jahrhunderts zahlreiche Missionare aus Europa nach China kamen, die nicht wie ihre Vorgänger im 17. Jahrhundert wegen ihrer wissenschaftlichen Fähigkeiten und ihrer Persönlichkeit das Vertrauen der Chinesen gewannen, sondern nur im Gefolge der Kanonenboote und der Schutzgarantien der »Ungleichen Verträge« arbeiteten. Die Tätigkeit dieser Missionare war also ein Ergebnis der imperialistischen Politik gegenüber China, wobei erschwerend hinzukam, daß die meisten Missionare weder die Geschichte noch die Kultur Chinas kannten und zur Verachtung der lokalen Sitten und Gebräuche neigten.

Zu ersten größeren Aktionen der Boxer kam es im Mai des Jahres 1900, als sie bis in die unmittelbare Nähe von Peking vordrangen, zwei Eisenbahnlinien besetzten, die ausländischen Angestellten vertrieben und die Kirchen zerstörten. Im Juni marschierten die Boxer in Peking ein und belagerten die Straßen, in denen sich die ausländischen Missionen befanden. Dies führte zu Protesten der ausländischen Mächte bei der chinesischen Regierung und schließlich zur Vorbereitung eines Expeditionskorps, da es den in Peking stationierten Truppen nicht gelang, die Belagerung der Botschaften aufzuheben.

Am 19. Juni erklärte die Kaiserin-Witwe in einem Erlaß den Krieg gegen alle europäischen Mächte und forderte die ausländischen Gesandten auf, Peking innerhalb von 24 Stunden zu verlassen. Von nun an überstürzten sich die Ereignisse: Die ausländischen Diplomaten waren von dieser Mitteilung überrascht, und als der deutsche Gesandte Baron von Ketteler trotz der unsicheren Lage am 20. Juni zum Auswärtigen Amt fuhr, um eine Verlängerung der Frist zu erwirken, wurde er in seiner Rikscha von einem chinesischen Soldaten ermordet. Am nächsten Tag wurde der ganze Botschaftsbezirk von Boxern und Regierungstruppen umstellt, während die europäischen Mächte, erbittert über den Mord an Ketteler, in seltener Einmut beschlossen, Truppen nach China zu entsenden.

Die Ermordung des Gesandten von Ketteler

Für die Ermordung des deutschen Gesandten gab es im wesentlichen drei Motive: einmal einen wachsenden Deutschenhaß in der chinesischen Bevölkerung, sodann eine Reihe von Handlungen der deutschen Botschaftswachen und schließlich das Verhalten des Gesandten selbst. Einer der Gründe für die starke deutschfeindliche Stimmung jener Zeit war die dauernde Einmischung deutscher katholischer Priester in die lokale Gerichtssprechung in Shantung und in anderen Teilen Chinas. Hinzu kamen die brutalen Gewaltakte der Deutschen in Shantung außerhalb des Pachtgebietes Kiautschou zu Beginn des Boxeraufstandes und das Verhalten der deutschen Botschaftswachen in Peking. Im einzelnen hatten sich dabei folgende Ereignisse abgespielt:

Am 13. Juni erschienen die ersten bewaffneten Banden der Boxer innerhalb der Stadtmauern von Peking, am Nachmittag desselben Tages überfielen deutsche und italienische Wachen – ohne daß ihre Botschaften gefährdet waren – einen nahegelegenen Tempel. Am nächsten Abend eröffneten deutsche Marinesoldaten in der Nähe der Botschaft, ebenfalls ohne konkreten Anlaß, das Feuer auf eine Versammlung der Boxer. Am 17. Juni wurden schließlich erneut einige chinesische Soldaten von deutschen Wachen getötet – ein Zwischenfall, den sowohl der amerikanische als auch der britische Botschafter bedauerten. Am selben Tag besetzten die Vereinigten Streitkräfte der Großmächte die Befestigungen von Taku nach Gefechten mit chinesischen Truppen, und im Gegenzug bombardierten kaiserliche Truppen die ausländischen Siedlungen in Tientsin, womit der Krieg offen ausgebrochen war.

Ketteler selbst hatte sich bei den Chinesen verhaßt gemacht, als er im Mai 1900 bei einem Diplomatentreffen in Peking die Aufteilung Chinas vorhersagte[31]. Fünf Tage vor seinem Tod ließ er in seiner Botschaft ohne unmittelbaren Anlaß und ohne Rechtsgrundlage Boxer verhaften und schlagen.

Der exakte Verlauf der Ereignisse am 20. Juni spielte sich wie folgt ab: Um 8.00 Uhr morgens hielten die diplomatischen Vertreter der europäischen Staaten in Peking eine Konferenz ab, da das chinesische Auswärtige Amt noch nicht auf die Forderung der Botschafter nach einer Audienz geantwortet hatte. In der Besprechung kamen die Botschafter überein, nicht selbst zum Auswärtigen Amt zu fahren, da sie dort offensichtlich nicht empfangen würden. Allen Protesten und Warnungen zum Trotz bestand Ketteler auf seinem Willen, da er »seinen persönlichen Besuch angekündigt« habe. Begleitet von seinem Dolmetscher Cordes und einer Eskorte unbewaffneter Chinesen begab er sich in seiner Sänfte auf den Weg ins Auswärtige Amt, wo er eine Viertelstunde später von einem Mandschu-Soldaten erschossen wurde. Die erschrockenen Träger ließen die Sänfte fallen, und Cordes, der nur verwundet war, flüchtete in die Mission der Methodisten.

Im Lichte dieser Zusammenhänge konnte die Ermordung von Ketteler weder die deutsche Regierung noch die informierten Chinesen überraschen. Sie war weniger eine »ruchlose Tat chinesischer Barbaren« als die Reaktion auf das ungeschickt-brutale, chinafeindliche Verhalten eines deutschen Gesandten, der in offensichtlicher Überschätzung seiner Möglichkeiten und Fähigkeiten das Opfer seiner Politik wurde.

Bemerkenswert ist in diesem Zusammenhang, daß Meldungen vom Tod des deutschen Gesandten bereits vor dem Zeitpunkt des Attentats verbreitet worden waren: Schon am 14. Juni wurde in Tientsin ein Bericht aus Peking bekannt, wonach ein ausländischer Botschafter getötet worden sei, und am 17. Juni erhielt die Telegrafenverwaltung in Chefoo ein Telegramm aus London, in dem über Gerüchte berichtet wurde, »daß der deutsche Botschafter ermordet wurde«. Schließlich meldeten sogar die Londoner Abendzeitungen vom 16. Juni aus Tientsin, daß der deutsche Botschafter ermordet worden sei[32].

Die Reaktion der europäischen Mächte auf die Vorgänge war »finster entschlossen« und vereinigte die sonst um die Aufteilung des »chinesischen Kuchens« rivalisierenden Großmächte.

Deutschland fühlte sich durch die Ermordung seines Gesandten am schwersten getroffen und drängte sich mehr in den Vordergrund des Geschehens, als es politisch klug war. Die Erbitterung über den Mord an Ketteler verband sich mit der allgemeinen Kreuzzugsstimmung gegen die asiatischen »Heiden« und hatte jene peinlichen Theaterszenen beim Auszug des deutschen Expeditionskorps zur Folge, die in der »Hunnenrede« Kaiser Wilhelms II. ihren Höhepunkt fanden. Von Anfang an waren dabei Bestrebungen im Gange, eine gemeinsame militärische Vergeltungsaktion gegen China zu organisieren, die sich allerdings nur äußerst schwer realisieren ließ, da der Vorschlag Japans, 20 000 bis 30 000 Mann japanische Truppen nach China zu entsenden, von den anderen Staaten aus Konkurrenzgründen abgelehnt wurde[33]. Deutschland, das einen berechtigten Grund zum Vorgehen gegen China zu haben glaubte und einen Anspruch auf den Oberbefehl geltend machte, wandte sich ebenfalls gegen den japanischen Vorschlag. Der Kaiser, der am 2. Juli vom Schicksal des deutschen Gesandten erfahren hatte, engagierte sich mit dem ihm eigenen Sinn für falsches Pathos in dieser Frage selbst und forderte eine »exemplarische Bestrafung und Rache«: »Ich werde nicht eher ruhen, als bis die deutschen Fahnen vereint mit denen der anderen Mächte siegreich wehen und auf den Mauern Pekings aufgepflanzt den Chinesen den Frieden diktieren.«[34]

Erst nachdem England, das als einziger Staat Japans Vorschlag befürwortet hatte, sich prinzipiell gegen ein gemeinsames Oberkommando aussprach und vorschlug, daß jede Macht in ihrem eigenen Interessengebiet unabhängig vorgehen sollte, erklärte sich Rußland mit einem deutschen General einverstanden, wobei es sich vorbehielt, daß es »in der Mandschurei sowieso unabhängig operieren« werde[35].

Noch bevor es jedoch zu einer Einigung über den Oberbefehl kam, hatte Rußland selbständig gehandelt und nach Zwischenfällen mit chinesischen Truppen den Amur überschritten, Aigun besetzt und war in die Mandschurei einmarschiert. Damit hatte Rußland seinen langgehegten Wunsch verwirklicht und Fuß in der Mandschurei gefaßt, was seine offensichtliche Gleichgültigkeit gegenüber den weiteren Vorgängen im übrigen China erklärt[36].

Generalfeldmarschall von Waldersee

In Deutschland war in aller Eile ein Expeditionskorps zusammengestellt worden, das Wilhelm II. am 27. Juli in Bremerhaven verabschiedete, wobei er jene Worte prägte, die noch heute stellvertretend für das westliche

Unverständnis gegenüber China gelten: »Pardon wird nicht gegeben. Gefangene werden nicht gemacht. Wie vor tausend Jahren die Hunnen sich einen Namen gemacht, so möge der Name Deutscher in China auch tausend Jahre durch Euch in einer Weise bestätigt werden, daß niemals wieder ein Chinese es wagt, einen Deutschen auch nur scheel anzusehen.«[37]

Anfang August wurde von Deutschland Generalfeldmarschall von Waldersee zum Kandidaten für den Oberbefehl nominiert, doch hatten die Ereignisse diese Entscheidung bereits überholt: Am 6. August war eine Abteilung der verbündeten Truppen nach Peking einmarschiert, und am 15. August, fünf Tage vor der Ausreise Waldersees nach China, wurde die chinesische Hauptstadt eingenommen. Die Streitkräfte hatten eine Stärke von 18 000 Mann, von denen 8 000 aus Japan und 4 800 aus Rußland kamen. Daneben nahmen Einheiten aus den USA, England, Frankreich, Italien und Österreich-Ungarn teil. Das Deutsche Reich war kurioserweise an diesem Vormarsch überhaupt nicht beteiligt.

Als Generalfeldmarschall von Waldersee am 25. September nach Tientsin kam, um den Oberbefehl anzutreten, sah er sich mit der schwierigen Situation konfrontiert, als Oberkommandierender militärische Aufgaben wahrzunehmen, die mit der Einnahme Pekings vor seinem Eintreffen im wesentlichen bereits beendet waren. Es verwundert deshalb nicht, daß Waldersee, offenbar ein Mann von unbremsbarem Tatendrang – allerdings mit dem Handicap des Heimwehs geschlagen –, seine Aufgabengebiete kurzerhand ausweitete.

Nachdem Waldersee vergeblich nach den 300 Millionen Goldmark (115 Millionen chinesische Silberdollar) gesucht hatte, die der Kaiserliche Hof angeblich versteckt hatte, entschloß er sich, astronomische Geräte aus dem Kaiserlichen Observatorium nach Deutschland zu schicken, wobei es sich um jene Instrumente handelte, die 250 Jahre vorher von Adam Schall von Bell erbaut worden waren. Der amerikanische General Chafee protestierte dagegen ebenso heftig wie erfolglos: »Ich habe die Ehre, Ihre Exzellenz dahingehend zu informieren, daß meine Regierung mit Vehemenz jeden Offizier von seinem Dienst suspendieren würde, der auf diese Art und Weise Plünderungen begeht; sie wird gewiß bedauern, hören zu müssen, daß eine Nation, mit der wir zusammenarbeiten ... ihre Truppen autorisiert, Instrumente aus dem Observatorium zu entfernen oder sie zu beschädigen. Als Kommandeur einer der vier vereinigten Streitkräfte ... erhebe ich gegen Ihr Verhalten Protest und werde meine Regierung über diesen Umstand informieren!« Graf Waldersee schickte die Note kurzerhand mit der Bemerkung zurück: »Ich bin nicht in der Lage, derartige Beleidigungen entgegenzunehmen und bitte deshalb ergebenst, die beigefügte Mitteilung zu Ihrer Disposition zurückzunehmen.« Bei den astronomischen Instrumenten handelte es sich um einen großen Himmelsglobus von etwa 2 m Durchmesser, einen Sextanten, zwei Armillarsphären (Meßgeräte zur Bestimmung von Längen- und Breitendifferenzen) und einen Horizontalkreis für Azimutmessungen. Während die Frankreich überlassenen Instrumente in die Französische Gesandtschaft in Peking gebracht und bereits 1901 an China zurückgegeben wurden, veranlaßte Waldersee die Verschiffung der Geräte nach Potsdam, wo sie zeitweilig im Park von Sanssouci aufgestellt wurden. Im übrigen kam es gerade wegen dieser Instrumente zu einer heftigen Auseinandersetzung im Reichstag, bei der die sozialdemokratische Fraktion den Standpunkt vertrat, daß es »eine unbedingte Verpflichtung der deutschen Regierung (sei), die Instrumente auf eigene Kosten nach China zurückzusenden«. Doch hatte weder diese Démarche noch eine Resolution der Sozialdemokraten vom Februar 1902 Erfolg, da Reichskanzler Graf von Bülow erklärte, daß die chinesische Regierung »auf den Fortbesitz dieser Instrumente ihrerseits gar keinen Werth gelegt« habe. Die Instrumente wurden erst 1920, in Erfüllung des Artikels 131 des Versailler Vertrages, mit dem sich Deutschland verpflichtete, »China binnen einer Frist von 12 Monaten nach Inkrafttreten des gegenwärtigen Vertrages sämtliche astronomischen Instrumente zurückzustellen, die seine Truppen 1900/01 weggeführt haben,« zurückgegeben [39].

Darüber hinaus hatte Waldersee seine militärischen Ambitionen noch nicht aufgegeben: Zwar beabsichtigten die verbündeten Mächte seit Ende Oktober 1900 keine weiteren Aktionen in China mehr, doch Waldersee ließ Pläne für einen Feldzug in die Provinz Shensi ausarbeiten, in die der Kaiserliche Hof geflüchtet war. Diese und andere Vorhaben veranlaßten nun den Befehlshaber der englischen Truppen, Waldersee darauf hinzuweisen, daß er an keinen weiteren militärischen Expeditionen teilnehmen werde, während die USA, Japan und Rußland die Verhandlungen beschleunigten, um eine friedliche Lösung zu erreichen. Am 16. Februar 1901 befahl Waldersee, trotz heftiger Proteste des britischen Botschafters, den Feldzug nach Shensi, wozu kleinere deutsche Einheiten, bestehend aus Preußen, Bayern und Württembergern, in Marsch gesetzt wurden. Am 20. Februar erreichten sie die Große Mauer, doch hielten die Proteste der anderen Mächte und ihre Weigerung, sich an dem Unternehmen zu beteiligen, Waldersee von größeren Aktionen ab. Waldersees militärische Unrast wird besonders deutlich, wenn man berücksichtigt, daß er vom 12. Dezember 1900 bis Ende April 1901 insgesamt 46 Expeditionen in das Innere Chinas entsandte, wovon 35 von deutschen Truppen, vier von italienischen und die anderen sieben von gemeinsamen Streitkräften durchgeführt wurden [40].

Neben seinen militärischen Ambitionen verfolgte Waldersee die Absicht, China aufzuteilen, wenn dieses nicht in der Lage sei, eine »angemessene« Entschädigung zu zahlen. Wie er in seinen Memoiren schreibt, sollte jeder Staat für die Sicherstellung seiner Entschädigung selbst sorgen: »Was soll getan werden, wenn China nicht zahlt? Eine Antwort ist: Jede Macht muß sich selbst entschädigen und einen Teil des chinesischen Territoriums besetzen«. [41] Diese und ähnliche Ankündigungen stießen auf den stärksten Protest der anderen Mächte, und schließlich setzte Wilhelm II. selbst diesem Vorhaben durch einen Befehl ein Ende, mit dem er jede weitere Besetzung chinesischen Territoriums verbot[42].

Kritik an Waldersees Vorgehen in China kam auch aus Deutschland selbst, und zwar von seiten des Kriegsministers und von den Sozialdemokraten, die das brutale Vorgehen der deutschen Truppen kritisierten, über das sie aus Briefen deutscher Soldaten informiert waren. Waldersee wies diese Kritik, die auch von der »Abschlachtung« einer »großen Zahl unschuldiger Chinesen« sprach, als »Lügen und unglaubliche Übertreibungen« zurück. Andererseits gab er aber in seinen Memoiren des öfteren zu, daß zahlreiche Chinesen erschossen wurden, die »jedoch immer ihr Schicksal verdient haben, insbesondere in Übereinstimmung mit chinesischen Vorstellungen«[43]. An anderer Stelle heißt es: »Wie viele Männer auf diese Art und Weise getötet worden sind, wird nie bekanntwerden. Hinrichtungen machen sehr wenig Eindruck auf Chinesen.«[44]

Bemerkenswert klare Vorstellungen beweist Waldersee allerdings rückblickend in seinen Memoiren, die einen ganz anderen Waldersee widerspiegeln – das Bild eines Staatsmannes und politischen Führers –, so wie er sich wohl selbst gern gesehen hätte. Er schreibt darin über die deutsche Chinapolitik jener Zeit: »Dabei wurde mir klar, daß unsere Politik, abgesehen von der Bestrafung der Chinesen, bestimmte Ziele nicht verfolgte. Wohl hat der Kaiser vage Ideen über die ›Aufteilung Chinas‹ gehabt. Die Hauptsache war doch wohl das Bedürfnis, eine Rolle in der ›Weltpolitik‹ zu spielen, ohne Klarheit über die Konsequenzen dieser Haltung. Holstein war entschieden besorgt, daß wir zu weit gingen und sah Verwicklungen mit anderen Mächten voraus; ich meine, er hatte darin wohl auch recht.« Was Waldersee hierbei geschickt verschweigt, ist seine eigene Politik in China und sein eigenes Interesse an der militärischen Besetzung und Aufteilung Chinas.

Über die Schwierigkeit der Nachrichtenbeschaffung in China führt er aus: »Es fällt hier außerordentlich schwer, ein Spionenwesen zu organisieren, und ich bin in bezug auf Nachrichten aus dem Lande vorwiegend auf die Hilfe der katholischen Geistlichkeit angewiesen. Sie wird mir bereitwilligst gewährt. Der sehr erfahrene und kluge Bischof Favier, der leider für die Reise nach Rom China vor einigen Tagen verlassen hat, hat seinen Vertreter dahin instruiert, mir in jeder möglichen Weise behilflich zu sein.« Offensichtlich ist sich Waldersee des unfreiwilligen Widerspruchs seiner eigenen Worte nicht bewußt, wenn er zwanzig Seiten später schreibt: »Sodann begeht man in Amerika – ob in allen Missionen weiß ich nicht – den großen Fehler, Leute zu Missionaren zu machen, die dafür moralisch ungeeignet und gänzlich unvorbereitet sind. Es handelt sich dabei um Personen, die das Amt rein als Broterwerb ansehen und alle möglichen Unternehmungen, bei denen sie Geld verdienen wollen, nebenher betrieben. Diese sind es, die den Stand des Missionars heruntersetzen und allen Missionsfeinden das Wasser auf die Mühlen treiben.«[45]

Generalfeldmarschall Graf Alfred von Waldersee setzte mit seinen Aktivitäten in China Akzente besonderer Art: Wenige Jahre nach seiner ruhmlosen Expedition erschien in China ein Roman, der die Liaison Waldersees mit einer Chinesin zum Gegenstand hatte, die nach dem Tod ihres Mannes als Salonmädchen arbeitete. Durch ihre Beziehungen zu Waldersee soll diese Dame das Leben vieler Chinesen gerettet haben, weil sie Waldersees Tatendrang mit Erfolg in andere Bahnen lenkte. Der Roman trägt den bezeichnenden Titel *Blumen aus dem Sündenmeer.*

Tauziehen um den Friedensvertrag

Nach der Eroberung von Peking durch die Vereinigten Streitkräfte gab es unter den einzelnen Staaten große Meinungsverschiedenheiten über das weitere Vorgehen gegenüber China. Während Rußland, das mit der Besetzung der Mandschurei sein Ziel erreicht hatte, für einen Friedensschluß eintrat, zeigte sich Wilhelm II. unnachgiebig. Er lehnte den russischen Friedensvorschlag ab, da er »von einer solch gänzlichen Unkenntnis der Verhältnisse und Mangel an Überblick über die Lage zeugt, die geradezu niederschmetternd sind«[46].

Am 17. Dezember 1900 stellte Deutschland allen beteiligten Mächten eine Note zu, in der es seine Vorbedingungen für den Eintritt in diplomatische Verhandlungen mit der chinesischen Regierung darlegte, die jedoch von England und den USA abgelehnt wurde[47]. Im Gegensatz zu Deutschland plädierten diese Staaten für eine Bestrafung der Schuldigen durch die chinesische Regierung und wollten den Beginn der Friedensverhandlungen nicht von der Auslieferung der Schuldigen abhängig machen. Frankreich unterstützte den deutschen Bundesgenossen diplomatisch, während in London die Beunruhigung über den russischen Einmarsch in der Mandschurei wuchs. Schließlich wurde am 30. September eine französische Zirkularnote von allen Mächten einschließlich Deutschlands angenommen. Sie enthielt einen Vorschlag als Verhandlungsbasis für die eigentlichen Friedensverhandlungen, dessen wichtigste Punkte die Bestrafung der an den Boxerunruhen Schuldigen, ein Waffenimportverbot für China sowie eine von China zu zahlende Entschädigung waren. Deutschland nahm diesen Vorschlag nur deshalb an, weil seine Weigerung zu einer automatischen Isolierung geführt hätte, die sich Berlin nicht leisten konnte[48]. Nur wenig später, am 16. Oktober, wurde ein Abkommen zwischen Deutschland und England über die Chinapolitik beider Staaten erreicht, das unter anderem den Grundsatz der Politik der »offenen Tür« für den Handel aller Mächte an den Flüssen und der Küste Chinas bekräftigte[49].

Dieses Abkommen war durch das russische Vorgehen in der Mandschurei initiiert worden und sollte gleichzeitig eine Annäherung der Politik beider Staaten in anderen Fragen mit sich bringen. England war nur deshalb an diesem Abkommen interessiert, weil es darin eine Sicherung gegen weitere territoriale Ansprüche Rußlands sah, während Deutschland sich von England die Zustimmung in der Frage der Auslieferung der chinesischen Kriegsschuldigen erhoffte[50].

Auf der Grundlage der französischen Note wurden zwischen den Mächten in langwierigen Verhandlungen gemeinsame Schritte über die einzelnen Punkte des Friedensvertrages vereinbart, wobei für Deutschland das Problem der Schuldigenbestrafung im Mittelpunkt stand, da es sich dabei um eine »Ehrensache« handelte. Am 24. Dezember konnten dann endlich die Friedensverhandlungen zwischen den ausländischen Vertretern und den Bevollmächtigten Chinas beginnen, die am 7. September 1901, also nach neunmonatigen Verhandlungen, unterzeichnet wurden. Die wichtigsten Punkte des Friedensvertrages waren, daß

- ▷ China einen Gesandten nach Deutschland schicken sollte, der dort die Vergebung Deutschlands für den Gesandten-Mord erbitten mußte; außerdem ein Denkmal für den deutschen Gesandten in Peking errichtet werden sollte (Art. 1)
- ▷ die Schuldigen an den Boxerunruhen mit dem Tode bestraft werden sollten (Art. 2)
- ▷ China eine Entschädigung in Höhe von 450 Millionen Tael innerhalb von 39 Jahren zu leisten hatte, was zusammen mit Zinsen insgesamt 980 Millionen Tael ausmachte. Deutschland sollte davon 20 Prozent, also 90 Millionen Tael, erhalten (Art. 6). (Mit diesem Geld wurde die Flotte des Deutschen Reiches ausgebaut)
- ▷ der Botschaftsbezirk in Peking vergrößert und eine ständige Gesandtschaftswache eingerichtet werden sollte (Art. 7)
- ▷ die europäischen Mächte das Recht erhielten, ihre Truppen auf einer Linie von Peking bis Shan-hai-kuang zu stationieren (Art. 8)
- ▷ an Stelle des Tsungli Yamen (Auswärtigen Amtes) ein modernes Außenministerium aufgebaut werden sollte (Art. 12)[51].

Diese Bedingungen des Vertrages waren für China sehr hart, wobei hinzukam, daß die chinesischen Bevollmächtigten lediglich die geforderten Punkte akzeptieren konnten, ohne die Möglichkeit zu haben, auf den Inhalt Einfluß zu nehmen. Die chinesischen Vertreter, Prinz Chung und Li Hung-chang, konnten dann auch nur durch die Drohung des Einmarsches alliierter Truppen nach Shensi gezwungen werden, den Vertrag zu unterzeichnen.

Die nach Artikel 1 des Vertrages zu entsendende Sühnedelegation nach Deutschland wurde von Tsai Feng, dem Prinzen von Chun, geleitet. Dabei kam es über die Frage der diplomatischen Formalitäten für den Empfang des Prinzen in Deutschland zu Meinungsverschiedenheiten, da Wilhelm II. verlangte, daß Prinz Chun und seine Begleiter vor ihm niederknien sollten, während er die Beglaubigung im Sitzen entgegennehmen wollte. Mit viel

Mühe gelang es dem chinesischen Botschafter, eine Modifizierung dieser Prozedur zu erreichen, wonach der Kaiser Prinz Chun sitzend empfing, während der Prinz und sein Dolmetscher sich dreimal verbeugen mußten. Mit berechtigter Verärgerung wurde von Chinesen in diesem Zusammenhang die Ansicht vertreten, daß diese Art des Empfangs des Botschafters eines souveränen Staates »im Gegensatz zu den diplomatischen Gepflogenheiten« stand[52].

Das Ende des Boxeraufstandes schuf zugleich auch die Voraussetzung für die nächste militärische Auseinandersetzung im Fernen Osten: Rußland lehnte es rundweg ab, seine Truppen aus der Mandschurei abzuziehen – einem Gebiet, das von Japan fast schon traditionsgemäß als sein Einflußgebiet betrachtet wurde. Das am 30. Januar 1902 erzielte Abkommen zwischen Japan und England, mit dem eine gemeinsame Politik beider Staaten gegen Rußland in Ostasien vereinbart wurde, sollte schließlich auslösender Faktor dafür sein, daß der Interessengegensatz in der Mandschurei 1904 zum Krieg zwischen Japan und Rußland führte.

Die Reaktion in Deutschland

Die Reaktion in Deutschland auf die Vorgänge in China war unterschiedlich. Dabei muß zwischen der Regierung und den sie unterstützenden Parteien, den oppositionellen Sozialdemokraten und der breiten Masse des Volkes unterschieden werden.

Die Haltung des Kaisers und damit auch die der Regierung zur Chinafrage ist relativ klar erkennbar, sie fand ja letztlich auch in der offiziellen Politik des Deutschen Reiches ihren Niederschlag. Gestützt wurde diese Politik durch die Interessen der Militärs, des Adels und der Geschäftsleute, aber auch von einem Großteil des Bürgertums, das die Aktion gegen China primär unter dem Aspekt der Verteidigung des Christentums und der Zivilisation sah. Auch die Mitglieder und Anhänger der Zentrumspartei sprachen sich für eine Unterstützung der offiziellen Chinapolitik aus. Ein Teil der Bevölkerung verurteilte jedoch die zahlreichen Grausamkeiten der deutschen und ausländischen Expeditionsgruppen, von denen deutsche Soldaten in ihren Briefen aus China berichteten. Diese sogenannten »Hunnenbriefe« erregten die Öffentlichkeit ebenso wie der Raub der astronomischen Geräte und ihre Aufstellung in Potsdam.

Die Sozialdemokraten und die Freisinnigen lehnten das China-Abenteuer des Deutschen Reiches ab und verweigerten auch die Bereitstellung der Mittel für die Expedition. August Bebel opponierte im Reichstag stets gegen das deutsche Engagement in China und beauftragte am 13. Februar 1901 »den Missionaren . . . die Verpflichtung aufzuerlegen, daß sie sich weder in die wirtschaftlichen noch sozialen und politischen Angelegenheiten des Chinesischen Reiches und seiner Bevölkerung einmischen, insbesondere auch sich nicht den Charakter chinesischer Beamter oder Würdenträger beilegen oder beilegen lassen«.

Bebel berief sich dabei auf das Urteil des langjährigen Gesandten in China, Max von Brandt, der die Überzeugung vertrat, daß der größte Teil des Fremdenhasses auf die christlichen Missionen selbst zurückzuführen sei. Bebel meinte deshalb, »daß ein ganz wesentlicher Teil der Konflikte durch das Verhalten der Missionare der verschiedenen christlichen Religionsgemeinschaften provoziert worden sei« und daß »die Kultur Chinas von uns weit unterschätzt worden ist, daß sie über der deutschen steht, daß auch die Chinesen ihre Rechtsanschauungen haben, die durch die Missionare so verletzt worden sind, daß hochgradige Erbitterung die notwendige Folge dieser Verletzung sein müßte«.

Einer der schärfsten Widersacher Bebels war Freiherr von Richthofen, damals Staatssekretär des Auswärtigen Amtes, der den Antrag Bebels als »höchst bedenklich« bezeichnete und sich im Namen des Auswärtigen Amtes nicht imstande erklärte, ihm Folge zu leisten, »ohne daß die Klinke der Gesetzgebung in die Hand genommen würde«. Der Antrag Bebels wurde abgelehnt und der Zusatzetat in Höhe von 122770000 RM am 15. Februar 1901 gegen die Stimmen der Sozialdemokraten und der Freisinnigen bewilligt. Am 15. März 1901 wurde vom Reichstag auch eine weitere Forderung in Höhe von 120 Millionen Mark in gleicher Weise bewilligt.

Der Widerstand der Opposition gegen die offizielle Chinapolitik mußte aufgrund der Kräfteverhältnisse im Reichstag wirkungslos bleiben und hatte als sichtbare Auswirkung allenfalls die Verhöhnung Bebels und anderer Sozialdemokraten als »vaterlandslose Gesellen« und »Chinaknechte« durch Abgeordnete der konservativen Parteien und Presseorgane zur Folge. Die Meinungsbildung im Reichstag, in der Presse und in der Bevölkerung wurde durch die Pressezensur sehr erschwert, so daß die offizielle Chinapolitik schon allein deshalb häufig als richtig betrachtet wurde. Deshalb stieß auch die Stiftung einer »China-Denkmünze« (in Bronze und in Stahl) am 1. Juni 1901 für alle Teilnehmer der Expedition und für andere Verdienste kaum auf Kritik[52a].

III.
Die chinesische Revolution von 1911 und die deutsch-chinesischen Beziehungen

Die internationale Politik gegenüber Ostasien

Der Boxeraufstand hatte ziemlich abrupt die »Sphärenpolitik« der ausländischen Mächte in China beendet. Durch diesen Aufstand wurden Verschiebungen in der Asienpolitik der Mächte verursacht, die neue Schwerpunkte und Interessengegensätze schufen, wobei China selbst nicht mehr im eigentlichen Zentrum der Auseinandersetzungen stand. Im Mittelpunkt des Geschehens in Asien nach der Unterzeichnung des als »Boxerprotokoll« bezeichneten Friedensvertrages stand die Politik Rußlands und Japans in der Mandschurei[53].

Dabei schlug Deutschland zu Beginn des 20. Jahrhunderts einen neuen Weg in seiner Chinapolitik ein. Bei Ausbruch des russisch-japanischen Krieges im Jahr 1904 arbeitete es zusammen mit den USA auf die Neutralität Chinas hin, um China vor der Einkreisung und der drohenden Aufteilung zu bewahren. Die Initiative dazu ging auf Wilhelm II. selbst zurück, der ein weiteres Mal direkten Einfluß auf die Chinapolitik nahm. 1907 kam es noch einmal zum Versuch einer Zusammenarbeit mit den USA in Asien, und zwar als Folge von Nachrichten über eine Allianz zwischen England, Rußland, Frankreich und Japan in bezug auf eine gemeinsame Chinapolitik, gegen die Deutschland seinen entschiedenen Widerstand erklärte. Im Gegenzug versuchte Deutschland ein Bündnis mit Amerika und China zu initiieren, um das Gleichgewicht der Mächte im Fernen Osten aufrechtzuerhalten. Der Vorschlag dazu kam vom deutschen Botschafter Graf Rex in Peking, der ursprünglich auch ein Bündnis mit Rußland, den USA und China vorgeschlagen hatte. Diese angestrebte Allianz war allerdings mehr dazu bestimmt, die deutschen Interessen in China als die Belange Chinas zu vertreten. Wegen der Durchsichtigkeit des Vorschlages ist es nicht weiter verwunderlich, daß er weder in Peking noch in Washington großes Interesse hervorrief, obwohl der deutsche Kaiser gefordert hatte, daß »wir das Abkommen sofort ohne jeden Zeitverlust unterzeichnen müssen«[54].

Die Revolution bricht aus

Nachdem die katastrophale Niederlage gegen Japan 1894/95 bei vielen Chinesen zu der Erkenntnis geführt hatte, daß die westliche Technik nicht losgelöst von den intellektuellen und politischen Voraussetzungen, unter denen sie entstanden war, benutzt werden konnte, traten führende Intellektuelle für die Durchführung grundlegender Reformen ein. Der Kantonese Kang Yu-wei (1858–1927) übernahm bald die Führung der Reformbewegung, nachdem er die Gebildeten mit seiner Schrift »Kung-Tzu als Reformer« schockiert hatte. In ihr hatte er die These vertreten, daß die Orthodoxie diejenigen Elemente der Lehre Kung-Tzus (Konfuzius) eliminiert habe, die zu jenen politischen und sozialen Reformen aufriefen, die in der jeweiligen Situation erforderlich seien[55].

Entscheidenden Einfluß auf die innenpolitische Entwicklung übten dann die Eroberung Pekings durch die Expeditionsarmee und die demütigenden Bedingungen des Friedensvertrages aus, da diese Ereignisse die Kaiserin-Witwe von der Notwendigkeit politischer und technischer Reformen überzeugten, die 1901 endlich in Angriff genommen wurden. Gleichzeitig bemühte sich die Dynastie, den immer lauter werdenden Forderungen nach der Errichtung eines repräsentativen Regierungssystems durch die Vorbereitung einer Verfassung Rechnung zu tragen. 1905 und 1907 wurden Kommissionen zum Studium der konstitutionellen Regierungssysteme ins Ausland entsandt, auf deren Erkenntnissen die am 17. August 1908 verkündeten »Grundsätze einer Verfassung« basierten, die nach vorbereitenden Schritten den endgültigen Übergang zur konstitutionellen Regierung für 1917 versprachen. Kurz nach der Proklamation dieser »Grundsätze« starb jedoch die Kaiserin-Witwe am 15. November 1908, nachdem sie noch einen Tag zuvor den seit zehn Jahren internierten Kaiser Kuang-Hsu hatte ermorden lassen. Thronfolger wurde sein zwei Jahre alter Neffe Pu Yi unter dem Namen Hsüan-tung, während sein Vater, Prinz Chun, die Regentschaft übernahm[56].

Die Enttäuschung über den nur sehr langsamen Fortschritt des Prozesses der Konstitutionalisierung ließ seit Beginn des 20. Jahrhunderts immer mehr Chinesen die Beseitigung der Monarchie als den einzigen Weg zur Rettung ihres Landes erkennen. Sun Yat-sen, der eigentlich Sun Wen (1866–1925) hieß, war seit 1894 für die Erneuerung Chinas auf einer republikanischen Grundlage eingetreten und wurde bald zum Führer einer entsprechenden Bewegung. Nach einem mißlungenen Putschversuch in Kanton floh er 1895 ins Ausland und hielt sich bis 1911 meist in den USA, Japan und Großbritannien auf, wo er unter den Auslandschinesen eine große Anhängerschaft gewann[57]. Die Anhänger Sun Yat-sens unternahmen seit 1905 eine Reihe vergeblicher Aufstandsversuche. Allein in den Jahren von 1907 bis 1909 kam es in den südchinesischen Provinzen Kuangtung, Kuangsi und Yünnan, den Hochburgen der revolutionären Bewegung, zu sechs Aufständen. Trotz der Fehlschläge nahm die revolutionäre Agitation weiter zu, und die Gegner der Dynastie bekamen rege Unterstützung aus den Kreisen der zahlreichen Geheimgesellschaften. Eine Entscheidung der Regierung im Jahr 1910, wonach die von Privatgesellschaften erbauten

Eisenbahnen verstaatlicht werden sollten, schuf zusätzlich Mißstimmungen unter den meist aus der Honoratiorenschicht kommenden Aktionären und neue Unruhen in Südchina. Ein lebendiges Bild von der damaligen Situation in Szetschuan wurde durch die Aufzeichnung des damaligen deutschen Gesandten Martin Fischer in Chengtu, der Hauptstadt Szetschuans, überliefert[58].

Der formale Anstoß für den Ausbruch der Revolution erfolgte mehr zufällig: Nachdem es 1909 den Revolutionären gelungen war, auch die in Zentral- und Südchina stationierten, nach westlichem Vorbild bewaffneten und organisierten Verbände der Armee zu infiltrieren, hatten junge Offiziere und Studenten in der Stadt Wuchang in Hupei geheime Waffen- und Munitionsdepots angelegt. In einem von ihnen explodierte am 9. Oktober 1911 eine Bombe. Die Furcht vor der Entdeckung veranlaßte die Verschwörer, am folgenden Tag loszuschlagen. Es gelang ihnen, innerhalb eines Tages die Macht in der Stadt an sich zu reißen. Auf dieses Signal hin erhoben sich in den folgenden zwei Monaten fast alle Provinzen südlich des Yangtse. Der Regent versuchte zwar noch einmal, die Entwicklung aufzuhalten, indem er am 2. November General Yüan Shih-kai als Premierminister an die Spitze eines Kabinetts stellte, hatte damit aber keinen Erfolg: Am 24. Dezember traf Sun Yat-sen, der sich zur Zeit des Ausbruchs der Revolution gar nicht in China befunden hatte, in dem von Revolutionären besetzten Shanghai ein und reiste nach Nanking, wo ihn eine revolutionäre Delegiertenversammlung am 29. Dezember zum »Provisorischen Präsidenten der Republik China« wählte. Am 1. Januar 1912 trat er sein Amt an und bildete das erste republikanische Kabinett Chinas. Das Jahr 1912 aber wurde zum »Ersten Jahr der Republik« erklärt[59].

Deutschlands Haltung gegenüber den Revolutionären

Am 12. Februar wurde durch den Prinzregenten die Abdankung des Kaisers und das Ende der Dynastie verkündet. Am 15. Februar übergab Sun Yat-sen in Nanking sein Amt als Provisorischer Präsident an Yüan Shih-kai. Damit war China nach 2132 Jahren der absoluten Monarchie zur Republik geworden. Der Sturz der alten Herrschaftsordnung war vor allem ein Ergebnis sozialer Wandlungen, die sich unter dem Eingriff der europäischen Mächte überall da, wo es unmittelbare Berührungen mit dem Westen gab, seit mehr als einer Generation vollzogen hatten.

Die Haltung Deutschlands bei der Revolution von 1911 war, wie so oft, vom Unvermögen, die Situation richtig einzuschätzen, gekennzeichnet. Bereits einige Tage vor dem Ausbruch der Revolution am 10. Oktober war die Lage in Wuchang (Provinz Hopei) ausgesprochen gespannt gewesen, weshalb der Gouverneur der Provinz mit dem deutschen Konsulat in Hankau den Einsatz deutscher Kanonenboote gegen die Revolutionäre vereinbart hatte, falls es in Wuchang zu größeren Unruhen käme. Ganz abgesehen davon, daß diese Vereinbarung davon ausging, daß die Regierung über die Revolutionäre siegen würde, hatte sie logischerweise antideutsche Emotionen unter den Revolutionären zur Folge und führte zu Protesten des konsularischen Korps wie der ausländischen Staaten, die die Erfüllung der Vereinbarung schließlich verhinderten.

Andererseits glaubten die europäischen Mächte, für den Schutz ihrer Angehörigen in China Sorge tragen zu müssen, und hatten deshalb am 16. Oktober Kanonenboote entsandt, die dann auch tatsächlich in Kämpfe mit den Aufständischen verwickelt wurden. Von deutscher Seite beteiligten sich dabei die Kanonenboote »Tiger«, »Vaterland« und »Otter«, die am 17. Oktober mit in das Kampfgeschehen eingriffen. Wesentlich zur Klärung des Verhältnisses zwischen den Revolutionären und den ausländischen Mächten trug dann aber eine Note der künftigen Machthaber im Namen der »Republikanischen Regierung« bei, in der versichert wurde, daß alle vor der Revolution abgeschlossenen Verträge und Anleiheabkommen anerkannt und die Sicherheit aller Ausländer und ihres Eigentums in China garantiert würden.

Obwohl es sich beim Einsatz der Kanonenboote um eine gemeinsame Aktion der europäischen Mächte gehandelt hatte, kritisierte Japan die deutsche Beteiligung besonders heftig und verbreitete Nachrichten über die Mobilisierung der deutschen Truppen in Kiautschou. So berichtete beispielsweise das *China-Echo* in Shanghai, daß »die Deutschen die kaiserlichen Truppen mit Waffen und Munition und 70 Offizieren« versorgt hätten. In einem Interview der Zeitung mit einem der Führer der Revolutionäre wurde zudem behauptet, daß »die Erfolge der kaiserlichen Truppen der Tatsache zugeschrieben werden können, daß sie von 100 Deutschen geführt werden . . .«[60]. Tatsächlich wurde in Deutschland nicht dementiert, daß man der kaiserlichen Regierung Waffen und Munition zur Verfügung gestellt habe, obwohl eine »deutsche Unterstützung des chinesischen Imperialismus« offiziell zurückgewiesen wurde. Ebenfalls nicht dementiert wurde die Behauptung, daß Deutschland sich an einer Intervention in China beteiligen würde, wenn die anderen Mächte dergleichen planten[61].

Abgesehen von den Vorfällen am 17. Oktober nahmen die Großmächte entsprechend ihren wiederholt abgegebenen Erklärungen eine neutrale Haltung zu den Vorgängen in China ein. Dies bedeutete jedoch keine Rücksichtnahme gegenüber China, da das Verhalten jedes einzelnen Staates deutlich machte, daß er nicht abgeneigt war, die Neutralitätserklärungen zu verletzen, wenn sich eine Möglichkeit dazu geboten hätte, ohne mit einem der Rivalen in einen Interessenkonflikt zu geraten. Vor allem Rußland und Japan glaubten, die Gelegenheit nicht vorübergehen lassen zu dürfen, ohne die Unruhen zur Festigung der eigenen Ansprüche zu nutzen. Der russische Außenminister Sasonow befürwortete am 23. Januar 1912 in einem Memorandum eine gemeinsame russisch-japanische Intervention: »Wenn wir im Einvernehmen mit Japan vorgehen, so werden wir um so eher auf die Erfüllung unserer Wünsche rechnen können, als es uns gelingen wird, uns der Unterstützung des uns verbündeten Frankreich zu vergewissern, ebenso wie England seine Unterstützung Japan zuteil werden lassen könnte.«[62] Am 8. Juli 1912 wurde sogar ein geheimes russisch-japanisches Abkommen, in dem beide Länder über eine Teilung ihrer Interessen in der Inneren Mongolei übereinkamen, erzielt. Der wichtigste Artikel dieses Abkommens beinhaltete die Spaltung der Mongolei in zwei Teile mit dem Meridian von Peking als Teilungslinie; der westliche Teil sollte dabei der russischen, der östliche der japanischen Einflußsphäre angehören[63].

Demgegenüber war die Politik Deutschlands und der USA relativ gemäßigt, was auch daraus hervorgeht, daß beide Staaten im Februar 1912 einen Notenaustausch über die Nichteinmischung in die chinesischen Angelegenheiten veröffentlichten. Trotzdem wurde der Waffenhandel der deutschen Kaufleute mit der Mandschu-Regierung weitergeführt, die Deutschen in China neigten allgemein auch mehr zu einer Unterstützung der alten Regierung in Peking.

Bereits zu Beginn der Revolution hatte die deutsche Regierung erklärt, daß dies eine innere Angelegenheit Chinas sei und daß es in erster Linie den Chinesen »selbst überlassen bleiben müsse«, ihre inneren Angelegenheiten zu ordnen. Für den Fall, daß die Intervention in China unvermeidlich würde, könne diese nur »durch alle an China interessierten Mächte«, aber nicht durch ein einseitiges Vorgehen einer einzelnen Macht erfolgen[64]. Dementsprechend erklärte auch der stellvertretende Staatssekretär im Auswärtigen Amt, Zimmermann, im Januar 1912, als Japan eine Intervention in der Mandschurei vorbereitete, um sie zum autonomen Gebiet zu erklären, daß eine solche Aktion den anderen Mächten nur ein Vorwand für ihr aktives Eingreifen liefern und damit einer Aufteilung Chinas Vorschub leisten würde. Damit lief jedoch die Politik Japans nicht nur den deutschen, sondern auch den amerikanischen Interessen zuwider.

Die Haltung der chinesischen Revolutionäre gegenüber Deutschland und den USA war insgesamt gesehen sehr positiv. Besonders deutlich wurde dies, als sie sich wegen der Ansprüche Englands auf Tibet und der Meldungen von einer bevorstehenden Annexion der südwestlichen Provinz Yünnan durch Frankreich an die amerikanische Gesandtschaft in Peking wandten und eine »Tripelallianz« Allianz« vorschlugen, die aus Deutschland, China und den USA bestehen sollte. Auch die Amerikanische Botschaft in Peking vertrat die Ansicht, daß »das einzige Mittel, China vor der Aufteilung zu retten«, ein engeres Zusammengehen Amerikas mit Deutschland sei. »Eine möglichst rasche Anerkennung der Republik in ihren bisherigen Grenzen und die Garantie des Status quo seien der beste Schutz für die sonst gefährdeten beiderseitigen Interessen.«[65] Japan geriet dagegen wegen der ablehnenden Haltung Deutschlands und der USA mit seinen Interventionsabsichten in die Isolierung und mußte sein Vorhaben zumindest vorerst aufgeben.

Die Großmächte waren in der Frage der Anerkennung der Republik China unschlüssig. Erschwert wurde diese Haltung dadurch, daß die einzelnen Staaten die Anerkennung in Verbindung mit der inneren Entwicklung in China betrachteten, da sie wegen der Wahrung ihrer Interessen nur die Partei anerkennen wollten, die diese Interessen garantierte und sich auch durchsetzen würde. Insofern war die Ausrufung des ständigen Parlaments von China im April 1913 und die Vorbereitung der Wahl des ständigen Präsidenten auch von außenpolitischer Bedeutung. Zur Wahl standen Sun Yat-sen und Yüan Shih-kai, wobei letzterer in den Augen des Auslands der bessere, weil bequemere Mann war. Von Sun Yat-sen wurde befürchtet, daß er nach seiner Wahl die angekündigten Reformen durchführen würde, die den Besitz der ausländischen Mächte bedrohten. Yüan Shih-kai hatte sich dagegen seit dem Boxeraufstand den ausländischen Mächten gegenüber relativ freundlich verhalten.

Aus diesen Gründen machten die ausländischen Mächte die Wahl von Yüan Shih-kai zum Präsidenten Chinas zur Bedingung für ihre Anerkennung der Republik und unterstützten dessen Wahl. Trotz heftiger Opposition seitens der Revolutionspartei unter Sun Yat-sen gewährte das sogenannte »Syndikat der Fünf« (bestehend aus England, Frankreich, Rußland, Japan und Deutschland) Yüan Shih-kai und seiner Partei ein Darlehen in Höhe von 25 Millionen englische Pfund, das dann auch wesentlich zum Wahlerfolg Yüans beitrug. Nach seinem Sieg erfolgte die Anerkennung der Republik China durch die europäischen Großmächte und die USA. Am 8. Oktober 1913 überreichte die deutsche Regierung dem chinesischen Gesandten in Berlin eine Verbalnote, in der die Anerkennung ausgesprochen war und in der Deutschland seine »aufrichtigen Glückwünsche zum Ergebnis der Wahl« ausdrückte. Aus den Akten des Auswärtigen Amtes geht hervor, daß Deutschland bereits vorher versucht hatte, unabhängig von der Haltung der anderen Mächte die Anerkennung auszusprechen[66].

Am 31. Dezember desselben Jahres schloß Deutschland mit der Republik China einen Vertrag, durch den es das Recht erhielt, zwei Eisenbahnen im Westen und Südwesten Chinas zu bauen, die die bereits gebauten Eisenbahnsysteme miteinander verbinden sollten. Deutschland verzichtete darin auf alle Rechte am Eisenbahnbau, die aus dem Vertrag von 1898 bestanden, ebenso wie auf Eisenbahnoptionen, die Deutschland in anderen Teilen Chinas zugestanden worden waren. Die Bedingungen dieses Vertrages waren insgesamt gesehen günstiger für China als die von 1898. Damit machte Deutschland deutlich, daß es künftig der wirtschaftlichen Kooperation mit China die Priorität vor einer aktiv-aggressiven Politik einzuräumen bereit war[67].

Die Phase der Beziehungen des Kaiserreiches Deutschland zum Kaiserreich China war nun abgeschlossen. Gleichzeitig begann auf einer neuen

Grundlage ein neuer Abschnitt im Verhältnis Deutschlands zu China. Als Fazit dieser Periode der deutsch-chinesischen Beziehungen bleibt festzuhalten, daß die deutsche Chinapolitik nur im Kontext der deutschen Außenpolitik gesehen werden kann. Deren Priorität war die Sicherung des Deutschen Reiches, der Friede in Europa und das Zusammenspiel mit den europäischen Mächten. Die Chinapolitik des Kaiserreichs Deutschland war deshalb primär das Ergebnis einer auf Europa konzentrierten Politik. Hinzu kamen späte kolonialistische Ambitionen und das Bemühen, im Konzert der damaligen Großmächte mitzuspielen.

Daß das deutsch-chinesische Verhältnis trotz der fragwürdigen Rolle eines Baron von Ketteler und des Feldmarschalls von Waldersee gegen Ende dieser Phase als relativ gut zu bezeichnen ist, war weniger ein Ergebnis der deutschen Chinapolitik als das Resultat der relativ geringen Rolle Deutschlands in Ostasien überhaupt. Von weitaus größerer Bedeutung erwiesen sich dagegen die Handelsbeziehungen zwischen beiden Staaten, die jedoch mehr auf Privatinitiativen als auf die Politik der Regierungen zurückzuführen sind[68].

KAPITEL II

Die Wirtschaftsbeziehungen zwischen Deutschland und China bis 1914

I.
Erste Kontakte werden geknüpft

Der deutsche Anteil an der Erschließung des südost- und ostasiatischen Raumes war in der Zeit, die den großen Entdeckungen folgte, nur sehr gering. Die Hanse hatte zu Beginn des 16. Jahrhunderts ihren Höhepunkt längst überschritten, und die Hansestädte widmeten sich fast ausschließlich dem Handel mit den Ländern des Ost- und Nordseeraumes; sie versuchten bis zum Ende des 19. Jahrhunderts zu keiner Zeit, in den Küstenländern des Indischen oder Pazifischen Ozeans Fuß zu fassen. Das lag allerdings nicht am mangelnden Unternehmungsgeist: Bereits 1905/06 hatten die Fugger und Welser und andere süddeutsche Kaufmannshäuser im Einverständnis mit dem König von Portugal eine gemeinsame Expedition nach Ostindien ausgerüstet. Auch später erfolgten ähnliche Unternehmungen, die jedoch allesamt einmalige Aktionen blieben. Deutschen war es damals nur möglich, im Dienste anderer Nationen in den Fernen Osten zu gelangen – häufig als Seeleute, Soldaten oder Missionare[1]. Ursache dafür, daß die Deutschen auch im ganzen 17. Jahrhundert vom Handel mit Ostasien ausgeschlossen blieben, waren neben der Schwäche der Territorialfürstentümer der 30jährige Krieg und seine Folgen, wozu auch gehörte, daß Deutschland als Nation zu dieser Zeit keine übergeordnete staatliche Organisationsform besaß. Im Jahr 1718 wurde die »Österreichische Orient-Kompagnie« gegründet, aus der 1723 die »Kaiserlich-Ostindische Kompagnie in Ostende« hervorging, die entsprechend den anderen europäischen Chartergesellschaften von Kaiser Karl VI. mit großen Privilegien ausgestattet war. Diese neue Gesellschaft wurde von den bereits länger bestehenden mit Mißgunst betrachtet, doch gelang es in Indien, zwei kaiserlich-deutsche Niederlassungen zu gründen. Prinz Eugen faßte damals den Plan, zum Schutze dieser Stützpunkte eine deutsche Flotte – die es zu dieser Zeit noch nicht gab – zu schaffen und Ostende und Triest zu Haupthafenplätzen des Deutschen Reiches zu machen. Diese Pläne wurden aber von der feindseligen Haltung der damaligen Seemächte durchkreuzt und der Kaiser, der die Unterstützung Englands für seine Pragmatische Sanktion brauchte, mußte die seiner Gesellschaft gewährten Privilegien zunächst für sieben Jahre aufheben, bis die Gesellschaft schließlich 1732 ganz aufgelöst wurde.

Die Handelskontakte in dieser frühen Phase waren also meist auf die

Initiative einzelner Kaufleute beschränkt, da eine staatliche Organisation oder Schutzmacht für größere Unternehmungen fehlte. Dies änderte sich im 18. Jahrhundert, als das Königreich Preußen zur dominierenden Macht des protestantischen Deutschland aufgestiegen war: 1745 wurde in Emden, der Hauptstadt des 1744 erworbenen Ostfriesland, die »Asiatische Handlungs-Compagnie« gegründet, die 1750 von Friedrich II. als »Königlich-Preußische-Asiatische Compagnie« weitergeführt wurde und die »für zehn Jahre allergnädigst Octroi- und Zollfreiheit für Ein- und Ausfuhr« erhielt. Friedrich II. selbst hatte sich verpflichtet, daß Schiffe, Waren, Bestückung, Magazine und Besatzung weder im Krieg noch im Frieden zum königlichen Dienst herangezogen wurden. Das erste Schiff, die »König von Preußen«, fuhr im Februar 1752 nach China. Ihm folgten in den nächsten Jahren fünf weitere, die Seide, Tee, Porzellan, Perlmutt und Lacke mitbrachten – Waren, die seinerzeit zu den kostbarsten Handelsartikeln überhaupt gehörten. Wegen innerer Streitigkeiten in Deutschland und der feindseligen Haltung Englands und Hollands mußte aber auch diese Gesellschaft 1757 ihre Tätigkeit einstellen. Ähnlich erging es der 1753 in Emden gegründeten »Bengalischen Handlungs-Compagnie« und einigen anderen Gesellschaften in den Jahren 1781 und 1782[2]. Schließlich wollte auch der König von einem Handel mit China nichts mehr wissen, denn »es wäre solches allerdings eine Sache, wenn man auf einen allgemeinen Frieden von 50 Jahren rechnen könnte; so unwahrscheinlich das ist, so wenig bin ich gesonnen, den Fonds der Compagnie so auf das Spiel zu setzen«[3].

Das politische und das wirtschaftliche Klima veränderten sich in den beiden letzten Jahrzehnten des 18. Jahrhunderts, als sich unter der Auswirkung der neuen philosophischen Lehren die gesellschaftlichen Strukturen zu lockern begannen, liberale Ideen sich im Unabhängigkeitskampf der nordamerikanischen Kolonien Englands manifestierten und schließlich in Frankreich mit der Revolution von 1789 das Signal für eine »neue Zeit« gegeben wurde. Daß damals auch deutsche Kaufleute wieder die Weltmeere zu befahren begannen, hatte freilich vorwiegend profane Gründe. Es waren vor allem die Produkte der deutschen Manufaktur, die im Ausland immer mehr Abnehmer fanden und einen direkten Handel lohnend erscheinen ließen.

Bereits zwischen 1720 und 1730 waren sächsische und schlesische Tuche über Sibirien nach Kiachta am Oberen Amur gebracht worden, wo sie gegen Tee und Seide eingetauscht wurden. Jährlich etwa 30 000 Stück schlesischer Tücher wurden so in den 70er Jahren über Rußland zollfrei nach Nordchina eingeführt, wobei dieser Transithandel von der Monopolstellung Rußlands abhängig war. Dieser Umstand war letztlich auch Anlaß für die Beendigung des Handels, da die russische Regierung 1836 eine Transitsteuer für ausländische Waren erhob, wodurch sich das Geschäft für die deutschen Händler nicht mehr lohnte[4].

Neben der »Königlich-Preußischen Seehandlungs-Societät«, die 1772 ebenfalls auf Initiative Friedrich II. gegründet wurde, begannen im zweiten Jahrzehnt des 19. Jahrhunderts auch die Hansestädte selbst Beziehungen zu China anzuknüpfen. In den Jahren 1816 bis 1825 ankerten in Hamburg insgesamt 46 Schiffe aus Ostasien, 28 von ihnen kamen aus China.

Der Opiumkrieg von 1840 bis 1842 hatte neben politischen Auswirkungen den Eintritt Chinas in den Welthandel zur Folge. Im Frieden von Nanking hatte sich China verpflichten müssen, fünf Häfen für englische Handelsschiffe zu öffnen und Hongkong abzutreten – letzteres war von besonderer Bedeutung, da sich dieser Hafen später zum wichtigsten englischen Stützpunkt an der Küste Chinas entwickelte. Im Oktober 1843 hatte China in einem Zusatzvertrag außerdem erklärt, daß alle westlichen Staaten in den fünf Häfen die gleichen Rechte besäßen.

Durch diese Entwicklung war das größte Land der Erde – »der schlafende Riese«, wie Napoleon China einst nannte – in das Weltgeschehen und den Welthandel miteinbezogen worden. Auch in Deutschland erregte der Vertrag von Nanking Aufsehen, und der Volkswirt Friedrich List bemerkte: »Der Frieden von Nanking ist ein großes Ereignis, ein größeres vielleicht, als die Entdeckung Amerikas . . . Wir sehen nicht ein, warum nicht auch Deutschland diese Gelegenheit ergreifen sollte, um seinem auswärtigen Handel und seiner Schiffahrt einige Ausdehnung zu geben.«[5]

Als Folge dieser Neubewertung des Handels mit China wurde 1843 im Auftrag der preußischen Regierung und der übrigen Zollvereinstaaten – zu denen die Hansestädte nicht gehörten – der preußische Ökonomierat Friedrich Wilhelm Grube in den Fernen Osten entsandt, der nach einer zehnmonatigen Studienreise zu dem Ergebnis kam, daß für den deutschen Export nach China vor allem Wollstoffe, leinene Taschentücher, Tischtücher, Strumpfwaren, Metallerzeugnisse, Bernstein, Wachstuch, Glas, Spiegel, Stiefel, Weine und Mineralwasser in Frage kämen. Insgesamt aber war er der Ansicht, daß die Bedingungen für den Absatz deutscher Produkte nicht besonders günstig seien. Diese Schlußfolgerung ist jedoch unter Umständen darauf zurückzuführen, daß Grube seine Informationen praktisch nur bei englischen Konkurrenzfirmen einholen konnte, wobei bezweifelt werden muß, daß die Auskünfte immer der Wahrheit entsprachen[6].

II.
Vom Vertrag von Tientsin bis zum Erwerb von Kiautschou

Trotz zahlreicher direkter Kontakte entwickelten sich die Handels- und Schiffahrtsbeziehungen zwischen Deutschland und China in den 40er und 50er Jahren des 19. Jahrhunderts nur langsam: 1845 liefen in Hamburg nur drei Schiffe ein, in den beiden folgenden Jahren waren es je sechs. Ein vorläufiger Höhepunkt des Chinahandels wurde 1856 mit einem Volumen von 3,96 Millionen Mark erzielt.

Im Jahr 1859 entsandte dann das Königreich Preußen die bereits im ersten Kapitel erwähnte Mission nach Ostasien. Leiter der Delegation war der damalige preußische Generalkonsul in Warschau und spätere Innenminister Graf Friedrich zu Eulenburg. Wie Max von Brandt, der spätere kaiserliche Gesandte in Tokyo und Peking, in seinen heute noch lesenswerten Aufzeichnungen *33 Jahre in Ostasien* schildert, war der Anlaß für die Entsendung der Mission die Befürchtung, daß China, aber auch Japan und Siam (Thailand) von Verträgen mit anderen Mächten veranlaßt werden könnten, die Angehörigen und Schiffe von Nicht-Vertragsstaaten wie Preußen weniger günstig zu behandeln. Brandt weist in diesem Zusammenhang besonders auf die »mit gewohnter Rücksichtslosigkeit« seitens Rußland verfügte Einführung prohibitiver Transitabgaben hin.

Im Winter 1859 traten die Korvette »Arcona«, die Fregatte »Thetis« und der Segler »Frauenlob« die Fahrt nach Ostasien an. Zur Delegation gehörten u. a. Max von Brandt, aber auch Gelehrte und Künstler wie Ferdinand von Richthofen und der Maler Berg. Nachdem zuerst in langwierigen Verhandlungen mit Japan am 24. Januar 1861 ein Handels- und Schiffahrtsvertrag unterzeichnet wurde, ging es weiter nach China, wo in Tientsin – da der preußischen Mission der Zutritt nach Peking nicht erlaubt wurde – die Verhandlungen geführt und am 2. September 1861 ein Freundschafts-, Handels- und Schiffahrtsvertrag zwischen den Staaten des deutschen Zoll- und Handelsvereins, den Großherzogtümern Mecklenburg-Schwerin und Mecklenburg-Strelitz sowie den Hansestädten Lübeck, Bremen und Hamburg und China geschlossen wurde. Der Vertrag gewährte der deutschen Seite alle die Konzessionen und Privilegien, die den anderen Mächten bereits früher zugestanden worden waren. Auf besonderen Wunsch der Hansestädte wurde in einem Separatartikel das Recht zur Ernennung von eigenen Konsuln gewährt, wodurch die Institution der »kaufmännischen

Konsuln« verankert wurde. Der Vertrag wurde erst 1864 in Shanghai ratifiziert, er ging 1866 auf die Staaten des Norddeutschen Bundes über und 1871 auf das Deutsche Reich. Erster preußischer Generalkonsul in Shanghai wurde Guido von Rehfues, der 1864 bis 1873 preußischer beziehungsweise deutscher Gesandter in Peking war[7].

Mit dem Vertrag von Tientsin war die Grundlage für die Ausweitung der deutsch-chinesischen Handelsbeziehungen geschaffen, auf deren Basis sich in den folgenden Jahrzehnten ein prosperierender Handel entwickelte.

Der Erwerb der Konzessionen in Hankow und Tientsin

Die vorteilhaften Vertragsbestimmungen sowie die seit den 50er Jahren des 19. Jahrhunderts günstige Entwicklung des deutsch-chinesischen Handels bildeten eine tragende Grundlage für den Handel in den nächsten Jahrzehnten. Als positiv erwiesen sich außerdem die Eröffnung des Suez-Kanals im Jahr 1829 und die Errichtung einer Telegrafenleitung nach Hongkong durch Werner von Siemens im Jahr 1871. Dem entspricht auch der Anstieg der deutschen Handelsfirmen in China: Während es 1855 nur sieben gab, waren es 1877 bereits 41 und im Jahr 1897 insgesamt 104[8].

Große Bedeutung hatten die deutschen Waffenlieferungen nach China, wo seit den 70er Jahren wegen der innenpolitischen Unruhen eine erhebliche Nachfrage nach Waffen und Rüstungsprodukten bestand. Einige deutsche Firmen konzentrierten sich auf dieses sogenannte »Regierungsgeschäft«, und Alfried Krupp gelang es durch seine persönlichen Beziehungen zu dem chinesischen Staatsmann Li Hung-chang auf dem China-Markt festen Fuß zu fassen und vollständige Ausrüstungen mit der dazugehörigen Munition nach China zu liefern. Nach 1880 wurden dann auch Eisenbahnen geliefert. Diese Verbindung dauerte Jahrzehnte hindurch an und erwies sich auch bei dem späteren China-Handel der Firma Krupp als wichtiger Faktor.

Insgesamt wuchs der deutsche Handel mit China zwischen 1861 und 1898 beträchtlich. Hauptsächliche Exportgüter waren dabei Nadeln, Streichhölzer, wollene und baumwollene Tuche, Lampen, Uhren und Wecker sowie alkoholische Getränke. China exportierte nach Deutschland vor allem Zimt, Ingwer, Seide und Tabak. Dabei wirkte es sich vorteilhaft aus, daß die deutschen Kaufleute den Geschmack der Chinesen zu treffen verstanden und außerdem ihre Waren zu niedrigeren Preisen verkauften als Kaufleute anderer Staaten. Die Briten, die für lange Zeit die Pioniere im Handel mit dem Fernen Osten gewesen waren, erklärten dazu bisweilen offen, daß sie nicht in der Lage seien, mit den Deutschen zu konkurrieren. Im gesamten Außenhandel Chinas rangierte Deutschland meist an der zweiten oder an der dritten Stelle hinter Großbritannien, den USA oder Japan.

Das Hauptinteresse Deutschlands konzentrierte sich neben der Ausweitung des Handels darauf, Konzessionen in China zu erhalten, da Deutschland im Gegensatz zu den anderen europäischen Mächten keine derartigen Handelserleichterungen besaß. Die Gelegenheit dazu ergab sich aber erst nach dem chinesisch-japanischen Krieg von 1894/95. Am 3. Oktober 1895 wurde eine entsprechende Konvention über eine Konzession in Hankow unterzeichnet. Mit ihr überließ China der deutschen Regierung 100 chinesische Acres in Hankow »auf ewig«, wofür das Deutsche Reich jährlich den Betrag von 12 132 Taels an den Distrikt-Magistrat von Hanyang als Pacht zu bezahlen hatte. Deutschland erhielt dadurch die gleichen Vorrechte wie andere Mächte. Zu dieser Konzession gehörte auch ein Niederlassungsverbot für Chinesen, außerdem ging die Jurisdiktion in diesem Gebiet an Deutschland. China trat damit sowohl einen Teil seines Territoriums als auch seine Souveränität innerhalb dieses Gebietes an die deutsche Regierung ab.

Nur kurze Zeit später, am 30. Oktober, wurde in Peking eine Konvention über eine ähnliche Konzession in Tientsin vereinbart. Sie unterschied sich in einigen Punkten von der von Hankow, da hier die Frage der Jurisdiktion nicht erwähnt wurde. Beide Konzessionen wurden nach der chinesischen Kriegserklärung an Deutschland am 14. August 1917 für nichtig erklärt.

Ein wesentlicher Bestandteil des deutschen China-Handels in dieser Periode war die deutsche Schiffahrt und Navigation in den chinesischen Gewässern. Deutschland unterhielt eine große Flotte mit zahlreichen Segelschiffen, die in der Lage waren, viele der Häfen anzulaufen, die von schweren und tiefgehenden Schiffen gemieden werden mußten. Die deutschen Schiffe hatten deshalb einen Wettbewerbsvorteil gegenüber den britischen, die nach ihrem eigenen Zeugnis im Nachteil waren, weil die deutschen Schiffe besser bemannt waren und günstigere Frachtraten anbieten konnten als die englischen.

Deutsches Kapital in China

Bis zum Anfang der 80er Jahre des 19. Jahrhunderts besaß keine deutsche Bank eine Niederlassung in China. Die Finanzierung der in China tätigen deutschen Firmen mußte deshalb durch ausländisches, vor allem englisches Kapital erfolgen, wodurch teilweise engere Beziehungen zu diesen Banken bestanden als zum Heimatland. Eine andere Möglichkeit wäre gewesen, selbst für die gelieferten Waren aufzukommen, was sich aber im Einzelfall wegen des fehlenden Kapitals und der großen Risiken als nicht praktikabel erwies. Um diese Handelshindernisse zu beseitigen, versuchte Deutschland durch die Gründung einer Bank eine eigene Kapitalquelle für den Handel in China zu erschließen. Bereits 1872 hatte die Deutsche Bank eine Filiale in Shanghai eröffnet, die aber 1875 infolge der Währungsumstellung in Deutschland von Silber auf Gold liquidiert werden mußte. Trotzdem wurden die Bemühungen, deutsches Kapital in China einzuführen, weiter intensiviert. Daran beteiligten sich auch industrielle Kreise, die an Eisenbahnbauprojekten in China interessiert waren. Bemerkenswerterweise standen nicht die Regierungskreise in Berlin, sondern die Großbanken selbst der Gründung einer deutsch-asiatischen Bank ablehnend gegenüber. Die Ursache war vor allem der schwankende Silberkurs.

Eine entscheidende Änderung der Situation ergab sich erst, nachdem es im Januar 1887 der Berliner Bankfirma R. Warschauer & Co. in Zusammenarbeit mit anderen Banken gelungen war, eine Anleihe für China in Höhe von 5 Millionen Mark zu 5 1/2 Prozent Zins für das chinesische Marineministerium aufzubringen. Dieser Vorgang führte zu Differenzen innerhalb der deutschen Banken. Die Regierung bemühte sich um eine Vermittlung und versuchte die deutschen Banken für ein gemeinsames Vorgehen zu gewinnen. Auf Wunsch Bismarcks wurden Gespräche mit den Großbanken geführt, die schließlich zu einer grundsätzlichen Einigung führten. Am 12. Februar 1889 wurde die »Deutsch-Asiatische Bank« in Berlin gegründet, an der sich auch eine Reihe angesehener Warenhäuser beteiligten, deren Einzahlungen wegen des schwankenden Silberpreises je nach der Entwicklung der Bank erfolgen sollten. Schon kurz danach wurden die ersten Filialen gegründet – 1890 in Tientsin, 1897 in Hankow, 1898 in Tsingtao und 1900 in Hongkong. Sitz der Bank war Shanghai, Zweigniederlassungen wurden 1896 in Berlin und 1906 in Hamburg errichtet. Die Haupttätigkeit der Bank lag zunächst bei der Finanzierung des deutschen Import- und Exportgeschäftes, wobei ihr die vorbehaltlose Unterstützung der Regierung zugesichert wurde. Da die deutschen Chinafirmen in den Anfangsjahren noch längere Zeit zu ausländischen Banken gute Beziehungen unterhielten, weil sie noch kein Vertrauen in die Neugründung hatten, ergab sich die kuriose Situation, daß die »Deutsch-Asiatische Bank« sich bemühen mußte, ausländische Firmen als Kunden zu gewinnen. Trotzdem gelang es der Bank sehr bald, zu einem zentralen Faktor beim Aufbau der deutschen Handelsbeziehungen mit China zu werden. Die wichtigste und auch besonders repräsentative Tätigkeit der Bank war ihre Beteiligung am chinesischen Anleihe- und Eisenbahngeschäft. Am 16. April 1890 wurde dafür ein besonderes Konsortium gegründet, das die Aufgabe hatte, Anleihe- und Vorschußgeschäfte in China, Japan und Korea abzuschließen – und zwar sowohl mit diesen Staaten selbst als auch mit den Provinzbehörden, den Eisenbahngesellschaften oder Aktiengesellschaften, deren Anleihen eine »Staats- oder Provinzialgarantie genießen«[9].

Der erfolgreiche Einspruch Deutschlands gegen die japanischen Friedensbedingungen aus dem Jahr 1895 (Einspruch von Shimonoseki) hatte für die deutsche Wirtschaft in China günstige politische Voraussetzungen geschaffen. Deutschland wurde dadurch für China ein ebenso interessanter Partner wie die anderen Großmächte. Eine unmittelbare Auswirkung dieses Einspruchs war das Ersuchen der chinesischen Regierung an die ausländischen Mächte um eine Anleihe. Das Deutsche Reich wurde auf diese Weise ebenfalls am großen Anleihegeschäft beteiligt. Die Anleihe betrug 16 Millionen englische Pfund, eine Hälfte wurde in England, die andere in Deutschland emittiert. Der Zinssatz war 5 Prozent, ihre Tilgung sollte in 36 Jahren erfolgen. Dieser Vertrag war deshalb interessant, weil sich die deutschen Banken bislang vergeblich bemüht hatten, in das Anleihe-Geschäft einzusteigen. Ebenfalls auf der Basis des Zusammengehens mit England konnte das Konsortium der deutschen Banken unter der Führung der »Deutsch-Asiatischen Bank« im Jahr 1898 eine weitere Anleihe in gleicher Höhe an China vergeben, die eine Laufzeit von 45 Jahren bei 4 1/2 Prozent Zins hatte.

Mit dem Erwerb von Kiautschou im Jahr 1898 war die deutsche China-Politik in eine neue Phase getreten. Das Pachtgebiet war für die Ausweitung der deutschen handelspolitischen Interessen deshalb wichtig, weil Deutschland von hier aus die Provinz Shantung als seine Einflußsphäre ausbauen konnte. Der Sicherung dieser Einflußsphäre diente in jenen Jahren auch die politische Zusammenarbeit mit England. London hatte zwar im selben Jahr ebenfalls in Shantung die Hafenstadt Wei-hai-wei erworben, Deutschland aber bei dieser Gelegenheit versichert, daß es seine Interessen und Rechte in der Provinz »weder schädigen noch in Frage stellen« wolle. Die deutsch-englische Verständigung sollte vor allem die Ausbreitung des russischen Einflußgebietes verhindern. Davon unabhängig brachte sie für Deutschland jedoch auch erhebliche Vorteile: Beispielsweise schlossen die »Deutsch-Asiatische Bank« und die britische »Hongkong-Shanghai Banking Corporation« ein Abkommen, wonach beide Banken bei allen chinesischen Geschäften, die mit einer Regierungsanleihe oder einer Regierungsgarantie verbunden waren, gemeinschaftlich operieren sollten. Nach mehreren Anläufen und Differenzen über einzelne Eisenbahnprojekte kam es 1908 zwischen beiden Banken zu einem Vorvertrag über eine Anleihe an China in Höhe von 5 Millionen englischen Pfund bei einer Laufzeit von 30 Jahren und 5 Prozent Zins. Die geplante Bahn sollte von Tientsin über Tsinan bis nach Pukow führen, eine Strecke von insgesamt 1085 Kilometern. Bau und Betrieb sollten chinesischer Leitung unterstehen, doch sollte ein deutscher Chefingenieur für den nördlichen und ein englischer für den südlichen Teil der Strecke verantwortlich sein. Später erfolgte eine Aufstockung des Kapitals um 4,8 Millionen englische Pfund. Die Bahn wurde 1912 dem Verkehr übergeben und gehörte in den folgenden Jahren zu den wichtigsten Eisenbahnstrecken in China überhaupt, da sie die reichsten Gebiete des Landes miteinander verband. Die Nordstrecke der Bahn, die von Deutschland gebaut wurde, hatte eine Gesamtlänge von 625 km und galt lange als die modernste Bahn Chinas.

In den folgenden Jahren kam es zum Bau weiterer Eisenbahnlinien, an denen Deutschland ebenfalls maßgeblich beteiligt war. Mit weiteren Anleihe-Verträgen von 1911 und 1913, zusammen mit Frankreich und den

USA, wurden eine Reihe neuer Eisenbahnlinien in ganz China finanziert. Die Anleihe von 1913 betrug sogar 25 Millionen englische Pfund, wovon 6 Millionen, also 24 %, in Deutschland emittiert werden sollten. Ihr Hauptzweck war die Bezahlung fälliger Schulden, die Bereitstellung von Mitteln für fällige Regierungsschulden und andere Staatsausgaben[10].

Neben dem Eisenbahnbau spielte die »Deutsch-Asiatische Bank« auch für das Notenwesen Chinas eine wichtige Rolle, da 1906 die Bank von der deutschen Regierung eine Konzession für die Ausgabe von Banknoten in China erhielt, die auf fünfzehn Jahre befristet war. Entsprechend ihrem Auftrag zahlte die Bank an die deutsche Regierung eine jährliche Abgabe von 1 Prozent auf den durchschnittlichen täglichen Notenumlauf, dessen Höhe der Kontrolle durch die Reichsbehörden unterlag. Kurz vor Ausbruch des Ersten Weltkrieges hatte die Bank Tael- und Dollarnoten im Wert von 2,5 Millionen Tael ausgegeben[11].

III. Die Entwicklung von 1898 bis zum Ausbruch des Ersten Weltkrieges

Der Erwerb von Kiautschou war der Beginn der deutschen Kolonialpolitik in China. Deutschland gewann damit China gegenüber eine Stellung, die es ihm ermöglichte, seine Interessen immer besser zu vertreten. Dabei handelte es sich nicht allein um die Intensivierung der deutschen Handelsbeziehungen oder um die Verstärkung der deutschen Kapitalanlagen auf dem chinesischen Markt, sondern auch um den Erwerb wirtschaftlicher Privilegien, mit deren Hilfe der deutsche Einfluß bis in das staatswirtschaftliche Gefüge des Reiches der Mitte ausgedehnt werden konnte. Außerdem konnte Deutschland nach dem Erwerb Kiautschous auf wirtschaftlichem Gebiet mit den anderen Großmächten in China konkurrieren. Dies führte in knapp einem Jahrzehnt zu einer erfolgreichen Entwicklungsbilanz.

Trotz der politischen Bedeutung für die Außen- und Chinapolitik des Deutschen Reiches war die Pachtung von Kiautschou nicht mit dem Erwerb einer Kolonie identisch. Dafür war dieses Gebiet mit einer Fläche von ca. 550 qkm zu klein und wirtschaftlich zu schwach. Das Pachtgebiet mit dem Hafen Tsingtao wurde vor allem als Stützpunkt und als eine Art Ausstellungsraum für die deutschen Errungenschaften im Städtebau, Schulwesen und in der Verwaltung betrachtet. Die Absicht, Shantung zunächst als Interessensphäre zu beanspruchen, um es später – wie Japan im Falle Koreas – ganz in Besitz zu nehmen, wurde aufgegeben, als die westlichen Staaten von einer allgemeinen Aufteilung Chinas Abstand nahmen.

Für die Verwaltung des Pachtgebietes existierte ein ziviler und ein militärischer Verwaltungsapparat. Der zivile Bereich war in zwei Referate unterteilt, das für innere und das für chinesische Angelegenheiten. Das innere Referat hatte Abteilungen für Forstwirtschaft, Landvergabe, Einwohnererfassung, Zensur und Polizei. Diese Polizei stellte ein »Musterbeispiel« deutscher Organisation dar. Es gab eine Baupolizei, eine Sicherheitspolizei, eine Forst- und Landwirtschaftspolizei, eine Nahrungsmittel- und Veterinärpolizei sowie die Gesindepolizei. Der Polizeioffizier war für die Verwaltung des chinesischen und des Polizeigefängnisses (es gab getrennte Gefängnisse für Chinesen und Europäer) und für die Aufsicht über die Polizeiarbeit insgesamt verantwortlich.

1898 erfolgte die Einrichtung einer deutschen Post, zu deren Personal ein deutscher Postmeister, zwei Postassistenten, ein Aufseher und fünf chinesische Angestellte gehörten. Bis 1899 wurden Postämter in neun weiteren Orten errichtet. Bereits am 1. Juni 1898 wurde in Tsingtao ein Telefonnetz mit 26 Anschlüssen eingerichtet, später kamen in anderen Orten weitere Anschlüsse hinzu.

Die offiziellen Zahlungsmittel waren Reichsmark und die von der Deutsch-Asiatischen Bank von China herausgegebenen Banknoten. Zusätzlich wurden seit Oktober 1909 von der deutschen Verwaltung Nikkelmünzen herausgegeben, während japanisches und koreanisches Geld verboten war.

Die wichtigste Stadt des Pachtgebietes war Tsingtao. Die Bedeutung seines Hafens lag für Deutschland weniger im militärischen als im wirtschaftlichen Bereich. Die Hafenstadt eröffnete die Möglichkeit zum Handel mit dem Hinterland, zum Eisenbahnbau und zur industriellen Erschließung der ganzen Provinz Shantung. Allerdings waren beträchtliche Aufwendungen von deutscher Seite notwendig, um Tsingtao zu jener Bedeutung zu verhelfen, die es schließlich erlangte. Aus Reichsmitteln wurden etwa 145 Millionen Reichsmark investiert, wovon etwa 50 Millionen auf den Hafen entfielen, dessen Kais sämtlich aus Holz, mit Kränen ausgestattet und an die Eisenbahn angeschlossen waren.

Infolge dieser Investitionen stieg die Bevölkerungszahl von 83000 im Jahr 1897 auf 160000 im Jahr 1910, hinzu kamen noch 1531 Deutsche, 170 Japaner sowie etwa 90 Amerikaner und Angehörige anderer europäischer Länder. Außerdem waren etwa 2300 Soldaten in Tsingtao stationiert. Die wachsende handelspolitische Bedeutung läßt sich auch daran erkennen, daß Tsingtao 1900 an 26. Stelle unter den Häfen mit Seezollverwaltung stand, 1905 jedoch bereits auf den 16. und 1910 auf den 6. Platz vorrückte.

Trotz der unbestreitbaren Vorteile, die das Pachtgebiet für das Deutsche Reich mit sich brachte, bildete die Kostenfrage eine erhebliche Belastung, zumal wenn die Gesamtausgaben den Gesamteinnahmen und beide den deutschen Subventionen gegenübergestellt werden (siehe Tabelle).

Aus der Zusammenstellung wird deutlich, daß die Einnahmen in keinem Verhältnis zu den Ausgaben der Verwaltung standen, deren Löwenanteil für Verteidigungslasten ausgegeben wurde. Zwar ist ab 1908 eine Steigerung der Einnahmen zu verzeichnen, während die Subventionen zurückgingen, die Bilanz blieb jedoch trotzdem negativ. Da Kiautschou formal unter der Kontrolle des Marineministeriums (und nicht unter der des Kolonialministeriums) stand, war sein Budget stets von dem der anderen Kolonien getrennt. Mit seinen enormen Ausgaben stand Kiautschou hinter Südwestafrika an zweiter Stelle auf der Ausgabenliste der deutschen Kolonien. Aus diesem Grunde kam es im Reichstag zu massiven Auseinandersetzungen zwischen der Regierung und den Sozialdemokraten. Diese, allen voran August Bebel, lehnten jegliche Kolonien ab, wodurch es oft zu erbitterten Wortgefechten zwischen ihm und Reichskanzler von Bülow kam. Die

Jahr	Ausgaben M	Subventionen M	Einnahmen M
1898	5 000 000	5 000 000	–
1899	8 500 000	8 500 000	–
1900	9 939 000	9 780 000	213 000
1901	11 050 000	10 750 000	300 000
1902	12 404 000	12 044 000	360 000
1903	12 808 142	12 353 142	455 000
1904	13 088 300	12 583 000	505 000
1905	15 296 000	14 660 000	636 000
1906	14 198 000	13 150 000	1 048 000
1907	13 278 200	11 735 500	1 542 700
1908	11 465 753	9 739 953	1 725 800
1909	12 165 602	8 545 005	3 620 597
1910	12 715 884	8 231 016	4 584 868
1911	13 538 610	7 703 940	5 834 670

Quelle: Feng Djen-djang, a.a.O., S. 79

koloniale Frage, und mit ihr die deutsche Chinapolitik, geriet dadurch zumindest zeitweilig in den Vordergrund der politischen Diskussion. Da der Großteil der Bevölkerung in bezug auf die Chinapolitik keine eigene bzw. zur Regierung oppositionelle Haltung vertrat, war die Sozialdemokratie das einzige Korrektiv zur kaiserlichen Chinapolitik.

Der Erwerb von Kiautschou hatte eine Reihe weiterer Vorteile für das Deutsche Reich zur Folge:

Am 2. September 1898 wurde Tsingtao zu einem Freihafen erklärt und am 17. April 1899 ein Abkommen über die Einrichtung eines Seezollamtes in Tsingtao geschlossen. Danach war Handelsware, die auf dem Seewege nach Tsingtao gebracht wurde, von den Einfuhrzöllen befreit, während für die Waren aus dem Inneren Chinas, die durch das gepachtete Gebiet zum Hafen gebracht wurden, Ausfuhrzölle entrichtet werden mußten. Sämtliche Einnahmen aus den Einfuhrzöllen wurden den deutschen Behörden jährlich als Beitrag für ihre Kosten auf dem Pachtgebiet übertragen – eine Vereinbarung, die wesentlich zur Entwicklung des Pachtgebietes und der Stadt Tsingtao beitrug[12].

Im Vertrag über Kiautschou hatte Deutschland das Recht erhalten, in der Provinz Shantung eine Eisenbahn von Tsingtao über Tsinan und Ichow zurück nach Tsingtao zu bauen und die Bergwerke in einem Gebiet von 30 Li (1 Li entspricht etwa 0,3579 Meilen oder 1/2 km) zu beiden Seiten dieser

Eisenbahn auszubeuten. Die Gesamtlänge der Eisenbahn betrug 450 km, sie wurde 1904 fertiggestellt. Von Bedeutung erwies sich auch die Verpflichtung Chinas »in allen Fällen, wo zu irgendwelchen Zwecken innerhalb der Provinz Shantung ausländische Hilfe an Personen, Kapital oder Material in Anspruch genommen werden soll, die betreffenden Arbeiten und Materiallieferungen zunächst deutschen Industriellen und Handelstreibenden, welche sich mit dergleichen Sachen befassen, anzubieten«[13]. Zum Bau der Eisenbahn und zur Ausbeutung der Bergwerke wurden 1899 die »Shantung-Eisenbahngesellschaft« und die »Shantung-Bergbaugesellschaft« gegründet. Die deutschen Banken finanzierten diese beiden Schwestergesellschaften mit 54 Millionen Mark für den Bahnbau und 12 Millionen Mark für das Bergbauwesen. Die Bergbaugesellschaft war vor allem an der Kohleförderung interessiert. Allerdings entsprach die in den beiden Hauptgruben (Fantse und Anshan) gewonnene Kohle quantitativ wie qualitativ nicht den Erwartungen, was 1913 zur Verschmelzung beider Gesellschaften führte.

Der Erwerb von Kiautschou beschränkte die wirtschaftliche Machtstellung Deutschlands in China aber nicht auf Shantung. Die Stellung, die Deutschland im internationalen Wettstreit der Großmächte inzwischen einnahm, zog eine Ausweitung der wirtschaftlichen Ambitionen bis weit ins Innere Chinas nach sich. Dabei ging es nicht nur um eine erhebliche Zunahme des deutschen Außenhandels und der deutschen Investitionen überhaupt, sondern um eine Expansion, die sich auf viele Bereiche des chinesischen Wirtschaftslebens erstreckte. So wurden beispielsweise viele Deutsche in der chinesischen Zollverwaltung angestellt. Kurz vor Ausbruch des Ersten Weltkrieges waren es 220 Personen, Deutschland stand damit hinter England mit 884 Beschäftigten an zweiter Stelle. Am Ausbau des chinesischen Postwesens hatte Deutschland ebenfalls erheblichen Anteil: Bis zu Beginn des Ersten Weltkrieges wurde ein deutscher Postdienst in den wichtigsten Städten eingerichtet, wozu neben Peking, Shanghai, Kanton, Tientsin und Nanking eine Reihe weiterer Städte gehörten. Schließlich war das Deutsche Reich auch am Ausbau des Telegrafennetzes beteiligt. Die »Deutsch-Niederländische Telegrafengesellschaft« gehörte zu den vier großen ausländischen Gesellschaften, die mit der Regierung in Peking besondere Abkommen getroffen hatten. An der Flußschiffahrt auf dem Yangtse, die hauptsächlich von England und Japan bestritten wurde, beteiligte sich Deutschland ebenfalls, die Zahl der deutschen Schiffe blieb allerdings weit hinter derjenigen der anderen Staaten zurück. Nur in Nordchina war wegen der regelmäßigen Postdampfer-Verbindung Shanghai–Tsingtao-Chifu–Tientsin–Dalien die deutsche Beteiligung wesentlich stärker.

Ein Teilergebnis der erfolgreichen Expansionspolitik Deutschlands in China nach 1898 war die beträchtliche Steigerung des Außenhandels, die andererseits eine entsprechende Vergrößerung des Transportraumes erforderte, wodurch sich seit dem Erwerb von Kiautschou bis 1913 die Zahl der in chinesischen Häfen ein- und auslaufenden deutschen Überseeschiffe ständig erhöhte, wie die folgende Tabelle zeigt:

Anteil der deutschen Schiffe an der chinesischen Küstenfahrt[14]

Jahr	Zahl der Schiffe	Tonnage
1876	1587	661668
1886	2702	1499296
1895	2684	2442158
1899	2078	1854246
1900	3527	4032147
1905	7337	8187871
1913	5382	6320466
1914	3906	4026493
1915	976	58263

Eine Folge des regen China-Handels war auch die Beteiligung der beiden Schiffahrtslinien »Norddeutscher Lloyd« und der »Hamburg–Amerika-Linie« an der »China Homeward Trade Conference«, einer Frachten-Gemeinschaft, in der sich mehrere am China-Handel beteiligte Ozean-Dampfschiffahrtslinien zusammengeschlossen hatten. Die »Rickmers-Linie« war an dieser Gemeinschaft nicht beteiligt, weshalb es teilweise zu scharfen Konkurrenzkämpfen um Frachtsätze und -güter kam.

Neben den oben erwähnten offiziellen Krediten suchte China vor allem nach der Revolution von 1911 wegen der desolaten Wirtschaftslage auch Anleihen auf inoffizieller Ebene. Wie die Firmen aus anderen Staaten gewährten auch die großen deutschen Handelshäuser der Republik China eine Reihe von Krediten, bei denen insbesondere die Firmen Carlowitz und Jebsen & Co. aktiv waren[15].

Kredite der Firma Carlowitz

Kredit für die Provinz Chekiang 1912
in Höhe von 6 000 000 Mark
Kredit für das Finanzministerium Peking 1912
in Höhe von 4 200 000 Mark
Kredit für die Armee in Nanking 1912
in Höhe von 2 000 000 Mark

Kurzfristiger Kredit für das Heeresministerium 1912
in Höhe von 1 540 086 Mark
Kredit für das Heeresministerium 1913
in Höhe von 1 531 230 Mark
Kurzfristige Kredite für das Heeresministerium 1913
in Höhe von ca. 4 Millionen Mark
Sengpo-Eisenbahn-Anleihe von 1913
in Höhe von 3 000 000 englischen Pfund.

Kredite der Firma Jebsen & Co.

Kredit für die Provinz Hupei 1912
in Höhe von 420 000 englischen Pfund
Kredit für die chinesische Handelskammer in Shanghai 1912
in Höhe von 5 000 000 englischen Pfund
Nothilfe-Kredit für die Provinz Chiling in der Mandschurei 1913
in Höhe von 10 000 000 englischen Pfund
Kurzfristiger Kredit für das Heeresministerium von 1913
in Höhe von 227 250 englischen Pfund.

Der Aufbau der deutschen Wirtschaft in China seit 1898, wie er auf den vorliegenden Seiten in aller Kürze geschildert wurde, spiegelt die ungemein intensive und erfolgreiche Entwicklung der deutschen Bemühungen wider. Für die Zukunft war eine Erweiterung der deutschen Aktivitäten auf allen Ebenen in Aussicht genommen worden, wobei insbesondere eine Reihe von Eisenbahnprojekten von Bedeutung war, unter anderem eine Linie von Szechuan nach Hankow mit einer Gesamtlänge von ca. 2500 km. Die entsprechenden Verträge zwischen China und Deutschland waren bereits unterzeichnet, ihre Ausführung scheiterte jedoch am Ausbruch des Ersten Weltkrieges. Die so erfolgreiche Entwicklung der deutsch-chinesischen Wirtschaftsbeziehungen endete 1914. Im Verlauf des Ersten Weltkrieges wurden dann die gesamten deutschen Wirtschaftsbeziehungen mit China und Ostasien überhaupt zerstört.

KAPITEL III

Die kulturellen Beziehungen zwischen Deutschland und China bis zum Ersten Weltkrieg

I.
Die Auswirkungen der frühen China-Berichte auf Europa

Während in den politischen und wirtschaftlichen Beziehungen bis zum Ausbruch des Ersten Weltkrieges Deutschland wie die anderen europäischen Mächte eine aktive Rolle gegenüber dem eher passiven China spielte, bestand im kulturellen Bereich zumindest eine Wechselwirkung zwischen der europäischen und der ostasiatischen Kultur. Es versteht sich dabei fast von selbst, daß auch in kultureller Hinsicht die Besonderheit der deutschen Beziehungen mit China nur im europäischen Rahmen gesehen werden kann.

Wie bereits erwähnt, wurden schon gegen Ende des 16. Jahrhunderts konkrete Berichte über die Existenz eines »China« von Portugiesen und Spaniern nach Europa gebracht, die weit über die von Marco Polo vermittelten Erzählungen hinausgingen. Das auf der Grundlage dieser Berichte von dem spanischen Augustiner Juan Gonzalez de Mendoza erstmals 1585 publizierte Werk über China wurde allmählich in alle europäischen Sprachen übersetzt und von vielen gebildeten Europäern verschiedener Nationalitäten gelesen. Im Jahr 1589 erschien auch eine deutsche Ausgabe unter dem Titel *Eine neuwe/kurtze/doch wahrhafftige Beschreibung dess gar großmächtigen weitbegriffenen/bisshero unbekannten Königreichs China.* Darin wurde relativ viel über die Sitten, Gebräuche, die Gesellschaft und Kultur Chinas berichtet, worüber Marco Polo in seinem Reisebericht nur wenig erzählt hatte. Das Werk Mendozas war die Grundlage für das neue China-Bild des Westens gegen Ende des 16. Jahrhunderts.

Der eigentliche Entdecker der chinesischen Geisteswelt für Europa war jedoch Matteo Ricci (1552–1610), ein italienischer Jesuit, der 1582 nach Macao kam und im folgenden Jahr die Erlaubnis erhielt, sich mit seinem Landsmann und Ordensbruder Ruggieri in Chaoching, der damaligen Residenzstadt des Generalgouverneurs von Kuangtung, niederzulassen. Seit 1601 lebte er in Peking, wo er sich den Beinamen Li Mao-tou zulegte. Seine Berichte – meist Werke allgemeiner Art über China – wurden zuerst 1615 in lateinischer Sprache veröffentlicht und bald danach in andere europäische Sprachen übersetzt. Von großer Bedeutung waren auch die illustrierten Beschreibungen von T. de Geyer und J. de Kayser, die in den Jahren 1665–1675 erschienen. Sie enthielten zahlreiche Abbildungen, die auch die damalige Kunst beeinflußten. Zu den bekanntesten Darstellungen, die sich an diesen Arbeiten orientierten, gehören die Illustrationen in den Büchern von P. Athanasius Kircher (1667) und von Louis le Comte (1696).

Während des 17. Jahrhunderts nahmen chinesische Kunstgegenstände auf allen Ausstellungen einen bedeutenden Platz ein, zumal es auch eine weitverbreitete Populärliteratur über China gab. Was man aus China erfuhr, beschäftigte weite Kreise des Bürgertums und wirkte auf die Gelehrten teilweise wie eine Offenbarung. Da die französischen Jesuiten den größten Anteil an der China-Mission hatten, fielen auch ihre Berichte in Frankreich auf besonders fruchtbaren Boden. Dabei erregte zunächst die Aufzeichnung der ältesten chinesischen Geschichte und ihr Verhältnis zu den Überlieferungen des Alten Testaments größtes Interesse. Von noch größerer Bedeutung waren jedoch die religiösen und philosophischen Traditionen Chinas. Von ihnen wurden Pierre Bayle (1647–1706), Malebranche (1638–1715), Montesquieu (1689–1755) und Voltaire (1694 bis 1778) beeinflußt. Voltaire sah in China seine Theorie von der »Universalen Vernunft« verwirklicht. Seine Bewunderung für China fand in folgenden Worten ihren Ausdruck: »Man braucht nicht auf das Verdienst der Chinesen versessen zu sein, um doch anzuerkennen, daß die Einrichtung ihres Reiches in Wahrheit die vorzüglichste ist, welche die Welt je gesehen hat und auch die einzige, die auf die patriarchalische Macht gegründet ist.«[1] In Deutschland ist vor allem bei Gottfried Wilhelm Leibniz (1646–1754) und bei Christian Wolff (1679–1754) der Einfluß der Jesuiten-Berichte aus China deutlich zu erkennen[2].

Bei der Beurteilung Chinas im Europa des 16., 17. und auch noch 18. Jahrhunderts muß das Bild, das die Jesuiten von China vermittelten, berücksichtigt werden. Es zeigte ein großes und machtvolles Reich, an dessen Spitze stets ein weiser und kultivierter Herrscher stand, der nach den Gesetzen der Vernunft und einer erhabenen Staatsethik regierte, während das Volk von den Normen einer hohen und reinen Sittlichkeit geleitet wurde. Künste und Wissenschaften blühten und wurden von jedermann in gleicher Weise in Ehren gehalten. Das Leben verlief in einem System fest geregelter Formen, aller Krieg und Streit waren verfemt, Friede und Harmonie oberstes Gebot. Im Gegensatz dazu bot das in sich zerrissene und von ständigen Kriegen heimgesuchte Europa mit seiner Armut und seinem Elend nach dem 30jährigen Krieg ein klägliches Bild, so daß die Begeisterung für China in den Kreisen europäischer Gelehrter kaum verwunderlich ist.

China erlebte zwar während des späten 17. und frühen 18. Jahrhunderts einen kulturellen und politischen Höhepunkt seiner langen Geschichte, das von den Jesuiten vermittelte Bild war jedoch stark idealistisch überzeichnet. Das kam nicht von ungefähr. Der Grund dafür war, daß die Jesuiten versuchten, sich in dem beginnenden Riten-Streit eine bessere Position zu verschaffen, indem sie eine möglichst ideale Vorstellung von China und den Chinesen vermittelten. Deshalb wurden auch die von den Missionaren aus

China in ihr Heimatland geschickten, durchaus realistischen und den tatsächlichen Verhältnissen entsprechenden Briefe und Berichte vor ihrer Veröffentlichung in Paris sorgfältig redigiert und gegebenenfalls korrigiert[3]. Dadurch wird erklärlich, daß damals viele Betrachter in Europa in China eine »bessere Welt« sahen.

Aber nicht nur in der philosophischen und der staatswissenschaftlichen Diskussion des späten 17. und frühen 18. Jahrhunderts waren China und seine praktische Philosophie das beherrschende Thema. Auch in der Kunst, überhaupt im gesamten verfeinerten Lebensstil des Rokoko, spielte China eine große Rolle. Chinesisches Porzellan, Lacke, bemalte und bedruckte Seidenstoffe, Papiertapeten waren im Europa von damals vielbegehrte Artikel, die in China besonders zum Export hergestellt und in Europa in großen Mengen eingeführt wurden. Außerdem ahmte man sie hier mit viel Erfolg in wachsendem Umfang nach. Sogar in der Architektur, in Gartenanlagen und Ornamenten aller Art kamen chinesische Motive zur Anwendung. Diese Motive arteten freilich immer mehr in eine exotisch-bizarre Chinoiserie aus, die mit der wirklichen chinesischen Kultur kaum mehr etwas gemeinsam hatte.

Den mehr idealisierenden Berichten über China aus der Feder von Jesuiten folgten zunehmend Darstellungen von Kaufleuten und Reisenden. Die Kaufleute hatten dabei in der Regel wenig Interesse für chinesische Kultur oder auch das Geistesleben im »Reich der Mitte«, weshalb ihre Berichte in das gegensätzliche Extrem ausschlugen und sich vielfach durch gehässige, verächtliche und geringschätzige Schilderungen von China auszeichneten. Der Grund dafür liegt unter anderem darin, daß ihre Verfasser ausschließlich am Handel mit China und an ihrem Verdienst interessiert waren, wobei hinzukam, daß sie nur mit den untersten Bevölkerungsschichten der Hafenstädte und mit subalternen Beamten zusammentrafen, die nicht immer zu den zivilisiertesten Elementen der Bevölkerung gehörten.

In Europa konnte sich die weltoffene und tolerante Einstellung eines Leibniz gegenüber einer auf die Vorrangstellung der abendländischen Kultur fixierten Vorstellung auf die Dauer nicht behaupten. Die Wiederentdeckung der griechisch-römischen Antike im europäischen Geistesleben, die Entwicklung von Naturwissenschaft und Technik, die koloniale Expansion mit Hilfe überlegener technischer und militärischer Mittel und ein auf Macht und Gewinn orientiertes Denken verdrängten allmählich das Interesse an China. Die abfälligen Berichte der Kaufleute trugen zur Stärkung der Selbstgefälligkeit in Europa und einer europazentrischen Geisteshaltung bei. Dies alles führte dazu, daß man immer weniger Anlaß sah, sich ernsthaft mit China zu beschäftigen, die einstige China-Euphorie verkehrte sich ins Gegenteil: China wurde Gegenstand grotesker Verzerrungen und Lächerlichkeiten. Damit war das von Matteo Ricci und seinen Nachfolgern in Richtung China geöffnete Fenster am Ende des 18. und zu Beginn des 19. Jahrhunderts wieder zugestoßen worden. Chinesen und Europäer wußten zwar gegenseitig von ihrer Existenz, hatten aber beide nicht den Wunsch, den anderen kennenzulernen oder gar zu verstehen. Die Abneigung und Verachtung, die die Haltung beider zum jeweils anderen charakterisierte, war auf chinesischer Seite primär in der kolonialistisch-imperialistischen Chinapolitik der europäischen Mächte begründet. In Europa dagegen war es ein kultureller Hochmut, der sich auf eine technologisch-wissenschaftliche Überlegenheit berief, der im kulturellen Bereich jedoch völlig unangebracht war.

II.
Der Einfluß Chinas auf das Zeitalter des Rokoko

Eine Darstellung der Beziehungen Deutschlands zu China muß ohne die Einbeziehung der gegenseitigen kulturellen Einflüsse unvollkommen bleiben. Dies gilt vor allem für die Beeinflussung Deutschlands durch die chinesische Kultur im 17., 18. und auch 19. Jahrhundert.

Die nachhaltigsten Spuren haben die Einflüsse aus China dabei im Zeitalter des Rokoko hinterlassen, das nicht nur eine philosophisch-kulturelle Affinität zu China entwickelte, sondern auch wesentliche Aspekte der chinesischen Kunst und des Kunsthandwerks wie das Porzellan, die Lackmalerei, die Seide und die Papiertapete übernahm. Auch der Goldfisch gelangte in dieser Zeit von China nach Europa. Hinzu kommt der Einfluß des chinesischen Stils auf die Malerei, die Architektur und die Gartenkunst.

Ein wesentliches Charakteristikum des Rokoko ist eine gewisse Lockerung und Entkrampfung des Stiles in der Malerei, was unter anderem dazu führte, daß die Farbe die klare Bestimmtheit des Barock verlor. Das Rokoko begeisterte sich an blassen Tönen, Graduierungen ohne scharfe Trennungen. Es ist deshalb durchaus verständlich, daß das Porzellan, das schon vom Material her zu hellen und zarten Farbtönungen verführte, zu einem typischen Material in der Kunst des Rokoko wurde. Es war also weniger das geschriebene Wort, das die chinesische Kultur dem Rokoko nahebrachte, sondern vielmehr das zerbrechliche Porzellan, kostbare chinesische Seiden oder kunstvolle Lackmalereien, die der europäischen Gesellschaft des 18. Jahrhunderts die Vision eines glücklichen Lebens vermittelte.

Die Begeisterung für das Porzellan

In China gab es bis zum 14. Jahrhundert nur einfarbiges Porzellan mit sehr blassen Tönungen. Erst im 15. Jahrhundert wurden die Chinesen mit dem sogenannten »Mohammedaner-Blau« bekannt, das wahrscheinlich von den Arabern nach China gebracht wurde. Seitdem wurde Porzellan unter der Glasur blau auf weiß bemalt und erst im 17. Jahrhundert wurden über der Glasur drei bis fünf Farben verwendet. In Europa war das Porzellan zu dieser Zeit noch weitgehend unbekannt. Der Name selbst hat eine merkwürdige Entstehungsgeschichte: Die Portugiesen, die als erste Europäer in den

Fernen Osten kamen, fanden in Ostindien Muscheln, die wie in China und anderen Ländern auch als Münzen verwendet wurden. Wegen ihrer Form und ihrer rosigen Farbe nannten sie sie »Porzella« (»Schweinchen«). Als sie dann in China Gefäße entdeckten, die vom Material und der Farbe den Muscheln ähnlich sahen, nannten sie diese »Porzellan«. Wie sehr im 18. Jahrhundert die Vorstellung von Porzellan in Europa mit China verbunden war, geht unter anderem daraus hervor, daß in England das Wort »Porzellan« nicht gebraucht wurde, man nannte es einfach »china«. Frankreich als das Geburtsland des Rokoko war auch das erste Land, das chinesisches Porzellan einführte und zum Gebrauchsgut machte. Man bevorzugte dabei das buntbemalte Porzellan, während Holland, England und Deutschland das blauweiße Porzellan vorzogen.

Während im 17. Jahrhundert das Porzellan in Europa noch als große Kostbarkeit betrachtet wurde und nur an den Königshöfen wie Versailles in größeren Mengen verwendet wurde, war es um die Wende zum 18. Jahrhundert zu einer allgemein gebräuchlichen Haushaltsware geworden. Vor allem als warme Getränke wie Tee in Mode kamen, stieg der Bedarf, was teilweise auf den enormen Import, aber auch auf die Bedürfnisse des damaligen Geschmacks zurückzuführen war. Von einer gewissen Kuriosität ist dabei, daß in China und Japan ausschließlich Tassen ohne Henkel benutzt wurden, für den Export nach Europa aber solche mit Henkeln hergestellt wurden. Die henkellosen Tassen verhinderten, daß man sich den Mund verbrannte. Sehr oft wurde auch weißes Porzellan bestellt, das dann erst in Europa, entsprechend dem besonderen Geschmack der Europäer, bemalt wurde[4].

Neben der Einfuhr von Porzellan aus Ostasien hatte man in Europa große Anstrengungen darauf verwendet, Porzellan in eigener Fabrikation herzustellen. Bereits um das Jahr 1540 begannen Venezianer mit entsprechenden Versuchen, und in Florenz gelang es unter der Regierung Francesco Marias (1574–84) eine Zeitlang, das sogenannte »Medici-Porzellan« herzustellen. Dabei ist interessant, daß die Art des Dekors, die damals in Venedig nachweislich ohne fremde Einflüsse entwickelt wurde, genau der entsprach, die zur gleichen Zeit in China verwendet wurde. Von Venedig gelangte die Technik der Porzellanherstellung über Delft nach Holland, wo die eigene Tonware so weit entwickelt wurde, bis sie dem chinesischen Vorbild ähnlich war und als »Delfter Porzellan« weltweit bekannt wurde. Der Grund für die fast ausschließliche Verwendung der blauen Farbe beim holländischen Porzellan ist übrigens darauf zurückzuführen, daß die chinesischen Häfen, in denen das blaue Porzellan aus Arita (Provinz Kuang-si) verschifft wurde, seit 1641 ausschließlich Holländern offenstanden. In den Fällen, in denen die Bemalung des Porzellans auf chinesische Vorbilder zurückgeht, wurden die Motive oft mißverstanden. So ist das Meißner Zwiebelmuster eigentlich auf das chinesische Granatapfelmuster zurückzuführen, das man falsch interpretierte. Der Einfluß des holländischen Porzellans gelangte zuerst nach

Frankreich und dann nach Deutschland, hier vor allem nach Nürnberg, Fulda und Bayreuth.

Von entscheidender Bedeutung für die Verwendung des Porzellans in Europa war der erste gelungene Versuch in Europa, das echte Hartporzellan herzustellen, was 1709 Johann Friedrich Böttger und Graf Tschirnhausen in Dresden gelang. Böttger war von Beruf Alchimist und mußte 1707 wegen »Goldmacherei« von Berlin nach Dresden fliehen, wo er unter dem Schutz von August dem Starken auf das Versprechen, Porzellan herzustellen, ein Laboratorium zur Verfügung gestellt bekam. Im Jahr 1710 wurde eine Manufaktur in Meißen gegründet, und bereits 1714 konnte das erste deutsche Porzellan auf der Leipziger Messe gezeigt werden[5]. Für Sachsen wurde die Porzellanindustrie bald zum wichtigsten Industriezweig überhaupt, und als Friedrich II. im Siebenjährigen Krieg (1756–63) Sachsen besetzte, benutzte er Meißner Porzellan, um seine Schulden zu bezahlen. Er sandte auch der Gräfin von Camas eine Porzellandose als Geschenk, wobei er hinzufügte: »Ich schenke Ihnen eine Kleinigkeit, damit Sie mein gedenken . . . Ich habe hier für alle Welt Porzellan bestellt, kurz ich bin jetzt nur in dieser zerbrechlichen Materie reich. Ich hoffe, daß diejenigen, denen ich dergleichen schicke, es für bares Geld nehmen werden, denn wir sind bettelarm . . . nichts bleibt uns übrig als die Ehre, unser Schwert und Porzellan.«[6] Außerdem hatte Friedrich II. – vom großen Erfolg des Meißner Porzellans und der finanziellen Notlage Preußens angeregt – von dem Kaufmann Gotzkowski für 225 000 Reichstaler dessen Berliner Porzellanfabrik, die spätere »Königliche Porzellanmanufaktur«, gekauft.

Die Bedeutung des Porzellans für das Rokoko läßt sich an den zahlreichen Porzellansammlungen ermessen, die sich in den chinesischen Kabinettzimmern der Rokoko-Schlösser befanden. Als charakteristische Beispiele dafür galten die chinesischen Zimmer im Schloß Ludwigsburg, in Schönbrunn, das Spiegelkabinett in der alten königlichen Residenz in München (eines der »reichen Zimmer«, das durch das Feuer von 1729 zerstört wurde), der Spiegelsalon und das »Porzellanzimmer für Kavaliere« im Schloß von Ansbach[7].

Lackmalerei und Sänfte

Der Einfluß Chinas auf die Kunst des Rokoko war jedoch nicht auf das Porzellan beschränkt. Das Rokoko mit seinem Gefühl für neue künstlerische Entwicklungen stellte auch neue Anforderungen an die verwendeten Stoffe. Es ist deshalb nicht verwunderlich, daß die Lackmalerei aus dem in handwerklicher Geschicklichkeit wesentlich fortgeschritteneren Fernen Osten ebenfalls vom Rokoko übernommen wurde. Hinzu kommt, daß die Bemalung von Porzellan in Schwarz und Gold damals ausgesprochen populär war, wobei dies gerade die typischen Farben der Lackmalerei waren.

Ob der Augustinermönch Eustachius tatsächlich derjenige war, der als erster das Geheimnis der Lackherstellung nach Rom mitbrachte, oder ob es sich dabei nur um eine Legende handelt, ist nicht nachweisbar. Fest steht, daß die erste gute Imitation des chinesischen Lacks gegen Ende des 17. Jahrhunderts in Frankreich geschaffen wurde. Schon kurze Zeit später wurde die Lackmalerei, die zur Zeit Ludwigs XIV. eine ausgesprochene Kostbarkeit war, vom Bürgertum akzeptiert und fand in allen möglichen Formen Verbreitung. Auch Madame de Pompadour gehörte zu den Liebhabern der Lackmalerei und gab für ihr Schloß in Bellevue 1752 eine große Bestellung in Auftrag.

Bereits 1730 konnte die französische Lackkunst mit der Ostasiens konkurrieren und wurde bald über die Grenzen Frankreichs hinaus bekannt. Außer in England, Holland und Venedig fanden sich auch in Deutschland Anhänger. Erwähnenswert ist die Geschichte des deutschen Künstlers Johann Heinrich Stobwasser (1740–1829), der offensichtlich zufällig in den Besitz eines französischen Lackrezeptes gelangt war und erstmals 1757 gute Ergebnisse damit erzielte. Zuvor hatte er bei seinem Vater in Ansbach gearbeitet, der lackierte Stöcke einkaufte, die von Friedrich II. in der preußischen Armee eingeführt wurden. Stobwasser benutzte für seine Lackmalereien chinesische Motive mit Landschaften und Figuren, außerdem imitierte er vor allem die japanischen Goldlackarbeiten. 1763 ließ sich Stobwasser in Braunschweig nieder und gründete eine privilegierte Lackfabrik, deren gelackte Schnupftabakdosen weltberühmt wurden. Friedrich II. selbst holte sich den Sohn des berühmten französischen Vernisseurs, Robert Martin, an seinen Hof.

Die Lackkunst war nicht auf die Herstellung von Lackmöbeln beschränkt, man baute bald auch lackierte chinesische Tragesänften (Porte-Chaises) nach, aus denen später durch den Unterbau von Rädern die Droschken (Chaises) entstanden, die noch heute vom Material wie von der Form her als ursprüngliche Sänften zu erkennen sind. Die geschlossenen Sänften nach ostasiatischem Vorbild wurden erstmals zu Beginn des 17. Jahrhunderts in Europa eingeführt und fanden bald als Symbole einer straff gegliederten staatlichen Hierarchie auch in Europa weite Verbreitung. Wie in China, wo nur der Kaiser in einer gelben Sänfte getragen werden durfte, schuf man auch in den europäischen Ländern besondere »Sänftenordnungen«. Die Sänften wurden nach Form und Farbe unterschieden, an denen man den Stand des Getragenen erkennen konnte. Ein Erlaß aus dem Jahr 1727 sah in Wien nach Farben unterschiedene »Hof- und Raths-Porte-Chaisen« vor. Der Kaiser ließ sich in einer besonders prächtig ausgestatteten Sänfte tragen, und es wurde angeordnet, »weder Kranke noch Laquais und Livrée-Personen, am allerwenigsten aber Juden« in Sänften zu transportieren. Vor allem in Österreich war man von dem neuen Transportmittel sehr angetan, an dessen Ausstattung man auf den ersten Blick die gesellschaftliche Stellung des Besitzers erkennen konnte[8].

In Deutschland war es ähnlich: In Nürnberg erließ der Magistrat sogar noch 1861 feierlich eine Sänftenordnung, obwohl die meisten Sänften schon längst verstaubt waren, während Überlieferungen aus den ersten Jahren des 18. Jahrhunderts noch vom Gedränge der Sänftenträger vor Kirchen und Theatern berichten. Zeitweilig herrschte geradezu ein Sänftenkult: Erzbischof Clemens August von Köln besuchte seinen Sprengel nur noch in einer Sänfte. Während der Glanzzeit des Rokoko fand diese Sitte bis in die letzten verlorenen Winkel kleiner und kleinster Duodezfürstentümer Eingang.

Doch als sich in Deutschland und Österreich die Sänften erst richtig verbreiteten, war in Frankreich diese Mode bereits wieder vorbei. 1737 benutzten in Paris nur noch die Angehörigen des Mittelstandes Sänften, während die Begüterten bereits in Droschken fuhren. Offenbar waren die französischen Droschken die ersten gelungenen Nachbildungen der japanischen, wo Sänften auf Rädern von Pferden gezogen wurden. Bereits früher hatten die Holländer eine Nachahmung versucht, allerdings ohne Erfolg[9].

Die Seide wird populär

Ebenso wie das Porzellan und die Lackmalerei entsprach auch die Seide dem Stilgefühl des Rokoko. Sie war zwar schon lange in Europa bekannt – die ersten Stoffe wurden von den Hunnen auf dem Landweg im 2. Jahrhundert v. Chr. nach Rom gebracht[10], populär wie nie zuvor wurde sie jedoch erst im Rokoko.

Während des gesamten Mittelalters konnte die Seide wegen der schwierigen Verbindung nach Ostasien nur in sehr beschränkten Mengen importiert und verwendet werden, weshalb sie ein ausgesprochener Luxusartikel blieb. Erst in der Renaissance wurde sie über die Grenzen Italiens hinaus bekannt, und im 17. Jahrhundert erfuhr der Seidenimport eine enorme Steigerung, nachdem die Ladungen der regelmäßigen Kauffahrteischiffe zu einer Preissenkung geführt hatten, was wiederum eine Verwendung in breiten Kreisen ermöglichte. Die hohen Gewinne, die noch immer mit der Seide erzielt wurden, stimulierten Händler wie Kaufleute, immer mehr Seide auf den Markt zu bringen. Gewinne von hundert, zweihundert oder noch mehr Prozent waren durchaus die Regel, und die Verkaufsbücher der »Compagnie des Indes Orientales« vom 28. Mai 1691 belegen, daß Stoffe, die für 327 000 Livres eingekauft, für 1 267 000 Livres verkauft worden waren[11].

Paris war bereits damals das Zentrum der europäischen Mode, und von dort aus wurden Mannequin-Puppen nach England, Italien und Österreich geschickt, mit denen man die letzte Mode vorstellte. Kennzeichnend für das Interesse an der Seide und der Mode ist dabei, daß auch während des Spanischen Erbfolgekrieges (1701–14) der Seidenhandel fortgeführt wurde und somit auch die Staaten, die mit Frankreich im Krieg lagen, indirekt zur Stärkung der französischen Industrie beitrugen.

Während der zweiten Hälfte des 17. Jahrhunderts dominierten die handgemalten Seiden, doch wurden seit 1673 auch bedruckte Stoffe neben den wesentlich teureren bemalten hergestellt. Angesichts des stetig steigenden Verbrauches von Seide bemühte sich vor allem die französische Industrie, die Nachfrage mit eigener Produktion zu befriedigen, wobei die Ergebnisse jedoch nicht zur Zufriedenheit der breiten Käuferschichten ausfielen. Um die französische Industrie zu unterstützen, wurde schließlich 1686 ein Verbot des Imports von bemalter Seide aus dem Fernen Osten erlassen, das allerdings nie sehr streng gehandhabt worden zu sein scheint[12]. Die Kunst der Seidenmalerei blieb dabei im wesentlichen auf Frankreich als das Entstehungsland des Rokoko beschränkt. Im Gegensatz zur Lackmalerei oder zur Porzellanherstellung wurde aber nie die Qualität der ostasiatischen Seide erreicht, so daß die europäische Seide mit den Erzeugnissen aus China oder Japan nicht konkurrieren konnte. Deutschland beziehungsweise deutsche Künstler und Handwerker spielten dabei keine erwähnenswerte Rolle.

Papiertapete, Architektur und Goldfische

Eine weitere Errungenschaft, die heute bei uns gang und gäbe ist, aber im 17. Jahrhundert noch völlig unbekannt war, geht ebenfalls auf chinesischen Einfluß zurück: die Papiertapete. Sie wurde vor allem vom Bürgertum als willkommener Ersatz für die Wandbehänge und Gobelins der Reichen begrüßt, die man sich nicht leisten konnte. Auch dafür bestand besonders im Rokoko mit seinem Zug zum »Intimen« eine ausgeprägte Neigung, da man in dieser Epoche die Wohnlichkeit der Innenräume besonders schätzte. In China selbst wurden diese Tapeten von jeher zum Bekleiden der Wände und als Wandschirme benutzt, teilweise waren die Papiere bemalt, teils mit Holzplatten bunt bedruckt. Während des 17. Jahrhunderts wurden derartige Tapeten in großen Mengen nach Europa eingeführt, nachdem Seeleute an dem bunten Schmuck erst persönlich Gefallen gefunden und ihn dadurch bekanntgemacht hatten. Bald darauf entstanden die ersten Nachahmungen, und bereits 1610 ist – wenn auch nicht nachweisbaren Berichten zufolge – in Rouen erstmals versucht worden, nach von Missionaren mitgebrachten Mustern Papiertapeten herzustellen. Ersten Erfolg hatte aber ein anderer französischer Hersteller im Jahr 1688. Die Produktion im größeren Maßstab blieb jedoch den Engländern vorbehalten, die 1746 erstmals zwei Meter lange Modelle herstellten. Keine zehn Jahre später wurden die ersten Tapeten fabrikmäßig produziert. Sie waren mit stilisierten Mustern und Landschaften in »Claire Obscure« gezeichnet und imitierten altchinesische Vorbilder. Wirklich große Verbreitung fanden die Tapeten allerdings erst nach der Französischen Revolution, die eine Reihe von Vorurteilen beseitigte und unter anderem auch der Papiertapete die heutige Verbreitung in Europa ermöglichte.

Der Einfluß des chinesischen Stils auf die Architektur nahm einen umgekehrten Weg wie die anderen »China-Importe«, da der »französische Groteskenstil« erst in Deutschland heimisch wurde, bevor er von Frankreich übernommen wurde. Nur auf einer Vermutung beruht dabei, daß der eigenartig pavillonhafte Grundriß des Rokokohauses dem chinesischen Vorbild, das für diese Eigenart besonders bekannt ist, entlehnt wurde. Nachweisbar ist eine chinesische Beeinflussung jedoch nicht.

Anders verhält es sich mit dem chinesischen Dach, dem am meisten verbreiteten Baumotiv in der Architektur des Rokoko. Hierbei ist es interessant, auf den Ursprung der westasiatisch-europäischen und der ostasiatischen Haus-Typen zu verweisen: Das ostasiatische Dach ist dem Zelt der alten mongolisch-chinesischen Jurten nachgebildet, wobei man selbst trotz des neuen Baustoffes die Form des von Stangen getragenen Tuchzeltes erkennt, während das indogermanische Haus der Plane des Ochsenwagens ähnlich ist, die damit zur Urform des westasiatisch-europäischen Hauses wurde.

Eines der schönsten Beispiele deutscher Rokokokunst ist das Lustschloß Pillnitz an der Elbe, das besonders lebhaft an chinesische Vorbilder erinnert. Besonders eindringlich wird dies, wenn man den europäisch-chinesischen Mischstil mit dem berühmten Sommerpalast in Peking vergleicht, den die Jesuiten im Auftrag des chinesischen Kaisers um die Mitte des 17. Jahrhunderts in den Pekinger Kaisergärten schufen. König Ludwig II. von Bayern plante ursprünglich, diesen Palast in Deutschland nachbauen zu lassen, und noch heute befinden sich im »Cabinet des Estampes« in Paris 40 Darstellungen des Palastes auf Taft, die Ludwig II. herstellen ließ – ohne daß der Plan über diese Vorlagen hinaus verwirklicht werden konnte. Dagegen hatte einer seiner Vorfahren, Max Emanuel, 1719 im Nymphenburger Park in München die Pagodenburg erbauen lassen, die nach seiner Rückkehr aus der Verbannung nach Frankreich entstand, von wo er den Geschmack an chinesischer Architektur mitbrachte. Der Bau ist nach dem eigenen Entwurf Max Emanuels entstanden, er besaß allerdings nur wenige chinesische Züge. Einzig der blau-weiße Schmuck erinnert an das Vorbild Trianon – ist also nicht etwa Sinnbild für die bayerischen Traditionsfarben.

Als Merkwürdigkeit sei noch das chinesische Landhaus des Erzbischofs von Köln erwähnt, wobei es sich um jenen Clemens August handelt, der sich wie ein Mandarin in einer Sänfte durch die Diözese tragen ließ und der als echter Rokokofürst auch einige Schlösser baute. Zu diesem Zweck ließ sich der Bischof den Baumeister Girard aus München kommen, der zehn Jahre lang in Schleißheim und Nymphenburg erfolgreich an Chinoiserien gearbeitet hatte.

Chinesischer Einfluß machte sich auch in den Parks und Gärten bemerkbar: In den Pavillons wurden chinesische Fasanenkäfige aufgestellt, während unter chinesischen Brücken Golfische ihre Kreise zogen, zu deren Züchtung die Chinesen mehr als tausend Jahre gebraucht hatten und die – seit Madame de Pompadour die ersten Exemplare als Geschenk erhalten hatte – nunmehr in ganz Europa verbreitet waren. Schließlich blieb auch das Vergnügen nicht ausgespart: Zuerst in Paris und Wien, später auch an anderen Höfen wurden bald schon Maskenbälle und chinesische Kostümfeste abgehalten, die den bizarren und exotischen Vorstellungen von China entsprachen, und bald machte sich auch in den zeitgenössischen Komödien und Schauspielen chinesischer Einfluß bemerkbar.

Die Liste der Beispiele ließe sich noch verlängern, doch kann man bereits an dieser Stelle das Fazit ziehen, daß der Ferne Osten auf das Europa des 18. Jahrhunderts einen erheblichen Einfluß ausübte, dessen Auswirkungen bis in die Gegenwart verfolgt werden können.

III.
Chinas Einfluß auf deutsche Philosophen und Dichter

Die Einflüsse Chinas auf die europäische wie auch die deutsche Geisteswelt waren vielfältiger Natur. Stellvertretend für das 17. und 18. Jahrhundert soll hier nur die Wirkung Chinas auf Leibniz und Goethe erwähnt werden.

Das Beispiel Leibniz

Der erste, der die geistige Bedeutung der chinesischen Kultur für die Entwicklung des Westens erkannte, war Gottfried Wilhelm Leibniz. Seine Monaden-Lehre hat in vielen Punkten eigentümliche Berührungen mit den »universistischen« Vorstellungen, wie sie in den drei großen Bereichen des chinesischen Denkens, bei Lao-tse, Konfuzius und der chinesischen Version des Buddhismus zum Ausdruck kommen. Ähnlich wie die chinesischen Gelehrten glaubte Leibniz an die Wirklichkeit als ein einheitliches, stetig aufsteigendes »Stufenreich von Seelenwesen«, das in fortschreitender Entwicklung begriffen ist. Leibniz hatte sich schon sehr früh mit der chinesischen Philosophie beschäftigt, und offenbar waren ihm die Werke von Kirchner (*China Monomentis Illustrata*, 1667) und von Spicelius (*De Re Literaria Sinensium*, 1660) bekannt. Seine Begeisterung für China fand vor allem in *Novissima Sinica Historiam Nostri Temporis Illustratura* aus dem Jahr 1697 ihren Niederschlag. Das von ihm für Europa erstrebte Ideal einer friedlichen »Großen Harmonie« berührte sich eng mit der chinesischen Idee des »Ta Tung«, der »Großen Einheit«, der »Einen Welt« oder wie immer man diesen Ausdruck übersetzen mag. Wenn Leibniz' Vorstellungen von China auch viel zu idealistisch waren, in einem Punkt war er seiner Zeit voraus: Er erkannte den universalen Charakter der menschlichen Kultur, was konsequenterweise zu einer Relativierung der abendländischen Kultur führte, zumal er von einer Gleichrangigkeit der chinesischen beziehungsweise ostasiatischen Kultur mit der europäischen Kultur ausging. Bereits 1669 hatte er einen Plan zur Errichtung einer Akademie oder Societät in Deutschland für die Künste und Wissenschaften vorgelegt, die sich an chinesischen Vorbildern orientierte. 1689 traf er in Rom mit dem Jesuitenpater Grimaldi zusammen, der in China gelebt hatte und wieder dorthin zurück wollte. Der Briefwechsel mit ihm brachte Leibniz die wertvollsten Erkenntnisse über China. Dieses Wissen und die daraus erwachsenen Erwartungen fanden ihren Niederschlag in der Vorrede zur *Novissima Sinica*, die Leibniz 1697 herausgab und in der er es einer »Fügung des Schicksals« zuschreibt, daß gerade damals von den »beiden Enden der Welt« – Europa und China – große Kulturen einander berührten, um sich gegenseitig zu befruchten. Zwar übertreffe, schreibt Leibniz, der Westen den Osten in den theoretisch-philosophischen Wissenschaften wie Mathematik, Astronomie, Logik und Metaphysik, dafür sei China aber in der praktischen Philosophie und der Staatsmoral überlegen.

Leibniz versuchte über seine Betrachtungen hinaus seine Ideen auch zu verwirklichen. In den verschiedenen Entwürfen zur Gründung einer »Societät« hatte er immer wieder über die »Organisierung der gesamten wissenschaftlich-praktischen Arbeit und der Sammlung aller geistigen Kräfte im Dienste produktiven Schaffens« geschrieben, wobei sein Plan einer Universalsprache und einer Wiedervereinigung der Kirchen in diesem Zusammenhang nur erwähnt werden soll. Seine *Novissima Sinica* war nicht nur ein gedrucktes Stück Wissenschaft, sondern auch ein Aufruf an die protestantische Welt, Hand in Hand mit der katholischen die Verbindung mit dem Osten anzustreben. Darüber hinaus arbeitete Leibniz unentwegt an der Gründung der »Berliner Societät der Wissenschaften«, um sich damit ein Mittel zu schaffen, »China zu erschließen und die Kulturen Europas und Chinas auszutauschen«. Gleichzeitig regte er die Gründung einer ähnlichen Institution in Moskau an, die ein Verbindungsglied zwischen Westeuropa und China sein sollte, da er hoffte, für Preußen auf Grund seiner guten Beziehungen zu Peter I. den Landweg nach China erschließen zu können.

Eine weitere bedeutsame These enthüllt Leibniz in einem *Promemoria* für den preußischen König am Ende seines Berlin-Aufenthaltes, als er aufzählt, was die »Societät« seit ihrem Bestehen geleistet habe. Unter anderem ist zu lesen: »Man hat einige uralte Zeichen der Chineser erläutert, so sie nun vor 2000 Jahren her selbst nicht mehr verstehen und die doch einen neuen mathematischen Schlüssel in sich halten.« Leibniz bezieht sich hier auf seine Lieblingsidee, die »Ars Combinatoria«, der er eine große Bedeutung beimaß. Er glaubte mit ihr in wenigen Zahlen die Schöpfung des Alls aus dem Nichts demonstrieren zu können, wobei er wußte, daß seine binarische Arithmetik mit den Hexagrammen des Yi-King verwandt war. Von der Kombination beider erwartete er eine Hilfe für die Missionierung in China.

Auch sonst wird die Orientierung an China bei Leibniz überall deutlich: Sein Vorschlag, durch eine vom Staate eingesetzte Kommission die Bücherproduktion zu kontrollieren und zu beschränken, ist ganz offensichtlich dem chinesischen Vorbild nachempfunden.

Die tatsächlichen Auswirkungen von Leibniz' Begeisterung für China sind insgesamt betrachtet jedoch eher gering. Als einziges konkretes Ergebnis wurde der »Societät« am 28. März 1707 das Maulbeerprivileg zur Seidenherstellung erteilt. Sein ideologisch-philosophisches Erbe wurde von A. H. Francke übernommen, der die kirchenpolitischen und missionarischen Aspekte der Pläne von Leibniz übernahm. Im philosophischen Bereich setzte Christian Wolff die Beschäftigung mit der chinesischen Geisteswelt fort. In seiner Universitätsrede *De Sinarum Philosophica Practica*, die er 1721 in Halle hielt, stellte er die Ethik Konfuzius' auf eine Ebene mit der christlichen. Dies empörte die protestantischen Theologen derart, daß Wolff des Atheismus angeklagt wurde und Halle verlassen mußte. Er fand Aufnahme an der Marburger Universität, bis Friedrich II. ihn später nach Preußen zurückrief.

Charakteristisch für die preußisch-deutsche Kurzsichtigkeit in der Wissenschaftspolitik ist der geringe Anklang, den die deutschen Sinologen in ihrer Heimat fanden. Die bedeutendsten Sinologen des 18. Jahrhunderts mußten ihr Wirkungsfeld deshalb im Ausland suchen: Klaproth trat in die Dienste Rußlands, Mohl ging nach Frankreich und Neumann nach England[13].

Goethe und China

Johann Wolfgang von Goethe lebte in einer Zeit (1749–1832), die noch weitgehend unter dem starken kulturellen Einfluß Chinas auf Europa stand. Es liegt deshalb nahe, daß er davon nicht unbeeindruckt blieb.

In seiner Jugend hatte Goethe reichlich Gelegenheit, die Chinoiserien des 18. Jahrhunderts zu beobachten und auch äußere Eindrücke zu sammeln. So erzählt er beispielsweise in *Dichtung und Wahrheit* vom Zorn seines Vaters, weil er in dessen Hause »gewisse chinesische Tapeten verworfen hatte«[14]. Damit meinte er offensichtlich die Peking-Tapete des Hauses am Hirschgraben. Insgesamt erschien ihm damals das chinesische Wesen mit dem »Schnörkelhaften« des Rokoko verwandt. Das läßt sich auch an anderer Stelle in *Dichtung und Wahrheit* nachlesen, wo er von Tapeten erzählt, »auf welchen chinesische und phantastische, bald natürliche Blumen abgebildet würden«[15].

Die gleiche Einstellung findet sich in einer Rezension im *Musenalmanach* 1773 wieder, wo er über das »chinesische Gedicht« eines deutschen Autors schreibt: »die Arbeit des Herrn Unzers ist eingelegte Arbeit, mit ihrem chinesischen Schnickschnack auf Teebrettern und Toilettenkästchen wohl zu gebrauchen.«[16] Goethe betrachtet also in dieser ersten Phase das, was er mit der Vorstellung »chinesisch« verband, als nicht ganz ernstzunehmende, aber amüsante Kuriosität.

Ein Wandel in der Einstellung zu China wird im *Triumph der Empfindsamkeit* (1777) deutlich, in dem das Chinesische zum Ausdruck des

Romantischen wird. Der ganze zweite Akt spielt in einem Saal »in chinesischem Geschmacke, der Grund gelb mit bunten Figuren«. Im Prolog zum 4. Akt schildert er spöttisch den chinesischen Garten, wobei sich der Satz findet:

»Was ich sagen wollte: zum vollkommenen Park
Wird uns wenig mehr abgehen.
Wir haben Tiefen und Höhen . . .
Pagoden, Höhlen, Wieschen, Felsen und Klüfte
Eine Menge Reseda und andres Gedüfte . . .
Fischerhütten, Pavillons zum Baden,
Chinesisch-gotische Grotten, Kioske, Tings.«[17]

Hier überrascht der Zusammenhang zwischen »chinesisch« und »gotisch«, wobei er beide Stilrichtungen offenbar miteinander gleichsetzt – als unruhiges Spiel verschnörkelter Linien im Gegensatz zur Schlichtheit klassischer Formen. Diese offensichtliche Unkenntnis der grundsätzlichen Unterschiede zwischen der Gotik und der chinesischen Kultur, die einem gewissen Desinteresse zu entsprechen scheint, wird zu einem späteren Zeitpunkt aus einer Bemerkung aus dem Jahr 1808 wieder deutlich, wenn er berichtet: »Er besaß auch unter anderen Merkwürdigkeiten einen alten chinesischen Teppich, an welchem die Figuren einzeln gefertigt und durch einen schicklichen Grund zu einem Bilde vereinigt waren. Ich erinnerte mich, dergleichen aus früheren deutschen Zeiten im Dome von Magdeburg gesehen zu haben.«[18]

Nicht lange nach dem *Triumph der Empfindsamkeit* entstand das Trauerspiel *Elpenor*, das Goethe nie vollendete und das offensichtlich durch die Lektüre von Du Haldes *Ausführliche Beschreibung des chinesischen Reiches* angeregt wurde. In ihr fesselt Goethe ein chinesisches Schauspiel und eine Erzählung besonders. Das Schauspiel ist *Des Hauses Tschao kleine Waise*, das Du Halde in sein Werk aufgenommen hatte. Aus den Tagebuchaufzeichnungen Goethes aus dem Jahr 1781 geht hervor, daß er im August mit dem Stück *Elpenor* unter dem Eindruck dieser chinesischen Erzählungen begonnen habe. Im März 1783 brach er das Werk nach der Beendigung des zweiten Aktes ab, und obwohl er sich auch später noch mit dem Fragment beschäftigte, wurde es nie vollendet.

Goethe beurteilte chinesische Kunstwerke öfters als »ausnehmend schöne«, die chinesische Formenwelt als Ganzes blieb ihm jedoch immer fremd. Dagegen schätzte er die Sorgfalt und die saubere Arbeit des chinesischen Handwerks, was unter anderem in der *Farbenlehre* zum Ausdruck kommt: »Deshalb finden wir die Färberei bei Völkern von stationären Sitten auf einem so hohen Grade der Vollkommenheit, bei Ägyptern, Indern und Chinesen. Stationäre Völker behandeln ihre Technik mit Religion . . . Sie gehen mit einer gewissen Art von Naturlangsamkeit zu Werke: dadurch bringen sie die Fabrikate hervor, welche bildungsfähigeren, schnell vorschreitenden Nationen unnachahmlich sind«.[19] Auch bei späteren Gelegenheiten wird deutlich, daß Goethe das »stationäre« Wesen des Ostens gegenüber der überstürzten Entwicklung des Westens vorzieht.

Die nüchterne Philosophie Chinas war Goethe aus den Übersetzungen der klassischen Werke des Konfuzius bekannt, sie machte jedoch auf ihn keinen Eindruck. Diese Übersetzungen wiesen allerdings gemessen an heutigen Maßstäben zahlreiche Entstellungen des ursprünglichen Sinns auf und mußten deshalb teilweise unverständlich bleiben.

Mehr Geschmack fand Goethe am Phantastisch-Leichten im chinesischen Wesen, das ihm als eine angenehme Abwechslung gefiel. Dies gilt beispielsweise für das chinesische Märchenspiel *Turandot* von Schiller, über das er 1818 schrieb: »Möge nach so viel Ernst ein leichtsinniges Märchen zum Schlusse gefallen. Altoum, fabelhafter Kaiser von China, Turandot, seine rätselliebende Tochter, stellen sich vor.«[20] Immerhin ist es beachtenswert, daß Goethe der Bearbeitung eines chinesischen Stoffes durch Schiller große Bedeutung für die deutsche Bühne beimaß. Er erwähnte dabei sowohl das »phantastische Peking« als auch einen »in Frieden herrschenden, behaglichen, obgleich traurigen Kaiser«.

Noch zweimal beschäftigte sich Goethe mit China – in den Jahren 1812 bis 1815 und von 1827 bis 1828. Über die Ursache seiner neuerlichen China-Studien schrieb er 1813: »Hier muß ich noch einer Eigentümlichkeit meiner Handlungsweise gedenken. Wie sich in der politischen Welt irgendein ungeheures Bedrohliches hervortat, so warf ich mich eigensinnig auf das Entfernteste. Dahin ist dann zu rechnen, daß ich von meiner Rückkehr aus Karlsbad an, mich mit ernstlichstem Studium dem chinesischen Reiche widmete.«[21] Mit dem »bedrohlichen Ereignis in der politischen Welt« meinte er die Geschehnisse unmittelbar vor der Völkerschlacht bei Leipzig. Goethe las damals viel Literatur über China, unter anderem das Buch von Marco Polo und Macartneys *Großbritannische Gesandtschaftsreisen*.

Daraus darf aber nicht geschlossen werden, daß er selbst von der »Chinamanie« des 18. Jahrhunderts berührt war, zumal einige Bemerkungen von ihm existieren, die eindeutig das Gegenteil beweisen. In den *Heften zur Morphologie* und den *Maximen und Reflexionen* wird dies ganz besonders deutlich: »Möge das Studium der römischen und griechischen Literatur immerfort die Basis der höheren Bildung bleiben . . . Chinesische, indische, ägyptische Altertümer sind immer nur Kuriositäten . . .«.[22] Das war nicht als Werturteil gedacht, sondern lediglich Ausdruck dafür, daß sich zwei verschiedene Welten gegenüberstehen – eine abgeschlossene in China und eine werdende im Abendland. Der Osten hatte für Goethe symbolischen Charakter und als solcher eine eher belehrende Bedeutung.

Die letzte Phase der intensiven Beschäftigung Goethes mit China wird aus seinen Gedichten im Nachlaß deutlich, unter denen sich einige Übersetzungen aus einer chinesischen Sammlung befinden, die mit »Hundert Gedichte schöner Frauen« überschrieben ist. Es gibt auch ein von ihm stammendes Gedicht: »Die Lieblichste – den 4. Februar 1826 – chinesisch«.[23] In den *Schriften zur Literatur* findet sich eine Abhandlung »Chinesisches – zu den Gedichten Hundert schöner Frauen«. Diese Gedichte scheinen Goethe dazu verleitet zu haben, sich von neuem ernsthaft mit chinesischer Literatur zu beschäftigen, was auch zahlreiche Tagebuchnotizen von Februar bis August 1827 bestätigen. Damals übernahm Goethe zum letztenmal einen chinesischen Stoff, aus dem die »Chinesisch-deutschen Tages- und Jahreszeiten« entstanden. Dabei handelt es sich nicht – wie vielfach fälschlich angenommen wird – um die leicht veränderte Wiedergabe einer chinesischen Überlieferung, sondern um die freie Bearbeitung eines chinesischen Themas. In den »Chinesisch-deutschen Tages- und Jahreszeiten« spiegelt sich der Eindruck, den Goethe von China in seinen letzten Lebensjahren hatte: Alles erschien ihm dort leicht, zierlich, fast körperlos, und die Beziehungen waren rein und klar. Das äußere wie das innere Leben in China waren abgeklärt, ohne Tumulte, als ob das Leben dort geräuschlos in den uralten Bahnen überlieferter Gesetze liefe und alles »klarer, reinlicher und sittlicher zugeht . . ., aber eben durch diese strenge Mäßigung in allem hat sich denn auch das chinesische Reich seit Jahrtausenden erhalten und wird dadurch ferner bestehen«. Goethe fühlte sich aus der Weltschau seines Alters heraus mit dem Fernen Osten verbunden, wobei ihn wohl vor allem das Gesetzliche, die sichere Bahn, das »Tao« der Chinesen anzog.

Während ihn in seiner Jugend das Unruhige und »Verschnörkelte« der chinesischen Kunst eher abgestoßen hatten, zog ihn das Ruhige und Gleichmäßige der chinesischen Ethik im Alter an. Wenn man die verschiedenen Äußerungen Goethes über China während seines ganzen Lebens wie ein Mosaik zusammensetzt, dann zeigt sich daran auch ein Teil seiner eigenen Entwicklung.

IV.
Das Chinabild des Abendlandes und das Deutschlandbild Chinas im 19. und beginnenden 20. Jahrhundert

China in der Vorstellung des Abendlandes

Die Aufgeschlossenheit des Abendlandes gegenüber China während des Rokoko war seit dem Ende des 18. Jahrhunderts mehr und mehr einer ausschließlich auf Europa konzentrierten Einstellung gewichen. Daraus resultierte schließlich, daß der gebildete Europäer des 19. Jahrhunderts weit weniger über China wußte als seine Vorfahren aus dem 17. und 18. Jahrhundert. Im Gegensatz zu diesen hatte man jetzt auch kaum noch Interesse für die außerhalb der abendländischen Kultur liegende Welt: Überheblich und selbstzufrieden über den wirtschaftlichen Aufschwung und den technischen Fortschritt in Europa blickte man voller Verachtung auf China herab, das sich in einer hoffnungslos erscheinenden Rückständigkeit und Armut befand. Die Tatsache, daß vor einem knappen Jahrhundert der größte Teil des Abendlandes wesentlich ärmer und rückständiger als das damalige China war, berücksichtigte man dabei nicht, da man sich nicht mehr daran erinnerte oder nicht erinnern wollte.

Im historischen und geistesgeschichtlichen Bereich versuchte man die Entstehung der europäischen Gegenwart zu rekonstruieren, deren Wurzeln man allein in der griechisch-römischen Antike sah. Aus dieser Sicht der Dinge erschienen Europa und seine Völker als die »einzigen wahren« Kulturträger, mit denen sich kaum eine andere Nation der Erde messen konnte. Deshalb waren auch nur die im Abendland entwickelten Ideen und Institutionen eine Erforschung wert, während man davon ausging, daß die außereuropäische Welt (mit Ausnahme Nordamerikas) zu keinem kulturellen Fortschritt fähig sei.

Aus dieser europazentrischen Grundeinstellung heraus erklären sich die heute meist als naiv bewerteten Äußerungen von Hegel (1770–1831) und anderer führender Persönlichkeiten des 19. Jahrhunderts über China, die wiederum die Anschauungen der Zeit entscheidend prägten. Hegel urteilte zwar über China in richtiger Erkenntnis der grundlegenden Sachverhalte, gleichzeitig aber auch aus einem Vorurteil heraus: Er hatte kein differenziertes Wissen über die Entwicklung der chinesischen Kultur. Sie wich jedoch von der abendländischen Kultur ab und wurde deshalb von vornherein geringschätzig beurteilt: »Der Mangel des ganzen Prinzips der Chinesen liegt darin, daß bei ihnen das Moralische nicht vom Rechtlichen geschieden ist. Eine vernünftige Verfassung muß das Moralische und Rechtliche einer jeden Sphäre für sich hervorbringen. Die orientalische Eigentümlichkeit aber ist die unmittelbare Vereinigung beider Prinzipien. Sie ist vorhanden in dem sittlichen Zustande und in einem Zustande des Staates, bei dem das Sittliche noch das Regierende ist. In solchem Staate sind dann die Gesetze teils noch dürftig, teils betreffen sie die Sitten.« [24]

Während Hegel die Vereinigung des moralischen und rechtlichen Prinzipes der Chinesen kritisierte und verwarf, galt in China die Trennung der beiden Prinzipien im Abendland als unverständlich und barbarisch.

Die Fehlbeurteilung, die China im 19. Jahrhundert durch das Abendland erfuhr, ist neben den erwähnten Gründen auch darauf zurückzuführen, daß als einzige Quelle für die Kenntnis der chinesischen Geschichte im 19. Jahrhundert nur das 1777/83 gedruckte Werk des Jesuitenpaters De Mailla *Histoire Générale de la Chine* vorlag, die freie Bearbeitung eines chinesischen Werkes aus dem 12. Jahrhundert mit seinen Fortsetzungen. Ursprünglich stellte diese Arbeit kein eigentliches Geschichtswerk dar, sondern eine Bewertung der historischen Ereignisse auf der Grundlage der konfuzianischen Staatslehre. Daraus resultierte auch, daß das Buch den Anschein erweckte, als hätte sich in China seit dem letzten vorchristlichen Jahrtausend bis zur Gegenwart nichts Wesentliches verändert. Wie andere Gelehrte gab sich auch Hegel mit dieser oberflächlichen Schilderung der Vergangenheit Chinas zufrieden, da sie die Vorstellung von einer bereits in der Entwicklungsphase überlegenen abendländischen Kultur nur bestätigte. Damit ergab sich auch kein Grund für eine kritische Einstellung zur einzigen Quelle. Nur daraus erklärt sich, daß Hegel schreiben konnte, daß »die Geschichte Chinas selbst nichts entwickelt und daß wir uns deshalb in die Einzelheiten dieser Geschichte nicht weiter einlassen können« [25].

Weitere Beispiele für die krassen Fehlbeurteilungen des chinesischen Staates sind auch folgende Aussagen: »Wir haben vor uns den ältesten Staat und doch keine Vergangenheit, sondern einen Staat, der ebensogut heute existiert, wie wir ihn in alten Zeiten kennenlernen« oder »insofern hat China eigentlich keine Geschichte« beziehungsweise »China und Indien liegen gleichsam noch außerhalb der Weltgeschichte« [26].

Noch zeitgebundener äußert sich Leopold von Ranke (1795–1886), der die Chinesen »zu den Völkern des ewigen Stillstandes« zählt[27] und an anderer Stelle, bei Ausführungen über die Weltmachtstellung Englands schreibt: »Die Engländer beherrschen die ganze Welt mit ihrem Handel, sie haben Ostindien, sie haben China Europa geöffnet, alle diese Reiche unterwerfen sich gleichsam dem europäischen Geiste.« [28]

Die zitierten und vergleichbaren Auffassungen von und über China findet man bis weit ins 20. Jahrhundert hinein. Es gibt auch heute noch europäische Historiker, die an der Vorstellung festhalten, daß nur die abendländische Entwicklung Geschichte im eigentlichen Sinne sei.

Andererseits wurden aber seit dem Ende des Ersten Weltkrieges in wissenschaftlichen Kreisen mehr und mehr Forderungen nach einer Überwindung des europazentrischen Standpunktes des 19. Jahrhunderts laut. So wies Karl Jaspers entschieden die Anschauung Hegels und Rankes zurück: »Die selbstverständliche Vorstellung einer Geschlossenheit des abendländischen Kulturkreises als der Weltgeschichte ist durchbrochen. Wir können nicht mehr die großen asiatischen Welten beiseite lassen als ungeschichtliche Völker des ewigen Stillstandes. Der Umfang der Weltgeschichte ist universal. Das Bild vom Menschen wirkt unvollständig und schief, wenn dieser Umfang verengt wird.«[29]

Daß die volkstümliche Literatur und Presse im 19. und frühen 20. Jahrhundert weder China noch seine Bevölkerung oder Kultur ernst nahm und auch nicht zu schätzen wußte, kann niemanden verwundern, der die Geringschätzigkeit der Gelehrten gegenüber China in dieser Zeit kennt. Es gab eigentlich nur zwei einander ziemlich entgegengesetzte Meinungen über China, die gleichermaßen naiv waren: Entweder wurden die Chinesen als unzivilisiert, minderwertig und verkommen charakterisiert, oder aber man stellte sie als komische Wesen dar, die dem Spott und der Belustigung dienten. Nur eine Minderheit schätzte die »Chinoiserien«, sie konnte sich aber lange nicht durchsetzen.

Die Tendenz, alles Chinesische zu verzerren, hat sich bis heute erhalten, und mancher Journalist und Publizist glaubte offenbar damals wie heute, seine Leser dadurch zu unterhalten, daß er chinesische Angelegenheiten als exotisch-lächerlich ironisch abhandelte, statt sich um eine ernsthafte Beschreibung der Wirklichkeiten zu bemühen.

Insgesamt betrachtet war die Bereitschaft des Abendlandes, China zu verstehen, sowohl im 19. als auch im beginnenden 20. Jahrhundert ausgesprochen gering – geringer noch als die Bereitschaft Chinas zum Verständnis des Westens.

Chinas Vorstellungen vom Westen

Nach den ersten Berichten von Matteo Ricci über das Abendland und seine Kultur schwand in China seit dem Ende des 17. Jahrhunderts das Interesse an der fremden Welt und seiner Geschichte, auch die von Ricci übermittelten Kenntnisse gerieten zum großen Teil wieder in Vergessenheit. Noch zu Beginn des Opiumkrieges (1840) herrschte eine ziemliche Konfusion über die verschiedenen europäischen Länder und ihre Beziehungen zueinander. So wurden vielfach die unter dem Namen »Folangchi« bekannten Portugiesen mit den Franzosen, den »Falanhsi«, verwechselt. Andererseits wurde Italien als Heimat der über das portugiesische Macao nach China gekommenen Jesuiten betrachtet, da viele der Missionare Italiener waren und auch ihre Vorgesetzten in Italien residierten. Als dann in der Mitte des 19. Jahrhunderts auch Italiener in China erschienen, die keine Priester oder Missionare waren, kam es zu nicht geringen Verwirrungen. Außerdem wurden beispielsweise Holländer und Engländer unterschiedslos als »rothaarige Barbaren« bezeichnet, da – ebenso wie für den Durchschnittseuropäer Chinesen, Japaner und Koreaner kaum voneinander zu unterscheiden sind – auch die Europäer für Chinesen keine erkennbaren Unterschiede aufweisen[30].

Zwar waren im 17. und 18. Jahrhundert auch eine Reihe von Chinesen, etwa zum Studium, nach Europa gekommen, doch hat kaum einer von ihnen Reiseberichte über seine Erfahrungen vom Westen geschrieben. Ein Grund dafür war offensichtlich das für alle Chinesen geltende grundsätzliche Verbot, China zu verlassen; hinzu kam, daß die traditionelle Verachtung der »Barbaren« von vornherein eine intensive oder vorurteilsfreie Beschäftigung mit diesen verhinderte. Als »Barbaren« wurden Europäer ebenso wie die Völker Inner- oder Südostasiens betrachtet. Die Gesandtschaften der Holländer und Engländer gingen deshalb wie die der asiatischen Länder als »Tributgesandtschaften« in die offiziellen Chroniken und Handbücher des chinesischen Kaiserreiches ein. Amüsant ist ein illustriertes Werk aus der Mitte des 18. Jahrhunderts über die Tributvölker Chinas, das auch über Europa berichtet. Deutschland wird darin nicht erwähnt, nicht einmal Holland, das den Chinesen aus den unmittelbaren Kontakten eigentlich bekannt sein mußte. Über die Schweiz aber heißt es: »Die Provinz Helvetien liegt im Land Germanien. Ihre Bewohner sind körperlich kräftig und breit. Sie sind treu und rechtschaffen. Wenn sie eine Wohltat empfangen, vergelten sie diese. In den Gemeinden sind öffentliche Schulen eingerichtet . . . Die Frauen sind tugendhaft, ruhig und im Wesen geradeheraus . . . Der Boden erzeugt Gold. Sie graben Schächte und erhalten ständig daraus Goldklumpen.« [31] Wie aus westlichen Berichten über China bekannt ist, wurden überwiegend belanglose Äußerlichkeiten aufgezeichnet, die dem chinesischen Betrachter als merkwürdig aufgefallen waren. Die seltenen Beschreibungen von Europa waren in China auch um die Mitte des 19. Jahrhunderts noch mehr ein Gemisch von Wahrheit und Legende. Europas Bild von China war also gar nicht so unterschiedlich von dem Chinas über Europa.

Neben diesem Bericht waren die Seeaufzeichnungen (Hai-Lu) die einzige bekannte chinesische Schrift, die während der Zeit vor dem Opiumkrieg (1840–1842) erschien. Es handelte sich dabei um den Bericht eines chinesischen Seemannes, der in den 80er und 90er Jahren des 18. Jahrhunderts auf fremden Schiffen die Haupthandelshäfen der Welt bereist hatte. Deutschland wird auch in diesem Bericht nicht erwähnt, lediglich Portugal und England werden ausführlicher geschildert. Offenbar war dieses Werk trotz seiner Dürftigkeit die Hauptinformationsquelle für chinesische Beamte bis in die 40er Jahre des 19. Jahrhunderts hinein. Erst danach wurde es durch ein neues Werk ergänzt, das *Illustrierte Handbuch über die ans Meer grenzenden Länder*, das 1844 herausgegeben wurde und vom Inhalt her einen erheblichen Fortschritt bedeutete.

Zwei der Kapitel – das 44. und 45. – sind Deutschland gewidmet. In ihnen wird unter anderem über Österreich, Bayern, Sachsen, Hamburg und Frankfurt berichtet: »Die Fürsten Deutschlands bestehen nebeneinander. Sie sind souverän, nicht verschieden von den Fürsten in China zur Chou-Zeit. Bei wichtigen Angelegenheiten aber ordnet der König speziell hohe Beamte ab zu einer gemeinsamen Sitzung, wo sie mit den einzelnen Staaten verhandeln. Die gesprochenen Sprachen im Lande sind verschieden. Die Schrift aber ist einheitlich. Sie haben zwei Religionen, die katholische und die heterodoxe. Das Volk liebt seiner Natur nach das Lernen und beschäftigt sich mit der Kunst. Sie haben auch (alle wichtigen) chinesischen Bücher vollständig gelesen.«

Über Bayern heißt es: »Bayern: das ist ein Gebiet im Süden. Im Osten grenzt es an Österreich. Seine Flächenausdehnung beträgt 90 000 Quadrat-li, und es hat 4 Millionen Einwohner. Sie halten die alten Sitten hoch, sind hartnäckig und stur. Jetzt hat der Landesfürst eine Akademie zur Aufnahme Gelehrter und weiser Männer eingerichtet, um so die Bildung zu fördern . . .«

Auch der Rhein wird beschrieben: »Der längste Fluß im Lande ist der Rhein. Er fließt von Süden nach Norden. Im Westen Deutschlands fließt er nach Holland und mündet dort ins Meer (er bedeutet für die Deutschen das), was der Gelbe Fluß für die Chinesen ist. Die fruchtbaren Flußufer sind berühmt für die dort gedeihenden Weintrauben. Längs des Flusses sind viele Altertümer und ungewöhnliche Berggipfel. Die Reisenden pflegen Bilder davon zu malen . . . Die Bevölkerung des Landes hat, weil sie verschiedenen Fürsten untertan ist, sehr verschiedene Sitten. Die Bevölkerung des Nordens ist willensstark und lernt besonders gern. Die Leute im Süden und Osten trinken und essen gern üppig. Im Südwesten lebt das Volk unter großen Mühen. Im Verkehr untereinander ist das Volk nicht friedlich; ständig gibt es Streitfälle.« [32]

In den folgenden Jahren und Jahrzehnten erschienen zuverlässigere Darstellungen über den Westen wie über die Geographie überhaupt. Doch erst 1881 begann man mit der Einrichtung einer besonderen Behörde zur Wahrnehmung der außenpolitischen Angelegenheiten – dem bereits erwähnten »Tsungli Yamen« –, um genauere Kenntnisse über den Westen zu erhalten. Aus der gleichen Zeit datiert auch der Ursprung der sogenannten »Selbststärkungsbewegung«, die auf der Parole beruhte: »Chinesische Bildung als Grundlage, westliche Lehren zur praktischen Anwendung.« In den sechziger Jahren des vorigen Jahrhunderts waren sich die Gebildeten darin einig, daß die traditionelle Ordnung unbedingt bewahrt werden müsse, die Meinungen über den geeigneten Weg dazu gingen allerdings weit auseinander.

Letzten Endes trugen die negativen Erfahrungen mit dem Westen dazu bei, daß China auf eigenen Beinen zu stehen versuchte, wobei man sich das technische Wissen des Westens und die Kenntnis des allgemeinen Völkerrechts aber zu eigen machen wollte. Die bereits im ersten Kapitel erwähnte Reformbewegung gegen Ende des 19. Jahrhunderts hatte insofern Erfolg, als sie 1904 die Abschaffung des Prüfungssystems nach dem klassischen Muster durchsetzen konnte. Erst damit war in China den modernen Natur- und Geisteswissenschaften wie auch den politischen und sozialen Ideen aus dem Westen das Tor wirklich geöffnet. Anstelle einer vorwiegend passiven, sich immer schwieriger gestaltenden Abwehr westlichen Gedankengutes begann damit eine aktive Auseinandersetzung mit der abendländischen Kultur.

Dies war dann auch die Grundlage, auf der die deutsche Kulturarbeit in China aufbauen konnte.

V.
Die deutsche Kulturarbeit in China

Die Missions-Methode der Jesuiten, die darauf beruhte, den Chinesen die Verbundenheit mit ihren Sitten zu lassen – vor allem das Bedürfnis der chinesischen Katholiken zu ihren Opfer-Zeremonien zu Ehren des Konfuzius und ihrer Ahnen –, wurde gegen Ende des 17. Jahrhunderts von Franziskanern und Dominikanern heftig kritisiert. Dies führte schließlich dazu, daß die Jesuiten in Rom angeklagt wurden, durch ihr Verhalten in China die Ketzerei zu begünstigen. Von dem Zeitpunkt an, da Clemens X. die jesuitische Missions-Methode kritisierte und den chinesischen Katholiken verbot, ihre Traditionen zu pflegen, wurde die geistige Verbindung zwischen Europa und China unterbrochen. Der chinesische Kaiser Kang-hsi antwortete auf dieses Verbot 1717 mit einem Edikt, in dem es hieß, daß »die Europäer von diesem Zeitpunkt an es nicht mehr nötig haben, in China zu predigen. Wir können diese Religion einfach verbieten, damit wir uns um sie nicht mehr zu kümmern brauchen« [33].

Im 18. und in der ersten Hälfte des 19. Jahrhunderts vollzogen sich in Europa durch den Fortschritt der Technik und Wirtschaft und durch politische Revolutionen grundlegende Veränderungen. Es entstand eine »industrielle Zivilisation«. Wegen der unterbrochenen wechselseitigen Beziehungen war diese Entwicklung in China unbekannt geblieben, und als die Europäer im 19. Jahrhundert wieder in China erschienen, konnten sie nun mit einer gewaltigen Überlegenheit auftreten – zum Nachteil Chinas.

Wie bereits dargestellt, erlebte China seit dem Opiumkrieg im Jahr 1840 eine Reihe militärischer Niederlagen bei seinen Auseinandersetzungen mit den europäischen Mächten und Japan. Diese Niederlagen machten die Erschöpfung der physischen und kulturellen Substanz in China deutlich. Die Hauptursache dafür war, daß das politische und soziale System sowie die uralten Produktionsformen seit der Entstehung des Chinesischen Reiches bis zum Ende des 19. Jahrhunderts nahezu unverändert beibehalten worden waren.

Aber auch für die ausländischen Mächte war der Boxeraufstand eine Lehre gewesen: Die Unruhen hatten bewiesen, daß China mit einer »Kanonenboot-Politik« nicht auf die Knie zu zwingen war. Daraus zog man die Erkenntnis, daß eine Änderung der Chinapolitik notwendig war. In der Folgezeit wurde deshalb versucht – was früher versäumt worden war –, China für die abendländische Kultur zu gewinnen, um durch kulturelle Beeinflussung die künftige chinesische Führungsschicht für sich zu gewinnen.

Unter dieser Prämisse begann die nun einsetzende Kulturpolitik der europäischen Mächte: Die Tätigkeit der Missionsschulen wurde möglichst unauffällig unterstützt, man intensivierte die Entsendung von Lehrern und förderte die Ausbildung chinesischer Studenten an einheimischen Universitäten. Einen besonders positiven Beitrag leisteten die Vereinigten Staaten, indem sie wie kein anderes Land die Schultätigkeit der Missionen mit erheblichen Summen unterstützten und einen großen Teil der ihnen zustehenden Entschädigung aus dem Boxeraufstand 1908 an China zurückgaben, unter der Bedingung, daß dieses Geld für Unterrichtszwecke verwendet werde.

In Deutschland war eine derartige Kulturpolitik um die Jahrhundertwende noch völlig unbekannt, denn »das Auswärtige Amt nahm kein Interesse an der Sache; andere Stellen, die sich ihrer hätten annehmen können, hatten entweder keine Neigung dazu oder sahen keine Möglichkeit, etwas Durchgreifendes zu tun«, berichtet der Sinologe Otto Franke[34]. Erst 1907, nach einem Bericht des deutschen Gesandten in Peking, Graf Rex, an das Auswärtige Amt, in dem er die Notwendigkeit einer deutschen Kulturpolitik in China darlegte, wurde das Reichsmarineamt als oberste Verwaltungsbehörde des deutschen Schutzgebietes in China aktiv. Es beauftragte Otto Franke, nach China zu reisen, um dort Verhandlungen über eine deutsche Schule in Kiautschou zu führen. Diese Verhandlungen erwiesen sich als relativ schwierig, da China ausländische Schulen auf seinem Boden nur ungern duldete. Das resultierte aus der Erfahrung, daß Schulen unter der Leitung christlicher Missionare die Schüler in den vorangegangenen Jahrzehnten der chinesischen Kultur entfremdet hatten. Das hatte zur Folge, daß Peking diese Schulen nicht anerkannte und die Absolventen der Schulen auch nicht zu staatlichen Prüfungen zuließ. Aus diesen Erwägungen heraus mußte Otto Franke China garantieren, daß in den geplanten deutschen Schulen nicht etwa »Deutsche« herangezogen werden sollten, sondern daß die chinesischen Kinder »neben dem Verständnis für deutsches Wesen auch die Achtung vor ihrer eigenen Kultur, ihrer eigenen Wissenschaft und ihren eigenen Staatseinrichtungen zu pflegen imstande sein würden und daß jede religiöse Propaganda hier ausgeschlossen sein sollte«[35]. China sollte an diesen Schulen nicht nur finanziell, sondern auch verwaltungsmäßig beteiligt sein, womit die Voraussetzung geschaffen war, daß die Schule vom chinesischen Staat anerkannt und ihre Schüler denen der staatlichen Lehranstalten gleichgestellt waren. Auf dieser Grundlage konnte Franke eine Einigung mit den chinesischen Behörden über eine deutsche Hochschule in Tsingtao erreichen. Der Deutsche Reichstag bewilligte für diesen Plan eine Summe von 300 000 Mark, doch ergaben sich neue Hindernisse durch deutsche Kreise in China, die Einwände gegen das Projekt erhoben. Unter ihnen waren auch Graf Rex und der Gouverneur von

Tsingtao, die befürchteten, daß die Mitwirkung von Chinesen die deutsche Souveränität im Schutzgebiet verletzen würde.

Trotzdem wurde am 25. Oktober 1909 die erste deutsch-chinesische Hochschule in Tsingtao feierlich eröffnet. Sie bestand aus einer fünfjährigen Unter- und einer Oberstufe, die 1913 vier Abteilungen besaß – eine rechts- und staatswissenschaftliche, eine naturwissenschaftliche, eine land- und forstwirtschaftliche sowie eine medizinische, deren Lehrgänge auf drei beziehungsweise vier Jahre angesetzt waren.

Obwohl eine langfristige Wirkung dieser Schule durch den Ausbruch des Ersten Weltkrieges verhindert wurde, stellt ihre Gründung den eigentlichen Beginn einer deutschen Kulturpolitik in China dar. Ihre Aufgabe bestand darin, den kulturellen Bestrebungen Deutschlands durch die Achtung der Souveränität Chinas und die Wahrung des nationalen Charakters der Chinesen zum Erfolg zu verhelfen. Diese Politik wurde auch von den chinesischen Behörden respektiert[36].

Neben der Hochschule in Tsingtao wurden zahlreiche deutsche Volks- und Mittelschulen in der Vorkriegszeit in China errichtet. Insgesamt waren es 164 Volksschulen mit 4862 Schülern und 15 Mittel- und Hochschulen mit 523 Schülern. Allerdings erscheinen diese Zahlen verschwindend niedrig, wenn man sie mit den 1445 englischen (32 303 Schüler) oder den 1992 amerikanischen Volksschulen mit 44 354 Schülern vergleicht. Die katholischen Missionen unterhielten vor dem Ersten Weltkrieg insgesamt 6877 Volksschulen mit 126 350 Schülern und 157 höhere Schulen mit 6545 Schülern. Der Anteil der deutschen Missionsschulen – deren Wirkungskreis sich im wesentlichen auf Shantung beschränkte – betrug lediglich ein Zwanzigstel der Volks- und ein Sechstel der höheren Schulen. Im Vergleich mit den englischen und amerikanischen Lehranstalten war die deutsche Schultätigkeit in China relativ bescheiden, war aber dem späten Beginn der deutschen Kulturpolitik durchaus angemessen[37].

Die vergleichsweise kleine Zahl der deutschen Schulen wurde 1913 von der deutschen Kaufmannschaft in Shanghai in einer Denkschrift kritisiert. In ihr wurde die Regierung zu einer aktiveren Schulpolitik aufgefordert und unter anderem bemängelt, daß zu wenig Studenten zur Ausbildung nach Deutschland geholt und zu wenig Lehrer nach China entsandt würden. Außerdem wurde vorgeschlagen, daß Deutschland nach dem Beispiel der USA einen Teil der jährlich von China zu tragenden Entschädigung für den Boxeraufstand für die Kulturpolitik verwenden solle. Dieser Plan konnte infolge des im nächsten Jahr ausbrechenden Weltkrieges nicht in die Tat umgesetzt und auch nach dem Kriege nicht mehr verwirklicht werden, da er weder den finanziellen Möglichkeiten noch der Machtstellung Deutschlands nach 1918 entsprach.

Zweiter Teil

Revolution und Krieg: Deutschland und China von 1914 bis 1949

KAPITEL I

Die zwischenstaatlichen Beziehungen

I.
China im Ersten Weltkrieg »zwischen den Fronten«

Der Erste Weltkrieg brachte mit dem Verlust des internationalen Gleichgewichts auch eine wesentliche Beeinträchtigung der bilateralen Beziehungen zwischen Deutschland und China mit sich. Außerdem zwang der Krieg alle Staaten, den Schwerpunkt ihrer Politik nach Europa zu verlagern. Für Japan war damit die Gelegenheit gekommen, seine seit langem vorbereitete Chinapolitik in die Tat umzusetzen.

In den Jahren unmittelbar vor dem Ausbruch des Weltkrieges hatten sich die deutsch-chinesischen Beziehungen weitaus besser entwickelt als die Chinas zu anderen Staaten. Ein Grund dafür war die relativ unbedeutende Rolle Deutschlands als Kolonialmacht in China. Es hatte mit der Bucht von Kiautschou bzw. dem Pachtgebiet Shantung nur insgesamt ein Prozent des chinesischen Gebietes unter seine Kontrolle gebracht. Das Einflußgebiet Englands betrug dagegen mit Tibet, Szechuan und im Gebiet des Yangtse 28 Prozent, das Rußlands mit der Äußeren Mongolei, Sinkiang und in der Nordmandschurei sogar 42 Prozent des chinesischen Territoriums. In chinesischer Sicht gab es nach 1898 – also nach der Unterzeichnung des Abkommens über Shantung – kaum Anlaß, sich über die deutsche Politik zu beklagen. Sun Yat-sen, der »Vater der chinesischen Revolution«, erklärte 1917, daß seiner Ansicht nach Deutschland das Land mit den »geringsten imperialistischen Ambitionen« in China gewesen sei[1]. Den deutschen Kaufleuten wurde von chinesischer Seite wegen ihrer Zuverlässigkeit und Genauigkeit großes Vertrauen entgegengebracht, das so weit ging, daß – nach einem Bericht eines Kaufmanns an das Reichswirtschaftsministerium, 1920 – die chinesischen Händler »seit Jahren auf deutsche Ware gewartet und alle amerikanischen und englischen Konkurrenzfabrikate und Patentverwaltungen in den meisten Fällen abgelehnt« haben[2].

Zum Verständnis der Entwicklung der deutsch-chinesischen Beziehungen in dieser von Krieg und Revolution gekennzeichneten Zeit ist es notwendig, die Konstellation der internationalen Politik bei Beginn des Ersten Weltkrieges zu skizzieren: Japan hatte noch vor Ausbruch des Krieges zwischen England und Deutschland versucht, in die Entente zwischen England, Frankreich und Rußland einzutreten, da es nach dem anglo-japanischen Vertrag »verpflichtet« war, militärische Aktionen in China und im Pazifik gegen Deutschland durchzuführen. England lehnte diesen Vorschlag jedoch ab, da Australien und Neuseeland gegen den japanischen Anspruch auf die deutschen Inseln im Pazifik, die beide Länder selbst okkupieren wollten, energisch protestierten[3]. Ferner befürchteten die Entente-Mächte, daß Japan für seine Kriegsteilnahme allzu große Forderungen präsentieren würde.

In Verbindung mit einer Sondierung der Vereinigten Staaten aus dem Jahr 1914 sprach sich Deutschland zu Beginn des Krieges gegen jede Kriegshandlung im Fernen Osten aus. Auch der Vorschlag, im Fernen Osten die Neutralität zu wahren, fand die Zustimmung des Deutschen Reiches[4].

Die Absicht, Ostasien nicht in das Kriegsgeschehen miteinzubeziehen, wurde jedoch durch Japan zunichte gemacht: Am 15. August 1914 stellte die Regierung in Tokyo dem Deutschen Reich ein Ultimatum, in dem es aufgefordert wurde, seine Kriegsschiffe aus den japanischen und chinesischen Gewässern abzuziehen und das Pachtgebiet in Kiautschou den japanischen Behörden zu übergeben, damit diese es später an China zurückgeben könnten. Diese Argumentation entbehrte von vornherein jeder Glaubwürdigkeit, und da auf Grund der gegebenen militärischen Situation im Fernen Osten eine Auseinandersetzung mit Japan unzweifelhaft zum Verlust der Gebiete geführt hätte, versuchte Deutschland Kiautschou unmittelbar an China zurückzugeben. Schon am 19. August überreichte der deutsche Geschäftsträger der chinesischen Regierung einen entsprechenden Entwurf, worüber Japan, das vorgab, im Interesse Chinas zu handeln, eigentlich hätte zufrieden sein müssen. Das Gegenteil aber war der Fall: Japan forderte China auf, das deutsche Angebot abzulehnen, und auch England setzte China davon in Kenntnis, daß Großbritannien eine derartige Rückgabe »nicht anerkennen« würde[5]. Diesen »Wünschen« konnte sich die chinesische Regierung nicht verschließen und mußte deshalb das deutsche Angebot ablehnen.

Das japanische Ultimatum lief am 23. August ab, ohne daß es von Deutschland beantwortet wurde, was für Japan das Signal zum Handeln bedeutete: Japan erklärte Deutschland den Krieg und zwang China, die Umgebung der Bucht von Kiautschou als »Kriegsgebiet« anzuerkennen, in dem Japan militärisch intervenieren konnte. China, das sich Japan gegenüber in einer hoffnungslos unterlegenen Position befand, hatte zwar bereits am 6. August seine Neutralität gegenüber allen kriegführenden Parteien erklärt, war aber nicht in der Lage, diese Neutralität auch zu verteidigen. Ganz abgesehen davon sollten im weiteren Verlauf des Krieges weder Deutschland noch Japan diese Neutralität respektieren.

Japan nützt die deutsche Schwäche

Am 2. September landeten japanische Truppen in Stärke von etwa 30 000 Mann im Norden der Halbinsel Shantung und besetzten von dort aus die gesamte Halbinsel. Mit der am 7. November erfolgten Eroberung von Tsingtao war diese Operation abgeschlossen. Die mehrfachen Proteste Chinas gegen die Verletzung seiner Neutralität durch Japan wurden von Tokyo damit zurückgewiesen, daß »alle besetzten Punkte strategisch wichtig« seien und deswegen im »Zuge der Eroberung der deutschen Besitzungen« hätten besetzt werden müssen[6]. Die Eroberung der deutschen Gebiete unter dem Deckmantel der Wahrung chinesischer Interessen war nur der erste Schritt seiner aggressiven Chinapolitik. Der nächste war gegen China selbst gerichtet und bestand aus den »21 Forderungen«, die am 7. Mai 1915 gestellt wurden. Mit diesen Forderungen sollte China ein Vertrag aufgezwungen werden, der einen massiven Eingriff in seine staatliche Souveränität bedeutete und Japan großen innenpolitischen Einfluß sicherte. Vier Artikel dieser Forderungen betrafen auch Deutschland. Der erste und wichtigste hatte folgenden Wortlaut:

> »Die chinesische Regierung wird allen Vereinbarungen, die Japan später mit Deutschland bezüglich der Dispositionen über alle Rechte, Interessen und Konzessionen, welche Deutschland zufolge seiner Verträge oder sonstwie in bezug auf die Provinz Shantung besitzt, zustimmen.«

Mit den anderen Artikeln wurde das Einverständnis Chinas gefordert, keinen Teil von Shantung an irgendeine dritte Macht abzutreten oder zu verpachten. Außerdem sollte China der Weiterführung der Eisenbahnlinie von Yen-tai bis Lunkou und der Öffnung der wichtigsten Städte in Shantung als »Vertragshäfen« zustimmen[7].

Der Regierung in Peking war es angesichts dieser Entwicklung schnell klargeworden, daß es Japan gegenüber so lange in einer äußerst ungünstigen Position war, als es auf einer Neutralität bestand, die es nicht verteidigen konnte. Deshalb bemühte sich China um einen Beitritt zur Entente, was von England auch unterstützt wurde. Da die Verhandlungen darüber jedoch nicht mit der notwendigen Diskretion geführt wurden, erfuhr Japan bald von diesem Vorhaben und konnte mit seiner Intervention den Beitritt Chinas, der Japan um die Früchte seiner Politik gebracht hätte, verhindern. Der chinesische Regierungschef Yüan Shi-kai sah in dieser Situation keine Möglichkeit mehr, sich der Annahme der »21 Forderungen« zu widersetzen, zumal er – wie einige andere Politiker auch – hoffte, damit die Unterstützung Japans für seine innenpolitischen Pläne zu gewinnen – eine Rechnung, die freilich nicht aufging.

Nach dem Verlust von Kiautschou im November 1914 ergab sich im Verhältnis zwischen Deutschland und China erst Anfang 1917 eine Veränderung, als das Deutsche Reich am 17. Januar den »uneingeschränkten U-Boot-Krieg« erklärte. Die USA forderten daraufhin alle neutralen Länder – darunter auch China – auf, ihrem Beispiel zu folgen und die diplomatischen Beziehungen zu Deutschland abzubrechen. Außerdem setzten sich die Entente-Mächte – mittlerweile über drei Jahre im Krieg mit Deutschland – für einen Anschluß Chinas an die Entente ein. Der Hintergedanke war dabei, die durch den Krieg dezimierten Streitkräfte der Verbündeten mit chinesischen Einheiten aufzufrischen. Frankreich hatte auch schon öfter versucht, von Japan militärische Unterstützung zu erhalten, war aber stets abschlägig beschieden worden. Die Mission einer nach Peking entsandten französischen Militärabordnung, deren Ziel die Entsendung chinesischer Truppen nach Frankreich war, scheiterte ebenfalls, und zwar an der fatalen Finanzlage der chinesischen Regierung[8]. Statt dessen schickte China mehr als hunderttausend, auch militärisch einsetzbare Arbeiter nach Europa.

China und Deutschland im Krieg

Über die Frage nach dem Abbruch der Beziehungen Chinas zu Deutschland kam es zu einem heftigen Tauziehen zwischen der Regierung in Peking, dem deutschen Gesandten von Hintze und den diplomatischen Vertretern der Entente-Mächte. Die deutschen Bemühungen waren allerdings von vornherein zum Scheitern verurteilt, da Deutschland den Drohungen und Versprechungen der Entente gegenüber China nichts entgegenzusetzen hatte. China seinerseits konnte sich dem Drängen um so weniger entziehen, als es des Schutzes der Westmächte bedurfte, um sich der immer größeren Forderungen Japans zu erwehren. Da Peking aber bezweifelte, daß sich aus dem Abbruch der Beziehungen zu Berlin Vorteile für China ergeben würden, verlangte Ministerpräsident Tuan Chi-jui eine bindende Garantie der Entente, daß die territoriale Integrität Chinas auf einer künftigen Friedenskonferenz garantiert würde. Dazu sahen sich die Entente-Mächte aber nicht in der Lage – sie speisten China mit der Versicherung ab, »Sorge um China zu tragen«. Der tatsächliche Grund für diese Zurückhaltung lag darin, daß zum gleichen Zeitpunkt mit Japan über dessen Ansprüche auf Kiautschou verhandelt wurde – für den Fall, daß Japan dem Kriegseintritt Chinas zustimmte. Bereits im Februar 1917 hatte England ein Geheimabkommen mit Japan getroffen, in dem es versprach, die Forderungen Japans auf die ehemaligen deutschen Besitzungen in China auf einer internationalen Friedenskonferenz zu unterstützen. Frankreich stimmte diesem Abkommen am 1. März, Rußland am 5. März zu, während sich die USA bis zum 2. November Zeit ließen[9]. Damit war die absurde Situation entstanden, daß China für seinen Eintritt in den Krieg die Zusicherung seiner territorialen Integrität forderte, während Japan für die Zustimmung zum Kriegseintritt Chinas chinesisches Territorium verlangte – und erhielt!

China wußte von diesen Verhandlungen allerdings nichts und mußte sich schließlich mit den vagen Zusicherungen der Entente-Mächte zufriedengeben. Erst zwei Jahre später – auf der Friedenskonferenz von Versailles 1919 – wurde in China der tatsächliche Sachverhalt bekannt, und aus der Protestkampagne gegen diese Abmachungen sollte eine Bewegung erwachsen, deren Auswirkungen weit über China hinausreichten.

Am 9. Februar 1917 protestierte China offiziell gegen den »uneingeschränkten U-Boot-Krieg« und drohte mit dem Abbruch der Beziehungen für den Fall, daß dieser nicht eingestellt würde. Dem chinesischen Gesandten in Berlin wurde daraufhin versichert, daß Deutschland sich »bemühen« werde, Leben und Eigentum der Chinesen zu schützen[10], doch als dann Anfang März das französische Schiff »Atlas« mit 500 chinesischen Arbeitern an Bord von einem deutschen U-Boot versenkt wurde, machte die chinesische Regierung ihre Drohung wahr und brach am 3. März die diplomatischen Beziehungen zu Deutschland ab. Der Beschluß wurde am 10. März vom Unterhaus mit 332 zu 87, vom Oberhaus mit 158 zu 72 Stimmen angenommen[11]. Die Interessen Chinas in Deutschland wurden in der Folgezeit von Dänemark, die deutschen in China durch die Niederlande wahrgenommen. Am 25. März 1917 verließ der deutsche Gesandte, Admiral von Hintze, Peking.

Der Entscheidung über den Abbruch der Beziehungen zu Deutschland waren in China heftige Auseinandersetzungen zwischen Gegnern und Befürwortern vorausgegangen. Vor allem Sun Yat-sen befürwortete die Aufrechterhaltung der diplomatischen Beziehungen und argumentierte, daß China nur durch eine unabhängige Außenpolitik Prestige gewinnen könne. Seiner Ansicht nach habe es in den Beziehungen mit Deutschland bisher keinen Anlaß gegeben, der einen derartigen Schritt rechtfertige. Außerdem sei es »unvernünftig« und »unmoralisch«, die »imperialistische Entente« zwischen England, Frankreich, Rußland und Japan, die gegenüber China eine wesentlich aggressivere Politik als Deutschland betrieb, zu unterstützen[12].

Auslösendes Motiv für die Kriegserklärung an Deutschland waren aber schließlich nicht außen-, sondern innenpolitische Überlegungen, da Ministerpräsident Tuan Chi-jui versuchte, den Eintritt Chinas in den Krieg zum Ausbau seiner Machtposition zu benutzen und die Opposition im Süden zu unterdrücken. Am 7. Mai 1917 legte er dem Unterhaus einen Entwurf über den Kriegseintritt Chinas vor, während er gleichzeitig für den 10. Mai eine Demonstration von etwa 3000 Jugendlichen unter der Leitung einiger Militärs geplant hatte, um die Abgeordneten, die über diesen Entwurf diskutierten, einzuschüchtern. Die Auswirkungen dieses Plans waren jedoch größer als erwartet: Das Parlament erfuhr von der Manipulation, verweigerte die Abstimmung über den Entwurf und forderte den Rücktritt des Ministerpräsidenten, was die Kabinettsminister durch ihren Rücktritt bekräftigten. Am 23. Mai wurde Tuan Chi-jui aus seinem Amt entlassen, wogegen aber die ihn unterstützenden Militärs protestierten. In den folgenden innenpolitischen Wirren wurde das Parlament aufgelöst und für eine kurze Zeit – vom 1. bis 12. Juli – der ehemalige letzte Kaiser der Mandschu-Dynastie, Pu Yi, wieder inthronisiert, bis es schließlich Tuan Chi-jui mit Hilfe republikanischer Truppen gelang, die Monarchisten aus Peking zu vertreiben und die Regierung wieder zu übernehmen[13].

Aufgrund der nunmehr gestärkten Position der Regierung konnte am 14. August 1917 die Proklamation, die den Kriegszustand Chinas mit Deutschland und Österreich erklärte, verabschiedet werden. Ihr wichtigster Passus lautete:

> »Alle Verträge, Vereinbarungen und Konventionen, die zwischen China und Österreich-Ungarn abgeschlossen wurden, sind ebenso wie die Teile internationaler Protokolle und internationaler Vereinbarungen, die die Beziehungen zwischen China und Deutschland und China und Österreich-Ungarn betreffen, in Übereinstimmung mit dem Völkerrecht und der internationalen Praxis, unterbrochen. Die Regierung wird jedoch die Haager Konvention und die internationalen Übereinkommen über die Menschenrechte beachten.« [14]

Eine unmittelbare Folge der Kriegserklärung war die Liquidierung der politischen und wirtschaftlichen deutschen Interessen in China. Die Konzessionen in Tientsin und Hankow, die Deutschland 1895 erhalten hatte, waren bereits beim Abbruch der diplomatischen Beziehungen im März zurückgenommen worden, mit der Kriegserklärung wurde nun auch die konsularische Gerichtsbarkeit Deutschlands in China beendet. Als Ersatz hatte China eine provisorische Verordnung für Zivil- und Strafprozesse feindlicher Staatsangehöriger erlassen. Die deutschen Kasernen in Pei Tai-ho und Taku wurden von China übernommen, sämtliches Eigentum der deutschen Unternehmen, einschließlich der »Deutsch-Asiatischen Bank«, wurde beschlagnahmt. Alle deutschen Zivilisten in China wurden unter die Kontrolle der lokalen Behörden gestellt.

Über die außenpolitischen Verflechtungen Chinas mit den europäischen Staaten in den Kriegsjahren und die Maßnahmen der chinesischen Behörden gegen Deutsche und deutsches Eigentum nach der Kriegserklärung gibt es eine detaillierte Darstellung des japanischen Wissenschaftlers Nagao Arigo. Arigo kommt zu dem Schluß, daß einer der Hauptgründe für die Kriegserklärung Chinas der Wunsch war, die Verträge mit Deutschland aufzulösen[15] – ein Argument, das aus dem Ablauf der Ereignisse, vor allem aber auch wegen des geringen deutschen Einflusses in China nicht ohne weiteres plausibel ist.

China konnte aus seiner Kriegserklärung gegen Deutschland so gut wie keine Vorteile erzielen. Zwar erklärten sich die Entente-Mächte in einer Note vom 8. September 1917 damit einverstanden, daß China die jährlichen Entschädigungszahlungen aus dem Boxeraufstand für fünf Jahre stornieren könne und daß innerhalb dieser Zahlungen die Leistungen an Deutschland und Österreich-Ungarn für immer gelöscht seien, doch blieb die entscheidende Hoffnung Chinas, durch den Kriegseintritt auf seiten der Entente von seinen Handels-, Finanz- und machtpolitischen Beschränkungen befreit zu werden, unerfüllt. An den Kriegshandlungen selbst nahm China überhaupt nicht teil, sieht man von den chinesischen Arbeitern ab, die im Verlauf des Krieges – nach Angaben des chinesischen Außenministers Lou Tsengtsiang auf der Pariser Friedenskonferenz – nach Europa geschickt wurden. Von den mehr als 180 000 Arbeitern sollen ca. 120 000 in britischen Feldlagern gearbeitet haben[16].

Insgesamt betrachtet war die Kriegserklärung an Deutschland eine unmittelbare Auswirkung des verlorenen Gleichgewichts der internationalen Politik im Fernen Osten. Mit ihr ging die kurze Phase der deutschen Kolonialpolitik in Ostasien endgültig zu Ende.

Der Vertrag von Versailles und seine Auswirkungen auf China

Die Niederlage von 1918 hatte für die deutsche Fernost-Politik den Verlust aller Besitzungen in diesem Gebiet zur Folge und beendete alle machtpolitischen Bestrebungen Deutschlands in China. Gleichzeitig wurde damit für die weitere Entwicklung der deutsch-chinesischen Beziehungen eine Grundlage geschaffen, die auf der Gleichberechtigung beider Staaten beruhte und die durch die deutsch-chinesischen Vereinbarungen von 1921 formalisiert werden konnte.

Bis es aber soweit war, mußte eine Reihe von Hindernissen überwunden werden. Die Hauptursache dafür ergab sich aus den Bedingungen des Versailler Vertrages. In diesem Vertrag waren die deutschen Interessen in China, entsprechend dem bereits erwähnten Geheimabkommen mit Japan, mit den Artikeln 156 bis 158 (vgl. den Text im Dokumenten-Anhang) an Japan übertragen worden. China, das zu den Verhandlungen in Versailles mit einer fünfköpfigen Delegation und noch größeren Hoffnungen angereist war, wurde von dieser Entwicklung völlig überrascht und weigerte sich dann auch, den Vertrag zu unterzeichnen – womit theoretisch der Kriegszustand mit Deutschland weiterhin bestehenblieb.

In China selbst kam es zu einer großen Protestbewegung gegen die Unterzeichnung des Versailler Vertrages durch die Großmächte. Sie wurde am 4. Mai 1919 von Pekinger Studenten eingeleitet, die mit Nachdruck die Wahrung der Rechte Chinas forderten. Im Anschluß an die Kundgebung kam es zu Protestdemonstrationen im ganzen Land, begleitet von Arbeiterstreiks und einem Boykott japanischer Waren. Hinter diesen mehr äußeren Vorgängen stand die »Bewegung für die kulturelle Erneuerung Chinas«, die sich primär gegen die noch immer herrschenden traditionellen sozialen und moralischen Normen und die damit verbundene Denkweise der Regierung und Parteien richtete. In den folgenden Tagen und Wochen schlossen sich die Studenten der Schulen und Universitäten Pekings zusammen, um ihre Kampagne gegen die Unterzeichnung des Friedensvertrages und gegen die projapanischen Politiker in China zu intensivieren. Im Verlauf der Demonstrationen kam es zu Verhaftungen und neuen Streiks, die von allen Seiten unterstützt wurden und die auch auf andere Städte übergriffen. Der heutige chinesische Ministerpräsident Chou En-lai gehörte damals zu den Führern der Studentenbewegung in Tientsin. Durch die intensive Propagandatätigkeit der Studenten wuchs die Aktion bald über die akademischen Kreise hinaus und wurde zu einer nationalen Bewegung, der die Regierung schließlich nachgeben mußte. Obwohl Teile der Regierung eine energische Haltung gegen Japan ablehnten, wurden die drei Politiker, die man für die Annahme der »21 Forderungen« verantwortlich machte, von ihren Ämtern entbunden. Auch die Anweisung an die Delegation in Versailles, den Friedensvertrag nicht zu unterzeichnen, ist auf die Demonstrationen zurückzuführen.

Mit dieser »Bewegung vom 4. Mai 1919« setzte eine Neuorientierung des chinesischen Denkens ein, und im heutigen China wird in dieser Bewegung das wichtigste Ereignis der chinesischen Revolution überhaupt gesehen, da sie die Voraussetzungen für die Gründung der Kommunistischen Partei im Jahr 1921 geschaffen habe. Die chinesischen Historiker lassen die Periode der 1840 beginnenden »Modernen Geschichte« 1919 vor der 4.-Mai-Bewegung enden und leiten mit ihr die Geschichte der Gegenwart ein. Mao Tsetung, damals Lehrer an einer Volksschule, betonte in einem Aufsatz aus dem Jahr 1939 mit dem Titel »Die 4.-Mai-Bewegung« ihre Bedeutung und führte darin unter anderem aus:

> »Die 4.-Mai-Bewegung war eine anti-imperialistische Bewegung wie auch eine anti-feudale Bewegung. Die hervorragende historische Bedeutung der 4.-Mai-Bewegung liegt darin, daß sie ein charakteristisches Merkmal besaß, welches die Revolution von 1911 noch nicht gehabt hatte: Gründlich und kompromißlos trat sie dem Imperialismus wie auch dem Feudalismus entgegen. Der Grund dafür, daß die 4.-Mai-Bewegung diesen charakteristischen Zug hatte, lag darin, daß zu jener Zeit die kapitalistische Wirtschaft Chinas sich einen Schritt vorwärts entwickelt hatte. Zu gleicher Zeit sah die revolutionäre chinesische Intelligenz vor ihren Augen, wie die drei großen imperialistischen Mächte Rußland, Deutschland und Österreich zerfielen, die zwei großen imperialistischen Mächte England und Frankreich Schaden nahmen, wie das Proletariat Rußlands einen neuen sozialistischen Staat aufbaute und wie das Proletariat in Deutschland, Österreich-Ungarn und Italien inmitten einer Revolution war. Diese Anlässe erweckten neue Hoffnungen für die Befreiung der chinesischen Nation.
>
> Die 4.-Mai-Bewegung entstand unter dem damaligen Appell der Weltrevolution, unter dem Appell der russischen Revolution, unter dem Appell Lenins. Die 4.-Mai-Bewegung ist ein Teil der protestantischen Weltrevolution jener Zeit. Obwohl es zur Zeit der 4.-Mai-Bewegung noch keine Kommunistische Partei Chinas gab, zeigte doch eine große Anzahl von Intellektuellen primär kommunistische Ideen und billigte die russische Revolution . . . Seit Beginn der chinesischen Geschichte hat es noch keine so große und gründliche kulturelle Revolution gegeben.« [17]

Die Bestimmungen über den ehemaligen deutschen Kolonialbesitz wurden nicht nur in China kritisiert, auch in den Vereinigten Staaten stieß die Preisgabe der chinesischen Rechte auf Widerstand. Dies war auch einer der Gründe, daß der Versailler Vertrag von den USA nicht ratifiziert wurde. Den Artikeln 156 bis 158 des Vertrages hatte Präsident Wilson noch persönlich zugestimmt, nachdem Japan gedroht hatte, die Konferenz zu verlassen, wenn den chinesischen Wünschen stattgegeben würde. Wilson hatte sich für das Verbleiben der Japaner bei der Konferenz entschieden, weil er hoffte, Japan damit auch für die Teilnahme an der künftigen internationalen politischen Organisation des »Völkerbundes« zu gewinnen, was ihm wichtiger erschien als die unmittelbare und sofortige Befriedigung der chinesischen Ansprüche[18].

Die Friedensvereinbarung mit Deutschland vom 20. Mai 1921

Für die deutsch-chinesischen Beziehungen bedeutete die Nichtunterzeichnung des Versailler Vertrages durch China, daß zur Wiederherstellung normaler Beziehungen ein Separatfrieden geschlossen werden mußte. Zu diesem Zweck entsandte Deutschland im Juli 1920 eine Kommission nach China, die auch die Aufgabe hatte, die Handelsbeziehungen wieder anzuknüpfen und zu versuchen, vom deutschen Eigentum das zu retten, was zu retten war. Leiter der Mission war der Gesandte Borch. Die Erfüllung ihrer Aufgabe wurde durch die deutschfeindliche Haltung des Diplomatischen Corps in Peking erschwert. Der Grund dafür lag in den Befürchtungen, daß Deutschland möglicherweise wieder ein Rivale im Kampf der Mächte um den chinesischen Markt werden könnte.

Nach langwierigen Verhandlungen konnte schließlich am 20. Mai 1921 ein Vertrag zwischen Deutschland und China unterzeichnet werden, der aus sieben Artikeln bestand und hauptsächlich handelspolitische Fragen behandelte. Die wichtigsten Bestimmungen dieses Vertrages waren:

- ▷ Deutschland verpflichtete sich China gegenüber, die aus den Artikeln 128 bis 134 des Versailler Vertrages hervorgehenden Verpflichtungen zu erfüllen. Eine generelle Anerkennung dieses Vertrages durch Deutschland, die China im Verlaufe der Friedensverhandlungen verlangte, wurde durch die deutschen Vertreter abgelehnt.
- ▷ Aufgrund seiner Erklärung verzichtete Deutschland auf die Konsulargerichtsbarkeit in China. Dementsprechend sagte China Rechtsgarantien für Rechtsfälle zu, von denen Deutsche betroffen wurden.
- ▷ Nach Artikel vier anerkannten beide Staaten gegenseitig ihre Zollautonomie, wobei die Einfuhr-, Ausfuhr- und Durchgangszölle beider Länder, die von den Angehörigen des eigenen Landes zu zahlenden Zollsätze nicht übersteigen durften.
- ▷ Die deutsche Regierung verpflichtete sich, eine Teilzahlung von vier

Millionen Dollar bar und den Rest in Tientsin-Pukow und Hukuang-Eisenbahnobligationen auf die chinesische Kriegsschadenersatzforderung zu leisten, während China sich verpflichtete, mit der Vertragsunterzeichnung die Liquidation des deutschen Eigentums völlig einzustellen[19].

Die Forderung Chinas, nach der Deutschland in einer Erklärung sein Bedauern darüber aussprechen müsse, daß es sein Pachtgebiet Kiautschou nicht an China zurückgeben konnte, wurde während der Verhandlungen von Deutschland zurückgewiesen, weil es »politisch nicht angängig sei«, von einer »bisherigen Haltung der Neutralität in der zwischen Japan und China schwebenden Shantung-Frage in dieser bedenklichen Form« abzuweichen. Das Ergebnis der entsprechenden Verhandlungen bestand in der folgenden Erklärung:

»Die deutsche Regierung stellt fest, daß Deutschland durch die Ereignisse des Krieges und durch den Vertrag von Versailles gezwungen worden ist, auf alle seine Rechte, Ansprüche und Vorrechte zu verzichten, die es auf Grund seines Vertrages vom 6. März 1898 sowie seiner sonstigen, die Provinz Shantung betreffenden Abkommen erworben hat und dadurch die Möglichkeit, sie an China zurückzugeben, sich genommen sieht.«[20]

Die Bedeutung dieses Vertrages liegt vor allem darin, daß er für beide Staaten gleichermaßen einen Abschnitt ihrer politischen Entwicklung kennzeichnete: Für Deutschland war er der erste Vertrag, bei dem es nach den Diktaten und Ultimaten der Nachkriegszeit zum erstenmal als gleichberechtigter Verhandlungspartner auftreten konnte, China betrachtete ihn als ersten Vertrag, der – nach den Demütigungen, die dem Opiumkrieg folgten – auf der Grundlage der Gleichberechtigung abgeschlossen wurde.

Am 7. Dezember 1921 trat als erster Gesandter Deutschlands nach dem Krieg Dr. Boyé seinen Posten in Peking an – ein Vorgang, der in China positiv bewertet wurde, da »Deutschland nach dem Krieg eine Republik geworden und nicht mehr das frühere Deutschland der kaiserlichen Zeit ist«. In diesem Zusammenhang wurde gefordert, das chinesische Volk solle seine früheren Ansichten über Deutschland von Grund auf ändern, »damit die Zusammenarbeit der Völker der beiden Länder auf geistigem Gebiet gefördert wird« [21].

Für China stand allerdings in dieser Zeit und in den nächsten Jahren die innenpolitische Entwicklung im Vordergrund. Zwischen Juni 1916 und dem Frühjahr 1926 wechselten sechsmal die Präsidenten und lösten 25 Kabinette einander in der Regierung ab. In dieser instabilen Situation reichte die Macht der Regierung nur so weit wie die der eigenen Truppen oder der hinter ihr stehenden Militärmachthaber. Dabei war China in sich geteilt: Neben der Regierung im Norden, mit der Deutschland den Friedensvertrag abgeschlossen hatte, hatte sich 1917 im Süden eine Oppositionsregierung gebildet, deren erster Führer Sun Yat-sen, der Initiator der chinesischen

Revolution von 1911, war. Er nahm die 1921 in Shanghai gegründete Kommunistische Partei in seine Regierung auf, um gemeinsam mit ihr für die Einigung Chinas zu arbeiten. Nach seinem Tode im Jahr 1925 rückte der junge Marschall Chiang Kai-shek an seine Stelle, dem es zwei Jahre später gelang, das ganze Land zu erobern und China erstmals seit 1911 wieder zu vereinen.

Noch zuvor, im Dezember 1921, wurde in Washington eine Konferenz abgehalten, deren Hauptaufgabe die Erörterung der Abrüstung und die Probleme im Fernen Osten und im Pazifik waren. An dieser Konferenz nahmen die USA, Großbritannien, Frankreich, Japan, Italien, China, Holland, Belgien und Portugal teil. Die Hoffnung Chinas, daß diese Konferenz den Beginn einer neuen Chinapolitik einleiten würde, erwies sich jedoch wieder einmal als Trugschluß. Zwar wurde Japan von den USA und England gezwungen, die noch immer besetzte Provinz Shantung – den Streitpunkt des Versailler Vertrages – an China zurückzugeben, der chinesischen Forderung nach Abschaffung oder Revision aller auf den »Ungleichen Verträgen« beruhenden ausländischen Vorrechte wurde jedoch nicht entsprochen. Wie der Verlauf der Konferenz zeigte, sah man ihre wesentliche Aufgabe darin, die japanische Expansion einzudämmen, während die China-Frage nur eine untergeordnete Rolle spielte.

Die unveränderte Eigennützigkeit in der Chinapolitik der einzelnen Staaten zeigte sich auch in ihrer Haltung zum Bürgerkrieg in China: Je nach ihren eigenen Interessen standen die Mächte hinter bestimmten Machthabern. Japan unterstützte Tuan Chi-jui, der gemeinsam mit Chang Tso-lin seine Machtposition in der Mandschurei aufgebaut hatte, während England die Führer der sogenannten Chili-Gruppe förderte. Der Regierung Sun Yat-sens standen die ausländischen Staaten ablehnend gegenüber und anerkannten sie trotz ihrer Bemühungen um Unterstützung nicht, da sie angesichts ihrer Reformvorhaben um ihre Interessen in China fürchteten. Vor allem England opponierte wegen seiner Handelsinteressen und seiner Kronkolonie Hongkong gegen Sun Yat-sen und unterstützte statt dessen den lokalen Warlord in der Provinz Kuantung.

Infolge dieser ablehnenden Haltung der meisten westlichen Staaten ist es nicht verwunderlich, daß sich Sun Yat-sen um die Jahreswende 1922/23 mit dem damaligen Vertreter der sowjetischen Regierung Joffe in Shanghai über ein gemeinsames »Manifest« einigte. Dieses denkwürdige Übereinkommen, das einen Wendepunkt in der Entwicklung Chinas darstellen sollte, wurde am 26. Januar 1923 veröffentlicht. Beide Staaten erklärten darin ihre Übereinstimmung, daß China für den Kommunismus »nicht geeignet« sei. Der weitaus wichtigere Punkt war jedoch das sowjetische Versprechen, den Plan Sun Yat-sens zur Einigung Chinas zu unterstützen. Für Sun Yat-sen bedeutete dieses Manifest eine erste außenpolitische Unterstützung, die ihm bis dahin versagt geblieben war[22].

Die deutsche Außenpolitik war in dieser Zeit davon gekennzeichnet, daß mit dem Vertrag von Versailles und den innenpolitischen Folgeerscheinungen des verlorenen Krieges die wirtschaftliche Existenz Deutschlands weitgehend zusammengebrochen war und jede Revisionsforderung am Argwohn der alten Gegner scheiterte. Zur Gewinnung einer neuen Existenzgrundlage mußte die Republik zunächst ihre ganze Kraft darauf verwenden, das starke Mißtrauen des Auslands abzubauen.

Die Neuorientierung der deutschen Chinapolitik

Mit dieser grundsätzlichen Zielsetzung stimmte auch die deutsche Chinapolitik jener Jahre überein. Zwar war der Verzicht auf die koloniale Tradition in Ostasien für Deutschland nur das erzwungene Ergebnis seiner veränderten Stellung in der Weltpolitik, doch erkannte man darüber hinaus, daß eine positive Chinapolitik nur auf gegenseitigem Vertrauen basieren könne. Der deutsche Beauftragte bei den Verhandlungen über den deutsch-chinesischen Friedensvertrag von 1921, von Borch, drückte dies so aus: »Wir müssen den Chinesen zeigen, daß wir mehr Verständnis für ihre legitimen Forderungen an das Ausland haben als andere Nationen und daß wir bereit sind, dieses Verständnis auch bei unseren künftigen Beziehungen zu bestätigen. Dies ist der einzige Weg zu einer aktiven deutschen Politik in China.« [23]

Die Durchführung dieser Politik erwies sich jedoch als ausgesprochen schwierig. Merkwürdigerweise war es gerade China, das sich den deutschen Bemühungen gegenüber relativ unfreundlich zeigte. Aus den Berichten des deutschen Gesandten in China, Boyé, geht hervor, daß führende chinesische Politiker trotz der Enttäuschungen durch den Vertrag von Versailles und der Einmischungspolitik der Siegermächte weiterhin im Lager der Alliierten verblieben waren. Die chinesische Regierung war auch an der Entscheidung des Völkerbundes über Schlesien beteiligt, bei der Schlesien trotz einer für Deutschland günstigen Volksabstimmung geteilt wurde. Boyé beklagte deshalb, »wo immer in Europa ein Unrecht gegen Deutschland geschehe, stehen die chinesischen Vertreter ausnahmslos auf der Seite unserer Feinde – dieselben Vertreter, die unausgesetzt nach Recht und Gerechtigkeit für China rufen« [24].

Erschwerend kam hinzu, daß die Behandlung des deutschen Gesandten durch die Regierung wie das Diplomatische Corps in Peking mehr als unfreundlich war. Dr. Boyé wurde mit der Begründung aus ihrer Gemeinschaft ausgeschlossen, daß Deutschland nach der Aufgabe seines Besitzes in China »nicht mehr in die Interessengemeinschaft der Vertragsmächte passe«. Zwar versuchte Boyé, sich auch in China mit den bisherigen Gegnern zu verständigen, doch führte diese im Prinzip richtige Politik nun leider zu unerfreulichen Konsequenzen für die deutsch-chinesischen Beziehungen selbst. Ein typisches Beispiel dafür war der »Lin-cheng-Zwischenfall«, bei dem Anfang Mai 1923 ein Zug des Shantung-Peking-Expresses bei der Stadt Lin-cheng von einer chinesischen Räuberbande überfallen und beraubt wurde. Das Diplomatische Corps überreichte daraufhin der chinesischen Regierung eine Note, in der unter anderem eine Entschädigung für die Opfer des Überfalls, die Schaffung einer ausländischen Offizieren unterstellten Bahnpolizei sowie die Absetzung der für den Überfall verantwortlichen höchsten Beamten der Provinz Shantung gefordert wurde[25]. Die Note wurde auch von dem deutschen Gesandten unterzeichnet, weil eine Weigerung den »endgültigen Bruch« mit dem Diplomatischen Corps bedeutet hätte, den Boyé zu vermeiden bestrebt war. Bei der chinesischen Regierung erregte die Haltung des Gesandten jedoch Anstoß und führte dazu, daß die bereits bewilligte Entschädigung für die bei dem Überfall zu Schaden gekommenen Deutschen absichtlich zurückgehalten wurde[26]. China nutzte hierbei deutlich erkennbar die schwache Position Deutschlands aus.

Zu Differenzen kam es auch über die Frage des deutschen Beitritts zu dem bereits erwähnten Abkommen von Washington, wofür die USA die Initiative ergriffen hatten. China widersetzte sich dem Beitritt Deutschlands, weil das Abkommen seinen nationalen Forderungen nach Unabhängigkeit und Selbstbestimmung widersprach und mit dem deutsch-chinesischen Vertrag von 1921 nicht vereinbar sei. Offensichtlich befürchtete China, daß Deutschlands Beitritt zu diesem Abkommen eine Fortsetzung seiner kolonialen Traditionen bedeuten könnte – Befürchtungen, die auch dadurch genährt wurden, daß in Deutschland bei den (inoffiziellen) Veranstaltungen des sogenannten »China-Abends« durch den *Kolonialbund* eine Rückgewinnung des deutschen Pachtgebietes gefordert wurde. Diese chinesischen Bedenken führten schließlich dazu, daß am 16. Juni 1923 der deutsche Beitritt endgültig abgelehnt wurde[27].

Das Jahr 1926 brachte eine Wende in der innenpolitischen Entwicklung Chinas mit sich, da es dem Nachfolger Sun Yat-sens gelang, nach Expeditionen in die nördlichen Gebiete Chinas, seine Machtposition auszuweiten. Deutschland und die anderen Staaten mußten ihre diplomatische Präsenz von Peking nach Südchina verlegen, wollten sie nicht offizielle Beziehungen zu einer Regierung unterhalten, deren Anspruch auf die Herrschaft in China nicht mehr der Wirklichkeit entsprach.

Diese neue Situation veränderte auch die Perspektiven der deutsch-chinesischen Beziehungen, zumal die Kontakte zu Sun Yat-sen und seiner Bewegung stets um einiges freundlicher und besser gewesen waren als die zur Regierung im Norden Chinas.

II. Deutschland und die chinesische Nationalregierung (1927–1933)

Sun Yat-sen und Deutschland

Daß sich die chinesische Gegenregierung in Kanton Deutschland gegenüber relativ freundlich verhielt, war im wesentlichen auf Sun Yat-sen selbst zurückzuführen. Bereits 1917 hatte er gegen die Kriegserklärung Chinas an Deutschland opponiert und in einer Broschüre über *Die Existenzfrage Chinas* auch das deutsch-chinesische Verhältnis untersucht. Darin hob er hervor, daß sich die »traditionelle Freundschaft« Deutschlands zu China besonders in dessen Hilfe beim Aufbau des chinesischen Militär-, Bildungs- und Erziehungswesens zeige, weshalb er Chinas Anschluß an die Entente-Mächte »gegen einen alten Freund« als »undankbar« verurteilte. Er prophezeite die wirtschaftliche Wiedergesundung Deutschlands, da er von der Kreditwürdigkeit und der Geschäftstüchtigkeit seiner Kaufleute überzeugt war, die »niemals beschlagnahmt werden können«[28].

Weil Sun Yat-sen für den Fall der Beteiligung am Krieg Vorteile für Japan auf Kosten Chinas befürchtete, plädierte er für die Neutralität seines Landes. Die Gründung der Gegenregierung in Kanton im Jahr 1917 ist auch auf diese Differenzen mit Peking in außenpolitischen Fragen zurückzuführen.

Eine der Hauptaufgaben der jungen Regierung war es, sich der Unterstützung anderer Staaten zu versichern, wobei Sun Yat-sen gemeinsame Anknüpfungspunkte nur mit dem unterlegenen Deutschland und den in Rußland an die Macht gelangten Sowjets sah. Er entschied sich für Deutschland, da seit dem Vertrag von Versailles, »dessen Interessen mit denen Chinas übereinstimmen«, und außerdem »keine Möglichkeit einer (deutschen) Aggression« gegen China bestand. Hinzu kam, daß Deutschland mit dem Vertrag von 1921 auf seine Privilegien verzichtet und die Gleichberechtigung Chinas anerkannt hatte. Damit war zwischen beiden Ländern eine Basis entstanden, die im Verhältnis zu anderen Staaten nicht existierte. Nach Sun Yat-sens Überzeugung sollten beide Staaten zusammenarbeiten und sich gegenseitig unterstützen. 1921 legte er einen umfassenden Plan für eine wirtschaftliche Zusammenarbeit vor, dem zufolge Deutschland technische und wirtschaftliche Hilfe zur industriellen Erschließung Chinas zur Verfügung stellen sollte[29].

Die Reaktion in Deutschland auf Sun Yat-sens Initiative war infolge der realpolitischen Gegebenheiten relativ schwach. Die Weimarer Republik befand sich zwischen 1921 und 1923 in einem schwierigen politischen Umwandlungsprozeß. Für eine großzügige Unterstützung eines anderen Landes fehlten alle Voraussetzungen. Außerdem war Sun Yat-sen der politische Rivale der Regierung in Peking, mit der Deutschland den Vertrag von 1921 geschlossen hatte. Und schließlich hatte sich Sun Yat-sen die besondere Abneigung Englands zugezogen, von dem die Weimarer Republik außenpolitisch nicht unabhängig war. Sun Yat-sen erfreute sich zwar in Deutschland als »Führer der Massen, ein Mann mit idealen Zielen, eine Persönlichkeit mit außerordentlich weitreichendem Einfluß auf ganz China« besonderer Wertschätzung, doch beschränkte sich die deutsche Unterstützung für ihn auf entsprechende Erklärungen[30].

Die deutsche Chinapolitik befand sich also bis 1926 zwischen zwei – unbequemen – Stühlen, da offizielle Beziehungen zur Deutschland unfreundlich gesinnten Regierung in Peking bestanden, mit denen die Beziehungen zur deutsch-freundlichen Regierung in Kanton blockiert waren. Die Frage der Anerkennung der Regierung Sun Yat-sens führte zu Spannungen, die auch dadurch zum Ausdruck kamen, daß der im Oktober 1921 nach Berlin entsandte Beauftragte Sun Yat-sens, General Chu Woh-chung, nicht offiziell empfangen wurde. Ebenso erging es dem deutschen Vizekonsul Wagner, der im selben Jahr Kanton besuchte. General Chu Woh-chung konnte aber trotzdem mit Regierungskreisen und einer Reihe Industrieller wie Hugo Stinnes Kontakte aufnehmen und mehrere Handelsverträge auf privater Ebene abschließen. Durch die Empfehlung von Chu Woh-chung wurden außerdem erstmals Deutsche in Kanton als Berater tätig[31].

Eine Initiative zur Bildung eines Dreierbündnisses zwischen Deutschland, China und der Sowjetunion war bereits vorher vom früheren deutschen Gesandten in China, von Hintze, ergriffen worden. Die offiziellen, aber geheimen Verhandlungen darüber wurden zu Beginn des Jahres 1922 aufgenommen, endeten jedoch im Juli 1922 erfolglos, weil Sun Yat-sen wegen eines Putsches gegen ihn Kanton verlassen mußte. Die Putschisten veröffentlichten die Dokumente über diese Vorverhandlungen, worauf Frankreich und England das deutsche Vorgehen kritisierten und Berlin am 26. September zu einem Dementi veranlaßten. Auch Sun Yat-sen dementierte am 29. September, wobei sich seine Erklärung aber nur auf offensichtlich falsche Dokumente, nicht aber auf seine Bereitschaft, mit Deutschland und der Sowjetunion normale Beziehungen aufzunehmen, bezog[32].

Anfang 1923 hatte sich die politische Situation in Kanton wieder beruhigt, und Sun Yat-sen konnte dorthin zurückkehren. In seinem Reisegepäck hatte er die erwähnte sowjetische Hilfszusage, die er in Shanghai von dem Komintern-Beauftragten Joffe erhalten hatte. Daß Sun Yat-sen trotzdem weiter an einer Zusammenarbeit mit Deutschland interessiert war, geht aus einem Brief an seinen Beauftragten in Berlin hervor:

»Wir müssen versuchen, mit deutschen Industrieunternehmen, etwa Stinnes, wie auch mit der deutschen Regierung einen gemeinsamen umfassenden Plan für den nationalen Wiederaufbau auszuarbeiten, wobei der Verwaltungsapparat unserer Regierung verbessert und unser Verteidigungssystem durch das Zusammenwirken chinesischer Rohstoffe und chinesischen Menschenmaterials mit deutschen Maschinen und deutschem technischem Wissen aufgebaut werden sollte. Kurz gesagt, wir sollen mit Hilfe deutscher Gehirne und deutscher Fähigkeiten darauf abzielen, China in kurzer Zeit wohlhabend und mächtig zu machen. Sobald dieses Ziel erreicht ist, wird China mit all seiner Macht bereit sein, Deutschland aus den Fesseln des Vertrages von Versailles zu befreien. Wenn die deutsche Regierung China als Morgenröte der Hoffnung betrachten kann, so wird China umgekehrt Deutschland unzweifelhaft als seinen einzigen Leitstern betrachten.«[33]

Deutschland konnte dieses Angebot aufgrund der bereits dargestellten Situation nicht annehmen und Sun Yat-sen nur auf inoffizieller, privater Basis bei seinen wirtschaftlichen Projekten unterstützen, weshalb er, obwohl er den Marxismus für China grundsätzlich ablehnte, auf die Hilfe der Sowjetunion angewiesen war. Die Weimarer Republik verhielt sich auch in der Folgezeit den chinesischen Vorschlägen gegenüber zurückhaltend und lehnte ein chinesisches Programm von 1924, das unter anderem deutsche Hilfe beim Aufbau des Außenhandels und einer modernen Industrie nach deutschem Muster und mit deutschem Kapital vorsah, als »unausführbar« ab[34].

Wesentlich positiver reagierte die deutsche Industrie. Namhafte Firmen wie Hugo Stinnes, die Erzfirma Beer, Sondheimer & Co und die Bayerischen Stickstoffwerke waren bereit, die Geldmittel für die technische Ausführung von Industrieprojekten zur Verfügung zu stellen. Der frühe Tod Sun Yat-sens verhinderte eine Realisierung dieser Pläne – sie sollten erst Jahre später unter dem Nachfolger Sun Yat-sens, Chiang Kai-shek, wieder aufgegriffen und intensiviert werden[35].

Deutschland in der Außenpolitik der chinesischen Nationalisten (1924 bis 1927)

Durch das Bündnis zwischen Sun Yat-sen und der Sowjetunion von 1923 erzielte die Kuomintang – die Partei Sun Yat-sens – in den folgenden Jahren eine Reihe von Erfolgen, während in der gleichen Zeit die Regierung in Peking zunehmend an Macht verlor. Das erfolgreiche Vorgehen der Nationalisten gegen die Warlords – lokale Militärmachthaber in den einzelnen Provinzen – war vor allem auf die sowjetische Unterstützung mit Waffen, Munition und militärischen Beratern zurückzuführen[36].

Ein weiteres Ergebnis der Zusammenarbeit mit der Sowjetunion war die Intensivierung der Propaganda unter den Arbeitern, Bauern und Jugendlichen, der Aufbau von Massenorganisationen und eine zunehmende Radikalisierung der chinesischen Innen- und Außenpolitik. Ihr erklärtes Ziel war die Ausmerzung aller ausländischen Einflüsse, was zu einer kompromißlosen Konfrontation mit den anderen Staaten führte. Anlaß dafür waren verschiedene Aktionen gegen ausländische Interessen, wozu auch der Entzug der britischen Konzessionen in Hankow und Chiukiang im Januar 1927 gehörte. Im März desselben Jahres kam es zum »Nanking-Zwischenfall«, bei dem die Kuomintang-Truppen nach der Eroberung der Stadt, die vorher von den Truppen der Pekinger Regierung gehalten worden war, fremdenfeindliche Terrorakte verübten, die Gebäude ausländischer Konsuln zerstörten und zahlreiche Ausländer ermordeten. Nach einer Interpretation dieses Vorfalls wurden die Ausschreitungen vom linken Flügel der Kuomintang mit Unterstützung der Sowjets inszeniert, um den zunehmenden Einfluß Chiang Kai-sheks zu schwächen. Diese Version erscheint aufgrund unserer heutigen Kenntnisse durchaus glaubwürdig[37].

England, Frankreich, Italien, die USA und Japan protestierten gegen diese Vorfälle und forderten von Chiang Kai-shek eine Entschädigung und die Bestrafung der Schuldigen. Chiang Kai-shek übernahm ausdrücklich die volle Verantwortung und garantierte, künftig das Leben und Eigentum der Ausländer zu schützen. Eine endgültige Einigung über diese Frage erfolgte erst ein Jahr später. Man kann daraus die veränderte Situation im Verhältnis zwischen China und den Großmächten erkennen. Siebenundzwanzig Jahre zuvor hatten ähnliche Ereignisse eine weltweite Empörung hervorgerufen und internationale Aktionen gegen China provoziert, jetzt reagierte man mit formalen Protesten.

Aber auch das Verhältnis Chinas zur Sowjetunion blieb nicht ungetrübt: Nach verschiedenen Differenzen mit den chinesischen Kommunisten holte Chiang Kai-shek im März 1927 zu einem vernichtenden Schlag gegen die von Moskau unterstützte Partei aus, deren Repräsentanten gerade in Shanghai eine Plenarsitzung abhielten. Ein großer Teil der Führungskader der chinesischen Kommunisten wurde dabei getötet oder verhaftet. Dies führte zum Abbruch der diplomatischen Beziehungen mit der Sowjetunion, Chiang Kai-shek hatte nun vorerst, außen- wie innenpolitisch, freie Hand zur Durchsetzung seiner Politik[38].

Im April desselben Jahres gründete er in Nanking eine neue Regierung, die wiederum die Abschaffung der »Ungleichen Verträge« und den Kampf um die Gleichberechtigung Chinas auf ihre Fahnen geschrieben hatte, jedoch bereit war, mit den anderen Staaten darüber zu verhandeln, womit sie sich deutlich vom Radikalismus der Vorjahre unterschied.

Deutschland war von den Ereignissen in China im wesentlichen unberührt geblieben, zumal Berlin bemüht war, eine neutrale Haltung im Konflikt zwischen Chiang Kai-shek und den anderen Großmächten einzunehmen. Aus diesem Grunde wurde auch ein Vorschlag der Marineleitung von 1925, ein Kriegsschiff zum Schutz der Deutschen nach China zu entsenden, vom Auswärtigen Amt abgelehnt[39]. Bis zum Bruch zwischen Chiang Kai-shek und den chinesischen Kommunisten fürchtete Deutschland für den Fall seiner Mitwirkung an einer gemeinsamen Aktion der Großmächte gegen China um die zu dieser Zeit guten und freundschaftlichen Beziehungen zur Sowjetunion. Aus Rücksicht darauf verzichtete Berlin auch auf eine Intervention für einen in Hankow zu Schaden gekommenen Staatsbürger, nachdem der deutsche Botschafter in Moskau Bedenken geäußert hatte[40]. Die deutsche Politik geriet dadurch aber in Konflikt mit England, das versuchte, seine Vorrechte in China aufrechtzuerhalten. Die englischen Banken drohten den deutschen Firmen in China sogar mit der Sperrung der Kredite, wenn Deutschland sich nicht der Chinapolitik Englands anschlösse.

Die Aktion Chiang Kai-sheks gegen die chinesischen Kommunisten vom März 1927 in Shanghai hatte auch Auswirkungen auf die deutsch-chinesischen Beziehungen – allerdings in negativer Hinsicht. Schuld daran trugen Meldungen über angebliche deutsche Waffenlieferungen im Wert von mehreren hunderttausend Pfund an die Warlords durch die Schiffahrtslinien »Rickmers« und »Maru«. Chiang Kai-shek fürchtete, daß die deutsch-sowjetische Freundschaft auch zu einer rußlandfreundlichen Haltung der Deutschen in China führen würde, zumal die Sowjets in der vom linken Flügel der Kuomintang und den Kommunisten gebildeten Gegenregierung in Wuhan sehr einflußreich waren. Mitte Juli war die Situation zwischen Wuhan und Nanking äußerst gespannt, und genau zu dieser Zeit wurde der von Wuhan in Nanking eintreffende deutsche Dampfer »Doick Rickmers« von den Zollbehörden angehalten und untersucht – angeblich sollte der ehemalige sowjetische Chefberater in China, Borodin, an Bord eines deutschen Dampfers von Wuhan nach Shanghai unterwegs sein. Einer Reihe weiterer deutscher Schiffe erging es ähnlich. Die Kuomintang-Behörden erklärten dazu, daß ihrer Ansicht nach die Sympathien der Deutschen auf der Seite der kommunistischen Regierung seien und daß »deutscherseits alles geschehe, um dieser Richtung Vorschub zu leisten«[41]. Nach mehreren Protesten wurden die Schiffe schließlich am 19. August freigelassen, wobei der deutsche Vizekonsul in Shanghai, Bracklo, die Überzeugung vertrat, »daß wir gegenwärtig nicht in der Lage sind, unsere Rechte mit Machtmitteln zu schützen, was zweifellos dazu beigetragen hat, daß die Anordnungen weit über das auch von chinesischer Seite für notwendig gehaltene Maß hinausgingen und daß die Erledigung der Angelegenheit in so unbefriedigender Form vorgenommen wurde«[42]. Trotzdem hielt die Regierung in Berlin an der Politik der Neutralität gegenüber den innerchinesischen Angelegenheiten fest und lehnte jede Inanspruchnahme fremden Schutzes für die deutschen Interessen ab. Neben den genannten Überlegungen spielte auch die – zweifellos richtige – Folgerung mit, daß mit der Reduzierung des sowjetischen und kommunistischen Einflusses Chiang Kai-shek zum dominierenden Politiker in China geworden war und eine tolerante Politik ihm gegenüber den deutschen Interessen nur dienlich sein konnte.

Die Frage der Anerkennung der Regierung Chiang Kai-shek wollte man in Berlin so lange aufschieben bis sich abzeichnete, wie sich die anderen Staaten in dieser Frage verhalten würden. Außerdem bestanden noch offizielle Beziehungen zu Peking. England hatte zwar im Dezember 1926 ein Memorandum zur Chinafrage veröffentlicht, in dem die Anerkennung der Regierung in Nanking gefordert wurde, doch war dieser Vorschlag auf wenig Gegenliebe gestoßen, da man in dem damals noch mit Moskau zusammenarbeitenden Chiang Kai-shek eine Gefahr für die eigenen Interessen sah. Die Situation änderte sich erst, nachdem Chiang Kai-shek im Juni 1927 Peking erobert hatte und seinem Anspruch auf Alleinvertretung Nachdruck verlieh. Im Anschluß daran entsandte er unter der Leitung von Sun Fo, dem Sohn Sun Yat-sens, eine Delegation nach Deutschland, die Verhandlungen über die Anerkennung führen sollte, doch vertrat man in Berlin die Ansicht, daß sich Deutschland »nicht in den Vordergrund schieben« und auch »kein brauchbarer Vorteil für Deutschland« damit erzielt werden könne. Man ging sogar so weit, für die Anerkennung die Zusicherung der Meistbegünstigung und andere Vorrechte zu verlangen, was aber von Sun Fo energisch zurückgewiesen wurde.

Erst am 25. Juli 1927 konnte China mit den USA eine Einigung über die gegenseitigen Ansprüche unterzeichnen, was einer völkerrechtlichen Anerkennung gleichkam. Damit war auch für die anderen Staaten der Weg frei. Deutschland anerkannte die Regierung Chiang Kai-shek am 17. August und unterzeichnete gleichzeitig einen Vertrag, der in Ergänzung des Vertrages von 1921 hauptsächlich zoll- und handelspolitische Fragen regelte. Die ursprüngliche Forderung, die Konsulargerichtsbarkeit wiederherzustellen, mußte angesichts des chinesischen Widerstandes aufgegeben werden. Bei der offiziellen Anerkennung der Regierung Chiang Kai-shek gab Deutschland seiner Überzeugung Ausdruck, daß die Herstellung eines freundschaftlichen Verhältnisses zwischen beiden Staaten politisch von »hoher Bedeutung« sei, da hinter der chinesischen Regierung »moralisch fast das ganze chinesische Volk stehe« und sie »den ehrlichen Wunsch hat, Deutschland als ein Volk zu behandeln, von dem man eine politisch uneigennützige Unterstützung erhofft«[43].

Inoffizielle deutsche Hilfe für Chiang Kai-shek

Ausländische Militärberater in China gab es bereits seit dem Jahr 1924, wobei es sich vor allem um sowjetische Militärberater bei der Kuomintang-Regierung handelte. Nach dem Bruch Chiang Kai-sheks mit Moskau war auch die Mission dieser Berater beendet[44], und Chiang wandte sich mit der Bitte um Militärhilfe an Deutschland. Die Bitte entsprach sowohl Chiangs Vorliebe für Deutschland – wo er in den Jahren 1913 und 1918 studierte und wohin er seinen Sohn Chiang Wei-kuo auf die Militärakademie schickte – als auch den bereits erwähnten Initiativen Sun Yat-sens in bezug auf eine Zusammenarbeit mit Deutschland. Der deutsche Gesandte in China, Boyé, lehnte das chinesische Ersuchen deshalb ab, weil es seiner Ansicht nach nicht einer Vorliebe für Deutschland entspreche, sondern vielmehr daraus resultiere, daß »die Deutschen für die Chinesen ungefährlich und bequem sind . . . Sie erfordern nicht so viele Rücksicht wie die Exterritorialen, hinter denen doch immer gereizte Regierungen und Kanonenboote drohen«[45]. Auch der Vorschlag, Militärhilfe auf privater Grundlage zu gewähren, fand nicht die Zustimmung von Boyé, der dafür jede amtliche Unterstützung ablehnte.

Davon abgesehen, daß die Lage in China reichlich verworren war und Chiang Kai-shek das Land keineswegs uneingeschränkt beherrschte, mußte Deutschland nach dem verlorenen Krieg und dem Versailler Vertrag mit jeder Art von Militärhilfe besonders vorsichtig sein. Offensichtlich gelang es Boyé, seinen Standpunkt in Berlin durchzusetzen, denn bis zum Ende der Weimarer Republik erging kein positiver Bescheid der Regierung in dieser Angelegenheit.

Als Träger für die Tätigkeit deutscher Militärberater in China kamen also nur private Kreise in Frage, in diesem Falle die Industrie. Sie hatte ein lebhaftes Interesse daran, neben der Lieferung von Waffen und Geräten auch an den Aktivitäten der Reichswehr im Ausland zu partizipieren. Man dachte dabei an das Beispiel der Sowjetunion, wo nach einem Plan des Generalobersts von Seeckt deutsche Firmen am Aufbau der sowjetischen Rüstungsindustrie maßgeblich beteiligt waren und unter anderem Flugzeuge, Panzerwaffen und Munition herstellten[46]. Die Situation in China schien den deutschen Industriellen geeignet, auch dort bedeutende Rüstungsobjekte zu erstellen.

Diese positive Einstellung wurde durch den China-Besuch von Max Bauer im Jahr 1927 gefördert, der anschließend eine chinesische Studienmission nach Deutschland begleiten und beraten sollte. Max Bauer war eine schillernde Persönlichkeit, die vieles zur Entwicklung der deutsch-chinesischen Kontakte beitrug: Im Ersten Weltkrieg war Bauer Oberst in der Operationsabteilung der Obersten Heeresleitung und politischer Berater Ludendorffs. Das »Hindenburg-Programm«, das im wesentlichen die Forderungen der Kriegswirtschaft an die deutsche Industrie enthielt, war sein Werk. Bauer konnte dadurch persönliche Beziehungen zu den wichtigsten Industriellen anknüpfen. 1920 war er am »Kapp-Putsch« beteiligt und wurde deshalb steckbrieflich gesucht. Er flüchtete zuerst nach Ungarn, und seitdem trieb »ein abenteuerliches Temperament den Oberst Bauer in alle Weltgegenden, wo Unruhen herrschen«[47]. Unter anderem war er als Militärberater in der Sowjetunion, Spanien, Australien und Argentinien tätig gewesen und konnte dort die Erfahrungen sammeln, die ihm nun in China zugute kamen.

Die Reise der chinesischen Studienmission nach Deutschland unter der Führung Bauers hatte primär die Aufgabe, ehemalige deutsche Offiziere als Berater nach China zu verpflichten. Englische und japanische Zeitungen verbreiteten damals die Meldung, Bauer habe von Chiang Kai-shek den Auftrag erhalten, die chinesische Armee nach preußischem Muster zu organisieren. Bauer selbst dementierte alle diese Berichte. Er gab zwar zu, »im Interesse der deutschen Industrie und Wissenschaft in China für den Aufbau dieses Landes und im Interesse der Freundschaft mit Deutschland« zu arbeiten, fügte aber hinzu, daß sich »nach meinem Wissen kein deutscher Offizier in Nanking, Shanghai oder Kanton (befindet)« [48]. Diese Erklärung enthielt freilich nur die halbe Wahrheit, da damals in Berlin sogar eine Vermittlungsstelle für deutsche Offiziere, die nach China wollten, bestand, die der chinesischen Gesandtschaft angegliedert war. Am inoffiziellen Charakter der Tätigkeit deutscher Militärberater in China änderte sich dadurch nichts, da es sich bei ihnen durchweg um Offiziere im Ruhestand handelte, die mit der chinesischen Regierung einen Privatvertrag abgeschlossen hatten.

Im November 1928 traf die erste deutsche Beratergruppe von zehn Offizieren unter Führung Bauers in China ein. Zu diesem Zeitpunkt war die Nordexpedition der Streitkräfte Chinas gegen die Warlords gerade in ihre letzte Phase getreten, nachdem Chang Tso-lin, der mächtigste Warlord, im Juni 1928 Peking geräumt hatte. Die Position Chiang Kai-sheks war aber trotzdem nicht völlig gesichert, denn obwohl er seit 1926 als Oberbefehlshaber aller nationalrevolutionären Armeen fungierte, wurde er von mehreren Führern dieser Armeen nicht anerkannt. Diese Generäle haben ihre Vertrauensmänner in wichtigen Funktionen der Regierung, was zu Auseinandersetzungen zwischen dem linken und dem rechten Flügel der Kuomintang führte, die die Position Chiang Kai-sheks ernsthaft bedrohten.

Bauers Einfluß auf Chiang Kai-shek war so groß, daß er auch an der Regierungsbildung vom Oktober des Jahres 1928 mitwirkte. Der Grundsatz Bauers, daß eine Regierung sich »unbedingt auf eine starke Militärmacht stützen« müsse, wurde von Chiang Kai-shek übernommen, und nach Bauers eigenen Angaben arbeiteten seine Mitarbeiter in verschiedenen Ministerien und nach einem »einheitlich festgelegten Plan«. Außerdem wurden Pläne zur Demobilisierung und Reorganisation der chinesischen Streitkräfte, zum Ausbau des Eisenbahnnetzes und für den Bau von Häfen ausgearbeitet [49].

Trotz der gestärkten Position Chiang Kai-sheks kam es auch in den folgenden Monaten zu Auseinandersetzungen in China. Vor allem seine Bestrebungen, eine Zentralisierung durchzuführen und die Armee auf ein Drittel zu reduzieren, verschärften die Spannungen. Die deutschen Berater waren in dieser konfliktreichen Zeit maßgeblich am Erfolg Chiang Kai-sheks beteiligt, da seine Feldzugspläne von ihnen ausgearbeitet wurden. Bauer selbst erkrankte während eines Feldzuges gegen Li Chu-jen an den Pocken und starb im April 1929 in Shanghai[50].

Die inneren Streitigkeiten in China wurden nicht beigelegt, eine Auseinandersetzung zog die andere nach sich, jeder Sieg der einen Partei verursachte Unzufriedenheit bei der anderen, ohne daß eine der rivalisierenden Gruppen stark genug gewesen wäre, die Zentralgewalt zu übernehmen. Schließlich legte Chiang Kai-shek im Dezember 1931 sein Amt nieder, nachdem sein größter Rivale, Wang Ching-wei, in Kuantung eine Gegenregierung gebildet hatte. In der neuen Regierung vom Januar 1932 war Chiang Kai-shek dann lediglich Mitglied des Zentralen Exekutivkomitees der Partei.

Die innenpolitische Entwicklung in China belastete auch die deutsch-chinesischen Beziehungen, die von der jeweiligen machtpolitischen Konstellation im Lande abhängig waren. So wurde Deutschland von den in Opposition zu Chiang Kai-shek stehenden Kreisen vorgeworfen, Chiang mit deutschen Offizieren zu unterstützen und in Verletzung des Versailler Vertrages Waffen, Munition und Kriegsmaterial nach China zu exportieren. In einem Protest Wang Ching-weis von 1929 wurde Deutschland der »Einmischung in die innerchinesischen Angelegenheiten« beschuldigt, was »unter Umständen« zu Repressalien gegen deutsche Staatsangehörige in China führen könne[51]. Diese Vorwürfe waren nicht berechtigt, da die deutsche Regierung bei der Anstellung von Militärberatern durch China nicht konsultiert wurde, ja diese sogar mißbilligte. In der offiziellen Begründung des Auswärtigen Amtes hieß es dazu, daß »die Voraussetzungen für einen unmittelbaren Kontakt zwischen der Reichswehr und Chiang Kai-shek« nicht gegeben seien, da die Macht der Regierung in Nanking »nicht gefestigt« sei, und daß durch eine Hilfe bei der Aufrüstung Chinas die Beziehungen zur Sowjetunion, Frankreich, England und vor allem Japan belastet werden könnten. Das pragmatische Denken der deutschen Politiker wird in dem bezeichnenden Fazit der Stellungnahme deutlich: »China kann uns ... auf absehbare Zeit keinerlei politische Unterstützung gewähren«.[52]

Ungeachtet dessen erfreuten sich die deutschen Berater nach wie vor der Unterstützung der deutschen Industrie, da sie ihr den chinesischen Absatzmarkt für deutsche Waffen und Munition, aber auch für andere Industrieprojekte erschlossen. Zwar war bereits 1919 ein Embargoabkommen über Waffenlieferungen an China zwischen den ausländischen Gesandten in Peking unterzeichnet worden, wodurch die Wiederaufnahme beziehungsweise Fortsetzung von Feindseligkeiten erschwert werden sollte. Deutschland war dem Abkommen aber nicht beigetreten. Die Ausfuhr von Waffen stand jedoch allgemein unter dem Verbot des deutschen Kriegsgerätegesetzes von 1921 beziehungsweise 1927. Ende März des Jahres 1928 wurde dieses durch ein neues Gesetz über den Waffenhandel mit China ergänzt. Danach war der Transport von Kriegsmaterial durch Deutschland und auf deutschen Schiffen nach China sowie die Versicherung derartiger Sendungen durch deutsche Gesellschaften wieder erlaubt, »soweit diese nicht gegen das Kriegsgesetz« verstießen[53]. Der Waffenhandel mit China nahm daraufhin so stark zu, daß Deutschland bald (hinter Norwegen) an zweiter Stelle als Ausfuhrland für Kriegsmaterial nach China stand. Die Angaben der chinesischen Seezollstatistik erfassen allerdings auch Waffen und Geräte, die nach dem Ersten Weltkrieg von deutschen Streitkräften in anderen Staaten zurückgelassen und größtenteils über deutsche Häfen und auf deutschen Dampfern verschifft und deshalb ebenfalls in die Statistik mit aufgenommen wurden.

Das Auswärtige Amt in Berlin stand dem Waffengeschäft mit China grundsätzlich ablehnend gegenüber, weil dadurch auch der deutsche Handel in die inneren Wirren Chinas verstrickt wurde. Dieser Umstand ist vor allem auf die besondere Geschäftstüchtigkeit jener Kaufleute zurückzuführen, die sich nicht damit begnügten, nur eine der streitenden Parteien mit Waffen zu beliefern, sondern an alle Parteien Waffen verkauften, die sie auch bezahlen konnten. Die Folge davon war, daß sich die Regierung in Nanking wie ihre Konkurrenz bei der deutschen Regierung beschwerten und die Waffenlieferungen an den jeweiligen Kontrahenten als »illegal« bezeichneten. Das Auswärtige Amt forderte zwar die deutschen Firmen auf, ihre Waffengeschäfte einzustellen, hatte damit aber keinen Erfolg.

Infolge dieser Entwicklung sah sich das Auswärtige Amt Anfang 1929 zu einer weiteren Erklärung über die deutschen Waffenlieferungen und die Tätigkeit deutscher Offiziere in China veranlaßt:

> »1. Es ist nicht wahr, daß die deutsche Regierung die Offiziere nach China entsandt oder auch nur empfohlen hat. Sie sind vielmehr von Chiang Kai-shek oder seinem Beauftragten in Deutschland selbst ausgesucht worden.
> 2. Die deutsche Regierung verhält sich grundsätzlich ablehnend gegen die Teilnahme Deutscher an einer militärischen Aktion im fremden Lande.
> 3. Es ist nicht wahr, daß die deutsche Regierung mit der Verschickung von Kriegsmaterial nach China irgend etwas zu tun hat. Die deutsche Regierung hat ebensowenig die Möglichkeit wie die übrigen Regierungen, nach Aufhebung des Gesetzes über das Verbot der Waffeneinfuhr nach China gegen die Verschiffung . . . etwas zu unternehmen. Es handelt sich aber nicht um Kriegsmaterial aus Deutschland. Wenn diese Behauptung wiederholt in der ostasiatischen Presse auftaucht, so ist daraus zu schließen, daß die Blätter sie nur deshalb bringen, um die Aufmerksamkeit vom eigenen Lande abzulenken.«[54]

Aber auch diese Erklärung konnte nicht verhindern, daß Deutschland infolge der Waffenlieferungen an die verschiedenen Parteien in die innerchinesischen Auseinandersetzungen hineingezogen wurde. 1931 kam es deshalb in der Provinz Kuantung zu einer antideutschen Bewegung. Unmittelbarer Anlaß dafür waren drei von der Gegenregierung in Kuantung bestellte Junkers-Jagdflugzeuge, die auf einem Dampfer der »Rickmers-Linie« transportiert werden sollten. Davon erfuhr Chiang Kai-shek und veranlaßte die Reederei mit massiven Drohungen, die Flugzeuge nach Shanghai zu schicken, wo er sie beschlagnahmte. Für die Regierung in Kuantung bedeutete dies einen schweren Schlag, da die Flugzeuge nicht nur in die Hände des Gegners fielen, sondern auch bereits bezahlt waren. Eine daraufhin initiierte antideutsche Pressekampagne richtete sich fast ausschließlich gegen die Tätigkeit deutscher Berater bei Chiang Kai-shek, während man die Waffenlieferungen selbst aus der Polemik ausklammerte – aus der Erkenntnis, daß diese Geschäfte für alle Parteien auch künftig nötig waren. Bei dieser Kampagne wurden die deutschen Berater unter anderem beschuldigt, Giftgaswaffen einzusetzen. Am 22. August 1931 wurde eine »Große Versammlung aller Kreise des Volkes von Kuantung zum Protest gegen den Bund Chiang Kai-sheks mit den deutschen Imperialisten zur Ermordung unserer Brüder« einberufen, die auf großes Echo innerhalb der Bevölkerung stieß. Diese und ähnliche Vorfälle hielten sich meist in einem engen Rahmen, zumal von der jeweiligen Partei um die deutschen Berater nicht allzuviel Lärm gemacht werden konnte, da sie alle am Waffengeschäft mit Deutschland profitierten und es zur Fortsetzung des Krieges benötigten[55].

Die deutschen Militärberater Chiang Kai-sheks nach dem Tod von Max Bauer

Unter Oberst Bauer war die Mannschaft der deutschen Berater Chiang Kai-sheks auf 46 angewachsen, wozu auch einige zivile Wirtschaftsberater gehörten. Nach dem Tode von Bauer im April 1929 übernahm Hermann Kriebel, ein Oberstleutnant aus Bayern, der mit Hitler und Ludendorff befreundet war, die Führung der Berater. Zwischen ihm und den zivilen Beratern kam es aber sehr bald zu Unstimmigkeiten und Unzufriedenheit, da sich der Schwerpunkt seiner Tätigkeit zunehmend auf den militärischen Bereich verlagerte. Hinzu kamen Differenzen politischer Art, die auf die Teilnahme Kriebels am Hitlerputsch des Jahres 1923 und die Zeit der gemeinsamen Haft mit Hitler in Landsberg zurückgingen, da er seither als Vertrauter Hitlers galt. Auch im Auswärtigen Amt war man von der Berufung Kriebels nicht erfreut, da man befürchtete, daß Kriebel in China eine deutsche Nazizelle aufbauen wolle. Diese Schwierigkeiten führten dazu, daß die Tätigkeit Kriebels in China nur von sehr kurzer Dauer war.

Bereits im August 1930 wurde Kriebel von Generalleutnant Georg Wetzell abgelöst, der während des Ersten Weltkrieges unter Hindenburg und Ludendorff Chef der Operationsabteilung des deutschen Generalstabes gewesen war. Die Tätigkeit Wetzells wurde von seinem Hang zur Pedanterie beeinträchtigt. Es wurde ihm auch nachgesagt, daß er »die Mentalität der Chinesen« nicht verstehe. Auch mit Chiang Kai-shek selbst gab es Schwierigkeiten, da dieser seine Ratschläge angeblich zu wenig berücksichtigte. Unter Wetzell stieg die Zahl der Berater auf etwa 60 an, von denen der größte Teil mit der Ausbildung des chinesischen Heeres beschäftigt war. Nach einer Tätigkeit von mehr als drei Jahren bei der Nationalregierung verließ Wetzell Anfang 1934 China. Sein Nachfolger als Chefberater wurde sein früherer Vorgesetzter General Hans von Seeckt[56].

Noch bevor General von Seeckt diesen Posten übernahm, hatte er auf Einladung von Chiang Kai-shek im Frühjahr 1933 China besucht und danach eine Denkschrift zur Reorganisation der chinesischen Armee vorgelegt. Diese Schrift beeindruckte Chiang Kai-shek offensichtlich[57], außerdem hoffte er wohl, daß von Seeckt als Schöpfer der Reichswehr neben seinen Tätigkeiten für die Reform der chinesischen Armee durch sein Ansehen und seine Verbindungen die Zusammenarbeit zwischen Deutschland und China zur Förderung der Industrialisierung nutzen könne. Diese Erwartungen wurden allerdings nicht erfüllt, da von Seeckt bereits nach einem Jahr aus gesundheitlichen Gründen nach Deutschland zurückkehren mußte.

Neuer Chefberater wurde sein ehemaliger Stabschef, General Alexander von Falkenhausen, der ebenfalls das Vertrauen Chiang Kai-sheks gewann. Nach dem Abschluß des Antikomintern-Paktes von 1934 trug er wesentlich dazu bei, daß das gute Verhältnis zwischen Deutschland und China weiterhin bestehenblieb. Zahlenmäßig hatte die Gruppe der deutschen Berater ständig zugenommen und war 1933 auf 70 Mann gestiegen, wozu noch zahlreiche Techniker und Zivilisten kamen. In der Folgezeit ging ihre Zahl jedoch zurück und betrug kurz vor ihrer Abberufung durch die deutsche Regierung im Jahr 1938 nach chinesischen Angaben nur noch 30. Deutschen Angaben zufolge hatte der Beraterstab seinen höchsten Stand im Oktober 1935 mit 43 Offizieren, während für den April 1938 nur noch 24 angegeben wurden[58].

Deutsche auf seiten der chinesischen Kommunisten

Nicht nur auf der Seite der Nationalregierung unter Chiang Kai-shek hatten deutsche Militärberater maßgeblichen Anteil an der Ausbildung der chinesischen Truppen und der Strategie der Regierung im Kampf gegen die Kommunisten – auch bei den chinesischen Kommunisten erlangten eine Reihe von Deutschen, meist als Delegierte der Komintern, erheblichen Einfluß. Einer von ihnen hatte in einer entscheidenden Phase besonderen Einfluß auf die Politik und Strategie der Kommunistischen Partei Chinas. Es handelt sich um den 1886 geborenen Karl Wagner, der nicht nur häufig den

Schauplatz seiner Aktivität, sondern auch seinen Namen öfters wechselte und der vor allem als »Otto Braun« Schlagzeilen machte. Karl Wagner alias Braun hatte als deutscher Soldat am Ersten Weltkrieg teilgenommen, war aber schon sehr früh Kommunist geworden. Nach dem Ende des Krieges beteiligte er sich an der Errichtung der bayerischen Räterepublik und an kommunistischen Aufständen in Mitteldeutschland. In den zwanziger Jahren war er Redakteur der KPD-Presse und Mitarbeiter des Zentralkomitees der KPD, vorübergehend war er auch Organisationssekretär der Partei in Thüringen. Von 1926–28 saß er wegen Hochverrats und anderer Delikte im Berliner Untersuchungsgefängnis Moabit, aus dem er in einer spektakulären Aktion mit Waffengewalt befreit wurde. Mit Hilfe seiner Befreier – allen voran seiner schönen Braut Olga Benario, der Tochter einer reichen Münchner Familie – konnte er nach Moskau flüchten, wo er ein militärwissenschaftliches Studium absolvierte[58]. 1932 wurde er als Delegierter der Komintern zu den chinesischen Kommunisten nach China geschickt, wo er offiziell als Offizier der Roten Bauernarmee auftrat.

Die Rolle und Tätigkeit Otto Brauns – der heute in Ost-Berlin lebt – galt lange Zeit als geheimnisumwittert, was im wesentlichen darauf zurückzuführen ist, daß er in China weder unter dem Namen Braun noch Wagner auftrat, sondern sich gleich zwei chinesische Namen zulegte. Während er unter dem Pseudonym »Li Teh« auftrat, verfaßte er unter dem Namen »Hua Fu« strategische Schriften, die für die Politik der Kommunisten gegen Chiang Kai-shek von großer Bedeutung waren. Karl Wagner alias Otto Braun veröffentlichte 1969 in der DDR seine Memoiren, denen jedoch wegen ihrer eindeutig propagandistisch-antichinesischen Ausrichtung mehr politischer als dokumentarischer Wert beizumessen ist.[61]

Braun wurde im Herbst 1932 von Harbin in der Mandschurei, wo er am Widerstandskampf gegen die Japaner teilgenommen hatte, nach Shanghai beordert. Dort sollte er den Vertreter des Exekutivkomitees der Kommunistischen Internationale beim Zentralkomitee der Kommunistischen Partei Chinas militärisch beraten. Der damalige Komintern-Vertreter beim ZK der KP Chinas war von 1932 bis 1934 Arthur Ewert, mit dem Braun in Shanghai eng zusammenarbeitete. Die chinesischen Kommunisten befanden sich in dieser Zeit in einer sehr schwierigen Situation, da Chiang Kai-shek und seine Truppen eine neue Taktik im Kampf mit den Kommunisten anwandten. Sie waren auf Anraten der deutschen Militärberater vom Manöverkrieg zum Festungskrieg übergegangen, wobei die Kampfkraft der Armee Chiang Kai-sheks jetzt auch durch Flugzeuge, Panzer und Granatwerfer aus Deutschland verstärkt worden war. Das neue Vorgehen erhielt den Namen »Blockhütten-Strategie«, da bei dieser Strategie die Truppen nur noch schrittweise vorrückten und dabei im besetzten Gebiet ein System von Festungsanlagen (»Blockhütten«) errichteten. Diese Verteidigungsanlagen wurden vor allem an den wenigen Wegen und um die Ortschaften angelegt. Eine »Blockhütte« befand sich dabei immer in Sichtweite der anderen. Die angreifenden Truppen entfernten sich von den Befestigungen, die mit Infanteriewaffen kaum einzunehmen waren, nur so weit, daß sie sich im Falle eines Gegenangriffs stets sicher zurückziehen konnten. Ziel dieses Vorgehens war es, das zentrale Sowjetgebiet in der Provinz Kiangsi, in dem die Kommunisten herrschten, in einzelne Teile zu zerschneiden und allmählich einzukreisen, die zentrale Armeegruppe der Kommunisten in ihrer Bewegungsfreiheit einzuengen und schließlich zu vernichten[62].

Ende September/Anfang Oktober 1933 wurde Braun auf einem Sampan – einem flachen chinesischen Hausboot für den Flußverkehr – nach Kiangsi, dem Hauptquartier der Kommunisten, geschmuggelt, wo er die prosowjetischen Chinesen Po Ku und Lo Fu innerhalb des Politbüros der KP Chinas unterstützte. Es war die Zeit der Auseinandersetzungen zwischen Mao Tse-tung und den sogenannten »28 Bolschewiken« (einer Gruppe von der Sowjetunion stark beeinflußter chinesischer Kommunisten). Po Ku hatte als Rivale Mao Tse-tungs um die politische Führung die volle Unterstützung der Komintern und genoß zusammen mit Li Teh und Wang Ming (der damals wie heute in Moskau lebte) Stalins Unterstützung. Die Stärke Mao Tse-tungs war seine praktische Erfahrung und seine Popularität bei der Bevölkerung und in der Roten Armee. Im Gegensatz zu Po Ku fehlte ihm Routine als politischer Propagandist und die in der Komintern entwickelte Technik bei der Austragung innerparteilicher Kämpfe. Er mußte deshalb vorsichtig taktieren, um Moskau nicht offen herauszufordern. Mao Tse-tung war damals Vorsitzender der »Zentralen Räteregierung«, Oberster Politkommissar der Roten Armee und Mitglied des Politbüros; Chou En-lai war Generalkommissar der Roten Armee, während Po Ku als Generalsekretär der Partei fungierte.

Mit Hilfe der Komintern und der Fachkenntnisse des »Militärexperten« Li Teh, alias Otto Braun, der selbst kein Wort Chinesisch sprach und sich mit Po Ku auf russisch verständigte, gelang es Po Ku in der Folgezeit, die Autorität Chu Tehs (des Oberbefehlshabers der Armee) und Mao Tse-tungs zu unterminieren. Mao Tse-tung war Ende des Jahres 1933 praktisch von jedem politischen Einfluß im Politbüro ausgeschaltet und wurde mit der Aufgabe betraut, die Wirtschaft in den von den Kommunisten beherrschten Gebieten gegen die Vernichtungsoffensiven der Nationalisten zu organisieren[63]. Bald darauf kam es zu einer Auseinandersetzung zwischen den beiden Flügeln, ob die Rote Armee ein Bündnis mit der Aufständischen 19. Armee in Fukien eingehen sollte oder nicht, was von Mao befürwortet, von der Komintern aber abgelehnt wurde. Po Ku konnte sich nicht zuletzt wegen der Unterstützung Otto Brauns durchsetzen, was sich allerdings später als Pyrrhussieg erweisen sollte[64]. Wegen dieser Auseinandersetzung wurde Mao Tse-tung 1934 aus dem einflußreichen »Großen Revolutionären Militärrat« verdrängt, in dem außerdem Chou En-lai, Po Ku, Li Teh, Lo Fu, Yeh Chien-ying und Chou Teh saßen.

In dieser Zeit leitete Chiang Kai-shek seinen fünften Feldzug gegen die

Kommunisten ein, deren Strategie maßgeblich von Otto Braun ausgearbeitet worden war: Sie bestand angesichts der Gefährlichkeit des Blockhüttensystems aus einer reinen Verteidigungspolitik und »kurzen und raschen Vorstößen«, was praktisch einen Übergang vom Bewegungs- zum Stellungskrieg bedeutete. Der Feldzug endete mit der katastrophalen Niederlage der Roten Armee, worauf das von den Kommunisten besetzte Gebiet in Kiangsi aufgegeben werden mußte. Mao Tse-tung machte für diese Katastrophe die Weigerung der Partei verantwortlich, mit der 19. Armee in Fukien zusammenzuarbeiten, sowie das Beharren auf der konventionellen Strategie. Er plädierte für die von ihm bereits erprobte Guerillastrategie, die im wesentlichen vorsah, den Feind tief ins eigene Gebiet zu locken und größere Schlachten nur anzunehmen, wenn eigene Truppen in beträchtlicher Übermacht konzentriert werden konnten.

Im Oktober 1934 waren die Kommunisten auf ein kleines Gebiet zurückgedrängt, das nur noch sechs Distrikte der Provinz Kiangsi umfaßte, auch die Hauptstadt Juichin hatte evakuiert werden müssen. Der Rückzugsplan wurde von Otto Braun, Chou En-lai und Yeh Chien-ying ausgearbeitet. Sein Ziel war die Vereinigung mit den Streitkräften des Generals Ho Lung in der Provinz Honan, doch mißlang auch dieser Plan. Die kommunistischen Streitkräfte erlitten schwere Verluste. Danach marschierte die Rote Armee in die Provinz Kweichow ein und verschaffte sich dadurch eine zweimonatige Atempause. In der Sommerhauptstadt Tsunyi verlangte Mao Tse-tung, unterstützt von der Mehrheit der Politkommissare und der höheren Offiziere, eine außerordentliche erweiterte Sitzung des Politbüros des Zentralkomitees unter Teilnahme zahlreicher Offiziere. Auf dieser Konferenz rechnete Mao Tse-tung mit seinen Gegnern ab und kritisierte die Parteiführung. Er konnte sich mit seiner Kritik durchsetzen und wurde zum Vorsitzenden des neuen »Revolutionären Militärrats« gewählt. Chou En-lai und Yeh Chien-ying behielten ihre Posten, und auch Chou Teh wurde als Feldkommandeur bestätigt. Po Ku blieb zwar im Politbüro des Zentralkomitees, wurde aber als Generalsekretär durch Lo Fu ersetzt. Das Politbüro verlor damals seinen Einfluß auf die Parteiführung, die ebenso wie die militärische Führung auf Mao Tse-tung überging. Auf dieser historischen Konferenz in Tsunyi fiel auch die historische Entscheidung für den Langen Marsch nach dem Nordwesten[65].

Otto Braun wurde von den chinesischen Kommunisten heftig kritisiert, da er nach übereinstimmenden Aussagen derjenige war, der auf der Strategie des Stellungskrieges beharrte und der Guerillataktik lediglich eine Hilfsrolle zuwies[66]. Auch Lin Piao, damals einer der Armeekommandeure, hielt Otto Braun für den Hauptverantwortlichen der Niederlage in Kiangsi[67]. Chou En-lai machte ihn sogar für die »Fukien-Affäre« verantwortlich, da er geraten habe, nicht mit den Truppen in Fukien zu kooperieren[68].

Wegen seines starken Rückhalts in Moskau behielt Otto Braun aber auch nach der Tsunyi-Konferenz eine – allerdings untergeordnete – Beraterfunktion im Stabe Mao Tse-tungs und war der einzige Ausländer, der den Langen Marsch von Kiangsi nach Yenan mitmachte. Nach den beiden katastrophalen Mißerfolgen machte er jedoch seine Komintern-Autorität nicht mehr geltend und erklärte 1936 in Pao An (Yenan) gegenüber Edgar Snow, daß »schließlich die Chinesen ihre eigene Revolution besser verstehen, als irgendein Ausländer es jemals könnte«[69]. Auch in Yenan, dem neuen Hauptquartier der Kommunisten, machte Otto Braun von seinen militärischen Fähigkeiten keinen Gebrauch. Edgar Snow, der damals im Hauptquartier der Kommunisten lebte, fiel »Li Teh« vor allem wegen seiner Geschicklichkeit auf, sich Eier und Reis zu beschaffen, was wegen der Verwaltung der Lebensmittel durch die Nahrungsmittelkooperative, die das gemeinsame Essen kochte, nicht so einfach war. Nach Snow konnte er »als Deutscher . . . natürlich Würste herstellen. Jeder konnte sie an Schnüren baumeln sehen, vor seiner Tür, an der Hauptstraße Pao Ans, wo sie trockneten«[70]. Neben dem Organisieren von Lebensmitteln war der »blonde und blauäugige Arier« (Snow) auch auf einem anderen Sektor aktiv. Er hatte seine chinesische Ehefrau aus Kiangsi mitgebracht, die mit ihm auch die Strapazen des Langen Marsches überstand. Später ließ er sich von ihr scheiden und heiratete eine Schauspielerin aus Shanghai. Doch auch die zweite chinesische Frau ließ Braun zurück, als er im Spätsommer des Jahres 1939 mit Chou En-lai zu politischen Gesprächen nach Moskau zurückflog[71].

Trotz seiner für die chinesischen Kommunisten so folgenschweren Fehlschläge galt Braun durch seine langjährige Erfahrung mit chinesischen Kampfmethoden als eine der qualifiziertesten westlichen Autoritäten auf dem Gebiet des chinesischen Militärwesens. Edgar Snow hebt den »persönlichen Mut eines Mannes, der die Härten des Langen Marsches ertragen« hatte, hervor und bezeichnete ihn als »Herausforderung für die Sesselrevolutionäre der ganzen Welt«. Dem körperlich sehr groß geratenen Otto Braun bereitete der Lange Marsch besondere Schwierigkeiten, da er einen kranken Magen hatte und an Zahnschmerzen litt. Das Hauptproblem waren jedoch seine Füße, da er bei seiner Schuhgröße in China keine passenden Schuhe bekam[72].

In Anbetracht der vielfachen Verstrickungen Deutschlands und deutscher Staatsangehöriger in die Geschicke Chinas während der Kämpfe zwischen den Nationalisten und den Kommunisten entbehrt das Bild eines »fußkranken, übergroßen blonden und blauäugigen Ariers« als einem der Entscheidungsträger in der wichtigsten Phase der Auseinandersetzung um die Führerschaft Mao Tse-tungs nicht einer gewissen Komik.

Otto Braun war anschließend in der Sowjetunion bis 1948 als Politinstrukteur tätig, unter anderem im Lager Oranki und als Lehrer an der antifaschistischen Zentralschule in Krasnogorsk. Er übersetzte zahlreiche russische Bücher, darunter *Ein Menschenschicksal* von Scholochow. Seit seiner Rückkehr nach Ost-Berlin war er verantwortlicher Redakteur für die deutsche Ausgabe der Werke Lenins, Mitarbeiter des Vorstandes der Gesellschaft für Verbreitung wissenschaftlicher Kenntnisse und von Juni 1961 bis April 1963 Erster Sekretär des Schriftstellerverbandes in der DDR. 1964 wurde er erstmals vom *Neuen Deutschland* als »Professor« und China-Experte vorgestellt, als er in einem Artikel »Für wen spricht Mao?« zur Auseinandersetzung zwischen China und der UdSSR Stellung nahm und dabei voll den Standpunkt Moskaus unterstützte.

Neben Karl Wagner alias Otto Braun waren eine Reihe anderer deutscher Kommunisten in China tätig, von denen allerdings keiner eine derartige Position wie Braun einnahm. Ihre genaue Zahl läßt sich nicht ermitteln, da sie auf den verschiedensten Wegen, aber stets im Auftrag der Komintern oder des sowjetischen Geheimdienstes nach China entsandt wurden und dort arbeiteten. Über drei von ihnen ist jedoch relativ viel bekannt. Es handelt sich dabei um Wilhelm Zaisser, Richard Sorge und Heinz Neumann. Wilhelm Zaisser (1893–1958), von 1950–53 Minister für Staatssicherheit in der DDR, war Lehrer und Reserveoffizier, nach dem Ende des Ersten Weltkrieges trat er in die KPD ein. In den zwanziger Jahren organisierte er die Kampfgruppen der KPD, seit 1927 war er im Dienst der Komintern. Nach einer Ausbildung an der Internationalen Militärakademie in Moskau wurde er als Agent nach China geschickt. In Shanghai baute er eine Ortsgruppe des konservativen Stahlhelm auf, und bald gelang es ihm auch, das Vertrauen der deutschen Diplomaten und Offiziere in Shanghai zu gewinnen, wodurch er Moskau wertvolle Informationen übermitteln konnte. Daß Generaloberst Hans von Seeckt bei seinem Besuch in China in Zaissers Haus wohnte, zeigt, welches Ansehen er in diesen Kreisen damals genoß. Bald darauf verlegte Zaisser seine Tätigkeit von Shanghai in die Mandschurei und später nach Zentralasien. Später nahm er am Bürgerkrieg in Spanien teil und wurde Stabschef der Internationalen Brigaden, wo er als »General Gomez« bekannt wurde. Von dort aus kehrte er nach Rußland zurück, um nach 1945 innerhalb der SED am Aufbau der DDR mitzuwirken. Im Juni 1953 wurde er dann aller Funktionen enthoben und 1954 aus der SED ausgeschlossen.

Richard Sorge (1895–1944) ist durch seine Rolle als Sowjetagent in Japan bekanntgeworden, wo er dann auch am 7. November 1944 hingerichtet wurde. Zuvor jedoch, von Ende 1929 bis 1933, lebte er als Sowjetagent in Shanghai, wo er mit dem deutschen Kommunisten Max Christiansen-Clausen zusammenarbeitete, der seine Funksprüche übermittelte. Sorge konnte in Shanghai das Vertrauen des deutschen Militärattachés und späteren Botschafters in Japan, Ott, erlangen. Christiansen-Clausen wurde in Japan zu lebenslangem Zuchthaus verurteilt und im Oktober 1945 entlassen; in Ost-Berlin war er dann als Kaderleiter einer Fabrik tätig. Unter den Männern, mit denen Richard Sorge in Shanghai zusammen arbeitete, war ein anderer deutscher Kommunist, der später als Vorsitzender des Rundfunkrates eine prominente Stellung in der DDR einnahm: Gerhart Eisler.

Er war damals einer der beiden Repräsentanten der Komintern in China, die die Aufgabe hatten, von dort aus die Aktivitäten der Agenten in Ost- und Südostasien zu leiten. Chiang Kai-shek erwähnt in seinem Buch *Sowjetrußland in China*, daß Eisler einer der ausländischen Kommunisten war, die im Dezember 1929 den Aufstand in Kanton initiierten, der den Kommunisten eine vernichtende Niederlage einbrachte. Trotz dieser Aussage Chiang Kai-sheks ist es aber mehr als fraglich, ob es tatsächlich Eisler war, der diese Aktion leitete.

Kein Zweifel besteht allerdings darüber, daß es zwei Agenten der Komintern waren, die den Aufstand organisierten, und daß einer von ihnen der Deutsche Heinz Neumann war. Die Ereignisse um den Aufstand von Kanton im Dezember 1929 sind insofern von Interesse, als sie auf der einen Seite ein bezeichnendes Licht auf die Chinapolitik Stalins werfen und auf der anderen Seite die entscheidende Beteiligung deutscher Staatsangehöriger – wenn auch nicht als Vertreter Deutschlands – bei den Auseinandersetzungen in diesen für China so wichtigen Jahren demonstrieren. Für Stalin hatte die Chinafrage damals bereits seit längerer Zeit nicht nur eine weltpolitische, sondern auch eine innenpolitische Dimension. Der Schlag Chiang Kai-sheks gegen die KP Chinas im April 1927 in Shanghai und die Entwicklung in den folgenden Monaten hatten klargemacht, daß die Chinapolitik Stalins und Bucharins gescheitert war. Beide hatten die These vertreten, daß eine Revolution in China nur erfolgreich sein könne, wenn die Kommunisten eine Einheitsfront mit der bürgerlichen Kuomintang schlossen. Für die Auseinandersetzung Stalins mit der trotzkistischen Opposition innerhalb der sowjetischen Führung war es nun von entscheidender Bedeutung, die Niederlage in China nicht zuzugeben. Um die Richtigkeit seiner Chinapolitik zu beweisen, mußte er aber ein handfestes Argument gegen die Behauptung der Opposition, daß die proletarische Revolution in China durch seine, Stalins, Chinapolitik zerschlagen worden sei, vorweisen können. Zu diesem Zweck plante er einen Theatercoup, der zumindest vorübergehend den Eindruck erwecken sollte, daß China in einem »revolutionären Aufschwung« begriffen sei. Mit der Ausführung dieses Plans beauftragte er den damals 25jährigen Heinz Neumann, der sich auch sofort bereit erklärte, mit Besso Lominadse, einem georgischen Kommunisten, nach Kanton zu gehen. Unter dem Decknamen Gruber reiste Neumann als österreichischer Kaufmann über Wladiwostok und Tokyo nach Kanton, wo er zusammen mit Lominadse und den chinesischen Kommunisten einen Aufstand vorbereiten sollte. Neumann, der sich seine ersten Verdienste in der kommunistischen Unterwanderung der Reichswehr erworben hatte und 1926 in das Zentralkomitee der KPD gewählt worden war, hatte von den innerchinesischen Verhältnissen keine Ahnung. Dies und die Tatsache, daß die Situation in Kanton alles andere als revolutionär war, führte zum Fehlschlag des Aufstandes. Dabei erwiesen sich die Fehleinschätzung der Situation in Kanton, die Schwäche der prokommunistischen Kräfte in Südchina und ihre dürftige Bewaffnung gleichermaßen als verhängnisvoll. Die »Rote Arbeitergarde« besaß nur 29 Mauserpistolen und etwa 200 Handgranaten, aber kein einziges Gewehr. Demgegenüber verfügten die Regierungstruppen über Karabiner, Maschinengewehre und Artillerie sowie über einige chinesische und ausländische Kanonenboote, die vor Kanton lagen. Der schwerwiegendste Fehler war jedoch die Annahme, daß für den Aufstand eine ausreichende »proletarische Massenbasis« vorhanden sei. Nachdem Chiang Kai-shek Gerüchte über den geplanten Aufstand zu Ohren gekommen waren und er die Entsendung eines Truppenkontingentes in die Garnisonen Kantons veranlaßte, wurde der Beginn des Aufstandes kurzfristig vom 13. auf den 11. Dezember 1927 vorverlegt. Nach anfänglichen Erfolgen der Aufständischen, die einen großen Teil der Stadt und auch das Polizeipräsidium erobern konnten und dort unter der Führung von Neumann eine Kantoner Sowjetregierung ausriefen, wurde jedoch sehr bald deutlich, daß sie keinerlei Unterstützung von der Bevölkerung zu erwarten hatten. Zu einer Massenversammlung, zu der die Kommunistische Partei für den Mittag des 11. Dezember aufgerufen hatte, kamen trotz intensiver Flugblattaktionen und Aufrufe ganze 300 Menschen. Das Ende dieses Aufstandes war sehr schnell gekommen, als am 12. Dezember große Truppenkontingente Chiang Kai-sheks die Stadt angriffen und sie in ein Schlachtfeld verwandelten. Den etwa 5000 Aufständischen standen eine Armee von 45000 Mann und etwa 1000 bewaffnete Gangster, die im Dienste der Mechanikergewerkschaft von Kanton gegen die Kommunisten aufgeboten wurden, gegenüber. Am Ausgang des ungleichen Kampfes konnte kein Zweifel bestehen – bis zum Mittag des 12. Dezember war so gut wie jeder Widerstand der Aufständischen gebrochen und die Soldaten der Nationalregierung verursachten in Kanton ein Blutbad, dem über 5000 Menschen zum Opfer fielen. Heinz Neumann konnte sich mit Lominadse retten und reiste über die Mandschurei nach Moskau zurück. Der anfangs vernichtenden Kritik an dieser Aktion – Neumann wurde seither als »Schlächter von Kanton« bezeichnet – folgte später eine Neuinterpretation dieser Vorgänge durch Stalin, indem er die Niederlage des Aufstandes als »siegreiches Rückzugsgefecht« bezeichnete und behauptete, daß erst durch diesen Aufstand in China eine »Rote Armee« habe entstehen können, wodurch die Zukunft der chinesischen Revolution gerettet sei. Diese veränderte Haltung erklärt sich daraus, daß es Stalin gelungen war, auf dem XV. Parteitag der KPdSU im Dezember 1927 die trotzkistische Opposition – nicht zuletzt mit dem Hinweis auf die Ereignisse in Kanton – endgültig zu zerschlagen, womit seiner Alleinherrschaft kein Hindernis mehr im Wege stand. Neumann und Lominadse wurden rehabilitiert, fielen aber in den dreißiger Jahren einer der großen Säuberungsaktionen in der Sowjetunion zum Opfer[73].

III.
Deutschland und China während des Dritten Reiches

Asien in der nationalsozialistischen Außenpolitik

In der Zeit von der Machtergreifung Hitlers im Januar 1933 bis zum Abschluß des Anti-Komintern-Paktes zwischen Deutschland und Japan im Jahr 1936 verfolgten die Nationalsozialisten keine eigene Asien- oder Fernostpolitik, die ideologisch oder machtpolitisch gefärbt war. Im Außenministerium amtierten noch die alten Diplomaten und Experten, die ihre traditionell chinafreundliche Politik fortsetzten. Die NSDAP befand sich zu diesem Zeitpunkt in einer Phase der Konsolidierung ihrer Macht, einige Bereiche – darunter auch die Außenpolitik – bewegten sich deshalb auch weiterhin in ihren alten Bahnen[74]. Aufgrund der wirtschaftlichen Verbindungen und der herrschenden Machtverhältnisse in China wurde die Nationalregierung Chiang Kai-sheks nach wie vor unterstützt.

Insgesamt sind drei Phasen der Außenpolitik des Dritten Reiches erkennbar: Die Zeit von 1933 bis 1934 war von der Kontinuität der Weimarer Tradition und dem Primat der Innenpolitik gekennzeichnet. Mit dem Austritt Deutschlands aus der Genfer Abrüstungskonferenz und dem Völkerbund am 14. Oktober 1933 wurde ein neuer Stil deutlich, der aber nicht unbedingt »nationalsozialistisch« war, da dieser Schritt auch unter dem Aspekt der Auseinandersetzung der Weimarer Republik mit den Westmächten über die deutsche Gleichberechtigung in der Aufrüstungsfrage gesehen werden muß[75].

Die zweite Phase reicht von 1934 bis etwa 1938. Sie war von einer zunehmenden Verflechtung von Innen- und Außenpolitik bestimmt. In diese Zeit fällt die Wiederaufrüstung Deutschlands (seit 1935), die Kündigung des Vertrages von Locarno (1936) und der Einmarsch ins Rheinland (1936), der aufgrund der Unentschlossenheit Englands und Frankreichs friedlich verlief. Die Bündnispolitik mit Polen, Japan und Italien und die Intervention im Spanischen Bürgerkrieg trugen dazu bei, die kollektive Friedensordnung nach dem Versailler System zu zerstören. Die konservative Fassade des Auswärtigen Amtes blieb zwar weiter aufrechterhalten, aber die außenpolitische Planung wurde de facto dem Außenpolitischen Amt der NSDAP beziehungsweise dem neuen Propagandaministerium unter Goebbels übertragen. Das Außenpolitische Amt der NSDAP übernahm eine Art Überwachungsfunktion, was infolge seiner Gliederung, die mit der des Auswärtigen Amtes fast identisch war, gut funktionierte. Zum Initiator der nationalsozialistischen Außenpolitik entwickelte sich allmählich Joachim von Ribbentrop, der 1935 maßgeblich am Abschluß des deutsch-britischen Flottenabkommens und dem Zustandekommen des Anti-Komintern-Paktes mit Japan beteiligt war, mit denen die Isolierung Deutschlands durchbrochen wurde.

Die dritte Phase wird durch die Übernahme des Auswärtigen Amtes durch von Ribbentrop im Jahr 1938 bestimmt. Von diesem Zeitpunkt an wurden die außenpolitischen Gegensätze innerhalb der Regierung beseitigt, was sich vor allem am Beispiel der Ostasienpolitik zeigte. Seitdem diente die Außenpolitik im wesentlichen zur Vorbereitung der kommenden Aktionen, die schließlich in den Zweiten Weltkrieg einmündeten.

Ostasien war insgesamt betrachtet nur ein Nebenschauplatz für die Außenpolitik des Dritten Reiches. Hitler selbst hatte weder am Raum noch an der Hegemonie im Fernen Osten Interesse und versuchte lediglich, die britische und französische Position in diesem Gebiet möglichst zu schwächen und zumindest einen Teil der sowjetischen Streitkräfte zu binden. Wie die Entwicklung zeigen sollte, war er auch zu Zugeständnissen in bezug auf China bereit, um Japan als Verbündeten zu halten.

Charakteristisch für die Chinapolitik bis 1938 war, daß die konservativen Kräfte im Auswärtigen Amt den Europaplänen Hitlers kaum Widerstand entgegensetzen konnten. Das geringe Interesse Hitlers an Ostasien ließ ihnen dagegen relativ viel Möglichkeiten für die Fortsetzung der traditionellen Ostasienpolitik.

Ostasien in der Vorstellungswelt Hitlers

Manche Schritte der damaligen deutschen Ostasienpolitik werden zumindest teilweise verständlich, wenn man die unzureichenden Vorstellungen der politischen Führer des Dritten Reiches über diesen Raum berücksichtigt. Die geringen Kenntnisse über diesen Kontinent zeigen, wie fremd den europäischen Politikern die Geschichte und Kultur Asiens geblieben war und daß man allzu leicht in der Beurteilung Ostasiens je nach der Lage der Dinge von einem Extrem ins andere fiel. Das Wissen war im wesentlichen von einigen generalisierenden Daten und Fakten gekennzeichnet.

Hitlers Bild von Ostasien war von ahnungsloser Dürftigkeit geprägt. Dies ergeben sowohl seine Äußerungen in *Mein Kampf* als auch die Analyse der von einem Mitarbeiter aufgezeichneten *Tischgespräche* aus den Jahren 1941/42[76].

Danach geriet Ostasien 1905 zum erstenmal in das Blickfeld Hitlers, als Japan Rußland besiegte. Hitler war damals 16 Jahre alt und von diesem Sieg so tief beeindruckt, daß er sich bei Diskussionen in seiner Klasse »sofort auf die Seite der Japaner gestellt« habe[77].

In seinen relativ seltenen Ausführungen über Ostasien beschränkte sich

Hitler zumeist auf Japan. Er bezeichnete die Japaner als eine »kulturtragende« Rasse, im Gegensatz zu der »kulturschöpferischen« der Arier[78]. Den Unterschied der Rassen charakterisierte Hitler mit der Regel, daß »der Fuchs immer ein Fuchs (ist), die Gans eine Gans, der Tiger ein Tiger« und jede Rassenkreuzung eine Art von Sünde sei, die ein Absinken der höheren Rasse zur Folge hätte[79]. Die Politik der »Reinhaltung der deutschen Rasse« galt auch gegenüber Japan und störte, obwohl sie behutsam ausgelegt und angewendet wurde, die Beziehungen zwischen beiden Staaten. Andererseits wehrte sich Hitler gegen den Vorwurf ausländischer Journalisten, durch das Bündnis mit Japan die Rassenideologie zu verraten und die »gelbe Gefahr« heraufzubeschwören. Hitler argumentierte, daß es England war, das im Ersten Weltkrieg Japan zu Hilfe geholt habe, um Deutschland »den Garaus« zu machen[80].

In der Beurteilung der japanischen Politik gelangte Hitler in einer wichtigen Frage zu einer völligen Fehleinschätzung, als er dem japanischen Botschafter in Deutschland, Oshima, unterstellte, daß er durch mehrfache Rücktrittsangebote entscheidend dazu beigetragen habe, »daß Japan am 7. Dezember 1941 – als wir in die Winter- und Russenstürme, das heißt in ›die dickste Scheiße‹ kamen – den Kriegseintritt vollzog und damit die Situation erleichterte«[81]. Daß Japan mit dem Angriff auf Pearl Harbor – auf den Hitler anspielte – tatsächlich alles andere beabsichtigte, als die deutsche Front zu entlasten, war Hitler dabei nicht bewußt. Im übrigen hatte Japan die Vorbereitungen zu dem geplanten Angriff auf Pearl Harbor vor Hitler geheimgehalten, so daß dieser erst nachträglich, am 8. Dezember, davon erfuhr. Trotzdem sprach Hitler von einer Art »Dankesschuld« gegenüber Japan und seiner Bündnistreue zu Deutschland: »Die Auslegung, die Japan seinen Bündnisverpflichtungen gegeben habe, indem es zu diesem Zeitpunkt in den Krieg eingetreten ist, hat auf das deutsche Volk den tiefsten Eindruck gemacht und muß Japan hoch angerechnet werden.«[82]

Diese positive Meinung änderte sich jedoch später. In einer Lagebesprechung am 5. März 1943 erklärt er: »Man darf nichts darauf geben, was die Japaner sagen. Ich glaube kein Wort davon . . . sie lügen einem die Hucke voll und ihre ganzen Darstellungen sind auch alle auf etwas berechnet, was sich hinterher als Täuschung erweist.«[83]

Deutschland wurde von Hitler ganz allgemein als der »Wall Europas gegen Asien« verstanden. In diesem Zusammenhang taucht an einer Stelle auch China auf: »Man versteht jetzt, wie die Chinesen dazu gekommen sind, sich zum Schutz gegen die feigen Einfälle der Mongolen mit einer Mauer zu umgeben. Und man ist versucht, sich einen Riesenwall zu wünschen, der den Neuen Osten gegen die mittelasiatischen Massen schirmt . . . am Ende ist die beste Mauer doch ein lebender Wall.«[84] Die einzige Erwähnung, die sich in den *Tischgesprächen* über das China der Gegenwart findet, bezieht sich auf die Frau Chiang Kai-sheks, als charakteristisches Beispiel für die »Gefährlichkeit des Hasses von Frauen« angeführt wird, wenn er sich politisch auswirkt. Als Beispiel führte Hitler dazu die Situation nach der Besetzung der Provinz Shanghai durch japanische Truppen an, als die chinesischen Generäle das Angebot Japans akzeptiert hatten, als Gegenleistung für den Abzug der Truppen eine Militärbesatzung in der internationalen Niederlassung Shanghais zu erlauben und einen für Japan günstigen Handelsvertrag abzuschließen. »Dann aber Frau Chiang Kai-shek aus ihrem maßlosen Japanhaß heraus zu den chinesischen Generälen gesprochen habe, (woraufhin) die meisten umgefallen seien und das japanische, doch wirklich großzügige Angebot abgelehnt (hätten).«[85] Wie wenig vertraut führende Nationalsozialisten mit der neueren Geschichte Ostasiens waren, zeigt eine Äußerung des späteren Außenministers von Ribbentrop, der auf eine Bemerkung, daß Deutschland seit Shimonoseki in Ostasien nur Handelspolitik betrieben habe, unwirsch fragte: »Shimonoseki? Wer ist denn das wieder?«[86]

Zweigleisige Ostasienpolitik von 1933 bis 1938

In der ersten Phase der Asienpolitik des Dritten Reiches erfuhr die Chinapolitik keine Veränderung. Die Militärhilfe wurde nicht nur fortgesetzt, sondern erreichte in dieser Zeit – während der Tätigkeit von Generaloberst von Seeckt – ihren Höhepunkt. 1934 wurde die chinesische Armee nach deutschem Vorbild in 172 Divisionen, 98 selbständige Brigaden und 42 selbständige Regimenter umgegliedert und reorganisiert[87]. Einer der wichtigsten Faktoren für die Weiterführung der bisherigen Chinapolitik war dabei zweifellos das Prestige und der Einfluß von Seeckts, was sich auch daran zeigt, daß Hitler selbst dem durch Seeckt übermittelten Wunsch Chiang Kai-sheks entsprach, den Sitz der deutschen Botschaft von Peking nach Nanking zu verlegen[88]. Trotzdem kam es bereits in dieser Phase zu Meinungsverschiedenheiten über die deutsche Ostasienpolitik. Sie entzündeten sich an der Diskussion über die möglichen Beziehungen zu »Mandschukuo« – jenem von Japan in der Mandschurei geschaffenen »unabhängigen Staat« –, als dessen Herrscher Japan den 1911 gestürzten Kaiser von China, Pu Yi, eingesetzt hatte. Über die Frage einer möglichen Anerkennung kam es zwischen den deutschen Botschaftern in Tokyo und Peking, aber auch dem Auswärtigen Amt und der NSDAP zu einer Auseinandersetzung, wobei die Befürworter damit argumentierten, daß dieser Schritt die Annäherung an Japan fördern würde. Die Diskussion wurde schließlich von Hitler selbst beendet, der im Februar 1934 erklärte, daß diese Frage »überhaupt noch nicht akut« sei[89]. Trotzdem reiste im Oktober 1935 eine »inoffizielle Studienkommission« nach Japan, in die Mandschurei und China, die am 30. April 1936 in Tokyo eine Handelsvereinbarung mit »Mandschukuo« unterzeichnete.

Daß die »traditionelle Chinapolitik« zunächst fortgesetzt wurde, zeigt sich auch darin, daß der Reichswehrminister von Blomberg die Berufung von Seeckts zum Chef der Militärberater Chiang Kai-sheks unterstützte und Hjalmar Schacht als Wirtschaftsminister eine »Reichsgarantie« für die deutschen Waffenlieferungen nach China befürwortete[90].

Die entscheidende Veränderung der Chinapolitik des Dritten Reiches brachte der Abschluß des Anti-Komintern-Paktes vom November 1936 mit Japan mit sich. Dieser Pakt war als Gegenstück zur Komintern unter der Führung der Sowjetunion gedacht. Seine Hauptaufgabe bestand in der Bekämpfung des Kommunismus. 1937 trat ihm außerdem Italien bei und während des Zweiten Weltkrieges folgten weitere Verbündete Deutschlands.

Die unmittelbare Ursache für die diesem Pakt zugrunde liegende Annäherung zwischen Japan und Deutschland lag in dem Umstand, daß Japan im Zuge seiner Expansionspolitik der letzten Jahre eine Marionettenregierung in der Mandschurei eingesetzt hatte und sich von dort aus zu einem Angriff gegen China vorbereitete, während es sich gleichzeitig in einem akuten Konflikt mit der Sowjetunion befand. Deutschland war durch den Austritt aus dem Völkerbund (1933) und die von Frankreich seit 1934 betriebene Ostpolitik und dessen Beistandspakt mit der Sowjetunion in eine schwierige Situation geraten. Hinzu kam, daß sich das Italien Mussolinis nach dem mißglückten Putsch der Nationalsozialisten in Österreich von Deutschland bedroht fühlte und sich (nach der Verkündung der allgemeinen Wehrpflicht in Deutschland im März 1935) dem sogenannten Stresa-Abkommen zwischen Frankreich und England anschloß, mit dem sich diese Staaten um eine gemeinsame Abwehrfront gegen Hitlers Politik bemühten. Damit war Japan weit und breit der einzige potentielle Verbündete für Deutschland. Ribbentrop erkannte diese Situation, und es ist im wesentlichen auf seine Politik zurückzuführen, daß dieses Bündnis zustande kam. Den Wert des Abkommens sah Ribbentrop vor allem in der japanischen Seemacht als Gegengewicht zur englischen, da ihm die Neutralität Englands trotz des Flottenabkommens von 1935 für den Fall eines Krieges in Osteuropa nicht zuverlässig erschien[91].

In China, das sich wegen der Politik Tokyos in der Mandschurei von Japan in höchstem Maße bedroht fühlte, rief die Annäherung zwischen Deutschland und Japan große Beunruhigung hervor, während sich für die deutsche Ostasienpolitik die Konsequenz ergab, aus machtpolitischen Überlegungen auf China und seine Rohstofflieferungen zu verzichten und statt dessen die Bindungen zu Japan zu intensivieren. Das Auswärtige Amt, die militärische Führung und die Industrie plädierten für die Aufrechterhaltung der freundschaftlichen Beziehungen zu China, während Ribbentrop, Göring, Goebbels und der deutsche Botschafter in Japan, von Dirksen, forderten, China zugunsten Japans fallenzulassen[92].

In der Folgezeit bemühte sich Deutschland zunächst um gute Beziehungen zu China und Japan. Im Oktober 1935 wurde eine Delegation nach

China entsandt, die die Haltung der Regierung zu einem möglichen deutsch-japanischen Bündnis sondieren sollte, während im November desselben Jahres von Ribbentrop und von Blomberg mit dem japanischen Militärattaché in Berlin, Wakamatzu, Verhandlungen über ein Bündnis gegen die UdSSR vorbereiteten[93].

Das Ergebnis der China-Mission war ein Memorandum der dortigen Regierung, in dem die Möglichkeit eines Kompromisses zwischen Japan und China angedeutet und eine Kooperation zwischen Deutschland, China und Japan unter wirtschaftlichen und antikommunistischen Aspekten vorgeschlagen wurde. Außerdem wurde Deutschland angeboten, im Zuge einer Kooperation der drei Mächte im Konflikt zwischen China und Japan zu vermitteln[94]. Japan reagierte auf das Memorandum positiv, da es der Ansicht Ribbentrops, daß Deutschland wie Japan dringend Rohstoffe benötigen und China der ideale Lieferant dafür sei, nur zustimmen konnte. Schließlich war dies ja auch eine der japanischen Motivationen für die Expansion in China gewesen. Daraufhin entschloß sich Hitler, den Vorschlag, zwischen Japan und China zu vermitteln, anzunehmen, da eine Aussöhnung der beiden Staaten auch im Interesse Deutschlands lag[95]. Der 1936 unterzeichnete Handelsvertrag mit Chiang Kai-shek, in dem sich Deutschland verpflichtete, Waffen nach China zu liefern, falls dieses mit einem »dritten Land« in einen Krieg verwickelt würde[96], entsprach durchaus der in den Jahren zuvor erfolgten Chinapolitik und zeigte gleichzeitig, daß ein Angriff Japans auf China in nächster Zeit von Berlin nicht erwartet wurde.

Ein Beispiel für die Mehrgleisigkeit der deutschen Ostasienpolitik, die teilweise über das Außenministerium und teilweise über die Organisationen der NSDAP lief, ist der Umstand, daß ungeachtet dieses Vertrages im Dezember 1936 vom Ministerium für Aufklärung und Propaganda die Anweisung erging, die deutsche Presse solle in Zukunft die »bolschewistische Seite« der Vorgänge in China betonen[97]. Das war das erste Zeichen für die sich bald eindeutig abzeichnende Änderung der deutschen Chinapolitik, die entscheidend vom Krieg zwischen China und Japan, der mit dem »Zwischenfall an der Marco-Polo-Brücke« am 7. Juli 1937 begann, beeinflußt wurde. Das Propagandaministerium versuchte auch künftig das Chinabild in Deutschland zu bestimmen, wobei in bezug auf die deutsche Interessenlage in Ostasien argumentiert wurde, daß zwar China wirtschaftlich wichtiger sei als Japan, daß aber die politischen Interessen »maßgeblicher« seien als die wirtschaftlichen[98].

Deutschland als »ehrlicher Makler« zwischen Japan und China (1937–38)

Die Haltung Deutschlands im Konflikt zwischen Japan und China war dadurch bestimmt, daß mit Japan durch den Anti-Komintern-Pakt ein Bündnis bestand, während in China deutsche Militärberater tätig waren und deutsche Waffen gegen chinesische Rohstoffe gehandelt wurden, wobei kein Zweifel bestehen konnte, daß diese Waffen eines Tages auch gegen Japan eingesetzt würden. Der Forderung Japans, die Waffenlieferungen einzustellen und die Berater abzuziehen, wollte die deutsche Industrie schon allein deshalb nicht nachkommen, weil dies unter anderem zur Nichterfüllung von Lieferverträgen mit China im Werte von über 282 Millionen Reichsmark geführt hätte, die für die deutsche Rüstungsindustrie unentbehrlich waren [99]. Zudem befürchtete man, daß China daraufhin die Lieferung von Rohstoffen stoppen würde und es zu einem Boykott deutscher Waren in China und (durch chinesische Geschäftsleute) in ganz Südostasien kommen könnte [100].

Japan wollte seine Forderungen als »deutschen Beitrag« zu seiner Aktion gegen China verstanden haben, die es als »Kampf gegen den Kommunismus« ausgab. Außerdem verlangte Japan die Übermittlung von militärischen Nachrichten durch die deutschen Diplomaten und Berater in China, zumal der deutsche Botschafter Trautmann im Herbst 1937 der einzige ausländische Botschafter in Nanking war. Als Deutschland das ablehnte, forderte Japan die Abberufung Trautmanns, wobei es sich auf den Standpunkt stellte, daß Trautmann eine »moralische Unterstützung für China« bedeute [101].

China seinerseits fürchtete eine gemeinsame Aktion Deutschlands und Japans, doch wurde Chiang Kai-shek dahingehend beruhigt, daß der Anti-Komintern-Pakt im Konflikt zwischen China und Japan »keine Rolle« spiele [102]. Das war auch tatsächlich der Fall, da sich Deutschland aus einem ganz eigennützigen Motiv heraus bemühte, die freundschaftlichen Beziehungen zu China aufrechtzuerhalten: Neben den wirtschaftlichen Interessen fürchtete man in Berlin ein Wiederaufleben der sowjetischen Einflußnahme in China, womit zum erstenmal die enge Verknüpfung der Beziehungen zwischen Deutschland, China und der Sowjetunion deutlich wurde. Zwar versicherte Chiang Kai-shek des öfteren, daß die Möglichkeit eines Eingreifens der Sowjetunion in den japanisch-chinesischen Krieg nicht bestünde [103], tatsächlich wurde aber am 21. August 1937 zwischen China und der Sowjetunion ein Nichtangriffspakt unterzeichnet. Dieser Schritt rief in Deutschland »große Überraschung und ernste Bedenken« hervor, die auch durch die Erklärung des chinesischen Botschafters in Berlin, daß resultiere Pakt aus der »schwierigen Situation Chinas« infolge der japanischen Politik resultierte und kein »Bündnis« darstelle, nicht beseitigt werden konnten [104]. Die deutschen Befürchtungen wurden noch verstärkt, als Moskau nach Abschluß des Vertrages Flugzeuge, Piloten und Techniker nach China schickte. Da das Hauptziel der deutschen Chinapolitik die Verhinderung eines Bündnisses zwischen China und der Sowjetunion war, hatten die gegen China gerichteten japanischen Forderungen keine Aussicht auf Erfüllung [105].

So stellte sich in großen Zügen die deutsche Ostasienpolitik des Jahres 1937 dar, und es kann nicht verwundern, daß der Versuch Berlins, an der Zusammenarbeit mit Japan festzuhalten, gleichzeitig im Streit zwischen China und Japan neutral zu bleiben und die im Abkommen mit China vereinbarten Lieferungen von Kriegsmaterial durchzuführen, sich als undurchführbar erwies. Nach verschiedenen widersprüchlichen Anordnungen – die Lieferungen »unter möglichster Tarnung« nach außen hin fortzusetzen, sie ganz einzustellen beziehungsweise sie schließlich wiederaufzunehmen [106] – sah man schließlich in Berlin in einer möglichst schnellen Beilegung des Konfliktes zwischen Japan und China die einzige Chance, weitere Schwierigkeiten mit China und Japan zu vermeiden. Die deutsche Vermittlung im Fernen Osten war dabei auch der Versuch, in Asien ein Friedensmanöver einzuleiten, um damit die deutsche Außenpolitik in Europa in ein besseres Licht zu rücken, da »Deutschland bei solchem Verhalten auch England gegenüber (einen) positiven Beweis seiner politischen Friedensarbeit« erbringen konnte [107].

Die Vermittlungsaktion selbst fand in der Zeit von Ende Oktober 1937 bis Anfang Januar 1938 statt. Während dieser Monate bestand ein dauernder Kontakt zwischen Deutschland, China und Japan, wobei den deutschen Diplomaten und dem Auswärtigen Amt die Schlüsselrolle als Vermittler zukamen.

Nach der grundsätzlichen Bereitschaft Chinas und Japans, die deutsche Vermittlung zu akzeptieren, erfolgte der erste Schritt am 29. Oktober 1937, als Botschafter Trautmann vom japanischen Oberstleutnant Manaki das Friedensprogramm des japanischen Generalstabs erhielt. Als Gegenleistung für die Einstellung der Kriegshandlungen forderte Japan die De-facto-Autonomie Nordchinas mit wirtschaftlichen Sonderrechten für Japan (also keine vollständige Abtrennung), den Abbruch der Beziehungen Chinas zur Sowjetunion und den Anschluß im »Kampf gegen den Kommunismus«. Außerdem wurde die Einstellung der antijapanischen Kampagne in China verlangt, da Japan eine »praktische, freundschaftliche Zusammenarbeit« suche [108]. Diese Bedingungen wurden Chiang Kai-shek übermittelt, der sie jedoch nach Rücksprache mit seinem Kabinett ablehnte [109].

Chiang Kai-shek änderte seine Haltung erst unter dem Eindruck seiner Niederlagen gegen Japan: Am 9. November wurde Shanghai nach erbittertem Widerstand von den Japanern erobert. Die Regierung mußte von Nanking nach Hankow verlegt werden. Hinzu kam, daß die Brüsseler Neun-Mächte-Konferenz am 24. November erfolglos endete. Deutschland hatte ebenso wie Japan an dieser Konferenz, die die Beilegung des Konflikts in

Ostasien zum Ziele hatte, nicht teilgenommen, da es für direkte Verhandlungen zwischen beiden Staaten eintrat, während Chiang Kai-shek Hoffnungen mit der Brüsseler Konferenz verbunden hatte. Bereits zwei Tage zuvor hatte der japanische Außenminister Hirota dem deutschen Botschafter in Tokyo, von Dirksen, mitgeteilt, daß Japan mit der Aufnahme von Friedensgesprächen unter Mitwirkung von Deutschland rechne und daß die früheren Forderungen nach den militärischen Erfolgen Japans nicht erhöht würden [110]. Sogar Außenminister von Neurath schaltete sich direkt in die Friedensbemühungen ein und empfahl China, die japanischen Angebote nicht ohne weiteres abzulehnen, da die »militärischen Erfolge der Japaner nach Lage der Dinge auch bei größter Kraftanstrengung Chinas nicht mehr in das Gegenteil umgewandelt werden« könnten [111].

Am 2. Dezember erklärte Chiang Kai-shek, daß China »zum Frieden entschlossen sei« und die japanischen Bedingungen als Grundlage von Verhandlungen akzeptiere [112]. Daraufhin begannen neue Konsultationen zwischen Deutschland und Japan, die mit strengster Geheimhaltung geführt wurden, da Japan eine Einmischung Englands oder der Vereinigten Staaten verhindern wollte. Auch China hatte für seine Kontakte mit Deutschland äußerste Geheimhaltung gefordert, weil Chiang Kai-shek fürchtete, daß das Bekanntwerden der Gespräche seine Stellung erschüttern könnte. Der Optimismus, der nach der Zustimmung Chiang Kai-sheks entstand, war jedoch nicht von Dauer, da es sich sehr bald herausstellen sollte, daß Japan trotz gegenteiliger Versicherungen nun doch seine Friedensbedingungen in die Höhe geschraubt und neben der Autonomie »Mandschukuos« die Errichtung von »Sonderverwaltungen« in verschiedenen Teilen Chinas sowie eine Entschädigung für die japanischen Kriegskosten forderte [113]. Dabei bestand ein offensichtlicher Zusammenhang zwischen diesen nachträglichen Forderungen und der Eroberung der Hauptstadt Nanking, die kurz zuvor, am 13. Dezember, erfolgt war.

Das Interesse Deutschlands an einer Regelung des Konflikts war mittlerweile noch gestiegen, da in Berlin bekanntgeworden war, daß China ein Bündnis mit der Sowjetunion als »Rettungsanker« anstrebte. Diese Berichte riefen in Deutschland erhebliche Beunruhigung hervor und führten zu einer Intensivierung der Kontakte mit China. In dieser Situation waren die neuen Forderungen Japans auch für Deutschland eine Enttäuschung, zumal eine ultimative Frist für ihre Beantwortung gesetzt wurde. Die Frist – bis Jahresende – verstrich, ohne daß eine Antwort aus China erfolgte. Erst nach neuerlichem Drängen Japans und einem »letzten Termin«, bis zum 15. Januar [114], konnte der deutsche Botschafter in Tokyo, von Dirksen, am 14. Januar die chinesische Antwort überreichen. Entgegen den Erwartungen enthielt sie aber nicht die Zustimmung beziehungsweise Ablehnung der japanischen Forderungen, sondern verlangte nach detaillierten Angaben, da China auf Grund der Tragweite dieser Entscheidung über alle Einzelheiten Klarheit wünschte [115]. Japan reagierte verärgert und empört und gab die Beendigung der Gespräche über die Friedensverhandlungen bekannt, was einer Fortsetzung der Feindseligkeiten gleichkam. Gleichzeitig wurde von der Regierung in Tokyo eine Erklärung »an das japanische Volk« über die Gespräche veröffentlicht, womit die Tür für weitere Verhandlungen zugeschlagen war.

Die deutsche Vermittlung war damit gescheitert, und es verblieb Berlin nur noch, sein Bedauern über diese Entwicklung auszudrücken. Man befürchtete nun eine nachteilige Auswirkung dieses Fehlschlags auf die Beziehungen zu Japan sowie eine fortschreitende »Bolschewisierung« Chinas und eine Schwächung Japans gegenüber der Sowjetunion durch die Bindung seiner Kräfte in China[116].

Der Kurs der japanischen Regierung wurde damals von ehrgeizigen jungen Militärs bestimmt, die extrem nationalistisch waren und die durch die Erfolge in China ihre Position in der Regierung weiter stärken konnten, so daß Premierminister Konoye Schritt für Schritt vor den Extremisten im Kabinett zurückweichen mußte. Nach der Eroberung von Nanking wurde die systematisch von den Militärs angeheizte Kriegsstimmung fanatischer denn je, wobei innerhalb der Streitkräfte die Offiziere der Frontarmee die Führung an sich gerissen hatten, so daß weder das Kabinett noch der Generalstab in der Lage waren, die von der Armee geschaffenen Fakten zu ändern. Da sich der Kaiser jeder Stellungnahme zu diesen Vorgängen entzog, mußte die Entscheidung zwischen den Frontoffizieren und dem Generalstab der Armee fallen. Der Abbruch der Friedensverhandlungen bedeutete einen klaren Sieg der Frontarmee gegenüber allen gemäßigten politischen Kräften in Japan[117].

Der Abzug der deutschen Berater

Der fehlgeschlagene Versuch, zwischen Japan und China zu vermitteln, schadete den deutsch-chinesischen Beziehungen nicht. Zwar war die Vermittlung nicht erfolgt, um China in seiner Auseinandersetzung mit Japan zu unterstützen, sondern um die deutschen Interessen gegenüber den beiden Staaten zu wahren, doch ändert dies nichts daran, daß eine erfolgreiche Vermittlung auch für China zum Vorteil gewesen wäre. Trotz der Erfolglosigkeit der Bemühungen war das deutsche Ansehen in China durch die Vermittlung erheblich gestiegen, wodurch auch ein Großteil der aus dem Anti-Komintern-Pakt resultierenden Befürchtungen gegenüber Deutschland abgebaut wurde.

Daß sich die deutsch-chinesischen Beziehungen bald nach dem Scheitern der Vermittlung trotzdem verschlechterten, hatte andere Gründe. Der entscheidende Schritt dazu erfolgte Anfang Februar 1938 durch die Entfernung aller konservativen Politiker aus der deutschen Regierung – offensichtlich in Vorbereitung außenpolitischer Aktionen. Damit verlor China nahezu alle einflußreichen Fürsprecher, unter ihnen den Außenminister von Neurath, den Befehlshaber des Heeres von Fritsch und den Kriegsminister von Blomberg. Entscheidend für die künftige Chinapolitik war der Wechsel des Außenministers, da von Ribbentrop als Promoter des Anti-Komintern-Paktes ein erklärter Freund Japans war. Im deutschen Botschafter in Tokyo, von Dirksen, hatte er einen Gesinnungsgenossen, der nach dem Scheitern der deutschen Vermittlung seine alten Forderungen – den Abzug der Militärberater, die Einstellung der Waffenlieferungen und die Anerkennung »Mandschukuos« – wieder aufgriff.

Tatsächlich erfolgte am 20. Februar 1938 durch Hitler persönlich die Bekanntgabe der Anerkennung – ungeachtet der Bedenken über eine negative Rückwirkung auf die Beziehungen zu China[118]. Zwar wurden gleichzeitig die immer noch bestehende Neutralität Deutschlands in Ostasien und die freundschaftlichen Beziehungen zu China betont, aber auch darauf hingewiesen, daß Japan in China »gegen den Kommunismus« kämpfe – also an einem Strang mit Deutschland ziehe. Die noch vor kurzem so starken Befürchtungen einer Annäherung Chinas an die Sowjetunion schienen plötzlich keine Rolle mehr zu spielen.

Die chinesische Regierung reagierte auf den deutschen Schritt relativ maßvoll, offensichtlich im Interesse der deutschen Waffenlieferungen und der Militärberater. China protestierte zwar offiziell gegen die Anerkennung »Mandschukuos«, doch Chiang Kai-shek sandte anläßlich des »Anschlusses« von Österreich noch vor Japan persönliche Glückwünsche an Hitler, in denen er bedauerte, daß sich Deutschland im Falle Mandschukuos auf einen anderen Standpunkt als den des »ein Volk, ein Reich« gestellt habe[119]. Chiang Kai-shek konnte nicht wissen, daß diese Anerkennung nur das erste Anzeichen einer radikalen Änderung der deutschen Chinapolitik war. Der nächste Schritt war gravierender und betraf die deutschen Materiallieferungen nach China: Am 27. April 1938 wurde erneut ein Verbot vom Beauftragten für den Vierjahresplan, Hermann Göring, erlassen, weiteres Kriegsgerät nach China zu exportieren. Wegen der dadurch entstehenden Devisenverluste und der dringend benötigten Rohstoffe wurde das Verbot vom Wirtschaftsministerium aber nicht beachtet, sondern weiterhin heimlich U-Boote, Torpedos und Flugzeuge nach China geliefert. Von Ribbentrop protestierte deshalb öfters, bis schließlich das Auswärtige Amt die Einstellung der Lieferung jeder Art von Kriegsgerät nach China anordnete – ohne Rücksicht auf abgeschlossene Verträge oder andere Konsequenzen[120].

Spätestens jetzt mußte auch Chiang Kai-shek klargeworden sein, daß Deutschland entschlossen war, China fallenzulassen, und daß als nächstes wohl die deutschen Berater abberufen würden. Da die Berater auf der Basis von Privatverträgen mit der chinesischen Regierung arbeiteten und damit offiziell nicht unter deutscher Kontrolle standen, scheint er diese Schlußfolgerung jedoch nicht gezogen zu haben.

Berlin war entschlossen, China Japan zuliebe aufzugeben. Am 22. April 1938 wurde Botschafter Trautmann beauftragt, den Beratern den »Wunsch« der Regierung zu übermitteln, ihre Arbeit einzustellen und nach Deutschland zurückzukehren, ohne daß davon zunächst die chinesische Regierung unterrichtet wurde. Die Antwort erfolgte am 30. April von General von Falkenhausen aus Hankow, der über die Schwierigkeiten der Vertragsauflösungen berichtete und von der deutschen Regierung die Übernahme sämtlicher Kosten und eine Entschädigung forderte[121]. Von Ribbentrop sicherte dies auch prompt zu, drückte aber gleichzeitig die Erwartung aus, daß die Rückkehr mit »tunlichster Beschleunigung« vor sich ging[122]. Der Vorschlag Botschafter Trautmanns, die Berater schrittweise zurückzuziehen, wurde vom Auswärtigen Amt abgelehnt und statt dessen mit Nachdruck eine schnellere Behandlung der Angelegenheit durch China gefordert. Plötzlich konnte es dem Auswärtigen Amt nicht schnell genug gehen, und nach weiterem Drängen wurde China schließlich am 10. Juni ein Ultimatum gestellt, das bis zum 13. Juni befristet war. Nun ersuchte Chiang Kai-shek darum, wenigstens einigen Militärberatern oder General von Falkenhausen selbst zu erlauben, noch für einige Zeit auf ihren Posten zu bleiben. Die Antwort enthielt eine klare Ablehnung der Bitte sowie die Drohung, daß für den Fall, daß China Schwierigkeiten mache, die »schärfsten zu Gebote stehenden Mittel« angewendet würden. Als sich Chiang Kai-shek nun bereit erklärte, alle Berater bis auf vier oder fünf zur »Abwicklung der Geschäfte« freizugeben, stellte von Ribbentrop ein weiteres Ultimatum, in dem er bis zum 23. Juni das endgültige Einverständnis Chiang Kai-sheks und die Abreise sämtlicher Militärberater verlangte, wenn Chiang Kai-shek nicht den »Abbruch der diplomatischen Beziehungen provozieren« wolle. Gleichzeitig wurde den Beratern selbst der – eigentlich unzulässige – Befehl übermittelt, China so schnell wie möglich zu verlassen, andernfalls hätte der »eklatante Treuebruch« die sofortige Einleitung eines Verfahrens zur Aberkennung der deutschen Staatsangehörigkeit und die Beschlagnahme des Vermögens zur Folge[123]. Das mittlerweile schon peinliche Gerangel um die deutschen Berater war damit aber noch immer nicht abgeschlossen: Als Chiang Kai-shek nun zu erkennen gab, worum es ihm eigentlich ging – daß nämlich diejenigen Berater zurückbehalten werden sollten, die über die Befestigungen der Stadt Hankow und am Yangtse-Fluß informiert waren –, befahl von Ribbentrop Botschafter Trautmann die sofortige Abreise. Selbst das Angebot, die deutschen Berater zum Dank für ihre langjährige Tätigkeit in China über die ihnen noch unbekannten Provinzen Szechuan und Yünnan nach Deutschland reisen zu lassen, wurde brüsk zurückgewiesen. Jetzt erst gab Chiang Kai-shek die Sache verloren und ließ alle Berater nach einem Abschiedsessen am 5. Juli 1938 mit einem Sonderzug abreisen[124].

Die Betrachtung der deutschen Chinapolitik in diesen Jahren erzeugt Unbehagen, weil hier ein Staat zugunsten eines anderen im Stich gelassen und der zwar geringen, für ihn aber wichtigen Hilfe beraubt wurde. Die mit diesem Schritt verbundenen Hoffnungen auf eine enge wirtschaftliche Zusammenarbeit mit Japan sollten sich nicht erfüllen.

Der Abbruch der Beziehungen Chinas zu Deutschland

Mit dem Abzug der deutschen Berater bei der Nationalregierung waren praktisch die Würfel für die künftige deutsche Chinapolitik gefallen. Hinzu kam, daß sich das außenpolitische Interesse in Deutschland in den Jahren nach 1938 in zunehmendem Maße am Geschehen in Europa orientierte, der Ferne Osten dementsprechend in den Hintergrund trat.

Nach der Abreise von Botschafter Trautmann aus China im Juli 1938 wurde dieser Posten nicht mehr besetzt. Die deutschen Interessen wurden von einem Geschäftsträger mit einem kleinen Stab wahrgenommen, der die Regierung Chiang Kai-sheks bis in das entlegene Chungking begleitete, als dieser seine Hauptstadt wegen des japanischen Vormarsches dorthin verlegen mußte [125]. Die Beziehungen zwischen Deutschland und China waren in diesen Jahren auf politischem Gebiet von der Anpassung der deutschen an die japanische Chinapolitik gekennzeichnet, während im wirtschaftlichen Bereich der HAPRO-Vertrag weiterhin gültig blieb, allerdings unter Verzicht auf die Lieferung militärischer Güter. Die Situation der deutschen Chinapolitik in diesen Jahren wird dadurch deutlich, daß sich sowohl Japan als China auch nach dem Abzug der Berater um eine Vermittlung Deutschlands im Konflikt der beiden Länder bemühten. Durch den Nichtangriffspakt mit der UdSSR rückte Deutschland zumindest theoretisch wieder näher an Chiang Kai-shek, der gute Beziehungen zur UdSSR unterhielt. Japan war deshalb über den deutsch-sowjetischen Nichtangriffspakt verärgert. Zwar verwies man von deutscher Seite darauf, daß dieser Pakt die Stellung Großbritanniens erheblich schwächen und damit Japan in seiner Chinapolitik unterstützen würde, doch konnten die japanischen Befürchtungen damit nicht ausgeräumt werden [126]. Andererseits war China über den Abschluß des Paktes ausgesprochen erfreut, und Botschafter Chen Chieh – der auf seinem Posten in Berlin verblieben war – nutzte die Gelegenheit, um beim Auswärtigen Amt vorzutragen, daß seiner Regierung an einer Verbesserung der Beziehungen zu Berlin sehr gelegen sei und daß sie »an die heutige Lage die Hoffnung (knüpfe), nicht nur auf wirtschaftlichem sondern auch auf politischem Gebiet wieder besser voranzukommen«. Dieser Vorschlag wurde von der deutschen Seite nur mit Zurückhaltung aufgenommen [127]. Staatssekretär von Weizsäcker war dem chinesischen Angebot auf eine Verbesserung der Beziehungen durchaus nicht abgeneigt, doch stand er damit im klaren Gegensatz zu Außenminister von Ribbentrop, der den Vorschlag, Trautmann wiederum nach China zu entsenden, ablehnte [128].

Unter diesen Voraussetzungen konnte auch der neuerliche Vorschlag des chinesischen Botschafters Dr. Ting vom 5. Oktober 1939, dem zufolge Deutschland erneut als Friedensvermittler im Konflikt zwischen Japan und China auftreten sollte, keinen Erfolg haben. Nach chinesischer Ansicht wäre der Zeitpunkt dafür günstig gewesen und die nationalchinesische Regierung in Chungking wäre sogar zur Anerkennung von Mandschukuo und zur Gewährung wirtschaftlicher Vorrechte für Japan in Nordchina (bei Wahrung der chinesischen Souveränität) bereit gewesen. Außerdem hatte Ting für diesen Fall die Bereitschaft Chinas erklärt, zusammen mit Deutschland und Japan eine »anti-englische Politik zu treiben«[129]. Das Auswärtige Amt fürchtete aber, daß Tokyo auf eine entsprechende Anfrage »mit Befremden« reagieren würde, und lehnte den Vorschlag ab[130].

Wie sehr die deutsche Chinapolitik in dieser Zeit unter dem Einfluß Japans stand, wird auch daraus ersichtlich, daß Berlin sich bemühte, auf die Sowjetunion »im Sinne völliger sowjetischer Neutralität im Chinakonflikt« zu wirken[131]. Auch als der chinesische Ministerpräsident Kung am 11. November 1939 Deutschland die Lieferung der an Großbritannien, die Sowjetunion und die USA verpfändeten Monopolproduktion von Wolframerzen und anderen Rohstoffen anbot, wobei es als einzige Bedingung die Bezahlung durch Waffen und Munitionslieferungen forderte und sich im Falle einer Zusage bereit erklärte, »für die nächsten fünfzig Jahre deutsche Lieferungen sicherzustellen«, lehnte Berlin ab. Deutschland benötigte diese Rohstoffe für seine Kriegswirtschaft zwar dringend, aber Außenminister von Ribbentrop lehnte Waffenlieferungen strikt ab und bot statt dessen Pharmazeutika und andere Rohstoffe an, die für Chiang Kai-shek nicht interessant waren[132].

Nachdem Japan erkennen mußte, daß an eine militärische Niederwerfung Chinas und an eine Besetzung des gesamten Gebietes wegen der Größe des Chinesischen Reiches nicht zu denken war, zielten seine Bestrebungen mehr und mehr darauf ab, in China eine chinesische »Gegenregierung« zu Chiang Kai-shek zu konstituieren, um damit zumindest nach außen hin die Fiktion der Legalität seiner Chinapolitik aufrechtzuerhalten. Für einen derartigen Schritt war es wichtig, daß einer projapanischen Regierung die internationale Anerkennung nicht versagt bliebe, wobei Japan zunächst an die Verbündeten im Anti-Komintern-Pakt, Deutschland und Italien, dachte. Am 30. März 1940 wurde dann in Nanking unter Wang Ching-wei eine »Zentralregierung« gebildet. Zwar war Wang Ching-wei bereits bei den Verhandlungen mit Japan über die Gründung dieser Regierung bestrebt, eine möglichst große Unabhängigkeit von Japan zu erlangen, doch konnte kein Zweifel darüber bestehen, daß diese Regierung ausschließlich von Japan abhängig war[133].

Im Sommer des Jahres 1940 wäre es trotz dieser Umstände fast zu einer neuen Vermittlungsaktion Deutschlands im Konflikt zwischen Japan und China gekommen, da sowohl der chinesische als auch der japanische Botschafter in Berlin einen entsprechenden Wunsch äußerten[134], ohne daß diesen Sondierungen jedoch konkrete Schritte folgten. Die Erfolgsaussichten einer derartigen Aktion waren auch relativ gering, weil Japan auf seiner grundsätzlichen Forderung bestand, an der Regierung Wang Ching-wei festzuhalten[135]. Dennoch scheint der Gedanke einer deutschen Vermittlung für alle Beteiligten etwas Faszinierendes an sich gehabt zu haben. Im November 1940 tauchten von neuem entsprechende Berichte auf, die diesmal auf die Initiative der Regierung in Tokyo zurückgingen und die die Aufnahme von Verhandlungen zwischen Chiang Kai-shek und Wang Ching-wei zum Gegenstand hatten[136].

Die Haltung Chiang Kai-sheks war jedoch unnachgiebig, da ein Entgegenkommen die Aufgabe seiner Souveränität bedeutet hätte. Hinzu kam, daß sich die Nationalregierung in Chungking nach dem vergeblichen Werben um Deutschland wirtschaftlich wie politisch immer mehr an die USA, Großbritannien und die Sowjetunion angenähert hatte und sich auch aus diesem Grunde gute »Überlebenschancen« ausrechnen mochte. Zwar versuchte Außenminister von Ribbentrop in einem persönlichen Gespräch am 11. November mit dem Botschafter der Nationalregierung Verständnis für die deutsche Politik zu wecken und sie zu einem Kompromiß mit der Regierung Wang Ching-wei zu bewegen[137], eine positive Entwicklung in dieser Richtung wurde jedoch durch den Abschluß eines Staatsvertrages zwischen Japan und der Regierung Wang Ching-wei am 30. November (der bereits am 10. Oktober paraphiert worden war) verhindert. Die diplomatische Beilegung des Konfliktes wurde dadurch für Chiang Kai-shek unmöglich, der nun Wang Ching-wei als »Erzverräter« bezeichnete und seinen Entschluß »bis zum Siege weiterzukämpfen« bekräftigte. Gleichzeitig wurde eine Art Vorläufer der deutschen Hallstein-Doktrin aufgestellt, nach der Chiang Kai-shek drohte, zu jedem Staat, der diplomatische Beziehungen zur Regierung Wang Ching-wei aufnehmen würde, die Beziehungen abzubrechen[138]. Eine unmittelbare Folge dieses Vertrages war eine weitere Annäherung Chinas an die USA, die Sowjetunion und Großbritannien. Nach dem 30. November kündigte Präsident Roosevelt eine neue Anleihe in Höhe von 100 Millionen US-Dollar an, kurz darauf verhängte er ein Totalembargo über den Export von Stahl und Eisen nach Japan, während Großbritannien China einen Kredit von 5 Millionen Pfund gewährte[139]. Der Druck Japans auf Deutschland und Italien, die Regierung Wang Ching-wei anzuerkennen, wurde nun immer stärker[140]. Die Vertreter der Deutschen Botschaft bei der Nationalregierung warnten dringend vor einem derartigen Schritt, da sie befürchteten, daß dies von Japan im Sinne seiner Chinapolitik sowohl gegen Nanking wie auch gegen Chungking ausgespielt werden würde. Außerdem wurde empfohlen, vor der Anerkennung die wirtschaftliche Stellung Deutschlands in China mit Japan zu klären, damit es nicht zu ähnlichen Erfahrungen käme wie in Mandschukuo[141]. Trotzdem entschloß sich die Reichsregierung, die Regierung Wang Ching-wei (zusammen mit Italien) am 1. Juli 1941 anzuerkennen [142], ohne daß beabsichtigt war, die Beziehungen zu Chiang Kai-shek abzubrechen [143]. Die Ereignisse waren jedoch nach diesem Schritt nicht mehr aufzuhalten: Am 3. Juli 1941 erklärte der Botschafter der Nationalregierung in Berlin Staatssekretär von Weizsäcker den Abbruch der diplomatischen Beziehungen mit Deutschland [144].

Das Kapitel der politischen Beziehungen zwischen dem Deutschen Reich und China zwischen den beiden Weltkriegen war damit beendet. Es war zusammenfassend betrachtet kein ruhmvolles Kapitel für die Asienpolitik und schon gar nicht für die Chinapolitik Deutschlands. Die Entscheidungen in Berlin in bezug auf die Beziehungen zu China wurden spätestens seit 1938 unter dem Aspekt des Bündnisses mit Tokyo im Dreimächtepakt beurteilt. Sie konnten dementsprechend nur negativ für Chiang Kai-shek ausfallen. Deutschland war dabei vor allem zu großen Opfern auf dem wirtschaftlichen Sektor bereit. Auf der Habenseite ist nur eine kärgliche Bilanz zu verzeichnen: Trotz der von Japan für den Fall der Abberufung der deutschen Berater aus China versprochenen »bevorzugten« Behandlung in der Mandschurei fühlte sich Japan später an keinerlei Zusagen gebunden. Im Gegenteil – die wirtschaftliche Abteilung des Auswärtigen Amtes hatte in der Folgezeit des öfteren Grund, sich über die nachteilige Behandlung durch Japan zu beklagen. So verhinderte Japan absichtlich den Transport bereits gekaufter Rohstoffe auf der sibirischen Eisenbahn und machte auch bei der Blockade der englischen und französischen Niederlassung in Tientsin vom 14. Juni 1939 bis 20. Juni 1940 für den deutschen Handel keine Ausnahme. Trotz der politischen Differenzen zwischen Japan und Großbritannien nahmen die Engländer sogar noch im Sommer des Jahres 1940 eine Vorzugsstellung ein. Und es gelang England auch, durch Bestechung den Antransport von Gütern, die für Deutschland bestimmt waren, auf der südmandschurischen Eisenbahn zu verhindern [145].

Die Beziehungen zwischen Deutschland und China zeigen in diesen Jahren in aller Deutlichkeit, daß die deutsche Chinapolitik auch in der Außenpolitik des Dritten Reiches keine selbständige Funktion hatte, sondern ausschließlich ein Vehikel für übergeordnete außenpolitische Zielsetzungen darstellte. Die untergeordneten Interessen, in diesem Falle auch China, wurden zurückgestellt. Nach der Auflösung der deutschen Botschaft, die nach der Besetzung Nordchinas durch Japan in Shanghai residierte, und der Zweigstellen in Chungking und Peking verblieb nur noch eine kleine Gruppe Deutscher im China Chiang Kai-sheks, während die Interessen der Regierung Chiang Kai-shek in Deutschland seitdem von Portugal vertreten wurden [146].

Alle noch möglichen Verbindungen zwischen Chiang Kai-shek und Deutschland wurden endgültig abgebrochen, als Chiang Kai-shek im Zuge des japanischen Angriffes auf Pearl Harbor am 6. Dezember 1941 (mit dem der Pazifische Krieg begann) in der Hoffnung auf eine weitere Unterstützung durch die USA auf seiten der Alliierten in den Zweiten Weltkrieg eintrat und Deutschland den Krieg erklärte. Im Gegensatz dazu schlossen sich weder die Regierung Wang Ching-wei in Nanking noch die Regierung von Mandschukuo dem Vorgehen Deutschlands und Japans an. Sie erklärten deren Gegnern nicht den Krieg. Daraus wird ersichtlich, daß die Beziehungen zwischen Deutschland und Japan vor und während des Zweiten Weltkrieges dadurch geprägt wurden, daß Tokyo von Berlin Zugeständnisse und Unterstützung für seine Politik forderte, selbst aber keinerlei Gegenleistungen zu erbringen bereit war.

KAPITEL II

Die Wirtschaftsbeziehungen

I.

Die Auswirkungen des Ersten Weltkrieges

Da China im Ersten Weltkrieg zunächst neutral geblieben war, konnten die deutschen Geschäftsleute in den ersten Jahren nach 1914 ihren Geschäften weitgehend ungestört nachgehen. Das bezog sich auch auf die internationalen Niederlassungen, wodurch in Ostasien jener seltene Fall eintrat, daß Deutsche mit den Angehörigen jener Nationen Handel trieben, die in Europa mit Deutschland im Krieg lagen. Da die Verbindungen mit Deutschland unsicher geworden waren, erwies es sich als besonders vorteilhaft, daß die einzelnen Firmen große Lager in China unterhalten hatten. Durch die Flucht vieler Deutscher aus anderen Teilen Asiens nach China, besonders nach Shanghai, wurde die deutsche Kolonie wesentlich vergrößert, was auch daraus ersichtlich wird, daß die deutsche Schule in Shanghai in den Jahren 1917/18 von mehr als 200 Kindern besucht wurde – eine Zahl, die vorher nie erreicht worden war. Damals bestand auch noch die Möglichkeit für deutsche Staatsangehörige, ins Innere des Landes an die zahlreichen Erholungsorte zu reisen.

Diese Situation änderte sich im März 1917, als China die Beziehungen zum Deutschen Reich abbrach und ihm im August desselben Jahres den Krieg erklärte. In der Folgezeit mußten die deutschen Clubs und Vereinigungen geschlossen werden, die deutschen Zeitungen ihr Erscheinen einstellen, wurde den Deutschen jedes geschlossene Auftreten untersagt. Auch die 1886 geschaffene deutsche Post wurde geschlossen und die deutschen Angestellten beim Seezoll und bei der internationalen Post- und Salzverwaltung entlassen. China stellte die Zahlungen für den deutschen Anteil an der Boxerkrieg-Entschädigung ein und hob die exterritorialen Rechte der Deutschen auf. Diese Maßnahmen sind deshalb von besonderer Bedeutung, weil Deutschland damit der erste Staat war, dem die Bedingungen der »Ungleichen Verträge« gekündigt wurden.

Bereits 1914 waren alle deutschen Anlagen in Shantung verlorengegangen, als Japan dieses Gebiet als seine »Einflußsphäre« übernahm. Von wirtschaftlicher Bedeutung waren hierbei vor allem die deutschen Eisenbahnen und Bergwerke. Nach der Kriegserklärung praktizierte China die gleiche Methode wie die Japaner und übernahm die Konzessionen in Tientsin und Hankow, wo das deutsche Eigentum beschlagnahmt, verkauft oder versteigert wurde. So erging es beispielsweise dem repräsentativen Gebäude des deutschen Clubs »Concordia« in Shanghai, das 1907 von deutschen Architekten mit einem Kostenaufwand von einer Million Mark gebaut worden war und das von der »Bank von China« ersteigert wurde. Beschlagnahmt wurden auch eine Reihe der großen Kontorhäuser der deutschen Firmen, wobei es in einigen Fällen dank der Unterstützung einflußreicher Chinesen gelang, den Eigentümern die Geschäftshäuser zu erhalten[1].

In echte Bedrängnis gerieten die deutschen Geschäftsleute wie auch alle anderen deutschen Staatsangehörigen erst nach der Beendigung des Krieges in Europa. Nach dem Vertrag von Versailles mußte Deutschland auf seine wirtschaftlichen Interessen und Ansprüche in China verzichten, da das von den Entente-Mächten übernommene Eigentum in das Abrechnungssystem des Vertrages eingefügt und den Deutschen damit verlorenging. Die Artikel 156 bis 158 dieses Vertrages (vgl. den Text im Anhang) hatten den Verzicht Deutschlands auf alle Rechte und Ansprüche in dem früheren Pachtgebiet Kiautschou und in Shantung zugunsten Japans zum Inhalt. Weitaus unangenehmere Folgen bekamen die Deutschen in China selbst zu spüren: Im Zuge einer oft bedenkenlosen antideutschen Propaganda kam es bei den Gegnern Deutschlands in Ostasien zu einem Ausbruch antideutscher Emotionen, der dazu führte, daß sämtliche noch existierenden deutschen Firmen zwangsweise liquidiert und im März 1919 die überwiegende Mehrzahl der Deutschen ausgewiesen wurden. Innerhalb von nur zwei Tagen nach Erhalt des Repatriierungsbefehls mußten sich 2176 deutsche Staatsangehörige mit einem auf 150 Pfund pro Person begrenzten Gepäck auf vier bereitstehenden britischen und französischen Schiffen einfinden, auf denen sie unter teilweise entwürdigenden Umständen nach Europa gebracht wurden[2].

Die dadurch bedingte Unterbrechung im deutsch-chinesischen Handel unmittelbar nach dem Krieg, die zusätzlich verlängert wurde, weil sich die englische Schiffahrt zunächst weigerte, deutsche Waren zu befördern, hatte jedoch auch einen Vorteil: 1920 brachen die in den vorangegangenen Jahren aufgeblähten Weltmarktpreise zusammen, und viele Firmen in Europa und in China gingen durch den Kurssturz des Silberpreises bankrott. Der davon nicht betroffene deutsche Ostasienhandel konnte deshalb später unter relativ günstigen Voraussetzungen wieder einsetzen.

Am 15. September 1919 hatte die chinesische Regierung den Krieg mit Deutschland für beendet erklärt, und bald darauf kehrten die ersten Kaufleute in den Fernen Osten zurück, wo sie die unterbrochenen Kontakte wieder anzuknüpfen versuchten. Dabei zeigte sich, daß die Chinesen nur allzu bereit waren, wieder mit den deutschen Kaufleuten zusammenzuarbeiten, teilweise wurden auch die früheren Beschlagnahmungen rückgängig gemacht. Der Vertrag mit China vom Mai 1921 brachte zwar die endgültige Aufhebung der deutschen Konsulargerichtsbarkeit und den Verzicht auf die Rechte aus dem Vertrag von Kiautschou mit sich, doch wurde jede weitere Liquidation durch China eingestellt und die Erstattung der bisherigen Erträge aus den Versteigerungen zugesagt. Ausgeschlossen von dieser für die deutschen Geschäftsleute unerwartet günstigen Regelung waren nur die »Deutsch-Asiatische Bank« und die Bergwerke in Shantung. Der Verlust für die »Deutsch-Asiatische Bank« wird durch die folgenden Zahlen besonders deutlich: 1914 betrugen die Reserven bei einem Kapital von 7,5 Millionen 2,05 Millionen Taels, die Einlagen 34,8 Millionen, während die entsprechenden Zahlen 1928 für das Kapital 4,5, für die Reserven 1,35 und für die Einlagen 19,5 Millionen Taels betrugen[3]. Die Regelung dieser beiden offenen Fragen wurde erst 1924 mit einem Abkommen erzielt, in dem sich China verpflichtete, der »Deutsch-Asiatischen Bank« ihre Gebäude in Peking und Hankow lastenfrei zurückzugeben, und ihr als Entschädigung für die verkauften Gebäude Eisenbahnobligationen überschrieb[4].

Damit war die Voraussetzung für einen neuen Anfang gegeben, und die deutschen Firmen konnten damit beginnen, ihre Niederlassungen in China und der Mandschurei wieder aufzubauen, wobei sie ihre Tätigkeit über die bereits früher bearbeiteten Gebiete ausdehnten und auch in den Grenzgebieten zur Mongolei und Tibet Filialen errichteten. Als ausgesprochen günstig erwies es sich, daß die Freundschaft der Lieferanten wie der Kunden erhalten geblieben war, womit eine wesentliche Voraussetzung für die zunehmend ansteigenden Umsätze gegeben war. Praktisch zur gleichen Zeit nahmen auch die zahlreichen gewerblichen Betriebe ihre Tätigkeit in China wieder auf, in denen die im Lande gewonnenen Rohstoffe aufbereitet und verarbeitet wurden. Das betraf unter anderem Fabriken für die Verwertung von Hühnereiern, Wollwäschereien, Häkelfabriken, Ölmühlen und Getränkefabriken. Immer mehr neue Produkte konnten in die Liste der Waren aufgenommen werden, die von China aus in alle Welt exportiert wurden.

Besonders deutlich wird die Intensivierung der Tätigkeit der deutschen Geschäftsleute in China, wenn man berücksichtigt, daß 1920 nur noch neun deutsche Firmen in China tätig waren, während es 1927 bereits 307 waren. Die Zahl der im Lande wohnenden deutschen Staatsangehörigen stieg in der gleichen Zeit von 1013 auf 2719 an. Der deutsche Anteil am chinesischen Gesamthandel betrug 1926 rund 4 Prozent, stieg 1928 auf 4,6 und erreichte 1932 sogar 6,4 Prozent. Der absolut höchste Stand wurde 1937 mit einem Anteil von 15,31 Prozent bei der Einfuhr und 8,84 Prozent bei der Ausfuhr erreicht. Bei diesen Zahlenangaben handelt es sich um die Verschiffungen von und nach deutschen Häfen gemäß der Seezollstatistik[5]. Da ein beträchtlicher Teil der chinesischen Ausfuhren nach Deutschland über ausländische Transitländer führte, dürfte die deutsche Quote am Chinahandel in der Zeit vor dem Zweiten Weltkrieg tatsächlich noch um einiges höher gelegen haben.

Ein entscheidender Faktor für diese positive Entwicklung der Handelsbeziehungen war die chinesische Innenpolitik: Seit 1928 befand sich China durch die Ausdehnung der Herrschaft der Kuomintang auf dem Wege der Einigung, und eine unmittelbare Folge der Stabilisierung im Innern war der

Beginn des wirtschaftlichen Aufbaus durch die Nationalregierung. Der Schwerpunkt lag dabei auf dem Verkehrswesen, das sich für eine internationale Zusammenarbeit sehr gut eignete. Die deutschen Firmen befanden sich außerdem in einer vorteilhaften Situation, weil sie von der Nationalregierung nicht zuletzt wegen der guten politischen Beziehungen bevorzugt wurden. Diese wiederum beruhten auf der Anerkennung der Regierung Chiang Kai-sheks durch das Deutsche Reich und der Tätigkeit der deutschen Offiziere unter Chiang Kai-shek. Bedingt dadurch stand Deutschland am Ende der zwanziger und in den dreißiger Jahren stets an vierter Stelle nach den USA, Japan und Großbritannien unter den Handelspartnern Chinas und konnte in den Jahren 1935 und 1936 sogar Großbritannien überrunden. Dieses Ergebnis wurde erreicht, obwohl ein wichtiger Bereich der Wirtschaftsbeziehungen – die Vergabe von Anleihen – ausgespart blieb, weil die Nationalregierung zwar die Einfuhr fremden Kapitals wünschte, aber eine dadurch entstehende Überfremdung der einheimischen Wirtschaft befürchtete und deshalb keine ausländische Finanzkontrolle akzeptierte, was für Deutschland eine Voraussetzung zur Vergabe von Anleihen war[6].

Auch für die deutsche Industrie war der chinesische Markt in den Jahren zwischen den beiden Weltkriegen von großem Interesse. Der Reichsverband der Deutschen Industrie entsandte 1930 eine Studiendelegation nach China, die in ihrem Bericht vorschlug, deutsches Kapital durch die Einrichtung von gemeinsamen deutsch-chinesischen Unternehmen in China zu investieren, womit die Verlustgefahr für die deutsche Beteiligung trotz der sich abzeichnenden Unstabilität in China verringert werde. Die Erkenntnisse dieser Delegation konnten aber durch die zunehmenden Unruhen in China nur teilweise ausgewertet werden, und nur in einem einzigen Fall – dem Bau einer Eisenbahn – kam es zu einer Partnerschaft zwischen der Kölner Firma Otto Wolff und der »Bank von China«, wobei die Bank einen Barkredit gewährte, während das deutsche Unternehmen Materiallieferungen in gleicher Höhe zusagte. Zur Finanzierung der benötigten Waren wurde unter der Führung der »Deutsch-Asiatischen Bank« ein Konsortium gegründet.

Insgesamt waren die deutschen Investitionen in China in den Nachkriegsjahren bis 1933 kein lohnendes Objekt, woran auch die innerchinesischen Verhältnisse schuld waren. Allmählich hatten sich innerhalb Chinas zwei Währungsgebiete herausgebildet, und Chiang Kai-shek nahm 1933 eine Währungsreform vor, wobei als Währungseinheit statt des Taels der Yüan eingeführt wurde. 1935 wurde dann die Silberwährung ganz aufgegeben. Als Folge der Unruhen war die Geldstabilität bald in keinem Teil Chinas mehr aufrechtzuerhalten, und die fortschreitende Inflation war eines der bestimmenden Kennzeichen der ökonomischen Entwicklung Chinas in den folgenden Jahren[7].

II.
Die Wirtschaftsbeziehungen bis zum Beginn des Zweiten Weltkrieges

Bereits im vorhergehenden Kapitel kam zum Ausdruck, wie eng in der deutschen Chinapolitik die wirtschaftlichen Interessen mit den politischen verflochten waren und welch große Rolle dabei Japan spielte. Wenn letztlich auch den politischen Interessen gegenüber den wirtschaftlichen der Vorzug gegeben, also Japan gegenüber China bevorzugt wurde, so vollzog sich diese Entwicklung doch sehr langsam. Zwar wurde 1933 durch die neue nationalsozialistische Regierung die Einfuhr von Sojabohnen – eines der wesentlichen Importgüter aus China – durch hohe Zölle beschränkt und im folgenden Jahr dafür sogar eine Sondergenehmigung erforderlich, um Devisen zu sparen[8]. Gleichzeitig hatte die nationalsozialistische Regierung aber ein echtes Interesse an der Entwicklung und Förderung der deutschen Rüstungsindustrie. China konnte dazu beitragen, wenn es die dringend benötigten Rohstoffe lieferte und andererseits Waffen und Munition in großen Mengen abnahm.

Dadurch war zumindest für die ersten Jahre der Beziehungen zum Dritten Reich eine Grundlage für den Handelsaustausch gegeben. Der Handelsaustausch wurde in den folgenden Jahren zunehmend intensiviert, und 1937 importierte Deutschland fast 70 Prozent seines gesamten Bedarfes an Wolframerz aus China. Außerdem wurden wichtige andere Erze wie Antimon und Zinn in großen Mengen importiert, so daß China im selben Jahr 22,5 Prozent seiner gesamten Metallausfuhr nach Deutschland exportieren konnte. Durch eine weitere Steigerung der deutschen Waffen- und Materiallieferungen sowie der deutschen Kapitalinvestitionen wurde in den folgenden Jahren der Importüberschuß aus den zwanziger Jahren abgebaut, bis schließlich ein Exportüberschuß entstand, der 1937 immerhin 75,1 Millionen Reichsmark betrug, während der Wert der deutschen Kapitalanlagen in China mit 200 bis 400 Millionen Reichsmark angegeben wird[9]. Neben den Waffenlieferungen waren die schon als »traditionell« zu bezeichnenden Exportwaren nach China Maschinen, Metalle, Chemikalien sowie pharmazeutische Präparate.

Die beträchtliche Steigerung der Waffenlieferungen nach China nach 1933 war für die deutsche Schwerindustrie insofern von Bedeutung, da sie ihren großen Markt in der Sowjetunion, der auf dem Vertrag von Rapallo beruhte, nach der Verschlechterung der Beziehungen zur UdSSR verloren hatte. Da Marschall Chiang Kai-shek seine Streitkräfte und die dafür erforderliche Industrie in Zusammenarbeit mit den deutschen Beratern aufbaute, trug deren Tätigkeit wesentlich zur Intensivierung der Handelsbeziehungen bei, die für beide Seiten zufriedenstellend verliefen. Die Finanzierung der Waffenlieferungen erfolgte hauptsächlich durch Garantien der Regierungen in Berlin und Nanking, wobei die »Handelsgesellschaft für industrielle Produkte GmbH, HAPRO«, eine besondere Rolle spielte. Auch der Bau chinesischer Eisenbahnlinien, die Erstellung von Waffenarsenalen, die Errichtung des Wolframwerks in Kiangsi und des Stahlwerks in Chuchow wurden auf die gleiche Weise finanziert.

Die HAPRO selbst war eine vom Reichsministerium kontrollierte und von den großen Rüstungsindustriellen unterstützte Gesellschaft, deren Hauptaufgabe darin bestand, im Austausch gegen chinesische Produkte Kriegsmaterial nach China zu exportieren. Die formale Grundlage für ihre Tätigkeit bildeten ein Handelsabkommen vom 23. August 1934 und ein Kreditabkommen vom 8. April 1936. Im Oktober 1937 wurde die HAPRO der Dienststelle des Beauftragten für den Vierjahresplan, Hermann Göring, unterstellt[10]. Mit dem Verbot weiterer Waffenlieferungen und dem Abzug der Militärberater aus China im Jahr 1938 wurde dem deutsch-chinesischen Handel die Grundlage der regierungsamtlichen Aufträge entzogen, was einen Rückgang des Handelsaustausches in bestimmten Bereichen zur Folge hatte, ohne jedoch die Aktivitäten der deutschen Firmen auf privater Ebene wesentlich zu mindern.

Seefahrt und Luftverkehr mit China

Ein ganz anderes Projekt, das ebenfalls auf der Grundlage gemeinsamer Investitionen zustande kam, lag auf dem Gebiet des Luftverkehrs. Bereits im Juli 1926 war durch eine von der Deutschen Lufthansa nach Peking entsandte Delegation die Grundlage für das Luftfahrtunternehmen »Eurasia« geschaffen worden. Die Gesellschaft selbst konnte allerdings erst im Frühjahr 1931 ins Leben gerufen werden. An ihr waren die Deutsche Lufthansa mit einem Drittel und das chinesische Verkehrsministerium mit zwei Dritteln beteiligt. Ursprünglich sollte durch Zusammenarbeit mit der russischen Luftfahrtgesellschaft »WOGWF« und der »Deru-Luft« eine transkontinentale Verbindung geschaffen werden, doch scheiterte dieser Plan an der Verschlechterung des Verhältnisses zwischen China und der Sowjetunion sowie am chinesisch-japanischen Zwischenfall in der Mandschurei im Jahr 1931. Dadurch konnten die Flugzeuge der »Eurasia« nur innerhalb der chinesischen Grenzen verkehren, hier aber immerhin einen Flugverkehr auf der Strecke Shanghai–Nanking–Tsinan–Peking–Manchouli einrichten – eine Strecke von etwa 3000 km. Die Gesellschaft hatte eigene Lang- und Kurzwellenstationen in den wichtigsten chinesischen Städten aufgebaut, was für die wirtschaftliche Erschließung und die politische Konsolidierung Chinas von besonderer Bedeutung war. Aus politischen Gründen mußte die »Eurasia« ihren Betrieb jedoch bald wieder einstellen[11].

In der Zeit zwischen den beiden Weltkriegen erlebte die deutsche Ostasienschiffahrt eine neue Blüte. Zwar konnten wegen der kriegsbedingten Tonnageverluste, der Reparationslieferungen und des nur langsamen Ingangkommens des deutschen Handels mit dem Fernen Osten deutsche Schiffe in ostasiatischen Gewässern erst seit 1921 wieder regelmäßig verkehren, doch setzte schon sehr bald ein geregelter Schiffahrtsverkehr zwischen Deutschland und Ostasien ein. Er wurde im wesentlichen von den Schiffahrtsgesellschaften »HAPAG« und dem »Norddeutschen Lloyd« getragen, die seit 1922 ihre ersten Nachkriegsbauten auf der Ostasien-Linie einsetzten. Von 1924 an konnten die Schiffe der beiden Gesellschaften auf der Grundlage von Vereinbarungen auf freundschaftlicher Basis auf einer Haupt- und einer Nebenlinie verkehren, die auch kleinere Häfen anliefen. 1935 erfolgte dann eine Neuregelung des Ostasien-Verkehrs durch die Einrichtung des »Ostasien-Schnelldienstes«, bei dem der »Lloyd« in Wiederanknüpfung an die 50 Jahre vorher gegründete Tradition des Reichspostdampfer-Passagierverkehrs den Fahrgastdienst nach Ostasien mit den großen Neubauten »Gneisenau«, »Scharnhorst« und »Potsdam« mit je 18 000 Bruttoregistertonnen aufnahm. Außerdem hatte die »Hamburg-Amerika-Linie«, in die die frühere »Stinnes-Reederei« und die »Deutsch-Australische Dampfschiffahrtsgesellschaft« übergegangen waren, vor Ausbruch des Zweiten Weltkrieges im Jahr 1939 insgesamt 25 Schiffe mit einer Gesamttonnage von 178 000 Bruttoregistertonnen auf der Ostasien-Linie laufen. Die Fahrten nach Ostasien standen in bezug auf das Frachtaufkommen in der Tätigkeitsbilanz der »HAPAG« an der ersten Stelle, ähnliches gilt auch für den »Lloyd«, der noch eine Zweitlinie von Hongkong nach Neu-Guinea unterhielt. Schließlich beschäftigte die Reederei »Rickmers« 1939 sieben Schiffe mit monatlichen Abfahrten im Liniendienst nach Ostasien. Anders dagegen verhielt es sich mit der Küstenfahrt in den ost- und auch südostasiatischen Gewässern, die von den Großreedereien nicht wiederaufgenommen wurde. Zwar hatte die »China-Reederei AG« bereits seit 1920 versucht, auf diesem Gebiet wieder Fuß zu fassen, doch mußte sie nach wenig erfolgreichen Jahren 1937 diesen Dienst endgültig einstellen. Insgesamt hatte sich der Linienverkehr von deutschen Häfen nach Ostasien in den dreißiger Jahren wieder verstärkt und kam durchaus an den Stand der Jahre vor dem Ersten Weltkrieg heran. Im Linienverkehr nach Ostasien gab es in den letzten Jahren vor 1939 jährlich etwa 200 Abfahrten, wovon auf Schiffe unter deutscher Flagge etwa 90 entfielen[12].

Mit dem Ausbruch des Zweiten Weltkrieges wurden die Seewege zunehmend unsicher und der Schiffsraum zudem für andere Zwecke benötigt, so daß die traditionelle Schiffahrtsverbindung zwischen Deutschland und Ostasien bald endgültig unterbrochen wurde.

III.
Die Wirtschaftsbeziehungen während des Zweiten Weltkrieges

Beim Ausbruch des Zweiten Weltkrieges hatte der deutsche Ostasienhandel trotz der Rückschläge, die durch den Ersten Weltkrieg bedingt waren, wieder eine hervorragende Position erreicht. In einigen asiatischen Staaten war der Stand von 1914 sogar noch überschritten worden, zu ihnen gehörte auch China.

Ein Anzeichen für den florierenden Handel ist der Umstand, daß 1939 in China und der von Japan besetzten Mandschurei mehr als 4000 Deutsche lebten, davon wohnten allein in Shanghai 2000. Die deutschen China-Firmen hatten in mühevoller Arbeit ihre Grundlagen erweitert, und ihr Geschäftsumfang war wesentlich angestiegen. Die Firma Carlowitz & Co. beschäftigte beispielsweise 200 deutsche Angestellte und mehr als 1000 Chinesen und Japaner in insgesamt 14 Niederlassungen. Andere Firmen wie Reuter oder Pöckelmann & Co. waren in sieben Städten vertreten, die Firma Kunst & Albers besaß 12 Filialen, die Firma Melchers & Co. beschäftigte neben 100 europäischen etwa 1000 chinesische Angestellte und mehrere tausend chinesische Arbeiter. Neben den Kaufleuten, die nach wie vor eine dominierende Rolle unter den China-Deutschen spielten, waren auch viele Ingenieure und Techniker, Anwälte, Missionare, Wissenschaftler, Architekten, Lehrer und Angehörige anderer Berufe in China tätig[13].

Entscheidend für das weitere Schicksal der deutschen Firmen in Ostasien wurde in den Jahren nach 1939 das japanische Vordringen in China. In jenen Gebieten, in denen der japanische Einfluß schon 1939 vorherrschte – wie in der Mandschurei und im größten Teil Nordchinas –, erging es den deutschen Firmen bis 1945 vergleichsweise gut, wenngleich die Geschäftsmöglichkeiten durch die Einengungen des Marktes immer weiter abnahmen. Eine Reihe von deutschen Firmen ging in dieser Zeit dazu über, ihre Tätigkeit auf den industriellen Sektor zu verlagern und Fertigwaren herzustellen. Darüber hinaus hielten sich die einzelnen Firmen genauso wie ein Vierteljahrhundert zuvor vom Erlös der großen Warenlager über Wasser. Vom September 1939 bis Juni 1941 stand außerdem der Landweg durch die Sowjetunion offen, auf dem in beiden Richtungen eine erhebliche Menge an Waren transportiert werden konnte und auch eine Reihe von Ostasien-Deutschen zurückkehrten[14].

Wendepunkt des Krieges wie auch für das Schicksal der Deutschen in

China wurde das Jahr 1941, als sowohl der Krieg Deutschlands gegen die Sowjetunion wie der Japans gegen die USA begann. Mit dem Ausbruch des Krieges gegen die Sowjetunion wurde die Landverbindung zwischen Deutschland und China unterbrochen. Der japanische Angriff auf Pearl Harbor im Dezember 1941 leitete tiefgreifende Umwälzungen im ostasiatischen Raum ein, wovon für die deutsch-chinesischen Beziehungen die Kriegserklärung Chinas an Deutschland am 9. Dezember desselben Jahres am gravierendsten war. Unmittelbar danach besetzten die Japaner die ausländischen Niederlassungen in China, und auch die internationale Niederlassung in Shanghai verlor am 1. August 1943 ihren Status als »separates Verwaltungsgebiet«[15]. Während die Deutschen in vielen anderen Staaten Asiens interniert wurden, erging es ihnen unter der Herrschaft der verbündeten Japaner relativ gut, obwohl der Handelsumfang ihrer Firmen, bedingt durch die fehlenden Verbindungen mit Deutschland, stetig abnahm und der deutsche Anteil am chinesischen Außenhandel von 21,4 Prozent im Jahr 1936 auf 0,14 Prozent im Jahr 1947 absank[16]. Mit der Kapitulation Japans im August 1945 fand der Zweite Weltkrieg auch in Asien seinen Abschluß, gleichzeitig wurde damit für die deutschen Handelsbeziehungen ein neues Kapitel aufgeschlagen. Während in der Mandschurei die sowjetischen Truppen vorrückten, in Harbin, Dairen und Mukden das deutsche Eigentum konfisziert wurde und die dort lebenden Deutschen nach Sibirien und Turkestan in Gefangenschaft kamen, landeten amerikanische Truppen in den chinesischen Küstenstädten. Gleichzeitig dehnte die chinesische Nationalregierung unter Chiang Kai-shek ihre Herrschaft über das ganze Land aus. Davon ausgenommen blieb nur das Einflußgebiet der chinesischen Kommunisten in Zentralchina. Die chinesische Regierung liquidierte jetzt die deutschen Firmen, nahm deren Immobilien in Besitz und beschlagnahmte alle Guthaben. Ein großer Teil der Deutschen wurde von den Amerikanern bereits damals in ihre Heimat abgeschoben, und die einst wirtschaftlich bedeutende und angesehene deutsche Kolonie in Shanghai schrumpfte auf 250 Haushalte mit etwa 700 Angehörigen. Die Kontrolle und die Verwaltung der damals noch in China ansässigen Deutschen übernahmen »Kommissionen für deutsche Angelegenheiten«, die in Shanghai und Tientsin errichtet wurden[17].

Erst 1948 konnte die Deutsche Gemeinde wieder aktiv werden. Ihr Präsident H. W. Breuer arbeitete mit der zuständigen Sonderkommission verhältnismäßig gut zusammen. Auf dieser Grundlage entwickelte sich das Zusammenleben zwischen Chinesen und Deutschen in relativ ruhigen Bahnen, und sogar die Schule in Shanghai konnte ihren Unterricht wiederaufnehmen. Noch Anfang 1949 erhielt die Deutsche Gemeinde von der Regierung Chiang Kai-sheks einen Schutzbrief, da sie nach der Auflösung der deutschen Konsulate keinen rechtlichen Status mehr besaß[18]. Bald sollte die Entwicklung im innerchinesischen Machtkampf jedoch der deutschen Tätigkeit in China von neuem die Grundlage entziehen – und diesmal gründlicher denn je zuvor. Die Erfolge der kommunistischen Bewegung machten zunehmende Fortschritte, bereits am 31. Januar 1949 hatte Peking kapituliert, und am 1. Oktober wurde die »Volksrepublik China« proklamiert. Als eine der ersten Aktionen der neuen Regierung wurde der gesamte ausländische Besitz zum »Volkseigentum« erklärt, sämtliche ausländischen Niederlassungen aufgelöst und ihr Eigentum konfisziert. Auch vor den Kirchen machten die Enteignungsaktionen nicht halt. Die deutsche Kirche in Tsingtao wurde für »volkseigen« erklärt, während die Kirche in Shanghai 1951 beschlagnahmt wurde[19].

Damit war vorerst der Schlußstrich unter eine lange und erfolgreiche Geschichte deutsch-chinesischer Wirtschaftsbeziehungen gezogen – eine Geschichte, die letztlich von der Aktivität der deutschen Geschäftsleute mehr geprägt war als von den staatlichen Initiativen. Die Fortsetzung von Handelsbeziehungen ließ zwar nicht sehr lange auf sich warten, sie erfolgte aber auf einer gänzlich anderen Ebene – ohne jene direkten Kontakte durch deutsche Geschäftsleute in China, wie sie in den Jahrzehnten zuvor bestanden und wodurch diese Beziehungen wesentlich geprägt worden waren. Das Zeitalter der Wirtschafts-Pioniere war in China endgültig vorbei.

KAPITEL III

Die kulturellen Beziehungen von 1914 bis 1949

Die die anderen Bereiche der deutsch-chinesischen Beziehungen wurden auch die kulturellen Kontakte zwischen beiden Staaten nach dem Ersten Weltkrieg auf eine neue Ebene gestellt. Die nach dem verlorenen Krieg veränderte Machtposition Deutschlands im Fernen Osten lenkte den Schwerpunkt der deutschen Aktivität in China auf den wirtschaftlichen und den kulturellen Bereich. Der Wiederaufbau der deutschen Kulturarbeit erwies sich jedoch als sehr schwierig, da fast alle Aufbauarbeit vor dem Ersten Weltkrieg in den Kriegsjahren zunichte gemacht worden war.

Im wesentlichen spielten sich die kulturellen Beziehungen zwischen den beiden Staaten in diesen Jahren auf zwei Ebenen ab – zum einen handelte es sich um die praktischen Auswirkungen der Tätigkeit Deutscher und der Deutschen Gemeinden in China selbst, zum anderen um die Hilfe, die Deutschland dem chinesischen Schulwesen zukommen ließ.

I.
Die Deutschen in China

Das Leben in den ehemals deutschen Gemeinden, vor allem in Shanghai, war bereits in den ersten Nachkriegsjahren wieder erwacht. Rund die Hälfte aller China-Deutschen lebte damals in Shanghai, nach einer Schätzung aus dem Jahr 1932 waren es damals 1500 Deutsche, während in Tientsin 500, in Tsingtao 250, in Hankow 200, in Peking und Harbin je 150 lebten. In Kanton, Tsinanfu und Mukden waren es jeweils 100 bis 120[1]. Die Deutsche Gemeinde in Shanghai umfaßte alle Deutschen, die gleichzeitig auch Mitglieder des Deutschen Clubs (auch Stadtclub genannt) waren, daneben gab es den Deutschen Gartenclub in der französischen Niederlassung, der dem Sport und der Erholung diente. Die 1925 neu erbauten Räume des Deutschen Clubs waren gleichzeitig allgemeiner Treffpunkt wie auch der Ort, an dem Feste und offizielle Empfänge abgehalten wurden. Außerdem gab es einen deutschen Hockeyclub, einen Tennisclub und einen Theaterverein, der 1925 ebenfalls neu gegründet worden war. Zu seinem Repertoire gehörten Lust- und Singspiele ebenso wie Klassikeraufführungen. Bis 1939 wurden nicht weniger als 60 verschiedene Stücke aufgeführt.

Zum Mittelpunkt der deutschen Kolonie wurde bald das im Mai 1929 erbaute neue Haus der Deutschen Gemeinde, in dessen Nähe sich auch die moderne neue deutsche Schule und später die neue Kirche befanden. Die große Aula war der Begegnungsort für kulturelle oder nationale Veranstaltungen und für Kontakte mit durchreisenden Gästen, hier wurden Wissenschaftler, Forscher, Schriftsteller, Politiker, Weltreisende und Sportler begrüßt. Die Vorträge der im Dezember 1930 gegründeten Zweigstelle der Gesellschaft für Natur- und Völkerkunde Ostasiens (OAG) in Shanghai fanden ebenfalls in diesem Gebäude statt. Schließlich war in Shanghai auch die »Vereinigung der Freunde des China-Institutes in Frankfurt am Main« vertreten. Die »Deutsche Hilfe« der Deutschen Gemeinde Shanghai hatte die Aufgabe übernommen, hilfsbedürftige Landsleute zu betreuen. Das Büro konnte sich über mangelnde Arbeit nicht beklagen, als mit dem Vorrücken der Japaner immer mehr Europäer in Shanghai Zuflucht suchten.

In Peking hatte Helmut Wilhelm, der Sohn des Sinologen Richard Wilhelm, in Zusammenarbeit mit Chinesen 1931 das »Deutschland-Institut« gegründet. Deutsche Gemeinden bestanden ferner in Peking, Hankow, Tientsin, Kanton, Harbin und Mukden. Chinesen hatten zwar jederzeit zu den deutschen Clubs Zugang, ob als Mitglieder oder als Gäste, doch bestand ein persönlicher Kontakt fast nur mit der chinesischen Kaufmannschaft, während zur chinesischen Intelligenz, die stark von der angelsächsischen Kultur beeinflußt war, meist nur die nicht sehr zahlreichen deutschen Wissenschaftler in China Beziehungen hatten.

1923 wurde der »Chinesische Verband deutscher Ingenieure« vom damaligen Chef der »Siemens China Co.«, Dr. Brücher, gegründet, der vor allem seit der Konstituierung der Nanking-Regierung unter Chiang Kaishek seine Tätigkeit beachtlich ausweiten konnte. Diese hatte ein besonderes Interesse für die moderne Technologie, was sich auch in der Errichtung privater, staatlicher und kommunaler Einrichtungen manifestierte. Durch ihre Mitwirkung an fast allen diesen Vorhaben erlangten die deutschen Ingenieure auch einen relativ großen Einfluß auf die chinesische Wirtschaftsgesetzgebung. In der Mandschurei entstanden – vor allem in den Kohlenbergwerken Fu-Shun und Anshan – deutsche Ingenieur- und Facharbeiterkolonien. Auch die Ärzte schlossen sich zu einer »Deutschen Ärztevereinigung« zusammen, die ihren Sitz in Shanghai hatte und der zeitweilig bis zu 30 Ärzte angehörten. In Shanghai sorgte auch das bereits 1921 wiedereröffnete Generalkonsulat für den Zusammenhalt der Deutschen untereinander, das eine gastfreundliche Repräsentanz des Deutschen Reiches darstellte[2].

Geistiger Mittelpunkt der Deutschen Gemeinde waren jedoch die evangelische Kirche und das Pfarramt, das 1920 mit einem Pastor wiederbesetzt werden konnte. Im Oktober 1932 wurde dann eine aus dunkelroten und schieferblauen Klinkern gebaute neue evangelische Kirche auf dem Grundstück der Deutschen Gemeinde errichtet und mit Glocken und einer Orgel aus Deutschland eingeweiht. Sie wird in der Festschrift des Deutsch-Ostasiatischen Vereins als »der schönste Kirchenbau im Fernen Osten« gelobt. Die Kirche wurde auch anderen ausländischen Kirchengemeinden zur Verfügung gestellt. Shanghai war das Zentrum der deutschen Missionare in China. Von dort wurden auch Andachten in deutscher Sprache über den chinesischen Rundfunk ausgestrahlt. Die katholische Universität in Peking, die von Patres gegründet worden war, wurde 1933 von der Steyler-Mission (SVD) übernommen, deren Tätigkeit sich bald über einen großen Teil Nordchinas erstreckte[3].

Der Ausgang des Zweiten Weltkrieges traf das Deutschtum in China an der Wurzel. Die beachtliche Rolle der deutschen Gemeinden in den Zentren der ostasiatischen Staaten gehörte nun der Vergangenheit an. Damit verschwanden auch die deutschen Zeitungen und alle anderen Druckerzeugnisse, die früher zum Zusammenhalt der Deutschen im Ausland beigetragen hatten. Die erste deutsche Zeitung war im Jahr 1861 in Japan entstanden, ihr folgte 1866 in Hongkong eine erste periodische Schrift mit dem Titel *Omnibus, Blätter für Ernst und Scherz*. In der Folgezeit führten die deutschen Publikationen ein intensives, wenn auch recht wechselvolles Dasein zwischen Neuerscheinung und Einstellung. 1915 wurde dann zur Abwehr einseitiger antideutscher Berichte aus der britischen Kronkolonie Hongkong in Shanghai eine Zeitung in englischer Sprache, *The War*, herausgegeben. Mit dem Eintritt Chinas in den Ersten Weltkrieg mußten sämtliche deutschen Organe ihr Erscheinen einstellen[4].

Erst 1925 konnte wieder der Versuch unternommen werden, eine deutsche Zeitung, *Die Brücke*, zu gründen, die bis 1933 existierte. Außerdem wurde die Publikation des *Ostasiatischen Lloyd* wiederaufgenommen, der 1886 in Shanghai gegründet worden war und als Organ aller Deutschen in China, Japan, Korea, Sibirien, Formosa und Südostasien mehr als 30 Jahre lang bestand. Ein wesentlich kürzeres Leben war dem *China-Dienst* von Theo Eckardt beschieden, der ebenfalls in Shanghai in den Jahren 1932 bis 1935 erschien. Ähnlich erging es der im selben Jahr gegründeten *Deutschen Shanghai Zeitung* des ehemaligen Militärberaters und Hauptmanns a. D. Simon Eberhardt, die sich auch nur für kurze Zeit als lebensfähig erwies.

Die Gründung der *Deutsch-Mandschurischen Nachrichten* im Jahr 1929 in Harbin ist ein weiteres Zeichen für die Aktivität der Deutschen, die offensichtlich den Ehrgeiz hatten, in jeder größeren Gemeinde eine eigene Zeitung herauszubringen. Die Besetzung der Mandschurei durch die Japaner und die Unruhen im Lande veranlaßten die Herausgeber der *Deutsch-Mandschurischen Nachrichten* 1930, nach Tientsin auszuweichen, wo das Blatt in *Deutsch-Chinesische Nachrichten* umbenannt wurde. Das Zentrum der deutschen Zeitungen war jedoch Shanghai, wo 1936 ein ebenfalls

Deutsche Shanghai Zeitung genanntes Blatt erschien, das an die Tradition des *Ostasiatischen Lloyd* anknüpfte und auch bald seinen Namen übernahm. Allerdings lag der Tenor der Berichterstattung dieser Zeitung im Gegensatz zu anderen auf der Linie der »offiziellen« Zeitungen in Deutschland, stellte also mehr als die anderen eine Propagandazeitung für die nationalsozialistische Regierung in Berlin dar.

Die Zeitschrift der Ostasien-Deutschen und des Fernosthandels in Deutschland war die 1919 gegründete *Ostasiatische Rundschau*, die regelmäßig über die Entwicklung der deutsch-chinesischen Handels- und sonstigen Beziehungen berichtete. Sie wurde ursprünglich vom »Ostasiatischen Verein Hamburg-Bremen«, dem »Verband für den Fernen Osten« (Berlin) und dem »China-Institut« (Frankfurt) herausgegeben. Ihre Tradition wird nach dem Zweiten Weltkrieg durch die *Übersee-Rundschau* fortgesetzt. Darüber hinaus hielt sich die China-Literatur beziehungsweise die Literatur über das Deutschtum in Ostasien in relativ engen Grenzen, zumal nur wenige der in Ostasien lebenden Deutschen ihre Memoiren publizierten[5].

II.
Die deutschen Schulen in China

Nach dem Ersten Weltkrieg wurden auch die deutschen Schulen in China wieder geöffnet, von denen vor allem die in Shanghai, Peking, Tientsin, Hankow, Tsingtao, Tsinanfu, Mukden und Harbin erwähnenswert sind. Die Zahl der Schüler schwankte in den einzelnen Schulen sehr stark. So hatte beispielsweise die Schule in Tientsin in den Jahren 1929/30 82 Schüler, die in Tsinanfu im selben Jahr nur 13. Das Schulgebäude in Shanghai war von den Chinesen beschlagnahmt, 1922 jedoch wieder zurückgegeben worden. Im Frühjahr 1924 wurden bereits 100 Schüler, darunter eine Anzahl ausländischer, unterrichtet. Sie hieß »Kaiser-Wilhelm-Schule«, entsprach etwa dem Niveau einer Realschule und war als »Höhere Deutsche Schule im Ausland« anerkannt worden. Im Jahr 1928 wurde das alte Schulhaus durch ein modernes Gebäude ersetzt, das im Mai 1929 in Betrieb genommen werden konnte. Ab 1932 erhielt die Schule einen Zuschuß von der Stadtverwaltung, und im selben Jahr wurde an der Schule erstmals die Reifeprüfung abgenommen. Die stetig steigende Schülerzahl erreichte 1935 mit 265 Kindern einen Höchststand. Eine besondere Eigenart aller Schulen in China, die den Lehrbetrieb nicht eben vereinfachte, lag in dem Umstand, daß sich die Schulen ihr Lehrmaterial größtenteils in eigener Regie beschaffen mußten.

Eine hervorragende Rolle unter den deutschen Schulen – insbesondere in ihrer Bedeutung für das chinesische Bildungswesen und den deutschen Einfluß darauf – nahm die Tung Chi-Universität in Shanghai ein, deren Entwicklung und Tätigkeit im folgenden kurz dargestellt werden soll.

Die Tung Chi-Universität in Shanghai/Wusung

Die Tung Chi-Universität in Shanghai, deren technische Abteilungen und Werkstätten der angegliederten Werkmeisterschule sich in Wusung befanden, geht auf die 1907 ins Leben gerufene deutsch-chinesische Medizinschule zurück. Ihr Ausbau zu einer Universität ist ein Ergebnis der Ausweitung des deutschen Einflusses in China. Die Bemühungen darum wurden durch Spenden der deutschen Industrie-, Handels- und Bankwelt finanziell und materiell unterstützt, so daß der Bau der Schule größtenteils aus privaten Mitteln erfolgen konnte. Die Schule selbst bestand aus einer Unterstufe, die Absolventen der chinesischen Mittelschulen ab dem 14. Lebensjahr aufnahm, sowie einer Oberstufe, die aus einem Vorklinikum und einem Klinikum bestand. Entsprechend dem chinesischen Wunsch nach einer möglichst abgerundeten Ausbildung wurde der Vorschule 1912 eine vierte und 1917 eine fünfte Klasse angefügt, womit die Voraussetzungen für eine Ausbildung nach europäischem Muster gegeben waren. Obwohl ausschließlich deutsche Lehrkräfte an der Schule tätig waren, die den Unterricht in deutscher Sprache erteilten, unterstanden die Lehrkräfte den chinesischen Behörden.

1912 wurde die Angliederung einer Ingenieurschule beschlossen, deren Einrichtung wiederum von der deutschen Industrie finanziert wurde. Außerdem wurde in den Jahren 1915/16 die Bestimmung über die Abschaffung des Praktikumjahres und die Erlangung des Doktortitels in die Satzung aufgenommen, wodurch das Prädikat eines »approbierten Arztes« abgeschafft wurde. Insgesamt bestanden 1912 nur drei Schüler die Approbationsprüfung, die Zahl erhöhte sich jedoch 1917 auf 18 und 1918 auf 21 Absolventen[6].

Im Jahr 1914 mußten zwar nahezu sämtliche Lehrer und Angestellten der Schulen zum Waffendienst nach Tsingtao, wodurch der Lehrbetrieb erheblich eingeschränkt werden mußte, aber die Lücken konnten teilweise durch die Lehrkräfte der deutsch-chinesischen Hochschule Tsingtao, die wegen des japanischen Angriffes ihren Betrieb einstellen mußte, geschlossen werden. 1916 wurde dann noch eine Werkmeisterschule gegründet, die der Ingenieurschule angegliedert war und deren Aufgabe darin bestand, technisches Unterrichtspersonal auszubilden und künftigen Besitzern kleiner oder mittlerer Betriebe die nötigen theoretischen und praktischen Kenntnisse zu vermitteln. Damit hatte diese Schule ihre endgültige Form gefunden. Ihre Bedeutung wird anhand der Schülerzahlen von 1916 erkennbar: An der Ingenieurschule studierten 110, an der Medizinschule 200, an der Vorschule 170 und an der Werkmeisterschule 70 Schüler[7].

Mit der Kriegserklärung Chinas an Deutschland im Jahr 1917 wurde die vielversprechende Entwicklung unterbrochen, da die von französischen Konzessionen abhängige Vorschule, Ingenieurschule und Vorklinik von der französischen Polizei gezwungen wurden, ihre Tätigkeiten einzustellen, weil sie als »Reichsinstitute« galten[8]. Dabei hatten die französischen Behörden aber nicht mit der Haltung der chinesischen Schüler gerechnet, die zwar den Anordnungen Folge leisten und die Schulen verlassen mußten, es jedoch ablehnten, sich in den von Frankreich bereitgestellten Hotels aufzuhalten, während die chinesische Presse das französische Vorgehen offen kritisierte. Die Forderungen nach Rückgabe der deutschen Schulen blieben zwar vergeblich, es wurde aber insofern ein Ausweg gefunden, als die chinesischen Behörden den deutschen Schulen die Rechts- und Handelsschule in Wusung – eine halbe Eisenbahnstunde von Shanghai entfernt – zur

Benutzung zur Verfügung stellten und der chinesische Marineminister ein Obergeschoß der sich in unmittelbarer Nähe befindenden Seekadettenschule für die Studierenden der Ingenieurschule räumen ließ. Im Herbst 1920 wurde die Rechts- und Handelsschule wieder eröffnet, der Marineminister stellte als Gebäude nunmehr die gesamte Seekadettenschule zur Verfügung[9].

Diese Zusammenarbeit zwischen den chinesischen Behörden und den Deutschen in einer Zeit, in der offiziell Krieg zwischen beiden Staaten herrschte, ist ein Beispiel dafür, wie wirkungsvoll die deutsche Entwicklungshilfe sein konnte und wie normalerweise schwierige bürokratische Hindernisse überwunden werden können. Um nach außen hin keine Angriffspunkte zu bieten, wurde die Schulverwaltung in der Folgezeit reorganisiert und ihre Leitung von Chinesen übernommen. Frankreich gab zwar seine Bemühungen nicht auf und übte sowohl durch seine Presse als auch über die Diplomatie starken Druck aus, um die Schließung der Schulen zu erreichen, hatte damit aber keinen Erfolg. Die chinesische Regierung hatte bereits bei der Verkündung der Kriegserklärung im August 1917 bekanntgegeben, daß sie nicht bereit sei, die von den Entente-Mächten geforderte Verhaftung der deutschen Professoren vorzunehmen, da diese »ausgezeichnete Lehrer und Erzieher« seien, und, solange sie in den Schulen nicht versuchten, Haß gegen andere Völker zu propagieren, »keinen Grund« sehe, ihnen den Aufenthalt zu verbieten[10].

Durch den Vertrag von Versailles entstand eine neue Situation, da durch ihn in Artikel 134 verfügt wurde, daß die deutschen Schulanlagen auf französischem Gebiet auch künftig französischer Besitz bleiben sollten, womit eine grundsätzliche Entscheidung über die künftige Form der Weiterführung notwendig wurde. Zwar hatten in den Nachkriegsjahren weder Deutschland noch China die Mittel zur Verfügung, um für die Lehranstalten in Wusung neue Gebäude zu erstellen, doch zeigte sich auch in diesem Falle, daß die sachbezogene Zusammenarbeit zwischen Deutschland und China nicht ohne Erfolg blieb: Nachdem das Unterrichtsministerium in Peking und die Provinzialregierung in Kiangsu einen Betrag zur Errichtung einer neuen Schulanlage in Wusung zur Verfügung gestellt hatten, erging in Deutschland ein Aufruf an die Industrie, die notwendigen Mittel zur Verfügung zu stellen. Der Erfolg war beachtlich: Insgesamt 300 Firmen stellten materielle und finanzielle Hilfe in Höhe von 600 000 Goldmark zur Verfügung, womit die erforderlichen Mittel für den Bau der Schule erbracht waren.

Der Neubau wurde nach den Plänen des deutschen Architekten Oberlein erstellt und bestand aus einem neuen Schulgebäude mit Kliniken, Hörsälen und Werkstätten und konnte im Februar 1922 bezogen werden. Erst von diesem Zeitpunkt an erhielt die Schule offiziell den Namen »Tung Chi-Hochschule«. Am 26. März 1923 wurde der Schule, die längst über ihre ursprüngliche Bedeutung als Fachschule hinausgewachsen war, auf Anordnung des chinesischen Unterrichtsministeriums der Rang einer Staatsuniversität zuerkannt[11]. Die aufstrebende Entwicklung der Universität wurde jedoch bereits im Herbst 1926 durch die innerchinesischen Auseinandersetzungen bedroht, als der Machthaber der Provinz Kiangsu sich gegen die Kuomintang Chiang Kai-sheks stellte und die Kämpfe im Laufe des Jahres 1927 bis vor die Tore der Universität drangen. Durch die 1928 in Nanking erfolgte Gründung der Nationalregierung der Kuomintang entfiel die finanzielle Unterstützung der Provinz Kiangsu für die Universität. Hinzu kam der Nationalismus der neuen Regierung, die unter dem Slogan »China für die Chinesen« die vollständige Kontrolle der ausländischen Schulen und insbesondere der Tung Chi-Universität forderte[12]. Als unmittelbare Folge davon mußte das »Tung Chi-Komitee«, das die Universität verwaltete, seine Tätigkeit einstellen, gleichzeitig wurde der Direktor zum Rücktritt veranlaßt. Die teilweise chaotischen Zustände, die daraufhin ausbrachen und von radikalen Studenten ausgenützt wurden, konnten im August 1927 überwunden werden, als der Unterrichtsminister der Regierung in Nanking, Tsai Yüan-pei, der selbst in Deutschland studiert hatte und die deutschen Wissenschaften schätzte, die Zusage gab, für die weitere Finanzierung der Universität zu sorgen, und die Anweisung erteilte, den Unterrichtsbetrieb wiederaufzunehmen. Außerdem sollte auf die bisherige Organisation der Tung Chi-Universität »Rücksicht« genommen und sie als gleichberechtigt mit den übrigen Staatsuniversitäten angesehen werden. Trotz der politischen Unruhen in China wurde die Universität schrittweise weiter ausgebaut und 1929 drei weitere Gebäude für die chemische Materialprüfung und das elektrotechnische Laboratorium der technischen Fakultät erstellt. In der medizinischen Fakultät wurde außerdem ein physiologisches Institut für die »Akademia Sinica« – die chinesische Akademie der Wissenschaften – gegründet.

Das Jahr 1932 brachte erneut eine schwere Krise, als die Schule in die Feuerzone zwischen die angreifenden Japaner und die Verteidiger der Stadt geriet. Die beschädigten und zerstörten Gebäude konnten jedoch danach weitgehend wieder aufgebaut werden. Bald nahm die Tung Chi-Universität trotz aller Schwierigkeiten einen bedeutenden Platz unter den wenigen wissenschaftlichen Hochburgen Chinas ein und konnte sich durchaus auf eine Ebene mit vergleichbaren Hochschulen in Europa stellen. Am Aufbau und der Vervollkommnung der Universität wurde auch in der Folgezeit weitergearbeitet, bis nach dem Ausbruch des chinesisch-japanischen Krieges im Jahr 1937 eine Reihe von Rückschlägen eintraten, die mit der Eroberung Shanghais durch die Japaner endeten, wodurch auch die Arbeit der Universität weitgehend lahmgelegt wurde.

Die Tung Chi-Universität wurde in einem Zeitraum errichtet und ausgebaut, in dem das chinesische Staatssystem in allen seinen Bereichen, einschließlich der Wissenschaft und Kultur, einem völligen Wandel der überlieferten Vorstellungen und Verhältnisse unterworfen war. Gerade in dieser Zeit wurde eine Vielzahl von Fachleuten wie Mediziner und Ingenieure benötigt, die zumindest teilweise von der Tung Chi-Universität ausgebildet werden konnten. Die Mehrheit der Absolventen verteilte sich über alle Teile Chinas, sei es als Ärzte, Ingenieure oder auch als Lehrer an kleineren Anstalten.

Eine wesentliche Wirkung der Tung Chi-Universität ist neben der Einführung und Verbreitung der westlichen Medizin und Technik in China die damit verbundene Förderung der kulturellen und wissenschaftlichen Beziehungen zwischen Deutschland und China. Insofern ist der Aufbau und die Entwicklung der Tung Chi-Universität ein Beispiel dafür, daß eine gezielte Entwicklungshilfe für beide Seiten nutzbringend sein und mehr noch als politische Kontakte – die stets Schwankungen unterworfen sind – dazu beitragen kann, Fundamente für die Freundschaft zwischen den Völkern zu schaffen, die sich oft als beständiger erwiesen haben als jene, die auf der Grundlage von offiziellen Verträgen geschlossen wurden.

III.
Die chinesischen Studenten in Deutschland

Bereits in den siebziger Jahren des 19. Jahrhunderts studierten in Europa und auch in Deutschland chinesische Studenten. Da Deutschland als ein Land galt, in dem das Militärwesen hervorragend entwikkelt war und dessen Technik und Schiffsbau der Entwicklung in England, Rußland und anderen Mächten nicht nachstand, wurden bereits damals sieben Infanterieoffiziere unter der Leitung eines deutschen Hauptmanns mit dem chinesischen Namen »Li Li-she«, dessen deutscher Name nicht zu ermitteln war, zur Ausbildung nach Deutschland geschickt[13].

Erst nach dem Ersten Weltkrieg wurden jedoch chinesische Studenten in größerer Zahl zum Studium nach Deutschland entsandt. Ein großer Teil von ihnen reiste auf eigene Kosten. Sie konnten sich die Universität selbst aussuchen, was den Stipendiaten der Regierung nicht möglich war. Diejenigen, die auf eigene Kosten nach Europa kamen, gehörten den begüterten Schichten an, da die Reisekosten damals wie heute sehr hoch waren. Das Studium von Chinesen in Deutschland wurde durch den bereits erwähnten deutsch-chinesischen Vertrag von 1921 begünstigt, in dem Deutschland (in einem zusätzlichen Notenwechsel) zusagte, sich dafür einzusetzen, daß die chinesischen Studenten in die Hochschulen aufgenommen würden und an der praktischen Ausbildung teilnehmen könnten. Diese Vereinbarung ist im übrigen die erste vertragliche Vereinbarung zwischen China und Deutschland überhaupt, auf deren Grundlage chinesische Studenten unmittelbar und ohne besondere Schwierigkeiten nach Deutschland einreisen konnten.

Ein Grund für das relativ starke Ansteigen der chinesischen Studenten in Deutschland in den Jahren nach 1919 lag in dem für Ausländer ausgesprochen günstigen deutschen Wechselkurs während der Inflationszeit, was auch dadurch deutlich wurde, daß nach der wirtschaftlichen Stabilisierung eine relativ große Rückkehrbewegung chinesischer Studenten nach China einsetzte. Der Rückgang der chinesischen Studenten von 232 im Sommer-Halbjahr 1925 auf 153 im Winter-Halbjahr 1928/29 ist auf diese Wechselwirkung zurückzuführen.

Chinesische Studenten in Deutschland
1925–1933/34

Semesterjahr	männlich	weiblich	zusammen
S.S. 1925	227	5	232
S.S. 1926	208	6	214
W.S. 1926/27	188	5	193
W.S. 1927/28	165	9	174
S.S. 1928	160	7	167
W.S. 1928/29	146	7	153
W.S. 1929/30	164	11	175
W.S. 1930/31	201	14	215
W.S. 1931/32	183	16	199
W.S. 1932/33	191	13	204
S.S. 1933	172	15	187
W.S. 1933/34	202	17	219

Quelle: Die ausländischen Studierenden nach Semestern und Ländern. In: Deutsche Hochschulstatistik. Bd. 7, Sommersemester 1934, S. 72–73

Wie die Tabelle veranschaulicht, erhöhte sich die Zahl der Studenten seit 1928 relativ langsam, und erst im Winter-Halbjahr 1933/34 konnte die Zahl des Jahres 1926 übertroffen werden. Der Anteil der Studentinnen war stets äußerst gering und betrug 1925 lediglich fünf, während es 1933/34 immerhin schon 17 (von 219) waren[14].

Die Übersicht macht deutlich, daß Berlin von den chinesischen Studenten bevorzugt wurde, was sowohl für die Berliner Universität als auch die Technische Hochschule galt. Offensichtlich war die politische Bedeutung der Stadt für die Wahl vieler Studenten ausschlaggebend. Der starke Hochschulwechsel, wie er beispielsweise 1932/33 an der Frankfurter Universität erkennbar wird, zeigt die Neigung der chinesischen Studenten, nicht allzu lange an einer Universität zu bleiben.

Eine Untersuchung der von den chinesischen Studenten belegten Studienfächer ergibt, daß der Schwerpunkt auf den technischen Wissenschaften lag, was in der Rückständigkeit Chinas auf diesem Gebiet und dem Wunsch begründet lag, diese zu überwinden. Die Hauptstudienfächer waren das Maschineningenieurwesen, die Elektrotechnik und das Bauingenieurwesen. Den vierten Platz nahm die Medizin ein, wobei sich eine eindeutige Bevorzugung der allgemeinen Medizin gegenüber Spezialgebieten und der Zahnheilkunde ergibt. Unter den Naturwissenschaften war vor al-

Die an deutschen Universitäten und Hochschulen immatrikulierten chinesischen Studenten von 1928 bis 1933)*

	S.S. 1928	W.S. 1928/29	W.S. 1929/30	W.S. 1930/31	W.S. 1931/32	W.S. 1932/33
Uni Berlin	42	44	50	57	45	39
Uni Bonn	1	1	2	3	2	3
Uni Breslau	–	–	–	–	1	1
Uni Frankfurt	3	1	3	6	3	11
Uni Göttingen	2	3	7	5	11	11
Uni Greifswald	2	1	1	1	–	–
Uni Halle	14	1	1	1	1	1
Uni Kiel	2	4	2	4	–	1
Uni Köln	–	1	1	–	–	–
Uni Marburg	1	–	–	–	–	–
Uni Münster	–	–	–	–	–	2
Uni Erlangen	1	1	–	–	2	2
Uni München	4	6	6	13	11	4
Uni Würzburg	1	–	3	4	4	6
Uni Leipzig	9	6	5	6	3	3
Uni Tübingen	4	4	5	5	2	8
Uni Freiburg	1	1	1	5	7	4
Uni Heidelberg	2	–	2	2	2	4
Uni Jena	4	7	15	21	20	11
Uni Gießen	1	1	1	3	3	3
Uni Hamburg	1	2	6	4	8	5
Uni Rostock	3	3	2	2	1	4
TH Berlin	28	22	22	20	22	30
TH Hannover	12	12	11	6	5	3
TH Breslau	3	3	2	4	2	3
TH Aachen	–	–	–	1	2	3
TH München	–	9	9	6	7	3
TH Dresden	–	2	3	3	2	5
TH Stuttgart	1	1	1	–	1	5
TH Karlsruhe	1	1	1	1	2	4
TH Darmstadt	10	12	7	7	11	12
TH Braunschweig	2	1	4	20	13	10
Sonstige	5	3	2	5	6	3
Insgesamt	160	153	175	215	199	204

*) Nach Angaben der »Deutschen Hochschulstatistik« (Bd. 1928, 1929, 1930, Bd. b. 1931, Bd. 8, 1932, Bd. 10, 1933)

lem die Chemie populär, während die anderen Bereiche nur relativ schwach vertreten waren. Unter den Geisteswissenschaften dominierte die Volkswirtschaft, gefolgt von der Fachrichtung Philosophie und Pädagogik[15].

Entsprechend dem Ansteigen der Gesamtzahl der Studenten nahm auch die Zahl der Dissertationen an deutschen Hochschulen rasch zu. Während bis 1919 nur insgesamt 15 chinesische Studenten den Doktortitel erwarben, waren es von 1919 bis 1933 immerhin 265, unter ihnen 159 Mediziner, 49 promovierten in den Fächern Mathematik, Physik und Chemie, 27 in Wirtschafts- und Sozialwissenschaft, 13 in Philosophie, Geschichte und Psychologie, 11 im Ingenieurwesen. Mit 60 Prozent war die Medizin am stärksten vertreten. Die Verteilung der Dissertationen weist wiederum eindeutig Berlin mit insgesamt 86 abgeschlossenen Dissertationsverfahren die führende Rolle zu, gefolgt von der Universität München mit 23, Hamburg mit 20, Leipzig mit 16 und Frankfurt mit 15. An allen anderen Universitäten lag die Zahl unter 10[16].

Der Einfluß, den Deutschland damit auf die chinesische Wissenschaft und das Geistesleben ausübte, war nicht unbeträchtlich, da nahezu alle Studenten nach Abschluß ihres Studiums nach China zurückkehrten und dort teilweise führende Positionen einnahmen. Deutschland trug damit zur Modernisierung Chinas bei, und einige der Absolventen deutscher Universitäten gelangten später in China zu hohen Ehren. Zu ihnen gehört Tsai Yüan-pei (1867–1941), der nach einem Studium an der Berliner Universität von 1907 bis 1911 noch im selben Jahr von der Provisorischen Republikanischen Regierung zum Minister für das Erziehungswesen ernannt und 1916 zum Rektor der Universität Peking berufen wurde. Ein anderer Absolvent deutscher Hochschulen ist Chu Chia-hua, der 1907 an der späteren Tung Chi-Hochschule in Shanghai studierte und von 1914 mit einer durch den Krieg bedingten Unterbrechung bis 1922 in Deutschland studierte. Zehn Jahre später wurde er zum Minister für das Erziehungswesen ernannt und trug mit einer Reihe von Verordnungen und Vorschriften entscheidend zur Modernisierung des chinesischen Schulsystems bei. Daneben war er Generalsekretär der »Akademica Sinica«, zu deren Präsident er 1940 ernannt wurde. Er setzte sich stets für die Förderung der kulturellen Beziehungen mit Deutschland ein und gründete 1935 einen chinesisch-deutschen Kulturverband, dem er ebenfalls vorstand[17].

Auch unter der gegenwärtigen Führungsschicht der Volksrepublik China befindet sich eine Reihe von Politikern, die in Deutschland studiert haben und deshalb über eine unmittelbare Deutschlandkenntnis verfügen, auch wenn der Aufenthalt teilweise schon über 50 Jahre zurückliegt. An erster Stelle ist hier der gegenwärtige Ministerpräsident Chou En-lai zu nennen, der 1923 in Göttingen studierte und angeblich in Deutschland einen unehelichen Sohn hinterlassen haben soll, ohne daß darüber offizielle Angaben existieren. Ein anderer Veteran der chinesischen Kommunisten, Chu Teh (geb. 1886), studierte von 1923 bis 1926 ebenfalls in Göttingen, wo er wegen kommunistischer Aktivitäten verhaftet und ausgewiesen wurde. Von 1927 bis 1941 war er Oberbefehlshaber der Roten Armee und anschließend stellvertretender Vorsitzender der Volksrepublik China. Der derzeitige stellvertretende Außenminister Chiao Kuan-hua studierte in Tübingen und promovierte dort 1936 in Philosophie[18].

Aus der Führungsschicht der Republik China unter Chiang Kai-shek auf Taiwan haben ebenfalls eine Reihe von Politikern früher in Deutschland studiert oder sind hier ausgebildet worden. Chiang Kai-sheks Sohn Chiang Wei-kuo wurde als Offizier bei einer Gebirgsjägerdivision in Mittenwald ausgebildet, er marschierte 1938 beim »Anschluß an das Reich« als Kompaniechef in Österreich ein. Heute ist er Kommandeur der Militärakademie auf Taiwan.

Dritter Teil

Die geteilten Staaten: Deutschland und China von 1945–1973

Die Nachkriegszeit (1945–1949)

Das Ende des Zweiten Weltkrieges – das in Europa mit der Kapitulation Deutschlands im Mai und in Asien mit der Kapitulation Japans im August 1945 eintrat – brachte Veränderungen im deutsch-chinesischen Verhältnis mit sich, die diesmal zur völligen Liquidierung der deutschen Interessen in China führten.

Mit der Kapitulation Japans war auch das Ende der von Tokyo eingesetzten pro-japanischen chinesischen Regierung unter Wang Ching-wei in Nanking gekommen, zu der das Dritte Reich seit Juli 1941 auf Drängen Japans diplomatische Beziehungen unterhalten hatte. Nach der Auflösung der Nanking-Regierung unterstellten sich die Botschaft in Berlin und die Generalkonsulate in Hamburg und Stuttgart Chiang Kai-shek. Nach 1945 wurde die Botschaft in Berlin in eine Militärmission umgewandelt.

Offiziell befand sich China seit Dezember 1941 mit Deutschland im Krieg. Es war allerdings zu keiner Zeit zu irgendwelchen Kriegshandlungen zwischen Deutschen und Chinesen gekommen. Die Regierung Chiang Kai-shek war seit dem Eintritt der USA in den Pazifischen Krieg – durch den Angriff Japans auf Pearl Harbor im Dezember 1941 – zunehmend unter den Einfluß der USA geraten, zumal China nach der Beendigung der deutschen Unterstützung und durch den Krieg mit Japan praktisch von amerikanischer Hilfe abhängig geworden war. Chiang Kai-shek schloß sich dann auch im Hinblick auf Deutschland und das Schicksal Chinas nach dem Krieg ganz den Vorstellungen der USA an und unterschrieb 1943 auf der Konferenz in Kairo, auf der er mit Churchill und Roosevelt zusammentraf, die Bestimmungen über das weitere Vorgehen gegen Deutschland nach der Beendigung des Krieges. Diese Orientierung an den Vereinigten Staaten bezog sich im übrigen nicht nur auf Deutschland, sondern auch auf die Sowjetunion, was vor allem daran deutlich wurde, daß Chiang Kai-shek noch im August 1945 auf amerikanischen Druck mit Moskau einen »Freundschaftsvertrag« unterzeichnete, der zur Folge hatte, daß China praktisch die von der Sowjetunion an die USA geleistete Hilfe bei der Niederwerfung Japans bezahlen mußte.

Eine unmittelbare Auswirkung der chinesischen Politik gegenüber Deutschland ergab sich jedoch nur für die in China verbliebenen deutschen Staatsangehörigen. Dies waren vor allem jene Kaufleute und Geschäftsleute, die auch nach dem Abbruch der diplomatischen Beziehungen weiterhin in China ihrer Tätigkeit nachgegangen waren. Nach Kriegsende wurden gegen diese Deutschen von der amerikanischen Besatzungsmacht in China Kriegsverbrecherprozesse angestrengt, die vor allem in Shanghai, dem Zentrum der Deutschen in China, stattfanden. Die USA, deren Politik damals von den Vorstellungen Morgenthaus bestimmt war, bemühten sich darum, die deutsche Konkurrenz vollständig vom chinesischen Markt zu verdrängen. Eine unmittelbare Folge davon war die Repatriierung aller Deutschen, die von den amerikanischen Behörden auf Listen erfaßt worden waren. Die Chinesen besaßen keine Möglichkeit, dieses Vorgehen zu verhindern. China befand sich zwar zu dieser Zeit nicht unter ausländischer Herrschaft, stand aber doch unter starkem amerikanischem Einfluß und war zumindest partiell nicht in der Lage, seinen politischen Kurs selbst zu bestimmen.

In den ersten Nachkriegsjahren veränderte sich auch die Situation im Inneren Chinas grundlegend. Das zwischen Mao Tse-tung und Chiang Kai-shek zur Bekämpfung der Japaner geschlossene Bündnis wurde durch erneute Auseinandersetzung zwischen den beiden Parteien abgelöst. Nachdem alle amerikanischen Vermittlungsversuche gescheitert waren und es den USA auch nicht gelang, die Position Chiang Kai-sheks zu festigen, eroberte Mao Tse-tungs Volksbefreiungs-Armee am 31. 1. 1949 Peking und beherrschte am Ende desselben Jahres das gesamte chinesische Festland. Chiang Kai-shek zog sich im Dezember 1949 mit einer rund 500 000 Mann starken Kampftruppe und mehr als einer halben Million Flüchtlingen (darunter Abgeordnete, Beamte, Geschäftsleute und Intellektuelle) auf die dem Festland vorgelagerte Insel Taiwan zurück, erhob aber weiterhin den Alleinvertretungsanspruch für China. Nach der Machtübernahme Mao Tsetungs auf dem Festland schlug sich der Leiter der chinesischen Militärmission in Berlin auf die Seite der Kommunisten und ebnete damit – nach der bereits zuvor erklärten Anerkennung der DDR-Regierung durch Mao Tse-tung – den Weg für die Aufnahme diplomatischer Beziehungen zwischen beiden Staaten. In China selbst begann mit der Ausmerzung allen ausländischen Einflusses durch die neue Regierung der vorerst letzte Exodus jener Deutschen, denen es trotz vieler Schwierigkeiten gelungen war, in China zu bleiben. Ein Auszug, der für viele von ihnen mit persönlichen Entsagungen und Leiden verbunden war.

Die Regierung der »Republik China« unter Chiang Kai-shek löste im Juni 1950 ihre beiden Generalkonsulate in Hamburg und Stuttgart wegen »wirtschaftlicher Schwierigkeiten« auf. Damit war jene Situation in den Beziehungen Deutschlands zu China geschaffen, die die folgenden 22 Jahre kennzeichnete: Die Bundesrepublik unterhielt zu keinem der beiden chinesischen Staaten offizielle Beziehungen, während die DDR mit der Volksrepublik China noch 1950 diplomatische Beziehungen aufnahm.

KAPITEL I

Die Beziehungen zwischen der VR China und der DDR

I.
Die Periode der Freundschaft (1949–1960)[1]

Während der Herrschaft Stalins beschränkten sich die Beziehungen der Staaten Osteuropas im allgemeinen und der DDR im besonderen zur Volksrepublik China auf formale diplomatische Kontakte. Zwar wurden bereits am 18. Oktober 1949 zwischen der DDR und der VR China diplomatische Beziehungen aufgenommen[2] und kurze Zeit später in den Hauptstädten beider Staaten Missionen eingerichtet, doch kam es in den nächsten Jahren neben dem Austausch von Grußbotschaften lediglich zum Abschluß eines Kulturabkommens im Oktober 1951[3]. Daran änderten auch die verbalen Sympathiebezeugungen führender SED-Funktionäre nichts, deren Tenor auf dem Schlagwort lag, daß »vom chinesischen Volk viel zu lernen« sei[4]. In der Deutschland- und Berlinfrage wurde Ost-Berlin demonstrativ von Peking unterstützt[5].

Erst nach dem Tode Stalins (im März 1953) kam es zu einer schrittweisen Annäherung zwischen Ost-Berlin und Peking, was nach außen durch die Aufwertung der Gesandtschaften zu Botschaften[6] und die Unterzeichnung eines Abkommens über technisch-wissenschaftliche Zusammenarbeit im Oktober 1953[7] erkennbar wurde.

Auch die gegenseitigen Besuche führender Funktionäre begannen erst nach Stalins Tod. Im Juli 1954 kam mit dem chinesischen Ministerpräsidenten Chou En-lai, der sich auf der Rückreise von der Genfer Indochina-Konferenz befand, der erste führende Politiker der Volksrepublik in die DDR[8]. Sein Besuch wurde durch eine Regierungsdelegation unter der Leitung von Außenminister Lothar Boltz, zum 5. Jahrestag der VR China, im Oktober desselben Jahres, erwidert[9].

Zur entscheidenden Verbesserung der Beziehungen kam es im April 1955, als Mao Tse-tung durch einen Erlaß[10] den seit 1941 bestehenden Kriegszustand zwischen Deutschland und China beendete[11]. Damit war die Voraussetzung für den Abschluß eines Freundschaftsvertrages mit der DDR geschaffen, zu dessen Unterzeichnung Ministerpräsident Grotewohl im Dezember 1955 nach Peking reiste[12]. Bemerkenswert an diesem Vertrag[13], der sonst ohne besondere politische Bedeutung war, erscheint lediglich der Passus, in dem beide Seiten erklären, daß sie ». . . eine Normalisierung der Beziehungen zwischen der VR China und Westdeutschland . . . begrüßen würden . . .«, sowie die Klausel, daß der Vertrag ». . . bis zur . . .

Wiederherstellung der Einheit Deutschlands als friedliebender und demokratischer Staat Gültigkeit . . . habe«[14].

Das zunehmend bessere Einvernehmen zwischen beiden Staaten in den nächsten Jahren fand seinen Ausdruck im Austausch von Delegationen zu den jeweiligen Parteitagen und in der Nachahmung chinesischer Methoden durch die DDR. Walter Ulbricht reiste im September 1956 selbst an der Spitze einer Delegation zur Teilnahme am VIII. Parteitag der KP Chinas nach Peking. Die Presse der DDR berichtete fast täglich über diesen Besuch[15]. Im Januar 1957 traf Ministerpräsident Grotewohl in Moskau ein zweites Mal mit Chou En-lai zusammen und beriet mit ihm über »die internationale Lage und die weitere Entwicklung der bilateralen Beziehungen«[16]. Anregungen aus dem chinesischen Kommunismus übernahm die DDR im Januar 1956 bei der staatlichen Beteiligung an Privatbetrieben, dem Arbeitseinsatz für Parteifunktionäre[17] und auch bei dem 1958 in der DDR eingeführten Mannschaftsdienst für Offiziere[18].

Parteichef Walter Ulbricht selbst pries die Politik der KP Chinas in vielen Artikeln und Reden[19] und wußte sich, vor allem auf dem V. Parteitag der SED (1958), an dem eine chinesische Delegation unter Tung Pi-wu teilnahm, mit der Volksrepublik China in der Verurteilung der »jugoslawischen Revisionisten« einer Meinung[20].

Gegenüber der »Hundert-Blumen-Kampagne« vom Mai 1956 bis zum Juni 1957, die im Ostblock vorübergehend zur offenen Kritik an der kommunistischen Führung Chinas führte[21], verhielt sich die SED dagegen sehr vorsichtig, weil sie offensichtlich deren Konsequenzen für die DDR befürchtete. Ulbricht modifizierte die chinesische Parole statt dessen für den eigenen Gebrauch: Es gehe in der DDR nicht darum, »alle Blumen erblühen zu lassen, sondern vielmehr um die richtige Auswahl der Blumen, um dann jene anzubauen, die wirklich neu und nützlich sind, ohne jene unnützen Kräuter zu tolerieren, die vorgeben, Blumen zu sein«[22]. Erst beim Umschwung der Kampagne, der zur Unterdrückung und Ausmerzung aller Kritik führte, zeigte sich Ost-Berlin uneingeschränkt zustimmend und triumphierte darüber, daß die »Wortführer der Rechten in aller Öffentlichkeit Schritt für Schritt überführt . . . wurden«[23]. Eine ähnliche Säuberung setzte einige Monate später in der DDR ein, in deren Verlauf Paul Wandel, Wollweber, Schirdewan und andere Funktionäre abgesetzt wurden.

Geradezu enthusiastisch wurde jedoch der »Große Sprung nach vorn« in China gefeiert, der das Experiment der Volkskommunen mit sich brachte. Der zum DDR-Botschafter in Peking degradierte Paul Wandel bezeichnete im Oktober 1959 die Volkskommunen als »Siege des Marxismus-Leninismus« und definierte: »Volkskommunen, das heißt satt essen.«[24] Mit diesen und vielen ähnlichen eindeutigen Stellungnahmen wich die DDR erstmals deutlich von der Haltung Moskaus gegenüber China ab, das die Volkskommunen nur als »nationale chinesische Besonderheit« tolerierte. Nikita Chruschtschow hatte sie im Gespräch mit dem amerikanischen Senator

Humphrey im Dezember 1958 als »altmodisch« bezeichnet[25]. Im Sommer und Herbst 1958 propagierte die DDR sogar einen eigenen, kleinen »Sprung nach vorn«, als auf dem V. Parteitag der SED angekündigt wurde, daß der Sozialismus in der DDR innerhalb von fünf Jahren den Kapitalismus des Westens überrunden und das Nationaleinkommen wie der Lebensstandard dann höher sein werde als in der Bundesrepublik.

Eine ähnliche Differenz zwischen Ost-Berlin und Moskau im Verhalten zu China zeigte sich beim chinesisch-indischen Grenzkonflikt im September 1959, als Grotewohl in seiner Rede zum 10. Jahrestag der VR China eindeutig Stellung für China bezog[26] und sich erst Wochen später – offensichtlich auf sowjetische Veranlassung hin – der pro-indischen Linie Moskaus anpaßte[27].

Die DDR ignorierte mit dieser Verhaltensweise die sich bereits deutlich abzeichnenden Differenzen zwischen China und der Sowjetunion. Peking revanchierte sich dafür, indem es die Position der DDR in allen außenpolitischen Fragen nachdrücklich unterstützte, vor allem im Hinblick auf alle Entwicklungen in der Deutschland- und Berlinfrage. China verlangte beispielsweise, daß »Berlin . . . dem deutschen Volk zurückgegeben werden . . . muß. Das ist eine gerechte Maßnahme, die in Einklang mit dem einheitlichen Wunsch des ganzen deutschen Volkes steht«[28].

Im Dezember 1958 besuchte Ministerpräsident Grotewohl zum zweitenmal China, wo er auch von Mao Tse-tung empfangen wurde. Nach einer Reise durch verschiedene Provinzen zeigte sich die ostdeutsche Delegation »tief beeindruckt . . . von dem enormen Tempo, mit dem Industrie, Landwirtschaft und die Volkskommunen aufgebaut werden«. In der gemeinsamen Deklaration gab die Delegation dann auch ihrer »Bewunderung« für den »Großen Sprung« Ausdruck[29]. Bei diesem Besuch wurden außerdem ein Konsularabkommen, nach dem die DDR in Shanghai ein Generalkonsulat eröffnen sollte, und ein langfristiges Handelsabkommen vereinbart[30].

Seit dem Sommer 1959 ist jedoch eine merkliche Zurückhaltung in den öffentlichen Reden der SED-Funktionäre über China festzustellen – die früher so begeisterten Lobpreisungen des chinesischen Beispiels ließen nach. Offensichtlich ist dies auf die Auseinandersetzung zwischen Peking und Moskau über die Volkskommunen zurückzuführen[31]. Zwar hielt die Begeisterung führender SED-Funktionäre für China bis Mitte 1960 an[32], doch ergibt sich retrospektiv ein gewisser Unterschied in der Haltung der einzelnen Politiker: Walter Ulbricht selbst zeigte sich wesentlich zurückhaltender als andere DDR-Politiker. So erwähnte er seit Ende 1959 in seinen Reden weder die Volkskommunen noch den damals aktuellen indisch-chinesischen Grenzkonflikt[33], was den Schluß zuläßt, daß Ulbricht als Erster Sekretär des ZK der SED von Moskau über die Entwicklung der Beziehungen zu Peking besser informiert war als die anderen Politiker. Bezeichnend dafür ist auch, daß bei der Wiedergabe entsprechender Reden im *Neuen*

Deutschland die Passagen, die von den Leistungen und Erfolgen Chinas handelten, nicht abgedruckt wurden[34]. Im Gegensatz dazu veröffentlichte die chinesische Presse jeweils den gesamten Text[35]. Ein besonders deutliches Beispiel dafür ist eine Äußerung von Ministerpräsident Grotewohl, in der er Indien beschuldigt, »ohne Grund« in chinesisches Territorium eingedrungen zu sein[36]. Kurz darauf korrigierte er sich offiziell und nahm – wie Moskau – eine pro-indische Position im Konflikt zwischen Peking und Neu-Delhi ein[37].

Die öffentliche Diskussion ideologischer Fragen zwischen der UdSSR und China begann im April 1960 mit der Veröffentlichung des Artikels »Lang lebe der Kommunismus« durch Peking zum 90. Geburtstag Lenins. Sie beeinflußte den Verlauf der Beziehungen Ost-Berlins zu Peking nicht maßgeblich, doch kann kein Zweifel darüber bestehen, daß die ostdeutsche Führungsspitze über die Entwicklung der Beziehungen zwischen Moskau und Peking informiert und über ihr in Zukunft erwünschtes Verhalten instruiert wurde.

Das erklärt das vorsichtige Taktieren Ulbrichts in der Chinafrage seit dem Herbst 1959, so daß zumindest er von der sowjetischen Führung bereits zu diesem Zeitpunkt Direktiven beziehungsweise Weisungen über die künftig gegenüber Peking zu verfolgende Politik erhalten hatte. Im April 1960 tagte in Peking die »Ständige Kommission für technisch-wissenschaftliche Zusammenarbeit«, die unter anderem die Entsendung weiterer Spezialisten nach China vereinbarte[38], doch ist es fraglich, ob diese Vereinbarungen auch erfüllt wurden.

Erste Anzeichen einer Kursänderung wurden deutlich, als sich Anfang Juni 1960 Ulbricht erstmals öffentlich von den einst so gepriesenen Volkskommunen distanzierte[39]. Im selben Monat ordnete er auf der Landwirtschaftsausstellung in Magdeburg sogar die Entfernung eines Spruchbandes am chinesischen Stand an, dessen Aufschrift behauptete, daß der Weg »zum Sozialismus von der Bodenreform über die Genossenschaft zur Volkskommune« führe[40]. Wesentlich gravierender war jedoch die Parteinahme Ulbrichts für die Politik der »friedlichen Koexistenz« – einem der Streitpunkte zwischen Moskau und Peking – in seiner Rede anläßlich der »Beratung der Regierungen der kommunistischen Parteien« vom 24. bis 26. Juni 1960 in Budapest[41]. Auch auf der folgenden Konferenz der kommunistischen und Arbeiterparteien im November 1960 in Moskau trat die SED – nach eigenem Zeugnis – gegen die Politik Mao Tse-Tungs auf und richtete in der Folgezeit mehrere »geheime Briefe« zum Konflikt zwischen der Sowjetunion und der Volksrepublik China an die Adresse der KP Chinas, was allerdings erst 1963 bekannt wurde[42].

Trotz dieser deutlichen Bekenntnisse zu Moskau verhielt sich die SED zumindest nach außen hin bis zu ihrem VI. Parteitag im Januar 1963 im sino-sowjetischen Konflikt relativ zurückhaltend. Die Presse der DDR, allen voraus *Neues Deutschland*, legte den Schwerpunkt ihrer Berichterstattung über China und die Sowjetunion auf die Betonung der guten zwischenstaatlichen Kontakte zwischen Moskau und Peking, berichtete über den eigentlichen Konflikt nur ganz am Rande und versuchte, ihn eher herunterzuspielen[43]. Die Stellungnahme der DDR zum sino-indischen Grenzkonflikt im Oktober 1962 spiegelte die zwiespältige Position wider, in der sich die DDR in ihrem Taktieren gegenüber Moskau und Peking befand: Im Gegensatz zur Sowjetunion, die für eine sofortige Beendigung der Kämpfe eintrat, plädierte die DDR für Verhandlungen zwischen den beiden Kontrahenten, was eher einer Unterstützung der chinesischen Position gleichkam[44].

Die Gründe für diese nach außen hin indifferente Haltung der DDR im Konflikt zwischen Moskau und Peking zwischen 1960 und 1962 gehen kaum auf die Unsicherheit der SED-Führung in dieser Frage zurück – dafür waren die Kontakte zwischen Moskau und Ost-Berlin zu eng und die Abhängigkeit von Moskau zu groß. Wahrscheinlicher ist es, daß die SED diesen Konflikt, der die Gefahr einer Spaltung im Weltkommunismus in sich barg und damit eine Schwächung auch der Ostberliner Position implizierte, bewußt nach außen – und damit auch vor der eigenen Bevölkerung – herunterspielen wollte, sei es, daß ungünstige Reaktionen in der eigenen Bevölkerung oder negative Auswirkungen in der Deutschlandfrage befürchtet wurden.

II.
Die DDR im sino-sowjetischen Konflikt (1963–1972)

Die entscheidende Wende im Verhältnis Chinas zur DDR erfolgte im Januar 1963 auf dem VI. Parteitag der SED. Auf dieser Tagung stellte sich Walter Ulbricht voll und ganz auf die Seite der Sowjetunion, kritisierte in seinem Grundsatzreferat die Politik der KP Chinas und beschuldigte unter anderem die Volksrepublik der Aggression gegen Indien[45]. Chruschtschow selbst benutzte diesen Parteitag zur offenen Herausforderung Chinas. Zwar griff er in seiner Rede Albanien wesentlich schärfer an als China – er sprach von der »unverhohlen feindseligen Position (der albanischen Kommunisten) gegenüber der KPdSU« – und schlug vor, »in der Presse die Polemik über strittige Fragen jetzt einzustellen«[46].

Der chinesische Delegationsleiter war aber nicht gewillt, diese auch gegen China gerichteten Angriffe hinzunehmen, und verlas eine Erklärung, in der behauptet wurde, daß der indisch-chinesische Grenzkonflikt durch Nehrus »Befehl zum Angriff auf China« ausgebrochen sei. Er bedauerte, daß die anti-chinesische Haltung Indiens »auch von einigen Leuten unterstützt und begünstigt wird, die sich Marxisten-Leninisten nennen«[47]. Weiter wurde den Sowjets vorgeworfen, daß »man . . . nicht einerseits von einer Einstellung der Angriffe sprechen, andererseits aber die Angriffe fortsetzen . . . könne«[48]. Der chinesische Sprecher Wu Hsiu-chuan war bereits vor Beginn seiner Rede von Paul Verner, dem Leiter des Parteitages, gebeten worden, Beschimpfungen der Bruderparteien zu unterlassen, und wurde, da er sich nicht daran hielt, von ihm mehrmals unterbrochen[49]. Die *Jen-min Jih-pao*, das Parteiorgan der KP Chinas, bezeichnete diese Vorgänge als »unkameradschaftliche und vulgäre Behandlung«[50], während *Neues Deutschland* diese Beschuldigung als »unbegründet und unsachlich« zurückwies, aber gleichzeitig der Hoffnung Ausdruck gab, daß die zwischen beiden Staaten bestehenden Meinungsverschiedenheiten nur »zeitweiliger Natur« seien[51].

Mit diesen Auseinandersetzungen war die DDR unvermittelt, wenn auch sicherlich nicht unbeabsichtigt, in den Mittelpunkt der sino-sowjetischen Auseinandersetzungen gerückt. Seitens der SED wurde dieser neuen Situation insofern Rechnung getragen, als sie in der Folgezeit ihre bis dahin gewahrte Zurückhaltung aufgab und sowohl eigene Stellungnahmen zum

Konflikt Peking-Moskau abgab als auch Kommentare der KPdSU und anderer Parteien in ihren Publikationen wiedergab[52].

China reagierte auf diese veränderte Haltung der DDR auf zwei Ebenen: Es intensivierte seine Propaganda unter den DDR-Politikern[53] und versuchte damit offensichtlich eine »chinesische Fraktion« innerhalb der SED zu schaffen[54]. Nach Aussagen einiger DDR-Politiker riefen die Chinesen sogar offen zum Fraktionskampf gegen Ulbricht auf: »Die chinesischen Führer schrecken nicht davor zurück, die Mitglieder der einzelnen Parteien zur Fraktionstätigkeit gegen ihre Führung und zur Untergrabung der Einheit und Geschlossenheit der Partei aufzurufen . . . Sie scheuen sich auch nicht, Verbindung mit Trotzkisten und anderen Erzfeinden des Marxismus-Leninismus aufzunehmen . . . Auch in der DDR wurden Materialien solchen Charakters von der Botschaft der VR China und anderen chinesischen Stellen verbreitet«[55]. Die DDR protestierte energisch gegen die »spalterischen Aktivitäten« der Chinesen, zog die Werke Mao Tse-tungs, die 1956 erstmals in der DDR erschienen waren, aus dem Verkehr und ließ das Bild Mao Tse-tungs aus den Amtsgebäuden entfernen[56]. In einer Verordnung wurde jeder Verkehr von Bürgern der DDR mit ausländischen diplomatischen Missionen einer Genehmigungspflicht unterworfen[57].

Auf der außenpolitischen Ebene versuchte China Zweifel an der Aufrichtigkeit der sowjetischen Deutschlandpolitik hervorzurufen und damit Mißtrauen zwischen der DDR und der Sowjetunion zu säen. So wurde, nachdem Albanien bereits in den Jahren zuvor ähnliche Angriffe auf die Sowjetunion veröffentlicht hatte[58], die Sowjetunion nun ebenfalls von China beschuldigt, »Verrat an den Interessen des deutschen Volkes« zu üben und mit ihrer Deutschlandpolitik ausschließlich »großmachthegemoniale Bestrebungen« zu verfolgen[59]. Unmittelbarer Anlaß für diese Polemik waren die Modalitäten der Unterzeichnung des Atomteststoppabkommens durch die DDR, wobei Peking argumentierte, daß die Unterzeichnung auf »die Annullierung des internationalen Status der DDR und . . . auf die Anerkennung des Bonner Regimes« hinausliefe[60]. Auffallend ist dabei, daß China in keiner dieser Polemiken die Haltung oder Politik der DDR, beziehungsweise der SED, in irgendeiner Weise angriff.

Auch die vorher sehr guten Handelsbeziehungen zwischen beiden Staaten wurden durch die ideologischen Streitigkeiten stark beeinträchtigt. 1959 hatte die DDR noch den zweiten Platz hinter der Sowjetunion im Außenhandel Chinas eingenommen. Doch nachdem die DDR, dem Beispiel der Sowjetunion folgend, ihre seit 1955 in China tätigen Spezialisten abgezogen hatte[61], schränkte Peking seinen Handel mit der DDR stark ein. Nach Angaben ostdeutscher Politiker versuchte Peking außerdem, den Abschluß eines Abkommens über Waren- und Zahlungsaustausch für das Jahr 1964 von politischen Zugeständnissen der DDR abhängig zu machen: ». . . Abkommensverhandlungen für 1964 seien erst möglich, wenn wir (die DDR) die Moskauer Erklärung von 1960 zurücknehmen«[62]. Nicht ohne

Bedeutung für die Entwicklung der bilateralen Beziehungen ist, daß Peking zur gleichen Zeit versuchte, mit der Bundesrepublik ins Gespräch zu kommen.

Diese Ereignisse belasteten die Beziehungen Ost-Berlins zu Peking derart, daß sie gegen Ende 1963 auf einen absoluten Tiefpunkt absanken. Im *Neuen Deutschland* war die Auseinandersetzung mit Peking zum Hauptthema geworden. In einer Fülle von Artikeln wurden Stellungnahmen anderer kommunistischer Parteien zum sino-sowjetischen Konflikt und nahezu alle sowjetischen Polemiken nachgedruckt[63].

In der »Erklärung des ZK der SED zum sowjetisch-chinesischen Konflikt« vom 14. April 1964[64] bezog die SED auch selbst ausführlich Stellung, nicht ohne sich dabei gleichzeitig gegenüber der Vergangenheit abzusichern: »Unsere Partei hat bereits 1960 entschieden den Versuch zurückgewiesen, in unserer Republik die chinesischen ›Volkskommunen‹ zu propagieren ...«, andererseits wurden die »traditionellen Verbindungen zwischen der deutschen Arbeiterbewegung mit der chinesischen Befreiungsbewegung und dem Weltkommunismus« beschworen[65].

Seit Mitte 1964 entspannten sich die Beziehungen zwischen China und der DDR zusehends. Die Ursachen dafür sind einmal in einer Veränderung der Haltung Pekings zu sehen, dürften aber auch mit der Entwicklung der Beziehungen zwischen Bonn und Peking (den Botschaftergesprächen in Bern und ihrem Abbruch) zusammenhängen. Als Ergebnis der sichtbaren Entspannung besuchte Anfang Juli 1964 eine chinesische Regierungsdelegation Ost-Berlin und unterzeichnete das überfällige Handelsabkommen, um das es bereits vorher zu heftigen Auseinandersetzungen gekommen war[66], sowie ein weiteres Abkommen über wissenschaftliche Zusammenarbeit[67]. Zu den im Oktober desselben Jahres stattfindenden Feiern zum 15. Jahrestag der Gründung der beiden Staaten waren Regierungsdelegationen entsandt worden[68], und die Glückwunschadressen dazu zeigten wieder versöhnlichen Charakter[69]. Die sowjetische Regierungsdelegation, die sich aus diesem Anlaß in Ost-Berlin aufhielt, wurde von Breschnew geleitet, der bei seinen Gesprächen mit der SED über die Chinafrage »volle Einheit« erzielte[70].

Der unmittelbar darauf erfolgende Sturz Chruschtschows am 14. Oktober 1964 brachte keine erkennbare Veränderung im chinesisch-ostdeutschen Verhältnis mit sich. Entsprechend der Entwicklung in den Monaten zuvor wurden die beiderseitigen Beziehungen auch künftig betont[71], die ostdeutsche Polemik war einer nahezu wertfreien Berichterstattung über China gewichen[72]. Die Tendenz zur Normalisierung der zwischenstaatlichen Beziehungen setzte sich auch während des Jahres 1965 fort. China war zum erstenmal seit vier Jahren wieder auf der Leipziger Frühjahrsmesse vertreten[73], und im Mai besichtigte eine chinesische Regierungsdelegation unter Lu Ting-yi Ost-Berlin[74]. Sowohl Lu Ting-yi als auch seine Gastgeber enthielten sich in ihren Ansprachen und Reden jeglicher Erwähnung des sino-sowjetischen Disputes, und die Chinesen unterließen sogar jede Anspielung auf die Sowjetunion[75]. Anläßlich des Besuches wurden ein Abkommen über den Warenaustausch und ein Kulturarbeitsplan unterzeichnet[76].

Entsprechend dieser Entwicklung auf zwischenstaatlicher Ebene war auch die nach außen demonstrierte Haltung der SED zum sino-sowjetischen Konflikt relativ gemäßigt. Zwar wurden die wichtigsten sowjetischen Grundsatzartikel zum Konflikt von der Presse der DDR meist kommentarlos übernommen[77], im Gegensatz zu früher jedoch nicht mehr die Beiträge der anderen kommunistischen Parteien. Eigene Kommentare der SED zum Verhältnis zu China – wie zum Beispiel anläßlich der Aussprache zwischen der SED und der KP Chinas beim Besuch von Lu Ting-yi – waren betont vorsichtig abgefaßt[78].

Der Schwerpunkt der ostdeutschen Berichterstattung über China lag in dieser Zeit auf der Betonung der guten chinesisch-sowjetischen und den ebenfalls positiv bewerteten chinesisch-ostdeutschen Beziehungen[79], wobei der tatsächliche Stand in der sino-sowjetischen Auseinandersetzung bewußt verschwiegen und der eigenen Bevölkerung damit ein falsches Bild vorgespiegelt wurde.

Die SED und die chinesische Kulturrevolution

Die »Große Proletarische Kulturrevolution«, die im Herbst 1965 in China eingeleitet wurde, führte neben umwälzenden Veränderungen in China selbst zu einer allgemeinen Stagnation der chinesischen Außenpolitik. In bezug auf die Sowjetunion kam es zu einer Radikalisierung (das heißt Steigerung des Anti-Sowjetismus), die eine weitere Verschlechterung der Beziehungen Pekings zu Moskau nach sich zog. Diese Eskalation im sino-sowjetischen Konflikt beeinträchtigte die chinesisch-ostdeutschen Beziehungen in den Jahren 1966/67 in beträchtlichem Ausmaß. Zwar wurden die zwischenstaatlichen Kontakte während des Jahres 1966 von beiden Seiten im allgemeinen noch aufrechterhalten[80], aber die SED stellte sich in der negativen Beurteilung der Kulturrevolution ganz hinter die sowjetische Haltung und publizierte eine Fülle von Berichten über die Ereignisse in China, deren Schwerpunkt auf der Darstellung der »anti-maoistischen Opposition« und der »völligen Desorganisation in China« lag[81].

Auch in der Beurteilung der sino-sowjetischen Auseinandersetzung ergriff die SED wieder voll und ganz die Partei der Sowjetunion, polemisierte sowohl in eigenen[82] als auch wieder durch die Übernahme von Kommentaren anderer kommunistischer Parteien gegen die chinesische Politik[83]. Die schärfste Verurteilung erfolgte durch das Mitglied des Politbüros und den Sekretär des Zentralkomitees der SED, Günther Mittag, die das *Neue Deutschland* am 18. September 1966 veröffentlichte. Kernpunkte dieser

Analyse der innenpolitischen Entwicklung Chinas waren der Vorwurf, die gesellschaftliche Entwicklung in »subjektivistischer und voluntaristischer« Weise zu lenken, außenpolitisch eine »großmachtchauvinistische Politik« mit dem Ziel, eine »Hegemonie in der kommunistischen Weltbewegung« zu verfolgen und die »Einheit der afro-asiatisch-südamerikanischen Solidaritätsorganisationen« zu untergraben. Die Politik Mao Tse-tungs wurde als »Gemisch von kleinbürgerlichem Nationalismus, Abenteuertum, Großmachtchauvinismus und Rassismus« definiert[84]. Diese Vorwürfe blieben in Tenor und Formulierung praktisch unverändert und werden bis heute verwendet, doch ist das eigentlich Bemerkenswerte an den Ausführungen Günther Mittags, daß er Thesen formulierte, die erst danach von der Sowjetunion aufgegriffen wurden – nicht umgekehrt, wie das bis dahin üblich war.

Ein typisches Beispiel für die mitunter groteske Formen annehmende feindselige Haltung der SED gegenüber China in dieser Zeit ist ein Artikel, der unter dem Titel »Mao, Beethoven und wir« am 22. September 1966 im *Neuen Deutschland* erschien. Er attackierte einen Bericht der chinesischen Nachrichtenagentur *Hsinhua*, der »schmähende Ausfälle . . . gegen einen Genius der deutschen Nation« zum Inhalt hatte. *Neues Deutschland* verteidigte mit Nachdruck Beethoven, wobei es davon ausging, daß das, »wofür Beethoven kämpfte und was er für die Zukunft vorausahnte und erstrebte, durch die Große Sozialistische Oktoberrevolution, durch die Sowjetmacht Wirklichkeit« wurde[85].

In den folgenden Monaten verschlechterten sich die Beziehungen durch eine Reihe von Ereignissen:

▷ Auf der Leipziger Herbstmesse kam es 1966 zum Eklat, als die DDR-Behörden die chinesischen Repräsentanten aufforderten, antisowjetische Schriften von ihrem Stand zu entfernen, worauf die Chinesen demonstrativ ihren Ausstellungsstand schlossen[86].

▷ Am 28. August desselben Jahres attackierten chinesische Rotgardisten Diplomaten der DDR in Peking, wobei die Militär-Attachés Kautzsch und Müller mit ihren Frauen aus dem Auto gezerrt und mißhandelt wurden. Die DDR berichtete jedoch nur durch den Abdruck ihrer Protestnote über diesen Vorfall[87].

▷ Auf ihrem VII. Parteitag im April 1967 bekannte sich die SED erneut zur Sowjetunion und übernahm praktisch die Rolle des Verteidigers der sowjetischen Interessen gegenüber China[88].

▷ Schließlich kam es im Mai 1967 zu neuerlichen Belästigungen von Angehörigen der DDR-Botschaft in Peking[89], und im Juli desselben Jahres verunglückten vier chinesische Diplomaten bei einem Autounfall in Mecklenburg tödlich. Die Botschaft der VR China in Ost-Berlin mißtraute der Unfallversion offen und veranlaßte, daß an der Frontseite des Botschaftsgebäudes Plakate mit Überschriften angebracht wurden, wie »Blut muß mit Blut abgewaschen werden« und »Nieder mit den Revisionisten«[90]. Die DDR veranstaltete Gegendemonstrationen vor der Chinesischen Botschaft in Ost-Berlin und machte das Betreten der Botschaft genehmigungspflichtig, Volkspolizisten kontrollierten künftig Ausweise und Kfz-Nummern aller Besucher der Botschaft. Außerdem verfügten die DDR-Behörden die Entfernung der Presseschaukästen an der chinesischen Botschaft[91].

Nachdem sich das bilaterale Verhältnis infolge der zunehmenden Normalisierung der chinesischen Innenpolitik im Laufe des Jahres 1968 etwas entspannt hatte, wurde diese Entwicklung vorübergehend durch eine erneute Verschärfung der Auseinandersetzung zwischen China und der Sowjetunion gestört. Diese Verschärfung resultierte aus der heftigen Kritik Chinas an der Intervention der Staaten des Warschauer Paktes unter Führung der UdSSR am 21. August 1968 in der CSSR. In offensichtlicher Furcht davor, daß die in diesem Zusammenhang formulierte »Breschnew-Doktrin« möglicherweise auch auf China angewandt werden könnte, kritisierte Peking die Intervention ausgesprochen heftig.

Dessenungeachtet aber zeichnete sich seit Ende 1968 eine Entspannung in den gegenseitigen Beziehungen ab, die in Verbindung mit der Konsolidierung der innenpolitischen Verhältnisse in China durch das Ende der Kulturrevolution steht. Danach erfolgte eine Reaktivierung der chinesischen Außenpolitik und eine partielle Verbesserung des sino-sowjetischen Verhältnisses. Auch die zwischenstaatlichen Beziehungen zwischen der DDR und der VR China wurden reaktiviert, man schloß ein Handelsabkommen für das laufende Jahr, und die antichinesische Polemik im *Neuen Deutschland* ließ nach. Die SED gab kaum mehr eigene Stellungnahmen zu den Ereignissen in China oder zum Konflikt Peking–Moskau ab, sondern beschränkte sich wie schon früher auf die Übernahme von Kommentaren dritter Staaten[93].

1969–1972: Peking – Moskau – Berlin – Bonn

Die sich seit der zweiten Hälfte des Jahres 1968 abzeichnende Entspannung der bilateralen Beziehungen war nicht von Dauer. Ende Februar 1969 wurde zwar ein neuer Botschafter der DDR nach Peking entsandt[94], doch die Anfang März ausbrechenden sino-sowjetischen Grenzzwischenfälle und die daraus resultierende Verschärfung der Auseinandersetzung zwischen Peking und Moskau führten sehr schnell wieder zu einer neuerlichen Verschlechterung der Beziehungen Pekings zu Ost-Berlin.

Nach kurzem Abwarten – der erste Bericht über die Grenzzwischenfälle in der Nacht vom 2. auf den 3. März 1969 erschien erst am 8. März im *Neuen Deutschland*[95] – demonstrierte Ost-Berlin »sozialistische Solidarität«, beschuldigte China unter Verwendung der gleichen Vokabeln wie der gesamte Sowjetblock der »Provokation«[96] und betonte die »Notwendigkeit des Kampfes gegen die antileninistische Politik der Gruppe Mao Tse-tungs«[97]. Einer der Schwerpunkte der Polemik aus Ost-Berlin wie Moskau war dabei die Behauptung, daß Peking ein »Komplott mit Bonn« schmiede, wobei ein Zusammenspiel zwischen den Bundespräsidentenwahlen in Berlin und den Grenzkonflikten vermutet wurde[98]. Ohne auf die Polemik in diesen Monaten im einzelnen einzugehen, läßt sich für die Beziehungen Pekings zu Ost-Berlin während der sino-sowjetischen Grenzkonflikte subsumieren, daß sie von zahlreichen publizistischen Attacken gekennzeichnet waren, die ganz unter dem Eindruck der sowjetischen Verhaltensweise standen[99]. Wie wenig diese verbalen Attacken die beiderseitigen Beziehungen allerdings tatsächlich beeinträchtigten, zeigen die im wesentlichen unverändert fortgesetzten Kontakte auf zwischenstaatlicher Ebene und die Unterzeichnung eines Handelsabkommens für 1969 im Juli dieses Jahres[100].

Die Tatsache, daß seit September 1969 die Polemik von beiden Seiten nahezu völlig eingestellt wurde, demonstriert nur einmal mehr, wie wenig die Beziehungen zwischen China und der DDR vom Konzept der Politiker in Ost-Berlin abhängig sind: Der Zeitpunkt fällt genau mit dem Besuch des sowjetischen Ministerpräsidenten Kossygin am 11. September in Peking zusammen, der nach den Grenzkonflikten eine Entspannung der Beziehungen einleitete.

Nach diesem Prinzip handelte die DDR auch in der Folgezeit. Im Juli 1970 besuchte zum erstenmal seit vier Jahren eine chinesische Regierungsdelegation unter der Leitung des stellvertretenden Außenhandelsministers Chou Hua-min die DDR[101], und im September entsandte Peking erneut einen Botschafter an die Spree[102].

Einer neuerlichen verbalen Auseinandersetzung zwischen China und der DDR lag das für die SED heikle Thema der bundesdeutsch-sowjetischen Beziehungen zugrunde. Peking verurteilte den Gewaltverzichtsvertrag zwischen der Bundesrepublik und der Sowjetunion am 13. September 1970, also einen Monat nach seiner Unterzeichnung, in einem ausführlichen Artikel und beschuldigte darin – wie auch schon vorher in anderem Zusammenhang – die Sowjetunion, den »Ausverkauf der Interessen des deutschen Volkes« zu betreiben[103]. Wie in seiner Haltung zur Deutschlandfrage seit 1964 überhaupt machte sich Peking auch hier zum Vertreter der »deutschen Interessen«, wie sie in China interpretiert wurden. Tatsächlich aber – und das geht aus den entsprechenden chinesischen Aussagen einwandfrei hervor – war das offensichtliche Hauptanliegen Pekings die Diffamierung der sowjetischen Politik gegenüber dem Westen und der DDR.

Für die Führung der SED entstand durch diese Haltung Chinas deshalb eine schwierige Situation, weil die Chinesen gegenüber dem Westen auf einer Unnachgiebigkeit beharrten, die früher für den Standpunkt der DDR charakteristisch war und darum sicher auch Momente beinhaltete, die der Ansicht Ost-Berlins zu diesem Fragenkomplex entsprachen. Da die SED nicht den Eindruck erwecken konnte, gemeinsame Sache mit den »chinesischen Spaltern« zu machen, konnte sie den chinesischen Standpunkt natürlich nicht unterstützen, sondern mußte ihn sogar ausdrücklich verurteilen. Aus dieser Situation muß auch die Replik der DDR vom 22. September auf die chinesische Attacke gesehen werden. Sie erschien erst eine Woche nach der sowjetischen und wurde am nächsten Tag in der *Prawda* abgedruckt. Peking wurde darin erneut eines Bündnisses mit Bonn bezichtigt, da es sich »auf dieselbe Plattform wie die bösartigsten Vertreter der reaktionären Presse Westdeutschlands begeben« hätte. Die chinesischen Beschuldigungen wurden zurückgewiesen und statt dessen die Behauptung aufgestellt, daß »der Vertrag eine grundlegende marxistisch-leninistische These verwirklicht . . .« Man stellte aber auch die Frage, »ob die Kommentatoren von *Jen-min Jih-pao* dafür eintreten, daß die Grenzen im Nachkriegseuropa vertraglich nicht anerkannt werden?«[104].

Deutlicher als in den Jahren zuvor läßt sich seit 1969 die ostdeutsche Chinapolitik als Nachvollzug der Moskauer Konzeption erkennen. Dies zeigt sich auch an der Reaktion auf die Entwicklung der sino-amerikanischen Kontakte. Ost-Berlin beteiligte sich rege an der konzentrierten Propagandakampagne des Sowjetblocks gegen die amerikanisch-chinesischen Beziehungen, wobei eigene Stellungnahmen die Ausnahme bildeten. Abgesehen von zwei Grundsatzartikeln, die relativ spät, am 29. Juli[105] und am 14. August 1971 im *Neuen Deutschland* erschienen[106], waren alle anderen Artikel zu diesem Thema Übernahmen aus der Presse anderer Staaten des Sowjetblocks. Der Inhalt der beiden Artikel unterschied sich dabei in nichts von den sowjetischen Beiträgen: Die amerikanisch-chinesischen Beziehungen wurden als »gefährlich« bezeichnet, »weil sie auf der gemeinsamen Plattform des Antisowjetismus erfolgen«. Damit wurde deutlich, daß die Polemik gegen die Kontakte zwischen Washington und Peking nicht auf prinzipiell ideologischen Motiven basierte, sondern auf reinen machtpolitischen Überlegungen: Ein engeres Verhältnis zwischen den USA und China würde die Position des Sowjetblocks sowohl im Hinblick auf die sino-sowjetischen Auseinandersetzungen als auch auf das Ost-West-Verhältnis empfindlich schwächen[107]. Insgesamt richteten sich die Angriffe weit mehr gegen Peking als gegen Washington. Von diesen Polemiken abgesehen, rückten aber auch die zwischenstaatlichen Kontakte wieder in den Vordergrund[108], begleitet von einer verstärkten Berichterstattung über ungetrübte chinesisch-sowjetische Beziehungen[109].

Neue Akzente erhielt die Chinapolitik der DDR, als die Chinesen im Rahmen der – von den Staaten des Sowjetblocks kritisierten – Ausweitung ihrer außenpolitischen Beziehungen auch das Verhältnis zwischen Bonn und Peking einer Überprüfung unterzogen. Die DDR, die bereits früher ein »Komplott Bonn–Peking« in den schwärzesten Farben ausgemalt und vor dessen Konsequenzen gewarnt hatte, sah in einer direkten Kontaktaufnahme zwischen Bonn und Peking in Verbindung mit der Opposition Pekings gegen die westdeutsche Ostpolitik, dem Widerstand Chinas gegen eine europäische Sicherheitskonferenz und der gleichzeitigen Befürwortung der europäischen Integration durch die Chinesen sowohl eine Gefährdung der eigenen Position als auch der sowjetischen Konzeption gegenüber Europa. Trotzdem reagierte Ost-Berlin vergleichsweise gemäßigt, die in der Presse der DDR veröffentlichte Kritik an den intensivierten Beziehungen zwischen Bonn und Peking stammte mit einer Ausnahme wiederum aus Publikationen des Ostblocks. Bei diesem einzigen Artikel handelte es sich um einen Beitrag in der Spalte »Kommentare«, der sich vor allem mit der Person und Parteizugehörigkeit Gerhard Schröders und dem Charakter der Beziehungen der CDU/CSU zu Peking befaßte, wobei allerdings auch die Bundesregierung selbst attackiert wurde, da sie Schröder »ganz offiziell« zur Berichterstattung über seine Chinareise empfangen habe[110].

Davon abgesehen ist seit Ende Juli 1972 eine zunehmende Zurückhaltung der DDR in bezug auf Kritik an China festzustellen. Das gilt vor allem für die Kontakte zwischen Bonn und Peking. So werden zwar die wichtigsten Artikel zu diesem Thema aus der sowjetischen Presse nachgedruckt, doch wurde auch in diesen Artikeln die Chinareise Außenminister Scheels nicht erwähnt. Die Aufnahme diplomatischer Beziehungen zwischen Bonn und Peking wurde nur gemeldet, aber nicht kommentiert[111].

Dieses Verhalten ist deshalb erstaunlich, weil man aus der Praxis der vergangenen Jahre weiß, wie geringer Anzeichen einer Verbesserung in den Beziehungen zwischen Bonn und Peking es bedurfte, um die DDR zu pointierten Attacken zu veranlassen. Die Zurückhaltung in diesem Bereich ist allerdings nicht grundsätzlicher Natur. Denn andererseits wurden gerade in der letzten Zeit andere Aspekte der chinesischen Außenpolitik kritisiert – beispielsweise die Veröffentlichung eines neuen chinesischen Atlasses, der Gebietsforderungen an die Sowjetunion enthält[112], das chinesische Veto gegen die Aufnahme von Bangla Desh in die Vereinten Nationen[113] und die chinesische Haltung gegenüber der westeuropäischen Einigungspolitik[114].

Eine Erklärung für diese offensichtliche Veränderung in der Haltung der DDR läßt sich nur unter Berücksichtigung der internationalen Situation und der Bedeutung der westdeutschen Ostpolitik für den Ostblock finden: Bei der Abhängigkeit der Chinapolitik der DDR vom Stand der Beziehungen zwischen Moskau und Peking wird die Haltung der DDR gegenüber der Aufnahme diplomatischer Beziehungen zwischen Bonn und Peking maßgeblich von der Sowjetunion bestimmt. Setzt man voraus – was ja auch von der Bundesregierung betont wurde –, daß die Priorität der bundesdeutschen Ostpolitik bei den unmittelbaren Nachbarn liegt und die Aufnahme der Beziehungen zur Volksrepublik China in Übereinstimmung mit Moskau erfolgte, dann wird evident, daß es nicht im Interesse der UdSSR liegen konnte, wenn Peking und die Bundesrepublik wegen der Aufnahme diplomatischer Beziehungen zueinander zum Objekt von Attacken aus dem eigenen Lager werden. Die offensichtliche Zurückhaltung der DDR gegenüber China, wie sie seit etwa 1970/71 erkennbar ist, läßt demnach nicht den Schluß zu, daß die Motivierung dafür in einer größeren Sympathie zur Volksrepublik China zu suchen ist. Die ostdeutsche Chinapolitik ist demnach mehr denn je als Funktion der Chinapolitik der Sowjetunion zu betrachten. Das schließt zwar eventuell vorhandene Sympathien einzelner SED-Politiker für China nicht aus, wohl aber eine Annäherung Ost-Berlins an Peking ohne die Zustimmung Moskaus.

III.
Die Wirtschaftsbeziehungen zwischen der DDR und China

Insgesamt betrachtet spiegelt sich in der Entwicklung der Wirtschaftsbeziehungen zwischen der DDR und China der Verlauf der politischen Beziehungen wider: In der Phase des freundschaftlichen Verhältnisses von 1950 bis 1960 wurden jährliche Handelsabkommen zwischen beiden Staaten unterzeichnet, wobei sich das Handelsvolumen stetig vergrößerte. In den Jahren 1957 bis 1958 konnte die DDR den dritten, 1959 (mit 216,6 Millionen Rubel) sogar den zweiten Platz hinter der Sowjetunion im Außenhandel der Volksrepublik China einnehmen[115]. Zwar ging der Handelsumfang 1960 auf 177,6 Millionen Rubel zurück, doch hat dieser Rückgang keine politischen, sondern allein wirtschaftliche Gründe, da er in unmittelbarem Zusammenhang mit den Auswirkungen des volkswirtschaftlichen Experiments des »Großen Sprungs nach vorn« steht, der für die Entwicklung der chinesischen Wirtschaft und Industrie große Verluste mit sich brachte.

Auch seit der anhaltenden Verschlechterung der zwischenstaatlichen Beziehungen zwischen Ost-Berlin und Peking zu Beginn der sechziger Jahre wurden regelmäßig Handelsabkommen zwischen beiden Staaten geschlossen, es ergaben sich jedoch in bezug auf den Handelsumfang in dieser Zeit einige bemerkenswerte Veränderungen. So war das Handelsvolumen in den Jahren 1961/62 weiterhin stark rückläufig und erreichte nur noch eine Höhe von 85,7 beziehungsweise 48,3 Millionen Rubel[116], wodurch die DDR auf der Liste der Außenhandelspartner Chinas nur noch unter »ferner liefen« rangierte. Das starke Absinken des Handelsvolumens in diesen Jahren hatte eindeutig politische Ursachen und ist im Kontext mit der durch den offenen Ausbruch der sino-sowjetischen Auseinandersetzung bedingten Verschlechterung der zwischenstaatlichen Beziehungen zwischen Peking und Ost-Berlin zu sehen. Der Abzug der sowjetischen Experten aus der VR China im Sommer 1960 war zugleich Tief- und Wendepunkt in den Wirtschaftsbeziehungen zwischen der DDR und der Volksrepublik China, wobei die analogen Maßnahmen Ost-Berlins eine Verstärkung des sowjetischen Drucks auf China bedeuten.

Nach Aussagen von DDR-Politikern über den starken Handelsrückgang mit China hat Peking »zahlreiche Verträge annulliert« und »wichtige Lieferungen unvermittelt storniert«[117], was darauf hinweisen würde, daß

Peking versucht hat, die DDR wirtschaftlich zu erpressen – möglicherweise um den Preis politischer Zugeständnisse im Hinblick auf die sino-sowjetische Auseinandersetzung. In die gleiche Richtung weisen andere ostdeutsche Äußerungen aus dem Jahr 1964 über die Verhandlungen mit Peking über ein Handelsabkommen für das laufende Jahr, bei denen die ». . . chinesischen Parteiführer als Hauptpreis ihrer Freundschaft zur DDR verlangten, daß die SED die Politik ihrer unverbrüchlichen Freundschaft mit der Sowjetunion und den anderen sozialistischen Ländern aufgibt. Gleichfalls wird verlangt, daß wir die Zusammenarbeit im Rat für gegenseitige Wirtschaftshilfe aufgeben und die abenteuerliche antimarxistische Konzeption der chinesischen Parteiführer akzeptieren« [118]. Aus der Volksrepublik China erfolgte dazu keinerlei Stellungnahme – es ist lediglich bekannt, daß für 1964 relativ spät schließlich doch ein Handelsabkommen vereinbart wurde. Daß es sich bei den zitierten Äußerungen der SED-Politiker um reine Erfindungen handelt, erscheint fraglich, zumal es durchaus möglich ist, daß China in Verbindung mit den sehr schlechten politischen Beziehungen zwischen beiden Staaten und der Entwicklung im Verhältnis zwischen Bonn und Moskau versucht haben könnte – in Verkennung der tatsächlichen Abhängigkeit der SED von Moskau –, die DDR auf seine Seite zu ziehen beziehungsweise gegen Moskau auszuspielen.

Auch für die Jahre 1965 bis 1972 wurden zwischen der DDR und China Handelsabkommen unterzeichnet, über die jedoch keine Einzelheiten bekannt wurden. Das Volumen des beiderseitigen Handels ist aber auch weiterhin rückläufig und beträgt nur einen Bruchteil des China-Handels der BRD.

IV.
Ost-Berlin zwischen Moskau und Peking

Bei dem Versuch, über die chronologisch-deskriptive Darstellung der ostdeutschen Chinapolitik hinaus den Charakter dieses oft so unterschiedlich verlaufenden Verhältnisses zu untersuchen, steht die Frage im Mittelpunkt, inwieweit die Chinapolitik der DDR überhaupt eigenständig ist oder ob es sich dabei, wie der Verlauf der Beziehungen bisweilen nahelegt, um eine sekundäre Funktion im Rahmen des sino-sowjetischen Konfliktes handelt, die DDR also nicht mehr als handelnder Akteur, sondern als ausführendes Organ zu betrachten ist.

Für die erste Phase der Beziehungen der DDR zu China bis zum Anfang der sechziger Jahre läßt sich dies relativ einfach beantworten: Die rasche Anerkennung und die Aufnahme diplomatischer Beziehungen durch Ost-Berlin erfolgte zwar im Rahmen des gesamten Ostblockes im Gefolge Moskaus, der im Gegensatz zu den Ländern des Westens die Volksrepublik China sofort anerkannte und diplomatische Beziehungen zu ihr aufnahm. In den folgenden Jahren entwickelte sich aber zwischen Ost-Berlin und Peking ein freundschaftliches, teilweise sogar herzliches Verhältnis mit einer gewissen Eigendynamik, das aus dem Rahmen der Chinapolitik der anderen Staaten Osteuropas herausfällt. Die Zeugnisse, die über die Haltung von DDR-Politikern gegenüber China aus dieser Zeit vorliegen, sprechen auch heute noch eine beredte Sprache und legen nahe, daß es sich hierbei um eine Chinapolitik handelte, die auch tatsächlich in Berlin »gemacht« wurde und auf echten Sympathien für die »gelben Genossen« und ihre Leistungen beruhte.

Wesentlich schwerer ist dagegen die Frage nach einer eigenständigen Chinapolitik der DDR in der zweiten Phase zu beantworten. Bei sorgfältiger Abwägung der möglichen Interpretationen – von der Rolle der DDR als »Handlanger Moskaus« bis zu der als »Scharfmacher« gegen China – spricht sehr vieles dafür, daß die DDR ihren Kurs gegenüber China zwar auf Veranlassung der UdSSR änderte, im Verlauf des Konfliktes aber in einzelnen Phasen echte, eigene Verärgerung über China zeigte und zum Ausdruck brachte. Daneben gab es Zeitspannen, in denen die DDR offensichtlich darauf bedacht war, nicht allzu sehr mit eigenen Angriffen gegen China hervorzutreten. Als Begründung bieten sich mehrere Möglichkeiten an: So mag es sicherlich zutreffen, daß es innerhalb der SED-Führung wenn auch keine »prochinesische Fraktion«, so doch chinafreundliche Tendenzen gab und gibt, die sowohl von den Leistungen Chinas als auch den pointierten Pro-Deutschland- und Anti-Moskau-Kampagnen Pekings angetan sind. Dies gilt ganz besonders im Zusammenhang mit der jüngsten Phase der Beziehungen, die dadurch gekennzeichnet ist, daß Peking »im Interesse des deutschen Volkes« gegen die UdSSR und teilweise auch gegen die Bundesrepublik polemisierte und dabei Argumente benutzte, die früher von der DDR verwendet wurden und die mit Sicherheit auch heute noch von manchen DDR-Politikern gern gehört werden. Die in diesem Zusammenhang entscheidende Frage, ob für die SED die Möglichkeit bestand oder noch besteht, mit den Chinesen »gemeinsame Sache« zu machen, muß für den gegenwärtigen Zeitpunkt und die absehbare Zukunft jedoch mit Nachdruck verneint werden, da eine derartige Entwicklung eine Änderung der Machtverhältnisse in Moskau voraussetzen würde.

Zieht man das Verhalten der Volksrepublik China gegenüber der DDR in Betracht, so fällt auf, daß Peking zu *keiner* Zeit die ostdeutsche Führung persönlich oder auch ihre Politik pauschal attackierte, sich statt dessen aber für die Interessen der DDR und nach eigenen Worten für die Interessen des deutschen Volkes *gegen* die Sowjetunion einsetzte. Auch dieser Umstand mag es der SED-Führung erschweren, Peking anzugreifen.

Insgesamt ergibt sich aus alledem für die Interessenlage der DDR gegenüber China, daß sie, nachdem sie Moskau unmittelbar und für absehbare Zeit verbunden und verpflichtet ist, aus möglicherweise vorhandenen Sympathien gegenüber China vorerst keine Konsequenzen ziehen kann. Die Haltung Chinas ist von der wohl ebenfalls als langfristig zu betrachtenden unversöhnlichen Feindschaft gegenüber der UdSSR und dem damit verbundenen Bestreben gekennzeichnet, die Verbündeten Moskaus in Osteuropa gegen ihre Führungsmacht aufzuwiegeln. In bezug auf Deutschland als Ganzes gibt man dabei einer Lösung den Vorzug, die weder Moskau noch Washington größere Einflußmöglichkeiten einräumt.

Daraus resultiert, daß für absehbare Zeit keine Veränderung im Verhältnis zwischen Peking und Ost-Berlin zu erwarten ist, wie auch vorerst kaum Aufschluß über die wirklichen Motive der Chinapolitik der SED zu erwarten ist. Offensichtlich befindet sich der eigentliche Standort Ost-Berlins tatsächlich zwischen Moskau und Peking, obwohl die Abhängigkeit von Moskau die Bestimmung des eigenen Standortes derzeit nicht zuläßt.

KAPITEL II

Die Bundesrepublik Deutschland
und die
Volksrepublik China

I.
Die Beziehungen bis zum Jahr 1964

Als die Regierung der neugegründeten Bundesrepublik im September 1949 darangehen konnte, außenpolitische Beziehungen aufzunehmen, spielten Überlegungen über das künftige Verhältnis zu China keine Rolle. Ganz abgesehen davon, daß die Beziehungen zur Republik China seit 1941 abgebrochen waren, hatten die Konsolidierung des eigenen Staates, die Westpolitik und die Deutschlandfrage Vorrang. Dementsprechend wurden auch zur Volksrepublik China keinerlei Kontakte aufgenommen.

Für beide Staaten galt, daß sie für die nächsten Jahre gleichermaßen dringendere Aufgaben wahrzunehmen hatten – für beide galt auch, daß sie auf Grund ihres Verhältnisses zu einer der Weltmächte – China zur Sowjetunion, die Bundesrepublik zu den USA – vorerst keine eigenständige Außenpolitik im eigentlichen Sinne betreiben konnten. Damit ist bereits ein bestimmendes Charakteristikum der deutsch-chinesischen Beziehungen genannt: Die Kontakte zwischen der Bundesrepublik und der Volksrepublik China waren zu keiner Zeit im eigentlichen Sinne unabhängig und frei von fremden Einflüssen. Spielte bei der Bundesrepublik von Anfang an die Abhängigkeit von den USA eine entscheidende Rolle, so war es im Falle Pekings die enge Bindung an die Sowjetunion, die eine Ausdehnung der außenpolitischen Kontakte auf sogenannte »kapitalistische Staaten« nicht erlaubte. Seitens der Bundesrepublik änderte sich dies erst zu Beginn der siebziger Jahre, als die sozialliberale Koalition eine zunehmend eigenständige Außenpolitik, gekennzeichnet durch die »neue deutsche Ostpolitik«, zu betreiben begann, womit die Chinapolitik freilich vom Regen in die Traufe geriet: Von der Abhängigkeit Bonns von den USA befreit, war die Bundesregierung nunmehr genötigt, auf die Sowjetunion und deren Verhältnis zu China Rücksicht zu nehmen.

Eine der ersten Aktionen der Volksrepublik China war die Verstaatlichung aller ausländischen Besitzungen und die Ausweisung aller Staatsangehörigen jener Staaten, die China gegenüber feindlich gesinnt waren. Die Bundesrepublik war in beiden Fällen von diesen Maßnahmen betroffen. Auch die von Deutschland aus geleiteten kirchlichen Institutionen wie die Fu-jen-Universität in Peking (die am 1. Oktober 1925 gegründet und am 20. Juni 1933 von der Styler-Mission übernommen worden war) wurden gleichzeitig mit der Ausweisung der Missionare geschlossen[1]. Die Rückführung der zahlreichen deutschen Kaufleute, die sich noch immer in China befanden, wurde vom Ostasiatischen Verein Hamburg-Bremen e. V. organisiert, der in mehreren Aktionen, die sich bis 1954 hinzogen, dafür sorgte, daß alle Deutschen wohlbehalten in ihrer Heimat ankamen. Über die Frage der noch in China verbliebenen Deutschen kam es zum ersten offiziellen Kontakt zwischen der Bundesrepublik und der Volksrepublik China überhaupt – und zwar durch den deutschen Gesandten in der Schweiz, Martin Fischer, der während der Genfer Indochina-Konferenz im Jahr 1954 die Gelegenheit wahrnahm, mit der chinesischen Delegation Verbindung aufzunehmen[2]. Nach dem Abschluß der Rückführungsaktionen wurde auch die ehemals größte Deutsche Gemeinde in Shanghai aufgelöst. In deren letztem Bericht heißt es: »Zum Schluß möchten wir der unbedingten Hoffnung Ausdruck geben, daß der Abschluß dieses Abschnittes in den Beziehungen zwischen Deutschland und China nicht als Beendigung, sondern nur als ein Übergang zu einer neuen erfolgversprechenden Arbeit und besseren Verständigung zum Wohle der beiden Völker zu betrachten ist.« [3]

Die Aussichten dafür waren jedoch schlecht. Einen Gutteil trug dazu die neue Regierung in Peking bei, die zunächst alle Deutschen, die vor 1949 in China gelebt hatten, als »staatenlos« bezeichnete, wenn sie nicht im Besitz eines Passes der DDR waren. Dies änderte sich erst im Frühjahr 1956, als die Deutschen, die nicht aus dem Gebiet der DDR stammten, einen Personalausweis erhielten, mit dem sie als »Bürger der Bundesrepublik Deutschland« ausgewiesen wurden. Erst ein Jahr später wurden dann alle Deutschen, unabhängig von ihrem Geburtsort, als Staatsangehörige der BRD anerkannt, wenn sie im Besitz eines Passes der Bundesrepublik waren. Die zahlreichen Versuche der DDR, die Deutschen in China zur Annahme von Pässen dieses Staates zu veranlassen, blieben ohne Erfolg[4].

In der Bundesrepublik selbst wurde das Thema »China« nur im Rahmen der vom kommunistischen Block ausgehenden Gefahr für die westliche Welt betrachtet. Von den vielen Äußerungen bundesdeutscher Politiker ist die des FDP-Abgeordneten Thomas Dehler interessant, der bereits 1955 die künftige Entwicklung des Verhältnisses zwischen China und der Sowjetunion vorhersagte:

»China unter Mao Tse-tung und Chou En-lai, das doch alles sein will, nur kein Satellitenstaat Rußlands, das nur vielleicht rot ist, aber eher und mehr gelb als rot sein wird . . . Ich meine, die sowjetischen Weltrevolutionspläne können sich auch an dem Freiheitswillen der asiatischen Völker brechen, und diese asiatischen Völker sind unsere gegebenen Bundesgenossen[5].«

Die erste Möglichkeit zur Veränderung der Beziehungen zwischen der Bundesrepublik und der Volksrepublik China überhaupt brachte das Jahr 1955. In diesem Jahr beendete die Volksrepublik China am 7. April durch einen Erlaß Mao Tse-tungs den Kriegszustand mit Deutschland. In diesem Erlaß wurde erklärt, »daß der Kriegszustand zwischen der Volksrepublik China und Deutschland damit beendet sein soll und friedliche Beziehungen zwischen den beiden Staaten errichtet werden sollen«[6]. Was man sich unter »Deutschland« vorstellen konnte, wurde nicht näher definiert. Immerhin war dadurch zumindest die formale Voraussetzung für die Aufnahme direkter Kontakte gegeben. Von der DDR wurde die neue Situation durch den Abschluß eines Freundschaftsvertrages mit China genutzt, von seiten der Bundesrepublik erfolgte keine Reaktion.

Unmittelbar nach Abschluß der Verhandlungen Adenauers mit Moskau über die Aufnahme diplomatischer Beziehungen mit der UdSSR schlug Peking die Aufnahme entsprechender Beziehungen zur Bundesrepublik vor: »Um die freundschaftliche Zusammenarbeit zwischen dem chinesischen und dem gesamten deutschen Volk zu fördern und um zur Erhaltung eines dauerhaften Weltfriedens beizutragen, glaubt das chinesische Volk, daß nunmehr die Zeit gekommen ist, normale Beziehungen zwischen der VR China und der deutschen Bundesrepublik herzustellen.«[7] Dieses chinesische Angebot muß im Zusammenhang mit einer Reihe ähnlicher Offerten der Staaten des Sowjetblocks zur gleichen Zeit gesehen werden. Es handelte sich um eine Kampagne der sozialistischen Staaten als Reaktion auf die Aufnahme diplomatischer Beziehungen zwischen Bonn und Moskau und auf die sich abzeichnende Hallstein-Doktrin, die davon ausging, daß die Bundesrepublik nur mit jenen Staaten diplomatische Beziehungen unterhielt, die über keine entsprechenden Kontakte zur DDR verfügen. Da die sozialistischen Staaten bereits diplomatische Beziehungen zur DDR unterhielten, wäre die Hallstein-Doktrin durch diplomatische Beziehungen zwischen ihnen und der BRD ad absurdum geführt worden.

Dementsprechend war die Bundesrepublik auch nicht gewillt, auf das Angebot aus Peking – wie auf das anderer sozialistischer Staaten – einzugehen. Am 21. September 1955 telegrafierte der damalige Staatssekretär Walter Hallstein an das deutsche Generalkonsulat in Hongkong, daß die »Bundesregierung (nicht) beabsichtigt, auf chinesische Sondierungen wegen Aufnahme diplomatischer Beziehungen zwischen Bundesrepublik und Volksrepublik einzugehen«[8]. Eine entsprechende Stellungnahme gab der Sprecher des Auswärtigen Amtes dann am 9. Dezember offiziell bekannt: Der Grundsatz, keine Beziehungen zu Ländern aufzunehmen, die mit der SBZ Beziehungen unterhielten, träfe auch auf China zu – lediglich die Sowjetunion stelle als vierte Besatzungsmacht eine Ausnahme dar[9].

Im nächsten Jahr stellte die FDP-Fraktion im Deutschen Bundestag den Antrag, eine ständige Wirtschaftsdelegation in Peking einzurichten. Anlaß der freidemokratischen Initiative war die Rückkehr des FDP-Abgeordneten Hermann Schwann von einer Chinareise, die er auf eigene Kosten unternommen hatte. Der Antrag wurde am 6. Dezember 1956 zusammen mit der Großen Anfrage der SPD-Fraktion zum Osthandel erörtert. Es war die einzige Sitzung des Bundestages, auf der die Beziehungen zu China Hauptthema waren. Diese Sitzung verlief jedoch ergebnislos: Nachdem die FDP ihrer Überzeugung Ausdruck verliehen hatte, daß die Beziehungen zur Volksrepublik China normalisiert werden sollten, konterte die CDU mit dem Hinweis auf die starke Abhängigkeit der Bundesrepublik von den USA und verwies auf deren antichinesische Haltung. Der Antrag wurde an den Auswärtigen Ausschuß überwiesen, der am 6. Februar 1957 darüber entschied, ihn zurückzustellen, um ihn »später« zu behandeln. Das ist jedoch bis heute nicht geschehen[10].

Einen entscheidenden Fortschritt in bezug auf die Normalisierung der bereits damals relativ umfangreichen Handelsbeziehungen zwischen der Bundesrepublik und China stellte dagegen der Abschluß eines handelsvertragsähnlichen Abkommens zwischen dem Ost-Ausschuß der Deutschen Wirtschaft und dem chinesischen Ausschuß zur Förderung des internationalen Handels dar, das am 27. September 1957 unterzeichnet wurde[11]. Dieses Abkommen war nach mehr als vierjährigen Verhandlungen und nach Überwindung einer Reihe von Hindernissen zustande gekommen. Es war auf ein Jahr befristet und sah keine automatische Verlängerungsklausel vor. Ein ganz entscheidender Passus war die Einbeziehung West-Berlins in seinen Geltungsbereich. China rechnete offenbar damit, daß nach Ablauf des Abkommens die erforderlichen neuen Verhandlungen mit Vertretern der deutschen Regierung geführt würden. Doch dazu kam es nicht, da Bonn sich wegen seiner Rücksichtnahme auf die USA nicht zu einer klaren Haltung in der Chinapolitik durchringen konnte. Damit bestand nach Ablauf des Vertrages, ab Ende 1958, wieder ein vertragsloser Zustand im Handel zwischen Deutschland und China[12]. Dem Handel selbst allerdings tat dies keinen Abbruch, er nahm stetig zu.

Die deutlichen Bestrebungen der bundesdeutschen Regierung, sich in diesen Jahren in der Chinafrage neutral zu verhalten, gehen letzten Endes darauf zurück, daß Bonn seine Chinapolitik an den USA orientierte und keine Präzedenzfälle in bezug auf einen Vergleich der Deutschland- mit der Chinafrage schaffen wollte. Aus diesem Grunde enthielt sich die Bundesrepublik auch jeder offiziellen Stellungnahme zu Ereignissen in oder um China. Bonn vertrat in der deutschen Frage den Alleinvertretungsanspruch und wollte deshalb nicht zum Sprecher einer Zwei-China-Lösung werden. Es war deshalb auch stets bemüht, Vergleiche der deutschen Situation mit der chinesischen zurückzuweisen. Besonders deutlich wurde dies, als der amerikanische Außenminister John Foster Dulles anläßlich der Quemoy-Krise des Jahres 1958 – die Chinesen beschossen damals vom Festland aus die nationalchinesischen Küsteninseln Quemoy und Matsu – diese Krise in der Straße von Formosa mit der Bedrohung Berlins durch die Sowjetunion verglich und sich die Bundesregierung mit einem »Runderlaß des Auswärtigen Amtes« gegen derartige Vergleiche verwahrte, da sie nicht im »deutschen Interesse« lägen[13].

Außer der Abhängigkeit von den USA gab es jedoch noch einen anderen Grund für die Zurückhaltung der deutschen Außenpolitik in der Chinafrage. Er wurzelte vor allem in Überlegungen Konrad Adenauers.

Das China-Bild Konrad Adenauers

Die vorsichtige Chinapolitik, die unter der Kanzlerschaft Konrad Adenauers von der Bundesrepublik verfolgt wurde, resultierte aus der sicher richtigen Erkenntnis, daß die Bundesrepublik noch nicht in der Lage war, eine eigene Chinapolitik mit Aussicht auf Erfolg zu betreiben. Diese Haltung wurde maßgeblich von Konrad Adenauer bestimmt, der sich sehr intensiv mit China und dem Verhältnis zwischen China und der Sowjetunion beschäftigte. Adenauer hatte sehr klare Vorstellungen über die künftige Konstellation im Verhältnis Peking–Moskau und die damit verbundenen Auswirkungen für den Westen.

Bereits im Juli 1954 äußerte er auf einer Sitzung des Auswärtigen Ausschusses des Bundestages – die die Genfer Indochina-Konferenz zum Thema hatte –, daß »kein Mensch voraussagen könne, ob Rot-China auf die Dauer im sowjetischen Block bleiben werde und ob es gegenwärtig hundertprozentig dazugehöre«. Deutschland sei zwar noch nicht in der Lage, seine Politik entsprechend der einen oder anderen Möglichkeit auszurichten, da seine politische Manövrierfähigkeit begrenzt sei, doch könne sich dies ändern. Die Bundesrepublik war seiner Ansicht nach als besetztes Land in der Asien-Frage »nur Zuschauer«. Zur Aufnahme diplomatischer Beziehungen mit der Volksrepublik meinte Adenauer, daß die Bundesrepublik erst souverän werden müsse, bevor die Frage der Aufnahme von Beziehungen »zu beiden chinesischen Staaten« geprüft werden könne[14].

Das China-Bild Adenauers wurde nicht unmaßgeblich durch den Arzt Wilhelm Starlinger geprägt, der lange in sowjetischer Gefangenschaft gewesen war und in den verschiedenen Lagern die Überzeugung gewonnen hatte, daß in der Sowjetunion eine echte Angst vor China bestehe. Er begründete diese Furcht mit einem kommenden Bevölkerungsdruck Chinas auf die Grenze der Sowjetunion[15]. Daraus folgerte Starlinger – womit Adenauer voll übereinstimmte –, daß China und die Sowjetunion früher oder später miteinander in Konflikt geraten würden, aus dem sich dann eine »totale Veränderung der großbritischen Weltlage« ergeben müsse. Diese Überzeugung Adenauers findet sich auch in seinen Memoiren vom Frühjahr 1955: »Die freie Welt sollte die augenblickliche Schwäche der Russen auszunutzen versuchen und die Russen dazu bringen, ihren Druck nach Westen aufzugeben und sich vor allem der Gefahr zuzuwenden, die sie wirklich bedrohte, nämlich Rot-China.«[16]

Eine Bestätigung seiner Meinung über das künftige Verhältnis zwischen China und der Sowjetunion erhielt Konrad Adenauer von einem der

Hauptbeteiligten selbst – von Nikita Chruschtschow, mit dem er im September 1955 in Moskau verhandelte. Adenauers Darstellung zufolge hatte sich Chruschtschow ihm gegenüber im Hinblick auf China wie folgt geäußert: »Chruschtschow kam wieder auf Rot-China zu sprechen. Er bezeichnete Rot-China als das größte Problem . . . Helfen Sie uns, mit Rot-China fertig zu werden. Zögernd fügte er hinzu, auch mit den Amerikanern.«[17]

Adenauer erwähnt, daß Chruschtschow diesen Eindruck von China erhalten habe, als er im Oktober 1954 erstmals Peking besucht hatte und große Zugeständnisse gegenüber den chinesischen Forderungen hatte machen müssen. Unter anderem war damals die Auflösung der »Gemischten Gesellschaften« in China beschlossen worden, die seinerzeit von Stalin zur Beherrschung der chinesischen Wirtschaft aufgebaut worden waren. Spätestens seit diesen Gesprächen im September 1955 wurde das Verhältnis zwischen Peking und Moskau zu einem bestimmenden Element in der politischen Konzeption Adenauers, da er damit den Schlüssel für die Lösung der deutschen Frage in der Hand zu haben glaubte: Adenauer war davon überzeugt, daß der Druck aus dem Osten die Sowjetunion gegenüber dem Westen zu Zugeständnissen zwingen würde[18].

Die Überlegungen Adenauers über die künftige Entwicklung der Weltpolitik wie der Europa- und Deutschland-Frage basierten also im wesentlichen darauf, daß die Sowjetunion nicht auf die Dauer mit dem Westen in einem Spannungsverhältnis leben könne, wenn es zu einer Auseinandersetzung mit China käme. Er glaubte, die Entwicklung werde dazu führen, daß Moskau vor die Entscheidung gestellt werde, ob es eine Auseinandersetzung mit Westeuropa und den USA oder mit China führen wolle, und hoffte, daß sich Moskau auf den Konflikt mit China konzentrieren müsse und deshalb Europa »in Ruhe« lassen werde. Gleichzeitig hatte er jedoch auch erkannt, daß diese Entwicklung nicht künstlich beschleunigt werden könne, sondern abgewartet werden müsse. Einen wesentlichen Faktor für diese Entwicklung sah er in der Integration Westeuropas, mit der Moskau klargemacht werden müsse, daß ein weiteres Vordringen in diesem Raum nicht möglich sei: Nur die Verhinderung der Machtausweitung der Sowjetunion nach Westen würde dazu führen, daß sich der Druck Chinas auf die Sowjetunion effizient auswirken könnte[19].

In jeder Gefährdung der westeuropäischen Einigung sah Adenauer einen Machtzuwachs für die Sowjetunion, was sich ganz deutlich anläßlich der Unterzeichnung des Österreichischen Staatsvertrages im Mai 1955 zeigte: In diesem Vertrag verpflichtete sich Österreich zur Wahrung der Neutralität. Adenauer, der jede Form der Neutralität ablehnte, weil er darin den ersten Schritt zu einer von Moskau angestrebten neutralen Zone in Europa sah, schrieb dazu:

> »Der Koloß Sowjetrußland, der mit seiner großen Machtfülle neben diesem Gürtel neutralisierter Staaten läge, würde diesen Gürtel und

auch andere europäische Staaten in seine Einflußsphäre hineinziehen. Damit hätte Sowjetrußland das erreicht, was immer Ziel seiner Politik gewesen war: Die Vereinigten Staaten wären aus Europa entfernt, und es verfügte zweitens durch die Beherrschung des wirtschaftlichen Potentials von Westeuropa über ein Kriegspotential, das das der Vereinigten Staaten übersteigen und das seine Widerstandskraft gegenüber Rot-China sehr stärken würde.«[20]

Letztlich resultierte aus der Bedeutung Westeuropas für die Sowjetunion auch Adenauers rückhaltloses Eintreten für die NATO, da »nur ein starkes Europa in Bündnissen mit den USA die Sowjetunion daran hindern könne, ihren Machtbereich so zu festigen, daß es eine Auseinandersetzung mit China erfolgreich durchstehen könne«. Nach Adenauers Darstellung war auch der französische Präsident de Gaulle in der Chinafrage seiner Ansicht. De Gaulle erklärte sich sogar bereit, den Gedanken aufzugreifen, falls sich eines Tages die Gelegenheit dazu ergebe, und gemeinsame diplomatische Schritte gegenüber der Sowjetunion in der Deutschland- und Europa-Frage zu unternehmen, falls der wachsende chinesische Druck dies ermögliche[21].

Die praktischen Konsequenzen, die Adenauer aus diesen Überlegungen für Deutschland zog, bestanden nicht darin, daß er versuchte, den Konflikt zwischen Peking und Moskau auszuspielen, er war davon überzeugt, daß der Aufstieg Chinas unweigerlich eine Änderung im Denken der Sowjets verursachen würde und sich Moskau eines Tages mit Europa und den USA verständigen müsse, um sich gegenüber China behaupten zu können. Er wollte nicht mit Peking eine Politik gegen Moskau betreiben, sondern darauf warten, bis die chinesische Politik die Sowjetunion gegenüber dem Westen »verständigungsbereit« mache. Die Lösung der deutschen und europäischen Probleme mit Moskau konnte nach seiner Überzeugung erst dann erfolgen, wenn der Zeitpunkt dafür gekommen war.

Die deutsche Neutralität in der Chinafrage während der Adenauer-Ära ist deshalb vor allem auch unter dem Aspekt zu sehen, daß Adenauer auf eine Chance für neue Ansätze in der Deutschlandpolitik warten wollte. Er handelte dabei allerdings nicht nach dem Grundsatz »der Feind meines Feindes ist mein Freund« und ging deshalb auch nicht auf die Forderung der Opposition ein, direkte Kontakte zu China herzustellen, wie sie von Ollenhauer gefordert wurden[22].

Entsprechend reagierte er, als ihn de Gaulle 1961 über die Aussichten diplomatischer Beziehungen zu China konsultierte, für die de Gaulle Interesse zeigte. Adenauer erwiderte, »man solle keine offiziellen Kontakte aufnehmen, solle aber versuchen, festzustellen, was Rußland gegenüber Rot-China tue und was die Vorgänge in Ostasien bedeuteten. Man müsse die Frage Rot-China im Auge behalten, aber man habe noch viel Zeit«[23]. Nach dem offenen Ausbruch der Differenzen zwischen Moskau und Peking vertrat Adenauer die Überzeugung, daß sich daraus »eines Tages« eine echte Verhandlungsbereitschaft der Sowjetunion ergeben werde, da die Stärke Pekings so bedrohlich sei, daß Moskau alles tun müsse, um sich den Rücken in Europa freizuhalten. Das Fazit daraus hieß: »Bis zu diesem Zeitpunkt müssen wir geduldig warten.« [24]

Die Beziehungen von 1958 bis 1964

Die einzige Veränderung, die sich im Verhältnis zwischen Bonn und Peking in den nächsten Jahren ergab, bestand in der Errichtung eines Büros der chinesischen Nachrichtenagentur *Hsinhua* (Neues China) im Oktober 1958 in Bonn. Eine entsprechende Vereinbarung war mit der *Deutschen Presse-Agentur*, Hamburg, auf der Grundlage der Gleichberechtigung der gegenseitigen Interessen vereinbart und von Bonn offiziell genehmigt worden[25]. Seit diesem Zeitpunkt war eine deutliche Zunahme der chinesischen Berichterstattung über die Entwicklung in der Bundesrepublik festzustellen. Berichtet wurde jedoch stets unter dem negativen Aspekt des Vordringens von »Militarismus« und »Imperialismus« unter dem Einfluß der USA. Die Londoner Ausgabe des täglichen Nachrichten-Bulletins der *Hsinhua* hatte dazu sogar eine eigene Spalte für »Germany« eingerichtet, während alle anderen westeuropäischen Länder unter der Rubrik »Western Europe« zusammengefaßt waren. Das Büro der Agentur wurde 1961 von Bonn nach Ost-Berlin verlegt, was mit der angespannten Devisenlage und »wirtschaftlichen Schwierigkeiten Chinas« begründet wurde. Erst 1964 wurde es in Bonn wiedereröffnet. Die Deutsche Presse-Agentur (dpa) konnte ihren Vertreter erst am 8. Dezember 1964 entsenden – trotz der Vereinbarung mit der chinesischen Agentur aus dem Jahre 1958, was unter anderem mit »politischen Schwierigkeiten« und der großen finanziellen Belastung mit dem Posten in Peking begründet wurde[26].

Eine Änderung in den Beziehungen zwischen Deutschland und China begann sich erst 1963 abzuzeichnen: Peking demonstrierte Bonn gegenüber insofern ein verändertes Verhalten, als die Berichterstattung der chinesischen Presse über die Bundesrepublik wesentlich unpolemischer wurde. Der chinesische Botschafter in Bern bedauerte in einem Gespräch mit dem Vorsitzenden des Ost-Ausschusses der Deutschen Wirtschaft, Otto Wolff von Amerongen, das Fehlen diplomatischer Beziehungen zu Bonn, da sich Wirtschaft und Politik voneinander nicht trennen ließen. Dabei registrierte er nicht ohne Zufriedenheit, daß Bonn auch zur Republik China keine offiziellen Beziehungen unterhielt[27]. Im Frühjahr 1963 wurde dann erstmals – und seither regelmäßig – ein Angehöriger des Deutschen Generalkonsulats in Hongkong zum Besuch der Frühjahrsmesse in Kanton eingeladen[28].

All diese recht deutlichen Angebote an Bonn erfolgten zu einem Zeitpunkt, als der sino-sowjetische Konflikt in den Jahren 1963/64 einem Höhepunkt zustrebte und sich das Verhältnis zur DDR durch die Ereignisse auf dem VI. Parteitag der SED im Januar 1963 entscheidend verschlechtert hatte[29].

Obwohl keine offizielle Reaktion auf die chinesischen Offerten erfolgte, begann die Bundesregierung seit Ende des Jahres 1963 ihr Verhältnis zur Volksrepublik China zu überdenken. Angeregt wurde sie dazu durch die überraschende Anerkennung der Volksrepublik durch Frankreich am 27. Januar 1964. Dieser Schritt fand keinen ungeteilten Beifall in Bonn. Vor allem die SPD kritisierte den französischen Entschluß. Das Präsidium äußerte seine »große Besorgnis«, da dieser Schritt die »desintegrierenden Elemente in der westlichen Politik« stärken werde[30], und der SPD-Pressedienst fürchtete Rückwirkungen auf die deutsche Frage, da Paris die Anerkennung der Volksrepublik China als »Akt der Respektierung der Realitäten der Weltpolitik« deklariert hatte. Die Frage nach den »Realitäten in Deutschland« dränge sich dadurch geradezu auf[31].

Konrad Adenauer war abgetreten und mit ihm offensichtlich auch seine Chinapolitik. Auf jeden Fall sah man in Bonn jetzt eine Formalisierung der Handelskontakte als vorteilhaft an und veranlaßte entsprechende Sondierungen. Ein Interview des chinesischen Außenministers Chen Yi vom Frühjahr 1964, in dem sich dieser über die Verbesserungen der Beziehungen zu Bonn äußerte, zeigte der Regierung an, daß der Zeitpunkt für die Aufnahme direkter Kontakte günstig sei. Chen Yi sagte unter anderem: »Es (ist) unsere grundlegende Hoffnung, daß beide Teile Deutschlands wirklich friedlich wiedervereinigt werden. Es ist gewiß nicht unsere Absicht, unsere Beziehungen zu Westdeutschland auszunutzen, um Ostdeutschland unter Druck zu setzen, oder unsere Beziehungen zu Ostdeutschland auszunützen, um Westdeutschland unter Druck zu setzen.«[32]

Besonders der Tatsache, daß Chen Yi ausdrücklich von »beiden Teilen Deutschlands« sprach und nicht etwa von »zwei deutschen Staaten«, wurde besondere Bedeutung beigemessen. Die 1964 von China erneut propagierte »Theorie der Zwischenzonen« mag dabei ebenfalls eine Rolle gespielt haben. Mao Tse-tung hatte in dieser Theorie die Vorstellung entwickelt, daß alle Staaten zwischen den beiden Machtblöcken Sowjetunion und USA prinzipiell zusammenarbeiten könnten, da zwischen ihnen gewisse Gemeinsamkeiten bestünden[33].

II.
Die deutsch-chinesischen Gespräche des Jahres 1964

Die Entscheidung für die Aufnahme von offiziellen Gesprächen mit China wurde von der Bundesregierung im Mai 1964 gefällt, nachdem die Chinesische Botschaft in Bern gegenüber Otto Wolff von Amerongen erklärt hatte, daß die für Bonn wichtige Berlin-Klausel für den Abschluß eines Handelsabkommens zwischen beiden Staaten, an dem China sich sehr interessiert zeigte, »kein Hindernis« sei[34].

Die deutschen Überlegungen beruhten dabei im wesentlichen darauf, daß der Konflikt zwischen Moskau und Peking und seine Auswirkungen auf die Außenpolitik Chinas Anlaß zur Überprüfung gäben, ob sich in Kontakten mit Peking Kräfte freisetzen ließen, die mittel- oder unmittelbar auch die Deutschlandfrage beeinflussen könnten. Die politische Aufwertung Chinas durch offizielle Verhandlungen – die ausdrücklich von Peking gefordert waren – sollte in Kauf genommen werden, wenn sich Peking bereit zeige, Bonn gegen Moskau und Ost-Berlin in der Deutschlandfrage zu unterstützen. Es wurde dabei vorausgesetzt, daß der Konflikt Peking–Moskau eine solche Bereitschaft herbeiführen könne, wofür als deutliches Anzeichen die Nervosität Moskaus und Ost-Berlins auf die Theorie von der »Zwischenzone« gewertet wurde. Die Gespräche sollten mit Vertretern der Chinesischen Botschaft in Bern stattfinden. Der formale Auftrag für den deutschen Unterhändler, Legationsrat Dr. Hauser, bestand darin, mit China ein Warenabkommen zu schließen, wenn dieses eine Berlin-Klausel akzeptiert[35].

Die Entscheidung war von Bundeskanzler Ludwig Erhard und von Außenminister Gerhard Schröder getroffen worden und basierte auf den Überlegungen, die bereits Konrad Adenauer in bezug auf die Auswirkungen des sino-sowjetischen Konfliktes angestellt hatte. Allerdings glaubte man nun nicht mehr abwarten, sondern handeln zu müssen – ein Trugschluß, wie sich später herausstellte.

Am 25. Mai 1964 fand das erste Gespräch zwischen den deutschen und den chinesischen Vertretern in Bern statt. Sein Ergebnis bestand im wesentlichen in zwei Punkten: Zum einen hatten sich die Chinesen bereit gezeigt, West-Berlin mit »Geltungsbereich DM-West« zu umschreiben oder auch unter der Bezeichnung West-Berlin in das beabsichtigte Abkommen einzubeziehen, zum anderen war aber klargeworden, daß China nur an einem offiziellen Handelsabkommen, Bonn jedoch nur an einem Warenabkommen ernsthaft interessiert war[36]. Entscheidungen waren bei diesem Gespräch nicht gefallen, zumal es bei diesem und den folgenden Kontakten lediglich um Vorgespräche über die eigentlichen Verhandlungen ging.

Nach diesem Gespräch reiste Bundeskanzler Erhard zu einem offiziellen Besuch in die USA. Eines der Themen, die mit amerikanischen Politikern erörtert wurde, war die Frage der Beziehungen zur Volksrepublik China. Erhard wurde dabei offensichtlich recht massiv von seinen amerikanischen Gesprächspartnern deutlich gemacht, daß ein Alleingang Bonns in der Chinapolitik von den USA nicht akzeptiert werden könne, da jede Kontaktaufnahme mit Peking als eine unmittelbare Unterstützung des »Gegners« aufgefaßt werde, gegen den – nach Außenminister Rusk – amerikanische Soldaten in Vietnam »im Kampf stehen und fallen«[37]. Die logische Schlußfolgerung daraus konnte nur sein, daß Bonn den USA als den »Verteidigern der freien Welt« nicht in den Rücken fallen dürfe. Auf einer Pressekonferenz zum Abschluß seines Besuches stritt Erhard dann auch mit Nachdruck ab, daß Bonn je die Absicht gehabt habe, einen Handelsvertrag abzuschließen, sondern lediglich die Frage geprüft habe, »wie der Handel mit Rot-China intensiviert« werden könne, ». . . aber an eine zwingende Form wie einen Handelsvertrag haben wir nie gedacht«[38]. Diese Äußerungen Erhards riefen in der deutschen Öffentlichkeit den Eindruck hervor, daß es danach zu keinen weiteren Kontakten mit China mehr gekommen sei[39].

Der Eindruck entsprach jedoch nicht den Tatsachen: Am 21. Juli kam es zu einem weiteren Gespräch in Bern, bei dem die chinesische Seite zwar die Meldungen über die Pressekonferenz Erhards kritisierte, da dadurch der Eindruck entstanden sei, daß die Bundesregierung, »entsprechend dem Kurs der USA«, gegenüber Peking eine »feindselige Haltung« einnehme. Daran schloß sich aber erneut die Frage an, ob die deutsche Seite zu Verhandlungen über ein Regierungsabkommen bereit sei, woraufhin der deutsche Vertreter erklärte, daß die Bundesrepublik an einem »sachlichen Gespräch über ein Warenabkommen« interessiert sei. Danach wurden Vorschläge über Verhandlungsort und Verhandlungsweise gemacht, wobei Legationsrat Dr. Hauser aber nicht den Unterschied zwischen einem Regierungs- und einem Handelsabkommen klarmachte[40].

Am 3. Oktober kam es zu einem dritten Gespräch in Bern, bei dem die chinesische Seite erklärte, daß Peking weiter an einer Verbesserung der Beziehungen zur Bundesrepublik und an einer Ausweitung des Handels interessiert sei. Allerdings komme ein Warenabkommen nicht in Betracht, da es »nicht zur Förderung des Handels beitrage«. Gleichzeitig erklärte sich China bereit – offensichtlich mit Blick auf die Beziehungen Bonns zu Washington –, auf die Bundesrepublik »Rücksicht« zu nehmen, bis »gewisse Schwierigkeiten« überwunden seien. Die Atmosphäre bei diesem Gespräch soll ausgesprochen freundlich gewesen sein[41].

Am 23. November fand das vierte und letzte Gespräch statt. Es verlief in einer ausgesprochen frostigen Atmosphäre, und obwohl Einigkeit darüber erzielt wurde, daß die Deutsche Botschaft in London Anfang Januar 1965 mit der dortigen Botschaft Chinas Verbindung aufnehmen sollte, um eine Fortsetzung der Gespräche zu vereinbaren, wurde doch im Verlauf des Gespräches deutlich, daß China in verschiedenen Punkten seine Meinung geändert hatte. Abgesehen von einer deutlichen Verärgerung über die Äußerungen von Franz Josef Strauß bei seinem Besuch in Taipeh, wo er die Errichtung von Handelsmissionen zwischen der Republik China und der Bundesrepublik gefordert hatte, erklärte sich China nun nicht mehr bereit, West-Berlin in ein zu schließendes Abkommen einzubeziehen, wobei ausdrücklich auch die West-Berlin-Klausel in der von den osteuropäischen Staaten akzeptierten Form ausgeschlossen wurde[42].

Damit waren die »Berner Gespräche« beendet, und als die deutsche Seite im Januar 1965 versuchte, in London mit der Botschaft Chinas Kontakt aufzunehmen, gaben Mitglieder der chinesischen Botschaft zu erkennen, daß sie an einer Fortsetzung dieser Kontakte nicht mehr interessiert seien[43].

Die Gespräche in Bern – ihre Bedeutung und ihr Abbruch

Von chinesischer Seite liegt keine Begründung für den Abbruch der Verhandlungen vor, und auch von deutscher Seite ist erst seit 1971 Näheres über den Verlauf der Gespräche bekanntgeworden[44].

Als Ursache für den Abbruch der Gespräche zwischen Deutschland und China wurden mehrere Möglichkeiten in Betracht gezogen, von denen einige auf Grund der Gegebenheiten als unwahrscheinlich ausscheiden. Dazu gehören die lange Jahre als Grund für den Abbruch der Gespräche gewerteten Äußerungen Bundeskanzler Erhards anläßlich seines Besuches in den USA im Juni 1964. Wären diese für Peking tatsächlich der Grund gewesen, die Gespräche abzubrechen, so wäre dies bereits beim zweiten Gespräch, am 21. Juli, geschehen und nicht erst vier Monate später.

Ebenso muß die auf den ersten Blick verlockende Argumentation abgelehnt werden, daß der Abbruch der Gespräche eine unmittelbare Ursache des Sturzes von Chruschtschow gewesen sei. Zwar wurde Chruschtschow zwischen dem dritten und dem vierten Gespräch – am 14. Oktober 1964 – gestürzt, der Verlauf des sino-sowjetischen Konfliktes läßt jedoch nicht den Schluß zu, daß Peking wegen einer Hoffnung auf eine Verbesserung der Beziehungen mit Moskau die Gespräche mit Bonn abgebrochen habe[45]. Dies muß schon allein deshalb bezweifelt werden, weil zwar nach chinesischen Aussagen solche Hoffnungen bestanden, andererseits aber einer Delegation unter Premier Chou En-lai anläßlich der Oktober-Feierlichkeiten im November 1964 in Moskau – noch vor dem vierten Gespräch – klargemacht worden war, daß sich die künftige sowjetische Chinapolitik nicht um »einen Deut« ändern werde[46].

Auch die von China beim letzten Gespräch angeführten Begründungen – daß Peking ein Handelsabkommen, Bonn aber nur ein Warenabkommen anstrebe, und die plötzliche Weigerung, West-Berlin in ein Abkommen einzubeziehen – können nicht die einzigen Gründe gewesen sein, da die Chinesen zuvor einer Einbeziehung West-Berlins durchaus positiv gegenüberstanden und die Frage des Waren- beziehungsweise Handelsabkommens noch nicht zur Entscheidung gestanden hatte.

Die Ursachen müssen deshalb außerhalb der bilateralen Beziehungen zwischen Peking und Bonn gesucht werden. Dazu ist es notwendig, sowohl die außenpolitische Interessenlage Chinas, vor allem aber die Beziehungen Pekings zu Moskau und Ost-Berlin und die Bonns zu Washington und Moskau zu berücksichtigen. Auch die Beziehungen Ost-Berlins zu Peking und Moskau spielten dabei eine gewisse Rolle. Bei Beginn der Gespräche bestanden folgende grundlegende Gegebenheiten in dieser Mächtekonstellation:

Die Aufnahme der Gespräche zwischen Bonn und Peking erfolgte nach entsprechenden chinesischen Angeboten an die Bundesrepublik. Bonn nahm diese Angebote an – mit der ausdrücklichen Zielsetzung, die sino-sowjetischen Differenzen für die Regelung der Deutschlandfrage im Sinne Bonns zu nutzen.

Beide Seiten wollten ein Abkommen zur Formalisierung des Handels vereinbaren. In den Monaten zuvor hatte die Bundesrepublik mit Bulgarien, Rumänien, Polen und Ungarn ebenfalls Abkommen unterzeichnet, in deren Geltungsbereich West-Berlin ausdrücklich miteinbezogen worden war – West-Berlin wurde dabei regelmäßig mit der Klausel »Währungsgebiet DM-West« umschrieben[47]. Von der DDR war das Verhalten der Staaten des Sowjetblocks scharf kritisiert worden[48].

Die Beziehungen zwischen China und der UdSSR hatten im Laufe des Jahres 1964 ihren absoluten Tiefpunkt erreicht. Peking hatte seine Kritik an Chruschtschow so gesteigert, daß eine Aussöhnung mit Moskau unter seiner Regierung nicht mehr möglich erschien[49].

Für die Beziehungen Chinas zur DDR gilt ähnliches: Seit Anfang 1963 hatten sich die Beziehungen zunehmend verschlechtert, und offensichtlich hatte Peking Anfang 1964 versucht, die DDR zu erpressen und von Moskau weg auf seine Seite zu ziehen[50].

Während der Gespräche in Bern waren folgende Ereignisse im Bezugsrahmen Peking–Moskau–Washington–Ost-Berlin–Bonn von Bedeutung:

▷ Zwischen dem ersten Gespräch am 25. Mai und dem zweiten am 21. Juli:

DDR–UdSSR: Seit dem 29. Mai hielt sich Ulbricht mit einer Delegation in der Sowjetunion auf und unterzeichnete dort am 12. Juni einen Vertrag über »Freundschaft, gegenseitigen Beistand und Zusammenarbeit«. Dieser Vertrag wurde von China heftig angegriffen, das behauptete, der Vertrag ändere den Status der DDR um »kein Jota«[51].

BRD–USA: Mitte Juni erklärte Bundeskanzler Erhard während seines Besuches in Washington, daß die Bundesrepublik mit Rücksicht auf die USA die Beziehungen zu China nicht vertiefen werde. China reagierte darauf mit einem feindseligen Artikel – dem ersten dieser Art seit langem. In diesem Artikel ergriff es eindeutig Partei für die DDR und verurteilte gleichzeitig mit Nachdruck die Bundespräsidentenwahlen vom 1. Juli in Berlin als »provokatorische Aktion des Revanchismus«[52].

DDR–VR China: Genau zwei Tage später besuchte eine chinesische Delegation die DDR und unterzeichnete in Ost-Berlin ein Abkommen über wissenschaftliche Zusammenarbeit[53]. Ebenfalls im Juli besuchte der Schwiegersohn von Chruschtschow, Adshubej, die Bundesrepublik, und zur gleichen Zeit äußerte Chruschtschow selbst die Absicht, demnächst ebenfalls die Bundesrepublik zu besuchen. Zu diesen Berichten veröffentlichte die chinesische Presse Interviews mit DDR-Bürgern, die alle Pläne, die DDR zu »kaufen« oder zu »verkaufen«, empört ablehnten[54].

▷ Zwischen dem zweiten Gespräch am 21. Juli und dem dritten am 3. Oktober:

DDR–VR China: Peking unterstützte wiederholt die Haltung der DDR in der Deutschlandfrage, attackierte die Politik der Bundesrepublik, beschuldigte Bonn der »Annexionsgelüste«, Moskau des »Verkaufs der DDR«[55]. Am 2. August wurde das längst überfällige Handelsabkommen mit der DDR unterzeichnet.

DDR–UdSSR: Zum 15. Jahrestag der Gründung der DDR im Oktober besuchte eine sowjetische Delegation unter Breshnew Ost-Berlin, wobei dem offiziellen Kommuniqué zufolge über die Chinafrage »volle Einigkeit« erzielt wurde[56]. Woraus man schließen kann, daß die chinesischen Versuche, die DDR für die Politik Pekings zu gewinnen, gescheitert waren.

▷ Zwischen dem dritten und dem vierten Gespräch am 23. November erfolgte der Sturz Chruschtschows, zwei Tage später explodierte die erste chinesische Atombombe. Am 13. November kam es anläßlich der Oktober-Feierlichkeiten zu einem ersten Zusammentreffen zwischen chinesischen Vertretern und der neuen sowjetischen Führung in Moskau, wobei den Chinesen klargemacht wurde, daß von den Nachfolgern Chruschtschows keine neue Chinapolitik zu erwarten sei[57].

Aus dem dargestellten Ablauf der Beziehungen der beteiligten Staaten können gewisse Folgerungen im Hinblick auf die deutsch-chinesischen Gespräche gezogen werden:

1. Die Gesprächsaufnahme zwischen Bonn und Peking erfolgte zu einem Zeitpunkt, als das Verhältnis Pekings zur Sowjetunion wie auch zur DDR auf einem absoluten Tiefpunkt angelangt war.
2. Während der Gespräche in Bern erfolgte eine Intensivierung der Beziehungen der Bundesrepublik zu den USA, wobei deutlich wurde, daß die Chinapolitik Bonns ganz wesentlich von Washington abhängig ist.
3. Zur gleichen Zeit erfolgte durch die Unterzeichnung des angekündigten Freundschaftsvertrages zwischen Ost-Berlin und Moskau ein weiteres Aneinanderrücken dieser beiden Staaten.

Unterstellt man, daß Peking die Gespräche mit Bonn in der Hoffnung begonnen hatte, die Bundesrepublik durch ein offizielles Abkommen gegen die DDR und die UdSSR auszuspielen, dann liegt es nahe, daß die Chinesen in dem Augenblick die Gespräche abbrachen, als sie die Aussichtslosigkeit dieses Unterfangens erkannten. Peking hätte dies eigentlich schon nach Erhards Äußerungen über China in Washington bemerken müssen. Die sich anbahnende Intensivierung der Kontakte zwischen der Bundesrepublik und der Sowjetunion durch die Ankündigung von Chruschtschows Besuch in Bonn machte Peking dann wohl endgültig deutlich, daß sein Versuch gescheitert war und es von allen Seiten isoliert zu werden drohte.

Offensichtlich entschloß sich Peking auf Grund dieser neuen Situation, seine Beziehungen zur ideologisch verwandten DDR zu intensivieren, um sich wenigstens dort eine – wenn auch geringe – Einflußmöglichkeit zu erhalten.

III.
Die neuerliche Entfremdung: Die Beziehungen von 1965 bis 1970

Nach den ergebnislos verlaufenen Gesprächen in Bern wandte sich die chinesische Außenpolitik anderen Schwerpunkten zu, und auch in der Bundesrepublik kehrte man – nach mancherlei Spekulationen über diese Gespräche – zum politischen Alltag zurück, der mit China nur sehr wenig zu tun hatte.

Die veränderte Haltung Chinas gegenüber der Bundesrepublik wurde für die Öffentlichkeit erst ein Jahr später deutlich, als Außenminister Chen Yi im September 1965 auf einer Pressekonferenz über die Handelsbeziehungen zwischen China und Westdeutschland ausführte, daß »Westdeutschland seinen Plan, die DDR zu annektieren, nicht aufgegeben« habe . . . und »China unter diesen Umständen keine offiziellen Handelsbeziehungen zu Westdeutschland aufnehmen« könne[58].

Damit war die weitere Haltung Pekings festgelegt. Der von Chen Yi angegebene Grund, die Bundesrepublik wolle »die DDR annektieren«, war allerdings kaum das wirkliche Motiv Chinas für den Abbruch der Kontakte. Diese Äußerung diente lediglich der Unterstützung Ost-Berlins und signalisierte die Wendung in der Deutschlandpolitik Pekings. Im übrigen wird aus verschiedenen Äußerungen chinesischer Politiker – von Angehörigen des Außenministeriums bis zum Handelsrat der Botschaft in Bern – über das Verhältnis zur Bundesrepublik deutlich, daß selbst offizielle Repräsentanten Chinas nicht über den tatsächlichen Verlauf der deutsch-chinesischen Gespräche informiert waren[59].

Im Februar 1966 erging dann eine ähnliche Absage an die Adresse der Bundesrepublik[60], doch bereits der nächste Monat zeigte, wie wenig die Handelsbeziehungen von diesen Erklärungen beeinträchtigt wurden. War die Trennung der Politik vom Handel stets ein Prinzip der Wirtschaftsbeziehungen Bonn–Peking gewesen, so wurde dies besonders deutlich, als das Bundeskabinett am 15. März 1966 der Gewährung einer Bundesbürgschaft in Höhe von mehreren hundert Millionen Mark für ein Projekt in China zustimmte[61]. Dieses sogenannte DEMAG-Projekt betraf die Erstellung eines Walzwerkes, dessen Kosten in Höhe von ca. 600 Millionen DM ein europäisches Konsortium aufbringen sollte. Die Bundesbürgschaft bewirkte eine große Publizität und – vor allem bei den USA und Japan – heftige Kritik, der sich Indien anschloß. Die USA bezeichneten die Bürgschaft sogar »als schweren Schlag gegen die Sicherheit der amerikanischen Truppen in Vietnam«[62]. Die Bundesrepublik wies diese Kritik als »ungerechtfertigt« zurück und »bedauerte« sie[63]. Daß das Projekt dann doch nicht zustande kam, lag nicht an dieser Kritik, sondern an der Uneinigkeit in der Preisfrage. Die Verhandlungen zogen sich bis zum November 1967 hin und wurden sicher auch durch die Kulturrevolution beeinträchtigt. Erst im Mai 1968 wurde das Scheitern der Verhandlungen bekanntgegeben.

Die »Große Proletarische Kulturrevolution« in China, die vom Zentralkomitee der Kommunistischen Partei Chinas am 8. August 1966 beschlossen wurde, hatte keine direkten Auswirkungen auf die deutsch-chinesischen Beziehungen. Nach wie vor erfreute sich die Bundesrepublik einer besonderen Wertschätzung der Nachrichtenagentur *Hsinhua*. Neben den mehr pauschalen Vorwürfen, die Bundesrepublik arbeite mit dem »US-Imperialismus« zusammen, wurde die innenpolitische Entwicklung mit bösartigen und zum Teil gehässigen Artikeln kommentiert.

Die Regierungserklärung der Großen Koalition zwischen CDU/CSU und SPD vom 13. Dezember 1966 bot zwar »allen Ländern der Welt« an, diplomatische Beziehungen mit der BRD aufzunehmen. Dieses Angebot – soweit es überhaupt auch an die Adresse Chinas gerichtet war – wurde von Peking jedoch ignoriert. Dafür genoß Bonn eine Aufmerksamkeit anderer Art: Die Sowjetunion beargwöhnte zunehmend die gar nicht bestehenden deutsch-chinesischen Beziehungen und polemisierte gegen ein angebliches Bündnis zwischen beiden Staaten. Daran änderten weder Dementis der Bundesregierung etwas noch eine Erklärung von Außenminister Brandt, er beabsichtige nicht, die »chinesische Karte zu spielen«[64]. Den sowjetischen Angriffen entsprach ein chinesisches Pendant, da Peking seinerseits ein »Komplott Bonn–Moskau« attackierte. Die Polemik gegen beide kommunistischen Großmächte, gegen »ihr« Komplott und gegen Bonn wurde während der Grenzzwischenfälle des Jahres 1969 zwischen China und der Sowjetunion weiter verstärkt.

1969 erfolgten erneute Vorstöße wirtschaftlicher und politischer Kreise in bezug auf eine Intensivierung und Aufwertung der Beziehungen zur Volksrepublik China. Bundeskanzler Kiesinger schloß bei seinem Besuch in Japan im Mai die Errichtung von Handelsmissionen zwischen beiden Staaten nicht aus[65], worauf Peking allerdings nur mit einem polemischen Kommentar zu Kiesingers Reise reagierte[66].

Während sich im Fernen Osten Chinesen und Russen militärische Gefechte lieferten und sie anschließend publizistisch vor aller Welt ausschlachteten, trugen in der Bundesrepublik Vertreter aller politischen Parteien nicht minder heftige Wortgefechte im Wahlkampf für den neuen Bundestag aus. Dabei fühlte sich ausgerechnet Bundeskanzler Kiesinger, der sich noch kurz zuvor für eine Intensivierung der Chinapolitik ausgesprochen hatte, veranlaßt, mit drohend-mahnenden Worten und dem ihm eigenen Pathos die »gelbe Gefahr« zu beschwören. Ob seine Zuhörer in der

Provinz sein: »Ich sage nur China, China ... China!« verstanden oder verstehen sollten, wird sich kaum klären lassen.

Peking wiederum fühlte sich bemüßigt, auch die bundesdeutschen Wahlen zu kommentieren, vor allem aber wieder alle Kontakte zwischen Bonn und Moskau. Das Ergebnis des Besuches einer SPD-Delegation in Moskau war demnach der Versuch der »sowjetischen Revisionisten«, sich bei den »Bossen der westdeutschen SPD einzuschmeicheln«, während das Verhältnis der CDU zu Moskau als Zeichen dafür erklärt wurde, daß »der Sowjetrevisionismus mit dem westdeutschen Militarismus fraternisiert«[67]. Das Wahlergebnis selbst wurde von Peking als »Farce des Auswechselns der Pferde durch die monopolkapitalistische Klasse« kommentiert, »die damit aus ihrer mißlichen innen- und wirtschaftspolitischen Lage herauszukommen versucht ... und die breite Masse der Werktätigen täuschen wolle[68]. Das Sprachrohr Pekings, die albanische Presse, wurde noch deutlicher: sie nannte Willy Brandt den »besten Favoriten der Breshnew-Kossygin-Clique«[69].

Die neue Regierung betrieb jedoch zunächst keine »neue Chinapolitik«. Zwar wurde in der Regierungserklärung wieder der Wunsch zum Ausdruck gebracht, »Beziehungen mit allen Ländern« aufzunehmen – was nach späterer Interpretation auch China einschloß. Eine direkte Erwähnung Chinas wurde jedoch mit Rücksicht auf die angestrebten Gespräche mit der Sowjetunion unterlassen[70]. Nach chinesischer Interpretation zeigte die Regierungserklärung, daß die neue Regierung »die gleiche Politik des Militarismus und Revanchismus wie ihre Vorgängerin verfolgt«. Ja sie sei noch »hinterlistiger und schurkischer«, indem sie sich einer »konterrevolutionären Doppeltaktik« bediene. Damit war bereits die neue Ostpolitik angesprochen, in der Peking offensichtlich seine Befürchtungen eines Bündnisses zwischen Bonn und Moskau bestätigt sah[71].

Die neue deutsche Ostpolitik konzentrierte sich zunächst ausdrücklich auf die räumlichen Nachbarn und schloß damit China indirekt von der Normalisierung der Beziehungen aus. Auf zwischenstaatlicher Ebene ergaben sich deshalb auch in den nächsten Jahren zwischen Bonn und Peking keine Veränderungen. Die Wirtschaftsbeziehungen zwischen beiden Staaten wurden unvermindert fortgesetzt, auch das chinesische Interesse an der deutschen Politik hielt weiter an, die Volksrepublik China schien dagegen für die Außenpolitik der Bundesrepublik nicht existent zu sein. Eine Änderung dieser Situation sollte sich erst 1972 ergeben.

IV.
Die Bundesrepublik Deutschland in der chinesischen Presse

Wie die Entwicklung der deutsch-chinesischen Beziehungen deutlich macht, war China stets an allen Deutschland und die Bundesrepublik betreffenden Ereignissen sehr interessiert – anders ist jedenfalls die häufige Erwähnung von Fragen der deutschen Politik in der chinesischen Presse und die Publizierung deutschsprachiger Zeitschriften und Broschüren nicht zu erklären. China bedient sich bei der Verbreitung deutschsprachiger Informationen verschiedener Organe. An erster Stelle stehen dabei die fremdsprachlichen Sendungen von Radio Peking, die seit 1950 stark angewachsen sind: Von damals wöchentlich 66 Stunden stiegen sie auf 1468 im Jahr 1970. Insgesamt rangiert der Auslandsdienst des chinesischen Rundfunks an zweiter Stelle in der Welt und wird nur noch von der Sowjetunion übertroffen[72]. Die nach Westeuropa ausgestrahlten Programme begannen im Frühjahr 1958 in englischer Sprache und hatten eine Dauer von täglich zwei Stunden. In deutscher Sprache wurde ab April 1960 bis 1964 täglich eine Stunde gesendet, danach wurde die Sendezeit verdoppelt. Derzeit sind die Nachrichten und Meldungen über Radio Peking jeweils von 19 h bis 19.30 h und von 21 h bis 22 h auf Meterband 43,7; 42,8 und 26,2 Meter zu hören[73].

Außerdem werden von China in großem Umfang deutschsprachige Publikationen vertrieben und gefördert, die in Peking herausgegeben werden und deren Publizierung der Propagandaabteilung des Zentralkomitees der Kommunistischen Partei Chinas untersteht. Bis 1966 soll für den deutschsprachigen Bereich der stellvertretende Außenminister Wang Ping-nan verantwortlich gewesen sein, der jedoch nach der Kulturrevolution nicht mehr in der Öffentlichkeit erschienen ist. Von den deutschen Mitarbeitern dieser Abteilung sind Senta Lewin und Rotraud Meissner bekannt, die deutschsprachige Propagandabroschüren übersetzt haben. Seit der Kulturrevolution arbeitet Frau Lisa Niebank in Peking, die vorher Deutschunterricht am Zweiten Fremdsprachigen Institut in Peking gegeben hatte und seit Herbst 1967 im Fremdsprachenverlag tätig war. Die *Peking Rundschau* soll von dem früheren Pater und Dozenten der Pekinger Fu-jen Universität, Hüngsberg, redigiert werden. Mit Pater Hüngsberg arbeitet Dr. Ma Hai-teh zusammen, hinter dessen Namen sich der amerikanische Venerologe Dr. George Haten verbirgt, der sich 1936 der kommunistischen

Bewegung unter Mao Tse-tung anschloß und später eine chinesische Filmschauspielerin heiratete. Ebenfalls an der *Peking Rundschau* war der Schweizer Journalist Fredy Knuchel aus dem Tessin beschäftigt, der Ende 1965 mit einem von der Chinesischen Botschaft in Bern ausgestellten Vertrag als Sprachlehrer in die Volksrepublik China ging und – nach zwei Jahren Hausarrest in Peking – im Oktober 1969 des Landes verwiesen wurde. Die Zeitschriften *China im Bild* und *Briefe aus China* werden von der Österreicherin Dr. Ruth Weiß übersetzt. Neben Frau Weiß arbeiten aus Österreich auch der pekingfreundliche Kommunist Hans Litschauer und seine Frau Herta an diesen Publikationen mit. Herta Litschauer hatte vorher den Vertrieb der chinesischen Schriften in Wien geleitet. Ein anderer Österreicher, ein ehemaliger Redakteur am KPÖ-Zentralorgan *Volksstimme* und späterer Vertreter der österreichischen Kommunisten in der Redaktion der internationalen Zeitschrift *Probleme des Friedens und des Sozialismus* in Prag, Karl Sacher, arbeitet ebenfalls in Peking[74]. Aus der Tätigkeit dieser Deutschen, Österreicher und Schweizer erklärt sich die moderne und leicht lesbare Diktion der Propagandaschriften – im Gegensatz zu den oft schwerfälligen Übersetzungen aus Moskau.

Die wichtigsten Zeitschriften in deutscher Sprache aus Peking sind heute die *Peking Rundschau*, die wöchentlich, und *China im Bild*, das monatlich erscheint. Die 1967 in Hamburg erschienene wöchentliche Illustrierte *China*, die im Auftrag der Agentur *Hsinhua* Meldungen über China publizierte, hat ihr Erscheinen Ende 1971 eingestellt und wurde von einer neuen Publikation, der Vierteljahresschrift *Dong Feng* (Ostwind), abgelöst; sie wird offensichtlich ebenfalls mit chinesischer Unterstützung herausgegeben und von mehreren chinafreundlichen deutschen Journalisten maßgeblich gestaltet[75]. *China im Bild* erscheint seit dem Juli 1956 in deutscher Sprache, die internationale Gesamtauflage soll über eine Million betragen, wovon allerdings nur ein kleiner Teil auf die deutsche Ausgabe entfällt. Die *Peking Rundschau* erscheint seit September 1964 in deutscher Sprache, die Auflagenhöhe ist nicht bekannt. Diese Zeitschriften werden von China erheblich subventioniert, da die mit Luftpost verschickten Abonnements für die *Peking Rundschau* lediglich 9 DM jährlich kosten, die Postgebühren allein aber nach deutschen Tarifen für den gleichen Zeitraum 183,60 DM betragen würden.

Einer Analyse der außenpolitischen Berichterstattung der chinesischen Presse muß vorausgeschickt werden, daß die Presse eines totalitären Staates nicht der objektiven Berichterstattung dient, sondern das Ziel verfolgt, die vom Regime als richtig erkannten Ansichten und Meinungen im politischen Bewußtsein des Volkes zu verankern. Die Berichterstattung in fremdsprachigen Publikationsorganen dient vor allem der Propagierung des eigenen Standpunkts bei der Bewertung politischer Vorgänge im Ausland, wobei auch diese Berichte eine Rückwirkung auf das Inland haben, da sie im Falle Chinas auch in innerchinesischen Publikationen erscheinen.

Zur chinesischen Berichterstattung über die Bundesrepublik läßt sich ganz allgemein feststellen, daß sich praktisch alle Berichte vor 1970/71 *gegen* die Bundesrepublik, das heißt gegen die jeweilige Regierung richteten. Daneben wird auch im Falle der Bundesrepublik – wie bei anderen Staaten – deutlich zwischen Volk und Regierung unterschieden. Während »freundschaftliche Bande« zwischen dem deutschen und dem chinesischen Volk bestehen, wird die Regierung, die das Volk unterdrückt, als Hindernis für die Entwicklung guter Kontakte angesehen.

Die Schwerpunkte der chinesischen Berichterstattung über die Bundesrepublik verlagerten sich im Verlauf der letzten Jahre öfters, wobei zwischen Berichten über die innenpolitische Entwicklung und Meldungen über die Außenpolitik unterschieden werden muß. Generell erfreuten sich Demonstrationen, Protestaktionen und Streiks in der Bundesrepublik einer stets gleichbleibenden Aufmerksamkeit und Wertschätzung, während für den Bereich der Außenpolitik die nach Pekings Ansicht guten Beziehungen zu den USA an erster Stelle stehen. Die Bundesregierung wird in diesem Zusammenhang als »Lakai des amerikanischen Imperialismus« bezeichnet – gleichgültig ob es sich um die deutsche Nahostpolitik oder die Entwicklungshilfe handelt[76].

Seit 1968 ist in mehrfacher Hinsicht eine Verschiebung der chinesischen Berichterstattung festzustellen. In den entsprechenden Artikeln werden in zunehmendem Maße die Beziehungen der Bundesrepublik zu Moskau hervorgehoben und ein angebliches Einvernehmen zwischen Bonn und Moskau kritisiert. Seit der gleichen Zeit ist eine weitere Tendenz erkennbar: Peking bemüht sich mehr und mehr, die Meinungsverschiedenheiten zwischen Westeuropa und Amerika, Westeuropa und der Sowjetunion sowie der europäischen Staaten untereinander hervorzuheben. Das wird etwa am Tenor der Meldungen über das Treffen zwischen Bundeskanzler Kiesinger und Präsident de Gaulle im Januar 1968[77] oder in den Berichten über die Gespräche von Bundeskanzler Brandt mit Pompidou und Heath[78] deutlich. Im Vordergrund stehen jweils die Gegensätze und Widersprüche im westlichen Lager, wobei in der ersten Phase mehr von den Gegensätzen in Westeuropa, dann aber zunehmend von denen Westeuropas mit den USA und der Sowjetunion berichtet wurde[79]. Eine ganz deutliche Ausprägung erfuhren diese Berichte zu Beginn der siebziger Jahre, als sich Peking zunehmend an westeuropäischen Fragen interessiert zeigte, wobei es für eine Stärkung der westeuropäischen Integration und für eine unabhängige Politik Westeuropas gegenüber den USA und der Sowjetunion eintrat.

Relativ unverändert blieb dagegen das Interesse Chinas an der innenpolitischen Entwicklung der Bundesrepublik. Hauptnenner aller entsprechenden Kommentare und Artikel war jeweils die »revanchistische und militaristische« Politik der Bundesregierung. Trotz wechselnder innenpolitischer Probleme war die Propaganda Pekings stets darauf ausgerichtet, die deutsche Politik in negativem Licht erscheinen zu lassen und das in Opposition stehende Volk positiv hervorzuheben. Einer der Kristallisationspunkte der chinesischen Berichte im Sommer des Jahres 1968 war die Diskussion um die Notstandsgesetze[80].

Als gleichbleibende Schwerpunkte der Berichte über die deutsche Innenpolitik ergeben sich folgende Themenkreise:

- ▷ Protestaktionen von Studenten, Schülern und Arbeitern,
- ▷ die Wirtschaftsentwicklung und die Militärpolitik sowie
- ▷ die Politik der rechtsgerichteten »faschistischen Parteien« und Gruppierungen.

Das Bild der Bundesrepublik, das sich aus der chinesischen Darstellung ergibt, sieht demnach etwa so aus: Das deutsche Volk lehnt sich tapfer gegen seine militärischen und revanchistischen Führer auf, seine Studenten setzen sich entschlossen gegen das dekadente Erziehungssystem, die Arbeiter gegen das kapitalistische Wirtschaftssystem und das ganze Volk gegen den überall auftauchenden Neofaschismus zur Wehr; wirtschaftspolitisch steuert die Regierung auf den Bankrott zu, die Außenpolitik scheitert an unüberwindlichen Widersprüchen, die sich aus der Zusammenarbeit der reaktionären Herrscherclique mit den »US-Imperialisten« und den »sowjetischen Revisionisten« ergeben.

Verwunderlich ist nur, daß ein derart »dem Niedergang entgegenstrebender Staat« nicht nur diese Propaganda überstanden hat, sondern offensichtlich auch weiterhin existiert. Aus dieser Sicht ist allerdings verständlich, daß die auch für China nützlichen und notwendigen Handelsbeziehungen zwischen Bonn und Peking nirgends erwähnt werden.

Die jüngste Entwicklung in den deutsch-chinesischen Beziehungen und das ihnen zugrunde liegende Interesse Pekings an Westeuropa brachte seit 1970/71 auch einen Wandel im Deutschlandbild der chinesischen Presse. Im Vergleich zu den früheren Berichten werden jetzt ausgesprochen sachliche Darstellungen über die Bundesrepublik publiziert. Nach vielen Jahren der polemischen Kritik sind die positiven Artikel über die Außenpolitik[81] ebenso auffällig wie die sachliche Wiedergabe der innenpolitischen Entwicklung. Über die Anhebung des Diskontsatzes[82], das neue Kabinett[83] und auch über das Regierungsprogramm der sozialliberalen Koalition[84] wird objektiv berichtet. Auch das Verhältnis zu den USA wird nunmehr unter dem Aspekt der Kritik Bonns an der amerikanischen Politik beleuchtet[85]. Dem entspricht die neue Haltung gegenüber der NATO: An die Stelle der früher üblichen Kritik an der deutschen Manöverbeteiligung sind sachliche Berichte getreten, die eine Spitze gegen Moskau enthalten. Beispielsweise wird als Ziel des »Reforger«-Manövers angegeben: die »Zurückschlagung einer militärischen Aggression aus dem Osten«[86]. Die propagandistische Entlastung der Bundesrepublik erfolgte also auf Kosten des »aggressiven Charakters« der Politik der Sowjetunion.

Die Gründe für das früher so negative Deutschlandbild der chinesischen Presse wie für den Wandel zum Positiven in der letzten Zeit liegen in der außenpolitischen Konzeption der Volksrepublik China. Diese war im Hinblick auf Europa bis zum Ende der sechziger Jahre von der unbedingten Feindschaft Chinas gegenüber den »kapitalistischen« und »imperialistischen« Staaten unter der Führung der USA gekennzeichnet. Anfang der siebziger Jahre änderte sich die Konzeption durch die Ausweitung der diplomatischen Kontakte Pekings, wozu im Herbst 1971 auch die Aufnahme in die Vereinten Nationen und die Herstellung direkter Kontakte zu den USA gehörte. Aus dieser gefestigten Situation Pekings in der internationalen Arena resultiert das Bestreben, als »dritte Weltmacht« aufzutreten und als solche auch in Westeuropa seinen Einfluß geltend zu machen, wobei dessen Unabhängigkeit gegenüber den USA und der UdSSR angestrebt wird. Nicht allein wegen der geographischen Nähe wird Moskau als größere Gefahr für diese Unabhängigkeit betrachtet.

Daraus ergibt sich die Schlußfolgerung, daß das Interesse Pekings an der Bundesrepublik trotz des offensichtlichen Wandels in der Haltung zu keinem Zeitpunkt primär in der Bundesrepublik selbst begründet war. Vielmehr waren und sind es die besondere politische Situation und die Möglichkeit der Nutzung der BRD für die außenpolitischen Ziele Chinas, die Bonn für Peking so interessant macht. Wie sich die Kritik an der deutschen Politik stets mehr an die Adresse der USA oder der Sowjetunion als an die BRD selbst richtete, so ist auch die gegenwärtige Unterstützung der deutschen Politik durch China durchaus eigennützig, da China sich Vorteile für seine neue Westeuropapolitik verspricht. Das Verhalten Pekings hat sich nur in der Form, nicht aber in seiner Zielsetzung verändert.

V.
Die Bundesrepublik Deutschland im sino-sowjetischen Konflikt

Seit dem offenen Ausbruch des sino-sowjetischen Konfliktes spielte sowohl für China als auch für die Sowjetunion das Verhältnis des jeweils anderen Staates zur Bundesrepublik offensichtlich eine besondere Rolle. Erkennbar wird dies weniger an praktischen Schritten der Politik als an der propagandistischen Auswertung aller Kontakte zwischen Bonn und Moskau durch Peking auf der einen und zwischen Bonn und Peking durch Moskau auf der anderen Seite.

In der Deutschlandfrage selbst stellte sich China von jeher konsequent hinter die Forderungen der DDR und damit auch – zumindest bis Anfang der sechziger Jahre – auf die Seite der Sowjetunion. Dies wurde an der Unterstützung der ostdeutschen und sowjetischen Haltung in dieser Zeit deutlich – ob es sich dabei um die Feststellung handelte, daß ». . . eine Lösung der Deutschlandfrage nur möglich (ist), wenn beide deutschen Staaten . . . miteinander verhandeln«[87], oder um den chinesischen Protest gegen die Anwesenheit westlicher Truppen in Berlin. So verurteilte Außenminister Chen Yi am 2. September 1961 nachdrücklich die Entsendung zusätzlicher amerikanischer Truppen nach dem Bau der Mauer[88], wurden der Besuch des amerikanischen Präsidenten Kennedy 1963 in Berlin[89], die Bundespräsidentenwahlen vom März 1969[90] und der Besuch von Bundespräsident Heinemann in dieser Stadt[91] kritisiert. Seit Anfang der sechziger Jahre änderte sich diese Argumentation insofern, als Peking seither zwar weiterhin die Forderungen und den Standpunkt der DDR unterstützt, jedoch behauptet, daß zwischen den Vorstellungen Ost-Berlins und Moskaus ein wesentlicher Unterschied bestehe, da Moskau Ost-Berlin für seine »hegemonistischen Ziele« ausnutze. Deshalb unterstütze die Volksrepublik China die DDR, kritisiere aber Moskau wegen seiner Deutschlandpolitik.

Entsprechend dem Verlauf der Beziehungen Chinas zur Sowjetunion und zur DDR setzte die direkte Kritik Pekings an der Deutschlandpolitik Moskaus erst nach 1963 ein. Albanien hatte bereits seit 1961 Ton und Richtung der chinesischen Haltung wiedergegeben, weshalb es wichtig erscheint, auch die Position Albaniens in diese Betrachtung miteinzubeziehen.

Der unmittelbare Anlaß für die erste chinesische Kritik an der sowjetischen Deutschlandpolitik waren die Modalitäten der Unterzeichnung des Atomteststoppabkommens durch die DDR im Jahr 1963. Peking warf Moskau vor, ». . . daß die Unterzeichnung des Abkommens durch die Deutsche Demokratische Republik nicht deren Anerkennung als Staat einschließt . . . und auf die Annullierung des internationalen Status der DDR . . . auf die Anerkennung des Bonner Regimes . . . hinausläuft«[92]. Dieser Vorwurf des »Verkaufs der deutschen Interessen« zieht sich wie ein roter Faden durch die chinesische Kritik zu diesem Themenbereich. Er wird anläßlich des Abschlusses des Freundschaftsvertrages zwischen der DDR und der Sowjetunion vom Sommer 1964[93] ebenso wiederholt wie bei der Bekanntgabe der Absicht Chruschtschows im selben Jahr, die Bundesrepublik zu besuchen. Peking warf Chruschtschow hierbei vor, mit Bonn ein »neues Geschäft« machen zu wollen, und sah ihn »mit dem Hute in der Hand nach Bonn« ziehen[94]. Entsprechend der Eskalation im Konflikt mit der Sowjetunion unter Chruschtschow wurde besonders die Polemik gegen die Deutschlandpolitik Moskaus während des Jahres 1964 erheblich verstärkt. Dabei witterte China abenteuerliche Machenschaften: »Bonner Propagandisten befürworten offen ein ›Geschäft‹ mit der Sowjetunion, der man die DDR für einen bestimmten Preis abkaufen will.«[95] Auf der anderen Seite wurde der DDR gleichzeitig versichert, daß »ein Angriff auf die DDR als Angriff auf das gesamte sozialistische Lager betrachtet . . . wird«[96].

Der erste große Angriff auf die Deutschlandpolitik Moskaus nach dem Sturz Chruschtschows erfolgte im Mai 1965 in einer Rede von Peng Chen anläßlich seines Besuches in Indonesien. Peng Chen bezweifelte in dieser Rede, daß die neuen Führer der UdSSR auch eine neue Politik betreiben würden, als Kriterium nannte er die Deutschlandpolitik: »Warum setzen sie dann Chruschtschows Politik fort, die auf einen Verkauf der DDR abzielt?«[97]

Durch die massive Verschlechterung der Beziehungen zwischen China, der Sowjetunion und dem Sowjetblock während der Kulturrevolution und die dadurch bedingte Verlagerung der Polemik auf andere Bereiche trat die Diskussion um die Deutschlandpolitik in den Jahren 1966/67 in den Hintergrund und wurde erst zu Beginn des Jahres 1968 wiederaufgenommen. In den chinesischen Attacken wurde dabei nicht nur der Vorwurf des »Ausverkaufs deutscher Interessen«[98] wiederholt, sondern auch in immer stärkerem Maße auf die angeblich zunehmende Verbesserung in den Beziehungen zwischen Bonn und Moskau verwiesen, nachdem sich »die revisionistische sowjetische Führung ihrer Anti-Bonn-Maske entledigt hatte«. China behauptete dabei, daß »die sowjetischen Revisionisten keine Mühe scheuen, den Ausverkauf der Interessen der DDR noch offener zu betreiben und die Verbindungen mit den westdeutschen Militaristen zu verstärken«[99]. Es dauerte dann nicht mehr lange, bis im Juli 1968 China erstmals das seiner Meinung nach »wahre Ziel« der sowjetischen Politik entlarvte. Danach haben die »sowjetischen Revisionisten . . . in den Entspannungschor eingestimmt, um die Situation in Europa zu stabilisieren, damit sie sich den immer stärker werdenden revolutionären Bewegungen in den verschiedensten Ländern Asiens, Afrikas und Lateinamerikas zuwenden können. In besonderem Maße wünschen sie freie Hand in ihrer Opposition gegen China«[100].

Damit wurde deutlich ausgesprochen, was vorher nur Vermutung war – nämlich daß die chinesische Polemik gegen die Deutschlandpolitik Moskaus nicht in einem besonderen Interesse an der deutschen Frage begründet war, sondern daß sie aus der Furcht resultierte, Moskau wolle mit seiner Westpolitik seine Westgrenze befrieden, um sich dann gegen China wenden zu können. China mußte zu diesen Überlegungen Anlaß haben, und es ist sicher nicht verfehlt anzunehmen, daß das sowjetische Verhalten gegenüber China auch die Drohung enthielt, gegen China einen präventiven Schlag zu führen. Aus dieser Sicht der Dinge ist es nicht verwunderlich, daß China die sowjetische Westpolitik aufmerksam verfolgt und nie vergißt, auf das »eigentliche Ziel« der »sowjetischen Revisionisten« hinzuweisen. Die chinesischen Befürchtungen wurden außerdem ganz wesentlich durch das Vorgehen der Sowjetunion gegen einen anderen sozialistischen Staat verstärkt. Die Intervention in der CSSR am 21. August 1968 wurde von China auf das heftigste verurteilt, ebenso wie die sogenannte »Breshnew-Doktrin« von der »begrenzten Souveränität der sozialistischen Staaten«, da Peking sich nunmehr unmittelbar bedroht und als nächstes Ziel einer Aggression Moskaus sah[101]. Unter diesem Aspekt ist die Intensivierung der Angriffe Pekings gegen die deutsch-sowjetischen Kontakte zu sehen, die zudem durch die Verhandlungen zwischen Moskau und Bonn über einen Gewaltverzichtsvertrag neuen Auftrieb erhielten. China wiederholte dabei die bekannten Vorwürfe gegen die Zusammenarbeit der »sowjetischen Revisionisten« mit dem »westdeutschen Militarismus« und den »Ausverkauf der Interessen des deutschen Volkes«[102]. Die Intervention in der CSSR war außerdem für China Anlaß, seine politische Strategie gegenüber Ost- und Westeuropa zu überdenken.

Bemerkenswert ist in diesem Zusammenhang die chinesische Zurückhaltung in zwei doch recht bedeutsamen Punkten: China äußerte sich vergleichsweise selten über den Plan einer europäischen Sicherheitskonferenz. Sicherheitsminister Li Hsien-nien bezeichnete die Konferenz lediglich als »verschwörerischen Plan der sowjetischen Revisionisten«, der das Ziel habe, »Osteuropa unter ihre Kontrolle zu bringen«[103]. Die Gespräche zwischen der Bundesrepublik und der DDR wurden von der Presse Chinas überhaupt nicht erwähnt. Der Grund dafür liegt darin, daß Peking wegen dieser Gespräche entweder die DDR oder die BRD hätte kritisieren müssen – beides lag jedoch nicht im Interesse der chinesischen Deutschlandpolitik.

Moskau hätte nur mit einigen »Kunstgriffen« verantwortlich gemacht werden können. Wesentlich einfacher erwies sich dagegen die Kritik an den deutsch-sowjetischen Beziehungen. Anfang 1970 gipfelte diese Kritik in der Behauptung, daß die Sowjetunion durch den Abschluß eines Gaszentrifugen-Abkommens Bonn zu Atomwaffen verhelfe[104]. Der deutsch-sowjetische Vertrag über Gewaltverzicht vom August 1970 wurde in einem Leitartikel ausführlich verurteilt. Darin wurden die Thesen vertreten, daß der Vertrag

- ▷ die Eigenstaatlichkeit der DDR und die Interessen des Sowjetvolkes verrate,
- ▷ eine Ermutigung und Begünstigung des westdeutschen Militarismus darstelle,
- ▷ die Verschlagenheit und die Niederträchtigkeit der Brandt-Regierung, nicht aber ihre Vernunft und ihren Realismus zeige und schließlich dem Frieden und der Sicherheit in Europa nicht zum Vorteil sondern zum Nachteil gereiche[105].

In seiner Gesamtheit brachte jedoch dieser auch im Westen viel beachtete Artikel keine wesentlich neuen Argumente, sondern hielt sich im Rahmen der bereits bekannten chinesischen Vorwürfe. Dieses Hauptdokument gegen die Entwicklung der deutsch-sowjetischen Beziehungen stellt gleichzeitig den Schlußpunkt unter die chinesische Polemik gegen diese Beziehungen dar. Seither wurde trotz der weiteren Intensivierung der Kontakte Bonns zu Moskau wie zu Ost-Berlin keine Kritik mehr geübt. Die Ergebnisse der Ostpolitik wurden nur noch kommentarlos gemeldet – wie beispielsweise die Unterzeichnung des Berlin-Abkommens[106].

Ganz anders als China verhielt sich Albanien, dessen Rolle im sino-sowjetischen Konflikt zum besseren Verständnis der albanischen Polemik im Gefolge Chinas in aller Kürze aufgezeigt werden soll.

Albaniens Position als Verbündeter Chinas im sino-sowjetischen Konflikt ist im wesentlichen dadurch gekennzeichnet, daß Tirana als propagandistisches Sprachrohr Chinas auftritt. Eine andere Rolle, etwa als militärischer Verbündeter, verbietet sich wegen der Größe dieses kleinen Staates mit ca. zwei Millionen Einwohnern von selbst. Um so aktiver ist die Propagandatätigkeit durch Funk und Presse. Seit November 1961 besteht in diesem Bereich eine enge Zusammenarbeit zwischen Peking und Tirana, und zwei Jahre später nahm der erste von China gelieferte Kurzwellensender in Albanien seine Tätigkeit auf. Im Januar 1964 wurde ein Rundfunkabkommen geschlossen, in dessen Rahmen mehrere Sender in Albanien errichtet wurden, der stärkste ist ein Mittelwellensender mit einer Sendeleistung von 500 bis 700 Kilowatt[107]. Das relativ umfangreiche Programm von Radio Tirana in deutscher Sprache umfaßt täglich vier Stunden auf den Meterbändern 32, 41, 50 und 215[108].

Die albanische Presse ist ebenfalls außerordentlich aktiv. Hauptträger ist die *Albanische Telegraphen-Agentur* (ATA), die 1944 gegründet wurde und im Haus der Albanischen Botschaft in Wien eine Filiale hat. Neben den täglichen Agenturmeldungen und Artikeln des Parteiorgans *Zëri i Popullit* werden auch eine Reihe kleinerer polemischer Broschüren publiziert und in alle Welt versandt. Die Themenkreise der albanischen Stellungnahmen und Kommentare stimmen im wesentlichen mit den chinesischen überein, ihre erklärten Hauptziele sind die Politik der USA und der Sowjetunion. Die albanischen Polemiken erscheinen stets vor entsprechenden chinesischen Äußerungen und sind teilweise wesentlich schärfer formuliert. Peking behält es sich von Fall zu Fall vor, entweder mit eigenen Stellungnahmen zum gleichen Thema nachzuziehen, die albanischen Artikel im Wortlaut zu übernehmen oder auch ganz zu schweigen.

Diese Verhaltensweise trifft in besonderem Maß für das Taktieren in der Deutschlandpolitik zu. Die erste Phase in der Zeit von Ende 1961 bis Mitte 1964 war dadurch gekennzeichnet, daß Albanien im November 1961 die Kritik an der sowjetischen Deutschlandpolitik überhaupt einleitete – und zwar durch Staats- und Parteichef Enver Hodscha selbst, der Chruschtschow vorwarf, die »Verantwortung für eine Lösung des deutschen Problemes« zu scheuen[109]. In diesen Jahren wurde die West- und Deutschlandpolitik Moskaus nur von Albanien, nicht jedoch von China kritisiert.

Die zweite Phase von 1964 bis 1970 zeigte eine weitgehende Übereinstimmung im Verhalten Albaniens und Chinas in der Deutschlandfrage. Nunmehr schloß sich auch China der Kritik an der sowjetischen Politik an – wobei dies nur ein Thema der Polemik im sino-sowjetischen Konflikt war, der in dieser Zeit einem Höhepunkt zustrebte. Albanien war dabei insofern der chinesischen Propaganda voraus, als es teilweise Forderungen stellte, die von China in dieser Form nicht erhoben wurden. Dies betrifft beispielsweise die 1966 erhobene Forderung Albaniens nach einem Friedensvertrag für die DDR und die damit verbundene Kritik an der Erklärung von Ministerpräsident Kossygin, daß »der Status quo in der Deutschlandfrage befriedigend« sei[110].

Dieses gemeinsame Taktieren wurde durch den chinesischen Artikel gegen den Vertrag zwischen der BRD und der UdSSR vom September 1970 beendet. Seit diesem Zeitpunkt ist eine erneute Änderung im Verhalten beider Staaten in diesem Punkt festzustellen: China selbst veröffentlicht keinerlei Stellungnahmen mehr zu diesem Themenkreis, während Albanien mit engagierten Attacken nach wie vor Moskau und seine Verbündeten schonungslos kritisiert[111]. Beispiele dafür sind die Kommentare zum Handelsabkommen zwischen der Bundesrepublik und Ungarn, in denen den »ungarischen Revisionisten« vorgeworfen wird, »mit dem Abschluß eines fünfjährigen Handelsabkommens . . . in ihrer Eilfertigkeit gegenüber Bonn den sowjetischen Revisionisten nicht nachstehen« zu wollen[112]. In bezug auf die Verhandlungen, die zum Warschauer Vertrag führten, wird die »Gomulka-Clique« beschuldigt, »Polen in eine Kolonie des sowjetischen Sozialimperialismus verwandelt« zu haben[113], während der Vertrag selbst als »Komplott gegen die Völker Polens und der DDR« deklariert und als »gefährliche Falle für Polen und die Sicherheit der Völker Europas« bezeichnet wird[114]. In die wütenden und oft maßlosen Attacken Albaniens wird auch Papst Paul VI. mit einbezogen und aus Anlaß des Empfanges deutscher Politiker beschuldigt, »die politischen Kreuzzüge der Monopolbourgeoisie der deutschen Bundesrepublik im Osten . . . zu segnen«[115]. Dem Vatikan wird gleichzeitig unterstellt, mit den »sowjetrevisionistischen Renegaten immer engere Kontakte . . . aufzunehmen«[116].

Albanien versucht mit seiner Polemik den Eindruck zu erwecken, als würden die deutschen Interessen allein von Tirana vertreten. Das zeigt sich auch in der Berlinfrage[117]: Das Berlin-Abkommen wird als »Ergebnis prinzipienloser Konzessionen der sowjetischen Revisionisten« beklagt[118] und als »Glied in der Kette kommender Komplotte in Europa« bezeichnet[119]. Die Errichtung eines sowjetischen Generalkonsulats gilt als selbstverständlich, da die UdSSR als »Siegermacht ohnehin Anspruch auf ein Generalkonsulat in West-Berlin« hat[120]. Sowjetische Konzessionen werden dagegen als Zugeständnisse für eine weitere Annäherung Moskaus an Bonn gewertet[121]. Im Mittelpunkt stehen dabei die direkten deutsch-sowjetischen Kontakte, wobei der Besuch Brandts bei Breshnew auf der Krim im September 1971 dazu diente, daß Brandt »die Früchte der neuen Ostpolitik ernten konnte«[122]. Die DDR wird dagegen von allen Angriffen verschont, ihre Position und Politik vielmehr als Ergebnis »sowjetischen Drucks« auf Ost-Berlin interpretiert. Dementsprechend wird die Unterzeichnung des »Abkommens mit Bonn und West-Berlin . . . auf sowjetische Anordnung« ebenfalls Moskau angelastet[123], dem ein »kapitalistisches« Motiv unterstellt wird: »Für Verträge mit Bonn und Kredite von den Monopolherren in der BRD verraten die Kremlrevisionisten die souveränen Interessen der DDR«[124].

Die Kritik Albaniens setzt sich bis in die Gegenwart fort, wobei Albanien jetzt seine Propagandakampagne allein inszeniert, da China selbst neuerdings auf alle entsprechenden Angriffe verzichtet. Auf Grund des engen Verhältnisses zwischen Peking und Tirana kann aber davon ausgegangen werden, daß die Äußerungen aus Albanien trotzdem zumindest mit chinesischer Billigung erfolgen. Die im Laufe des Sommers 1971 bekanntgewordenen Meinungsverschiedenheiten zwischen Tirana und Peking beziehen sich deutlich auf die neue Amerikapolitik Chinas. Albanien ist nach wie vor der Ansicht, daß die USA der Hauptfeind sind während China dies von der Sowjetunion behauptet. Diese Differenzen haben jedoch keine weiteren Auswirkungen auf das chinesisch-albanische Verhältnis. Der Grund für das chinesisch-albanische Taktieren in der Deutschlandfrage liegt in der außenpolitischen Interessenlage der Volksrepublik China begründet. Peking kann und will es sich nicht leisten, die Bundesrepublik zum gegenwärtigen Zeitpunkt zu verärgern. Die unverminderte Polemik Albaniens hat daher eine Art Alibi-Funktion.

Dem chinesisch-albanischen Gespann auf der einen Seite entspricht auf der anderen das aufeinander abgestimmte Verhalten der Sowjetunion und der DDR. Das gilt auch für die Reaktion auf die Beschuldigungen aus China und Albanien in der Deutschlandfrage. Das Besondere an der Reaktion Moskaus besteht darin, daß die Vorwürfe aus Peking wegen eines Bündnisses zwischen Bonn und Moskau nicht etwa zurückgewiesen wurden, sondern daß Moskau umgekehrt ein Bündnis zwischen Bonn und Peking anprangerte und dieses in der Presse auch sehr plastisch geschildert wurde. Die diesbezüglichen Angriffe aus Moskau gehen auf das Jahr 1964 zurück – also genau jenen Zeitpunkt, an dem sich Peking den Angriffen Albaniens auf die sowjetische Deutschlandpolitik anschloß. Moskau bevorzugte zunächst eine indirekte Ausdrucksweise und beklagte beispielsweise in einer Antwort des Zentralkomitees der KPdSU an das chinesische ZK, daß »gerade jetzt, da die chinesische Propaganda am lautesten von Revolution und Kampf gegen den Imperialismus lärmt, die herrschenden Kreise dieser Mächte eine besondere Bereitschaft an den Tag legen, engere Beziehungen in Peking anzuknüpfen«[125]. In diesem Rahmen der Beschuldigung eines »chinesischen Bündnisses mit dem Westen« hielten sich die Kommentare Moskaus bis Ende des Jahres 1967, während es Ost-Berlin überlassen blieb, die chinesischen Beschuldigungen zu beantworten.

Das Ende dieser Art der Argumentation und zugleich der Beginn einer sehr viel konkreteren Ausdrucksweise brachte die unter dem Pseudonym »Ernst Henri« entworfene »Dominotheorie à la Russe«, in der die »maoistische Globalstrategie« unter besonderer Berücksichtigung der chinesischen Beziehungen zum kapitalistischen Westen wiedergegeben wurde[126]. Dabei wurden zum erstenmal von der sowjetischen Seite »Beweise« für eine Zusammenarbeit zwischen Bonn und Peking auf den Tisch gelegt.

Zusammenfassend betrachtet haben die sowjetischen Artikel über das deutsch-chinesische Verhältnis vor allem folgende Schwerpunkte:

- ▷ die Interessen Bonns wie Pekings an einer »Revision der rechtmäßigen Grenzen in Europa und Asien« – ein Punkt, der eine schwache Stelle Moskaus berührt. Im einzelnen wird dazu ausgeführt, daß die »gegenseitige Sympathie« zwischen beiden Staaten sich auf einem »fundierten Boden« befände. »Bonn bekämpft argwöhnisch den Gedanken der Verankerung der europäischen Sicherheit, da dies seine arroganten Ansprüche beschränken würde. Peking bekämpft diesen Gedanken ebenfalls, indem es unterstellt, daß die Beendigung der Spannungen nur dem amerikanischen Imperialismus dienen kann«[127].
- ▷ die stetig zunehmenden Wirtschaftsbeziehungen zwischen der BRD und China[128] sowie
- ▷ die angeblich pro-westdeutschen Tendenzen in China, denen prochinesische Sympathien in der Bundesrepublik entsprechen. Als

Beweis wird dafür angeführt, daß Bonn sich weigere, die Existenz zweier deutscher Staaten anzuerkennen, aber auch Peking von »zwei Teilen von Deutschland« spricht und die DDR »Ostdeutschland« nennt[129].

Wie China jede Veränderung in den deutsch-sowjetischen Beziehungen verfolgt und kommentiert, bringt die Sowjetunion Bonn mit allen Streitpunkten in Verbindung, an denen sich die sino-sowjetische Diskussion entzündet, und verfolgt mit Akribie alle deutschen Äußerungen, die einen angeblichen Beweis für das Bündnis zwischen Bonn und Peking erbringen. Dazu gehört auch der Vorschlag des CSU-Parteiorgans *Bayernkurier*, »daß man nicht neutral bleiben sollte, wenn das Mao-Reich in Zukunft einen territorialen Konflikt mit sozialistischen Nachbarn riskiert«, der in der *Neuen Zeit*, einer sowjetischen Wochenschrift, von der es auch eine deutschsprachige Ausgabe gibt, ausführlich zitiert wird[130].

Es entspricht dabei nur dem chinesischen Verhalten, wenn Moskau ein Bündnis Bonn-Peking zu allen passenden und unpassenden Gelegenheiten beklagte. So wurde aus der ablehnenden Haltung Chinas zu den Pariser Vietnamgesprächen und zum Atomwaffensperrvertrag ein Bündnis zwischen »Peking, den amerikanischen Ultras und den Bonner Revanchisten« abgeleitet[131], und während Peking eine Unterstützung der deutschen Atomindustrie durch Moskau sah, prangerte dieses einen »Export deutscher Wissenschaftler und Atomfachleute« nach Peking an[132]. Als gezielte Attacke auf die Person Mao Tse-tung selbst ist der häufig gebrachte Vergleich Maos mit Johnson, Kiesinger, Dayan und Chiang Kai-shek gedacht[133].

Mit den sino-sowjetischen Grenzzwischenfällen des Jahres 1969 kam ein neuer Ton in die sowjetische Propaganda. Moskau enthüllte, daß Peking und Bonn gemeinsam die »Provokation« in West-Berlin wie am Ussuri geplant haben[134]. Dieser Vorwurf wurde bis zum Ende der Grenzzwischenfälle im August 1969 permanent wiederholt, wobei auch versucht wurde, Bonn in den Augen Chinas zu diffamieren. Denn nur so ist die Behauptung zu verstehen, daß die Chinesen in den Augen der Westdeutschen eine »niedere Rasse« seien und als »Kanonenfutter für eigene Ziele« benutzt würden[135]. Die Handelsbeziehungen dienten ebenfalls der Polemik, wobei die Behauptung Moskaus, daß die Waffenlieferungen Deutschlands 70 Prozent des deutschen Exports nach China ausmachen, nachweislich unzutreffend ist[136]. Was in dieser Phase der Auseinandersetzungen besonders auffällt, ist der Umstand, daß China diesen Angriffen nichts entgegensetzt und den Vorwurf einer Komplizenschaft zwischen Bonn und Peking im Zusammenhang mit den Grenzzwischenfällen nicht durch die Beschuldigung einer Zusammenarbeit zwischen Bonn und Moskau in der gleichen Sache erwidert. Mit dem Abklingen der Spannung zwischen Peking und Moskau seit Ende 1969 änderte sich auch die Thematik der sowjetischen Polemik, da jetzt die Handelsbeziehungen in den Vordergrund rückten. Peking wird nunmehr vorgehalten, mit seiner Abwendung von den sozialistischen Staaten und dem »Verlassen auf die eigene Kraft« die »antisozialistische Außenpolitik der gegenwärtigen Führung der Volksrepublik unter Beweis« gestellt zu haben[137]. Daß China handfeste Gründe hatte, sich auf die »eigene Kraft« zu verlassen, und daß diese Gründe darin bestanden, daß die Sowjetunion versuchte, China durch den Entzug seiner Hilfe und seiner Spezialisten im Jahr 1960 auch ideologisch auf die Knie zu zwingen, wird natürlich nirgendwo erwähnt.

Die außenpolitischen Erfolge Chinas seit 1969 verursachten eine erneute Veränderung von Ton und Inhalt der sowjetischen Polemik. Jetzt stand die chinesische Opposition gegen die Westpolitik Moskaus im Zentrum der Kritik[138], und im gleichen Atemzug wurde das offensichtliche Unbehagen der Sowjetunion über die Haltung Pekings gegenüber der NATO und den EWG-Staaten deutlich. Dabei wird von sowjetischer Seite gefragt, ob es »ein Zufall... (ist), daß die neue Anerkennungswelle an der Atlantikküste brandet, daß gerade die NATO-Länder sich beeilen, mit Peking diplomatische Beziehungen herzustellen«[139]. Die sowjetische Polemik beschäftigt sich seit dieser Zeit zunehmend weniger mit den speziellen deutsch-chinesischen Beziehungen und wendet sich stärker den Kontakten Chinas zum Westen und hierbei besonders zu den NATO-Staaten und Westeuropa zu[140].

Die DDR vertrat bei diesen ihre unmittelbaren Belange berührenden Fragen den Standpunkt Moskaus. Der Schwerpunkt der ostdeutschen Äußerungen liegt in den Jahren 1963/64 – also genau in jener Zeit, in der China direkt in die Polemik um die sowjetische Deutschlandpolitik eingriff und sich die Beziehungen zwischen Ost-Berlin und Peking auf einem Tiefpunkt befanden. In dieser Situation hatte es die SED übernommen, die Angriffe aus China gegen Moskau zu beantworten. Ungeachtet dessen, daß China selbst die DDR zu keinem Zeitpunkt kritisiert hatte, wertete die SED die chinesischen Attacken als persönliche Beleidigungen und bezeichnete sie als »niederträchtigen Versuch, Zwietracht zwischen die Sowjetunion und die DDR zu säen«[141], womit sie so unrecht nicht hatte. Eine der schärfsten Attacken gegen die chinesische Deutschlandpolitik war die Rede von Hermann Matern zum 94. Geburtstag Lenins im April 1964. Matern behauptete, daß das Rezept der chinesischen Führer in seiner Konsequenz auf »die völlige Preisgabe der DDR als westlicher Vorposten des sozialistischen Weltsystems in Europa auf eine Neuauflage der Konzeption der Deutschlandpolitik der Berija-Clique . . . hinauslaufe«[142]. Bei den engen Beziehungen zwischen der DDR und der Sowjetunion mußte es im wohlverstandenen Eigeninteresse der SED liegen, jede Unterstützung für den eigenen Standpunkt, die nicht im Sinne Moskaus war, energisch zurückzuweisen. In den Jahren 1968/69 verzichtete die SED allerdings weitgehend auf direkte Angriffe und kritisierte – entsprechend dem sowjetischen Beispiel – nur die deutsch-chinesischen Handelsbeziehungen. Aber auch die angebliche Zusammenarbeit zwischen Bonn und Peking bei den Grenzzwischenfällen kam zur Sprache, wobei die chinesische Politik im allgemeinen als »Politik zugunsten des Imperialismus« bezeichnet wurde[143].

Allen Stellungnahmen der DDR gegen China ist gemeinsam, daß sie – von den Jahren 1966/67 abgesehen – in ihrer Kritik relativ maßvoll sind. Statt wie Moskau von der »Mao-Clique« spricht die SED meist von »chinesischen Kommentatoren«. Beispielhaft dafür ist die Antwort der DDR auf die chinesische Kritik am deutsch-sowjetischen Vertrag, in der es heißt, daß »in den Chor der Gegner des Vertrages auch die chinesische Zeitung *Renmin Ri-bao* ... mit einstimmt ... Die Pekinger Kommentatoren richten damit ihre Angriffe eindeutig gegen die gemeinsam vereinbarte Politik und begeben sich . . . auf dieselbe Plattform wie die bösartigsten Vertreter der reaktionären Presse Westdeutschlands«. Die SED wies die chinesischen Vorwürfe zurück und behauptete, daß »der Vertrag eine grundlegende marxistisch-leninistische These verwirklicht«. Offensichtlich besorgt wird dann die Frage gestellt, ob »die Kommentatoren von ›Ren-min Ri-bao‹ dafür eintreten, daß die Grenzen im Nachkriegseuropa vertraglich nicht anerkannt werden?«.

Seit Ende des Jahres 1970 ist ein ständiges Abnehmen der antichinesischen Tendenz in der Presse der DDR festzustellen. Zwar wurde die Polemik nie ganz eingestellt, doch ging ihr Umfang wesentlich zurück. Dies betrifft auch die Kritik an der Intensivierung der deutsch-chinesischen Beziehungen im Sommer 1972. Zwar wurde noch einmal die Bundesrepublik beschuldigt und behauptet, daß »die reaktionärsten imperialistischen Kreise der BRD um Barzel, Strauß und Schröder wiederum die antikommunistische und antisowjetische Politik der Pekinger Führer als Druckmittel gegenüber der DDR und der Sowjetunion ausnutzen (wollten)«[145], doch blieb dies eher ein Einzelfall. Die Zurückhaltung der DDR gegenüber China ist in jüngster Zeit im Vergleich mit der Haltung anderer Staaten des Sowjetblocks sogar auffallend. Zwar werden die wichtigsten Entwicklungen in China gemeldet, doch regelmäßig ohne eigenen Kommentar. Kritik an Peking erfolgt, wenn überhaupt, dann nur noch durch Arikel, die von anderen Staaten übernommen werden[146].

Insgesamt wirkt die ostdeutsche Argumentation nicht allzu überzeugend. Sie richtet sich offensichtlich mehr gegen die Gegner der deutschen Ostpolitik in der Bundesrepublik und im eigenen Land. Auffallen muß in diesem Zusammenhang, daß die DDR auf den Hauptvorwurf Chinas in bezug auf eine »sowjetische Hegemonialpolitik in Osteuropa in Übereinstimmung mit den USA« mit keinem Wort eingeht.

Zusammenfassung: Bonn–Peking und der Konflikt Moskau–Peking

Versucht man, die Polemik der UdSSR gegen die deutsch-chinesischen Beziehungen der Polemik Chinas gegen die deutsch-sowjetischen Beziehungen gegenüberzustellen, dann lassen sich einige gemeinsame Züge erkennen:

- ▷ die diesbezüglichen Angriffe beider Staaten begannen Anfang der sechziger Jahre, wurden in den Jahren 1964 bis 1970 erheblich intensiviert und treten seither zunehmend in den Hintergrund
- ▷ der Adressat der jeweiligen Attacke ist primär China bzw. die Sowjetunion; Angriffe gegen die Bundesrepublik oder die USA sind untergeordneten Ranges
- ▷ die Außenpolitik der Bundesregierung wird sowohl von China wie von der Sowjetunion mit größtem Interesse verfolgt, ohne daß eine der beiden Seiten wahrheitsgetreu darüber berichtet

Die Hauptvorwürfe, die im Zusammenhang mit diesem Themenkreis von Moskau gegen China erhoben werden, beziehen sich im wesentlichen auf den »Expansionismus« der Außenpolitik, den »Antisozialismus« der Handelspolitik und den »Antisowjetismus« mit dem Versuch der »Unterminierung der sowjetischen Entspannungspolitik«.

Dagegen erscheinen die Vorwürfe Chinas an die Adresse Moskaus schwerwiegender: Die Führung der Sowjetunion wird beschuldigt, »Verrat am Interesse des deutschen und der osteuropäischen Völker zu üben«. Ihr Ziel sei es, für »Anschläge gegen die revolutionären Bewegungen in aller Welt und gegen das große Volkschina freie Hand« zu haben.

Sowohl die Sowjetunion als auch China mobilisieren im Zusammenhang mit der Einbeziehung der Bundesrepublik in den Konflikt Peking-Moskau ihre Verbündeten, wobei Albanien die Funktion eines »Sprachrohrs« für China zukommt, während die Staaten des Sowjetblocks eher die eines »Verstärkers« des sowjetischen Standpunktes einnehmen.

Eine Sonderstellung nimmt in diesem Zusammenhang die DDR ein, die – obwohl im Mittelpunkt des Themenkreises – in ihrer antichinesischen Polemik in den letzten Jahren relativ zurückhaltend ist und direkte Angriffe auf Mao Tse-tung vermeidet, während seitens China die Führung der DDR und deren Politik zu keinem Zeitpunkt Gegenstand der Kritik waren.

Der Hauptbetroffene – die Bundesrepublik – beteiligt sich an dieser Polemik überhaupt nicht, sondern begnügte sich mit gelegentlichen Dementis, wenn die Vorwürfe von einer der beiden Seiten allzu massiv wurden. Für die Entwicklungen in der Deutschlandfrage hatte die Polemik zwischen Moskau und Peking über diesen Themenbereich bisher keinerlei sichtbare Auswirkungen.

VI.
Das Tauwetter – Die Aufnahme diplomatischer Beziehungen

Die Entwicklung der Beziehungen zwischen der Bundesrepublik und der Volksrepublik China seit 1949 macht deutlich, daß diese Beziehungen nicht nur durch die verschiedenen Gesellschaftsordnungen in beiden Staaten und die Zugehörigkeit zu den sich feindlich gegenüberstehenden militärischen Bündnissen erschwert wurden, sondern daß außerdem die deutsche Frage zu einem Streitpunkt im Konflikt zwischen Peking und Moskau geworden war, was »normale« Beziehungen zwischen Bonn und Peking nicht gerade erleichterte. Erschwerend wirkte zusätzlich, daß seit dem Abtritt Konrad Adenauers die Bundesrepublik über keine Konzeption in der Chinapolitik mehr verfügte.

Die deutsch-chinesischen Beziehungen in der Nachkriegszeit waren weniger eine Folge bilateraler Kontakte zwischen zwei gleichberechtigten Staaten, sondern eher ein Ergebnis der Beziehungen Chinas zur UdSSR auf der einen und dem Bündnis zwischen Bonn und Washington auf der anderen Seite. Davon ausgehend, ist die Entwicklung des deutsch-chinesischen Verhältnisses seit Frühjahr 1971 nur im Rahmen der chinesischen Europapolitik und vor dem Hintergrund des zunehmenden Interesses Chinas für Westeuropa in Verbindung mit der Ausweitung seiner diplomatischen Beziehungen zu sehen. Dieses chinesische Interesse traf dabei auch mit der durch die amerikanische Chinapolitik veränderten Haltung der Bundesrepublik zusammen. Zwar hielt sich Bonn nach wie vor an die selbst gesetzte Priorität, zunächst die Beziehungen zu den unmittelbaren Nachbarn zu ordnen, doch wurden zunehmend Stimmen laut – vor allem aus dem Lager der Wirtschaft und der Opposition –, die eine Neuorientierung der deutschen Chinapolitik forderten.

Durch die Entscheidung des amerikanischen Präsidenten Nixon, nach zwei Jahrzehnten der Boykottierung Chinas, seinen Canossa-Gang nach Peking anzutreten, war die deutsche Chinapolitik vom Regen in die Traufe gekommen: War es bisher die Rücksicht auf die USA gewesen, die Bonn von einer Intensivierung der Kontakte mit China abhielt, so war es nunmehr die selbst auferlegte Rücksichtnahme auf die Sowjetunion, die eine Normalisierung der Beziehungen zu Peking zu verhindern drohte. Dies wurde besonders durch Äußerungen von Bundeskanzler Brandt selbst deutlich, der die Auffassung vertrat, daß »vor einer Aufnahme diplomatischer Beziehungen mit Peking das deutsch-sowjetische Verhältnis weiter normalisiert sein muß«[147].

Andererseits konnte die Bundesregierung zu keiner Zeit versuchen, die Spannungen im kommunistischen Lager aktiv zu nutzen, etwa unter dem Aspekt der Beschleunigung der Verhandlungen mit der Sowjetunion durch chinesischen Druck auf die UdSSR. Dieses von deutschen Journalisten und CDU-Politikern genährte Wunschdenken war und ist eine Illusion, die durch nichts gerechtfertigt ist und neben falschen Hoffnungen nur zu katastrophalen Ergebnissen führen könnte. Die »chinesische Karte« hat es in der Ostpolitik nie gegeben. Deshalb hatte auch die Bundesregierung durchaus die Vernunft auf ihrer Seite, wenn sie derartige Ansinnen zurückwies. Aber eine Normalisierung der Beziehungen zu China berührt auch die neue deutsche Ostpolitik nicht, wenn sie ohne Hintergedanken betrieben wird. Gerade im Falle der Bundesrepublik erschiene es unvernünftig, konkrete chinesische Angebote mit Rücksicht auf andere Staaten abzulehnen. Dies würde nicht nur den Eindruck hervorrufen, daß die Bundesrepublik in der Planung ihrer Außenpolitik von anderen Staaten – sei es von den USA oder der UdSSR – abhängig ist, sondern würde Bonn gleichzeitig an einem Ausbau der deutsch-chinesischen Beziehungen hindern, was schwerlich im bundesdeutschen Interesse liegen kann.

Die Forderungen, die Beziehungen zu Peking zu normalisieren, wurden seit dem Sommer 1971 verstärkt von der CDU/CSU erhoben[148]. Gleichzeitig wurden Meldungen bekannt, nach denen China daran interessiert sei, an den Olympischen Spielen 1972 in München teilzunehmen[149]. In der Folgezeit trat eine Reihe Politiker aller Parteien für offizielle Beziehungen zu China ein[150], während die Regierung weiterhin auf ihrer »Nichtpolitik« gegenüber China beharrte und auch offizielle Handelskontakte mit Peking dementierte[151]. Schließlich machte selbst Bundeskanzler Brandt nach seinem Treffen mit Parteichef Breschnew auf der Krim im September 1971 deutlich, daß ein offensichtlicher Zusammenhang zwischen der China- und der Ostpolitik bestehe[152].

Der entscheidende Anstoß für eine Neuorientierung erfolgte nach der Aufnahme Chinas in die Vereinten Nationen im September 1971. Bonn begrüßte diese Entscheidung der UNO[153], und Außenminister Scheel bot China öffentlich an, die wirtschaftlichen Beziehungen zu formalisieren, wobei er allerdings die Initiative China überließ. Die für Bonn wichtige Frage nach dem Verhalten Chinas gegenüber einem Aufnahme-Antrag beider deutscher Staaten in die UNO war offensichtlich für diesen Wandel mit verantwortlich, da die Befürchtung vorherrschte, daß sich Peking aufgrund seiner Beziehungen zur DDR gegen eine Aufnahme der Bundesrepublik aussprechen könne. Noch vor Ende 1971 war dann die Entscheidung in Bonn für »möglichst hohe, enge Beziehungen« mit China gefallen[155].

China trug das Seine zu dem sich anbahnenden Normalisierungsprozeß bei, indem es seine Propaganda gegen Bonn auf Sparflamme schaltete und zum erstenmal sachliche Berichte über die deutsche Politik publizierte. Im Januar 1972 nahm China auch erstmals an der »Internationalen Grünen Woche« in Berlin teil[156]. Außenminister Walter Scheel sprach seinerseits von »Signalen aus Peking« und schloß dabei einen Besuch in China nicht aus[157]. In der Zwischenzeit erntete Wirtschafts- und Finanzminister Karl Schiller chinesisches Lob wegen seiner Währungspolitik. Im Hintergrund stand dabei, daß China die »Beendigung der Rolle des Dollars als Währungsreserve« begrüßte[158].

Es mutet erstaunlich an, mit welcher Plötzlichkeit sich die Überzeugung bei vielen deutschen Politikern einstellte, daß Beziehungen mit China unabdingbar seien. Nicht nur das Präsidium der CDU verlangte die Normalisierung der Beziehungen[159], auch der CSU-Vorsitzende Franz Josef Strauß vertrat die Ansicht, Bonn hätte erst mit China und dann mit der Sowjetunion verhandeln sollen. Dabei sollte »niemand so töricht (sein) zu glauben, daß mit dem sowjetischen Bären der chinesische Drache gezähmt werden könne«[160]. Auch Außenminister Scheel erklärte, es gäbe »keinen Grund, keine Beziehungen zur Volksrepublik China aufzunehmen, wenn beide Seiten dies wollten«[161].

Nach vielerlei Erklärungen und manchen Reden gab die Einladung der Regierung in Peking an den Vorsitzenden des Auswärtigen Ausschusses des Bundestages, Gerhard Schröder, den entscheidenden Anstoß. Sie war auf Drängen der deutschen Wirtschaftskreise zustande gekommen. Es handelte sich zwar um keine offizielle, das heißt regierungsamtliche Mission, Schröder wurde jedoch vor seinem Reiseantritt von Bundeskanzler Brandt empfangen. Er hielt sich – begleitet von seiner Frau, einem persönlichen Referenten und einer Anzahl von Journalisten und Fernsehtechnikern – vom 13. bis zum 28. Juli in China auf.

Außer mit Außenminister Chi Peng-fei und anderen Spitzenfunktionären traf Schröder auch zweimal mit Premierminister Chou En-lai zusammen – unter protokollarischem Gesichtspunkt eine ungewöhnliche Ehrung für den deutschen Gast. Schröder, der sich stets bemühte, als überparteilicher deutscher Botschafter aufzutreten, setzte sich nachdrücklich für die Normalisierung der Beziehungen ein und erklärte nach seiner Rückkehr, daß er nun den Weg für die Aufnahme diplomatischer Beziehungen kenne[162]. Er informierte unmittelbar nach seiner Rückkehr sowohl Außenminister Scheel als auch Bundeskanzler Brandt über seine Reise und forderte wiederum nachdrücklich die Aufnahme diplomatischer Beziehungen mit China. In Regierungskreisen äußerte man sich zwar skeptisch, verwies gleichzeitig aber auf eigene Aktivitäten in der Sache – was sicher auch daher kam, daß der unerwartete Erfolg und die große Publizität der Schröder-Reise bei der angespannten innenpolitischen Situation von den Regierungsparteien nicht mit reiner Freude verfolgt wurde.

Bemerkenswert waren allerdings auch die Äußerungen des dezidierten Antikommunisten Gerhard Schröder über Erscheinungsformen des chinesischen Kommunismus. Es ist bekannt, daß die chinesischen Gastgeber es vorzüglich verstehen, ihren Gästen »maoistische Visionen« vorzuführen und damit viele China-Reisenden zu China-Gläubigen bekehren. Ob Gerhard Schröder Maos Reich als Gläubiger verließ, sei dahingestellt. Daß er bei einer Vorführung chinesischer Streitkräfte lobte, »der Ausbildungsstand dieser chinesischen Militäreinheit (lasse) sich nur mit dem Können einer so versierten Berufsarmee wie der ehemaligen Reichswehr in ihren besten Zeiten vergleichen«, mag als Kompliment gedacht gewesen sein[164]. Warum jedoch das chinesische Erziehungswesen ein System sei, das »auch für die Erziehung deutscher Kinder geeignet« sei, entzieht sich jeder Deutungsmöglichkeit. Differenzierter war ein anderer Ausspruch Schröders: »Ich halte es für falsch, China als das doktrinärste kommunistische Land zu bezeichnen.« Er erkannte auch, daß es notwendig sei, »unsere Kenntnisse auf diesem Gebiet (der China-Wissenschaft) zu vermehren und unsere eigene Basis kritisch zu überprüfen«[165].

Am 29. September 1972 wurde vom Außenministerium Chinas bekanntgegeben, daß in den Verhandlungen mit der Bundesrepublik Übereinkunft darüber erzielt wurde, daß Außenminister Scheel vom 10. bis 14. Oktober China besuchen und die Aufnahme diplomatischer Beziehungen sowie den Austausch von Botschaftern vereinbaren werden[166]. Damit war allen Spekulationen die Spitze abgebrochen, und ein neues Kapitel der deutschen Chinapolitik konnte aufgeschlagen werden.

Am 11. Oktober wurde in Peking durch Außenminister Walter Scheel ein gemeinsames Kommuniqué über die Aufnahme diplomatischer Beziehungen und den Austausch von Botschaftern mit China unterzeichnet, das sich durch eine ungewohnte Wortkargheit auszeichnete. Es fehlte sowohl die sonst übliche Verpflichtung des anerkennenden Staates, die Zugehörigkeit Taiwans zur Volksrepublik China zu bestätigen, wie auch jedes schmückende Beiwerk[167]. Die *Jen-min Jih-pao* begrüßte die Aufnahme diplomatischer Beziehungen zwischen beiden Staaten, wobei unter anderem »das weise deutsche Volk« und seine »wertvollen Beiträge für die Menschheit« hervorgehoben wurden. Gemeint waren vor allem Marx und Engels, »die großen revolutionären Lehrer des Proletariats und die Gründer des wissenschaftlichen Kommunismus, (die) in der Rheinprovinz des Königreichs Preußen« geboren wurden[168]. Andererseits wurde in diesem Artikel und in der Begrüßungsansprache des chinesischen Außenministers einer offiziellen Version der Bundesregierung widersprochen. Vor allem Außenminister Scheel hatte öfters festgestellt, daß »seit langer Zeit schon« die Aufnahme der diplomatischen Beziehungen mit China geplant gewesen sei[169]. Von chinesischer Seite wurde nun ausgeführt, daß »im Juli dieses Jahres Dr. Gerhard Schröder ... China auf eine Einladung hin besuchte und wesentlich zur Entwicklung der Beziehungen zwischen den beiden Staaten beitrug. Nach diesem Besuch haben Beauftragte der chinesischen Regierung und der Regierung der Bundesrepublik Deutschland erfolgreiche

Gespräche in Bonn über die Aufnahme diplomatischer Beziehungen zwischen beiden Staaten geführt«[170].

Darüber hinaus wurde in der Ansprache von Chi Peng-fei deutlich, daß Peking in innerdeutschen Fragen eine neutrale Haltung einnehmen werde. Der einzige Hinweis auf die Deutschlandfrage bestand darin, daß Chi Peng-fei bedauerte, daß 27 Jahre nach der Beendigung des Zweiten Weltkrieges noch keine Friedensregelung für Deutschland getroffen worden sei und »die beiden deutschen Staaten sich noch immer in einem anomalen Zustand befinden«. China vertrete seit jeher den Standpunkt, daß »die deutsche Frage unter der Bedingung der Achtung der Interessen und Wünsche des Volkes in beiden deutschen Staaten gerecht und vernünftig gelöst« werden solle[171].

Außenminister Walter Scheel wurde während seines Besuches ebenfalls von Premier Chou En-lai empfangen, wobei es offensichtlich zu Meinungsverschiedenheiten über die Beurteilung der Konferenz über Sicherheit und Zusammenarbeit in Europa (MBFR) hinsichtlich der Truppenreduzierung in Europa kam. China steht einer Entlastung der sowjetischen Militärmacht durch einen Abbau westlicher Truppen skeptisch gegenüber. Daß Chou En-lai sich mit den uniformierten Piloten der Bundeswehrmaschine fotografieren ließ, die Scheel nach Peking gebracht hatte, gab in Ost-Berlin prompt Anlaß zu gereizten Kommentaren[172]. Die Frage nach der Vertretung Berlins durch die Bundesrepublik wurde nach Scheel so gelöst, daß bei der Einbeziehung Berlins in künftige deutsch-chinesische Verträge »keine Schwierigkeiten« entstehen werden.

Die chinesische Haltung gegenüber der Bundesrepublik ist seitdem von einer betonten Freundlichkeit gekennzeichnet. Polemik und Kritik wurden völlig eingestellt. Daß Peking nach wie vor an der deutschen Frage interessiert ist, wurde an einer Äußerung von Ministerpräsident Chou En-lai anläßlich der Unterzeichnung des Grundvertrages zwischen der DDR und der Bundesrepublik deutlich. Er erklärte in diesem Zusammenhang, daß es nicht möglich sei, »dem deutschen Volk eines Tages die Verwirklichung seiner Wiedervereinigung zu verwehren ... vielleicht kann man sagen, daß dadurch die Beziehungen der beiden deutschen Staaten einen Schritt vorangekommen sind. Aber ich glaube, daß beide Seiten gewisse Einschränkungen gemacht haben«[173].

Mit der Aufnahme diplomatischer Beziehungen zwischen der Bundesrepublik Deutschland und der Volksrepublik China im Oktober 1972, der im Dezember noch der Abschluß eines Handelsvertrages zwischen beiden Staaten folgte, ist ein neues Kapitel der deutsch-chinesischen Beziehungen aufgeschlagen worden: Zum erstenmal in der langen Geschichte der Beziehungen zwischen beiden Ländern stehen sich Deutschland und China – wenn man die Volksrepublik als Nachfolgestaat des chinesischen Kaiserreiches und die Bundesrepublik als den des Deutschen Reiches betrachtet – als gleichberechtigte und souveräne Staaten gegenüber. Erstmalig ist damit die

Möglichkeit gegeben, die Beziehungen auf der Grundlage gemeinsamer Interessen aufzubauen. Angesichts der mannigfaltigen Einflüsse von außen auf beide Staaten besteht freilich die Gefahr, daß die deutsche Chinapolitik oder die chinesische Deutschlandpolitik in den Dienst von Zielsetzungen gestellt werden, die außerhalb der bilateralen Beziehungen liegen oder ihnen sogar schaden. In diesem Zusammenhang muß die Bundesrepublik die chinesische Zielsetzung gegenüber Deutschland beachten. Sie ist dadurch gekennzeichnet, daß Peking am Handel und am Ausspielen der Deutschlandfrage gegen die Sowjetunion, nicht aber an der deutschen Sache als solcher uneigennützig interessiert ist. Da Uneigennützigkeit bei keinem Staat das oberste Prinzip seiner Außenpolitik ist und sein kann, ist dies nicht weiter verwunderlich.

Aber wenn Peking heute Moskau beschuldigt, die deutschen Interessen zu verkaufen, dann sollte man daraus nicht schließen, daß Peking im geeigneten Moment seinen Vorteil nicht wahrnehmen würde. Ein Indiz in dieser Richtung ist ein Ereignis aus jüngster Zeit, das demonstriert, wie sehr auch China an der politischen Nutzung der Berlin-Frage interessiert ist. Wie anders ist es zu bewerten, daß Peking überraschend und entgegen allen Absprachen die Abhaltung eines Tischtennis-Länderkampfes zwischen der Bundesrepublik und der Volksrepublik am 21. April in West-Berlin absagte[174]? Es liegt nahe, daß China im Rahmen der Intensivierung seiner Politik gegenüber der DDR dabei auf Ostberliner Wünsche in bezug auf West-Berlin Rücksicht genommen hat. Zum erstenmal seit 1966 nahm China 1973 wieder an der Leipziger Frühjahrsmesse teil. Es sind durchaus Konstellationen vorstellbar, in denen die Volksrepublik China die Bundesrepublik gegen Moskau und Ost-Berlin auszuspielen versucht und umgekehrt Moskau und Ost-Berlin gegen die Bundesrepublik.

VII.
Die Wirtschaftsbeziehungen zwischen der VR China und der Bundesrepublik

Im Gegensatz zur Entwicklung der politischen Beziehungen sind die wirtschaftlichen Kontakte zwischen Bonn und Peking von einer relativen Kontinuität gekennzeichnet, die sich deutlich aus der Tabelle über die Ein- und Ausfuhrwerte ablesen läßt. Was daraus jedoch nicht deutlich wird, sind die vielfachen Schwierigkeiten, die den deutschen Chinahandel seit 1949 behinderten und die deutscherseits zum größten Teil auf privaten Initiativen beruhenden Handelsbeziehungen zwischen beiden Staaten wesentlich erschwerten.

Die Schwierigkeiten des China-Handels

Ein großes Handelshindernis stellte die Embargo-Politik gegenüber China dar. Sie wurde nach der Machtergreifung der Kommunisten in der CSSR am 1. März 1948 »im Interesse der nationalen Sicherheit« von den USA veranlaßt. Ihr Ziel war die Überwachung der Ausfuhr nach der Sowjetunion und ihren Satellitenstaaten. Das Gesetz trat am 28. Februar 1949 in Kraft und sollte auch von »befreundeten Nationen« praktiziert werden. Im einzelnen wurden Vorbehaltslisten für jene Waren angelegt, für deren Export prinzipiell keine Genehmigung erteilt wurde, während alle übrigen Waren genehmigungspflichtig waren[175].

Eine weitere Einschränkung des Chinahandels erfolgte im Zuge des Korea-Krieges, der im Juni 1950 begann und in dessen Verlauf die USA am 2. Dezember 1950 gegenüber Nordkorea und China – wegen ihres Eingreifens in die Kampfhandlungen – eine weltweite Dollarzahlungssperre erließ. Diese bezog sich nicht nur auf den Handel mit den USA, sondern auf jede Art des Warenaustausches mit China auf Dollarbasis und alle Guthaben in US-Dollar[176].

Die Bundesrepublik stand auch 1950 noch unter dem durch das Grundgesetz nur revidierten Besatzungsstatut, das die ausschließliche Zuständigkeit in Sicherheitsfragen den ehemaligen Besatzungsmächten zugestand. Da die Chinafrage nach amerikanischer Ansicht primär unter dem Aspekt der ›Sicherheit‹ zu sehen war, wurde die damalige »Bank Deutscher Länder« (die heutige Bundesbank) gezwungen, eine Zahlungssperre gegenüber der

Volksrepublik China zu erlassen. Die Bank widersetzte sich dieser Maßnahme zunächst, dieser Widerstand mußte aber aufgegeben werden, als die USA im Juli 1951 auf dem Konto der Bank in New York einen Betrag von einer Million US-Dollar sperren ließ, um dadurch die Einhaltung der Zahlungssperre zu erzwingen. Diese Zwangsmaßnahme hatte dann auch den gewünschten Erfolg, und seit dem August 1951 wurde die Zahlungssperre auch von Deutschland praktiziert, ohne daß je eine rechtliche Grundlage dafür geschaffen wurde[177]. Damit war die Bundesrepublik das einzige der im internationalen China-Gremium (Chincom) vertretenen Länder, das neben den USA eine derartige Maßnahme verfügt hatte. Die Zahlungssperre blieb dreißig Monate lang bestehen und wurde erst im Februar 1953 durch einen »vertraulichen Runderlaß Außenwirtschaft« wieder aufgehoben[178]. Außerdem hatte die Vollversammlung der Vereinten Nationen am 18. Mai 1951 auf amerikanische Empfehlung ein weitgehendes Verschiffungsverbot nach China angenommen, dem im März 1953 ein Beschluß Großbritanniens folgte, der britischen Schiffen den Transport strategischen Materials auch aus anderen Staaten nach China verbot – ein Verfahren, dem sich andere Staaten anschlossen. London stellte im Chincom zudem den Antrag auf ein totales Embargo für Stahl und Eisen, wogegen die Bundesrepublik mit französischer Unterstützung zunächst Einwände erhob, die jedoch erfolglos blieben. Nach einer erneuten amerikanischen Intervention stimmte das Bundeskabinett am 4. August 1953 dem englischen Vorschlag zu[179].

Diese Maßnahmen trafen den deutschen Chinahandel schwer, zumal China verärgert war, weil die Bundesregierung nach ihrem unfreiwilligen Anschluß an das China-Embargo vorausbezahlte Lieferungen stornieren mußte. Der Ostasiatische Verein, der von jeher die deutschen Interessen im Ostasienhandel wahrnahm, kritisierte in diesem Zusammenhang die USA wegen ihres Druckes auf den deutschen Chinahandel und stellte die Frage, weshalb bei Deutschland beispielsweise andere Maßstäbe angelegt würden als bei Japan[180].

Die Zahlungssperre beeinträchtigte den Chinahandel besonders, da nicht nur die Einfuhr (deren Bezahlung in Dollars nun nicht mehr möglich war), sondern auch alle An- und Vorauszahlungen betroffen waren, die China bereits bezahlt hatte. Die gesperrten Beträge wurden nach Aufhebung der Sperre in den meisten Fällen zurückerstattet. Da es damals noch keinen freien internationalen Zahlungsverkehr gab, die internationale Verrechnungswährung aber der Dollar war, mußte also erst ein neues Zahlungsinstrument geschaffen werden, das den durch die Embargoliste begrenzten Handel überhaupt wieder möglich machte[181].

Eine weitere Beschränkung brachte die »Sonderliste China« mit sich, die, einem englischen Vorschlag entsprechend, nicht nur Eisen- und Stahllieferungen, sondern auch die Exporte vieler Maschinen, optischer und elektrotechnischer Geräte verbot. In diesem Falle konnten jedoch wenigstens alle

Verträge erfüllt werden, die bereits vereinbart waren. Der Ostasiatische Verein protestierte auch gegen diese Maßnahme, da sie nach Ansicht des OAV den Eindruck hervorrief, daß damit »nicht nur an die militärische Werte betreffenden Waren gedacht war«[182]. In Kreisen der deutschen Wirtschaft war ohnehin der Eindruck entstanden, daß sich das Verbot der Ausfuhr optischer Instrumente nur auf die Bundesrepublik beziehe, da die anderen Staaten des Chinaausschusses keine hochentwickelten optischen Industrien besaßen.

Damit sind noch nicht alle Faktoren genannt, die den deutschen Handel mit China erschwerten: Nachdem das erste deutsche Schiff, das nach dem Zweiten Weltkrieg nach China fuhr, die »Mai Rickmers«, 1951 von nationalchinesischen Kanonenbooten aufgebracht und seine Ladung beschlagnahmt worden war, verbot die Bundesregierung deutschen Schiffen, chinesische Häfen anzulaufen. Als einzige seefahrende Nation Europas setzte die Bundesrepublik danach keine eigenen Schiffe mehr im Chinahandel ein. Großbritannien erließ außerdem 1953 eine »besondere Anweisung«, die verbot, auch legale Waren auf britischen Schiffen nach China zu befördern. Da sich auch Frankreich, Holland, Italien und die skandinavischen Staaten nicht bereit erklärten, deutsche Fracht für China zu transportieren, mußten die deutschen Frachtgüter schließlich über Gdingen mit polnischen Schiffen verschickt werden, was bis zu sechsmonatigen Verzögerungen im Frachtverkehr führte[183] – eine sicher beabsichtigte Auswirkung dieser Maßnahmen. Ein direkter deutscher Schiffsverkehr war erst wieder ab 1954 möglich.

Diese Beschränkungen des internationalen Chinahandels hatten zwei Folgen: China führte als Reaktion auf das Embargo und die Behinderung der Schiffahrt Bedingungen zum Schutz des eigenen Handels ein, die unter anderem beinhalteten, daß die Bundesrepublik die Lieferungen aus China schon vor Abgang der Waren aus den chinesischen Häfen bezahlen mußte, während deutsche Lieferungen nach China erst nach Ankunft bezahlt wurden.

Diese und andere sich negativ auswirkenden Bedingungen waren die unmittelbare Folge der Diskriminierung des Chinahandels durch die USA, unter der vor allem die Bundesrepublik zu leiden hatte. Eine andere Auswirkung des Embargos bestand darin, daß China für lange Zeit auf wirtschaftlichem Gebiet von der Sowjetunion abhängig wurde – ein Ergebnis, das kaum im Sinne der Initiatoren der Embargopolitik gelegen haben kann.

Offiziell wurde das Embargo erst im Sommer 1958 von den USA revidiert, doch hatten eine Reihe von Staaten schon zuvor die restriktive Wirtschaftspolitik gegenüber China geändert. Dazu gehörte auch die deutsche Wirtschaft, die für die amerikanischen Maßnahmen ohnehin zu keinem Zeitpunkt Verständnis aufgebracht hatte. Das bereits erwähnte Handelsabkommen aus dem Jahr 1957 ist im wesentlichen auf Drängen wirtschaftlicher Kreise zurückzuführen, da China sich nur dann bereit erklärte, über eine Gleichheit der Liefer- und Zahlungsbedingungen zu verhandeln, wenn dies im Rahmen einer vertraglichen Gesamtregelung über den Handel zwischen beiden Staaten erfolgen würde[184]. Insofern stellt das Abkommen eine »Normalisierung« der Handelsbeziehungen nach den chinesischen Restriktionen als Antwort auf das China-Embargo dar.

Aber neben den handelspolitischen Hindernissen gab es auch politische Schwierigkeiten, die die Entwicklung des deutsch-chinesischen Handels erschwerten. Eine wesentliche Rolle spielte dabei die Anfang der fünfziger Jahre in Ost-Berlin gegründete »China Export Corporation«, die von der offiziellen chinesischen nationalen Import- und Exportgesellschaft als Vertretung »für Deutschland« anerkannt wurde. Daraus leitete diese den Anspruch ab, bei allen Transaktionen auch zwischen Firmen der Bundesrepublik und China als Partner aufzutreten, und forderte, alle Verträge gegenzuzeichnen. Die Bundesregierung protestierte dagegen energisch und beschloß, keine Lizenzen für deutsche Exporte nach China mehr zu genehmigen, solange dafür auch die Unterschrift einer Institution der DDR erforderlich war. Die Forderung der »China Export Corporation« wurde 1953 fallengelassen, und erst von diesem Zeitpunkt an konnten wieder Direktverträge zwischen westdeutschen Firmen und China getätigt werden[185].

Eine weitere Eigenart des deutsch-chinesischen Handels, die aus der folgenden Tabelle nicht deutlich wird, war ebenfalls durch den vertragslosen Zustand des Handels bedingt: Die direkten deutschen Importe aus China lagen weit hinter den direkten Exporten zurück. Das führte zu zahlreichen Klagen von chinesischer Seite, die eine Erhöhung der Importe forderten, um die Handelsbilanz auszugleichen. Die Ursache für die unausgeglichene Handelsbilanz lag in der Erfahrung der deutschen Geschäftsleute, daß chinesische Waren über die Staaten des Ostblocks zu wesentlich günstigeren Bedingungen zu erhalten waren als aus China direkt, da diese Staaten aufgrund bilateraler Handelsabkommen in der Lage waren, chinesische Waren zu günstigen Bedingungen zu kaufen und weiterzuverkaufen. Dieser Umstand wurde von den deutschen Geschäftsleuten rasch erkannt und ausgenutzt[186]. Die Handelsbilanz zwischen China und der Bundesrepublik wurde erst durch das Handelsabkommen von 1957 verbessert, das für den direkten Handel zwischen beiden Ländern bessere Voraussetzung schuf. Die Methode deutscher Kaufleute, chinesische Waren über Ostblockländer einzukaufen, praktizierten diese jedoch auch in den Jahren 1961 bis 1967.

Die Entwicklung des Chinahandels

Das Handelsabkommen vom September 1957 war, wie bereits erwähnt, auf die Initiative von Vertretern der deutschen Wirtschaft zustande gekommen, die sich davon eine Einbeziehung der Bundesrepublik in den Außenhandelsplan Chinas, eine Steigerung des direkten Warenaustausches, vor allem aber den Abbau der Nachteile und Diskreditierung deutscher Geschäftsleute erhofften. Die Verhandlungen dazu hatten bereits am 15. Mai 1953 in Berlin begonnen und hatten die Erörterung der Liefer- und Zahlungsbedingungen sowie die Lösung einer Reihe praktischer Fragen des Handelsaustausches zum Gegenstand. Die insgesamt mehr als vierjährigen Verhandlungen erklären sich teilweise aus den relativ schwierigen Problemen, die zur Diskussion standen, aber auch aus der Situation im deutsch-chinesischen Handel, die durch das Handelsembargo wesentlich erschwert war. Hinzu kam, daß der Ostausschuß der deutschen Wirtschaft zwar praktisch unabhängig war, wegen der vielen Hindernisse im Chinahandel jedoch nicht ohne eine enge Fühlungnahme mit der Bundesregierung verhandeln konnte. Zu den abschließenden Verhandlungen und zur Unterzeichnung des Abkommens reiste eine Delegation des Ostausschusses nach China. Es war die dritte Mission der deutschen Wirtschaft nach den Missionen in den Jahren 1886 und 1929. Am 27. September erfolgte dann die Unterzeichnung des handelsvertragsähnlichen Abkommens, das eine Gültigkeit von einem Jahr hatte. Der offizielle Charakter des Abkommens wurde auch dadurch deutlich, daß es im Bundesanzeiger publiziert und wie ein Regierungsabkommen behandelt wurde[187].

Das Abkommen erfüllte im Prinzip die Hoffnungen der deutschen Wirtschaft. Sichtbar wurde dies nicht nur an der enormen Steigerung des Außenhandelsumsatzes – von DM 371 Millionen 1957 auf 927 Millionen DM 1958 –, sondern auch an der erheblichen Zunahme des Direkthandels als Folge des erleichterten Warenverkehrs. Die beträchtliche Steigerung des Handelsumfangs innerhalb eines Jahres hatte außer dem Abkommen selbst auch noch andere Gründe: Der 1958 erfolgte Abbruch der chinesisch-japanischen Handelsbeziehungen nach dem sogenannten Flaggenzwischenfall von Nagasaki führte dazu, daß China Stahlaufträge in Japan stornierte und sie an Europa, vor allem jedoch an die Bundesrepublik vergab[188]. Demgegenüber hält sich die Abnahme des Außenhandelsvolumens von 927 Millionen 1958 auf 818 Millionen DM im Jahr 1959 und schließlich auf 692 Millionen DM 1960 durchaus im Rahmen der normalen Schwankungen im deutsch-chinesischen Handel. Sie ist auch darauf zurückzuführen, daß nach 1958 die Wirtschaftsbeziehungen mit Japan teilweise wieder aufgenommen wurden. Daß das Handelsabkommen bereits zum Jahresende 1958 auslief, war jedenfalls nicht entscheidend für wesentliche Veränderungen im Handel zwischen Deutschland und China. Der große Rückgang des Außenhandels im Jahr 1961 um fast 400 Millionen auf 282 Millionen DM und das weitere Absinken im folgenden Jahr auf 223 Millionen DM hatte dagegen politische Ursachen. Es handelte sich allerdings nicht um die politischen Beziehungen zwischen Bonn und Peking. Ausschlaggebend war die ungünstige wirtschaftliche Entwicklung Chinas nach dem »Großen Sprung nach vorn« und die Einstellung der gesamten Wirtschaftshilfe des Ostblocks.

*Außenhandel der BRD mit der VR China**

Ein- und Ausfuhrwerte (1000 DM)

Jahr	Einfuhr	Ausfuhr	Außen-handels-umsatz	Ausfuhr- (+) Einfuhr- (−) überschuß
1951	204941	16848	221789	−188093
1952	73902	11711	85613	− 62191
1953	139555	104975	244530	− 34580
1954	151517	90198	241715	− 61319
1955	192666	109925	302591	− 82741
1956	222942	155819	378761	− 67123
1957	172023	199747	371770	+ 27724
1958	245464	681872	927336	+436408
1959	278072	540746	818818	+262674
1960	291320	400823	692143	+109503
1961	159430	123330	282760	− 36100
1962	156420	124514	280934	− 31906
1963	162534	61309	223843	−101225
1964	206903	101916	308819	−104987
1965	290870	316000	606870	+ 25130
1966	370114	517733	887847	+147619
1967	306199	826085	1132284	+519886
1968	341276	694985	1036261	+353709
1969	344100	617700	961800	+273600
1970	309700	612000	921700	+302300
1971	330300	482200	812500	+151900
1972 (1.–6.)	163252	235723	398975	–

* Quelle: Statistisches Bundesamt, nach: Länderberichte – Volksrepublik China 1969, aaO. S. 88; für die Jahre 1969–1972: Jahresberichte des Ostasiatischen Vereins Hamburg

Seit 1963 ist eine stetige Aufwärtsentwicklung des Handelsumfangs festzustellen, die offensichtlich durch die Ereignisse der Kulturrevolution nicht wesentlich beeinträchtigt wurde. Das Walzwerkprojekt, für das im März 1966 von der Bundesrepublik Kredite in Höhe von 350 Millionen DM bewilligt wurden, ist bereits erwähnt worden. Federführend für das Projekt war die DEMAG AG in Duisburg, beteiligt waren die Konsortialfirmen Schloemann, Siemens, AEG, Linde Eis und Otto Wolf sowie französische, italienische, britische und schweizerische Firmen. Dieses Konsortium sollte in gemeinsamer Arbeit ein Warm- und Kaltwalzwerk, eine Stahl-, Strang- und Rohrpreßanlage sowie ein Steckreduzierwalzwerk errichten. Trotz der chinesischen Praxis, keine Kredite vom Ausland anzunehmen, schließt dies nicht aus, daß beim Kauf von Investitionsgütern von China gewisse Zahlungsziele in Anspruch genommen werden, wie sie international üblich sind. Das wäre auch im Falle des DEMAG-Projektes so gewesen, wobei China die üblichen zehn Halbjahresraten in Anspruch genommen hätte. Die Realisierung des Projektes zerschlug sich jedoch an den unterschiedlichen Preisvorstellungen. Nach den Eindrücken der westlichen Gesprächspartner war aber in den Wirren der Kulturrevolution wohl auch kein chinesischer Funktionär bereit, die Verantwortung für dieses Objekt zu übernehmen[189]. Bezeichnend für die Verhandlungsführung der Chinesen war, daß die deutschen Gesprächspartner bis zum Abbruch der Verhandlungen nicht erfuhren, wo das Werk eigentlich gebaut werden sollte.

Im Jahr 1967 erreichte der deutsche Chinahandel mit 1,132 Milliarden DM seine bisherige Rekordhöhe. Die Gründe für diesen Aufschwung können nur vermutet werden. Da die Intensivierung des Handels im wesentlichen auf die Steigerung der deutschen Exporte zurückging (von 517 Millionen 1966 auf 826 Millionen DM 1967), bestand offensichtlich ein Zusammenhang mit dem steigenden Bedarf der Volksrepublik China in Verbindung mit dem dritten Fünfjahresplan, der 1967 begann. Da im Westen die Kenntnisse über diesen Plan ausgesprochen dürftig und weder der Wortlaut noch Einzelheiten darüber bekannt sind, lassen sich keine genauen Angaben dazu machen. Seit diesem absoluten Höchststand des bisherigen Chinahandels läßt sich ein stetiger Rückgang feststellen, dessen Gründe ebenfalls im einzelnen nicht bekannt sind. Sie können in den wirtschaftlichen Schwierigkeiten Chinas im Gefolge der »Großen Proletarischen Kulturrevolution« liegen, man kann den Rückgang aber auch als Einpendeln auf das normale Maß des deutsch-chinesischen Handelsumfangs ansehen oder auf die sich seit 1969 stetig ausweitenden außenpolitischen Kontakte Pekings zurückführen, die auch Auswirkungen auf den chinesischen Außenhandel haben.

1968 wurden in China Kaufleute und Monteure deutscher Firmen verhaftet – angeblich wegen nicht näher bezeichneter Verbrechen der Sabotage und Subversion. Insgesamt waren davon acht oder neun Deutsche betroffen, und einer von ihnen, der Angestellte der Firma Lurgi (Frankfurt), Trutz von Xylander, wurde wegen Spionage für die USA zu einer zehnjährigen Freiheitsstrafe verurteilt. Erst nach 14 Monaten konnte erreicht werden, daß die meisten Deutschen freigelassen wurden. Trutz von Xylander wurde zu zehn Jahren Haft verurteilt und erst 1973 entlassen. Diese Vorfälle verhinderten zumindest vorerst weitere deutsche Angebote für diejenigen Anlagengeschäfte, die ohne Monteure nicht durchzuführen waren, da das Risiko für die deutschen Arbeiter zu groß erschien. Eine andere, wesentlich weitreichendere Entwicklung erfolgte im Zuge der Paritätenänderungen bei einer Reihe westlicher Währungen im Frühjahr 1968. Die Abwertung des englischen Pfundes, gefolgt von der des französischen Franc und der Aufwertung der DM sowie die Währungsunsicherheit einiger anderer Währungen schufen für China eine völlig neue Situation. Der internationale Zahlungsverkehr Chinas mit dem nichtkommunistischen Ausland hatte sich seit der Dollarsperre im allgemeinen dahin entwickelt, daß die Bezahlung der Waren in freier Währung erfolgte, wodurch der Handel mit den einzelnen Staaten jeweils von der Währungsstabilität der verwendeten Währung abhängig war. Die Einbußen, die China durch die Veränderung der Währungsparitäten 1968 erlitt, bewirkten, daß China dazu überging, den gegenseitigen Warenverkehr in seiner eigenen chinesischen Währung zu verrechnen. Dies brachte deshalb Probleme mit sich, weil damit die chinesische Währung nicht wirklich konvertierbar wurde, da es in China – wie in jedem anderen kommunistischen Land – verboten ist, chinesische Banknoten ein- oder auszuführen. Die Einführung dieser Verrechnungsmethode hatte auch politische Gründe, da die chinesische Währung als Verrechnungswährung im internationalen Handel zweifellos an Prestige gewann. Auf jeden Fall werden durch die feste Bindung der chinesischen Währung an die der Partnerstaaten jene Risiken ausgeschlossen, wie sie sich zuvor durch die Paritätenänderungen ergeben hatten. In der Praxis spielt sich dies so ab, daß die entsprechende deutsche Bank bei der »Bank of China« in London ein Konto in chinesischer Währung unterhält, das jederzeit in deutsche Währung transferierbar ist. Die damit geschaffene Verrechnungswährung wird dazu verwendet, Waren in beiden Richtungen zu bezahlen. Es findet also tatsächlich nur eine gegenseitige Verrechnung der Warenströme statt, die aber durch China selbst gelenkt wird und nicht mehr in den Händen der Banken der Partnerstaaten liegt. Was an chinesischer Währung von deutschen Importeuren benötigt wird, kann von der »Bank of China« gekauft werden, die ebenfalls zurückkauft. Dieses Geschäft findet unter fest vereinbarten Kursen statt, wobei China darauf verzichtet, für Ankauf und Verkauf seiner Währung Margen (also Verdienstspannen) festzulegen, mit denen es Kursgewinne erzielen könnte. Es ist also nicht das Geschäft mit Devisen, sondern lediglich das Warengeschäft, an dem China interessiert ist[191]. Diese Praxis wurde 1968 eingeführt und hat sich seitdem offensichtlich für beide Seiten bewährt.

Die Frage nach dem Inhalt des Handels zwischen Deutschland und China, läßt sich am Beispiel des Jahres 1968 wie folgt darstellen: Die deutschen Importe aus China haben »traditionellen« Charakter. Fast 70 Prozent der Gesamtimporte bestanden aus landwirtschaftlichen Produkten wie Nahrungsmitteln, Speiseöl, Ölkuchen, Därmen, Häuten, Sojabohnen, Eiern und Borsten. Von den restlichen 30 Prozent entfielen 10 Prozent auf Textilien, 8 Prozent auf chemische Produkte und 7,5 Prozent auf Mineralien und Erze. Im Gegensatz dazu sind bei den deutschen Exporten nach China gewisse Schwankungen festzustellen. An erster Stelle stehen Stahl bzw. Stahlerzeugnisse, die in den Jahren 1958 und 1967 40 bzw. 42 Prozent ausmachten, während Maschinen und Kapitalgüter 11 bzw. 19 Prozent betrugen. 1966 bestanden 35 Prozent der deutschen Exporte aus Investitionsgütern und Anlagen und nur 19 Prozent aus Stahlerzeugnissen. Zwei gleichbleibend wichtige deutsche Exportprodukte sind chemische Erzeugnisse und Düngemittel[192].

Die Perspektiven der künftigen Entwicklung

Um die mögliche Weiterentwicklung der Wirtschaftsbeziehungen zwischen Deutschland und China überhaupt abschätzen zu können, müssen einige grundlegende Vorbemerkungen gemacht werden. So muß berücksichtigt werden, daß die bisherige wirtschaftliche Entwicklung Chinas seit 1949 ganz wesentlich von der politischen Entwicklung gekennzeichnet ist, die sich auch im Außenhandel Chinas widerspiegelt. Auch für die Zukunft kann deshalb nicht von einer kontinuierlichen Entwicklung ausgegangen werden. Es muß im Gegenteil damit gerechnet werden, daß innenpolitische Entwicklungen erneut Einfluß auf den Außenhandel nehmen und damit alle aufgestellten Berechnungen über den Haufen werfen. Des weiteren muß eine »mathematische Größe« berücksichtigt werden: Während sich das Volumen des Welthandels in den mehr als zwanzig Jahren seit Bestehen der Volksrepublik China etwa um das Fünfeinhalbfache vergrößert hat (jeweils die Hälfte davon in einer Zehnjahresspanne), ist das absolute Volumen des chinesischen Außenhandels nicht über den Höchststand von 1959 mit einem Umfang von rund 4 Milliarden US-Dollar gestiegen. Dieser Stand wurde erst 1967 wieder erreicht, während die Werte für 1968 und 1969 wieder etwas niedriger lagen und die Werte von 1970 mit denen von 1959 und 1967 gleichgesetzt werden können.

Da sich China wegen des Prinzips des »Verlassens auf die eigene Kraft« auch nicht an der internationalen Arbeitsteilung beteiligt, wodurch es ein Ungleichgewicht in seiner Handelsbilanz verhindert, kann sein Außenhandel nicht wesentlich ausgeweitet werden. Erst bei einer erheblichen Ausweitung des Handels durch Kredite könnte China aber mehr Investitionsgüter beziehen, ohne gezwungen zu sein, die Produktion und den Export seiner eigenen Erzeugnisse sofort in dem Umfang auszuweiten, der es ihm erlaubt, die eigenen Lieferungen mit den importierten Investitionsgütern zu verrechnen. Dafür gibt es aber bislang keine Anzeichen, und da auch keine Veranlassung besteht, daß China künftig aus diesen Gründen Kredite im Ausland aufnimmt, ist nicht zu erwarten, daß die relativ bescheidene Größenordnung des chinesischen Außenhandels wesentliche Veränderungen erfährt.

Damit ist jedoch auch für den deutsch-chinesischen Handel eine gewisse Begrenzung gegeben, die etwa bei den gegenwärtigen Werten liegen dürfte[193]. Die Entwicklung des deutschen Chinahandels hängt außerdem davon ab, ob es China gelingen wird, den Negativsaldo aus seinen Importüberschüssen, der seit 1965 in einer Höhe von rund einer Milliarde DM aufgelaufen ist, abzubauen. Die Formalisierung der Handelsbeziehungen durch den Abschluß eines ersten offiziellen Handels- und Zahlungsabkommens zwischen den beiden Staaten am 19. Dezember 1972 ist eine wichtige Voraussetzung für den Abbau dieses Saldos, doch muß die künftige Entwicklung erst abgewartet werden[194].

Auf jeden Fall muß gerade im Hinblick auf die Aufnahme diplomatischer Beziehungen und den Abschluß des Handelsvertrages davor gewarnt werden, in China einen großen Markt für westliche Konsumgüter zu sehen. China ist primär Abnehmer von Investitionsgütern, Energie, Rohstoffen, chemischen Erzeugnissen und Nahrungsmitteln. Es orientiert sich dabei stets am eigenen staatlichen Plan. Bei einem angenommenen Grenzwert des Außenhandelsvolumens von 4 Milliarden US-Dollar ist außerdem nur ein sehr geringer Spielraum für den chinesischen Außenhandel allgemein wie für den deutschen Chinahandel im besonderen gegeben. Angesichts mancher euphorischer Presseberichte über den chinesischen Markt scheint es angebracht, auf diese grundsätzlichen Grenzen hinzuweisen. Andererseits ist es für die richtige Einschätzung des deutsch-chinesischen Handels nützlich, wenn man sich vergegenwärtigt, welche Bedeutung der Handel zwischen China und der Bundesrepublik für beide Länder überhaupt hat. Ein Vergleich der entsprechenden Zahlen für die Jahre 1969/70 ergibt, daß der Handel mit der Bundesrepublik nur etwa 5 Prozent des chinesischen Außenhandels ausmacht und daß umgekehrt der deutsche Chinahandel lediglich einen Anteil von einem halben Prozent am deutschen Gesamtaußenhandel hat. Erst bei Berücksichtigung dieses für beide Seiten recht geringen Handelsvolumens wird offenkundig, daß die Bedeutung des deutschen Chinahandels allgemein überschätzt und überbewertet wird.

VIII.
Der Mao-Kult in Westdeutschland

Neben den politischen und wirtschaftlichen Kontakten zwischen Deutschland und China hat sich seit Anfang der sechziger Jahre in der Bundesrepublik wie in der westlichen Welt eine neue Form der Orientierung an China auf ideologischer Ebene herausgebildet. Es handelt sich dabei um einen Mao-Kult, der vor allem in studentischen bzw. linksintellektuellen Kreisen entstanden ist und der den chinesischen Entwicklungsweg als Modell propagiert. Diese Bewegung gewann besonders während und nach der »Großen Proletarischen Kulturrevolution« an Anhängern, die sich in zahlreichen kleinen und kleinsten Gruppen organisieren und teilweise gegenseitig befehden. Im Gegensatz zu anderen westeuropäischen Staaten gibt es jedoch in der Bundesrepublik keinen »Maoismus« in einer einheitlich organisierten Form. Trotzdem sind die einzelnen Gruppen mitunter recht aktiv. So wurde die gewaltsame Stürmung des Bonner Rathauses beim Besuch von Parteichef Breschnew im Mai 1973 maßgeblich von der (maoistischen) Kommunistischen Partei Deutschlands/Marxisten Leninisten durchgeführt.

Es gibt eine Reihe von Ursachen unterschiedlicher Größenordnung für die Anziehungskraft des Maoismus auf die westliche und europäische Jugend. Für die weniger politisch denkenden Jugendlichen war Mao Tsetung eine Art Mode – man war »in«, wenn man formale Attribute des Mao-Kultes übernahm. Der Mao-Look trat deshalb auch in der Mode in Erscheinung. Andere wollten mit diesem Kult vor allem die westliche Wohlstands- und Konsumgesellschaft schockieren. Der heute übriggebliebene politische Kern dieser Bewegung nimmt dagegen die Thesen der chinesischen Kommunisten durchaus ernst und propagiert die »proletarische Revolution«. Ausschlaggebend für die Hinwendung zum Maoismus ist dabei für viele Jugendliche die Verbindung von Theorie und Praxis, die sie – ihrer Interpretation nach – im erfolgreichen chinesischen Entwicklungsweg verwirklicht sehen. Sie gehören zu jenen jungen Kommunisten, die von Moskau keine positive Entwicklung mehr erwarten.

Vor allem werden die Kritik Mao Tse-tungs am russischen Revisionismus, seine Polemik gegen die Politik der friedlichen Koexistenz und die Ablehnung des Bürokratismus innerhalb der Sowjetunion übernommen. Das maoistische System gilt als das Gegenteil des verbürokratisierten Kommunismus der Sowjetunion und der DDR. Das von den chinesischen Kommunisten praktizierte »Verlassen auf die eigenen Kräfte« wird von ihnen als Modell für die Entwicklungsländer betrachtet. Von der Kulturrevolution empfingen diese Linkskreise schließlich eine Reihe geistiger Impulse. Jener Bewegung, die sich vornehmlich gegen Funktionäre der Partei- und Staatsbürokratie Chinas richtete, wobei der Staat den Rotgardisten freie Hand ließ, fühlte sich die jugendliche Opposition in der Bundesrepublik in ihrem Protest gegen die Zwänge und das Leistungsprinzip unserer Gesellschaft verbunden. Dabei spielt es für die maoistische Bewegung in der Bundesrepublik keine Rolle, welchen Ausgang diese Kampagne in China tatsächlich nahm und ob die übermittelten bzw. übernommenen Vorstellungen tatsächlich der Wirklichkeit entsprachen.

Neben der starken Beeinflussung von Teilen der Schüler und Studenten durch den Maoismus übte dieser auf einige politische Gruppen in der Bundesrepublik zumindest zeitweise einen starken Einfluß aus. Dies gilt vor allem für den Sozialistischen Deutschen Studentenbund (SDS) in den Jahren 1967 und 1968, als sich einige seiner Führer, unter ihnen Rudi Dutschke, beispielsweise auch mit der These Mao Tse-tungs von der »Unvermeidbarkeit des Krieges« während der Auseinandersetzung zwischen Kapitalismus und Sozialismus identifizierten. Diese Maoisierung des SDS führte bei den Weltjugendfestspielen im Sommer 1968 in Sofia zu Auseinandersetzungen mit der Freien Deutschen Jugend (FDJ), der Organisation der DDR-Staatsjugend, die die Thesen des SDS als »linksabweichlerisch« und »maoistisch« ablehnte. Die ideologische Annäherung war bei den Mitgliedern des Westberliner SDS wohl am stärksten, deren spektakulärste Aktion die Besetzung der früheren chinesischen Botschaft in Berlin anläßlich des 75. Geburtstages Mao Tse-tungs am 26. Dezember war, mit der sie die USA zur Übergabe des Gebäudes an die Volksrepublik China zwingen wollten. Starke Anziehungskraft übte der Maoismus auch auf eine Reihe von Schüler- und Lehrlingsgruppen aus, die dem SDS nahestanden. Zumeist attackierten diese Gruppen die Gesellschaftsordnung in der Bundesrepublik ebenso wie die Verhältnisse in der DDR. Bei einer Reihe dieser Gruppen diente der Maoismus allerdings nur zur Legitimation ihrer Aktionen, da sie die Gedanken Mao Tse-tungs durch anarchistische Vorstellungen, die nicht originär maoistisch sind, ergänzten bzw. verfälschten. Außer dem SDS gab es eine Reihe weiterer studentischer Gruppen unterschiedlicher Größenordnung, die sich für mehr oder weniger kurze Zeit mit dem Maoismus identifizierten. Insgesamt existierten sie nur kurze Zeit, da sich bei vielen dieser Gruppen schon sehr bald Differenzen über die ideologische Linie ergaben, die einzelnen Gruppen sich zersplitterten und ihren ohnehin geringen Einfluß verloren.

Eine Ausnahme davon bildete die »Marxistisch-Leninistische Partei Deutschlands« (MLPD), die nach eigenen Angaben am 5. März 1965, dem Todestag Stalins, gegründet wurde, unter anderem Namen aber bereits im

Vorjahr aufgetreten war. Diese Partei arbeitete im Untergrund, und obwohl sie den Anspruch erhob, für ganz Deutschland zu sprechen, und ihre Mitgliederzahl auf 5000 bezifferte, war es doch mehr eine Partei von Einzelgängern. Sie wurde zwar wegen ihrer maoistischen Zielsetzung und Propaganda von vielen prochinesischen Splitterparteien in Europa anerkannt, nicht jedoch von der Volksrepublik China und von Albanien. Im Herbst 1968 stellte diese Gruppe ihre Aktivitäten und ihre Zeitung, das *Sozialistische Deutschland*, ein. Angeblich erfolgte dies auf Drängen des prochinesischen Kommunisten Hermann Aust, der die Reste dieser Partei später in der »Kommunistischen Partei Deutschlands/Marxisten Leninisten« (KPD/ML) aufnahm.

Am 26. Oktober 1968 trat dann in Köln die KPD/ML mit einem Gründungsaufruf an die Öffentlichkeit, und am 31. Dezember wurde von 33 Delegierten aus der Bundesrepublik und West-Berlin (das von der Partei ebenfalls zur Bundesrepublik gezählt wird) die KPD/ML ausgerufen. Sie betrachtet sich »als legitime Nachfolgerin der revolutionären Partei Karl Liebknechts, Rosa Luxemburgs und Ernst Thälmanns«.

Ganz bewußt wurde der 50. Jahrestag der Gründung der KPD zum Gründungsdatum gewählt, wobei man sich im Programm der KPD/ML auf das Potsdamer Abkommen beruft, das Deutschland als politische und wirtschaftliche Einheit betrachtet. Damit wird die Anerkennung zweier deutscher Staaten abgelehnt, außerdem spricht die Partei Bonn und Ost-Berlin das Recht ab, im Namen des deutschen Volkes zu sprechen. Der Initiator dieser Partei ist der frühere Herausgeber der prokommunistischen Hamburger Zeitung *Blinkfüer* Hermann Aust. Parteiorgan ist der *Rote Morgen*, der zuerst monatlich, später vierzehntäglich und seit 1973 wöchentlich erscheint. Die Gründung der KPD/ML wurde sowohl von der prosowjetischen DKP als auch von vielen westdeutschen Maoisten kritisiert, darunter auch vom »Hamburger Initiativausschuß zur Bildung einer marxistisch-leninistischen Liga für Westdeutschland und West-Berlin«. Dieser Ausschuß bezeichnete die Gründung als übereilt, weil dadurch nur ein »sehr kleiner Teil der dafür in Frage kommenden Kräfte« angesprochen werde und diese Gründung für die Einheit der Gesamtbewegung zerstörend wirke. Die KPD/ML tritt mit dem Anspruch auf, die »einzige proletarische Kraft in ganz Deutschland« zu sein, und propagiert ausschließlich maoistische Ideen, schließt sich auch in ihrer Haltung zu internationalen Fragen der Position Pekings an und druckt teilweise entsprechende Erklärungen im *Roten Morgen* ab. Das größte Problem für die KPD/ML besteht jedoch darin, daß sie von der selbstgewählten Mutterpartei, der Kommunistischen Partei Chinas, nicht anerkannt wird. Zwar wurde von der KPD/ML bei der Gründung ein Ergebenheitsbrief an das ZK der KP Chinas gerichtet, doch wurde diese Adresse ebenso wie die Gründung selbst von Peking nicht zur Kenntnis genommen. Im Gegensatz zu vielen anderen prokommunistischen Parteien wurde die KPD/ML auch bisher von der chinesischen Presse nicht erwähnt.

Zwar wurde Hermann Aust zusammen mit anderen Führern europäischer prokommunistischer Parteien im November 1969 zu Feierlichkeiten in Albanien eingeladen, doch läßt sich daraus noch keine offizielle Anerkennung ableiten. Im Gegenteil: Als einer der Führer der KPD/ML, Jürgen Horlemann, nach Nordkorea fuhr, um dort die Anerkennung seiner Partei zu betreiben, wurde er zwar freundlich empfangen, und Staatschef Kim Il Sung ließ sich sogar mit ihm fotografieren, doch als die Fotos dann in Deutschland eintrafen, war er selbst wegretuschiert. Auch ein anderer Versuch, die angestrebte Anerkennung durch China zu erhalten, schlug fehl. Als die KPD/ML mit Vertretern der chinesischen Botschaft in der Schweiz einen Vertrag über die Lieferung von Mao-Anzügen, Wattejacken etc. abschloß, wollten sich die KPD-Mitglieder erst dann zur Abnahme der Lieferung bereit erklären, wenn ihre Partei als »einzige proletarische Kraft in ganz Deutschland« anerkannt würde – ein Verfahren, das allerdings nichts fruchtete.

Die KPD/ML unterstützte auch die Baader-Meinhoff-Gruppe und versuchte in den Gewerkschaften Fuß zu fassen. Sie gehört zu den entschiedensten Gegnern der neuen deutschen Ostpolitik. Nach der spektakulären Besetzung des Bonner Rathauses durch Angehörige und Anhänger der KPD/ML wurden ihre führenden Funktionäre Semmler und Horlemann im Mai 1973 verhaftet. Trotz des Aufsehens, das diese Gruppe mit ihren Aktionen erringen konnte, sind die Chancen, daß die KPD/ML tatsächlich zu einem Sammelbecken revolutionärer und proletarischer Kräfte in Deutschland wird, ausgesprochen gering, weil diese Partei, wie alle maoistischen Gruppen, ständig von Spaltung und Zersplitterung bedroht ist.

Eine dritte Gruppe, in der sich deutsche Maoisten zusammengefunden haben, bilden die zahlreichen deutsch-chinesischen Freundschaftsgesellschaften, die im Laufe der Zeit entstanden sind. Angefangen von der »Gesellschaft der Freunde Chinas e. V.«, die sich 1972 in München konstituierte, ist all diesen Gruppen die unkritische Übernahme maoistischen Gedankengutes eigen, wobei hinzukommt, daß in den meisten Fällen die Kenntnisse über die Ereignisse in China selbst wesentlich geringer sind als die Begeisterung. Die Gründung der Münchner Gruppe erfolgte offensichtlich auf Anregung der chinesischen Botschaft in Bonn, die der Gruppe auch Reisen nach China anbot. Neben dem Namen für diese Freundschaftsgesellschaft wurde auch gleich eine fertige Satzung durch die Vertreter der Botschaft präsentiert, die dann nur noch von der Gründungsversammlung anzunehmen war . . .

Zusammenfassend läßt sich über die Existenz und Tätigkeit promaoistischer Organisationen in der Bundesrepublik feststellen, daß deren Mitglieder wegen mangelnder Informationen über die Verhältnisse in China kaum in der Lage sind, einen realen Bezug zwischen dem, was Mao Tse-tung sagt bzw. schreibt, und dem, was tatsächlich in der Volksrepublik China geschieht, herzustellen. Das hindert diese Gruppen aber nicht, einige Thesen der maoistischen Theorie aufzunehmen und zu propagieren, wobei vor allem die folgenden Punkte von Bedeutung sind:

- ▷ die Theorie der permanenten Revolution, die auch nach der Vollendung der Weltrevolution fortgesetzt werden soll
- ▷ die Betonung der Praxis und damit des Voluntarismus durch Mao Tse-tung
- ▷ das Verständnis der Kulturrevolution als Aufruf zur Revolte gegen irrationale Autorität
- ▷ das Landproletariat übernimmt die führende Rolle im revolutionären Kampf, womit die armen Länder der Dritten Welt zu Zentren der Weltrevolution werden.

III. KAPITEL

Die Bundesrepublik und die Republik China (Taiwan)

Die Beziehungen zwischen Deutschland und der Republik China unter Chiang Kai-shek gestalteten sich in den Jahren unmittelbar nach dem Ende des Zweiten Weltkriegs ausgesprochen schwierig. Die Ursache dafür lag darin, daß das Dritte Reich Beziehungen zur japanfreundlichen Gegenregierung Chiang Kai-sheks unter Wang Ching-wei unterhalten hatte und Chiang Kai-shek daraufhin seit 1941 die Beziehungen zum Dritten Reich abgebrochen und ihm im Dezember des gleichen Jahres den Krieg erklärt hatte. Mit dem Ende des Krieges im Pazifik durch die Kapitulation Japans im August 1945 endete auch die Existenz der Regierung Wang Ching-wei, und die Botschaft dieser Regierung in Berlin stellte sich, ebenso wie die beiden Generalkonsulate in Hamburg und Stuttgart, Chiang Kai-shek zur Verfügung[1]. Nach der Kapitulation Deutschlands ermöglichten die Alliierten die Errichtung von Militärmissionen in Berlin für »hauptsächlich interessierte Regierungen der Vereinten Nationen«. Nach einem entsprechenden Antrag beim Alliierten Kontrollrat wurde die Errichtung einer Militärmission Chinas genehmigt. Am 21. Januar 1946 wurde dann die Botschaft in Berlin in eine Militärmission umgewandelt[2]. Die Generalkonsulate in Hamburg und Stuttgart wurden am 19. Mai 1947 offiziell für die britische bzw. die amerikanische Besatzungszone für zuständig erklärt[3].

Damit war an sich eine günstige Voraussetzung für die Wiederaufnahme diplomatischer Beziehungen zwischen dem China Chiang Kai-sheks und der Bundesrepublik gegeben. Aber durch den Sieg Mao Tse-tungs veränderte sich die Situation grundlegend. Im Zuge des Machtwechsels in China unterstellte sich die Militärmission in Berlin Mao Tse-tung. Am 11. November 1949 wurde daraufhin auf Anweisung des Außenministeriums der jetzt auf Taiwan residierenden Regierung der Republik China das Generalkonsulat in Stuttgart und kurz darauf – am 14. Januar 1950 – das Generalkonsulat in Hamburg geschlossen[4]. Als offiziellen Grund für die Schließung gab Taiwan die »nationale Krise« des Jahres 1949/50 an, es wurden auch wirtschaftliche Schwierigkeiten geltend gemacht. Nach Angaben des Außenministeriums in Taipei wurden insgesamt 28 Konsulate in dieser Zeit geschlossen, darunter acht in Europa[5]. Gleichzeitig bestritt man, daß sich diese Maßnahme in irgendeiner Weise gegen die Bundesrepublik richtete.

Die Republik China war dadurch ohne jede Vertretung in der Bundesrepublik, was von der Bundesregierung mit Verärgerung registriert wurde, da Bonn zu dieser Zeit gerade dabei war, seine außenpolitischen Beziehungen aufzubauen und durchaus bereit gewesen wäre, diese auch auf die Republik China auszudehnen. Chiang Kai-shek war dagegen an einer normalen Aufnahme diplomatischer Beziehungen zwischen beiden Staaten nicht interessiert. Offensichtlich verübelte er Deutschland noch immer die Parteinahme für Japan im Zweiten Weltkrieg. Das wird nicht nur durch die Schließung der Konsulate deutlich, sondern auch durch ein anderes Ereignis im April 1951. Damals war das erste deutsche Schiff, das nach dem Kriege unter deutscher Flagge nach China unterwegs war, die »Mai Rickmers«, am 26. April 1951 von einem nationalchinesischen Kanonenboot in der Amoy-Straße aufgebracht und nach Keelung geleitet worden, wo die für Tientsin bestimmte Ladung beschlagnahmt und entladen wurde. Danach erst wurden Schiff und Besatzung freigegeben. Es war die einzige Maßnahme dieser Art gegen ein deutsches Schiff, die Schiffe anderer Nationen, die Handel mit der Volksrepublik China trieben, wurden nicht belästigt. Ein anderes Zeichen für die ablehnende Haltung Chiang Kai-sheks gegenüber der Bundesrepublik war, daß die Republik China keinerlei Anstalten machte, den seit 1941 bestehenden Kriegszustand mit Deutschland zu beenden. Aus diesem Grunde verweigerte Taiwan auch die Registrierung deutscher Handelsmarken. Erst nach der Beendigung des Kriegszustandes durch Mao Tse-tung am 11. April 1955 sah sich auch Chiang Kai-shek veranlaßt, einen entsprechenden Schritt nachzuvollziehen, der dann am 21. Oktober desselben Jahres erfolgte[7].

Diese Ereignisse führten verständlicherweise nicht zu einer Annäherung zwischen der Republik China und der Bundesrepublik. Als sich Chiang Kai-shek seinerseits Anfang der fünfziger Jahre an der Aufnahme diplomatischer Beziehungen zur Bundesrepublik interessiert zeigte, wurde er abschlägig beschieden. Eine erste amerikanische Intervention in dieser Angelegenheit ist aus dem August 1951 bekannt, als ein Angehöriger der amerikanischen Hohen Kommission Botschafter Blankenhorn aufsuchte und ihm die Aufnahme von Beziehungen zu Nationalchina vorschlug. Dieser verwies in seiner Antwort darauf, daß mit Rücksicht auf die noch in der Volksrepublik China lebenden Deutschen keine Formalisierung der Beziehungen zur Republik China erfolgen könne[8]. Die Angaben über die ersten direkten Bemühungen der Republik China weisen Differenzen auf. Dem nationalchinesischen Außenministerium zufolge gehen die frühesten Bemühungen auf den Anfang des Jahres 1951 zurück, während nach bundesdeutschen Angaben das Interesse Taiwans an der Bundesrepublik erst ab etwa 1954 erwachte – als Reaktion auf die diplomatischen Erfolge der Volksrepublik[9]. Doch auch als die Rückführung sämtlicher Deutscher aus der Volksrepublik China abgeschlossen war, zeigte die bundesdeutsche Seite kein Interesse an Beziehungen zur Republik China. Als offizieller

Grund wurde angegeben, daß die Bundesrepublik Deutschland die Zielsetzung Taiwans – Bonn in der Chinafrage gegen Peking festzulegen – nicht akzeptieren könne, da »die deutsche Interessenlage in dieser Frage mit der keines anderen Landes, das mit Taiwan amtliche Beziehungen unterhält oder aufzunehmen gedenkt, vergleichbar« ist[10]. Die Bundesrepublik sah es mittlerweile als Vorteil an, in der Chinafrage nicht gebunden zu sein, zumal sie stets befürchtete, daß das geteilte Deutschland mit den beiden chinesischen Staaten verglichen werden könnte. Andererseits liegt dieser Politik der Neutralität gegenüber beiden China die Konzeption Konrad Adenauers zugrunde, der sich gegen jede deutsche Aktivität in der Chinafrage ausgesprochen hatte und für die Politik des Abwartens eingetreten war.

Die wirtschaftlichen und kulturellen Kontakte

Angesichts dieser offiziellen Politik der Nichtanerkennung entwickelten sich die inoffiziellen Beziehungen zwischen der Republik China und der Bundesrepublik recht gut. Wie die folgende Tabelle demonstriert, nahm der Handelsaustausch zwischen beiden Staaten zwar langsam, aber stetig zu, ohne daß aber der Umfang des Handels mit der Volksrepublik erreicht werden konnte. Das geringere Handelspotential der Republik China war sicher auch ein Grund für die Zurückhaltung Bonns gegenüber Taipei. Die Diskrepanz in den Handelsbeziehungen Deutschlands zu den beiden chinesischen Staaten wird deutlich, wenn man berücksichtigt, daß der gesamte Handelsumsatz mit der Republik China erst 1964 100 Millionen DM überschritt, während er bereits 1951 mit der Volksrepublik 220 Millionen DM ausmachte. Mit Taiwan wurden in jenem Jahr ganze 4 Millionen DM umgesetzt. Die deutschen Exporte nach der Republik China bestehen unter anderem aus Maschinen und Fahrzeugen, die in den letzten Jahren mehr als 5 Prozent der Gesamtausfuhr ausmachten, und aus chemischen Erzeugnissen, die einen Anteil von etwa 20 Prozent erreichten. Die Importe aus der Republik China setzen sich im wesentlichen aus Nahrungsmitteln und Bekleidung zusammen[11].

Trotz der fehlenden diplomatischen Beziehungen leistete die Bundesrepublik an Taiwan auch Entwicklungshilfe. Sie betrug in der Zeit von 1950 bis 1966 immerhin nahezu 97 Millionen DM. 1968 setzte sich diese Hilfe im wesentlichen aus folgenden Positionen zusammen: Verlorene Zuschüsse des Staates für technische Hilfe, Bildungshilfe, Praktikantenausbildung sowie Kredite aus öffentlichen Mitteln in Höhe von 1,802 Millionen DM. Einen wesentlich größeren Posten nehmen die öffentlich garantierten Exportkredite von privater Seite mit einem Umfang von 90,541 Millionen DM ein, hinzu kommen Direktinvestitionen und sonstiger Kapitalverkehr in Höhe von 4,165 Millionen DM[12].

*Der Außenhandel der BRD mit der Republik China**

Ein- und Ausfuhrwerte (in 1000 DM)

Jahr	Einfuhr	Ausfuhr	Außenhandels-umsatz
1951	190	3729	3919
1952	320	16828	17148
1953	5822	12425	18247
1954	8086	14991	23077
1955	10554	22128	32682
1956	13355	28324	41679
1957	12064	33244	45308
1958	20598	36978	57576
1959	20450	40309	60759
1960	19843	48850	68693
1961	24279	48432	72711
1962	36828	56064	92892
1963	55863	32118	87981
1964	75586	42836	118422
1965	119861	63828	183689
1966	144255	118144	262399
1967	185051	105416	290467
1968	207587	158902	366489
1969	227654	173089	400743
1970	282700	224700	507400
1971	348000	284800	632800
1972 1. Halbjahr	186980	140001	326981

* Quelle: Statistisches Bundesamt. Allgemeine Statistik des Auslands: Länderberichte China 1970; für 1970: Jahresberichte des Ostasiatischen Vereins Hamburg 1970/71; für 1971 und 1972 Jahresbericht 1971/72 des Ostasiatischen Vereins Hamburg

Einsatz von Fachkräften,
*Ausbildung von Studenten und Praktikanten**

Bundesdeutsche Fachkräfte in China (Taiwan)									
1963	.	3	–	–	–	1	–	2	–
1964	.	8	–	–	6	–	–	2	–
1965	42	3	–	–	–	–	–	3	–
1966	90	8	3	–	–	–	–	5	–
1967	161	16	4	–	–	–	–	12	–
1968	140	13	–	2	2	2	–	7	–
Studenten und Praktikanten aus China (Taiwan) in der BRD									
1963	.	26	5	–	13	5	1	2	–
1964	.	67	7	–	25	6	–	7	22
1965	820	120	23	–	50	2	15	23	7
1966	800	130	6	–	95	3	2	9	15
1967	862	133	7	–	97	3	2	9	15
1968	599	74	2	2	43	6	2	7	12

* Allgemeine Statistik des Auslandes. Länderberichte. China (Taiwan) 1970. Stuttgart, Kohlhammer Verlag, S. 99

Neben dieser Kapitalhilfe wurde auch praktische Hilfe durch den Einsatz von Fachkräften bzw. die Ausbildung für Studenten und Praktikanten geleistet. Über den Umfang und die Richtung dieser Hilfe gibt die folgende Tabelle Aufschluß, aus der gleichzeitig auch die Tätigkeit deutscher Fachkräfte in der Republik China ersichtlich wird:

Darüber hinaus besteht bis in die unmittelbare Gegenwart ein reger Besucheraustausch zwischen Deutschland und Taiwan – eine Tatsache, die besonders von der Republik China betont wird. 1965 wurde eine »Deutsch-chinesische kulturelle und wirtschaftliche Gesellschaft« gegründet, die ihren Sitz in Taipei hat. Zu den vielen offiziellen Besuchern in Taiwan zählen die Abgeordneten Franz Josef Strauß und Leo Wagner im Jahr 1964. Im Juni 1965 besuchte der chinesische Informationsminister Shen Yi auf deutsche Einladung die Internationale Transport- und Kommunikationsausstellung in München[13]. 1966 wurde in Bonn ein Büro der »Free China News Agency« mit Zweigstellen in Berlin und Hamburg errichtet. Vertreter der Republik China nahmen 1965 an der internationalen Frankfurter Ausstellung und an der Industriemesse in Berlin teil. Im Februar 1966 besuchte eine chinesische Good-Will-Delegation unter der Leitung des Generalsekretärs des Internationalen Rates für wirtschaftliche Zusammenarbeit und Entwicklung, S. Y. Dao, die Bundesrepublik. Zu den Besuchern in Taiwan in den Jahren 1965/66 gehörten die Professoren F. Ansprenger, E. Heinitz (Berlin) und F. A. von Hayek (Freiburg) sowie der Vorsitzende des Außenpolitischen Ausschusses des Bundestages H. Kopf und der Abgeordnete E. Majonica[14]. In den Jahren 1968 und 1969 nahmen Delegationen aus Taiwan wiederum an den Messen in Frankfurt und Berlin teil, während deutsche Unternehmen auf der Europäischen Industrieausstellung in Taipei ausstellten. Die Bundesrepublik wurde in diesem Jahr zum wichtigsten europäischen Handelspartner der Republik China. Zu den Besuchern dieser Jahre gehörten unter anderen Dr. Max Adenauer, der Präsident des Deutschen Akademischen Auslandsdienstes Dr. G. Kielwein, der frühere Chefredakteur des *Spiegel* Klaus Jacobi, und die Bundestagsmitglieder Leo Wagner und Werner Mertes[15].

Damit wird deutlich, daß trotz der offiziell stets demonstrierten Neutralität in der Chinapolitik intensive Kontakte mit einem der beiden chinesischen Staaten unterhalten wurden, was zweifellos eine gewisse Inkonsequenz darstellt. Daß die Kontakte mit Taiwan nahezu offiziellen Charakter haben, beweisen nicht nur die häufigen Besuche deutscher Politiker, die stets auf chinesische Einladung und Kosten reisen, sondern auch die militärische Unterstützung, die die Bundesrepublik bis zum heutigen Tage der Republik China gewährt. Allerdings wurde bislang kaum bekannt, daß auch die Tradition der deutschen Militärberater in China von Bundeswehroffizieren – die noch nicht im Ruhestand sind – fortgesetzt wird.

Da jeder der beiden chinesischen Staaten beanspruchte, China allein zu repräsentieren, waren offizielle Beziehungen zu beiden Staaten nicht möglich. Bonn praktizierte deshalb unter den CDU-Kanzlern eine scheinbare Politik der Neutralität, intensivierte aber die Kontakte zu Taiwan, was im Falle einer Anerkennung Pekings notwendigerweise Schwierigkeiten mit sich bringen mußte. Genau dies ist dann auch eingetreten. Nach einer Anweisung des Auswärtigen Amtes an das Ministerium für wirtschaftliche Zusammenarbeit sind Dienstreisen nach Taiwan inzwischen zu unterlassen[16]. Daß die Republik China über diese Entwicklung enttäuscht ist, ist verständlich.

Trotz des Fehlens eines Passus über Taiwan im Kommuniqué über die Aufnahme diplomatischer Beziehungen zur Volksrepublik China ist die Bundesrepublik offensichtlich gewillt, Pekings Alleinvertretungsanspruch auf Kosten der Republik China anzuerkennen.

KAPITEL IV

Europa in der Interessenlage der Volksrepublik China

Wie aus dem Verlauf der deutsch-chinesischen Beziehungen seit 1949 mehrmals deutlich wurde, können diese Beziehungen – seien es nun die Ostberlins oder die Bonns zu Peking – nicht für sich allein betrachtet, sondern müssen im größeren Rahmen der chinesischen Europa-Politik gesehen werden.

Dazu muß vorausgeschickt werden, daß die Politik gegenüber Europa innerhalb der Außenpolitik Chinas sowohl von den erkennbaren vordringlichen außenpolitischen Prioritäten Pekings wie auch von den durchaus wandelbaren Determinanten der chinesischen Politik bestimmt ist. Die vordringlichen außenpolitischen Ziele können dabei wie folgt zusammengefaßt werden:

- Bewahrung der Unabhängigkeit, insbesondere gegenüber den USA und der UdSSR
- Bewahrung bzw. Wiederherstellung der Einheit des Landes, wozu die Eingliederung Taiwans gehört
- Erhaltung der Chancen des wirtschaftlichen Aufbaus bei Vermeidung einer wirtschaftlichen Abhängigkeit oder Isolierung
- Erhaltung der Handlungsfreiheit im rüstungspolitischen Bereich, was den Aufbau einer eigenen Atomrüstung impliziert und eine Ablehnung von Abrüstungs- und Teststoppabkommen bedingt.

Seit dem offenen Ausbruch der Differenzen mit der Sowjetunion lassen sich zwei weitere Zielsetzungen erkennen, nämlich:

- die Ablösung des durch die USA und die UdSSR gegebenen Bilateralismus zugunsten eines multipolaren, auch von China beeinflußbaren Verhältnisses,
- die Minderung bzw. Ausschaltung des Einflusses Moskaus in der kommunistischen Weltbewegung – wobei diese ideologische Zielsetzung auch bei allen anderen Punkten seit dem Konflikt Moskau-Peking mitwirkt[1].

Über diese grundsätzlichen Zielsetzungen hinaus ist die Außenpolitik Pekings von weiteren Faktoren bzw. Determinanten gekennzeichnet, die die praktizierte Politik unter Beibehaltung der Zielsetzungen in der einen oder anderen Richtung beeinflussen. Diese Determinanten waren bisher:

- ▷ der wirtschaftliche Entwicklungsstand Chinas allgemein, sowie die einzelnen Phasen der Innen- und Wirtschaftspolitik, die auch die Außenpolitik beeinflußten (wie beispielsweise der »Große Sprung nach vorn« der Jahre 1958–1960 oder die Kulturrevolution von 1966–1968)
- ▷ das Verhältnis zur Sowjetunion, das einen ganz maßgeblichen Einfluß auf die Außen- und Innenpolitik Chinas hatte und hat sowie
- ▷ die Entwicklung der Chinafrage in der internationalen Politik, die China zu einer Beschränkung seiner außenpolitischen Kontakte zwang (wie das China-Embargo der USA 1950) oder, wie es seit 1969 der Fall ist, zu internationaler Anerkennung auf breiter Ebene führte.

Darüber hinaus muß bei der Beobachtung der chinesischen Europapolitik zwischen der Konzeption gegenüber dem im sowjetischen Einflußbereich liegenden Osteuropa und gegenüber Westeuropa unter amerikanischem Einfluß unterschieden werden.

Die Phasen der Europapolitik

Auf der Basis dieser grundsätzlichen Gegebenheiten soll im folgenden der bisherige Verlauf der Beziehungen zwischen China und beiden Teilen Europas in seinen wesentlichen Phasen skizziert werden, um abschließend zu einer Bewertung der chinesischen Politik zu gelangen, wobei die Haltung gegenüber Westeuropa im Mittelpunkt des Interesses steht. Es kann dabei vorweggenommen werden, daß diese Phasen den Entwicklungsphasen Chinas im allgemeinen entsprechen.

Die erste Phase kann für die Zeit von 1949 bis 1955 angesetzt werden und war im Hinblick auf die drei genannten Determinanten wie folgt gekennzeichnet: Die Innenpolitik stand im Zeichen des Aufbaus von Wirtschaft, Verwaltung und organisatorischer Infrastruktur. Erste Schritte zur Landreform sowie zur Kollektivierung und Industrialisierung wurden unternommen. Das Verhältnis zur Sowjetunion war sehr eng. China erhielt praktisch alles, was es für seinen Aufbau benötigte von Moskau in Form von zu verzinsenden Krediten. Auch die Beteiligung Chinas am Koreakrieg der Jahre 1950 bis 1953 setzte sowjetische Unterstützung voraus. Die Haltung des Westens in der Chinafrage war im wesentlichen durch die Verurteilung der Volksrepublik durch die Vereinten Nationen als »Aggressor« im Koreakrieg und das China-Embargo der USA gekennzeichnet.

Das gute Verhältnis zu Moskau führte zu offiziellen diplomatischen Beziehungen zu allen osteuropäischen Staaten, die allerdings bis zum Tode Stalins im März 1953 mehr oder weniger nur formalen Charakter hatten. Es gehörte zum Herrschaftsstil des sowjetischen Diktators, daß stets nur die Sowjetunion der Gesprächspartner Chinas war – nicht etwa einer seiner osteuropäischen Satelliten. Seit 1953 wurde China von Chruschtschow insofern in die europäischen Angelegenheiten miteinbezogen, als China bei der von Moskau für November 1954 vorgeschlagenen europäischen Sicherheitskonferenz als Beobachter teilnehmen sollte[2] und Peking damit als Verbündeter Moskaus in Europa herausgestellt wurde. Offensichtlich bestanden damals Bestrebungen, China auch im Falle eines Konfliktes in Europa zu militärischer Hilfe zu verpflichten[3].

Mit Ausnahme der Schweiz und Englands (das die Volksrepublik China bereits am 6. Januar 1950 anerkannt hatte) bestanden zu den Staaten Westeuropas keine politischen und wirtschaftlichen Kontakte. Auch der Anerkennung durch Großbritannien war keine Intensivierung der bilateralen Kontakte gefolgt.

Die zweite Phase läßt sich für die Jahre 1955 bis 1965 ansetzen. Sie war im Innern der Volksrepublik von einer weiteren politischen Konsolidierung und Fortschritten im wirtschaftlichen Bereich gekennzeichnet. Wobei allerdings das Experiment des »Großen Sprungs nach vorn« in den Jahren 1958 bis 1960 Chinas wirtschaftliche Entwicklung um mehrere Jahre zurückwarf. Das Verhältnis zur Sowjetunion hatte sich durch die sich bereits seit 1965 abzeichnenden Meinungsverschiedenheiten, die 1960 ausbrachen und zum offenen Konflikt führten, wesentlich verschlechtert. Die Spannungen stiegen in der Zeit unmittelbar vor Chruschtschows Sturz im Oktober 1964 erheblich, und auch unter seinen Nachfolgern ergaben sich keine Veränderungen. Parallel dazu hatte Mao Tse-tung seine Theorie von den »Zwischenzonen« neu aufgelegt, die die theoretische Grundlage für die Aufnahme von diplomatischen Beziehungen zwischen China und den kapitalistischen Staaten »zwischen« den USA und der Sowjetunion lieferte. In der Chinafrage war die unnachgiebig-antikommunistische Haltung der frühen fünfziger Jahre einer pragmatischeren und versöhnlicheren Einstellung gewichen. Die Außenpolitik Chinas blieb dadurch nicht ausschließlich auf kommunistische Staaten beschränkt. Peking bemühte sich in dieser Zeit, in Asien und Afrika seinen Einfluß zu vergrößern.

Für die Europapolitik hatte diese Entwicklung in mehrfacher Hinsicht weitreichende Folgen: Die Beziehungen zu Osteuropa, die vorher durch seine Abhängigkeit von Moskau gekennzeichnet waren, wurden unmittelbar durch den sino-sowjetischen Konflikt beeinträchtigt. Ebenso wie zur Sowjetunion wurden zwar die offiziellen Beziehungen zu diesen Staaten aufrechterhalten, doch verschlechterten sich diese Beziehungen als Folge des Konfliktes mit Moskau erheblich.

Der Verschlechterung gegenüber Osteuropa ging eine Verbesserung und Intensivierung der Kontakte zu Westeuropa parallel, die Ende der fünfziger Jahre mit einer zunehmenden Intensivierung der Wirtschaftsbeziehungen eingeleitet wurde, deren Nutznießer vor allem die Bundesrepublik war und deren Höhepunkt die Aufnahme diplomatischer Beziehungen zu Frankreich im Januar 1964 und – in gewisser Hinsicht – die Gespräche mit der Bundesrepublik in Bern im Sommer und Herbst des gleichen Jahres waren.

Zweifellos spielt für diese Entwicklung auch die erwähnte »Zwischenzonentheorie« eine gewisse Rolle.

Die dritte Phase umfaßt die Zeit von 1965 bis 1968/69. Die Innen- wie auch in gewissem Sinne die Außenpolitik (durch den Abzug sämtlicher Botschafter) Chinas war durch die »Große proletarische Kulturrevolution« gekennzeichnet, die von einer weiteren Eskalation der Auseinandersetzung mit der Sowjetunion begleitet wurde. Es kam zu heftigen antisowjetischen Ausschreitungen und Demonstrationen in Peking und entsprechenden Gegenaktionen in Moskau, wobei die Grenzzwischenfälle des Jahres 1969 einen gewissen negativen Höhepunkt darstellen. Entscheidendes Ereignis in der internationalen Politik für die sino-sowjetischen Beziehungen wie auch die Chinas zu Europa war die sowjetische Intervention in der CSSR im August 1968. Die Haltung der westlichen Staaten gegenüber China war in dieser Zeit von einem gewissen Unverständnis gegenüber den Ereignissen in China gekennzeichnet, das zwar keine antichinesische Haltung hervorrief, aber eine mögliche Ausweitung der Beziehungen zu China verhinderte.

Die chinesische Politik gegenüber Osteuropa wurde in dieser Phase einer Änderung unterzogen. War diese in den Jahren vor 1965 von einer Verschlechterung der Beziehungen unter dem Einfluß des Konfliktes Moskau-Peking gekennzeichnet, so versuchte China seither in zunehmendem Maße, die sowjetische Hegemonie in Osteuropa zu stören. Dies geschah nicht nur durch die Unterstützung der DDR in ihrer Haltung in der Deutschlandfrage bei gleichzeitigen Angriffen gegen die Sowjetunion, sondern auch durch die Gründung einer polnischen Exil-KP in Albanien Ende 1965, die in der Folgezeit Erklärungen gegen die Sowjetunion abgab, die von chinesischen wie albanischen Presseorganen wiedergegeben wurden[4]. Außerdem berichtete die chinesische Presse von einer angeblichen »Stalingruppe« in der Sowjetunion, die die sowjetische Führung bekämpfe[5]. Darüber hinaus wurde die Entschlossenheit der »Völker der Sowjetunion, Osteuropas und der Mongolei« von China propagiert, »die Herrschaft der revisionistischen Renegatenclique zu stürzen«[6]. Mit einer entsprechenden, mit großem Aufwand betriebenen Propaganda und mit einer heftigen Polemik gegen die sowjetische Intervention in der CSSR versuchte China die osteuropäischen Staaten für sich einzunehmen und gleichzeitig die mögliche Bildung einer »antichinesischen Front« in Osteuropa zu verhindern. Peking versuchte einerseits Mißtrauen zwischen Osteuropa und die Sowjetunion zu säen, indem es die guten Beziehungen zu Rumänien betonte und eine ausgesprochene Rücksichtnahme gegenüber den Führern der einzelnen osteuropäischen Staaten an den Tag legte, die von jeder Kritik verschont blieben. In auffallender Weise wurden zudem die »gemeinsamen Interessen« Chinas mit Osteuropa gegenüber Moskau betont, was durch den Widerstand gegen die »Breschnew-Doktrin« oder die Unterstützung der DDR deutlich wurde. Im Verhältnis zu Westeuropa erfolgte in dieser

Zeit keine Veränderung – die Entscheidung über die Neuorientierung der chinesischen Europapolitik war zwar bereits gefallen, sollte aber erst später deutlich werden.

Die vierte und bisher letzte Phase nahm ihren Anfang im Herbst des Jahres 1968, wurde jedoch erst Ende 1969 deutlich. Ihre bestimmenden Merkmale sind im Inneren eine weitgehende Konsolidierung der Verhältnisse nach den teilweise chaotischen Zuständen während der Kulturrevolution. Gegenüber der UdSSR trat eine gewisse Entspannung ein, die jedoch nicht die Vorstufe zu einer Normalisierung bedeuten muß, sondern eine Art Koexistenz einzuleiten scheint: die Aufrechterhaltung und teilweise Intensivierung der bilateralen Beziehungen bei unveränderten Positionen in der ideologischen Auseinandersetzung. Dieser Entwicklung entspricht eine Aktivierung der chinesischen Außenpolitik, vor allem gegenüber dem Westen und Westeuropa. Neben der Normalisierung der bereits bestehenden diplomatischen Kontakte erfolgte die Aufnahme diplomatischer Beziehungen zu einer Reihe westlicher Staaten. Den Anfang machte Kanada am 12. Oktober 1970, dem Italien (6. November 1970), San Marino (6. Mai 1971), Österreich (20. Mai 1971), Belgien (25. Oktober 1971) und Island (7. Dezember 1971) folgten. 1972 kamen Malta (31. Januar) und Griechenland (15. Juni) hinzu, die Gesandtschaften in London und Peking wurden am 13. März zu Botschaften aufgewertet und am 11. Oktober diplomatische Beziehungen zur Bundesrepublik aufgenommen. Die chinesische Bereitschaft zur Intensivierung der diplomatischen Beziehungen und die Neuorientierung des Westens – allen voran die USA – in der Chinafrage schuf die Voraussetzung für diese Entwicklung. Damit war der Bann, den die USA 1950 über China verhängt hatten, gebrochen.

Die Politik gegenüber Osteuropa blieb in dieser Phase unverändert auf die Erzeugung von Mißtrauen innerhalb des Sowjetblocks bei gleichzeitiger Intensivierung der direkten Kontakte zu den einzelnen Staaten ausgerichtet. Gegenüber Westeuropa gab es seit 1970/71 unverkennbare Zeichen des chinesischen Interesses an guten bilateralen Beziehungen, an der europäischen Politik im allgemeinen und den Bestrebungen zur Integration im besonderen. Die Ereignisse der europäischen Politik wurden zwar von jeher durch China verfolgt und kommentiert, doch stets unter dem negativen Aspekt des »Niedergangs des Kapitalismus«, während seit Februar 1971 die chinesische Haltung von aktivem Interesse und sachlich positiven Kommentaren geprägt ist[7].

Insgesamt fällt bei der Beobachtung dieser Entwicklung auf, daß die Veränderungen der chinesischen Europapolitik in der Zeit vor 1968/69 ganz eindeutig auf Ereignisse der Innenpolitik und das Verhältnis zu Moskau zurückzuführen sind, während die Gründe für den jüngsten Wandel der Europapolitik nicht auf den ersten Blick ersichtlich sind. Tatsächlich hängt jedoch auch die neue Europakonzeption mit dem Verhältnis Chinas zur Sowjetunion eng zusammen, wenngleich das entscheidende Ereignis dafür nicht unmittelbar mit dem Verhältnis beider Staaten zueinander zu tun hat: Dieses Ereignis war die Anwendung brutaler militärischer Gewalt durch die Sowjetunion gegenüber einem ebenfalls sozialistischen Staat, der wie China einen »eigenen Weg« zum Sozialismus eingeschlagen hatte. Damit war ein chinesischer Alptraum Wirklichkeit geworden, denn die von führenden Politikern eingestandene Furcht vor einer Aktion aus dem Norden ist so alt wie der Konflikt mit Moskau und wird bis heute als eine der Hauptgefahren für China angesehen. Aus dieser Sicht heraus erklärt sich auch die intensive Kritik an der Breschnew-Doktrin. Auch nach Abzug der Propaganda bleibt erkennbar, daß der Einmarsch von Truppen des Warschauer Paktes in die CSSR Peking schlagartig die Erkenntnis vermittelte, daß das nächste Objekt einer ähnlichen Aktion Moskaus China sein kann. Die Erfahrung, daß Moskau eigenständige Entwicklungen in sozialistischen Staaten mit militärischer Gewalt beendet, hat bei den Führern in Peking offensichtlich eine Neuorientierung der gesamten Außenpolitik ausgelöst, die das Ziel hat, China im kapitalistischen Westen Rückhalt zu verschaffen. Es wäre aus dieser Sicht heraus möglich, daß die Auslösung der sino-sowjetischen Grenzzwischenfälle nur sechs Monate später durch China und nicht durch die Sowjetunion erfolgte – mit der Absicht, der Sowjetunion klarzumachen, daß China keine »zweite CSSR« sei und den Westen wie die Entwicklungsländer auf das »aggressive Wesen der sowjetischen Imperialisten« und die bedrohte Situation Chinas aufmerksam zu machen.

Die außenpolitische Öffnung Chinas erfolgte auf dieser Grundlage, und auch die Chinapolitik Nixons ist letztlich auf China und nicht auf Nixon zurückzuführen: Die Entscheidung des amerikanischen Präsidenten erfolgte nicht spontan, sondern als Reaktion auf das Angebot Mao Tse-tungs, Präsident Nixon jederzeit zu empfangen – sei es als Tourist oder als Politiker. Die Chinareise Nixons wäre also nicht zustande gekommen, hätte China nicht zuvor seine Haltung gegenüber den USA revidiert. Die Ankündigung der Reise im Juni 1971 und die Reise im Februar 1972 waren ihrerseits aber entscheidend für die Haltung zahlreicher anderer Staaten in Europa, Asien, Lateinamerika und Afrika in der Chinafrage. Die Aufnahme Chinas in die Vereinten Nationen am 25. Oktober 1971 ist ebenfalls eine Folge der amerikanisch-chinesischen Annäherung und damit ein Erfolg der neuen Außenpolitik Pekings.

Die neue Europapolitik Pekings seit 1969/70 ist also nur ein Aspekt der Neuorientierung der chinesischen Außenpolitik, und diese Revision ist eine Folge der sowjetischen Intervention in der CSSR im August 1968 und ein unmittelbarer Ausdruck des chinesischen Sicherheitsbedürfnisses. Die Motivation dafür war der Wunsch Chinas, sich durch seine Beziehungen mit dem Westen gegen eine mögliche sowjetische Aktion abzusichern.

China, die europäische Integration und die Sicherheitskonferenz für Europa

Legt man die oben dargelegte Motivation für die neue Konzeption Pekings gegenüber beiden Teilen Europas zugrunde und unterzieht die chinesischen Äußerungen zur politischen Entwicklung in Westeuropa seit Anfang 1970 einer genaueren Untersuchung, dann fällt auf, daß neben den objektiven Berichten über die Europäischen Gemeinschaften[8] in großem Umfang auch die der europäischen Integrationspolitik zugrunde liegenden Ursachen und Motive dargestellt werden. Nach chinesischer Interpretation resultieren die Bestrebungen zur europäischen Integration allerdings *ausschließlich* aus dem »Widerstand der Staaten Europas gegen die Politik der Supermächte«. In dem Maße, in dem China die Integrationsbestrebungen begrüßt, verurteilt es die Europapolitik der USA wie der UdSSR und beschuldigt beide Großmächte, ihre »Vorherrschaft auf Kosten der europäischen Staaten« weiter ausbauen zu wollen. Dagegen sind die EWG-Beschlüsse vom Februar 1971 »Widerstand gegen die amerikanische Vorherrschaft«[9], das Abkommen vom Juni 1971 über den Beitritt Großbritanniens ist ein »Markstein des raschen Niedergangs der US-Hegemonie«[10], die Tagung der EWG-Finanzminister vom September 1971 gilt als »direkter Schlag gegen die Regierung der USA«[11]. So dient die NATO-Politik Frankreichs der »Stärkung der Souveränität und der nationalen Unabhängigkeit«[12], und die deutsche Politik führt dazu, daß »Westdeutschland nicht mehr nach dem Takt der USA tanzt«[13].

Die chinesischen Berichte beweisen eine bis ins Detail gehende Kenntnis der Ereignisse in Europa, sind aber stets im gleichen Tenor gehalten, so daß die Vorgänge in Europa in der Darstellung Pekings trotz der exakten Wiedergabe der einzelnen Daten letztlich ein gefärbtes Bild widerspiegeln. Ein Beispiel dafür ist der Bericht über das auf der Ratstagung der EWG im März 1972 erzielte Übereinkommen mit der Überschrift »Brüsseler Einigung spiegelt Willen der westeuropäischen Länder wider, ihre Union gegen Vorherrschaft und Einmischung der Supermächte zu stärken«[15]. Peking setzt demnach voraus, daß die europäischen Staaten ihre Politik der Integration *nur* gegen die Hegemonie der USA und der UdSSR betreiben.

Die Haltung Chinas zum Projekt einer Europäischen Sicherheitskonferenz ist durch die gleichen Kriterien bestimmt: Diese Konferenz und auch die Pläne dafür werden primär im Hinblick auf die Zurückdrängung des amerikanischen und sowjetischen Einflusses gesehen und beurteilt. Peking geht davon aus, daß eine derartige Konferenz als Ergebnis eine Konsolidierung der Verhältnisse in Europa mit sich bringen würde, die der Sowjetunion die »Westfront« ruhig halten und gleichzeitig ihre Nachkriegsgewinne in Europa sichern würde. Daß Peking gegen diese Konferenz agiert, ist aufgrund der Befürchtung einer militärischen Aktion der Sowjetunion gegen China evident. Eine Sowjetunion mit einer auf lange Zeit befriedeten Westgrenze kann Aktionen gegen China ungleich leichter durchführen und ist damit wesentlich gefährlicher.

Anders als im Falle der europäischen Integration liegen zu diesem Themenbereich nur wenige direkte chinesische Äußerungen vor. Die Haltung Pekings läßt sich aber vergleichsweise genau durch mittelbare Aussagen – beispielsweise Äußerungen der Presse Albaniens – erkennen. Diesen Artikeln zufolge ist die Europäische Sicherheitskonferenz »Bestandteil einer konterrevolutionären weltweiten ›heiligen‹ sowjetisch-amerikanischen Allianz, die ... die Herrschaft der beiden imperialistischen Supermächte in Ost- und Westeuropa gewährleisten und die Revolution auf dem Kontinent erdrosseln soll ...«[16]. An anderer Stelle heißt es, daß das »Komplott der Europäischen Sicherheit seine Wurzeln in der hegemonistischen Politik der beiden imperialistischen Supermächte ... hat«, wofür als Ursache das »Ruhebedürfnis der beiden Supermächte in Europa« angeführt wird, das »beiden Staaten freie Hände für andere Teile der Welt verschaffen« soll, wobei Albanien offen die Befürchtung einer Aktion gegen »das große Volkschina« äußert[17].

Ein anderes Kriterium für die Beurteilung der chinesischen Haltung wird aus dem gegnerischen Lager geliefert: Die lautstarke Kritik der Sowjetunion wie des Sowjetblocks gegen die Europapolitik Chinas vermittelt auch nach Abzug der Polemik nicht nur das sowjetische Unbehagen über die Kontakte Chinas zu Europa, sondern gibt auch Aufschluß darüber, was Moskau hinter der Politik Pekings vermutet: China wird unter anderem vorgeworfen, eine Entspannung in Europa verhindern zu wollen und nach dem Motto »sozialistische Länder entzweit Euch! Kapitalistische Länder, vereinigt Euch! ... gemeinsame Sache mit den reaktionärsten Kreisen in der BRD zu machen«[18]. Im Hinblick auf die Konferenz selbst wird China beschuldigt, »die Spannungsherde auf dem europäischen Kontinent zu konservieren und ... noch zu verstärken. Die chinesische Führung möchte die Festigung der Zusammenarbeit der europäischen Staaten ... durch eine Wiedererweckung des Geistes des Kalten Krieges ersetzen«[19]. Der sowjetischen Kritik entgeht dabei keine Bewegung in den chinesisch-europäischen Beziehungen. Die Besuche des französischen Außenministers Schumann und Gerhard Schröders waren deshalb auch Anlaß für Angriffe, in denen China unter anderem vorgeworfen wurde, auf Schumann dahingehend eingewirkt zu haben, daß Frankreich den Aufbau Westeuropas, den Peking als »Stabilisierungskraft« betrachte, »nicht bremsen« solle. Außerdem hat sich China angeblich »besorgt über die im Zusammenhang mit der kommenden Gesamteuropäischen Konferenz ... eröffnenden Aussichten für Europa, sowohl West als auch Ost« geäußert[20]. Besonders heftig reagierte Moskau auf chinesische Berichte über angeblich differierende Ansichten zu Konzeptionen der europäischen Sicherheit zwischen Paris und Moskau[21].

Das Motiv für die Ablehnung der Europäischen Sicherheitskonferenz durch China ist die Befürchtung, daß die Ergebnisse dieser Konferenz die Festigung des sowjetischen Einflusses und dadurch eine verstärkte Bedrohung Chinas mit sich bringen würde. Außerdem befürchtet Peking, daß diese Konferenz, an der China nicht teilnahm, die Wirkungsmöglichkeiten der Volksrepublik in Europa für eine gewisse Zeit zumindest mindern könnte. Daß China sich dieser Gefahr des Ausmanövrierens in dieser Frage bewußt ist, ist offensichtlich ein Grund dafür, daß es auf jede offene Polemik gegen die Konferenz selbst verzichtet und statt dessen seiner Besuchsdiplomatie und subtileren Mitteln der Beeinflussung den Vorzug gibt. Denn daß die meisten europäischen Staaten prinzipiell der Abhaltung einer Sicherheitskonferenz zustimmten, ist in Peking bekannt. Offene Kritik könnte unter Umständen zu Verstimmungen und Reaktionen führen, die nicht den Interessen der chinesischen Europapolitik dienen.

Die Zukunft der europäischen Chinapolitik

Die neue Europapolitik Chinas resultiert letztlich aus der von China empfundenen Bedrohung durch die Sowjetunion und hat eine gewisse Absicherung Chinas im Rahmen seiner Westpolitik gegenüber dem Feind aus dem Norden zum Ziel. Die chinesische Unterstützung für die europäische Integration stellt demnach keine tatsächliche »einklagbare« Hilfe oder Unterstützung Chinas für Europa dar. China unterstützt Europa nur verbal und fordert eine Politik gegen die USA wie gegen die Sowjetunion, ohne aber selbst dafür etwas tun zu können oder gar zu wollen.

Zu einer China-Euphorie gibt diese Politik der Volksrepublik gewiß keinen Anlaß. Allenfalls ist eine nüchterne Abwägung der Chancen und Möglichkeiten, die sich für Europa aus der Haltung Chinas ergeben könnten, angebracht. Eine echte Unterstützung Europas durch die chinesische Politik ist allerdings von vornherein begrenzt durch den wirtschaftlichen Entwicklungsstand Chinas, sein Verhältnis zur Sowjetunion und durch die Rolle Chinas in der internationalen Politik. Trotzdem kann die chinesische Unterstützung für die Pläne zur europäischen Integration nützlich sein, weil sie die europäische Position gegenüber der Sowjetunion stärkt.

Insgesamt sind die Staaten Westeuropas jedoch auf sich allein gestellt – gegen die Hegemoniepläne der Sowjetunion, gegen die amerikanischen Vorstellungen über die Gestaltung der Verbindung zu Europa, aber auch gegen alle Versuche der Einflußnahme Chinas, da die Bestrebungen aller drei Großmächte letztlich auf deren eigene Vorteile ausgerichtet sind. Es wäre also grundfalsch, wenn sich die europäischen Staaten in den Dienst der chinesischen Propaganda stellen ließen, zumal für absehbare Zeiten für Europa die Sowjetunion und die USA näher liegen als China. Ganz abgesehen davon ist das gegenwärtige Interesse Chinas für Europa durchaus begrenzt: Es wird genauso lange halten, als Europa für die eigenen, chinesischen Ziele von Nutzen ist, wobei davon ausgegangen werden kann, daß es auch in China gegen diese Europapolitik – wie auch die Politik gegenüber den USA – eine Opposition gibt, die unter Umständen zum Zuge kommen kann.

Es ist dabei durchaus nicht zufällig, daß die aufgezeigten Motive der chinesischen Europapolitik in gewisser Hinsicht den sowjetischen Angriffen auf die chinesische Politik entsprechen, in denen die chinesische Politik als »chauvinistisch« und eigennützig im schlechtesten Sinne dargestellt wird. Moskau sagt nur nicht dazu, daß auch seine Europapolitik von den gleichen Prioritäten, der Vertretung seiner nationalen Interessen, gekennzeichnet ist.

Als Schlußfolgerung für die europäische Außenpolitik ergibt sich, daß diese ihre eigenen außenpolitischen Interessen vertreten muß, ohne sich den Zielsetzungen Pekings, Moskaus oder Washingtons unterzuordnen. Dabei kann Europa von der gegenwärtigen Situation profitieren, wenn es die chinesische Bereitschaft, die Integrationsbestrebungen zu unterstützen, akzeptiert. Dabei wird man aber klarstellen müssen, daß Europa nicht gewillt ist, sich die Motivation Pekings zu eigen zu machen. Die gemeinsame Basis für die Entwicklung der künftigen Beziehungen zwischen China und Europa ist denkbar gering – und dennoch so groß wie nie seit der Gründung der Volksrepublik China.

ANHANG

Dokument 1:

Freundschaftsvertrag mit China.*

Tientsin, 2. September 1861.

Vertragsstaaten: *Staaten des deutschen Zoll- und Handelsvereins, Mecklenburg-Schwerin, Mecklenburg-Strelitz, Lübeck, Bremen, Hamburg: jetzt das Deutsche Reich – China.*

*Quelle: Fleischmann, Max (Hrsg.), Völkerrechtsquellen, Halle 1905, S. 63–69

Artikel 1. Zwischen den kontrahierenden Staaten soll dauernder Friede und unwandelbare Freundschaft bestehen. Die Untertanen derselben sollen in den beiderseitigen Staaten vollen Schutz für Person und Eigentum genießen.

Artikel 2. S. M. der König von Preußen kann, wenn er es für gut befindet, einen diplomatischen Agenten bei dem Hofe von Peking akkreditieren, und S. M. der Kaiser von China kann in gleicher Weise, wenn er es für gut befindet, einen diplomatischen Agenten für den Hof von Berlin ernennen.

Dem von S. M. dem Könige von Preußen ernannten diplomatischen Agenten soll gestattet sein, auch die Vertretung der anderen kontrahierenden deutschen Staaten zu übernehmen, welchen vertragsmäßig das Recht, sich durch eigene diplomatische Agenten beim Hofe von Peking vertreten zu lassen, nicht zusteht.

S. M. der Kaiser von China willigt ein, daß der von S. M. dem Könige von Preußen ernannte diplomatische Agent, mit seiner Familie und seinem Haushalt, dauernd in der Hauptstadt wohnen oder dieselbe gelegentlich besuchen darf, je nach der Wahl der Preußischen Regierung.

Artikel 3. Die diplomatischen Agenten Preußens und Chinas sollen gegenseitig am Orte ihres Aufenthalts die Vorrechte und Freiheiten genießen, welche das Völkerrecht ihnen gewährt. Ihre Person, ihre Familie, ihr Haus und ihre Korrespondenz sollen unverletzlich sein. Sie sollen in der Wahl und Anstellung ihrer Beamten, Kuriere, Dolmetscher, Diener usw. nicht beschränkt werden.

Alle Arten von Kosten, welche die diplomatischen Missionen verursachen werden von ihren respektiven Regierungen getragen werden.

Die chinesischen Behörden werden alles tun, um dem preußischen diplomatischen Agenten, wenn er nach der Hauptstadt kommt, um daselbst seinen Wohnsitz aufzuschlagen, beim Mieten eines passenden Hauses und sonstiger Räumlichkeiten behiflich zu sein.

Artikel 4. Die kontrahierenden deutschen Staaten sollen das Recht haben, einen Generalkonsul und für jeden offenen Hafen oder jede dergleichen Stadt in China, für welche ihre Handelsinteressen es erheischen, einen Konsul, Vizekonsul oder Konsularagenten zu ernennen.

Diese Beamten sollen mit der gebührenden Achtung von den chinesischen Behörden behandelt werden und dieselben Privilegien und Vorrechte genießen, wie die Konsularbeamten der meistbegünstigten Nation.

Im Falle der Abwesenheit eines deutschen Konsularbeamten sollen die Untertanen der kontrahierenden deutschen Staaten die Befugnis haben, sich an den Konsul einer befreundeten Macht, oder im Notfalle auch an den Zolldirektor zu wenden, welcher es sich angelegen lassen sein soll, denselben die Vorteile dieses Vertrages zu sichern.

Artikel 5. Alle dienstlichen, von dem diplomatischen Agenten S. M. des Königs von Preußen oder von den Konsularbeamten der kontrahierenden deutschen Staaten an die chinesischen Behörden gerichteten Mitteilungen sollen deutsch geschrieben werden. Bis auf weiteres sollen sie von einer chinesischen Übersetzung begleitet sein, aber unter der gegenseitigen Übereinkunft, daß im Falle eine Verschiedenheit in der Bedeutung des deutschen und chinesischen Textes vorkommen sollte, die deutschen Regierungen den im deutschen Text ausgedrückten Sinn als den richtigen ansehen werden.

Desgleichen sollen die amtlichen Mitteilungen chinesischer Behörden an den Gesandten Preußens oder die Konsuln der kontrahierenden deutschen Staaten chinesisch geschrieben werden, und wird dieser Text für die chinesischen Behörden als der richtige gelten. Man ist übereingekommen, daß die Übersetzungen niemals als beweisend angesehen werden sollen.

Was den gegenwärtigen Vertrag anbetrifft, so wird derselbe, um jede spätere Diskussion zu vermeiden, und mit Rücksicht darauf, daß die französische Sprache unter allen Diplomaten Europas bekannt ist, in deutscher, chinesischer und französischer Sprache ausgefertigt werden. Alle diese Ausfertigungen haben denselben Sinn und dieselbe Bedeutung, aber der französische Text wird als der Urtext des Vertrages angesehen werden, dergestalt, daß wenn eine verschiedene Auslegung des deutschen und chinesischen Vertrages irgendwo stattfinden sollte, die französische Ausfertigung entscheidend sein soll.

Artikel 6. In den Häfen und Städten: Canton, Swatau (Tschau-Tschau), Amoi, Futschau, Ningpo, Shanghai, Tongtschau, Tientsin, Niutschwang, Tschin-Kiang, Kiu-Kiang, Hangkau, ferner Kiongtschau auf der Insel Hainan und Taiwan und Tam-sui auf der Insel Formosa – ist es den Untertanen der kontrahierenden deutschen Staaten erlaubt, sich mit ihren Familien niederzulassen, frei zu bewegen, und Handel oder Industrie zu treiben. Sie können zwischen denselben nach Belieben mit ihren Fahrzeugen und Wagen hin- und herfahren, daselbst Häuser kaufen, mieten oder vermieten, Land pachten oder verpachten, und Kirchen, Kirchhöfe und Hospitäler anlegen.

Artikel 7. Handelsschiffe eines der kontrahierenden deutschen Staaten sind nicht berechtigt, nach anderen Häfen zu fahren, als solchen, die in diesem Vertrage für offen erklärt worden sind. Sie sollen nicht gesetzwidrig andere Häfen anlaufen, oder heimlichen Handel längs der Küste treiben. Schiffe, welche in Zuwiderhandlung gegen diese Bestimmung betroffen werden, sollen mit ihrer Ladung der Konfiskation durch die chinesische Regierung unterliegen.

Artikel 8. Untertanen der deutschen kontrahierenden Staaten können auf eine Entfernung von 100 li und auf einen Zeitraum von nicht mehr als 5 Tagen in die Nachbarschaft der dem Handel offenen Häfen Ausflüge machen.

Diejenigen, welche sich in das Innere des Landes zu begeben wünschen, müssen mit Pässen versehen sein, die von den diplomatischen oder Konsularbehörden ausgestellt und von der chinesischen Lokalbehörde visiert sind. Diese Pässe müssen auf Verlangen vorgezeigt werden.

Wenn Reisende oder Kaufleute, welche einem der kontrahierenden deutschen Staaten angehören, ihre Pässe verlieren sollten, so soll es den chinesischen Behörden freistehen, dieselben zurückzuhalten, bis sie sich neue Pässe haben verschaffen können, oder sie auf das nächste Konsulat führen zu lassen, ohne sie jedoch schlecht zu behandeln oder zu gestatten, daß sie schlecht behandelt werden...

Artikel 9. Es soll den Untertanen der kontrahierenden deutschen Staaten gestattet sein, Compradors, Dolmetscher, Schreiber, Arbeiter, Schiffsleute und Diener aus allen Teilen Chinas gegen eine entsprechende, durch Übereinkunft beider Teile festzustellende Vergütigung in Dienst zu nehmen, und ebenso Boote zum Personen- oder Warentransport zu mieten. Desgleichen soll es ihnen erlaubt sein, von Chinesen die Sprache oder Dialekte des Landes zu lernen, oder sie in fremden Sprachen zu unterrichten. Dem Verkaufe von deutschen und dem Ankaufe von chinesischen Büchern soll kein Hindernis in den Weg gelegt werden.

Artikel 10. Die Bekenner und Lehrer der christlichen Religion sollen in China volle Sicherheit für ihre Personen, ihr Eigentum und die Ausübung ihrer Religionsgebräuche genießen.

Artikel 11. [Lotsenwesen.]

Artikel 12. 13. [Zollwesen.]

Artikel 14. So oft ein Kaufmann, welcher einem der kontrahierenden deutschen Staaten angehört, Waren zu landen oder zu verschiffen hat, soll er die Erlaubnis dazu bei dem Zollinspektor nachsuchen. Waren, welche ohne eine solche Erlaubnis gelandet oder verschifft werden, unterliegen der Konfiskation.

Artikel 15. Die Untertanen der kontrahierenden deutschen Staaten sollen von allen Waren, welche sie in die dem fremden Handel geöffneten Häfen ein- oder aus denselben ausführen, diejenigen Zölle bezahlen, welche in dem dem gegenwärtigen Vertrage beigefügten Tarife verzeichnet sind; aber in keinem Falle soll man von ihnen mehr oder andere Abgaben verlangen, als jetzt oder in Zukunft von den Untertanen der meistbegünstigten Nation verlangt werden.

Die dem gegenwärtigen Vertrage beigefügten Handelsbestimmungen sollen als integrierender Teil dieses Vertrages und deshalb als bindend für die h. k. T. angesehen werden.

Artikel 16–23. [Zölle, Tonnengelder.]

Artikel 24. Solche Waren, von denen in einem chinesischen Hafen die tarifmäßigen Zölle entrichtet worden sind, sollen in das Innere des Landes transportiert werden können, ohne irgend einer anderen Abgabe als der Transitabgabe zu unterliegen. Diese soll nach den gegenwärtig geltenden Sätzen erhoben und in Zukunft nicht erhöht werden. Dasselbe gilt von Waren, die aus dem Innern des Landes nach einem Hafen transportiert werden.

Von Erzeugnissen, welche aus dem Inlande nach einem Hafen, oder von Einfuhren, welche aus einem Hafen nach dem Inlande geführt werden, können sämtliche darauf haftende Transitabgaben auf einmal entrichtet werden.

Wenn chinesische Beamte, dem Inhalte dieses Artikels zuwider, ungesetzliche oder höhere als die gesetzlichen Abgaben erheben sollten, so sollen sie nach den chinesischen Gesetzen bestraft werden.

Artikel 25–27. [Zollwesen.]

Artikel 28. In jedem der Häfen, welche dem fremden Handel geöffnet sind, soll der Zollinspektor beim Konsularbeamten eine Sammlung der beim Zollamte in Canton gebräuchlichen Maße und Gewichte, sowie gesetzliche Wagen zum Abwiegen der Waren und des Geldes niederlegen. Diese Normalmaße, Normalgewichte und Wagen sollen die Grundlage aller Zolleinforderungen und Zahlungen bilden, und im Falle von Streitigkeiten soll auf ihre Ergebnisse zurückgegangen werden.

Artikel 29. Alle Geldstrafen und Konfiskationen für Zuwiderhandlungen gegen diesen Vertrag oder gegen die beigefügten Handelsbestimmungen sollen der chinesischen Regierung zufallen.

Artikel 30. Kriegsschiffen der kontrahierenden deutschen Staaten, welche zum Schutze des Handels kreuzen, oder mit Verfolgung von Seeräubern beschäftigt sind, soll es freistehen, alle chinesischen Häfen ohne Unterschied zu besuchen.

Beim Ankaufe von Vorräten, Einnehmen von Wasser und bei Ausbesserungen, wenn solche nötig werden, soll ihnen jede Erleichterung zuteil und keine Art von Hindernis in den Weg gelegt werden. Die Befehlshaber solcher Schiffe sollen mit den chinesischen Behörden als Gleichgestellte und auf höflichem Fuße verkehren. Abgaben irgend welcher Art sollen von solchen Schiffen nicht erhoben werden.

Artikel 31. Sollte ein Kauffahrteischiff, welches einem der kontrahierenden deutschen Staaten angehört, infolge von Havarien oder aus anderen Gründen gezwungen sein, einen Hafen zu suchen, so soll es in jeden chinesischen Hafen ohne Unterschied einlaufen können, ohne zur Entrichtung von Tonnengeldern verbunden zu sein. Auch brauchen von den Waren, welche es geladen hat, keine Zölle entrichtet zu werden, falls dieselben nur behufs Ausbesserung des Schiffes abgeladen werden, und unter Aufsicht des Zollinspektors bleiben. Sollte ein solches Schiff scheitern oder stranden, so sollen die chinesischen Behörden sofort Maßregeln zur Rettung der Mannschaft und Sicherung des Schiffes und der Ladung treffen. Die gerettete Mannschaft soll gut behandelt und, wenn es nötig ist, mit den Mitteln zur Weiterfahrt nach der nächsten Konsularstation versehen werden.

Artikel 32. Wenn Matrosen oder andere Individuen von Kriegs- und Handelsschiffen eines der kontrahierenden deutschen Staaten desertieren, so soll die chinesische Behörde, auf Requisition des Konsularbeamten, oder, wenn ein solcher nicht vorhanden ist, des Kapitäns, die erforderlichen Schritte tun, um den Deserteur oder Flüchtling zu entdecken und in die Hände des Konsularbeamten oder Kapitäns zurückzuliefern.

Gleichermaßen kann, wenn chinesische Deserteure oder wegen eines Verbrechens Verfolgte sich in die Häuser oder auf die Schiffe deutscher Untertanen flüchten sollten, die Ortsbehörde sich an den deutschen Konsularbeamten wenden, welcher die nötigen Maßregeln ergreifen soll, um die Auslieferung derselben zu bewerkstelligen.

Artikel 33. Sollten Schiffe, welche einem der kontrahierenden deutschen Staaten angehören, in chinesischen Gewässern von Seeräubern geplündert werden, so soll es Pflicht der chinesischen Behörden sein, alle Mittel zur Habhaftwerdung und Bestrafung der Räuber aufzubieten. Die geraubten Waren sollen, wo und in welchem Zustande sie sich auch befinden mögen, in die Hände des betreffenden Konsularbeamten abgeliefert werden, welcher sie an die Berechtigten gelangen lassen wird. Kann man weder der Räuber habhaft werden, noch sämtliche geraubte Gegenstände wieder erlangen, so sollen die chinesischen Behörden den chinesischen Gesetzen gemäß bestraft werden, ohne zum Ersatz der geraubten Gegenstände verpflichtet zu sein.

Artikel 34. Will sich ein Untertan eines der kontrahierenden deutschen Staaten an eine chinesische Behörde wenden, so muß er seine Vorstellung dem Konsularbeamten einhändigen, welcher sie, je nachdem er sie in der Sache begründet und in der Form passend findet, weiter befördert oder zur Abänderung zurückgibt.

Will ein Chinese sich an ein Konsulat wenden, so muß er denselben Weg bei der chinesischen Behörde einschlagen, welche in derselben Art verfahren wird.

Artikel 35. Wenn ein Untertan eines der kontrahierenden deutschen Staaten Ursache zur Beschwerde über einen Chinesen hat, so soll er sich zuvörderst zu dem Konsularbeamten begeben und ihm den Gegenstand seiner Beschwerde auseinandersetzen. Der Konsularbeamte, nachdem er die Angelegenheit untersucht hat, wird sich Mühe geben, dieselbe gütlich auszugleichen. Ebenso wird der Konsularbeamte, wenn ein Chinese sich über einen Untertan eines der kontrahierenden deutschen Staaten zu beschweren hat, ersterem williges Gehör schenken und eine gütliche Einigung herbeizuführen suchen. Sollte eine solche aber in dem einen oder anderen Falle nicht gelingen, so wird der Konsularbeamte die Mitwirkung des betreffenden chinesischen Beamten in Anspruch nehmen, und beide vereint werden die Angelegenheit nach den Grundsätzen der Billigkeit entscheiden.

Artikel 36. Die chinesischen Behörden sollen der Person und dem Eigentum deutscher Untertanen zu jeder Zeit den vollsten Schutz angedeihen lassen, namentlich wenn denselben Beleidigungen oder Gewalt widerfahren sollte. In allen Fällen von Brandstiftung, Raub oder Zerstörung soll die Ortsbehörde sofort die bewaffnete Macht absenden, um die Zusammenrottung zu zerstreuen, die Schuldigen zu ergreifen und sie der Strenge der Gesetze zu überliefern. Es bleibt den Beschädigten außerdem überlassen, den Ersatz des ihnen verursachten Schadens von denjenigen zu verlangen, von welchen die Beschädigung ausgegangen ist.

Artikel 37. Wenn ein chinesischer Untertan, welcher Schuldner eines Untertanen eines der kontrahierenden deutschen Staaten ist, es unterläßt, seine Schuld zu bezahlen, oder in betrügerischer Absicht sich entfernt, so soll die chinesische Behörde, auf Anrufen des Gläubigers, jedes ihr zu Gebot stehende Mittel anwenden, um den Flüchtigen zu verhaften und den Schuldner zur Bezahlung seiner Schuld zu zwingen.

Ebenso sollen die deutschen Behörden ihr möglichstes tun, um deutsche Untertanen, welche ihre Schulden an chinesische Untertanen nicht bezahlen, dazu zu zwingen, und wenn sie in betrügerischer Absicht sich entfernt haben, vor Gericht zu ziehen. In keinem Falle aber sollen weder die chinesische Regierung, noch die Regierungen der deutschen kontrahierenden Staaten für die Schulden ihrer Untertanen aufzukommen verpflichtet sein.

Artikel 38. Chinesische Untertanen, welche sich einer verbrecherischen Handlung gegen einen Untertanen eines der kontrahierenden deutschen Staaten schuldig machen, sollen von den chinesischen Behörden verhaftet und nach chinesischen Gesetzen bestraft werden.

Untertanen eines der kontrahierenden deutschen Staaten, wenn sie sich einer verbrecherischen Handlung gegen einen chinesischen Untertanen schuldig machen, sollen vom Konsularbeamten verhaftet, und nach den Gesetzen des Staates, welchem sie angehören, bestraft werden.

Artikel 39. Alle Fragen in bezug auf Rechte des Vermögens oder der Person, welche sich zwischen Untertanen der kontrahierenden deutschen Staaten erheben, sollen der Jurisdiktion der Behörden dieser Staaten unterworfen sein. Desgleichen werden sich die chinesischen Behörden in keine Streitigkeiten mischen, welche zwischen Untertanen eines der kontrahierenden deutschen Staaten und Fremden etwa entstehen sollten.

Artikel 40. Die kontrahierenden Teile kommen überein, daß den deutschen Staaten und ihren Untertanen volle und gleiche Teilnahme an allen Privilegien, Freiheiten und Vorteilen zustehen soll, welche von S. M. dem Kaiser von China der Regierung oder den Untertanen irgend einer anderen Nation gewährt sind, oder noch gewährt werden mögen. Namentlich sollen alle Veränderungen im Tarif oder in den Bestimmungen über Zölle, Tonnen- und Hafengelder, Einfuhr, Ausfuhr und Transit, welche zugunsten irgend einer anderen Nation getroffen werden, sobald sie in Ausführung kommen, unmittelbar und ohne besonderen neuen Vertrag auch auf den Handel aus und nach den kontrahierenden deutschen Staaten und auf die ihnen zugehörigen Kaufleute, Reeder und Schiffer anwendbar sein.

Artikel 41. Wenn die kontrahierenden deutschen Staaten künftig die Abänderung einiger Bestimmungen dieses Vertrages für zweckmäßig erachten sollten, so soll es ihnen freistehen, nach Ablauf von 10 Jahren, vom Tage der Auswechselung der Ratifikationsurkunden an gerechnet, Unterhandlungen zu diesem Behufe zu eröffnen. Sie müssen aber 6 Monate vor Ablauf der 10 Jahre der chinesischen Regierung amtlich anzeigen, daß sie Abänderungen des Vertrages wünschen, und worin dieselben bestehen sollen. Erfolgt eine solche Anzeige nicht, so bleibt der Vertrag weitere 10 Jahre unverändert in Kraft.

Artikel 42. Der gegenwärtige Vertrag soll ratifiziert, und sollen die Ratifikationen innerhalb eines Jahres vom Tage der Unterzeichnung desselben in Shanghai oder in Tientsin, je nach der Wahl der preußischen Regierung, ausgewechselt werden. Sobald die Auswechslung stattgefunden hat, soll der Vertrag zur Kenntnis aller Oberbehörden Chinas, in der Hauptstadt und in den Provinzen, gebracht werden, damit sie sich danach richten.

Dokument 2:

Vertrag zwischen Deutschland und China vom 6. 3. 1898*

*Quelle: Strupp, Karl: Documents pour servir à l'histoire du droit des gens. »Urkunden zur Geschichte des Völkerrechts« 2e édition. Tome II, Berlin 1923, S. 242ff.

Artikel 1: S. M. der Kaiser von China, von der Absicht geleitet, die freundschaftlichen Beziehungen zwischen Deutschland und China zu kräftigen und zugleich die militärische Bereitschaft des chinesischen Reiches zu stärken, verspricht, indem er sich alle Rechte der Souveränität in einer Zone von 50 km (100 chinesischer Li) im Umkreise von der Kiautschoubucht bei Hochwasserstand vorbehält, in dieser Zone den freien Durchmarsch deutscher Truppen jederzeit zu gestatten, sowie daselbst keinerlei Maßnahmen oder Anordnungen ohne vorhergehende Zustimmung der Deutschen Regierung zu treffen und insbesondere einer etwa erforderlich werdenden Regulierung der Wasserläufe kein Hindernis entgegenzusetzen. S. M. der Kaiser von China behält sich hierbei vor, in jener Zone im Einvernehmen mit der Deutschen Regierung Truppen zu stationieren sowie andere militärische Maßregeln zu treffen.

Artikel 2: In der Absicht, den berechtigten Wunsch S. M. des deutschen Kaisers zu erfüllen, daß Deutschland gleich anderen Mächten einen Platz an der chinesischen Küste inne haben möge für die Ausbesserung und Ausrüstung von Schiffen, für die Niederlegung von Materialien und Vorräten für dieselben, sowie für sonstige dazu gehörige Einrichtungen, überläßt S. M. der Kaiser von China beide Seiten des

Eingangs der Bucht von Kiautschou pachtweise vorläufig auf 99 Jahre an Deutschland. Deutschland übernimmt es in gelegener Zeit auf dem ihm überlassenen Gebiete Befestigungen zum Schutze der gedachten baulichen Anlagen und der Einfahrt des Hafens zur Ausführung zu bringen.

Artikel 3: Um einem etwaigen Entstehen von Konflikten vorzubeugen, wird die Kaiserlich Chinesische Regierung während der Pachtdauer im verpachteten Gebiete Hoheitsrechte nicht ausüben, sondern überläßt die Ausübung derselben an Deutschland, und zwar für folgendes Gebiet: ...(folgt nähere Beschreibung).

Eine genauere Festsetzung der Grenzen des an Deutschland verpachteten Gebietes sowie der 50-km-Zone um die Bucht herum behalten sich die hohen Kontrahenten vor, durch beiderseitig zu ernennende Kommissare nach Maßgabe der örtlichen Verhältnisse vorzunehmen.

Chinesischen Kriegs- und Handelsschiffen sollen in der Kiautschoubucht dieselben Vergünstigungen zu Teil werden, wie den Schiffen anderer, mit Deutschland befreundeter Nationen, und es soll das Ein- und Auslaufen sowie der Aufenthalt chinesischer Schiffe in der Bucht keinen anderen Einschränkungen unterworfen werden als die Kaiserlich Deutsche Regierung kraft der an Deutschland übertragenen Hoheitsrechte in bezug auf die Schiffe anderer Nationen zu irgendeiner Zeit festzusetzen für geboten erachten wird.

Artikel 4: Deutschland verpflichtet sich auf den Inseln und Untiefen vor Eingang der Bucht die erforderlichen Seezeichen zu errichten.

Von chinesischen Kriegs- und Handelsschiffen sollen in der Kiautschoubucht keine Abgaben erhoben werden, ausgenommen solche, denen auch andere Schiffe zum Zwecke der Unterhaltung der nötigen Hafen- und Quaianlagen unterworfen werden.

Artikel 5: Sollte Deutschland später einmal den Wunsch äußern, die Kiautschoubucht vor Ablauf der Pachtzeit an China zurückzugeben, so verpflichtet sich China, die Aufwendungen, die Deutschland in Kiautschou gemacht hat, zu ersetzen und einen besser geeigneten Platz an Deutschland zu gewähren.

Deutschland verpflichtet sich, das von China gepachtete Gebiet niemals an eine andere Macht weiter zu verpachten.

Der in dem Pachtgebiet wohnenden chinesischen Bevölkerung soll, vorausgesetzt, daß sie sich den Gesetzen und der Ordnung entsprechend verhält, jederzeit der Schutz der Deutschen Regierung zuteil werden; sie kann, soweit nicht ihr Land für andere Zwecke in Anspruch genommen wird, dort verbleiben.

Wenn Grundstücke chinesischer Besitzer zu irgendwelchen Zwecken in Anspruch genommen werden, so sollen die Besitzer dafür entschädigt werden.

Was die Wiedereinrichtung von chinesischen Zollstationen betrifft, die außerhalb des an Deutschland verpachteten Gebiets, aber innerhalb der vereinbarten Zone von 50 km, früher bestanden haben, so beabsichtigt die Kaiserlich Deutsche Regierung sich über die endliche Regelung der Zollgrenze und der Zollvereinnahmung in einer alle Interessen Chinas wahrenden Weise mit der chinesischen Regierung zu verständigen, und behält sich vor, hierüber in weitere Verhandlungen einzutreten.

Dokument 3:

Die Bestimmungen des Versailler Vertrages über China*

*Quelle: Berber, Fritz (Hrsg.): Das Diktat von Versailles, Entstehung – Inhalt – Zerfall. Eine Darstellung in Dokumenten. Essen 1939, S. 1026ff.

Artikel 128: Deutschland verzichtet zugunsten Chinas auf alle Vorrechte und Vorteile, die ihm auf Grund der Bestimmungen des Pekinger Schlußprotokolls vom 7. September 1901 nebst sämtlichen Anlagen, Noten und Ergänzungen zustehen. Es verzichtet gleichfalls zugunsten Chinas auf jeden Entschädigungsanspruch auf Grund des bezeichneten Protokolls für die Zeit nach dem 14. März 1917.

Artikel 129: Mit Inkrafttreten des gegenwärtigen Vertrags bringen die Hohen vertragschließenden Teile, jeder, soweit es ihn betrifft:

1. das Abkommen vom 29. August 1902, betreffend die neuen chinesischen Zolltarife;
2. das Whangpu-Abkommen vom 27. September 1905 und das vorläufige Zusatzabkommen vom 4. April 1912 zur Anwendung.

Jedoch ist China nicht länger verpflichtet, Deutschland die Vorteile und Vorrechte, die es ihm in diesem Abkommen zugestanden hat, zu gewähren.

Artikel 130: Vorbehaltlich der Bestimmungen des Abschnitts VIII dieses Teiles tritt Deutschland an China sämtliche Gebäude, Ladestraßen und Landungsbrücken, Kasernen, Forts, Kriegswaffen und Kriegsmunition, Schiffe jeder Art, Funkspruchanlagen und sonstiges öffentliches, der deutschen Regierung gehörendes Eigentum ab, die in den deutschen Niederlassungen zu Tientsin und Hankau oder in den anderen Teilen des chinesischen Gebietes gelegen sind oder sich befinden.

Diese Abtretung erstreckt sich indessen nicht auf die diplomatischen oder konsularischen Wohnungen oder Amtsräume; außerdem darf die chinesische Regierung keine Verfügung über das in Peking im sogenannten Gesandtschaftsviertel gelegene öffentliche oder private deutsche Eigentum ohne Zustimmung der diplomatischen Vertreter derjenigen Mächte treffen, die bei Inkrafttreten des gegenwärtigen Vertrages noch Vertragsteilnehmer am Schlußprotokoll vom 7. September 1901 sind.

Artikel 131: Deutschland verpflichtet sich, China binnen einer Frist von zwölf Monaten nach Inkrafttreten des gegenwärtigen Vertrages sämtliche astronomischen Instrumente zurückzustellen, die seine Truppen 1900/1901 aus China weggeführt haben. Deutschland verpflichtet sich ferner zur Tragung aller Kosten dieser Rückerstattung, einschließlich der Kosten für das Auseinandernehmen, die Verpackung, die Überführung, die Neuaufstellung in Peking und die Versicherung.

Artikel 132: Deutschland erklärt sich mit der Aufhebung der von der chinesischen Regierung zugestandenen Verträge einverstanden, auf denen die deutschen Niederlassungen in Hankau und Tientsin zur Zeit beruhen.

China, das in den Vollbesitz seiner Souveränitätsrechte über die besagten Gebiete wieder eintritt, erklärt seine Absicht, sie der internationalen Niederlassung und dem Handel zu öffnen. Es erklärt, daß die Aufhebung der Verträge, auf denen die Niederlassungen zur Zeit beruhen, nicht die Eigentumsrechte von Staatsangehörigen der alliierten und assoziierten Mächte berühren soll, welche Grundstücke in diesen Niederlassungen innehaben.

Artikel 133: Deutschland verzichtet auf jeden Anspruch gegen die chinesische Regierung oder gegen jede alliierte oder assoziierte Regierung aus der Internierung von deutschen Reichsangehörigen in China und ihrer Heimschaffung. Es verzichtet ferner auf jeden Anspruch aus der Beschlagnahme deutscher Schiffe in China, der Liquidation, Sequestrierung oder Beschlagnahme deutschen Eigentums, deutscher Rechte oder Interessen in diesem Lande oder der Verfügung darüber mit Wirkung vom 14. August 1917 ab. Von dieser Bestimmung bleiben jedoch die Rechte der Parteien unberührt, die an dem Erlös irgendeiner solchen Liquidation interessiert sind; diese Rechte werden in den Bestimmungen des Teiles X (Wirtschaftliche Bestimmungen) des gegenwärtigen Vertrages geregelt.

Artikel 134: Deutschland verzichtet zugunsten Seiner Britischen Majestät auf das deutsche Staatseigentum in der britischen Niederlassung Shameen in Canton. Es verzichtet zugunsten der französischen und chinesischen Regierung, und zwar beider gemeinschaftlich, auf das Eigentum an der deutschen Schule in der französischen Niederlassung zu Schanghai.

Artikel 156: Deutschland verzichtet zugunsten Japans auf alle Rechte, Ansprüche und Vorrechte – insbesondere soweit sie auf das Gebiet von Kiautschau, die Eisenbahnen, die Gruben und Unterseekabel Bezug haben –, die Deutschland auf Grund seines Vertrags mit China vom 6. März 1898 sowie durch alle sonstigen die Provinz Schantung betreffenden Abkommen erworben hat.

Alle deutschen Rechte an der Eisenbahn Tsingtau-Tsinanfu samt Zweigstrecken einschließlich des Zubehörs jeder Art, der Bahnhöfe, der Lagerräume, des festen und rollenden Materials, der Gruben, ihrer Betriebsanlagen und ihres Betriebsmaterials werden und bleiben mit allen zugehörigen Rechten und Vorrechten japanisches Eigentum.

Die Unterseekabel des Deutschen Reichs von Tsingtau nach Schanghai und von Tsingtau nach Tschefu gehen mit allen dazugehörigen Rechten, Vorrechten und Eigentumsrechten gleichfalls völlig frei und unbelastet auf Japan über.

Artikel 157: Die Rechte beweglicher und unbeweglicher Art, die das Deutsche Reich im Kiautschaugebiet besitzt, sowie alle seine etwaigen Ansprüche aus mittelbar und unmittelbar im Interesse dieses Gebiets vorgenommenen Arbeiten oder Verbesserungen oder gemachten Aufwendungen werden und bleiben völlig freies und unbelastetes japanisches Eigentum.

Artikel 158: Binnen drei Monaten nach Inkrafttreten des gegenwärtigen Vertrags übergibt Deutschland Japan sämtliche Archive, Register, Pläne, Belege und Urkunden jeder Art der Zivil-, Militär-, Finanz-, Gerichts- oder sonstigen Verwaltung Kiautschaus ohne Rücksicht auf den Aufbewahrungsort.

Binnen der gleichen Frist gibt Deutschland Japan sämtliche Verträge, Abkommen oder Vereinbarungen kund, die sich auf die von den beiden vorstehenden Artikeln betroffenen Rechte, Ansprüche oder Vorrechte beziehen.

Dokument 4:

Deutsch-chinesische Vereinbarungen über die Wiederherstellung des Friedenszustandes*

*Quelle: Reichsgesetzblatt, Jahrgang 1921, S. 830ff.

1. a) Erklärung des deutschen Bevollmächtigten

Der Unterzeichnete, ordnungsmäßig bevollmächtigter Vertreter der Regierung des Deutschen Reichs, hat die Ehre, im Namen seiner Regierung dem Herrn Minister der Auswärtigen Angelegenheiten der Chinesischen Republik das Folgende zur Kenntnis zu bringen:

Die Regierung des Deutschen Reichs, von dem Wunsche geleitet, die Freundschafts- und Handelsbeziehungen zwischen Deutschland und China wiederherzustellen, und in der Erwägung,

daß diese Beziehungen auf den Grundsätzen vollkommener Gleichstellung und absoluter Gegenseitigkeit entsprechend den Regeln des allgemeinen Völkerrechts beruhen müssen,

daß ferner unter dem 15. September 1919 der Präsident der Chinesischen Republik einen Erlaß über die Wiederherstellung des Friedens mit Deutschland veröffentlicht hat,

daß ferner Deutschland sich verpflichtet, gegenüber China die aus den Artikeln 128 bis 134 des am 10. Januar 1920 in Kraft getretenen Vertrags von Versailles vom 28. Juni 1919 hervorgehenden Verpflichtungen zu erfüllen,

stellt fest, daß Deutschland durch die Ereignisse des Krieges und durch den Vertrag von Versailles gezwungen worden ist, auf alle seine Rechte, Ansprüche und Vorrechte zu verzichten, die es auf Grund seines Vertrages mit China vom 6. März 1898, sowie durch alle sonstigen die Provinz Schantung betreffenden Abkommen erworben hat, und dadurch die Möglichkeit, sie an China zurückzugeben, sich genommen sieht,

und erklärt in aller Form:

der Abschaffung der Konsulargerichtsbarkeit in China zuzustimmen,

zugunsten Chinas auf alle Rechte zu verzichten, die die Deutsche Regierung auf dem zur Deutschen Gesandtschaft in Peking gehörenden »Glacis« besitzt, indem sie zugibt, daß man unter dem Ausdruck »öffentliches Eigentum« im ersten Absatz des Artikels 130 des Vertrages von Versailles auch das erwähnte Gelände zu verstehen hat,

sowie bereit zu sein, der Chinesischen Regierung die Kosten der Internierung von deutschen Militärpersonen in den verschiedenen Internierungslagern in China zu erstatten.

Der Unterzeichnete ergreift diese Gelegenheit, um dem Herrn Minister der Auswärtigen Angelegenheiten die Versicherung seiner ausgezeichneten Hochachtung zu erneuern.

Peking, den 20. Mai 1921
(gez.) von Borch
Vertreter der Deutschen Regierung

b) Bestätigungsschreiben des chinesischen
Ministers der
Auswärtigen Angelegenheiten
(Übersetzung)

Der Unterzeichnete, Minister der Auswärtigen Angelegenheiten der Chinesischen Republik, hat die Ehre, dem Herrn Vertreter der Regierung des Deutschen Reichs den Empfang seiner Mitteilung vom heutigen Tage zu bestätigen, durch welche der Herr Vertreter der Regierung des Deutschen Reichs, ordnungsmäßig bevollmächtigt, im Namen seiner Regierung ihm das Folgende zur Kenntnis gebracht hat:

Peking, den 20. Mai 1921.
(gez.) W. W. Yen
Minister der Auswärtigen Angelegenheiten

Dokument 5:

Erlaß des Vorsitzenden der Volksrepublik China über die Aufhebung des Kriegszustandes zwischen der Volksrepublik China und Deutschland vom 7. 4. 1955*

*Quelle: Chung-hua jen-min kung-ho-kuo fui-wai kuan-hsi wen-chien-chi. (Dokumentensammlung der Volksrepublik China) Peking: Verlag für Weltwissen. Peking 1957, Band 3, S. 239. Zit nach: Mohr, W. und Herzer, R. (Hrsg.): Verträge der Volksrepublik China mit anderen Staaten. Teil 3. Frankfurt 1965, S. 3–4.

Auf Grund der Entfesselung des den Weltfrieden zerstörenden faschistischen Angriffskrieges und der Unterstützung des japanischen Angriffskrieges gegen China durch Hitler-Deutschland hat China am 9. 12. 1941 den Kriegszustand mit Deutschland verkündet. Nach der Vernichtung der Hitler-Aggressoren wurden auf der Potsdamer Konferenz im Jahre 1945 die Entwicklung Deutschlands zu einem friedliebenden, demokratischen, geeinten Staat beschlossen sowie die Wege für den Abschluß eines deutschen Friedensvertrags festgelegt.

Aber infolge der von den USA, von Großbritannien und Frankreich systematisch verfolgten Politik der Spaltung Deutschlands, der Remilitarisierung und Eingliederung Westdeutschlands in einen aggressiven Militärblock ist Deutschland unverändert im Zustand der Teilung verblieben, und der Abschluß eines deutschen Friedensvertrags war nach wie vor nicht möglich. Gegenwärtig verfolgen die USA, Großbritannien und Frankreich den Plan, durch Verwirklichung der Pariser Verträge weiterhin die friedliche Wiedervereinigung Deutschlands und den Abschluß eines deutschen Friedensvertrags zu verhindern, wodurch der Frieden und die Sicherheit Europas in ernste Gefahr geraten.

Die Volksrepublik China unterstützt entschieden den Kampf der Deutschen Demokratischen Republik und des gesamten deutschen Volkes sowie der UdSSR und aller friedliebenden Länder und Völker um die friedliche Wiedervereinigung Deutschlands, um die Förderung des Abschlusses eines deutschen Friedensvertrags, um die Erhaltung der kollektiven Sicherheit Europas und um die Wahrung des Weltfriedens; zugleich wird im Interesse des chinesischen Volkes und des ganzen deutschen Volkes auf Grund des Beschlusses des Ständigen Ausschusses des 1. Nationalen Volkskongresses auf seiner 9. Sitzung am 7. 4. 1955 folgendes verkündet:

1. Der Kriegszustand zwischen der Volksrepublik China und Deutschland ist mit sofortiger Wirkung beendet. Zwischen beiden Ländern sollen friedliche Beziehungen hergestellt werden.
2. Die Beendigung des Kriegszustands zwischen der Volksrepublik China und Deutschland ändert nichts an den internationalen Verpflichtungen Deutschlands. Ebenfalls werden dadurch nicht die Rechte und übernommenen Verpflichtungen der Volksrepublik China aus den Deutschland betreffenden internationalen Abkommen berührt.

Der Vorsitzende
der Volksrepublik China
gez. Mao Tse-tung

Dokument 6:

Vertrag über Freundschaft und Zusammenarbeit zwischen der Volksrepublik China und der DDR vom 25. 12. 1955*

* Quelle: Jen-min jih-pao (Volkszeitung) 26. 12. 1955, S. 1. Zit. nach: Verträge der Volksrepublik China mit anderen Staaten, Teil 5. Frankfurt 1971, S. 99–101.

Der Präsident der Deutschen Demokratischen Republik und der Vorsitzende der Volksrepublik China haben,

Von dem Wunsch beseelt, die engen und freundschaftlichen Beziehungen und die Zusammenarbeit zwischen der Deutschen Demokratischen Republik und der Volksrepublik China auf der Grundlage der gegenseitigen Achtung der Souveränität, der Nichteinmischung in die inneren Angelegenheiten, der Gleichberechtigung und des gegenseitigen Nutzens weiter zu entwickeln und zu stärken.

In der Entschlossenheit, in Übereinstimmung mit den Grundsätzen der Satzung der Vereinten Nationen, den Weltfrieden zu erhalten und zu festigen und jeden möglichen Beitrag zur Gewährleistung der Sicherheit der Völker in Europa und in Asien zu leisten,

Überzeugt davon, daß die Festigung und die Entwicklung der freundschaftlichen Beziehungen und der Zusammenarbeit zwischen der Deutschen Demokratischen Republik und der Volksrepublik China den Lebensinteressen des deutschen und des chinesischen Volkes und gleichzeitig den Interessen aller Völker der Welt entsprechen,

beschlossen,

zu diesem Zweck den vorliegenden Vertrag zu schließen und zu ihren Bevollmächtigten ernannt:

Der Präsident der Deutschen Demokratischen Republik – den Ministerpräsidenten der Deutschen Demokratischen Republik, Otto Grotewohl;

Der Vorsitzende der Volksrepublik China – den Ministerpräsidenten des Staatsrates, Chou En-lai.

Die Bevollmächtigten kamen nach dem Austausch ihrer in gehöriger Form und in Ordnung befundenen Vollmachten über folgendes überein:

Artikel 1: Die vertragschließenden Seiten bestätigen feierlich, daß beide Staaten im Geiste aufrichtiger Zusammenarbeit an allen internationalen Handlungen teilnehmen, deren Ziel die Gewährleistung des Weltfriedens und der Sicherheit der Völker in Übereinstimmung mit den Grundsätzen der Satzung der Vereinten Nationen ist.

Artikel 2: Die vertragschließenden Seiten werden sich im Geiste brüderlicher Verbundenheit über alle wichtigen internationalen Fragen beraten, die die Interessen beider Staaten berühren. Hierbei werden sie der Notwendigkeit, die Unverletzbarkeit ihres Hoheitsgebietes und die Sicherheit ihrer Staaten zu gewährleisten und den Weltfrieden zu festigen, besondere Aufmerksamkeit widmen.

Artikel 3: Die vertragschließenden Seiten verpflichten sich in Übereinstimmung mit den Interessen ihrer Staaten, die freundschaftlichen Beziehungen auf allen Gebieten auf der Grundlage der gegenseitigen Achtung der Souveränität, der Nichteinmischung in die inneren Angelegenheiten, der Gleichberechtigung und des gegenseitigen Nutzens zu verstärken und zu erweitern.

Artikel 4: Die vertragschließenden Seiten werden sich im Interesse des friedlichen Aufbaus in beiden Staaten jede mögliche wirtschaftliche Hilfe erweisen und die wirtschaftliche Zusammenarbeit der beiden Staaten weiter entwickeln.

Artikel 5: Die vertragschließenden Seiten werden als Beitrag zur Entwicklung der Wissenschaft und zur Durchsetzung des wissenschaftlich-technischen Fortschritts die erforderliche wissenschaftliche und wissenschaftlich-technische Zusammenarbeit verwirklichen.

Artikel 6: Die vertragschließenden Seiten werden in der Überzeugung, daß die kulturellen Beziehungen zwischen beiden Staaten und ihrer Bevölkerung zur Stärkung der Freundschaft beitragen und für die Entwicklung der eigenen nationalen Kultur von Nutzen sind, Maßnahmen zur Förderung und allseitigen Erweiterung der kulturellen Beziehungen ergreifen.

Artikel 7: Der Vertrag wird bis zur Wiederherstellung der Einheit Deutschlands als friedliebender und demokratischer Staat oder bis die vertragschließenden Seiten zu einem Übereinkommen über die Änderung oder Außerkraftsetzung dieses Vertrages gelangen, Gültigkeit haben.

Artikel 8: Dieser Vertrag bedarf der Ratifizierung und tritt in Kraft am Tage des Austausches der Ratifikationsurkunden, der in nächster Zeit in Berlin erfolgt.

Ausgefertigt in Peking am 25. Dezember 1955 in zwei Exemplaren, jedes in deutscher und in chinesischer Sprache, wobei beide Texte gleichermaßen gültig sind.

In Vollmacht des Präsidenten der Deutschen Demokratischen Republik O. Grotewohl	In Vollmacht des Vorsitzenden der Volksrepublik China Chou En-lai

Dokument 7:

Handelsabkommen zwischen dem Ostausschuß der Deutschen Wirtschaft und dem China-Komitee zur Förderung des Internationalen Handels vom 27. 9. 1957*

*Quelle: Runderlaß für Außenwirtschaft Nr. 61/57, 22. 10. 1957 Bundesanzeiger Nr. 207, 26. 10. 1957. Zit. nach Mohr, W. und Herzer, R. (Hrsg.), Verträge der VR China mit anderen Staaten. Teil 3. Frankfurt 1965, S. 4–7.

Auf Grund des gemeinsamen Wunsches, den Handel zwischen der Bundesrepublik Deutschland und der Volksrepublik China zu entwickeln, haben der Ostausschuß der Deutschen Wirtschaft und das China-Komitee zur Förderung des Internationalen Handels freundschaftliche Verhandlungen durchgeführt und auf der Grundlage der Gleichheit und des gegenseitigen Nutzens über den Handels- und Zahlungsverkehr folgendes vereinbart:

Artikel 1: Die Vertragschließenden werden im Rahmen der in beiden Ländern geltenden Außenhandelsbestimmungen geeignete Schritte unternehmen, um die Entwicklung des Handels zwischen den beiden Ländern zu fördern und die reibungslose Durchführung dieses Abkommens zu erleichtern.

Die Vertragschließenden sollen sich darum bemühen, daß die zuständigen Behörden für die Ein- und Ausfuhrwaren schnellstmöglich die erforderlichen Genehmigungen erteilen.

Artikel 2: Dieses Abkommen bezieht sich auf alle Kontrakte, die innerhalb seiner Gültigkeitsdauer von den Außenhandelsunternehmen der beiden Länder abgeschlossen werden.

Artikel 3: Der Warenaustausch erfolgt auf der Grundlage der diesem Abkommen beigefügten Warenlisten A und B. Diese Warenlisten sind ein Bestandteil dieses Abkommens.

Artikel 4: Das Ausfuhrvolumen jedes der beiden Länder soll innerhalb der Gültigkeitsdauer dieses Abkommens etwa 230 Mill. Deutsche Mark betragen.

Artikel 5: Alle Anzahlungen unter diesem Abkommen sollen in Deutscher Mark oder anderen Währungen, die zwischen Käufer und Verkäufer vereinbart werden, erfolgen, und zwar entsprechend den in beiden Ländern geltenden Devisenbestimmungen.

Artikel 6: Zahlung für Ein- und Ausfuhren soll im allgemeinen durch unwiderrufliches Akkreditiv erfolgen, sofern zwischen Käufer und Verkäufer nichts anderes vereinbart wird.

Artikel 7: Die Überprüfung von Waren, die von der Bundesrepublik Deutschland ausgeführt werden, soll vor Verschiffung von einer zwischen Käufer und Verkäufer vereinbarten Kontrollorganisation durchgeführt werden. Die Waren können nach ihrer Ankunft in dem zwischen Käufer und Verkäufer vereinbarten Bestimmungsort erforderlichenfalls von dem chinesischen Warenprüfungsbüro nachgeprüft werden.

Die Überprüfung von Waren, die von der Volksrepublik China ausgeführt werden, soll vor Verschiffung von dem chinesischen Warenprüfungsbüro durchgeführt werden. Die Waren können nach ihrer Ankunft in dem zwischen Käufer und Verkäufer vereinbarten Bestimmungsort erforderlichenfalls von einer zwischen Käufer und Verkäufer vereinbarten Kontrollorganisation nachgeprüft werden.

Sollten Qualität, Menge und/oder Gewicht der Waren mit dem Kontrakt nicht übereinstimmen, hat der Käufer das Recht, seine Ansprüche gegenüber dem Verkäufer geltend zu machen. Die Frist, innerhalb der solche Ansprüche geltend gemacht werden, wird zwischen Käufer und Verkäufer vereinbart.

Schäden und Verluste, die während des Transportes entstehen, sind nicht Gegenstand von Ansprüchen gegenüber dem Verkäufer.

Für Investitionsgüter können zwischen Käufer und Verkäufer andere Prüfungsbedingungen vereinbart werden.

Artikel 8: Der Verkäufer ist nicht verantwortlich für Verzögerung oder Unmöglichkeit der Lieferung, die während der Produktion oder des Transportes eintreten und auf Gründe zurückzuführen sind, auf die er keinen Einfluß hat (force majeure). In einem solchen Fall muß der Verkäufer den Käufer unverzüglich telegrafisch verständigen und eine ausreichende Bescheinigung beibringen, in der das Ereignis und seine Ursache angegeben sind.

In den Kontrakten kann zwischen Käufer und Verkäufer eine Force$majeure-Klausel vereinbart werden, die Beispiele von Force-majeure-Fällen enthält.

Artikel 9: Alle Streitigkeiten im Zusammenhang mit Kontrakten können einer Arbitrage unterworfen werden, falls sie nicht zwischen Käufer und Verkäufer freundschaftlich geregelt werden können. Der Schiedsspruch ist für beide Parteien bindend.

Die Arbitrage findet in Zürich statt, sofern zwischen Käufer und Verkäufer nichts anderes vereinbart wird.

Artikel 10: Sollten sich während der Gültigkeitsdauer dieses Abkommens und bei seiner Durchführung Fragen ergeben, die von den Vertragschließenden durch Verhandlungen zu lösen sind, so werden diese Fragen auf Vorschlag der einen Seite und im Einvernehmen mit der anderen Seite von Vertretern der Vertragschließenden verhandelt.

Artikel 11: Dieses Abkommen tritt nach Ablauf von 15 Tagen nach Unterzeichnung in Kraft und gilt für die Dauer eines Jahres.

Gegeben zu Peking am 27. 9. 1957 in zwei Ausfertigungen, jeweils in deutscher und chinesischer Sprache, wobei beide Fassungen gleichermaßen rechtsgültig sind.

Ostausschuß der	China-Komitee zur Förderung des
Deutschen Wirtschaft	Internationalen Handels
gez. Otto Wolff von Amerongen	gez. Nan Han-ch'en

Warenlisten »A« und »B«

Liste »A«

Chinesische Ausfuhren nach der Bundesrepublik Deutschland (dient als Hinweis):

1. Körnerfrüchte, Ölsaaten und pflanzliche Öle.
2. Nahrungsmittel.
3. Borsten, Pelze, Häute, Felle, Därme und andere tierische Nebenprodukte.
4. Mineralien und Erze.
5. Seide und Seidenwaren.
6. Tee.
7. Chemikalien und Rohstoffe für die chemische und pharmazeutische Industrie.
8. Andere Landesprodukte.

Liste »B«

Deutsche Ausfuhren nach der Volksrepublik China (dient als Hinweis):

1. Eisen, Stahl, NE-Metalle und Waren daraus.
2. Industrieanlagen, Maschinen, Werkzeugmaschinen und Transportausrüstungen.
3. Elektrische und nachrichtentechnische Ausrüstungen.
4. Feinmechanische, optische und elektrische Instrumente verschiedener Art.
5. Chemikalien, Farbstoffe und Zwischenprodukte, Pharmazeutika, Düngemittel.
6. Textilien, Kunstfasern und Papier.
7. Verschiedene Waren.

Dokument 8:

Zwei Briefwechsel zum Handelsabkommen vom 27. 9. 1957*

*Quelle: Runderlaß für Außenwirtschaft Nr. 61/57, 22. 10. 1957, Bundesanzeiger Nr. 207, 26. 10. 1957. Zit. nach Mohr, W. und Herzer, R. (Hrsg.) Verträge der VR China mit anderen Staaten. Teil 3. Frankfurt 1965, S. 4–7.

1. Brief des Vorsitzenden der Delegation des Ostausschusses der Deutschen Wirtschaft

An den Vorsitzenden
des China-Komitees zur Förderung
des Internationalen Handels
Herrn Nan Han-ch'en

Sehr geehrter Herr Vorsitzender,

mit Bezug auf unsere Verhandlungen über den Abschluß eines Handelsabkommens zwischen dem Ostausschuß der Deutschen Wirtschaft und dem China-Komitee zur Förderung des Internationalen Handels bestätige ich, daß wir in folgender Hinsicht Übereinstimmung erzielt haben:
Das erwähnte Abkommen und seine Bestandteile beziehen sich auch auf Geschäfte, die von Außenhandelsunternehmen in West-Berlin, nicht dagegen auf Geschäfte, die von Außenhandelsunternehmen im Saarland durchgeführt werden. Dieser Brief und Ihre Antwort sind Bestandteil des oben erwähnten Abkommens. Wollen Sie mir bitte Ihr Einverständnis mit dem Inhalt dieses Briefes bestätigen.
Genehmigen Sie, Herr Vorsitzender, den Ausdruck meiner vorzüglichen Hochachtung.

gez. Otto Wolff von Amerongen

2. Antwortbrief des Vorsitzenden des China-Komitees zur Förderung des Internationalen Handels

An den Vorsitzenden
der Delegation des Ostausschusses
der Deutschen Wirtschaft
Herrn Otto Wolff von Amerongen

Sehr geehrter Herr Vorsitzender,
hiermit bestätige ich den Empfang Ihres Schreibens vom 27. 9. 1957, das wie folgt lautet: »...«.
Ich bestätige Ihnen mein Einverständnis mit dem Inhalt Ihres Briefes.
Genehmigen Sie, Herr Vorsitzender, den Ausdruck meiner vorzüglichen Hochachtung.

Der Vorsitzende
des China-Komitees zur Förderung
des Internationalen Handels
gez. Nan Han-ch'en

Dokument 9:

Gespräche zwischen China und der Bundesrepublik Deutschland erfolgreich abgeschlossen (29. 9. 1972)*

*Quelle: Peking Rundschau 1972, Nr. 39 (3. 10. 1972), S. 5.

Zwischen Vertretern der Regierung der Volksrepublik China und Vertretern der Regierung der Bundesrepublik Deutschland wurden in Bonn Gespräche über die Aufnahme von diplomatischen Beziehungen und den Austausch von Botschaftern zwischen beiden Staaten und über damit zusammenhängende Fragen geführt. Die Gespräche wurden am 29. September 1972 erfolgreich abgeschlossen.

Der Außenminister der Volksrepublik China Chi Peng-fei hat den Bundesminister des Auswärtigen Walter Scheel zu einem offiziellen Besuch in die Volksrepublik China eingeladen. Der Bundesaußenminister hat die Einladung angenommen und wird in der Zeit vom 10. bis 14. Oktober 1972 Peking besuchen.

Während des Besuchs wird ein gemeinsames Kommuniqué über die Aufnahme von diplomatischen Beziehungen und den Austausch von Botschaftern von den beiden Außenministern unterzeichnet und veröffentlicht werden. Außerdem sind Gespräche des Bundesaußenministers mit der chinesischen Regierung über die bilateralen Beziehungen sowie über die internationale Lage vorgesehen.

Dokument 10:

Gemeinsames Kommuniqué der Regierung der Volksrepublik China und der Regierung der Bundesrepublik Deutschland über die Aufnahme diplomatischer Beziehungen zwischen beiden Staaten*

*Quelle: Peking Rundschau 1972, Nr. 41 vom 17. 10. 1972, S. 4.

Die Regierung der Volksrepublik China und die Regierung der Bundesrepublik Deutschland haben am 11. Oktober 1972 beschlossen, diplomatische Beziehungen aufzunehmen und in kurzer Zeit Botschafter auszutauschen.

Geschehen zu Peking
am 11. Oktober 1972 in
zwei Urschriften, jede in
chinesischer und deutscher
Sprache.

Für die Regierung
der Volksrepublik China
(gezeichnet)
Tschi Peng-fei

Für die Regierung
der Bundesrepublik Deutschland
(gezeichnet)
Walter Scheel

Dokument 11:

Über den Vertrag zwischen der Sowjetunion und Westdeutschland*

*Quelle: Jen-min Jih-pao, 13. 9. 1970, S. 1. Zit. nach: Peking Rundschau 1970 Nr. 38 vom 22. 9. 1970, S. 7–10.

Die Sowjetregierung und die westdeutsche Brandt-Regierung haben vor kurzem in Moskau den Vertrag zwischen der Sowjetunion und Westdeutschland unterzeichnet. Hier handelt es sich um einen Kuhhandel, den die beiden Seiten nach mehr als acht Monaten Verhandlungen in der Frage der sogenannten »gegenseitigen Nichtanwendung von Gewalt« vereinbart haben. Die Führer der Sowjetunion waren nach der Unterzeichnung des Vertrags vor Freude außer sich und prahlten lauthals, dieser Vertrag sei ein »bedeutsamer Beitrag« zur »Milderung der gespannten Lage in Europa« und bilde die »Grundlage für dauerhaften Frieden und Sicherheit in Europa«. Es schien, als hätten sie mit der Unterzeichnung dieses Vertrages für die Völker Europas etwas Gutes geleistet, der Frieden in Europa wäre danach gesichert, und die Völker in Europa könnten sich nun in Sicherheit wiegen.

Ist es denn wirklich so? Nein! Wenn man über jene scheinheiligen Worte im Vertrag hinweg die objektiven Tatsachen sorgfältig analysiert, so wird man durchaus feststellen können: Dieser Vertrag bedeutet einen großen Verrat der revisionistischen Führungsclique der Sowjetunion an den Interessen des deutschen Volkes, des Sowjetvolkes und der anderen Völker in Europa, ist ein ungeheures Betrugsmanöver, unter der »Friedensmaske« die Aggressorenfratze des sowjetrevisionistischen Sozialimperialismus und des westdeutschen Militarismus zu verschleiern, und ist zugleich ein Bestandteil der großen Intrige »Global-München«, welche die Sowjetrevisionisten und USA-Imperialisten, miteinander kollaborierend und rivalisierend, in verstärktem Maße durchsetzen, um die Einflußsphären in Europa aufzuteilen.

1. Der Vertrag bedeutet einen Verrat an der Souveränität der Deutschen Demokratischen Republik und an den Interessen des Sowjetvolkes

Vor ihren Verhandlungen mit Westdeutschland hatte die Sowjetregierung Westdeutschland aufgefordert, als eine Vorbedingung für die Verhandlungen zwischen den beiden Seiten zuerst die DDR völkerrechtlich anzuerkennen. Aber schon zu Beginn der Verhandlungen hat sie diese Vorbedingung aufgegeben. Das Ergebnis der Verhandlungen zeigt, daß nicht nur unter diese Forderung ein Strich gezogen, sondern in der Tat auch stillschweigend Westdeutschland das »Recht« zuerkannt worden ist, die DDR zu annektieren. Besonders bemerkenswert ist, daß die westdeutsche Regierung eine halbe Stunde vor der Unterzeichnung des Vertrags der Sowjetregierung einen Brief übergab, in dem erneut bekräftigt wurde, Deutschland sollte »in freier Selbstbestimmung seine Einheit wiedererlangen«, das heißt, die DDR sollte Westdeutschland einverleibt werden. In diesem Brief heißt es ferner, daß der Vertrag zwischen der Sowjetunion und Westdeutschland »nicht in Widerspruch zu dem politischen Ziel Westdeutschlands steht«. Die sowjetischen Behörden hatten die Stirn, gemäß der von den beiden Seiten vorher erzielten Verständigung den Empfang des Briefes zu bestätigen. Nachher veröffentlichte Westdeutschland sofort diesen Brief zusammen mit dem vollen Text des Vertrages. Die sowjetischen Behörden wagen jedoch bis heute immer noch nicht, diesen Brief zu veröffentlichen, sondern halten mit dem wahren Sachverhalt vor dem Sowjetvolk hinter dem Berge. Ist das nicht ein überzeugender Beweis für ihr schlechtes Gewissen?

In der Westberlin-Frage haben die sowjetischen Behörden erst recht Schritt für Schritt nachgegeben. Westberlin liegt auf dem Territorium der DDR und gehört rechtmäßig zu der DDR. Vor einigen Jahren verlangte die Sowjetregierung von Westdeutschland, sich mit der Verwandlung Westberlins in eine »unabhängige politische Einheit« einverstanden zu erklären. Das bedeutet an und für sich bereits einen großen Rücktritt von dem ursprünglichen Standpunkt der Sowjetunion. Und jetzt will sie selbst auch darauf nicht beharren. Im Laufe dieser Verhandlungen forderte die Brandt-Regierung, den brennenden Wunsch der sowjetischen Behörden nach Abschließung des Kuhhandels ausnutzend, diese auf, die wirtschaftlichen, finanziellen und juristischen Verbindungen Westberlins mit Westdeutschland anzuerkennen und die Verbindungswege zwischen Westdeutschland und Westberlin sicherzustellen. Sie hat wiederholt erklärt, der westdeutsche Bundestag würde den Vertrag nicht ratifizieren, bevor die Westberlin-Frage in zufriedenstellender Weise gelöst ist. Und die Sowjetregierung hat sich dazu verstiegen, ohne jede Rücksicht auf die souveränen Interessen der DDR in Stillschweigen die von Westdeutschland gestellten Bedingungen anzunehmen. In Wirklichkeit unterzeichnete Westdeutschland erst den Vertrag, nachdem die Sowjetunion versprochen hatte, in der Westberlin-Frage noch größere Zugeständnisse zu machen. Nach der Unterzeichnung des Vertrags erschienen der westdeutsche Bundespräsident und der Präsident des Bundestags sofort provokatorisch in Westberlin zur sogenannten »Befugnisausübung«. Auch der westdeutsche Bundeskanzler hat sich zu rechtswidrigen Aktivitäten nach Westberlin begeben. Aber die sowjetischen Behörden haben dazu keinen einzigen Laut von sich gegeben. Das ist ein weiterer Beweis für den weiteren Verrat der sowjetischen Führungsclique in der Westberlin-Frage.

Um die Sowjetunion aus ihrer schweren Wirtschaftslage herauszuretten, hat sich die sowjetische Führungsclique ferner vor Westdeutschland, einem besiegten Land, auf die Knie geworfen und es um »Hilfe« angefleht. Im Laufe der Verhandlungen bekam sie von Westdeutschland einen Kredit von 1,5 Milliarden DM. Etwa zur Zeit der Unterzeichnung des Vertrags informierten die sowjetischen Führer Brandt besonders über den Inhalt des »Fünfjahrplans« für den sogenannten »Aufbau des Kommunismus« und baten Westdeutschland, ihnen wirtschaftliche und technische »Hilfe« zu erweisen, um die Ressourcen der Sowjetunion zu erschließen. Westdeutschland seinerseits nahm eine hochmütige Haltung an und erpreßte noch größere Zugeständnisse von der Sowjetunion. Der westdeutsche Außenminister Scheel erklärte unverhüllt: Westdeutschland wolle dann »für die Zukunft mehr Zusammenarbeit auf den Gebieten der Wirtschaft, der Wissenschaft, der Technik, der Kultur suchen«, wenn seine Forderungen befriedigt worden sind. Die Sowjetunion war einst ein vom großen Lenin gegründeter Sowjetstaat, war ein Siegerstaat im antifaschistischen Krieg. Aber die sowjetischen Führer von heute sind so weit gegangen, wie Vertreter eines besiegten Landes, untertänig das westdeutsche Monopolkapital um Spenden anzuflehen. Das ist wirklich die gröbste Beleidigung des Sowjetvolks!

2. Der Vertrag ist eine Ermunterung und Schützenhilfe für den westdeutschen Militarismus

In Deutschland den Militarismus und den Nazismus mit Stumpf und Stiel auszurotten, das ist eine grundlegende Forderung der Völker Europas nach dem Zweiten Weltkrieg und zugleich ein Grundprinzip im Potsdamer Abkommen. Aber hochgepäppelt durch den USA-Imperialismus, sind in Westdeutschland der Militarismus und der Nazismus in rascher Wiederbelebung begriffen. Heute hat Westdeutschland nicht nur seine industrielle Grundlage für die Rüstungsproduktion vollständig wiederhergestellt und ausgebaut, sondern bereitet sich in verstärkter Weise vor, rechtswidrig Kernwaffen herzustellen. Die westdeutsche Bundeswehr ist bereits zur Hauptkraft des aggressiven NATO-Blocks geworden. Die westdeutschen Monopolkreise haben niemals ihre revanchistische Expansions- und Aggressionspolitik aufgegeben. Sie versuchen, wenn auch vergeblich, durch den Weg von einer sogenannten »wirtschaftlichen Großmacht« über eine »politische Großmacht« bis zu einer »militärischen Großmacht« ihre verlorenen Positionen wiederzuerlangen und Hitlers alten Traum von einem »großdeutschen Reich« zu träumen. Die Bedrohung des Friedens und der Sicherheit in Europa durch den westdeutschen Militarismus hat sich nicht im geringsten gemildert, sondern immer mehr verschärft.

Die Sowjetregierung hatte jedoch die Stirn, unter diesen Umständen mit Westdeutschland einen Vertrag abzuschließen und den westdeutschen Militarismus mit Friedens-Lorbeer für sogenannten »Gewaltverzicht« zu bekränzen. Sie will den Anschein erwecken, als ob die militaristischen und revanchistischen Kräfte Westdeutschlands – gebunden durch diesen Vertrag – von nun an sich bekehren und sich bessern würden, als ob sie auf der Stelle zu einem wichtigen Faktor für die »Stabilisierung der Lage in Europa« und für »die Gewährleistung der Sicherheit in Europa« werden würden. Damit hat sie den westdeutschen Revanchismus bedeutend angefeuert, so daß Westdeutschland unter dem Schutz dieses Vertrags noch bedenkenloser Aufrüstung, Kriegsvorbereitungen, Aggression und Expansion unternehmen kann.

Während der Verhandlungen machten die westdeutschen Behörden überhaupt kein Hehl aus ihrer Ambition, die DDR zu annektieren und gegen Osteuropa Aggression und Expansion zu unternehmen. Sie beharrten auf dem sogenannten »Recht auf Heimkehr«, das heißt, auf dem »Recht«, die Grenzen des damaligen Hitler-Deutschland wiederherzustellen. Die Tinte der Signatare war noch nicht trokken, da erhoben die westdeutschen Behörden schon offen das Geschrei, daß der Vertrag Westdeutschland nicht daran hindern werde, »friedlich« »Grenzen zu verändern oder abzuschaffen«. Daraus ist ersichtlich, wie anmaßend der westdeutsche Militarismus durch die Unterzeichnung dieses Vertrags geworden ist.

Vor 25 Jahren haben die heroische Rote Armee der Sowjetunion und das heroische Sowjetvolk unter Führung des Genossen Stalin gemeinsam mit anderen Völkern Europas, um den deutschen Faschismus zu besiegen, ungeheuer große Opfer gebracht und zu der Sache der Gerechtigkeit und des Fortschritts der Menschheit einen bedeutsamen Beitrag geleistet. Das Sowjetvolk und die europäischen Völker haben vollkommen das Recht, der Wiederbelebung des westdeutschen Militarismus Einhalt zu gebieten. Heute aber hat die Sowjetregierung mit Westdeutschland einen Vertrag abgeschlossen und dadurch dieses Recht des Sowjetvolkes preisgegeben. Nach der Unterzeichnung des Vertrags behauptete der westdeutsche Außenminister Scheel offen, Westdeutschland sei »nicht mehr der Verlierer des letzten Krieges«, sondern sei für die Sowjetunion »ein gleichberechtigter Partner geworden«. Wie die westliche Presse durchsickern ließ, hat Gromyko sogar von Angesicht zu Angesicht Westdeutschland das Loblied gesungen, daß es »auch politisch ein Riese geworden ist«. Diese Schandtaten der sowjetischen Behörden bedeuten einen Verrat an dem Sowjetvolk und an allen anderen Völkern, die sich an dem antifaschistischen Krieg beteiligt haben, sind für den westdeutschen Militarismus jedoch eine unverfrorene Schützenhilfe und Ermunterung.

3. Der Vertrag zeugt nicht von »Vernunft« und »Realismus« der Brandt-Regierung, sondern von ihrer Raffiniertheit und Hinterlistigkeit

Die Sowjetführer lobpriesen, die Brandt-Regierung der Sozialdemokratischen Partei sei der Vertreter der »demokratischen Kräfte« Westdeutschlands, sie »steuert auf eine Wende zum Realismus zu«, sie sei zu der »Politik übergegangen, die dem Status quo des europäischen Kontinents und den Interessen des dauerhaften Friedens« entspricht; die Unterzeichnung des Vertrags bedeute »einen vernünftigen Schritt, den sie auf dem richtigen Weg gemacht« habe.

Diese Theorie von der sogenannten »Vernunft« ist einem gar nicht fremd. In der Vergangenheit, als der Häuptling des USA-Imperialismus Kennedy gerade ans Ruder gekommen war, lobte Chruschtschow ihn eiligst, er habe »nüchtern die Realitäten in Erwägung gezogen« und eine »vernünftige Haltung« an den Tag gelegt. Aber während der karibischen Krise zeigte dieser sogenannte »vernünftige« Präsident seine böse Fratze und trieb Chruschtschow in die Enge. Als Johnson ins Weiße Haus einzog, huldigten ihm die Sowjetrevisionisten gleicherweise und sagten, er habe »die Realitäten vernünftig eingeschätzt«. Aber darauf hat Johnson mit der Heraufbeschwörung des Zwischenfalls im Golf von Bac Bo und der blindwütigen Ausdehnung des Aggressionskriegs gegen Vietnam geantwortet. Nach Nixons Amtsantritt machten die Sowjetrevisionisten wieder große Reklame, dieser Häuptling des USA-Imperialismus richte seine »Aufmerksamkeit auf die Friedensfragen« und wolle die »Periode der Konfrontation« in eine »Zeit der Verhandlungen« verwandeln. Nixon jedoch hat Truppen nach Kambodscha entsandt und den Aggressionskrieg auf ganz Indochina ausgeweitet. Die Theorie des Sowjetrevisionismus von der sogenannten »Vernunft« wurde schon längst wiederholt von unerbittlichen Tatsachen widerlegt.

Heute verherrlichen die Sowjetrevisionisten wieder mit diesen bankrott gegangenen Theorien die Brandt-Regierung. Was für Zeug ist denn die von den Sowjetrevisionisten behauptete »Vernunft« Brandts? Um das Kind beim rechten Namen zu nennen, sie ist die von Brandt verfolgte sogenannte »neue Ostpolitik«. Das Wesen dieser Politik besteht darin, aufgrund der gegenwärtigen Interessen der Monopolbourgeoisie Westdeutschlands mit noch raffinierteren und hinterhältigeren Mitteln der friedlichen Infiltration die Ambition der westdeutschen Monopolbourgeoisie nach Expansion und Aggression in Osteuropa zu verwirklichen. Auch Brandt selbst äußerte, daß seine Politik die Fortsetzung der Politik der vorangegangenen westdeutschen Regierungen sei, daß die Unterzeichnung des Vertrags zwischen der Sowjetunion und Westdeutschland »einen Erfolg deutscher Nachkriegspolitik« bedeute. Was die Nachkriegspolitik Westdeutschlands anbelangt, hatte Adenauer schon im September 1953 offen erklärt, daß sie eine Politik der Wiedervereinigung Deutschlands durch Befreiung der Landsleute im Ostgebiet mit friedlichen Mitteln, die Politik eines vereinigten Europas, sei. Er spreche als Repräsentant von ganz Deutschland. Gibt es denn nun einen wesentlichen Unterschied zwischen Brandt und Adenauer und seinesgleichen, wenn die Politik Brandts eine Fortsetzung der Politik Adenauers ist? In Wirklichkeit vertritt die Brandt-Regierung der SPD genauso wie ihr Amtsvorgänger, die CDU-Regierung, die Interessen des westdeutschen Monopolkapitals, auch ihre Politik ist für die gegenwärtige konterrevolutionäre Globalstrategie des USA-Imperialismus von Nutzen.

4. Der Vertrag ist für den Frieden und die Sicherheit Europas nicht günstig, sondern schädlich

Mit ihrer betrügerischen Propaganda versuchen die sowjetischen Behörden einen glauben zu machen, es wäre doch für den Frieden und die Sicherheit Europas eine gute Sache und keine schlechte, wenn der Vertrag vorsieht, daß beide Seiten »sich der Anwendung von Gewalt enthalten« und den Status quo der Staatsgrenzen in Europa anerkennen.

In der Tat aber trifft gerade das Gegenteil zu. Sowohl von der Realität wie von den historischen Erfahrungen Europas her gesehen, kann damit nur bewiesen werden, daß es schlimmer ist, nicht aber besser, diesen Vertrag zu haben, als wenn es ihn nicht gäbe.

Die Bedrohung des Friedens und der Sicherheit in Europa und der Herd der Spannungen »in Europa erstehen durch nichts anderes als die Aggressions- und Expansionspolitik des USA-Imperialismus und des sowjetrevisionistischen Sozialimperialismus und durch die Gefahr der Wiederbelebung des westdeutschen Militarismus.

Heute intensivieren der USA-Imperialismus und der Sowjetrevisionismus beide in Europa Aufrüstung und Kriegsvorbereitungen. Unter Ausnutzung der zwei sich gegenüberstehenden Militärblocks, gehen sie, jeder in seiner Sphäre, gegen einige westeuropäische und osteuropäische Länder mit militärischer Kontrolle, militärischer Intervention und militärischer Okkupation vor und verletzen somit ernsthaft die Unabhängigkeit und Souveränität dieser Länder. Um Einflußsphären abzugrenzen und die Vorherrschaft über Europa an sich zu reißen, kollaborieren und rivalisieren zugleich diese beiden »Supermächte« in Europa miteinander, genauso wie sie es im Mittleren Osten und in anderen Gebieten der Welt tun. Als Hauptstütze des aggressiven NATO-Blocks und ein Hauptpartner des USA-Imperialismus dehnt Westdeutschland auch ambitiös seine Macht aus und ist bereit, bei der ersten Gelegenheit die Position des Oberherrn in Europa an sich zu reißen.

Der Vertrag zwischen der Sowjetunion und Westdeutschland wurde eben unter diesen Umständen in Europa unterzeichnet. Er ist nicht nur ein schmutziger Kuhhandel zwischen den sowjetischen Behörden und der westdeutschen Brandt-Regierung, sondern auch ein Produkt der Kollaboration und der Rivalität zwischen dem Sowjetrevisionismus und dem USA-Imperialismus um die Aufteilung der Einflußsphären und um die Vorherrschaft über Europa. Dieser Vertrag hat nichts an der aggressiven Natur des USA-Imperialismus, des Sowjetrevisionismus und des westdeutschen Militarismus geändert. Er verschleiert nur mit hochtönenden Worten wie »Frieden« und »Sicherheit« deren aggressive Natur und erweckt einen Anschein des Friedens. Das kann die europäischen Völker nur einschläfern, so daß sie in ihrem Kampfwillen gegen den westdeutschen Militarismus und gegen die USA und die Sowjetunion, diese beiden »Supermächte«, die für die Vorherrschaft über Europa miteinander rivalisieren, nachlassen und ihre Kräfte für die Verteidigung des Friedens und der Sicherheit in Europa geschwächt werden.

Die historischen Erfahrungen in Europa haben schon längst bewiesen: Der aggressionslüsterne deutsche Militarismus wird sich nie durch irgendeinen Vertrag oder irgendein Abkommen binden lassen. Die im Jahre 1925 unterzeichneten Locarno-Verträge »garantierten« die Unverletzlichkeit der Grenzen zwischen Deutschland und Frankreich, zwischen Deutschland und Belgien und sahen die Entmilitarisierung der Rheinzone durch Deutschland, das besiegte Land im Ersten Weltkrieg, vor. Aber nach seinem Machtantritt entsandte der deutsche Faschismus 1936 Truppen in die Rheinzone und zerriß somit skrupellos die Locarno-Verträge.

Bevor Hitler Europa verwüstete, hatte er mit vielen europäischen Ländern, in die er später einfiel, sogenannte Verträge des gegenseitigen Nichtangriffs unterzeichnet. Aber Hitler hat letzten Endes diese Verträge einen nach dem anderen zerrissen, wortbrüchig Angriffe gestartet und ein europäisches Land nach dem anderen annektiert oder überfallen.

Die historischen Erfahrungen in Europa haben weiter bewiesen: Daß einige imperialistische Großmächte die Souveränität kleiner Länder als Spielmarken in ihrem Kuhhandel benutzen und auf Kosten der Interessen kleiner Länder Einflußsphären aufteilen, um gewisse zeitweilige Kompromisse zu schließen, kann keinesfalls den verschiedenen Ländern Frieden und Sicherheit bringen, sondern nur die Gefahr eines neuen Kriegs heraufbeschwören. Im September 1938 sagte der britische Premierminister Chamberlain, nachdem er mit Hitler das Münchener Abkommen unterzeichnet hatte, triumphierend: »Von nun an ist der Frieden für eine ganze Generation garantiert.« Aber es ist allen bekannt, daß ein Jahr nach der Unterzeichnung dieses anrüchigen Münchener Abkommens Hitler in Europa einen großangelegten Aggressionskrieg entfesselte.

Nun wiederholen der USA-Imperialismus, der Sowjetrevisionismus und der westdeutsche Militarismus in verschiedenen Formen die Geschichte Europas. Das werden die Völker Europas, die zwei Weltkriege durchgemacht und schwer unter dem deutschen Militarismus gelitten haben, keineswegs zulassen. Die Völker Europas müssen, wenn sie den Frieden und die Sicherheit Europas wahren wollen, entschieden gegen die Aggressions- und Kriegspolitik des USA-Imperialismus, entschieden gegen die Aggression und Expansion des sowjetrevisionistischen Sozialimperialismus und dessen Verrat an den Völkern Europas, entschieden gegen die Wiederbelebung des westdeutschen Militarismus kämpfen.

Unser großer Führer Vorsitzender Mao stellte fest: »Das Volk und nur das Volk ist die Triebkraft, die die Weltgeschichte macht.« Heute ist die Münchener Zeit, da einige Großmächte nach Belieben mit Europa umspringen konnten, schon vorbei. Es sind nicht der USA-Imperialismus, der sowjetrevisionistische Sozialimperialismus, der westdeutsche Militarismus und irgendwelche Verträge zwischen ihnen, sondern das Proletariat und die revolutionären Volksmassen in den Ländern Europas und die revolutionären Kämpfe der Völker Europas, die über das Schicksal Europas entscheiden. Das chinesische Volk unterstützt entschieden das deutsche Volk, die osteuropäischen Völker und die anderen Völker Europas in ihrem Kampf gegen den westdeutschen Militarismus und Revanchismus, unterstützt entschieden die Völker Europas in ihrem Kampf gegen den USA-Imperialismus und den sowjetrevisionistischen Sozialimperialismus und ist davon überzeugt, daß ihr gerechter Kampf gewiß den vollen Sieg davontragen wird.

(13. September)

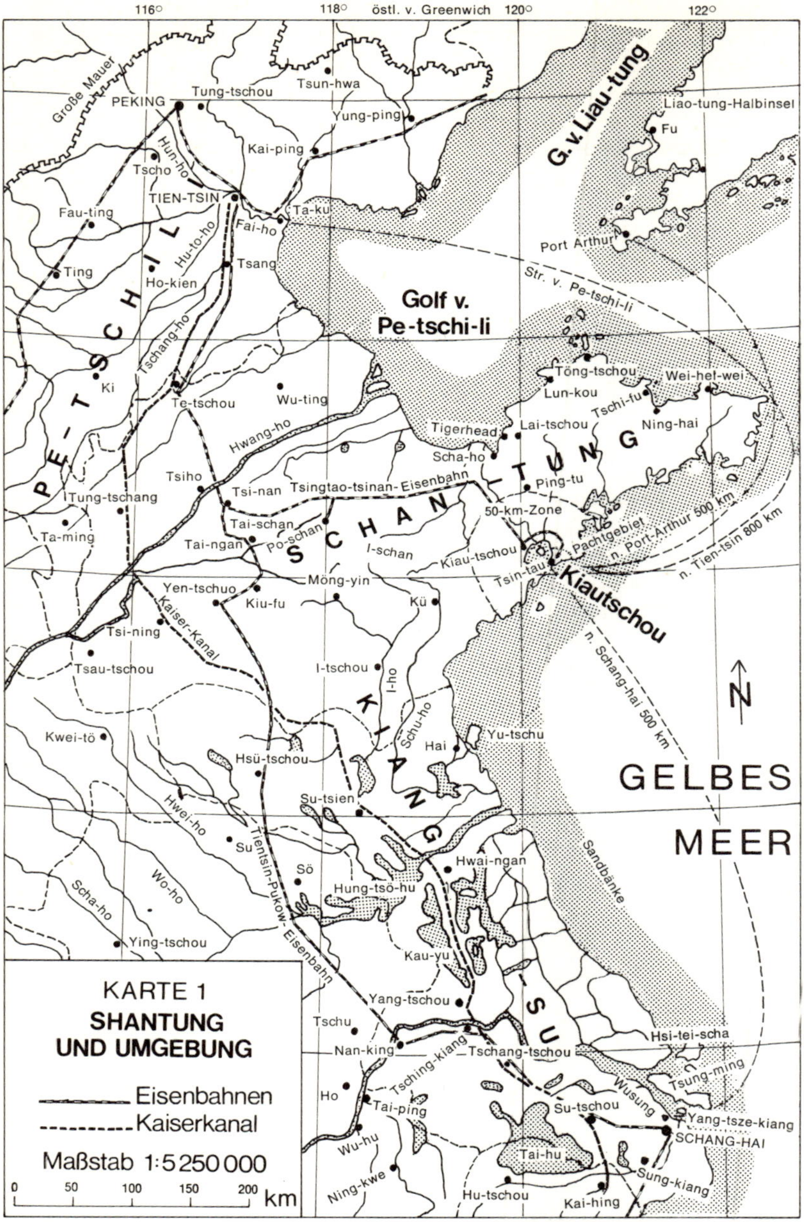

KARTE 1
SHANTUNG
UND UMGEBUNG
Eisenbahnen
Kaiserkanal
Maßstab 1:5250000
0 50 100 150 200 km
116°
118° östl. v. Greenwich
120°
122°
38°
36°
34°
32°
Große Mauer
PEKING
Tung-tschou
Tsun-hwa
Yung-ping
Kai-ping
Tscho
Hun-ho
TIEN-TSIN
Ta-ku
Fai-ho
Fau-ting
Hu-to-ho
Tsang
Ting
Ho-kien
PE-TSCHI-LI
Tschang-ho
Ki
Te-tschou
Wu-ting
Hwang-ho
Tsiho
Tsi-nan
Tsingtao-tsinan-Eisenbahn
Tung-tschang
Ta-ming
Tai-schan
Tai-ngan
Po-schan
SCHANTUNG
I-schan
Yen-tschuo
Kiu-fu
Möng-yin
Kü
Kaiser-Kanal
Tsi-ning
Tsau-tschou
I-tschou
I-ho
Schu-ho
KIANG-SU
Kwei-tö
Hsü-tschou
Hai
Yu-tschu
Su-tsien
Hwei-ho
Su
Tientsin-Pukow-Eisenbahn
Sö
Hung-tsö-hu
Hwai-ngan
Wo-ho
Scha-ho
Ying-tschou
Kau-yu
Yang-tschou
Tschu
Nan-king
Tsching-kiang
Tschang-tschou
Ho
Tai-ping
Wu-hu
Ning-kwe
Tai-hu
Su-tschou
Hu-tschou
Kai-hing
Sung-kiang
SCHANG-HAI
Yang-tsze-kiang
Wusung
Tsung-ming
Hsi-tei-scha
Sandbänke
GELBES
MEER
n. Schang-hai 500 km
N
Kiautschou
Tsin-tau
Kiau-tschou
Pachtgebiet
50-km-Zone
n. Port-Arthur 500 km
n. Tien-tsin 800 km
Ping-tu
Scha-ho
Tigerhead
Lai-tschou
Tschi-fu
Ning-hai
Lun-kou
Töng-tschou
Wei-hei-wei
Golf v.
Pe-tschi-li
Str. v. Pe-tschi-li
Port Arthur
Fu
Liao-tung-Halbinsel
G. v. Liau-tung

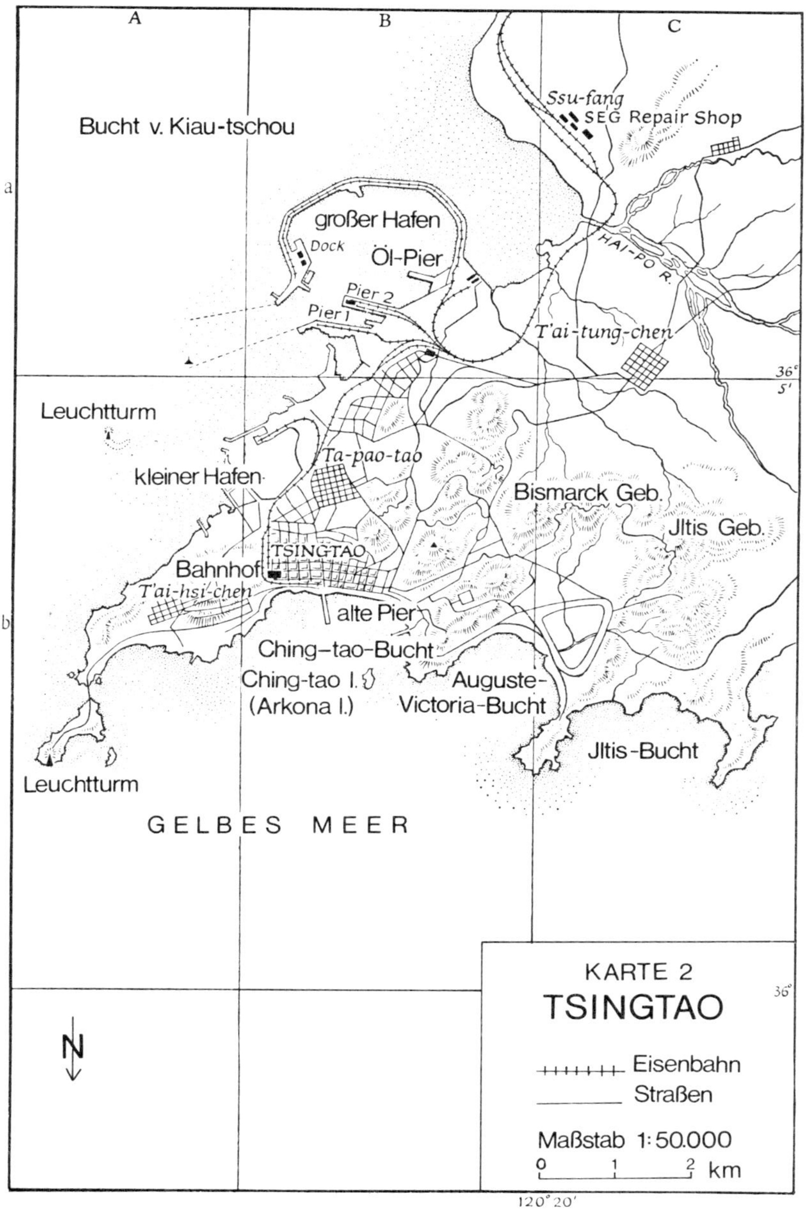
A
B
C
a
b
Bucht v. Kiau-tschou
Ssu-fang
SEG Repair Shop
großer Hafen
Dock
Öl-Pier
Pier 2
Pier 1
HAI-PO R.
T'ai-tung-chen
36°
5'
Leuchtturm
Ta-pao-tao
kleiner Hafen
Bismarck Geb.
Jltis Geb.
TSINGTAO
Bahnhof
T'ai-hsi-chen
alte Pier
Ching-tao-Bucht
Ching-tao I.
(Arkona I.)
Auguste-
Victoria-Bucht
Jltis-Bucht
Leuchtturm
GELBES MEER
N
KARTE 2
TSINGTAO
Eisenbahn
Straßen
Maßstab 1:50.000
0 1 2 km
36°
120° 20'

KAZAKH
S. S. R.
IRTYSH
Semipalatinsk
Kyzyl
YENISEI
BALKASH-SEE
Karamai
MONGOLIS
Tashkent
UZBEK
S.S.R.
Frunze
Alma-Ata
Kuldja
KIRGIZ
S.S.R.
ISSYK KUL
Urumchi
Turfan
Hami
TADJIK
S.S.R.
Aksu
TARIM
Kashgar
AFGHANISTAN
LOP NOR
Yarkand
Sinkiang-Uighur
AUTONOME REGION
K
Suchow
JAMMU
Khotan
Peshawar
LADAKH
CEASE FIRE
Srinagar
KASHMIR
Galmo
Dulan
PAKISTAN
TSINGHAI
Lahore
SUTLEJ
Gartok
Tibet
CHINESE
AUTONOME REGION
YANGTZE
HIGHWAY
MEKONG
Delhi
GANGES
Shigatse
Lhasa
SALWEEN
Gyangtse
BRAHMAPUTRA
Jaipur
NEPAL
Lucknow
Katmandu
SIKKIM
BHUTAN
Sadiya
INDIEN
Benares
Patna
Myitkyina
BANGLA DESH
Dacca
KALCUTTA
Nagpur
Mandalay
BURMA
IRRAWADDY
SALWEEN
Bucht v. Bengalen
THAILA

ETUNION
BAIKAL SEE
Chita
TRANS-SIBIRISCHE EISENBAHN
Zabaikalsk
Manchouli
Hailar
ARGUN
AMUR
H E I L U N G K I A N G
TRANS-SIBERIAN R.R.
Khabarovsk
Sukhe Bator
Ulan Bator
KERULEN
Tsitsihar
Harbin
CHINESE EASTERN EISENBAHN
Vladivostok
VOLKSREPUBLIK
Changchun
HSINKING
Kirin
KIRIN
JAPANISCHES MEER
Mukden
LIAONING
INNERE MONGOLEI
Nord-Korea
Chengteh
Kweisui
HUHEHOT
Pyongyang
Peking
Dairen
Seoul
Süd-Korea
HOPEH
Tientsin
Chefoo
Pusan
NINGSIA-HUI AUT. REG.
SHANSI
HUANG HO
SHANTUNG
GELBES MEER
JAPAN
Lanchow
Nagasaki
Kaifeng
Hsuchow
SHENSI
HONAN
KIANGSU
Sian
Chinkiang
ANHWEI
Nanking
Shanghai
Hangchow
YANGTZE
HUPEH
Hankow
ZECHWAN
Chengtu
Chungking
CHEKIANG
Kiukiang
Nanchang
OKINAWA
Wenchow
Changsha
YANGTZE
HUNAN
KIANGSI
FUKIEN
Foochow
Taipei
KWEICHOW
Kweiyang
TAIWAN
(FORMOSA)
N
Amoy
Kweilin
KWANGTUNG
Swatow
KWANGSI-CHUANG AUT. REGION
Canton
Nanning
HONG KONG (GB)
Macao (PORT.)
KARTE 3
VOLKSREPUBLIK CHINA
Hanoi
Haiphong
AOS
GOLF VON TONKING
HAINAN
Luang Prabang
NORD-VIETNAM
Landesgrenzen
Eisenbahnen
Provinzgrenzen
Umstrittene Gebiete
Maßstab 1:20 000 000
0
250
500
km

Die Zeit der Kaiserreiche – Deutschland und China von den ersten Kontakten bis zum Ausbruch des Ersten Weltkriegs

Kapitel I: Der historisch-politische Hintergrund

1 Williams, S. Wells: *The Middle Kingdom*, New York 1883, Bd. 2, S. 408–411, sowie Richthofen, Ferdinand Freiherr von: *China*, Berlin 1877 (Nachdruck Graz 1971) Bd. I, S. 578–726

2 Vgl. dazu Boulnois, Luce: *Die Straßen der Seide*, Wien 1964, S. 9–121

3 Vgl. als jüngste Darstellung die von Theodor A. Knust redigierte Ausgabe: Marco Polo: *Von Venedig nach China*. Tübingen 1972

4 Williams, S. W. a.a.O., S. 427–428

5 Williams, S. W. a.a.O., S. 433–437; Richthofen, F. Frhr. v.: *China*. Bd. I a..a.O., S. 649ff

6 Zu diesem frühen Kapitel der Beziehungen zwischen China und Rußland Brahm, Heinz: »Die Chinapolitik Rußlands und der Sowjetunion«. *Berichte des Bundesinstituts für ostwissenschaftliche und internationale Studien* Nr. 40 (1969); Pommerening, Horst: *Der sowjetisch-chinesische Grenzkonflikt*, Olten 1968; Fabritzek, Uwe G.: »Die Entwicklung der Grenzfrage zwischen Rußland und China«. *Internationales Asien-Forum* 1970 Nr. 4, S. 495–523

8 Zur Rolle Englands in China vgl. u.a. Harris, Richard: »Britain and China«. In: *Policies Toward China: Views from Six Continents*. New York 1965, S. 14; Chang I-tung: »The Earliest Contacts Between China and England«. *Chinese Studies in History and Philosophy*, 1968 Nr. 1, S. 53–84

9 Zu Corvion vgl. Burkhart, G. E.: *Kleine Missionsbibliothek*, Bielefeld und Leipzig, 1880, Band III: »Die evangelische Kirche in China und Japan«, S. 103; zu Adam Schall von Bell vgl. Väth, Alfons: *Johann Adam Schall von Bell, S. J. Missionar in China, Kaiserlicher Astronom und Ratgeber von Peking, 1592–1666*. Köln 1933; die Dokumente betreffend die Annahme des neuen Kalendersystems sowie die Beförderung und Verurteilung Schalls s. in Lo Shu-fu: *Documentary Chronicle of Sino-western Relations* (1644–1820). Tucson 1966, hier S. 3f, 12f, 37f, 44f

10 Stoecker, Helmut: *Deutschland und China im 19. Jahrhundert*, Berlin 1958, S. 37ff; Fitzler, M. H.: »Der Anteil der Deutschen an der Kolonialpolitik Philipps II. von Spanien in Asien«. In: *Vierteljahresschrift für Sozial- und Wirtschaftsgeschichte*. Band 28, Stuttgart 1935, S. 35

11 Brandt, Max von: *China und seine Handelsbeziehungen zum Ausland mit besonderer Berücksichtigung der Deutschen*, Berlin 1899, S. 35

12 Brandt, Max v. a.a.O., S. 35; Brandt, Max v.: *33 Jahre in Asien*, S. 80; vgl. den Text im Dokument 1 im Anhang.

13 Taylor A. J. P.: *Germans first bid for Colonies*; Herzfeld: Die moderne Welt; Fischer, Fritz: *Deutschlands Griff zur Weltmacht*, Düsseldorf 1967

14 Hagen, M. von: *Bismarcks Kolonialpolitik*, Stuttgart 1923, S. 49; Wehler, H. U.: »Bismarcks Imperialismus 1862–1890«. In: *Imperialismus*, Köln 1972, S. 259–288

15 Hagen, M. v.: a.a.O., S. 53; Herrfurth, Kurt: Fürst *Bismarck und die Kolonialpolitik*, Berlin 1909; Wehler, H. U.: *Bismarck und der Imperialismus*, Köln 1969, S. 191ff

16 Wächter, Emil: *Der Prestigegedanke in der deutschen Politik von 1890–1914*, Aarau 1941, S. 13ff, S. 22; Fischer, Fritz: *Griff nach der Weltmacht*, S. 13ff; Hallgarten, George W. F.: *Imperialismus vor 1914*, Bd. I, München 1963, S. 276ff

17 Vgl. zu dieser Konstellation die ausgezeichnete Darstellung von Otto Franke: *Die Großmächte in Ostasien von 1894–1914*, Hamburg 1923, in der auch auf die internationale und europäische Konstellation eingegangen wird. So wie Bloch, Kurt: *German interests and Policies in the Far East*, New York 1939, S. 1–3

18 Vgl. dazu im einzelnen Franke, Otto a.a.O., S. 47–104

19 *Die Große Politik der Europäischen Kabinette 1871–1914*, Bd. 9, S. 244

20 *Die Große Politik der Europäischen Kabinette 1871–1914*, Bd. 9, S. 226, pro memoria des Gesandten von Brandt

21 Franke, Otto a.a.O., S. 75–89

22 Vgl. auch dazu im einzelnen Otto Franke a.a.O., S. 86–104

23 Kaiser Wilhelm II: *Ereignisse und Gestalten aus den Jahren 1878–1918*. Berlin 1922, S. 55

24 Wilhelm II. a.a.O., S. 56–58

25 *Die Große Politik der Europäischen Kabinette. Kaiser Wilhelm II*, Nr. 3690, S. 69

26 *Die Große Politik der Europäischen Kabinette 1871–1914*, Bd. 14, Nr. 3686, S. 67; Franke, Otto a.a.O., S. 127–128

27 Franke, Otto a.a.O., S. 127–128

28 Franke, Otto a.a.O., S. 129–130

29 Vgl. Seibt, Peter: *Engagement und Indifferenz in der amerikanischen Chinapolitik* 1941–1950. Dissertation, Tübingen 1970, S. 14ff

30 Tai Hsüan-chih: *I-ho-tuan Yen-chiu*. Taipeh 1963, S. 1, 16f, 24–47, 95; zit. nach Kuo Heng-yü: *China und die Barbaren*, Pfullingen 1967, S. 98–99

31 *Die Große Politik der Europäischen Kabinette 1871–1914*, Bd. 16, Nr. 4512–4; vgl. zum Boxeraufstand im einzelnen: Feng Djen-djang: *The Diplomatic Relations between China and Germany since 1898*, Shanghai 1936. Nachdruck Taipeh 1971, S. 103–106. Die entscheidenden Passagen dieses Vorfalls werden vom Autor detailliert dargestellt, wobei er zur Stützung seiner Behauptungen neben zahlreichen chinesischen Quellen auch auf Werke westlicher Autoren verweist, z.B.: Hosea Ballou: *International Relations of the Chinese Empire*, London 1918; Smith, A. H.: *China in Convulsion*; New York 1901; Steiger, George Nye: *China in the Oxident. The Origin and the Development of the Boxer Rising*, New Haven: Yale University Press 1927

32 Feng Djen-djang a.a.O., S. 103–110

33 *Die Große Politik der Europäischen Kabinette 1871–1914*, Bd. 16, Nr. 4580, S. 62

34 *Die Große Politik der Europäischen Kabinette 1871–1914*, Bd. 16, Nr. 4540, S. 27

35 *Die Große Politik der Europäischen Kabinette 1871–1914*, Bd. 16, Nr. 4590

36 Zum Vorgehen der ausländischen Mächte in China während des Boxeraufstandes vgl. vor allem Franke, Otto a.a.O., S. 145–150

37 *Die Große Politik der Europäischen Kabinette 1871–1914*, Band 16, Nr. 4593, S. 73

38 Vgl. dazu Feng Djen-djang: *The Diplomatic Relations between China and Germany since 1898*, S. 128–129

39 Vgl. dazu i.e. Schwarz, Rainer: »Raub und Rückgabe astronomischer Instrumente des alten Pekinger Observatoriums durch das imperialistische Deutschland«. In: *Wissenschaftliche Zeitschrift der Humboldt-Universität zu Berlin* (Ost), Gesellschafts- und Sprachwissenschaftliche Reihe, Bd. 16 (1967) Heft 3, S. 453–461, sowie Feng Djen-djang a.a.O., S. 145.

40 Nach amerikanischer Ansicht war Deutschland damals das »größte Hindernis für den Frieden in China«. Morse a.a.O., Bd. 3, S. 317–318, zit. nach Feng Djen-djang a.a.O., S. 147

41 Waldersee: *Die Memoiren eines Feldmarschalls*, a.a.O., S. 238–240

42 *Die Große Politik der Europäischen Kabinette 1871–1914*, Bd. 16, Nr. 4866

43 Waldersee a. a. O., S. 252–253

44 Waldersee a. a. O., S. 234–235

45 Zit. nach: *Denkwürdigkeiten des General-Feldmarschalls Alfred Graf von Waldersee,* Bd. 3 1900–1904, Hrsg. von Heinrich Otto Meisner, Stuttgart und Berlin 1923. Zit. nach Kuo Heng-yü: *China und die Barbaren.* Pfullingen 1967, S. 234–235

46 *Die Große Politik der Europäischen Kabinette 1871–1914,* Bd. 16, Nr. 4615, S. 95

47 Den Text s. in *Die Große Politik der Europäischen Kabinette 1871–1914,* Bd. 16, Nr. 4643, S. 130 und 132

48 *Die Große Politik der Europäischen Kabinette 1871–1914,* Bd. 16, Nr. 4659, S. 148–150

49 Franke, Otto a. a. O., S. 149

50 *Die Große Politik der Europäischen Kabinette 1871–1914,* Bd. 16, Nr. 4744, S. 248–250 sowie Nr. 4726, S. 227

51 Vgl. dazu Feng Djen-djang a. a. O., S. 156–160

52 Feng Djen-djang a. a. O., S. 160–161

52a Zu den Auseinandersetzungen im Reichstag zwischen den Sozialdemokraten und der Regierung vgl. *Schulthess' Europäischer Geschichtskalender* 16. und 17. Jahrgang (1900 und 1901); vgl. außerdem: Loch, Werner: »Zwei Linien deutscher Chinapolitik um die Jahrhundertwende«. In: *Arbeiterklasse und nationaler Befreiungskampf.* Wissenschaftliche Zeitschrift der Karl-Marx-Universität Leipzig, Sonderband 2, 1963, S. 89–96

53 Zur Situation Deutschlands im internationalen Kräftespiel jener Zeit, das sich durch seine ungeschickte Diplomatie nahezu isoliert hatte vgl. im einzelnen Franke, Otto a. a. O., S. 210–213

54 Den entsprechenden Notenwechsel vgl. in *Die Große Politik der Europäischen Kabinette 1871–1914,* Bd. 25, Nr. 8542, 8547, 8549, 8553–58, 8560–64; die Bemerkungen des Kaisers vgl. Nr. 8556; zit. nach Feng Djen-djang a. a. O., S. 172–173

55 Vgl. dazu auch die Schriften, Ku Hung-mings, der die Politik der europäischen Staaten besonders kritisierte, z. B. Ku Hung-ming: *Chinas Verteidigung gegen europäische Ideen,* Jena 1917

56 Vgl. zur Entwicklung der innenpolitischen Szenerie im einzelnen: Domes, Jürgen: *Vertagte Revolution. Die Politik der Kuomintang in China 1923–1937,* Berlin 1969, S. 27–33

57 Zum Leben und Wirken Sun Yat-sens vgl.: Tai Tschi Tao: *Die geistigen Grundlagen des Sunyatsenismus,* Berlin 1931; ebenso: Kindermann, K. G. (Hrsg.): *Konfuzianismus, Sunyatsenismus und chinesischer Kommunismus,* Freiburg 1963

58 Fischer, Martin: *Szetschuan. Diplomatie und Reisen in China während der letzten drei Jahre der Kaiserzeit,* München 1968, S. 111–142

59 Gleichzeitig wurde am 1. Januar 1912 das Gregorianische Kalenderjahr eingeführt. Vgl. dazu Domes, Jürgen a. a. O.; Franke, Otto: *Das Jahrhundert der Revolution,* sowie die Darstellung aus chinesischer Feder, Wu Yü-dschang: *Die Hsinhai-Revolution 1911,* Peking 1962; zur Frage der Haltung der Intellektuellen und der Rolle des Nationalismus vgl. insbesondere die Studie von Levenson, Joseph R.: *Confucian China and its Modern Fate.* 3 Bd.: *The Problem of Historical Significance. The Problem of Monarchical Decay. The Problem of Intellectual Continuity,* London 1965, Los Angeles University of California Press 1966

60 *Die Große Politik der Europäischen Kabinette 1871–1914,* Bd. 22, Nr. 11811: Der deutsche Botschafter in Peking an das Auswärtige Amt am 14. 12. 1911; Nr. 11833; Nr. 11810: Das Deutsche Auswärtige Amt an den Deutschen Botschafter in Peking

61 Das Deutsche Auswärtige Amt an den Deutschen Botschafter in Washington am 26. 12. 1911; nach Feng Djen-djang a. a. O., S. 172–173

62 *Die Große Politik der Europäischen Kabinette 1871–1914,* Bd. 32, Anmerkung des Herausgebers zur Nr. 11812, S. 246

63 Fu Chi-hsieh: *Die Geschichte der chinesischen Diplomatie,* Taipeh 1957, S. 198 (chin.) zit. nach Chen Chi a. a. O., S. 53

64 *Die Große Politik der Europäischen Kabinette 1871–1914,* Bd. 32, Nr. 11821, S. 253

65 *Die Große Politik der Europäischen Kabinette 1871–1914*, Bd. 32, Nr. 11831, S. 263
66 Die Verbalnote s. in Große Politik der Europäischen Kabinette 1871–1914, Bd. 32, Nr. 11867; zur Anerkennung vgl. Nr. 11847 vom 25. 4. 1913
67 Vgl. dazu Feng Djen-djang a.a.O., S. 171f
68 Franke, Otto a.a.O., S. 373; die Darstellung Frankes geht auch detailliert auf die Anleihe-Politik und die Interaktion zwischen der Chinapolitik und der internationalen Situation ein

Kapitel II: Die Wirtschaftsbeziehungen zwischen Deutschland und China bis 1914

1 Vgl. zur Entwicklung der ersten Handelskontakte die Darstellung des *Ostasiatischen Vereins Hamburg – Bremen zum 60jährigen Bestehen*, Hamburg 1960, S. 22ff
2 Vgl. dazu im einzelnen *Ostasiatischer Verein* a.a.O., S. 24–27; Stoecker, Helmuth: *Deutschland und China im 19. Jahrhundert*, Berlin 1958, S. 37; Fitzler, M. A. H.: »Der Anteil der Deutschen an der Kolonialpolitik Philips II. von Spanien in Asien«. in: *Viertel-Jahresschrift für Sozial- und Wirtschaftsgeschichte*, Bd. 28, Stuttgart 1935, S. 35; Meus, Johann Friedrich: »Die Unternehmungen des Königlichen Seehandlungs-Instituts zur Emporbringung des preußischen Handels zur See. Ein Beitrag zur Geschichte der Seehandlung und des Seewesens in Preußen in der ersten Hälfte des 19. Jahrhunderts«, *Veröffentlichungen des Instituts für Meereskunde an der Universität Berlin*, Neue Folge B. Heft 2. Berlin 1913, S. 38
3 Schleutker, Hermann: *Die volkswirtschaftliche Bedeutung der Königlichen Seehandlung von 1772–1820*, Paderborn 1920, S. 19
4 Feng Djen-djang a.a.O., S. 2; *Ostasiatischer Verein* a.a.O., S. 27
5 List, Friedrich: *Schriften, Reden, Briefe*, Bd. 7, Berlin 1931, S. 242ff
6 *Ostasiatischer Verein* a.a.O., S. 44–45
7 Vgl. dazu auch die Darstellung im ersten Kapitel
8 *Der Ostasiatische Verein* berichtet über die Tätigkeit von 40 deutschen Firmen vor 1900 in China; a.a.O., S. 169–257
9 Zur Deutsch-Asiatischen Bank und den Vorgängen um sie vgl. im einzelnen: Müller-Jabusch: *50 Jahre Deutsch-Asiatische Bank*, Bank, 1940; sowie *Ostasiatischer Verein* a.a.O., S. 257
10 Vgl. dazu im einzelnen Müller-Jabusch: a.a.O., S. 204ff
11 Reiss, August: »Das Bankwesen in China« in: *China, Wirtschafts- und Finanzgrundlagen*, Berlin und Leipzig 1921. August Reiss war der Leiter der Niederlassung der Deutsch-Asiatischen Bank in Shanghai
12 Vgl. dazu und zur Verwaltung von Tsingtao i.E.: Feng Djen-djang a.a.O. Kapitel 2: »The Lease of Kiautschou«, S. 20–64; Kapitel 3: »The Administration of Kiautschou by Germany«, S. 65–92
13 MacMurray, J. V. A.: *Treaties and Agreements with and concerning China*, 2 Bd. 1894–1919, New York 1921, hier Art. 4, 2. Teil des Pachtvertrages von Kiautschou von 1898, S. 252
14 Übernommen und zusammengefaßt aus Tschiang Kung-shing: *Diplomatische Geschichte zwischen China und Deutschland*, Shanghai 1929, S. 78–80, zit. nach Chen Chi a.a.O., S. 262
15 Deutscher Einfluß in China vor der chinesischen Kriegserklärung gegen Deutschland a.a.O., zit. nach Chen Chi a.a.O., S. 271

Kapitel III: Die kulturellen Beziehungen zwischen Deutschland und China bis zum Ersten Weltkrieg

1 zit. nach Reichwein, Adolf: *China und Europa*, Berlin 1923, S. 99

2 Franke, Otto: »Leibniz und China«, *Zeitschrift der Deutschen Morgenländischen Gesellschaft*, 1928, Nr. 7, S. 155–178; zit. nach Franke; Wolfgang: *China und das Abendland*, Göttingen 1962, S. 54

3 Vgl. dazu i. E. Franke, Wolfgang a. a. O.

4 Vgl. dazu i. E. die sehr ausführliche und interessante Darstellung von Reichwein, Adolf: *China and Europe*, New York 1925, S. 25ff

5 Vgl. dazu Reichwein, Adolf a. a. O., S. 28–35

6 Laske, F.: *Der ostasiatische Einfluß auf die Baukunst des Abendlandes*, Berlin 1909, S. 69; zit. nach Reichwein, Adolf a. a. O., S. 37

7 Reichwein, Adolf a. a. O., S. 23–72

8 Vgl. dazu die Darstellung von Schramm, Karl: *Abhandlung der Porte-Chaises oder Tragesänften durch Menschen oder Tiere*, Nürnberg 1737, hier zit. nach Reichwein, Adolf a. a. O., S. 35ff

9 Reichwein, Adolf a. a. O. (deutsche Ausgabe), S. 42

10 Vgl. dazu i. E. Boulnois, Luce: *Die Straßen der Seide*, Stuttgart 1964, S. 18

11 Zit. nach Reichwein, Adolf a. a. O., S. 37

12 Cordier, Henry: *La Chine en France au 18ème siècle*, Paris 1910, S. 48–49 zit. nach Reichwein, Adolf a. a. O., S. 40

13 Vgl. zu Leibniz und China i. E. Reichwein, Adolf a. a. O. (deutsche Ausgabe), S. 88–93; sowie Quellen bei Chen Chi a. a. O., S. 173–178

14 Goethe, J. W. v.: *Sämtliche Werke*, Stuttgart–Berlin 1902–1912 (Cotta Jubiläumsausgabe) Band 23, S. 170

15 Jubiläumsausgabe a. a. O. Band 22, S. 183

16 Jubiläumsausgabe a. a. O. Band 36, S. 38

17 Jubiläumsausgabe a. a. O. Band 7, S. 251

18 Jubiläumsausgabe a. a. O. Band 30, S. 407

19 Jubiläumsausgabe a. a. O. Band 40, S. 126

20 Jubiläumsausgabe a. a. O. Band 9, S. 339

21 Jubiläumsausgabe a. a. O. Band 30, S. 275–276

22 Jubiläumsausgabe a. a. O. Band 38, S. 278

23 Weimarer Ausgabe Band 5, S. 50–51

24 Lasson, G.: *Philosophie der Weltgeschichte*, 2. Auflage Bd. II, S. 300, zit. nach Franke, W., a. a. O., S. 118

25 Lasson, G.: *Philosophie der Weltgeschichte*, 2. Auflage, Bd. II, S. 300, zit. nach Franke, W. a. a. O., S. 118

26 Ebenda Bd. II, S. 275

27 *Weltgeschichte*, Teil 1, Bd. I, S. 7f, zit. nach Franke, W. a. a. O., S. 119

28 *Epochen der Neueren Geschichte*. S. 200, zit. nach Franke, W. a. a. O. S. 119

29 Jaspers, Karl: *Vom Ursprung und Ziel der Geschichte*, München 1960, S. 92–94

30 Zit. nach Franke, Wolfgang: *China und das Abendland*, Göttingen 1962

31 zit. nach Franke, W. a. a. O., S. 79–80

32 *Illustriertes Handbuch über die ans Meer grenzenden Länder, (Hai Kuo tu-chih)* 1880, Bd. 44, 17b bis 22b, zit. nach Franke, W. a. a. O., S. 79–84

33 Li Shou-kung: *Zeitgeschichte Chinas*, (chin.) Taipeh 1964, S. 26 zit. nach Chen Chi a. a. O., S. 177

34 Franke, Otto: *Erinnerungen aus zwei Welten*, Berlin 1954, S. 120

35 Franke, Otto: Die deutsch-chinesische Hochschule in Tsingtau, ihre Vorgeschichte, ihre Einrichtungen, ihre Aufgaben. In: *Ostasiatische Neubildung, Beiträge im Fernen Osten*, Hamburg 1911, S. 20–218, zit. nach Chen Chi a. a. O., S. 182ff

36 Die deutsch-chinesische Hochschule in Tsingtau. a. a. O., S. 32, zit. nach Chen Chi a. a. O., S. 184
37 Die Zahlen nach: *Denkschrift zur Förderung des Deutschtums in China*, Hrsgg. von der deutschen Vereinigung Shanghai, 1913, S. 11, zit. nach Chen Chi a.a.O., S. 184–186

Zweiter Teil

Revolution und Krieg: Deutschland und China von 1914–1949

Kapitel I: Die zwischenstaatlichen Beziehungen

1 Sun Yat-sen: *Die Existenzfrage Chinas*, Zweiter Nachdruck 1950, Taipeh, S. 10
2 Zit. nach Chen Chi a.a.O., S. 75
3 Griswald, Whitney: *Far Eastern Policy of the United States*, Yale University Press 1962, S. 180; Shukow, J. M.: *Die internationalen Beziehungen im Fernen Osten 1870–1954*, Berlin 1955, S. 174ff
4 Griswald a.a.O., S. 179
5 Griswald a.a.O., S. 182
6 Shukow a.a.O., S. 182
7 Fu Chi-hsieh: *Die Geschichte der chinesischen Diplomatie*, Taipeh 1957, S. 219 (chin.)
8 Clubb, Edmund O.: *Twentieth Century China*, New York, Columbia University Press 1964, S. 75
9 *Documents of British Foreign Policy 1919–1939*, First Serie, Bd. 6, S. 563
10 Pollard, Robert T.: *Chinese Foreign Relations 1917–1931*, New York 1933, S. 12
11 Fu Chi-hsieh a.a.O., S. 239
12 Sun Yat-sen a.a.O., S. 35ff
13 Vgl. dazu im einzelnen Li Chien-lung a.a.O., S. 496
14 Den Text vergleiche bei Pollard, Robert T. a.a.O., S. 35
15 Ariga, Nagao: *La Chine et la grande guerre européenne au point de vue du droit international. D'après des documents officiels du gouvernement chinois*, Paris 1920
16 »Preliminary Peace Conference«, Protokoll Nr. 2. In: Senat Documents, Bd. 10, S. 294; *Weltwirtschaftliches Archiv*, 17. Bd. 1921/22, S. 267
17 Mao Tse-tung: »Über die neue Demokratie«, *Ausgewählte Werke Mao Tse-tungs* Bd. 2, Peking 1952, S. 671; Zur Bewegung des 4. Mai vgl. u.a. Franke, Wolfgang: *Chinas kulturelle Revolution. Die Bewegung vom 4. Mai 1919*, München 1957
18 Franke a.a.O., S. 9–10
19 Den Text dieses Abkommens vgl. den Notenwechsel zwischen dem deutschen Bevollmächtigten und dem chinesischen Bevollmächtigten und dem chinesischen Außenminister vom 20. Mai 1921, Dokument 4 im Anhang; Zu den Verhandlungen, die zu diesem Vertrag führten, vgl. i.e. Chen Chi a.a.O., S. 74–81
20 Ebenda
21 Ching Pao, 8. 12. 1921, Anlage 3 zum Bericht aus Peking Nr. 626. Politisches Archiv des Auswärtigen Amtes (Bonn), Büro des Staatssekretärs, Akten betreffend: Krieg China/Japan Bd. 1–4; Politische Abteilung VIII (Ostasien und Australien)
22 Zum Abkommen zwischen Sun Yat-sen und Joffe vgl. Tschiang Kai-schek: *Sowjetrußland in China*, a.a.O., S. 380ff
23 Privatbrief Borchs an Ministerialrat Knipping v. 30. 1. 1921; Politisches Archiv des Auswärtigen Amtes (Bonn), Büro des Staatssekretärs, die Akten betreffend: Krieg China/Japan Abt. IV b (od. d)
24 Boyé am 20. September 1923 an das Auswärtige Amt, Politisches Archiv des Auswärtigen Amts (Bonn), Abt. IV

25 Die Lincheng-Note der Mächte an China. Anlage zu Abt. IV des Politischen Archivs des Auswärtigen Amtes (Bonn)
26 Boyé an das Auswärtige Amt am 20. 9. 1923, Abt. IV b, Politisches Archiv des Auswärtigen Amts (Bonn)
27 Vgl. im einzelnen Chen Chi a.a.O., S. 93–95
28 Sun Yat-sen: *Die Existenzfrage Chinas*, Taipeh 1956, Neue Ausgabe, S. 37, (chin.)
29 Vgl. die Schrift Sun Yat-sens in deutscher Sprache bei Kindermann, G. K. (Hrsg.): *Konfuzianismus, Sun Yat-senismus und chinesischer Kommunismus*, Freiburg 1963, S. 130–135
30 Borch an das Auswärtige Amt, am 24. Mai 1921. In: Deutsche Kommission für China. Politisches Archiv des Auswärtigen Amtes (Bonn)
31 Fass, Josef: »Sun Yat-sen in Germany in 1921–1924«. In: *Papers of the 19th International Congress of Chinese Studies*. Ostasien-Institut der Ruhr-Universität, Sektion Geschichte Chinas 1968, S. 137–153
32 Fass a.a.O., S. 143–145
33 Sun Yat-sen: Antwortbrief an Teng Chia-yen in Deutschland. In: *Gesamtwerke Sun Yat-sens*, Bd. 3, S. 9–626, (chin.), deutsche Übersetzung bei Kindermann a.a.O., S. 137–138
34 Fass a.a.O., S. 150–152
35 Vgl. dazu im einzelnen Amann, Gustav: *Chiang Kai-shek und die Regierung der Kuomintang*, Heidelberg und Berlin 1936, S. 128
36 Tschiang Kai-schek: *Sowjetrußland in China*, Bonn 1959, S. 31–77
37 Vgl. dazu im einzelnen Domes, Jürgen: »Vertagte Revolution«, a.a.O., S. 189 ff; North, Robert C.: *Der chinesische Kommunismus*, München 1966, S. 54 ff, S. 77–78
38 Malraux, André: *So lebt der Mensch*, Stuttgart 1968; vgl. auch die Darstellung dieser Ereignisse aus der Feder Chiang Kai-sheks: *Sowjetrußland in China*, a.a.O., S. 59–77
39 Abt. IV China 1222, 24. 6. 1925, Politisches Archiv des Auswärtigen Amts (Bonn)
40 Der deutsche Botschafter in Moskau, Rantzau am 25. 1. 1927 an das Auswärtige Amt, Politisches Archiv des Auswärtigen Amts (Bonn) IV China 206
41 Politisches Archiv des Auswärtigen Amts (Bonn), Bericht des Generalkonsulats in Shanghai vom 19. August 1927, IV China 2220
42 Ebenda
43 Bericht der deutschen Gesandtschaft in Peking an das Auswärtige Amt vom 26. 8. 1928, Politisches Archiv des Auswärtigen Amts (Bonn) IV China 1930
44 Vgl. dazu neben der erwähnten Darstellung von Chiang Kai-shek: Brandt, Conrad: *Stalin's failure in China*, New York 1966, S. 71–154
45 Boyé an das Auswärtige Amt am 9. 8. 1927, Politisches Archiv des Auswärtigen Amts (Bonn) IV China 2035
46 Zur Rolle der Reichswehr vgl. die Studie von Carsten, Francis L.: *Reichswehr und Politik 1918–1933*, Köln 1964, S. 253 ff
47 *Berliner Tagesblatt* 27. 10. 1928, zit. nach Chen Chi a.a.O., S. 140
48 Erklärung Bauers vom 26. 10. 1928. In: Akten betreffend Militärangelegenheiten in China, Politisches Archiv des Auswärtigen Amts (Bonn) IV vom Mai 1920–1931. Dezember 1928 Bd. 1; vgl. auch Liu, F. F. a.a.O., S. 13
49 Politisches Archiv des Auswärtigen Amts (Bonn) IV China 418, 23. 1. 1930
50 Vgl. dazu Mehner, Karl: *Die Rolle deutscher Militärberater als Interessenvertreter des deutschen Imperialismus und Militarismus in China (1928–1936)*, Leipzig 1961 (Dissertation), S. 57; sowie Liu, F. F. a.a.O., S. 63
51 Bloch, K.: *German Interests and Policies in the Far East*, New York 1939, S. 14
52 Chen Chi, a.a.O., S. 143
53 Vgl. dazu im einzelnen: »Denkschrift der Reichsregierung an den Reichstag zur Begründung des neuen Gesetzes über Waffenhandel mit China«, In: *Ostasiatische Rundschau*, Bd. 9, Nr. 8 vom 16. 4. 1928, S. 202

54 Zitiert nach Mohr, S. W.: »Unberechtigte Angriffe gegen Deutschland. In: *Ostasiatische Rundschau*, Bd. 11, Nr. 2 vom 16. Januar 1930; vgl. auch Bloch, K. a.a.O., S. 14

55 Über die antideutsche Bewegung in Kuantung vgl.: Waffenlieferung nach Südchina, Fall R. C. Rickmers. Bedrohung der Deutschen in Kanton. Bericht der deutschen Gesandtschaft Pekings vom 14. September 1931, China 2211, Politisches Archiv des Auswärtigen Amts (Bonn)

56 Zur Tätigkeit von Wetzell vgl. u.a. Liu, F. F.: *A Military History of Modern China* a.a.O., S. 62f, 75f

57 Den Text vgl. bei Epstein, Julius: »Seeckt und Chiang Kai-shek«. In: *Die wissenschaftliche Rundschau*, November 1953, S. 536–543

58 Vgl. zur Tätigkeit der deutschen Militärberater insbesondere Liu, F. F.: *A Military History of Modern China* a.a.O.

59 Zur Biographie Otto Brauns vgl. *SBZ-Biographie*. Bundesministerium für Gesamtdeutsche Fragen, Bonn 1964, S. 47; zu seiner Tätigkeit im Berlin der zwanziger Jahre: Buber-Neumann, Margarete: *Von Potsdam nach Moskau*, Stuttgart 1957, S. 238–240

60 Vgl. dazu Heinzig, Dieter: »The Otto Braun Memoirs and Mao's Rise to Power«. In: *The China Quarterly*. Nr. 46, April/Juni 1971, S. 274–288; gegenüber dem Autor dieser Studie gab Otto Braun zu, tatsächlich mit »Hua Fu« identisch zu sein, nachdem bereits durch Edgar Snow die Identität zwischen Li Teh und Otto Braun nachgewiesen wurde. Snow, Edgar: *Roter Stern über China*, Frankfurt 1970, S. 236–239, 450–451, 471, 460–461 sowie S. 584

61 Braun, Otto: Von Shanghai bis Jänan, In: *Horizont* (Ost-Berlin) 1969, S. 923–938

62 So die Darstellung von Otto Braun in der Zeitschrift *Horizont*, nach *China-Korrespondenz*, Nr. 1, 1970, Frankfurt 5. 9. 1970, S. 9ff

63 Vgl. Mao Tse-tung: *Ausgewählte Werke*, Bd. I, S. 147–156

64 Vgl. die beiden Standpunkte im einzelnen: Hudelot, Claude: *Der lange Marsch*, Frankfurt, 1972, S. 168ff

65 Vgl. dazu im einzelnen Snow, Edgar a.a.O., S. 237ff, Hudelot, Claude a.a.O., S. 162ff

66 Snow, Edgar a.a.O., S. 226

67 Snow, Edgar: *Random Notes on Red China 1936–1945*. Cambridge Univ. Press 1957. S. 30

68 Snow, Edgar a.a.O., S. 472

69 Snow, Edgar a.a.O., S. 238

70 Snow, Edgar a.a.O., S. 450

71 Über die Rückkehr Brauns nach Moskau gibt es verschiedene Versionen: Während Snow davon berichtet, daß er mit »dem einzigen sowjetischen Flugzeug, das während des Zweiten Weltkrieges in Jena landete« zurückkehrte, berichtet ein anderer Autor, daß es ausgerechnet Marschall Chiang Kai-shek gewesen sei, der Braun und Chou En-lai ein Privatflugzeug zur Verfügung gestellt habe, mit dem beide nach Lantchu geflogen seien, um erst dann in eine sowjetische Maschine umzusteigen. Vgl Ruhland, Bernd: *Deutsche Botschaft Peking*, Bayreuth 1973, S. 237f

72 Snow, Edgar a.a.O., S. 463

73 Zu der Tätigkeit von Wilhelm Zaisser in China vgl. Dallin, David J.: *Soviet Espionage* 1950, S. 90; zur Tätigkeit von Eisler, Tschiang Kai-schek: *Sowjet-Rußland in China*, Bonn 1957, S. 76, zu der von Heinz Neumann die Aufzeichnungen seiner Frau Margarete Buber-Neumann: *Von Potsdam nach Moskau*, Stuttgart 1957, S. 174–194

74 Vgl. dazu Bracher, Dietrich (u.a.): *Die Nationalsozialistische Machtergreifung*, Köln und Opladen 1960, S. 230–240

75 Craig, Gordon A.: »The German Foreign Office from Neurath to Ribbentrop«. In: *The Diplomat*, Princeton 1954, S. 40ff; vgl. dazu die Ausarbeitung von Yu-hsi Nieh: »Die Entwicklung des chinesisch-japanischen Konfliktes in Nordchina und die deutschen Vermittlungsbemühungen 1937–1938«. In: *Mitteilungen des Instituts für Asienkunde*, Nr. 33, Hamburg 1970, hier S. 113ff

76 Picker, Henry: *Hitlers Tischgespräche im Führerhauptquartier 1941/42*, Stuttgart 1963
77 Adolf Hitler: *Mein Kampf*, München 1936, S. 173, zit. nach Nieh a.a.O., S. 95
78 Hitler: *Mein Kampf* a.a.O., S. 318
79 Ebenda S. 312
80 *Tischgespräche* a.a.O., S. 88
81 *Tischgespräche* a.a.O., S. 282
82 *Tischgespräche* a.a.O., S. 352
83 *Tischgespräche* a.a.O., S. 352
84 *Tischgespräche* a.a.O., S. 144
85 *Tischgespräche* a.a.O., S. 212
86 Sommer, Theo: *Deutschland und Japan zwischen den Mächten 1935–1940*, Tübingen 1962, S. 98
87 Die militärischen Machtmittel Chinas. Politisches Archiv des Auswärtigen Amtes (Bonn) IV China, Nr. 1122 vgl. dazu Nieh a.a.O., S. 122ff
88 Aufzeichnungen von Neurath, Berlin 27. 6. 1935. Politisches Archiv des Auswärtigen Amtes (Bonn) IV China, Nr. 1239
89 *Documents on German Foreign Policy*, Serie C, Nr. 285
90 *Documents on German Foreign Policy*, Vol 2, Nr. 63 sowie Nr. 373, 454, Vol. 3, Nr. 232
91 Editor's Note zu *Documents on German Foreign Policy*, 1918–45 Serie C, Vol. 4, S. 948
92 Ebenda sowie S. 948
93 Ebenda
94 *Documents on German Foreign Policy 1918–1945*, Serie C, Vol. 4, S. 892, Nr. 416
95 Ebenda
96 *Akten zur Deutschen Auswärtigen Politik 1918–1945*, Göttingen Bd. I, S. 627
97 Bundesarchiv, ZSg 101/8, Anweisung Nr. 1380, 15. 12. 1936, zit. nach Nieh a.a.O., S. 126
98 Bundesarchiv, ZSg 101/10, Anweisung Nr. 962
99 *Akten zur Deutschen Auswärtigen Politik*, Bd. I, Nr. 594
100 *Akten des Auswärtigen Amtes*, PO 3a, China-Japan, Band X
101 *Akten des Auswärtigen Amtes*, PO 3a, China und Japan, Band VI, S. E 048478
102 *Akten zur Deutschen Auswärtigen Politik*, Band I, Nr. 470 vom 27. 7. 1937
103 Ebenda
104 *Akten zur Deutschen Auswärtigen Politik*, Band I, Nr. 484; *Akten des Auswärtigen Amtes*, PO 3a, China und Japan, Band V, Telegramm von Trautmann an das Auswärtige Amt, 3. 9. 1937
105 *Akten zur Deutschen Auswärtigen Politik*, Band I, Nr. 492, Telegramm von Trautmann an das Auswärtige Amt am 25. 9. 1937
106 Vgl. dazu im einzelnen Nieh a.a.O., S. 136ff
107 *Akten des Auswärtigen Amtes*, PO 3a, China-Japan, Band IV, S. 5
108 Trautmann: Private Tagebuchaufzeichnungen vom 29. 10. 1937, nach Nieh a.a.O., S. 145
109 *Akten zur Deutschen Auswärtigen Politik*, Bd. I, Nr. 516, Trautmann an v. Neurath
110 *Akten des Auswärtigen Amtes*, POg Ostasien, Nr. 331 vom 29. 11. 1937
111 *Akten zur Deutschen Auswärtigen Politik*, Bd. I, Nr. 527 vom 1. 12. 1937
112 *Akten zur Deutschen Auswärtigen Politik*, Bd. I, Nr. 528, 532
113 *Akten zur Deutschen Auswärtigen Politik*, Bd. I, Nr. 540, 542
114 *Akten zur Deutschen Auswärtigen Politik*, Bd. I, Nr. 550 vom 12. 1. 1938
115 *Akten zur Deutschen Auswärtigen Politik*, Bd. I, Nr. 552, Trautmann an das Auswärtige Amt 13. 1. 1938
116 *Akten zur Deutschen Auswärtigen Politik*, Bd. I, Nr. 558, v. Dirksen an das Auswärtige Amt 17. 1. 1938
117 Vgl. dazu im einzelnen
118 *Akten zur Deutschen Auswärtigen Politik*, Bd. I, Nr. 596, 507, nach Nieh a.a.O., S. 180

119 *Akten zur Deutschen Auswärtigen Politik*, Bd. I, Nr. 379
120 *Akten des Auswärtigen Amtes*, Bd. 5, Krieg: China-Japan, Aufzeichnung von Weizsäcker 20. 8. 1938
121 *Akten zur Deutschen Auswärtigen Politik*, Bd. I, Nr. 580, Trautmann an das Auswärtige Amt 30. 4. 1938
122 *Akten zur Deutschen Auswärtigen Politik*, Bd. I, Nr. 583, v. Ribbentrop an Trautmann 30. 5. 1938
123 *Akten zur Deutschen Auswärtigen Politik*, Bd. I, Nr. 593, 596, 597
124 *Akten zur Deutschen Auswärtigen Politik*, Bd. I, Nr. 601, v. Weizsäcker an das Deutsche Konsulat in Hongkong
125 Vgl. dazu den Bericht von Wolf Schenke: *Mit China allein*, Hamburg 1971
126 Ott am 24. 8. 1939 an das Auswärtige Amt, *Akten zur Deutschen Auswärtigen Politik*, Serie D Bd. VII, S. 217
127 Weizsäcker am 26. 8. 1939, *Akten zur Deutschen Auswärtigen Politik*, Serie D Bd. VII, S. 278
128 Aufzeichnung des Staatssekretärs vom 8. 9. 1939, *Akten zur Deutschen Auswärtigen Politik*, Serie D Band VIII, S. 25
129 Aufzeichnungen des Legationsrats Knoll vom 5. 10. 1939, *Akten zur Deutschen Auswärtigen Politik*, Serie D Band VIII, S. 171–73
130 Aufzeichnung des Leiters der Politischen Abteilung vom 8. 10. 1939, *Akten zur Deutschen Auswärtigen Politik*, Serie D Band VIII, S. 190
131 Der Reichsaußenminister an die Botschaft in Tokyo am 3. 11. 1939, *Akten zur Deutschen Auswärtigen Politik*, Serie D Band VIII, S. 292
132 Gesandtschaftsrat Bidder an das Auswärtige Amt am 11. 11. 1939, *Akten zur Deutschen Auswärtigen Politik*, Serie D Band VIII, S. 311–12; Aktenvermerk des Botschafters Ritter vom 17. 11. 1939, a.a.O., Serie D Band VIII, S. 329
133 Vgl. der deutsche Geschäftsträger Altenburg an das Auswärtige Amt am 28. 8. 1939, *Akten zur Deutschen Auswärtigen Politik*, Serie D Band VII, S. 368 sowie Ribbentrop an die Botschaften in Tokyo und Shanghai am 30. 3. 1940. Serie D Band IX, S. 43f
134 Bericht von Legationsrat Knoll vom 22. 5. 1940, *Akten zur Deutschen Auswärtigen Politik*, Serie D Band IX, S. 364–65; Aufzeichnung ohne Unterschrift vom 19. 6. 1940, a.a.O., Serie D Band IX, S. 515–16
135 Der Botschafter in Tokyo an das Auswärtige Amt, *Akten zur Deutschen Auswärtigen Politik*, Serie D Band X, S. 270–71
136 Vgl. i.e. Sommer, Theo: *Deutschland und Japan zwischen den Mächten*, Tübingen 1962, S. 457–62
137 Aufzeichnung des Generalkonsuls Stahmer vom 11. 11. 1940, *Akten zur Deutschen Auswärtigen Politik*, Serie D Band XI. 1, S. 434–35
138 US Department of State, *Foreign Relations of the United States*, Japan II, S. 123f; vgl. auch Sommer a.a.O., S. 460
139 Sommer a.a.O., S. 460
140 Aufzeichnung des Staatssekretärs vom 29. 11. 1940, *Akten zur Deutschen Auswärtigen Politik*, Serie D Band XI. 2, S. 621; der Botschafter in Tokyo an das Auswärtige Amt am 10. 2. 1941; a.a.O., Serie D Band XII. 1, S. 59–60; ebenso am 21. 6. 1941; a.a.O., Serie D Band XII. 2, S. 881–82 ebenso Band XIII. 1., S. 14
141 Der Geschäftsträger in Peking an das Auswärtige Amt am 9. 1. 1941, *Akten zur Deutschen Auswärtigen Politik*, Serie D Band XI. 2., S. 879; der Botschafter in Tokyo an das Auswärtige Amt am 25. 6. 1941; a.a.O., Serie D Band XIII. 1., S. 14, ebenso S. 24
142 Der Staatssekretär an die Botschaft in Peking am 28. 6. 1941, *Akten zur Deutschen Auswärtigen Politik*, Serie D Band XIII. 1, S. 35–36
143 Ebenda S. 44–45
144 Aufzeichnung des Staatssekretärs vom 3. 7. 1941, *Akten zur Deutschen Auswärtigen Politik*, Serie D Band XIII. 1., S. 68

145 Vgl. u.a. *Akten zur Deutschen Auswärtigen Politik*, Serie D Band IX, S. 524–25; Band X, S. 266–67

146 Aufzeichnungen des Unterstaatssekretärs Woermann, 16. 12. 1941, *Akten zur Deutschen Auswärtigen Politik*, Serie E Band I, S. 37

Kapitel II: Die Wirtschaftsbeziehungen

1 *Ostasiatischer Verein Hamburg-Bremen. Festschrift zum 60jährigen Bestehen*. Hamburg 1960, S. 128–129

2 *Ostasiatischer Verein Hamburg-Bremen* a.a.O., S. 129

3 Ebenda, vgl. auch Müller Jabusch, a.a.O., S. 286–287

4 Ebenda

5 *Ostasiatischer Verein Hamburg-Bremen. Festschrift* a.a.O., S. 133–135

6 Bloch, Kurt: *German Interests and Policies in the Far East*, New York 1939, S. 18

7 *Ostasiatischer Verein Hamburg-Bremen. Festschrift*, a.a.O., S. 136–137

8 Bloch, Kurt: *German Interests and Policies in the Far East*, a.a.O., S. 10, 17–21

9 Ebenda, S. 28 ff

10 Vgl. dazu im einzelnen Nieh Yu-hsi: *Die Entwicklung des chinesisch-japanischen Konfliktes in Nordchina und die deutschen Vermittlungsbemühungen 1937–1938*, S. 90–93

11 Vgl. »Ostasien im Luftverkehr«. In: *Ostasiatische Rundschau*, Bd. 15 (1934) Oktober/November, S. 489 ff; Bloch, Kurt a.a.O., S. 21

12 *Ostasiatischer Verein Hamburg-Bremen. Festschrift*, a.a.O., S. 150–152

Kapitel III: Die kulturellen Beziehungen von 1914 bis 1949

1 *Ostasiatischer Verein Hamburg-Bremen. Festschrift* a.a.O., S. 137 ff

2 Ebenda

3 Ebenda, S. 140

4 *Ostasiatischer Verein. Festschrift* a.a.O., S. 157–160

5 Ebenda

6 v. Schab: »Geschichte der deutschen Medizin- und Ingenieurschule 1907–1919«. In: *Festschrift anläßlich des 25jährigen Bestehens der staatlichen Tung Chi-Universität zu Woosung*, China 1932, zit. nach Chen Chi a.a.O., S. 192

7 Linde, Max: »Die Tung-Chi-Universität in Shanghai-Woosung«. In: *Fremde und deutsche Kulturbetätigung in China. Deutschtum und Ausland*. Heft 13, S. 84, Münster 1928, zit. nach Chen Chi, a.a.O., S. 194

8 Linde, Max, a.a.O., S. 93

9 v. Schab, a.a.O., S. 13

10 Ebenda

11 *Ostasiatischer Verein Hamburg-Bremen. Festschrift* a.a.O., S. 140

12 Mohr, F. W.: »Die Nationalbewegung in China, ihre geistige Einstellung zum Ausland, die Lehre Sun Yat-sens und das Programm der Kuomintang«. In: *Fremde und deutsche Kulturbetätigung* Heft 13, S. 47 ff, Münster 1928, zit. nach Chen Chi, a.a.O., S. 202

13 »Bericht des Gouverneurs der Provinz Chili, Li Hung-chang, an den Kaiser über die Sendung von Personen nach Deutschland zur militärischen Ausbildung«. In: *Materialsammlung zur diplomatischen Geschichte der Mandschu-Dynastie*, Bd. V (chin.), nach Chen Chi, a.a.O., S. 215

14 »Die ausländischen Studierenden nach Semestern und Ländern«. In: *Deutsche Hochschulstatistik*, Bd. VII, Sommersemester 1934, S. 72–73

15 Vgl. dazu im einzelnen Chen Chi a.a.O., S. 222–226

16 Yüan Tung-li: *A guide to doctoral dissertation by Chinese students in continental Europe 1907–1962*. Teil IV, »Germany: Chinese Culture«, Bd. 5, 1964, Nr. 4 a.a.O.
17 Vgl. dazu im einzelnen Chen Chi a.a.O., S. 228–231
18 Angaben nach *China Aktuell*, Hamburg, Juli 1972, S. 44–46

Dritter Teil

Kapitel I: Die Beziehungen zwischen der VR China und der DDR

1 Vgl. dazu: Frei, Otto: »Die Beziehungen zwischen Pankow und Peking«, *Osteuropa*, 1971/7–8, S. 541–544; Stern, Carola: »Relations between the DDR and the Chinese Peoples Republic 1949–1965«. In: *Communism in Europe – Continuity Change, and the Sino-Soviet Dispute*, Bd. II, London 1966. Fabritzek, Uwe G.: »Deutschland, China und der sino-sowjetische Konflikt«. In: *Internationales Asien-Forum* Nr. 3, 1971, S. 320–329
2 *Dokumente zur Außenpolitik der Regierung der Deutschen Demokratischen Republik*, Bd. I, Berlin-Ost 1954, S. 321–323
3 Das Abkommen wurde am 9. 10. 1951 unterzeichnet; Dokumente S. 323–324
4 So Hans Seigewasser: »Wir sollten begreifen, daß wir viel vom chinesischen Volk lernen können...«, *Tägliche Rundschau*, Berlin-Ost, 8. 6. 1951
5 So z. B. Kuo Mo-jo bei der ersten deutsch-chinesischen Freundschaftswoche in Ostberlin, *Tägliche Rundschau* 7. 6. 1951
6 Am 5. 10. 1953; vgl. Stern, Carola, a.a.O., S. 98–99
7 Am 30. 10. 1953, ebenda
8 Vom 23. bis 26. 7. 1954; Stern, Carola, a.a.O., S. 99
9 Vom 25. 9. bis 10. 10. 1954, ebenda
10 Den Text des Erlasses siehe Dokument Nr. 5 im Anhang; vgl. dazu auch Bechtholdt, Heinrich: »The Federal Republic of Germany and China – problems of trade and diplomacy«. In: Halperin, A. M. (Hrsg.): *Policies toward China – Views from Six Continents*, New York 1965, S. 81
11 Als Protest auf die im Zuge des deutsch-japanischen Bündnisses erfolgte Anerkennung der chinesischen Gegenregierung unter Wang Ching-wei durch Deutschland am 1. 7. 1941 brach China am 2. 7. die Beziehungen ab und erklärte am 9. 12. 1941 Deutschland den Krieg. Vgl. Fischer, Martin: »40 Jahre deutsche Chinapolitik«. In: *Mitteilungen des Instituts für Asienkunde Hamburg*, Nr. 11/1962, S. 23
12 Grotewohl besuchte gleichzeitig auch Nordkorea und die Mongolische Volksrepublik. Vgl. Stern, Carola a.a.O., S. 99
13 Den Text des »Vertrags über Freundschaft und Zusammenarbeit« vom 25. 12. 1955 siehe im Anhang, Dokument Nr. 6
14 Ebenda
15 *Neues Deutschland* 18. 9. 1956; vgl. Stern, Carola a.a.O., S. 101–102
16 Stern, Carola a.a.O., S. 99
17 Vgl. dazu *SBZ-Archiv* 1958/3, S. 47f
18 Auf Beschluß des 5. Parteitags der SED, doch wurde diese Neuerung beim 11. ZK-Plenum wieder rückgängig gemacht. *Neues Deutschland* 21. 12. 1960
19 Ulbricht, Walter: »Die sozialistische Umgestaltung in China«. In: *Einheit*, Berlin(-Ost) 1956/11
20 Stern, Carola a.a.O., S. 104–105; *Neues Deutschland* 13. 7. 1958
21 Mao Tse-tung selbst hatte diese Kritik herausgefordert und dazu aufgerufen, da er der Ansicht war, daß sich der Kommunismus gegenüber anderen Ideologien behaupten würde, nach dem Motto »Laßt hundert Blumen blühen und hundert Wissenschaften miteinander streiten«

22 *Neues Deutschland* 5. 2. 1957 nach *SBZ-Archiv* 1957/3, S. 46
23 »Ein historisches Jahrfünft für China«. In: *Neues Deutschland* 12. 7. 1957, nach *SBZ-Archiv* 1964/16, S. 251
24 Wandel, Paul in: *Einheit* 1959/10, nach *SBZ-Archiv* 1964/16, S. 251
25 Floyd, David: *Die feindlichen Genossen*, München 1964, S. 284
26 *Neues Deutschland* 29. 9. 1959, nach *SBZ-Archiv* 1964/16, S. 250
27 *SBZ-Archiv* 1964/16, S. 250
28 *Vorwärts*, Berlin-Ost, 22. 12. 1958; Hemen, Ray a.a.O., S. 7
29 *Dokumente zur Außenpolitik der Regierung der Deutschen Demokratischen Republik*, Bd. VII, S. 329ff; Stern, Carola a.a.O., S. 107
30 Ebenda
31 Vgl. dazu Zagoria: *The Sino-Soviet dispute*, S. 77–144; *Ostprobleme* Nr. 3/1959
32 Vgl. u.a. Matern, Hermann im *Neuen Deutschland* vom 2. 10. 1959; Rau, Heinrich: »Unser Handel mit China wird immer größer«. In: *Neues Deutschland* 19. 1. 1960, nach *SBZ-Archiv* 1964/16, S. 251
33 Rede Ulbrichts zum 10. Jahrestag der VR China. In: *Neues Deutschland* 2. 10. 1959, zit. nach Stern, Carola a.a.O., S. 110
34 Vgl. im einzelnen Stern, Carola, S. 109–111
35 *Jen-min Jih-pao* 29. 9. und 7. 10. 1959, zit. nach Glaubitz, J.: »China im Ostblock«, *Osteuropa* 1960/4, S. 262
36 *Neues Deutschland* 2. 10. 1959
37 Interview Grotewohls mit der Nachrichtenagentur ADN 10. 11. 1959, nach Stern, Carola a.a.O., S. 110
38 *Dokumente zur Außenpolitik der Regierung der DDR*, Bd. VIII (1961) S. 340–341
39 *Neues Deutschland* 11. 6. 1960
40 Vgl. dazu: Osten, Walter: »Moskau-Peking und die SED«, *Osteuropa* 1964, Nr. 6, S. 447–456
41 Ulbricht, W.: »Wir können den Krieg verhindern«, *Neues Deutschland* 23. 6. 1960
42 Nach einer Rede Hagers, die von der *Frankfurter Allgemeinen Zeitung* am 28. 8. 1963 wiedergegeben wurde
43 Stern, Carola a.a.O., S. 118
44 *Neues Deutschland* 29. 9. 1959, nach Osten, Walter a.a.O., S. 455
45 *Neues Deutschland* 16. 1. 1963
46 *Neues Deutschland* 17. 1. 1963, S. 6
47 *Schließen wir uns auf der Grundlage der beiden Moskauer Erklärungen zusammen.* Verlag für fremdsprachige Literatur, Peking 1963
48 Ebenda
49 *Neues Deutschland* 24. 1. 1963
50 *Jen-min Jih-pao* 27. 1. 1963
51 *Neues Deutschland* 24. 2. 1963
52 Die wichtigsten Veröffentlichungen nach dem 6. Parteitag siehe: chronologische Bibliographie der wichtigsten Veröffentlichungen der SED/KPD zum Konflikt seit dem 6. Parteitag, *SBZ-Archiv* 1964, Nr. 16, S. 255
53 Vgl. Osten, Walter a.a.O., S. 452 sowie: »Chinesen erpressen und spalten«, *SBZ-Archiv* 1964, Nr. 6, S. 83
54 Vgl. dazu auch: Spittmann, Ilse: »Gibt es eine chinesische Fraktion in der SED«?, *SBZ-Archiv* 1964, Nr. 14, S. 252
55 Hager in der *Frankfurter Allgemeinen Zeitung* vom 28. 8. 1963, nach Osten, Walter a.a.O., S. 452
56 Ebenda
57 Ebenda
58 Die sowjetische Deutschlandpolitik ist seit Beginn der sechziger Jahre einer der Streitpunkte im sino-sowjetischen Konflikt. Während Peking sich dabei von Albanien assistie-

ren läßt, benutzt Moskau seine Satellitenstaaten zur eigenen Unterstützung. Vgl. dazu auch die Ausführungen in den folgenden Kapiteln

59 Dieser Vorwurf wurde von Peking erstmals anläßlich der Unterzeichnung des Atomteststopabkommens durch die DDR 1964 erhoben (Vgl. Spittmann, Ilse a.a.O., S. 252) und findet sich auch im chinesischen Kommentar zum deutsch-sowjetischen Vertrag über Gewaltverzicht im August 1970

60 Spittmann, Ilse a.a.O., S. 252

61 Osten, Walter a.a.O., S. 453

62 Peter Florin auf dem 5. Plenum des ZK der SED nach: IWE-Tagesdienst, 9. 3. 1964, zit. nach SED: »Chinesen erpressen und spalten«, *SBZ-Archiv* 1964, Nr. 6, S. 83

63 Vgl. u.a. *Neues Deutschland* vom 14. 2., 4. 4., 11. 4. und 19. 4. 1964

64 »Stellungnahme des Zentralkomitees der SED gegen die Spaltungspolitik der chinesischen Führer, für die Festigung der Einheit und Geschlossenheit der Kommunistischen und Arbeiterparteien«, *Neues Deutschland* 15. 4. 1964, S. 1

65 Ebenda

66 Vgl. Anm. 62 zum Abschluß des Abkommens: »Abkommen mit China...« *Neues Deutschland* 10. 6. 1964, S. 7

67 Vgl. »Chronik der Sowjetzone«, *SBZ-Archiv* 1964/15, S. 233

68 »In Peking eingetroffen«, *Neues Deutschland* 30. 9. 1964, S. 7

69 Vgl. »Gruß zum 15. Jahrestag der Volksrepublik China«, *Neues Deutschland* 1. 10. 1964, S. 1; »Erklärung der Regierungsdelegation der VR China zum 15. Jahrestag«. *Neues Deutschland* 9. 10. 1964, S. 10

70 *Neues Deutschland* 18. 10. 1964

71 Vgl. die Ausführungen Ulbrichts auf der 7. Tagung des ZK der SED über China im *Neuen Deutschland* vom 6. 12. 1964, S. 10

72 Vgl. u.a.: »Zusammenkünfte leitender Funktionäre der KPdSU mit der chinesischen Partei und Regierungsdelegation«, *Neues Deutschland* 14. 11 1964; »Parlament Chinas einberufen«, *Neues Deutschland* 9. 10. 1964, S. 7

73 »Friedrich Ebert besuchte chinesische Ausstellung«, *Neues Deutschland* 3. 3. 1965, S. 2; »Messe-Empfang der chinesischen Delegation«, *Neues Deutschland* 4. 3. 1965, S. 3

74 »Chinesische Delegation in der DDR eingetroffen«, *Neues Deutschland* 5. 5. 1965, S. 2

75 »Ein Sieg der Völker in der ganzen Welt«, *Neues Deutschland* 8. 5. 1965, S. 6

76 Vgl. »DDR-Empfang in Peking aus Anlaß der Unterzeichnung des Abkommens über den Warenaustausch«, *Neues Deutschland* 25. 2. 1965, S. 2; »Kulturarbeitsplan mit der Volksrepublik China«, *Neues Deutschland* 6. 5. 1965, S. 2

77 Vgl.: »Die Aktionseinheit – dringendstes Gebot des antiimperialistischen Kampfes«, *Neues Deutschland* 23. 6. 1965, S. 4; »Die internationale Pflicht der Kommunisten aller Länder«, *Neues Deutschland* 28. 11. 1965, S. 5; »Das Leben hat unseren Kurs vollauf bestätigt«, *Neues Deutschland* 14. 12. 1965, S. 5

78 »Öffentliche Polemik schadet«, *Neues Deutschland* 7. 9. 1965, S. 7; Bei der »Aussprache KPCh-SED« beim Besuch Li Ting-yis »äußerte... jede Seite ihre Ansichten über beide Seiten interessierende Fragen«, *Neues Deutschland* 11. 5. 1965, S. 2

79 Zu VR China-UdSSR vgl. »Kossygin in Peking«, *Neues Deutschland* 6. 2. 1965, S. 2; Foto: »Kossygin und Mao Tse-tung«, *Neues Deutschland* 15. 2. 1965, S. 1; *Kommunist* zum Jahrestag des Vertrages Sowjetunion-China (verschweigt die sino-sowjetischen Spannungen). *Neues Deutschland* 27. 2. 1965, S. 7; Fedorenko: »China in seine Rechte einsetzen«, *Neues Deutschland* 10. 11. 1965, S. 7. Zu VR China-DDR vgl. »16. Geburtstag der Volksrepublik China«, *Neues Deutschland* 1. 10. 1965, S. 7; »Glückwünsche für Volksrepublik China«, *Neues Deutschland* 1. 10. 1965, S. 1

80 Vgl. u.a.: »Grußtelegramm zum 45. Jahrestag der KP Chinas«, *Neues Deutschland* 1. 7. 1966, S. 2; Unterzeichnung eines Handelsabkommens, *Hsinhua* (Daily Bulletin) 25. 3. 1966; »Veranstaltung zum Jahrestag der VR China«, *Neues Deutschland* 30. 9. 1966, S. 7

81 Vgl. u.a.: »Dekrete« für die »Rotgardler in Peking«, *Neues Deutschland* 11. 9. 1966, S. 5; »Kulturrevolution stößt auf Schwierigkeiten«, *Neues Deutschland* 13. 9. 1966, S. 7; »Mao-Trupps stoßen auf Widerstand«, *Neues Deutschland* 20. 9. 1966, S. 7; »Heftige innerparteiliche Auseinandersetzung in der KP Chinas«, *Neues Deutschland* 5. 6. 1966, S. 5

82 »In fester Front mit der KPdSU vereint«, *Neues Deutschland* 10. 2. 1966, S. 7; »Walter Ulbricht vor der Bezirksparteiaktivhalle: Warum können wir zu den Ereignissen in China nicht schweigen?« *Neues Deutschland* 14. 11. 1966

83 Vgl. im *Neuen Deutschland* »Bruderparteien zu den Vorgängen in China«, 6. 9. 1966, S. 7; »Kommunistische Parteien in Europa und Lateinamerika verurteilen chinesische Haltung«, 10. 9. 1966, S. 5; ZK der USAP: »Tiefe Besorgnis über Pekings Kurs«, 15. 10. 1966, S. 6; »Zwischenfälle vor der sowjetischen Botschaft in Peking«, 24. 10. 1966, S. 2; »UdSSR-Protest gegen Ausschreitungen in Peking«, 28. 10. 1966, S. 7

84 *Neues Deutschland* 18. 9. 1966

85 »Mao, Beethoven und wir«, *Neues Deutschland* 2. 9. 1966, S. 7

86 *SBZ-Archiv* 1966, Nr. 9, S. 25f

87 »Josef Hegen übergab Note an VR China«, *Neues Deutschland* 31. 8. 1966, S. 7

88 Vgl. dazu die Berichterstattung über den Parteitag im *Neuen Deutschland* vom 17. bis 22. 4. 1967. Aus zahlreichen Artikeln im *Neuen Deutschland* vgl. »Sowjetische Journalisten zu den Vorgängen in China«, 5. 1. 1967, S. 7; »Öffentlichkeit der UdSSR empört über Ausschreitungen«, 29. 1. 1967, S. 5; »UdSSR fordert von Peking: Provokationen einstellen«, 5. 2. 1967, S. 1; »UdSSR-Diplomaten in Peking ständig bedroht«, 8. 2. 1967, S. 7; »UdSSR weist chinesische Diplomaten aus«, 19. 3. 1967, S. 7

89 »DDR protestiert in Peking«, *Neues Deutschland* 2. 6. 1967, S. 7

90 Vgl. Reinhard, Helmut: »Die DDR und China«, *Deutschland-Archiv* 1969/6, S. 671–676. Nach diesem Vorfall kam es vor der ostdeutschen Botschaft in Peking zu großangelegten Demonstrationen, bei denen die DDR des »Mordes« beschuldigt wurde

91 Ebenda, sowie *SBZ-Archiv* 1966/Nr. 9, S. 257

92 »Handelsabkommen mit VR China«, *Neues Deutschland* 5. 5. 1968, S. 16

93 Vgl. u.a. das *Neue Deutschland* vom 29. 2., 1. 3. und 31. 10. 1968

94 »Neuer Botschafter der DDR in der VR China«, *Neues Deutschland* 1. 3. 1969, S. 2

95 »Der Überfall am Ussuri«, *Neues Deutschland* 8. 3. 1969, S. 7

96 »Neue Provokationen Chinas«, *Neues Deutschland* 16. 3. 1969

97 Hermann Axen auf der ersten Tagung des ZK der SED: »Die Notwendigkeit des Kampfes gegen die antilenistische Politik der Gruppe Mao Tse-tung«, *Neues Deutschland* 23. 3. 1969, S. 6

98 »Abscheu über Kumpanei zwischen Peking und Bonn«, *Neues Deutschland* 21. 3. 1969, S. 1–2; »Enges Zusammenspiel zwischen Bonn und Peking«, *Neues Deutschland* 9. 4. 1969, S. 7

99 Vgl. dazu im einzelnen: Mehnert, Klaus: »Die Schüsse am Ussuri und ihr Echo«. In: *Osteuropa*, Stuttgart 1969/Nr. 8, S. 549–559

100 *Hsinhua* (Daily Bulletin) 7. 7. 1969

101 Vgl. *Neues Deutschland* vom 1. 7. 1970 sowie *Hsinhua* (Daily Bulletin) vom 30. 6. 1970

102 *Neues Deutschland* 26. 9. 1970, S. 1–2

103 »Ein schmutziges Geschäft«. Kommentar zum westdeutsch-sowjetischen Vertrag *Jenmin Jih-pao* 13. 9. 1970

104 *Neues Deutschland* 22. 9. 1970

105 Zu den amerikanisch-sowjetischen Kontakten, *Neues Deutschland* 29. 7. 1971

106 »Unlautere Ziele«, *Neues Deutschland* 14. 8. 1971

107 Vgl. dazu im einzelnen Fabritzek, Uwe G.: »Die Reaktion in Osteuropa auf die Chinareise Nixons«, *Osteuropa* 1972/Nr. 7, S. 497–506

108 Vgl. u.a. »Grußtelegramm zum Jahrestag der VR China«, *Neues Deutschland* 1. 10.

1970; »Empfang beim Militärattaché Rudi Pankow zum 15. Jahrestag der NVA in Peking«, *Hsinhua* (Daily Bulletin) 1. 3. 1971

109 Vgl. u.a. »Telegramm Chou En-lais an Alexej Kossygin«, *Neues Deutschland* 16. 6. 1970, S. 8; »Handelsprotokoll in Chabarowsk unterzeichnet«, *Neues Deutschland* 19. 9. 1970

110 »Was will Schröder in Peking?« *Neues Deutschland* 26. 7. 1972, S. 2

111 *Neues Deutschland* 26. 10. 1972

112 *Neues Deutschland* 19. 8. 1972, S. 6

113 *Neues Deutschland* 27. 8. 1972, S. 2

114 *Neues Deutschland* 15. 10. 1970, S. 2

115 Spittmann, Ilse: »Die DDR und Pankow«, *SBZ-Archiv* 1964/16, S. 248ff

116 Nach einer Rede Kurt Hagers auf der dritten Tagung des ZK der SED im Juli 1963, nach Spittmann, Ilse a.a.O., S. 250

117 Spittmann, Ilse a.a.O., S. 248

118 »Chinesen erpressen und spalten«, *SBZ-Archiv* 1964/6, S. 83

Kapitel II: Die Bundesrepublik Deutschland und die Volksrepublik China

1 Vgl. dazu Majonica, Ernst: *Bonn-Peking. Die Beziehungen der Bundesrepublik Deutschland zur Volksrepublik China*, Stuttgart 1971, S. 29

2 »Kontakte in Bonn-Peking mit Erfolg«, *Frankfurter Allgemeine Zeitung* 21. 6. 1954, Majonica a.a.O., S. 29–30

3 *Ostasiatischer Verein*, Bericht 57, S. 95, Majonica a.a.O., S. 30

4 *Ostasiatischer Verein*, Bericht 56, S. 108, Bericht 57, S. 95, Majonica a.a.O., S. 31

5 2. Deutscher Bundestag, 72. Sitzung, 27. 2. 1955, S. 3903, nach Majonica a.a.O., S. 33

6 Vgl. dazu Dokument Nr. 5 im Anhang; *Dokumente zur Außenpolitik der Regierung der DDR*, Bd. 2, S. 412

7 *Jen-min Jih-pao* 16. 9. 1955, nach Majonica a.a.O., S. 35

8 Nach Majonica a.a.O., S. 36

9 *Europa-Archiv* 1956, S. 8534

10 2. Deutscher Bundestag, 177. Sitzung 6. 12. 1956, S. 9812ff; Majonica a.a.O., S. 41–42

11 Den Text vgl. im Anhang Dokument Nr. 6

12 Vgl. dazu im einzelnen Majonica a.a.O., S. 46–47

13 Dokumente zur Fernost-Krise vom Herbst 1958. In: *Europa-Archiv* 1950 Nr. 2 und 3, S. 41ff

14 Majonica a.a.O., S. 53–54

15 Starlinger: *Grenzen der Sowjetmacht* S. 118ff

16 Adenauer, Konrad: *Erinnerungen*, Bd. 2, S. 451

17 Adenauer, Konrad: *Erinnerungen*, Bd. 2, S. 528

18 Adenauer, Konrad: *Erinnerungen*, Bd. 2, S. 529

19 Adenauer, Konrad: *Erinnerungen*, Bd. 2, S. 243

20 Adenauer, Konrad: *Erinnerungen*, Bd. 2, S. 441

21 Adenauer, Konrad: *Erinnerungen*, Bd. 4, S. 121, 183, 204, 243

22 In der 4. Sitzung des 3. Deutschen Bundestages, am 5. 11. 1954, S. 54

23 Adenauer, Konrad: *Erinnerungen*, Bd. 4, S. 183

24 Adenauer, Konrad: *Erinnerungen*, Bd. 2, S. 63

25 Akten des Bundespresseamts, Aktenzeichen 273/13 B-1-1, nach Majonica a.a.O., S. 64

26 Majonica a.a.O., S. 66

27 Akten des Bundes-Wirtschaftsministeriums, Aktenzeichen VC 5963001, Bericht von von Amerongen, 27. 9. 62, nach Majonica a.a.O., S. 71

28 Grossmann, Bernhard: »Peking-Bonn: Substantial Non-Relations«, In: *Pacific Community*, Oktober 1970, S. 227

29 Vgl. dazu die Ausführungen im 1. Kapitel des III. Teiles dieses Buches, S. 170f

30 *Die Welt*, 21. 1. 1964

31 SPD-Pressedienst vom 20. 1. 1964, nach Majonica a.a.O., S. 78
32 *Frankfurter Allgemeine Zeitung*, 5. 5. 1964
33 Zur Zwischenzonen-Theorie vgl. Paasche, John: »Mao Tse-tungs Theorie von den Zwischenzonen«, *Osteuropa* 1965, Nr. 1/2 S. 25–38
34 Vgl. dazu im einzelnen Majonica a.a.O., S. 90ff
35 Ebenda
36 Majonica a.a.O., S. 94–97
37 Majonica a.a.O., S. 101
38 Ebenda
39 Vgl. dazu: »Trotz Handel keine Freundschaft«, *Süddeutsche Zeitung*, 1. 4. 1970; »Chinas Rückkehr in die Welt«, *Christ und Welt*, 3. 4. 1970; Giselher Wirsing sprach zum Beispiel noch am 12. Februar 1971 von dem »unverzeihlichen Fehler Erhards, die im Sommer 1954 schon angelaufenen Kontakte mit Peking auf Drängen Johnsons abzubrechen«, *Christ und Welt*, 12. 2. 1971
40 Majonica a.a.O., S. 103–104
41 Majonica a.a.O., S. 110
42 Majonica a.a.O., S. 110–111
43 Ebenda
44 Die Ausführungen von Majonica beruhen im wesentlichen auf den unveröffentlichten und unzugänglichen Akten des Auswärtigen Amtes. Vor der Publikation seiner Dissertation im Jahr 1971 war auch über die deutsche Haltung und die Gespräche als solche so gut wie nicht bekannt
45 Diese These vertritt beispielsweise Ernst Majonica a.a.O., S. 112–115
46 Gittings, John: *Survey of the Sino-Soviet Dispute* 1963–1967
47 Vgl. im einzelnen Brown, J. F.: *Eastern Europa*, Survey, 1965, Nr. 54 S. 82ff
48 Horst Sindermann in *Neues Deutschland* vom 13. 2. 1964
49 Zu den sino-sowjetischen Beziehungen in dieser Zeit vgl.: Gittings, John: »Tactics of the Dispute until Chruschtschows resignation 1963–1964«. In: *The Sino-Soviet Dispute*, London 1969, S. 212–227
50 Vgl. dazu die Ausführungen im Kapitel: »Die DDR und die Volksrepublik China«
51 *Hsinhua* (Daily Bulletin) 14. 6. 1964; siehe dazu auch die Reaktion der DDR: »Chinesische Leser desinformiert«, *Neues Deutschland*, 18. 6. 1964
52 *Jen-min Jih-pao*, 5. 7. 1964; der Artikel bezog sich ausdrücklich auf die Unterredung zwischen Bundeskanzler Erhard und Präsident Johnson
53 »Chronik der Sowjetzone«, *SBZ-Archiv* 1964/Nr. 15, S. 233
54 *Jen-min Jih-pao* 12., 22. und 23. 9. 1964, nach Ray, Hemen: »Die Deutschlandpolitik des kommunistischen China«, *Aus Politik und Zeitgeschichte*. 1969/Nr. 16 vom 19. 4. 1969
55 *Jen-min Jih-pao*, 8. 9. 1964 bezeichnenderweise wurden diese Artikel von der Presse der DDR nicht aufgegriffen
56 *Neues Deutschland*, 18. 10. 1964
57 »Anti-chinesische Erklärungen der neuen Führung der KPdSU und ihrer Gefolgsleute«, *Jen-min Jih-pao* 10. 11. 1965, zit. nach Griffith, a.a.O., S. 233, vgl. auch Anm. 44
58 Chen Yi: »Über Handelsbeziehungen zwischen China und Westdeutschland«, *Peking Rundschau* 1965, Nr. 42 vom 15. 10. 1965, S. 6
59 Hamm, Harry: »Rot-China interessiert sich für die Bundesrepublik«, *Frankfurter Allgemeine Zeitung* 10. 2. 1965
60 *Hsinhua* (Daily Bulletin) 22. 2. 1966
61 Majonica a.a.O., S. 125ff, 190ff
62 »Senat assails Bonn for steel aid to Peking«, *New York Herald Tribune* 27. 7. 1966
63 Majonica a.a.O., S. 130; *The New York Times* 28. 7. 1966
64 *Frankfurter Allgemeine Zeitung* 12. 5. 1967
65 Vgl. u.a. »Strauß für Stärkung des Handels mit China«, *Süddeutsche Zeitung* 3. 4. 1969; »Wirtschaft wünscht Handelsvertrag mit China«, *Die Welt* 15. 4. 1969

66 »Pekinger Kommentar zu Kiesingers Japan-Besuch«, *Neue Zürcher Zeitung* 24. 5. 1969
67 *Hsinhua* 28. 8., 11. 9. 1969
68 *Hsinhua* 22. 12. 1969
69 *Zëri i Popullit* 9. 10. 1969
70 So Außenminister Scheel gegenüber dem Abgeordneten Majonica, s. Majonica a.a.O., S. 141
71 Chinesischer Kommentar über sowjetisch-westdeutsches heimliches Einverständnis, *Hsinhua* 22. 12. 1969
72 *BBC-Handbook* 1971, London 1971, S. 108
73 *Roter Morgen*, Zentralorgan der KPD/Marxisten-Leninisten Nr. 5, 1973, 10. 2. 73, S. 5
74 Quellen: *Neue Politik*, Hamburg 1966, Nr. 1/2, S. 7; 1967, Nr. 46, S. 13ff; *Roter Morgen*, Hamburg, Juni 1968, S. 10ff; Ruth Weiß: *Das kleine China-Handbuch*, Peking 1958; nach: Schlomann, F. W., Friedlichstein, P.: *Die Maoisten – Pekings Filialen in Westeuropa*, Frankfurt/Main 1970, S. 16–19; bei der letztgenannten Zusammenstellung chinesischer Aktivitäten in Europa ist darauf Rücksicht zu nehmen, daß sie eine offen anti-chinesisch eingestellte Publikation ist und einzelne Daten aus nachrichtendienstlichen Unterlagen stammen
75 Publiziert von der Scolaris GmbH in 5308 Rheinbach, Postfach 67; für die Herausgeberschaft zeichnet eine »IG Dong Feng« verantwortlich, zu der unter anderen der frühere Herausgeber von *China*, Karsten Dettmann, der Journalist Peter Kunze sowie der Politologe Joachim Schickel gehören
76 Die Ausführungen beruhen auf einer Beobachtung der chinesischen Publizistik über die Bundesrepublik in den letzten Jahren. Die angegebenen Fundstellen sind jeweils nur ein Beispiel aus neuerer Zeit aus einer Reihe gleichartiger Veröffentlichungen. Vgl. u.a.: »A great step taken by US-Imperialism in speeding up revival fo West German Militarism«, *Peking Review* 1968, Nr. 23; »West German monopoly capital steps up economic expansion in Asia, Africa and Latin America«, *Hsinhua* (Daily Bulletin) 13. 11. 1970; für die Zeit vor 1968 vgl. auch Ray, Hemen: »Die Deutschlandpolitik des kommunistischen China«. In: *Aus Politik und Zeitgeschichte* 1969, Nr. 16 vom 19. 4. 1969
77 »The de Gaulle-Kiesinger talks«, *Peking Review* 1968, Nr. 10
78 »Parisreise Brandts hat aus Interessenkonflikt resultierende Gegensätze nicht gelöst«, *Hsinhua* (Daily Bulletin) 8. 2. 1970; »Brandts visit shows West German collusion«, *Hsinhua* (Daily Bulletin), 10. 3. 1970
79 »US-West German talks indicate insuperable contradictions among imperialist countries«, *Hsinhua* (Daily Bulletin) 18. 4. 1970
80 »In Westdeutschland und West-Berlin wird der Kampf gegen Notstandsgesetzgebung fortgesetzt«, *Hsinhua* (Daily Bulletin), 17. 5. 1968; »Kampf der Studenten gegen die Notstandsgesetzgebung brach über Deutschland aus«, *Hsinhua* (Daily Bulletin), 29. 5. 1968; »Westdeutscher Bundestag verabschiedet Notstandsgesetze«, *Hsinhua* (Daily Bulletin), 31. 5. 1968
81 »Die Ansichten Bonns und Paris sind einander sehr nahe. Zum Treffen zwischen Brandt und Pompidou am 22. 1. 1973«, *Hsinhua* 25. 1. 1973
82 »Die BRD hebt erneut den Diskontsatz an«, *Hsinhua* (Daily Bulletin) Nr. 5435, 15. 1. 1973
83 »Die BRD bildet das neue Kabinett«, *Hsinhua* (Daily Bulletin), Nr. 5407, 16. 12. 1972
84 »Brandt gibt das Regierungsprogramm bekannt«, *Hsinhua* (Daily Bulletin), Nr. 5440, 20. 1. 1973
85 »Das Präsidium der Sozialdemokratischen Partei der BRD fordert die USA auf, den Vietnamkrieg schnell zu beenden«, *Hsinhua* (Daily Bulletin), Nr. 5437, 16. 1. 1973
86 »Die NATO hält militärische Manöver in der BRD ab«, *Hsinhua* (Daily Bulletin), Nr. 5432, 12. 1. 1973
87 *Jen-min Jih-pao*, 13. 1. 1959
88 *Jen-min Jih-pao*, 3. 9. 1961

89 »Der Besuch Kennedys in West-Berlin ist eine Provokation«, *Jen-min Jih-pao* vom 28. 6. 1963
90 »Wahl in West-Berlin war Provokation gegen das deutsche Volk«, *Hsinhua* (Daily Bulletin), 6. 3. 1969
91 »DDR protestiert gegen den Besuch Heinemanns in Ost-Berlin«, *Hsinhua* (Daily Bulletin), 5. 12. 1970
92 Spitmann, Ilse a.a.O., S. 252
93 »Chinesische Leser desinformiert«, *Neues Deutschland* 18. 6. 1964
94 *Peking Review*, 1964 Nr. 38
95 *Jen-min Jih-Pao* 8. 9. 1964, ebenso vom 12., 22. und 23. 9. 1964 a.a.O., S. 13
96 Zit. nach Ray, Hemen
97 Peng Chen: *Rede in der indonesischen Aliarcham-Akademie für Sozialwissenschaften (am 25. 5. 1965)*, Verlag für fremdsprachige Literatur, Peking 1965, S. 35
98 »Sowjetische Revisionisten verkaufen erneut Interessen des deutschen Volkes« (zum Gespräch zwischen Brandt und Abrassimov) *Hsinhua* (Daily Bulletin), 11. 7. 1968
99 *Jen-min Jih-pao* 27. 7. 1968
100 »Sowjetische Revisionisten intensivieren Geheimabsprache mit Bonner Militaristen«, *Hsinhua* (Daily Bulletin), 10. 3. 1968
101 Vgl. dazu Meißner, Boris (Hrsg.): *Die Breshnew Doktrin*, Köln 1969, S. 170–190
102 *Hsinhua*, (Daily Bulletin), 18. 5. 1969, 1. 8., 20. 8. 1969
103 *Hsinhua* (Daily Bulletin), 23. 12. 1969, vgl. auch »Peking gegen Sicherheitskonferenz«, *Frankfurter Allgemeine Zeitung*, 3. 12. 1969
104 »Gaszentrifugen-Abkommen ist ein schwerwiegender Schritt für Westdeutschlands Atombewaffnung«, *Hsinhua* (Daily Bulletin), 6. 3. 1969
105 »Anmerkungen zum sowjetisch-westdeutschen Vertrag«, *Jen-min Jih-pao* 13. 9. 1970 (chin.) deutsch in *Peking Rundschau* 1970 Nr. 38 vom 22. 9. 1970
106 »Die Außenminister der USA, der UdSSR, Großbritanniens und Frankreichs unterzeichnen das Schlußprotokoll des Abkommens über West-Berlin, Westdeutschland tauscht die Ratifizierungsurkunden der Verträge mit der Sowjetunion und Polen aus«, *Hsinhua* (Daily Bulletin), Nr. 5215, 6. 6. 1972
107 Schlomann, Friedlingstein: *Die Maoisten – Pekings Filialen in Westeuropa*, a.a.O., S. 52
108 *Roter Morgen*, Organ der kommunistischen Partei Marxisten-Leninisten 1973, Nr. 5, 10. 2. 1973, S. 5
109 Enver Hodscha am 7. 11. 1961, zit. nach Spittmann, Ilse a.a.O., S. 252
110 Zwischen Peking und Moskau. *SBZ-Archiv* 1966 Nr. 14, S. 210
111 Von einer relativ unbedeutenden Kritik des Berlinvertrages in Zusammenhang mit anderen politischen Schritten Moskaus abgesehen, vgl. *Hsinhua* 9. 9. 1971, SWB Nr. 3783
112 ATA, 29. 10. 1970
113 *Zëri i Popullit*, 4. 12. 1970
114 Radio Tirana, 7. 12. 1970, *Zëri I Popullit*, 11. 12. 1970
115 Radio Tirana, 21. 7. 1970
116 ATA, 3. 3. 1971
117 Berlinfrage unnd deutsches Problem können nur durch Friedensvertrag mit Deutschland, gegebenenfalls mit der DDR allein richtig gelöst werden. Radio Tirana, 20. 4. 1971
118 ATA, 24. 8. 1971
119 ATA, 28. 8. 1971
120 ATA, 1. 9. 1971
121 ATA, 4. 9. 1971
122 *Zëri i Popullit*, 16. 9. 1971
123 Radio Tirana, 20. 12. 1971
124 *Zëri i Popullit*, 5. 1. 1972
125 Anhang zur *Antwort des ZK der KP Chinas auf das Schreiben des ZK der KPdSU vom 15. Juni 1964* Peking, Verlag für fremdsprachige Literatur 1964, S. 76

126 Ernst Henri: »Der Blick von Pamir«, *Literaturnaja Gazeta* 1967/Nr. 39 vom 27. 9. 1967, S. 14–15, sowie der: »Gedanken über die Zukunft« ebenda 1968/Nr. 1 vom 1. 1. 1968, S . 10
127 Ter-Grigorian: »Sie haben einander gefunden«, *Izvestija*, 29. 3. 1968, S. 3
128 »Pekings wohlwollende Neutralität«, *Pravda* 1. 2. 1968, S. 5
129 Ter-Grigorian a.a.O.
130 I. Andronov: »Chinas Außenpolitik ist in eine Sackgasse geraten«, *Neue Zeit*, zit. nach TASS 4. 7. 1968; vgl. auch: »Das Kommunistische Ideal und seine Kritiker«, *Pravda* 16. 11. 1968
131 Uschakow, G.: »Drei in einem Boot«, *Literaturnaja Gazeta* 1968/Nr. 26 vom 26. 6. 1968, S. 9
132 Bulatov, B.: »Wieviel kostet die Wüste Gobi?« *Literaturnaja Gazeta* 1968/Nr. 51 vom 18. 12. 1968, S. 9
133 »Sie halten vor nichts«, *Pravda*, 15. 10. 1968, S. 5
134 Vgl. dazu u.a.; »Die Welt verurteilt die Provokateure«, *Izvestija* 11. 3. 1969, S. 2; Ernst Henri: »Achse Bonn–Peking«, *Literaturnaja Gazeta* 12. 3. 1969; »Peking ließ seine Provokation in Fernost mit der Bonns in Europa zusammenfallen«, Za Rubeshom nach TASS, 13. 3. 1969
135 Ernst Henry: »Achse Bonn–Peking«, *Literaturnaja Gazeta*, 12. 3. 1969
136 »Waffen für Mao«, *Krasnaja Swezda*, 22. 5. 1969
137 »Die Messe in Kanton und Maos Politik«, *Pravda* und *Izvestija*, 17. 4. 1970; Sladkovskij, M.: »Besonderer Weg« in einer Sackgasse«, *Izvestija*, 28. 4. 1970, S. 4–5
138 Vgl. u.a.: »China will die sowjetische Außenpolitik um jeden Preis in Verruf bringen«, *Neue Zeit* 1970 Nr. 38 16. 8. 1970; Machailow, V.: »Die Sicherheit der Völker und ihre Feinde«, *Pravda*, 20. 9. 1970, S. 4
139 *Neue Zeit*, nach *Frankfurter Allgemeine Zeitung* 23. 11. 1970
140 Vgl. dazu die jüngsten sowjetischen Äußerungen: Ussow, J.: »Westeuropa und die Politik Pekings«, *Neue Zeit* 1972 Nr. 43 (Oktober) S. 18–19; Kobrin, M., Trifonow, W.: Pekings »Atlantische Trümpfe«, *Neue Zeit* 1973 Nr. 2 (Januar) S. 27–29
141 So Peter Florin auf dem 5. Plenum des ZK der SED, *SBZ-Archiv* 1964 Nr. 6, S. 83
142 *Berliner Zeitung* 23. 4. 1964; im *Neuen Deutschland* fehlte bezeichnenderweise diese Passage aus der Rede Materns. Zit. nach Spittmann, Ilse: »Die SED und Peking«, *SBZ-Archiv* 1964 Nr. 16, S. 254
143 Vgl. u.a. »Mao-Clique begleicht ihre Schulden bei Bonn«, *Neues Deutschland*, 13. 3. 1969, S. 1–2; *Pravda:* »Zugunsten des Imperialismus«, *Neues Deutschland*, 21. 3. 1970, S. 6; »Schützenhilfe Pekings für die Imperialisten«, *Neues Deutschland*, 20. 3. 1969, S. 7
144 *Neues Deutschland*, 22. 9. 1970
145 *Stimme der DDR*, Berlin-Ost 27. 9. 1972, 19.45
146 Vgl. u. a. *Neues Deutschland* 20. 7., 28. 10. 71; 1. 7. 72; 11. 4. 73
147 Brandt: »Vorerst keine Beziehungen zu Peking«, *Süddeutsche Zeitung*, 29./31. 5. 1971
148 Vgl. dazu die Ausführungen des CDU/CSU-Vorsitzenden Rainer Barzel vor dem Bundestag am 19. Juli 1971, *Das Parlament* 1971 Nr. 30 vom 24. 7. 1971, S. 3–5
149 »Rot-China als Olympia-Teilnehmer«, *Süddeutsche Zeitung* 30. 7. 1971
150 So Nordrheinwestfalens Ministerpräsident Kühn bei seiner Ostasienreise: »Kühn für diplomatische Beziehungen«, *Süddeutsche Zeitung* 2. 8. 1971; der deutsche EWG-Kommissar Rolf Dahrendorf: Dahrendorf und der CDU-Abgeordnete Birrenbach: »Für den Ausbau der Beziehungen zu China«, *Süddeutsche Zeitung* 17. 8. 1971
151 »Bonn plant keine Handelskontakte zu Peking«, *Süddeutsche Zeitung*, 1. 9. 1971
152 »Hans Ulrich Kempski interviewt Willy Brandt«, *Süddeutsche Zeitung* 20. 9. 1971, S. 3
153 »Bonn begrüßt Entscheidung der UNO«, *Süddeutsche Zeitung* 27. 10. 1971
154 »Scheel: Initiative liegt bei China«, *Süddeutsche Zeitung* 29. 10. 1971
155 *Der Spiegel* 1972 Nr. 3, 10. 1. 1972, S. 19–20

156 »China stellt in Westberlin aus«, *Süddeutsche Zeitung* 17. 1. 1972
157 In einem Interview im Zweiten Deutschen Fernsehen vom 23. 1. 1972
158 »Scharfe chinesische Kritik an Nixon«, *Frankfurter Allgemeine Zeitung*, 27. 1. 1971
159 *Neue Zürcher Zeitung* 1972
160 »Strauß: Bonn hat China vergessen«, *Süddeutsche Zeitung*, 28. 2. 1972
161 Beim sog. Liebesmahl des Ostasiatischen Vereins Hamburg, *Frankfurter Allgemeine Zeitung* 11. 3. 1972
162 Zur Reise Schröders vgl. *Hsinhua* (Daily Bulletin), 19. – 28. 7. 1972, *Süddeutsche Zeitung* 20. 7. 1972, *Frankfurter Allgemeine Zeitung* 20. 7. 1972, *Christ und Welt* 21. 7. 1972, *Neue Zürcher Zeitung* 22. 7. 1972
163 »Skepsis bei der FDP gegenüber Schröders Chinareise«, *Frankfurter Allgemeine Zeitung*, 29. 7. 1972
164 »Schröder sieht seine Erwartungen erfüllt«, *Frankfurter Allgemeine Zeitung*, 28. 7. 1972
165 »Schröder: Von Erziehung in China lernen«, *Süddeutsche Zeitung* 10. 8. 1972
166 *Hsinhua* (Daily Bulletin), Nr. 5330, 30. 9. 1972
167 Vgl. Das Kommuniqué im Dokument 10 im Anhang
168 *Hsinhua* (Daily Bulletin), Nr. 5343, 13. 10. 1972
169 SZ-Gespräch mit Außenminister Walter Scheel, *Süddeutsche Zeitung*, 25. 8. 1972 wie auch: Spiegel-Interview mit Außenminister Walter Scheel, *Der Spiegel* 1972 Nr. 33 vom 7. 8. 1972, S. 22
170 *Hsinhua* (Daily Bulletin), Nr. 5343, 13. 10. 1972
171 Ebenda
172 *Neue Zürcher Zeitung*, 18. 10. 1972
173 Chou En-lai betont Anspruch auf Wiedervereinigung, *Frankfurter Allgemeine Zeitung*, 13. 11. 1972
174 *Neue Zürcher Zeitung*, 13. 3. 1973
175 Vgl. »Das China-Geschäft und die Besonderheiten des Zahlungsverkehrs«. In: Boettcher, Erik: *Wirtschaftsbeziehungen mit dem Osten*. Stuttgart, Kohlhammer 1971, S. 135
176 Ebenda, S. 122
177 Ebenda
178 Ebenda
179 Majonica a.a.O., S. 161
180 *Ostasiatischer Verein Hamburg-Bremen e. V.*: »Die Entwicklung Ostasiens bis 1951«, zit. nach Grossmann, Bernhard: »Die wirtschaftlichen Beziehungen zwischen der Bundesrepublik Deutschland und der Volksrepublik China.« In: Boettcher, Erik: *Wirtschaftsbeziehungen mit dem Osten* a.a.O., S. 122
181 »Das Chinageschäft und die Besonderheiten des Zahlungsverkehrs« a.a.O., S. 135–136
182 *Ostasiatischer Verein Hamburg-Bremen e. V.* Bericht über das Jahr 1953, S. 23, nach Grossmann a.a.O., S. 123
183 Grossmann a.a.O., S. 123–124
184 »Das Chinageschäft und die Besonderheiten des Zahlungsverkehrs« a.a.O., S. 136
185 Grossmann a.a.O., S. 124
186 Grossmann a.a.O., S. 119–120
187 Vgl. den Text des Abkommens in den Dokumenten im Anhang; zur Vorgeschichte des Vertrages siehe u.a. Grossmann, Bernhard a.a.O., S. 125; »Das Chinageschäft und die Besonderheiten des Zahlungsverkehrs« a.a.O., S. 136–139; Majonica a.a.O., S. 171–178
188 Grossmann a.a.O., S. 120
189 *Der Spiegel*, Hamburg 1966, Nr. 14, S. 29ff; *Handelsblatt*, Düsseldorf 9. 10. 1967
190 Vgl. im einzelnen: »Zehn Jahre Gefängnis für Deutsche in China«, *Die Welt*, 23. 10. 1969; »Deutsche Firmendelegation in Peking«, *Süddeutsche Zeitung*, 24. 10. 1969; »Peking wirft den Freigelassenen nichts vor«, *Frankfurter Allgemeine Zeitung* 1. 11 1969
191 Vgl. dazu im einzelnen: »Das Chinageschäft und die Besonderheiten des Zahlungsverkehrs« a.a.O., S. 140–141

192 »Allgemeine Statistik des Auslands: VR China 1969« a.a.O., S. 89–90; Grossmann a.a.O., S. 122
193 Vgl. dazu: »Das Chinageschäft und die Besonderheiten des Zahlungsverkehrs« a.a.O., S. 141–145
194 Zum Handelsabkommen vgl. dpa vom 19. 12. 1972; »Summary of Broadcast«, Teil 3. *The Far East*, Weekly Report Nr. 705
195 Vgl. dazu Schmidt, Giselher: *Hitlers und Maos Söhne*, Frankfurt 1969, S. 135–144
196 Schmidt, G.: *Hitlers und Maos Söhne*, a.a.O., S. 146
197 *Sozialistisches Deutschland* 1965, Nr. 2, S. 7, 1966 Nr. 3, S. 8, vgl. auch Schlomann, Friedrich-Wilhelm und Friedlingstein, Paulette: *Die Maoisten. Pekings Filialen in Europa*, Frankfurt 1970, S. 245
198 Schlomann, F. W. und Friedlingstein, P. a.a.O., S. 247
199 *Roter Morgen* Oktober/November 1968, S. 2–5, vgl. auch Schlomann und Friedlingstein a.a.O., S. 251
200 Schmidt, Giselher: *Hitlers und Maos Söhne* a.a.O., S. 148
201 *Konkret* (Hamburg) 1973 Nr. 18, S. 18f
202 Ebenda
203 Vgl. die Schrift »Der sowjetisch-westdeutsche Vertrag«. Herausgegeben von der KPD/ML München 1971
204 Koplin, Raimund: *Sprachführer durch die Revolution*, München 1968, S. 55f, zitiert nach Weiss, Andreas v.: *Die neue Linke*, Boppard 1969, S. 65

Kapitel III: Die Bundesrepublik und die Republik China (Taiwan)

1 Bechthold, Heinrich: »The Federal Republic of Germany and China.« In: Halpern, A. N.: *Policies towards China: Views from Six Continents*, New York 1965, S. 77–102, S. 81
2 Insgesamt hatten 16 Regierungen um Errichtung derartiger Missionen ersucht. Vgl. dazu Majonica a.a.O., S. 24
3 Ebenda
4 Die Angaben über den genauen Termin differieren. Während Majonica die vorstehenden Angaben zugrunde legt, nennt Bechtold als Datum für die Schließung den Juni 1950. Beide berufen sich dabei auf Auskünfte der Republik China bzw. der Stadtverwaltung von Hamburg und Stuttgart. Vgl. Majonica a.a.O., S. 24, Bechtold a.a.O., S. 81
5 Majonica a.a.O., S. 25
6 *Ostasiatischer Verein*: »Die Entwicklung Ostasien bis 1951«, Hamburg 1952
7 Bechthold a.a.O., S. 82
8 Majonica a.a.O., S. 29
9 So Staatssekretär Lahr am 14. August 1967 auf eine Frage vor dem Parlament. Drucksache V/2072 Deutscher Bundestag, 5. Wahlperiode, S. 383, nach Majonica a.a.O., S. 25
10 Staatssekretär Lahr am 14. 8. 1967 a.a.O.
11 Vgl. dazu *Allgemeine Statistik des Auslandes. Länderberichte China (Taiwan) 1970*, Stuttgart 1970, S. 87–88
12 *Allgemeine Statistik des Auslandes, Länderberichte China (Taiwan) 1970*, a.a.O., S. 99
13 *China Yearbook* 1965/66. Taipeh, S. 248
14 *China Yearbook* 1966/67, S. 202
15 *China Yearbook* 1969 bis 1970, S. 385
16 *Neue Zürcher Zeitung*

Kapitel IV: Europa in der Interessenlage Chinas

1 Vgl. dazu im einzelnen die ausgezeichnete Darstellung von Löwenthal, R.: »Der Einfluß Chinas auf die Entwicklung des Ost-West-Konflikts in Europa«, *Europa-Archiv* 1967/Nr. 10, S. 339–350
2 *Pravda*, 14. 11. 1954; vgl. Contius, W. G.; »Sowjetunion – um die deutsche Frage«, *Osteuropa* 1955/Nr. 1, S. 38–41
3 In diesem Sinne äußerten sich sowohl Grotewohl als auch Bulganin *Neues Deutschland*, 3. 12. 1954; Dallin, Daid I: *Sowjetische Außenpolitik nach Stalins Tod*, Köln 1961, S. 200–203
4 *Hsinhua*, 21. 8. 1968 vgl. Dziewanowski, K.: *Communist China and Eastern Europe*, Survey Nr. 77 (Herbst 1970), S. 59–74
5 *Peking Rundschau* 1968 Nr. 20
6 *Hsinhua*, 27. 5. 1969
7 »Die sechs Mitglieder des westeuropäischen ›Gemeinsamen Marktes‹ bilden eine Wirtschafts- und Währungsunion, um der amerikanischen Vorherrschaft zu widerstehen«, *Hsinhua* (Daily Bulletin), 21. 2. 1971; »Brüsseler Freihandelsabkommen ist ein neuer Schritt zur engeren Union der westeuropäischen Länder«, *Hsinhua* (Daily Bulletin), 25. 7. 1971
8 Vgl. u.a. »Was ist der ›Gemeinsame Markt‹ Westeuropas?« *Jen-min Jih-pao*, 22. 5. 1972
9 *Hsinhua* (Daily Bulletin), 21. 2. 1971
10 *Hsinhua* (Daily Bulletin), 29. 6. 1971
11 *Hsinhua* (Daily Bulletin), 17. 9. 1971
12 *Hsinhua* (Daily Bulletin), 28. 12. 1972
13 *Hsinhua* (Daily Bulletin), 18. 10. 1971
14 Radio Peking 6. 7. 1971
15 *Hsinhua* (Daily Bulletin), 26. 3. 1972
16 »Neue Komplotte der sowjetischen Sozialimperialisten unter der Maske des Friedens und der Sicherheit in Europa«, *Zëri i Popullit*, 29. 1. 1972
17 »Hast, um so bald als möglich die Farce der ›Europäischen Sicherheit‹ in der Praxis durchzuführen«, *Zëri i Popullit*, 15. 7. 1972
18 *Rude Pravo*, 26. 7. 1972
19 *Literaturnaja Gaseta*, 19. 7. 1972
20 TASS 6. 7. 1972
21 Ebenda

LITERATURVERZEICHNIS

In die nachstehende Bibliographie wurden neben den Werken, die sich mit den deutsch-chinesischen Beziehungen direkt befassen auch solche aufgenommen, die zum Verständnis der innen- und außenpolitischen Entwicklung in China und Deutschland sowie zur internationalen Situation in Europa wie Ostasien im entsprechenden Zeitraum notwendig erscheinen.

Abelein, Manfred: *Die Kulturpolitik des Deutschen Reiches und der Bundesrepublik Deutschland,* Ordo Politicus, Band 8, Köln und Opladen 1968

Akten zur Deutschen Auswärtigen Politik 1918–1945, Serie B: 1925–33. Göttingen Band II/2 (6. Juni bis 31. Dez. 1926)

Amann, G.: *Kulturgegensätze zwischen Europa und China,* Berlin. 1921

Bandulet, Bruno: *Adenauer zwischen Ost und West,* München 1970

Bauer, Wolfgang: *Chinas Vergangenheit als Trauma und Vorbild,* Stuttgart 1968

Becker, S.: *Russia's Protectorates in Central Asia,* Cambridge (Mass.) 1968

Benedetto: *Marco Polo, il milione,* Florenz. 1928 (Engl. Übersetzung von Aldo Ricci: *The Travels of Marco Polo,* London 1931)

Bettray, Johannes: *Die Akkomodationsmethode des Paters Matteo* Ricci, Rom 1956

Bloch, Ch.: *Hitler und die europäischen Mächte 1933/34, Kontinuität oder Bruch,* Frankfurt 1966

Bloch, Kurt: *German Interests and Policies in the Far East,* New York 1939

Boulnois, Luce: *Die Straßen der Seide,* Stuttgart 1964

Brandt, Conrad: *Stalin's Failure in China,* New York 1966

Brunschwig, H.: *L'expansion allemande outremer du XVe siècle a nos jours* 1957

Callagher, Louis J.: *China in the Sixteenth Century: The Journals of (Matteo) Ricci 1583–1610,* Toronto 1953

Chen Chi: *Die Beziehungen zwischen Deutschland und China von 1919 bis 1933* (Phil. Diss.) München 1972

The Chinese Year Book, 1935–38. Nachdruck: Neudeln/Liechtenstein 1968

Chow Tse-tsung: *The May Fourth Movement. Intellectual Revolution in Modern China,* Cambridge (Mass.) 1960

Chvostow, V. M. (Hrsg.): *Geschichte der Diplomatie,* II: 1870–1914. (russ.) Moskau 1963

Dallin, D. J.: *The Rise of Russia in Asia,* New Haven 1949

Dehio, L.: *Deutschland und die Weltpolitik im 20. Jahrhundert,* Frankfurt 1961

Dervall, Wolf von: *Die chinesische Frage und der Völkerbund,* Berlin 1919

Dirksen, Herbert von: *Moskau-Tokio-London. Erinnerung und Betrachtungen zu 20 Jahren deutscher Außenpolitik 1919–1939,* Stuttgart 1949

Djang, Feng Djen: *The Diplomatic Relations between China and Germany since 1898,* Shanghai 1936 (Nachdruck: Taipeh. 1971)

Documents on German Foreign Policy 1918–1945. Serie C: Bd. I-V, London 1957–1966

Drechsler, Karl: *Deutschland-China-Japan, 1933–1939, das Dilemma der deutschen Fernostpolitik,* Berlin-Ost 1964

d'Elia, Pasquale M.: *Galileo in China. Relations through the Roman College between Galileo and the Jesuit Scientist-Missionaries* (1610–1640), Cambridge (Mass.) 1960

d'Elia, Pasquale M.: *The Catholic Missions in China,* Shanghai 1934

Ellis, Howard S.: *French and German Investments in China,* Honolulu, Institute of Pacific Relations 1929

Fabritzek, Uwe G.: »Deutschland, China und der sino-sowjetische Konflikt«, *Internationale Asienforum* 1971 Nr. 3, S. 312–348

Fabritzek, Uwe G.: »Deutschland in der Außenpolitik Chinas«, *Außenpolitik* Nr. 1/1972, S. 30–39

Fabritzek, Uwe G.: »Die DDR und der Konflikt zwischen Peking und Moskau«, *Deutschland Archiv* 1972 Nr. 8, S. 828–836
Fabritzek, Uwe G.: »Moskau, Peking und die SED«, *Osteuropa* 1973 Nr. 3, S. 186–192
Fabritzek, Uwe G.: »China und Europa«, *Zeitschrift für Politik* 1972 Nr. 4, S. 347–364
Fairbank, John K.: *Trade and Diplomacy on the China Coast. The Opening of the Treaty Ports 1842 to 1854*, 2 Bände. Cambridge (Mass.) 1953
Fairbank, John K. (Hrsg.): *The Chinese World Order*, Cambridge, Harvard University Press 1968
Fairbank, John K. und Teng, Ssu-yü: *Chinas Response to the West*, Cambridge, Harvard University Press 1965
Fischer, Martin: *Setschuan: Diplomatie und Reisen in China während der letzten drei Jahre der Kaiserzeit*, München 1968
Fischer, Otto: *China und Deutschland*, München1927
Franke, Otto: »Leibniz und China«. In: *Zeitschrift der deutschen Morgenländischen Gesellschaft*. Neue Folge: Band 7 (Band 82), 1928, S. 155–178
Franke, Otto: »Der chinesische Staatsgedanke und seine Bedeutung für die abendländisch-chinesischen Beziehungen«. In: *Ostasiatische Neubildungen*, Hamburg 1911
Franke, Otto: *Die Großmächte in Ostasien von 1894 bis 1914, ein Beitrag zur Vorgeschichte des Krieges*, Braunschweig und Hamburg 1923
Franke, Otto: *Geschichte des chinesischen Reiches*, Berlin/Leipzig. Bd. I. 1930; Bd. III 1936
Franke, Wolfgang: *China und das Abendland*, Göttingen 1962
Franke, Wolfgang: *Das Jahrhundert der chinesischen Revolution* 1851–1949, München 1958
Franke, Wolfgang: *Chinas kulturelle Revolution. Die Bewegung vom 4. Mai 1919*, München 1957
Franke, Herbert und Trauzettel, Rolf: *Das chinesische Kaiserreich*, Frankfurt 1968
Der Friedensvertrag von Versailles nebst Schlußprotokoll und Rheinlandstatut sowie Mantelnote und deutschen Ausführungsbestimmungen. Neue durchgesehene Ausgabe in der durch das Londoner Protokoll vom 30. 8. 1924 revidierten Fassung, Berlin o. J.
Glade, D.: *Bremen und der Ferne Osten, 1782–1914*, Bremen 1966
Gollwitzer, H.: *Die gelbe Gefahr*, Göttingen 1962
Grieder, Jerome B.: *Hu Shih and the Chinese Renaissance. Liberalism in the Chinese Revolution 1917–1937*, Cambridge (Mass.) 1970
Die Große Politik der Europäischen Kabinette 1871–1914. Sammlung der diplomatischen Akten des Auswärtigen Amtes. Berlin, 40 Bände
Grosse, Ernst: *Ostasiatische Erinnerungen eines Kolonial- und Auslanddeutschen*, München 1938
Grote, G.: *Untersuchungen zur deutschen Kolonialpolitik um die Jahrhundertwende*, Berlin 1940
Hallgarten, G. W. F.: *Imperialismus vor 1914*, 2 Bde., München 1963
Halpern, A. N.: *Policies toward China: Views from Six Continents*, New York 1965
Hay, Malcolm: *Failure in the Far East. Why and How the Breach between the Western World and China first began*, Wetteren 1956
Hellferich, Emil: *Deutschlands Stellung in Chinas Außenhandel*, Nanking 1936
Hildebrand, K.: *Vom Reich zum Weltreich. Hitler, NSDAP und koloniale Frage, 1919–1945*, München 1969
Hirth, F.: *China and the Roman Orient*, Shanghai 1885
Hoetzsch, O.: *Rußland in Asien. Geschichte einer Expansion*, Stuttgart 1966
Ho Kan-chih: *History of the Modern Chinese Revolution*, Peking, Foreign Languages Press 1959
Hsü, Immanuel C. Y.: *China's Entrance into the Family of Nations. The Diplomatic Phase 1858–1880*, Cambridge (Mass.) 1960.
Hu, Pin: Shih chiu shih chi mo yeh ti kuo chu i cheng to Chung kuo ch'üan i shih (Die

Geschichte des Wettkampfes imperialistischer Mächte um die Interessen in China im späten 19. Jahrhundert), Peking 1957
Hudson, Goeffrey Francis: *Europe und China. A survey of their relations from the earliest times to 1800*, Boston 1961
Iklé, Frank William: *German-Japanese Relations, 1936–1940*. New York 1956
Irmer, A. J.: *Die Erwerbung von Kiautschow, 1897–1898*, Köln 1930
Jacobsen, H.-A.: »Zur Programmatik und Struktur der nationalsozialistischen Außenpolitik 1919–1939«. In: Beilage zur Wochenzeitschrift *Das Parlament*, Nr. B 50/1967
Jerussalimski, A. S.: *Die Außenpolitik und die Diplomatie des Deutschen Imperialismus Ende des 19. Jahrhunderts*, Berlin 1954
Kammerer, Albert: *La découverte de la Chine par les Portugais au XVIème siècle et la cartographie des Portulans*, Leiden 1944
Karst, Heinrich: *Deutschland-Ostasien. Festschrift des Ostasiatischen Vereins Hamburg-Bremen zum 60jährigen Bestehen*, Hamburg 1960
Kindermann, G. K. (Hrsg.): *Konfuzianismus, Sunyatsenismus und chinesischer Kommunismus*, Freiburg 1963
Krieger, Konrad S.: *Das sowjetisch-japanische Verhältnis 1933–1941*, Mainz 1970
Ku Hung-ming: Chinas Verteidigung gegen europäische Ideen, Jena 1917
Krupinski, K.: *Die russisch-japanischen Beziehungen von ihren Anfängen bis zum Frieden von Portsmouth*, (Phil. Diss.) Berlin/Tilsit 1939
Kuo Heng-yü: *China und die »Barbaren«. Eine geistesgeschichtliche Standortbestimmung*, Pfullingen 1967
Lach, Donald F.: *China in the Eyes of Europe*, Chicago, The University of Chicago Press 1968
Lensen, G. A. (Hrsg.): *Russia's Eastward Expansion*, Englewood Cliffs 1964
Lensen, G. A. (Hrsg.): *The Russo-Chinese War*, Tallahassee 1967
Liu, F. F.: *A Military History of Modern China 1924–1949*, Princeton, New Jersey 1956
Lobanov-Rostovsky, A.: *Russia and Asia*, Ann Arbor (Michigan) 1951
Malozemoff, A.: *Russian Far Eastern Policy, 1881–1904*, Berkeley 1958
Majonica, Ernst: *Bonn-Peking. Die Beziehungen der Bundesrepublik Deutschland zur Volksrepublik China*, Stuttgart 1971
Malraux, André: *So lebt der Mensch* (Conditio Humana), Stuttgart 1968
Mehner, Karl: *Die Rolle deutscher Militärberater als Interessenvertreter des deutschen Imperialismus und Militarismus (1928–1936)*, (Diss.) Leipzig 1961
Menz, Gerhard: *Flutwende. Die Entwicklung der Beziehungen Chinas zum Abendland in den letzten 100 Jahren*, Leipzig 1927
Merkel, Franz Rudolf: *G. W. von Leibniz und die China-Mission. Eine Untersuchung über die Anfänge der protestantischen Missionsbewegung*, Leipzig 1920
Moule und Pelliot: *Marco Polo, The Description of the World*, 2 Bde. London 1938
Müller-Tabusch, M.: *Fünfzig Jahre Deutsch-Asiatische Bank 1890–1939*, Berlin 1940
Narocnickij, A. L.: *Die Kolonialpolitik der kapitalistischen Staaten im Fernen Osten* (russ.), Moskau 1956
Nieh, Yu-hsi: *Die Entwicklung des chinesisch-japanischen Konfliktes in Nordchina und die deutschen Vermittlungsbemühungen* 1937–1938. Mitteilungen des Instituts für Asienkunde. Nr. 33. Hamburg 1970
Osten, Walter: *Die Außenpolitik der DDR*, Opladen 1969
Pang Bin-chin: *Der Außenhandel zwischen Deutschland und China und die deutsch-chinesische Außenhandelspolitik*, Erlangen 1937
Politisches Archiv des Auswärtigen Amtes Bonn. Büro des Staatssekretärs. Akten betreffend: Krieg: China-Japan. Band 1–4
Pu Yi, Aisin-goro: *Vom Kaiser zum Bürger*, Peking 1965
Poole, De Witt C.: »Light on Nazi Foreign Policy« *Foreign Affairs*, XXV (1946), S. 130–154
Reichwein, Adolf: *China und Europa. Geistige und künstlerische Beziehungen im 18. Jahrhundert*, Berlin 1923 (engl. Ausgaben: *China and Europe*, New York 1925; London. 1925)

Richthofen Ferdinand Freiherr von: *China*. Band I. Berlin, 1877. Nachdruck: Graz 1971
Risch, Friedrich: *Johann de Plano Carpini. Geschichte der Mongolen und Reisebericht 1245–1247*, Leipzig 1930
Romanov, B. A.: Rußlands »Friedliche Durchdringung der Mandschurei«. In: Wehler, H.-U.: *Imperialismus*, Köln 1972, S. 351–388
Ruete, Hans Hellmuth: *Der Einfluß des Abendländischen Rechtes auf die Rechtsgestaltung in Japan und China*, Bonn 1930
Rupprecht, Prinz von Bayern: *Reiseerinnerungen aus Ostasien*, München 1906
Fan Wön-lan: *Neue Geschichte Chinas*, Berlin Ost 1959
Shukov, J. M.: *Die internationalen Beziehungen im Fernen Osten, 1870–1950*, Berlin 1955
Sommer, Theo: *Deutschland und Japan zwischen den Mächten 1935–1940*, Tübingen 1962
Somner, B. H.: »Der russische Imperialismus in Ostasien und im Mittleren Osten 1880–1914«. In: Wehler, H.-U.: *Imperialismus*, Köln 1972, S. 321–350
Spellmeyer, Hans: *Deutsche Kolonialpolitik im Reichstag*, Stuttgart 1931
Schenke, Wolf: *Reise an der gelben Front. Beobachtungen eines deutschen Kriegsberichterstatters in China*, Oldenburg i. O./Berlin 1940
Schenke, Wolf: *Mit China allein. Entscheidende Jahre 1939–1947*, Hamburg 1971
Schlomann, Friedrich und Friedlingstein, Paulette: *Die Maoisten. Pekings Filialen in Westeuropa*, Frankfurt 1970
Schreiner, Albert: *Zur Geschichte der deutschen Außenpolitik 1871–1945*, Berlin 1952
Schröder, H.-C.: *Marx und Engels und der Kolonialismus in China und Indien*, Frankfurt 1970
Steinmann, F. von: *Rußlands Politik im Fernen Osten*. (Phil. Diss.), Berlin/Leipzig 1972
Stoecker, Helmuth: »Preußisch-deutsche China-Politik in den 1860/70er Jahren« In: Wehler H.-U.: *Imperialismus*, Köln 1972 S. 243–258
Stoecker, Helmuth: *Deutschland und China im 19. Jahrhundert. Das Eindringen des deutschen Kapitalismus*, Berlin (Ost) 1958
Stoecker, Helmut: »Dokumente zur deutschen Politik in der Frage der Industrialisierung Chinas (1889–1894)«. In: *Zeitschrift für Geschichtswissenschaft*, Berlin-Ost. Bd. V, Nr. 3, 603–606
Schmidt, Giselher: *Hitlers und Maos Söhne. NPD und Neue Linke*, Frankfurt 1969
Tompkins, P.: *American Russian Relations in the Far East*, New York 1959
Tschiang, Kai-schek: *Sowjet-Rußland in China*, Bonn 1959
Väth, Alfons: *Johann Adam Schall von Bell S. J.*, Köln 1933
Wang, Anna: *Ich kämpfte für Mao: Eine deutsche Frau erlebt die chinesische Revolution*, Hamburg 1964
Wang, Chia-hung: »Chin pai nien Chung Te kuan hsi shu yao« (Kurze Darstellung der deutsch-chinesischen Beziehungen in den letzten hundert Jahren). In: *Chung Te-wen-hua-lun-chi* (Schriftensammlung chinesisch-deutsche Kulturbeziehungen), Taipeh 1966
Wang, Y. C.: *Chinese Intellectuals and the West 1872–1949*, Chapel Hill. 1966
Wehler, Hans-Ulrich: »Bismarcks Imperialismus 1862–1890«. In: Wehler, H.-U.: *Imperialismus*, Köln 1972, S. 259–288
Wehler, Hans-Ulrich: *Bismarck und der Imperialismus*, Köln 1969
Wermann, Ernst: *Die Schantung-Frage*, Leipzig 1931
White, J. A.: *The Diplomacy of the Russo-Japanese War*, Princeton 1964
Kaiser Wilhelm II: *Ereignisse und Gestalten aus den Jahren 1878–1918*, Berlin 1922
Wilhelm, Richard: *Ostasien*. Potsdam 1928
Wu Yü-dschang: *Die Hsinhai-Revolution 1911*, Peking 1962
Wood, Carlton Leroy: *Die Beziehungen Deutschlands zu China*, Phil. Diss. Heidelberg 1936
Wu Chao-Kwang: *The International Aspect of the Missionary Movement in China*, Baltimore/London/Oxford 1930
Zabriskie, E. H.: *American-Russian Rivalry in the Far East, 1895–1914*, Philadelphia 1946

Les infortunes de la vertu

DU MEME AUTEUR

Dialogues entre un prêtre et un moribond
Aline et Valcour
Justine ou les Malheurs de la vertu
Histoire de Juliette ou les Prospérités du vice
Les crimes de l'amour
La philosophie dans le boudoir
Les cent vingt journées de Sodome
Idées sur les romans

Sade

Les infortunes de la vertu

Librio

Texte intégral

Le triomphe de la philosophie serait de jeter du jour sur l'obscurité des voies dont la providence se sert pour parvenir aux fins qu'elle se propose sur l'homme, et de tracer d'après cela quelque plan de conduite qui pût faire connaître à ce malheureux individu bipède, perpétuellement ballotté par les caprices de cet être qui, dit-on, le dirige aussi despotiquement, la manière dont il faut qu'il interprète les décrets de cette providence sur lui, la route qu'il faut qu'il tienne pour prévenir les caprices bizarres de cette fatalité à laquelle on donne vingt noms différents, sans être encore parvenu à la définir.

Car si, partant de nos conventions sociales et ne s'écartant jamais du respect qu'on nous inculqua pour elles dans l'éducation, il vient malheureusement à arriver que par la perversité des autres, nous n'ayons pourtant jamais rencontré que des épines, lorsque les méchants ne cueillaient que des roses, des gens privés d'un fonds de vertu assez constaté pour se mettre au-dessus des réflexions fournies par ces tristes circonstances, ne calculeront-ils pas qu'alors il vaut mieux s'abandonner au torrent que d'y résister, ne diront-ils pas que la vertu telle belle qu'elle soit, quand malheureusement elle devient trop faible pour lutter contre le vice, devient le plus mauvais parti qu'on puisse prendre et que dans un siècle entièrement corrompu le plus sûr est de faire comme les autres ? Un peu plus instruits si l'on veut, et abusant des lumières qu'ils ont acquises, ne diront-ils pas avec l'ange Jesrad de *Zadig* qu'il n'y a aucun mal dont il ne naisse un bien ; n'ajouteront-ils pas à cela d'eux-mêmes que puisqu'il y a dans la constitution imparfaite de notre mauvais monde une somme de maux égale à celle du bien, il est essentiel pour le maintien de l'équilibre qu'il y ait autant de bons que de méchants, et que d'après cela il devient égal au plan général que tel ou tel soit bon ou méchant de préférence; que si le malheur persécute la vertu, et que la prospérité accompagne presque toujours le vice, la chose étant égale aux vues de la nature, il vaut infiniment mieux prendre parti parmi les méchants qui prospèrent que parmi les vertueux qui périssent? Il est donc important de prévenir ces sophismes dangereux de la philosophie, essentiel de faire voir que les exemples de la vertu malheureuse présentés à une âme corrompue dans laquelle il reste encore pourtant quelques bons principes, peuvent ramener cette âme au bien tout aussi sûrement que si on lui eût offert dans cette route de la vertu les palmes les plus brillantes et les plus flatteuses récompenses. Il est cruel sans doute d'avoir à peindre une foule de malheurs accablant la femme douce et sensible qui respecte le mieux la vertu, et d'une autre part la plus brillante fortune chez celle qui la méprise toute sa vie; mais s'il naît cependant un bien de l'esquisse de ces deux tableaux, aura-t-on à se reprocher de les avoir offerts au public? pourra-t-on former quelque remords d'avoir établi un fait, d'où il résultera pour le sage qui lit avec fruit la leçon si utile de la soumission aux ordres de la providence, une partie du développement de ses plus secrètes énigmes et l'avertissement fatal que c'est souvent pour nous ramener à nos devoirs que le ciel frappe à côté de nous les êtres qui paraissent même avoir le mieux rempli les leurs?

Tels sont les sentiments qui nous mettent la plume à la main, et c'est en considération de leur bonne foi que nous demandons à nos lecteurs un peu d'attention mêlé d'intérêt pour les infortunes de la triste et misérable Justine.

Mme la comtesse de Lorsange était une de ces prêtresses de Vénus, dont la fortune est l'ouvrage d'une figure enchanteresse, de beaucoup d'inconduite et de fourberie, et dont les titres quelque pompeux qu'ils soient ne se trouvent que dans les archives de Cythère, forgés par l'impertinence qui les prend et soutenus par la sotte crédulité qui les donne. Brune, fort vive, une belle taille, des yeux noirs d'une expression prodigieuse, de l'esprit et surtout cette incrédulité de mode qui, prêtant un sel de plus aux passions, fait rechercher avec bien plus de soin la femme en qui l'on la soupçonne; elle avait reçu néanmoins la plus brillante éducation possible; fille d'un très gros commerçant de la rue Saint-Honoré, elle avait été élevée avec une sœur plus jeune qu'elle de trois ans dans un des meilleurs couvents de Paris, où jusqu'à l'âge de quinze ans, aucun conseil, aucun maître, aucun bon livre, aucun talent ne lui avait été refusé. A cette époque fatale pour la vertu d'une jeune fille, tout lui manqua dans un seul jour. Une banqueroute affreuse précipita son père dans une situation si cruelle que tout ce qu'il put faire pour échapper au sort le plus sinistre fut de passer promptement en Angleterre, laissant ses filles à sa femme qui mourut de chagrin huit jours après le départ de son mari. Un ou deux parents qui restaient au plus délibérèrent sur ce qu'ils feraient des filles, et leur part faite se montant à environ cent écus chacune, la résolution fut de leur ouvrir la porte, de leur donner ce qui leur revenait et de les rendre maîtresses de leurs actions. Mme de Lorsange qui se nommait alors Juliette et dont le caractère et l'esprit étaient à fort peu de chose près aussi formés qu'à l'âge de trente ans, époque où elle était lors de l'anecdote que nous racontons, ne parut sensible qu'au plaisir d'être libre, sans réfléchir un instant aux cruels revers qui brisaient ses chaînes. Pour Justine, sa sœur, venant d'atteindre sa douzième année, d'un caractère sombre et mélancolique, douée d'une tendresse, d'une sensibilité surprenantes, n'ayant au lieu de l'art et de la finesse de sa sœur, qu'une ingénuité, une candeur, une bonne foi qui devaient la faire tomber dans bien des pièges, elle sentit toute l'horreur de sa position. Cette jeune fille avait une physionomie toute différente de celle de Juliette; autant on voyait d'artifice, de manège, de coquetterie dans les traits de l'une, autant on admirait de pudeur, de délicatesse et de timidité dans l'autre. Un air de vierge, de grands yeux bleus pleins d'intérêt, une peau éblouissante, une taille fine et légère, un son de voix touchant, des dents d'ivoire et de beaux cheveux blonds, telle est l'esquisse de cette cadette charmante dont les grâces naïves et les traits délicieux sont d'une touche trop fine et trop délicate pour ne pas échapper au pinceau qui voudrait les réaliser.

On leur donna vingt-quatre heures à l'une et à l'autre pour quitter le couvent, leur laissant le soin de se pourvoir avec leurs cent écus où bon leur semblerait. Juliette, enchantée d'être sa maîtresse, voulut un moment essuyer les pleurs de

Justine, mais voyant qu'elle n'y réussirait pas, elle se mit à la gronder au lieu de la consoler, elle lui dit qu'elle était une bête et qu'avec l'âge et les figures qu'elles avaient, il n'y avait point d'exemple que des filles mourussent de faim ; elle lui cita la fille d'une de leurs voisines, qui s'étant échappée de la maison paternelle, était maintenant richement entretenue par un fermier général et roulait carrosse à Paris. Justine eut horreur de ce pernicieux exemple, elle dit qu'elle aimerait mieux mourir que de le suivre et refusa décidément d'accepter un logement avec sa sœur sitôt qu'elle la vit décidée au genre de vie abominable dont Juliette lui faisait l'éloge.

Les deux sœurs se séparèrent donc sans aucune promesse de se revoir, dès que leurs intentions se trouvaient si différentes. Juliette qui allait, prétendait-elle, devenir une grande dame, consentirait-elle à revoir une petite fille dont les inclinations *vertueuses* et basses allaient la déshonorer, et de son côté Justine voudrait-elle risquer ses mœurs dans la société d'une créature perverse qui allait devenir victime de la crapule et de la débauche publique ? Chacune chercha donc des ressources et quitta le couvent dès le lendemain ainsi que cela était convenu.

Justine caressée étant enfant par la couturière de sa mère, s'imagina que cette femme serait sensible à son sort, elle fut la trouver, elle lui raconta sa malheureuse position, lui demanda de l'ouvrage et en fut durement rejetée...

— Oh, ciel ! dit cette pauvre petite créature, faut-il que le premier pas que je fais dans le monde ne me conduise déjà qu'aux chagrins... cette femme m'aimait autrefois, pourquoi donc me repousse-t-elle aujourd'hui ?... Hélas, c'est que je suis orpheline et pauvre... c'est que je n'ai plus de ressource dans le monde et qu'on n'estime les gens qu'en raison des secours, ou des agréments que l'on s'imagine en recevoir.

Justine voyant cela fut trouver le curé de sa paroisse, elle lui demanda quelques conseils, mais le charitable ecclésiastique lui répondit équivoquement que la paroisse était surchargée, qu'il était impossible qu'elle pût avoir part aux aumônes, que cependant si elle voulait le servir, il la logerait volontiers chez lui ; mais comme en disant cela le saint homme lui avait passé la main sous le menton en lui donnant un baiser beaucoup trop mondain pour un homme d'Église, Justine qui ne l'avait que trop compris se retira fort vite, en lui disant :

— Monsieur, je ne vous demande ni l'aumône, ni une place de servante, il y a trop peu de temps que je quitte un état au-dessus de celui qui peut faire solliciter ces deux grâces, pour en être encore réduite là; je vous demande les conseils dont ma jeunesse et mon malheur ont besoin, et vous voulez me les faire acheter par un crime...

Le curé révolté de ce terme ouvre la porte, la chasse brutalement, et Justine, deux fois repoussée dès le premier jour qu'elle est condamnée à l'isolisme, entre dans une maison où elle voit un écriteau, loue une petite chambre garnie, la paye d'avance et s'y livre tout à l'aise au chagrin que lui inspirent son état et la cruauté du peu d'individus auxquels sa malheureuse étoile l'a contrainte d'avoir affaire.

Le lecteur nous permettra de l'abandonner quelque temps dans ce réduit obscur, pour retourner à Juliette et pour lui apprendre le plus brièvement possible comment du simple état où nous la voyons sortir, elle devint en quinze ans femme titrée, possédant plus de trente mille livres de rentes, de très beaux bijoux, deux ou trois maisons tant à la campagne qu'à Paris, et pour l'instant, le cœur, la richesse et la confiance de M. de Corville, conseiller d'État, homme dans le plus grand crédit et à la veille d'entrer dans le ministère... La route fut épineuse... on n'en doute assurément pas, c'est par l'apprentissage le plus honteux et le plus dur, que ces demoiselles-là font leur chemin, et telle est dans le lit d'un prince aujourd'hui qui porte peut-être encore sur elle les marques humiliantes de la brutalité des libertins dépravés, entre les mains desquels son début, sa jeunesse et son inexpérience la jetèrent.

En sortant du couvent, Juliette fut tout simplement trouver une femme qu'elle avait entendu nommer à cette amie de son voisinage qui s'était pervertie et dont elle avait retenu l'adresse; elle y arrive effrontément avec son paquet sous le bras, une petite robe en désordre, la plus jolie figure du monde, et l'air bien écolière; elle conte son histoire à cette femme, elle la supplie de la protéger comme elle a fait il y a quelques années de son ancienne amie.

— Quel âge avez-vous, mon enfant? lui demande Mme Du Buisson.

— Quinze ans dans quelques jours, madame.

— Et jamais personne...

— Oh non, madame, je vous le jure.

— Mais c'est que quelquefois dans ces couvents un aumônier... une religieuse, une camarade... il me faut des preuves sûres.

— Il ne tient qu'à vous de vous les procurer, madame...

Et la Du Buisson, s'étant affublée d'une paire de lunettes et ayant vérifié par elle-même l'état exact des choses, dit à Juliette :

— Eh bien mon enfant, vous n'avez qu'à rester ici, beaucoup de soumission à mes conseils, un grand fonds de complaisance pour mes pratiques, de la propreté, de l'économie, de la candeur vis-à-vis de moi, de l'urbanité avec vos compagnes et de la fourberie envers les hommes, dans quelques années d'ici je vous mettrai en état de vous retirer dans une chambre avec une commode, un trumeau, une servante, et l'art que vous aurez acquis chez moi vous donnera de quoi vous procurer le reste.

La Du Buisson s'empara du petit paquet de Juliette, elle lui demanda si elle n'avait point d'argent et celle-ci ayant trop franchement avoué qu'elle avait cent écus, la chère maman s'en empara en assurant sa jeune élève qu'elle placerait ce petit fonds à son profit, mais qu'il ne fallait pas qu'une jeune fille eût d'argent... c'était un moyen de faire mal et dans un siècle aussi corrompu, une fille sage et bien née devait éviter avec soin tout ce qui pouvait la faire tomber dans quelque piège. Ce sermon fini, la nouvelle venue fut présentée à ses compagnes, on lui indiqua sa chambre dans la maison et dès le lendemain, ses prémices furent en vente ; en quatre mois de temps, la même marchandise fut successivement vendue à quatre-vingts personnes qui toutes la payèrent comme neuve, et ce [ne] fut qu'au bout de cet épineux noviciat que Juliette prit des patentes de sœur converse. De ce moment elle fut réellement reconnue comme fille de la maison et en partagea les libidineuses fatigues... autre noviciat ; si dans l'un à quelques écarts près Juliette avait servi la nature, elle en oublia les lois dans le second : des recherches criminelles, de honteux plaisirs, de sourdes et crapuleuses débauches, des goûts scandaleux et bizarres, des fantaisies humiliantes, et tout cela fruit d'une part du désir de jouir sans risquer sa santé, de l'autre, d'une satiété pernicieuse qui blasant l'imagination, ne la laisse plus s'épanouir que par des excès et se rassasier que de dissolutions... Juliette corrompit entièrement ses mœurs dans cette seconde école et les triomphes qu'elle vit obtenir au vice dégradèrent totalement son âme; elle sentit que née pour le crime, au moins devait-elle aller au grand, et renoncer à languir dans un état subalterne qui en lui faisant faire les mêmes fautes, en l'avilissant également, ne lui rapportait pas à beaucoup près le même profit. Elle plut à un vieux seigneur fort débauché qui d'abord ne l'avait fait venir que pour l'aventure d'un quart d'heure, elle eut l'art de s'en faire magnifiquement entretenir et parut enfin aux spectacles, aux promenades à côté des cordons bleus de l'ordre de Cythère; on la regarda, on la cita, on l'envia et la friponne sut si bien s'y prendre qu'en quatre ans elle ruina trois hommes, dont le plus pauvre avait cent mille écus de rentes. Il n'en fallut pas davantage pour faire sa réputation; l'aveuglement des gens du siècle est tel, que plus une de ces malheureuses a prouvé sa malhonnêteté, plus on est envieux d'être sur sa liste, il semble que le degré de son avilissement et de sa corruption devienne la mesure des sentiments que l'on ose afficher pour elle.

Juliette venait d'atteindre sa vingtième année lorsqu'un comte de Lorsange, gentilhomme angevin âgé d'environ quarante ans, devint si tellement épris d'elle qu'il se résolut de lui donner son nom, n'étant pas assez riche pour l'entretenir; il lui reconnut douze mille livres de rentes, lui assura le reste de sa fortune qui allait à huit, s'il venait à mourir avant elle, lui donna une maison, des gens, une livrée, et une sorte de considération dans le monde qui parvint en deux ou trois ans à faire oublier ses débuts. Ce fut ici où la malheureuse Juliette oubliant tous les sentiments de sa naissance honnête et de sa bonne éducation, pervertie par de mauvais livres et de mauvais conseils, pressée de jouir seule, d'avoir un nom, et point de chaîne, osa se livrer à la coupable pensée d'abréger les jours de son mari... Elle la conçut et elle l'exécuta avec assez de secret malheureusement pour se mettre à l'abri des poursuites, et pour ensevelir avec cet époux qui la gênait toutes les traces de son abominable forfait.

Redevenue libre et comtesse, Mme de Lorsange reprit ses anciennes habitudes mais se croyant quelque chose dans le monde, elle y mit un peu plus de décence; ce n'était plus une fille entretenue, c'était une riche veuve qui donnait de jolis soupers, chez laquelle la ville et la cour étaient trop heureuses d'être admises, et qui néanmoins couchait pour deux cents louis et se donnait pour cinq cents par mois. Jusqu'à vingt-six ans elle fit encore de brillantes conquêtes, ruina trois ambassadeurs, quatre fermiers généraux, deux évêques et trois chevaliers des ordres du roi, et comme il est rare de s'arrêter après un premier crime surtout quand il a tourné heureusement, Juliette, la malheureuse et coupable Juliette, se noircit de deux nouveaux crimes semblables au premier, l'un pour voler un de ses amants qui lui avait confié une somme considérable que toute la famille de cet homme ignorait et que Mme de Lorsange put mettre à l'abri par ce crime odieux, l'autre pour avoir plus tôt un legs de cent mille francs qu'un de ses adorateurs avait mis sur son testament en sa faveur au nom d'un tiers qui devait rendre la somme au moyen d'une légère rétribution. A ces horreurs, Mme de Lorsange joignait deux ou trois infanticides; la crainte de gâter sa jolie taille, le désir de cacher une double intrigue, tout lui fit prendre la résolution de se faire avorter plusieurs fois, et ces crimes ignorés comme les autres n'empêchèrent pas cette créature adroite et ambitieuse de trouver journellement de nouvelles dupes et de grossir à tout moment sa fortune tout en accumulant ses crimes. Il n'est donc malheureusement que trop vrai que la prospérité peut accompagner le crime et qu'au sein même du désordre et de la corruption la plus réfléchie, tout ce que les hommes appellent le bonheur peut dorer le fil de la vie; mais que cette cruelle et fatale vérité n'alarme pas, que celle dont nous allons bientôt offrir l'exemple, du malheur au contraire poursuivant partout la vertu, ne tourmente pas davantage l'âme des honnêtes gens. Cette prospérité du crime n'est qu'apparente; indépendamment de la providence qui doit nécessairement punir de tels succès, le coupable nourrit au fond de son cœur un ver qui, le rongeant sans cesse, l'empêche de jouir de cette lueur de félicité qui l'environne et ne lui laisse au lieu d'elle que le souvenir déchirant des crimes qui la lui ont acquise. A l'égard du malheur qui tourmente la vertu, l'infortuné que le sort persécute a pour consolation sa conscience, et les jouissances secrètes qu'il retire de sa pureté le dédommagent bientôt de l'injustice des hommes.

Tel était donc l'état des affaires de Mme de Lorsange lorsque M. de Corville, âgé de cinquante ans et jouissant du crédit que nous avons peint plus haut, résolut de se sacrifier entièrement pour cette femme, et de la fixer décidément à lui. Soit attention, soit procédés, soit sagesse de la part de Mme de Lorsange, il y était parvenu et il y avait quatre ans qu'il vivait avec elle absolument comme avec une épouse légitime, lorsqu'une terre superbe qu'il venait de lui acheter auprès de Montargis, les avait déterminés l'un et l'autre à y aller passer quelques mois de l'été. Un soir du mois de juin où la beauté du temps les avait engagés à venir se promener jusqu'à la ville, trop fatigués pour pouvoir retourner de la même manière, ils étaient entrés dans l'auberge où descend le coche de Lyon, à dessein d'envoyer de là un homme à cheval leur chercher une voiture au château ; ils se reposaient dans une salle basse et fraîche donnant sur la cour, lorsque le coche dont nous venons de parler entra dans la maison. C'est un amusement naturel que de considérer des voyageurs ; il n'y a personne qui dans un moment de désœuvrement ne le remplisse par cette distraction quand elle se présente. Mme de Lorsange se leva, son amant la suivit et ils virent entrer dans l'auberge toute la société voyageuse. Il paraissait qu'il n'y avait plus personne dans la voiture lorsqu'un cavalier de maréchaussée, descendant du panier, reçut dans ses bras, d'un de ses camarades également niché dans la même place, une jeune fille d'environ vingt-six à vingt-sept ans, enveloppée dans un mauvais mantelet d'indienne et liée comme une criminelle. A un cri d'horreur et de surprise qui échappa à Mme de Lorsange la jeune fille se retourna, et laissa voir des traits si doux et si délicats, une taille si fine et si dégagée que M. de Corville et sa maîtresse ne purent s'empêcher de s'intéresser pour cette misérable créature. M. de Corville s'approche et demande à l'un des cavaliers ce qu'a fait cette infortunée.

— Ma foi, monsieur, répondit l'alguazil, on l'accuse de trois ou quatre crimes énormes, il s'agit de vol, de meurtre et d'incendie, mais je vous avoue que mon camarade et moi n'avons jamais conduit de criminel avec autant de répugnance ; c'est la créature la plus douce et qui paraît la plus honnête...

— Ah, ah, dit M. de Corville, ne pourrait-il pas y avoir là quelqu'une de ces bévues ordinaires aux tribunaux subalternes ? Et où s'est commis le délit ?

— Dans une auberge à trois lieues de Lyon, c'est Lyon qui

l'a jugée, elle va à Paris pour la confirmation de la sentence, et reviendra pour être exécutée à Lyon.

Mme de Lorsange qui s'était approchée et qui entendait le récit, témoigna tout bas à M. de Corville le désir qu'elle aurait d'entendre de la bouche de cette fille l'histoire de ses malheurs et M. de Corville qui concevait aussi le même désir en fit part aux conducteurs de cette fille, en se faisant connaître à eux; ceux-ci ne s'y opposèrent point, on décida qu'il fallait passer la nuit à Montargis, on demanda un appartement commode auprès duquel il y en eût un pour les cavaliers, M. de Corville répondit de la prisonnière, on la délia, elle passa dans l'appartement de M. de Corville et de Mme de Lorsange, les gardes soupèrent et couchèrent auprès, et quand on eut fait prendre un peu de nourriture à cette malheureuse, Mme de Lorsange qui ne pouvait s'empêcher de prendre à elle le plus vif intérêt, et qui sans doute se disait à elle-même: « Cette misérable créature peut-être innocente est traitée comme une criminelle, tandis que tout prospère autour de moi — de moi qui la suis sûrement bien plus qu'elle » — Mme de Lorsange, dis-je, dès qu'elle vit cette jeune fille un peu remise, un peu consolée des caresses qu'on lui faisait et de l'intérêt qu'on paraissait prendre à elle, l'engagea de raconter par quel événement avec un air aussi honnête et aussi sage elle se trouvait dans une aussi funeste circonstance.

— Vous raconter l'histoire de ma vie, madame, dit cette belle infortunée en s'adressant à la comtesse, est vous offrir l'exemple le plus frappant des malheurs de l'innocence. C'est accuser la providence, c'est s'en plaindre, c'est une espèce de crime et je ne l'ose pas...

Des pleurs coulèrent alors avec abondance des yeux de cette pauvre fille, et après leur avoir donné cours un instant elle commença son récit dans ces termes.

— Vous me permettrez de cacher mon nom et ma naissance, madame, sans être illustre, elle est honnête, et je n'étais pas destinée à l'humiliation, d'où la plus grande partie de mes malheurs sont nés. Je perdis mes parents fort jeune, je crus avec le peu de secours qu'ils m'avaient laissé pouvoir attendre une place honnête et refusant constamment toutes celles qui ne l'étaient pas, je mangeai sans m'en apercevoir le peu qui m'était échu; plus je devenais pauvre, plus j'étais méprisée; plus j'avais besoin de secours, moins j'espérais d'en obtenir ou plus il m'en était offert d'indignes et d'ignominieux. De toutes les duretés que j'éprouvai dans cette malheureuse situation, de tous les propos horribles qui me furent tenus, je ne vous citerai que ce qui m'arriva chez M. Dubourg, l'un des plus riches traitants de la capitale. On m'avait adressée à lui comme à un des hommes dont le crédit et la richesse pouvaient le plus sûrement adoucir mon sort, mais ceux qui m'avaient donné ce conseil, ou voulaient me tromper, ou ne connaissaient pas la dureté de l'âme de cet homme et la dépravation de ses mœurs. Après avoir attendu deux heures dans son antichambre, on m'introduisit enfin; M. Dubourg, âgé d'environ quarante-cinq ans, venait de sortir de son lit, entortillé dans une robe flottante qui cachait à peine son désordre; on s'apprêtait à le coiffer, il fit retirer son valet de chambre et me demanda ce que je lui voulais.

— Hélas, monsieur, lui répondis-je, je suis une pauvre orpheline qui n'ai pas encore atteint l'âge de quatorze ans et qui connais déjà toutes les nuances de l'infortune. Alors je lui détaillai mes revers, la difficulté de rencontrer une place, le malheur que j'avais eu de manger le peu que je possédais pour en chercher, les refus éprouvés, la peine même que j'avais à trouver de l'ouvrage ou en boutique ou dans ma chambre, et l'espoir où j'étais qu'il me faciliterait les moyens de vivre.

Après m'avoir écoutée avec assez d'attention, M. Dubourg me demanda si j'avais toujours été sage.

— Je ne serais ni si pauvre, ni si embarrassée, monsieur, lui dis-je, si j'avais voulu cesser de l'être.

— Mon enfant, me dit-il à cela, et à quel titre prétendez-vous que l'opulence vous soulage quand vous ne lui servirez à rien?

— Servir, monsieur, je ne demande que cela.

— Les services d'une enfant comme vous sont peu utiles dans une maison, ce n'est pas ceux-là que j'entends, vous n'êtes ni d'âge, ni de tournure à vous placer comme vous le demandez, mais vous pouvez avec un rigorisme moins ridicule prétendre à un sort honnête chez tous les libertins. Et ce n'est que là où vous devez tendre; cette vertu dont vous faites tant étalage, ne sert à rien dans le monde, vous aurez beau en faire parade, vous ne trouverez pas un verre d'eau dessus. Des gens comme nous qui faisons tant que de faire l'aumône, c'est-à-dire une des choses où nous nous livrons le moins et qui nous répugne le plus, veulent être dédommagés de l'argent qu'ils sortent de leur poche, et qu'est-ce qu'une petite fille comme vous peut donner en acquittement de ces secours, si ce n'est l'abandon le plus entier de tout ce qu'on veut bien exiger d'elle ?

— Oh monsieur, il n'y a donc plus ni bienfaisance, ni sentiments honnêtes dans le cœur des hommes ?

— Fort peu, mon enfant, fort peu, on est revenu de cette manie d'obliger gratuitement les autres ; l'orgueil peut-être en était un instant flatté, mais comme il n'y a rien de si chimérique et de sitôt dissipé que ses jouissances, on en a voulu de plus réelles, et on a senti qu'avec une petite fille comme vous par exemple il valait infiniment mieux retirer pour fruit de ses avances tous les plaisirs que le libertinage peut donner que de s'enorgueillir de lui avoir fait l'aumône. La réputation d'un homme libéral, aumônier, généreux, ne vaut pas pour moi la plus légère sensation des plaisirs que vous pouvez me donner, moyen en[1] quoi d'accord sur cela avec presque tous les gens de mes goûts et de mon âge, vous trouverez bon, mon enfant, que je ne vous secoure qu'en raison de votre obéissance à tout ce qu'il me plaira d'exiger de vous.

— Quelle dureté, monsieur, quelle dureté ! Croyez-vous que le ciel ne vous en punira pas ?

— Apprends, petite novice, que le ciel est la chose du monde qui nous intéresse le moins ; que ce que nous faisons sur la terre lui plaise ou non, c'est la chose du monde qui nous inquiète le moins ; trop certains de son peu de pouvoir sur les hommes, nous le bravons journellement sans frémir et nos passions n'ont vraiment de charme que quand elles transgressent le mieux ses intentions ou du moins ce que des sots nous assurent être tel, mais qui n'est dans le fond que la chaîne illusoire dont l'imposture a voulu captiver le plus fort.

— Eh monsieur, avec de tels principes, il faut donc que l'infortune périsse.

— Qu'importe ? il y a plus de sujets qu'il n'en faut en

1. Tour singulier, mais constant chez l'auteur, pour moyennant. *(N. de l'É.)*

France ; le gouvernement qui voit tout en grand s'embarrasse fort peu des individus, pourvu que la machine se conserve.

— Mais croyez-vous que des enfants respectent leur père quand ils en sont maltraités ?

— Que fait à un père qui a trop d'enfants l'amour de ceux qui ne lui sont d'aucun secours ?

— Il vaudrait mieux qu'on nous eût étouffés en naissant.

— A peu près, mais laissons cette politique où tu ne dois rien comprendre. Pourquoi se plaindre du sort qu'il ne dépend que de soi de maîtriser ?

— A quel prix, juste ciel !

— A celui d'une chimère, d'une chose qui n'a de valeur que celle que votre orgueil y met... mais laissons encore là cette thèse et ne nous occupons que de ce qui nous regarde ici tous les deux. Vous faites grand cas de cette chimère, n'est-ce pas, et moi fort peu, moyen en quoi je vous l'abandonne ; les devoirs que je vous imposerai, et pour lesquels vous recevrez une rétribution honnête, sans être excessive, seront d'un tout autre genre. Je vous mettrai auprès de ma gouvernante, vous la servirez et tous les matins devant moi, tantôt cette femme et tantôt mon valet de chambre vous soumettront...

Oh madame, comment vous rendre cette exécrable proposition ? trop humiliée de me l'entendre faire, m'étourdissant pour ainsi dire, à l'instant qu'on en prononçait les mots... trop honteuse de les redire, votre bonté voudra bien y suppléer... Le cruel, il m'avait nommé les grands prêtres, et je devais servir de victime...

— Voilà tout ce que je puis pour vous, mon enfant, continua ce vilain homme en se levant avec indécence, et encore ne vous promets-je pour cette cérémonie toujours fort longue et fort épineuse, qu'un entretien de deux ans. Vous en avez quatorze ; à seize il vous sera libre de chercher fortune ailleurs, et jusque-là vous serez vêtue, nourrie et recevrez un louis par mois. C'est bien honnête, je n'en donnais pas tant à celle que vous remplacerez ; il est vrai qu'elle n'avait pas comme vous cette intacte vertu dont vous faites tant de cas, et que je prise comme vous le voyez, environ cinquante écus par an, somme excédante de celle que touchait votre devancière. Réfléchissez-y donc bien, pensez surtout à l'état de misère où je vous prends, songez que dans le malheureux pays où vous êtes, il faut que ceux qui n'ont pas de quoi vivre souffrent pour en gagner, qu'à leur exemple vous souffrirez, j'en conviens, mais que vous gagnerez beaucoup davantage que la plus grande partie d'entre eux.

Les indignes propos de ce monstre avaient enflammé ses passions, il me saisit brutalement par le collet de ma robe et me dit qu'il allait pour cette première fois, me faire voir lui-même de quoi il s'agissait... Mais mon malheur me prêta du courage et des forces, je parvins à me dégager, et m'élançant vers la porte :

— Homme odieux, lui dis-je en m'échappant, puisse le ciel que tu offenses aussi cruellement te punir un jour comme tu le mérites de ton odieuse barbarie, tu n'es digne ni de ces richesses dont tu fais un si vil usage, ni de l'air même que tu respires dans un monde que souillent tes férocités.

Je retournais tristement chez moi absorbée dans ces réflexions tristes et sombres que font nécessairement naître la cruauté et la corruption des hommes, lorsqu'un rayon de prospérité sembla luire un instant à mes yeux. La femme chez qui je logeais, et qui connaissait mes malheurs, vint me dire qu'elle avait enfin trouvé une maison où l'on me recevrait avec plaisir pourvu que je m'y comportasse bien.

— Oh ciel, madame, lui dis-je en l'embrassant avec transport, cette condition est celle que je mettrais moi-même, jugez si je l'accepte avec plaisir.

L'homme que je devais servir était un vieil usurier qui, disait-on, s'était enrichi, non seulement en prêtant sur gages, mais même en volant impunément tout le monde chaque fois qu'il avait cru le pouvoir faire en sûreté. Il demeurait rue Quincampoix, à un premier étage, avec une vieille maîtresse qu'il appelait sa femme et pour le moins aussi méchante que lui.

— Sophie, me dit cet avare, ô Sophie, c'était le nom que je m'étais donné pour cacher le mien, la première vertu qu'il faut dans ma maison, c'est la probité... si jamais vous détourniez d'ici la dixième partie d'un denier, je vous ferais pendre, voyez-vous, Sophie, mais pendre jusqu'à ce que vous n'en puissiez plus revenir. Si ma femme et moi jouissons de quelques douceurs dans notre vieillesse, c'est le fruit de nos travaux immenses et de notre profonde sobriété... Mangez-vous beaucoup, mon enfant ?

— Quelques onces de pain par jour, monsieur, lui répondis-je, de l'eau, et un peu de soupe quand je suis assez heureuse pour en avoir.

— De la soupe, morbleu, de la soupe... regardez, ma mie, dit le vieil avare à sa femme, gémissez des progrès du luxe. Depuis un an ça cherche condition, ça meurt de faim depuis un an et ça veut manger de la soupe. A peine le faisons-nous, une fois tous les dimanches, nous qui travaillons comme des forçats depuis quarante ans. Vous aurez trois onces de pain par jour, ma fille, une demi-bouteille d'eau de rivière, une vieille robe de ma femme tous les dix-huit mois pour vous faire des jupons et trois écus de gages au bout de l'année si nous sommes contents de vos services, si votre économie répond à la nôtre et si vous faites enfin, par de l'ordre et de l'arrangement, un peu prospérer la maison. Notre service est peu de chose, vous êtes seule, il s'agit de frotter et de nettoyer trois fois la semaine cet appartement de six pièces, de faire le lit de ma femme et le mien, de répondre à la porte, de poudrer ma perruque, de coiffer ma femme, de soigner le chien, le chat et le perroquet, de veiller à la cuisine, d'en nettoyer les ustensiles qu'ils servent ou non, d'aider à ma femme quand elle nous fait un morceau à manger, et d'employer le reste du jour à faire du linge, des bas, des bonnets et autres petits meubles de ménage. Vous voyez que ce n'est rien, Sophie, il vous restera bien du temps à vous, nous vous permettrons de l'employer pour votre compte et de faire également pour votre usage le linge et les vêtements dont vous pourrez avoir besoin.

Vous imaginez aisément, madame, qu'il fallait se trouver dans l'état de misère où j'étais pour accepter une telle place ; non seulement il y avait infiniment plus d'ouvrage que mon âge et mes forces ne me permettaient d'entreprendre, mais pouvais-je vivre avec ce qu'on m'offrait ? Je me gardai pourtant bien de faire la difficile, et je fus installée dès le même soir.

Si la cruelle position dans laquelle je me trouve, madame, me permettait de songer à vous amuser un instant quand je ne dois penser qu'à émouvoir votre âme en ma faveur, j'ose croire que je vous égaierais en vous racontant tous les traits d'avarice dont je fus témoin dans cette maison, mais une catastrophe si terrible pour moi m'y attendait dès la deuxième année, qu'il m'est bien difficile quand j'y réfléchis, de vous offrir quelques détails agréables avant que de vous entretenir de ce revers. Vous saurez cependant, madame, qu'on n'usait jamais de lumière dans cette maison; l'appartement du maître et de la maîtresse, heureusement tourné en face du réverbère de la rue, les dispensait d'avoir besoin d'autre secours et jamais autre clarté ne leur servait pour se mettre au lit. Pour du linge ils n'en usaient point, il y avait aux manches de la veste de monsieur, ainsi qu'à celles de la robe de madame, une vieille paire de manchettes cousue après l'étoffe et que je lavais tous les samedis au soir afin qu'elle fût en état le dimanche; point de draps, point de serviettes et tout cela pour éviter le blanchissage, objet très cher dans une maison, prétendait M. Du Harpin, mon respectable maître. On ne buvait jamais de vin chez lui, l'eau claire était, disait Mme Du Harpin, la boisson naturelle dont les premiers hommes se servirent, et la seule que nous indique la nature; toutes les fois qu'on coupait le pain, il se plaçait une corbeille dessous afin de recueillir ce qui tombait, on y joignait avec exactitude toutes les miettes qui pouvaient se faire aux repas, et tout cela frit le dimanche avec un peu de beurre rance composait le plat de festin de ce jour de repos. Jamais il ne fallait battre les habits ni les meubles, de peur de les user, mais les housser légèrement avec un plumeau; les souliers de monsieur et de madame étaient doublés de fer et l'un et l'autre époux gardaient encore avec vénération ceux qui leur avaient servi le jour de leurs noces; mais une pratique beaucoup plus bizarre était celle qu'on me faisait exercer régulièrement une fois dans la semaine. Il y avait dans l'appartement un assez grand cabinet dont les murs n'étaient point tapissés; il fallait qu'avec un couteau j'allasse râper une certaine quantité du plâtre de ces murs, que je passais ensuite dans un tamis fin, et ce qui résultait de cette opération devenait la poudre de toilette dont j'ornais chaque matin et la perruque de monsieur et le chignon de madame. Plût à Dieu que ces turpides eussent été les seules où se fussent livrées ces vilaines gens; rien de plus naturel que le désir de conserver son bien, mais ce qui ne l'est pas autant, c'est l'envie de le doubler avec celui d'autrui et je ne fus pas longtemps à m'apercevoir que ce n'était que de cette façon que M. Du Harpin devenait si riche. Il y avait au-dessus de nous un particulier fort à son aise, possédant d'assez jolis bijoux et dont les effets, soit à cause du voisinage, soit pour lui avoir peut-être passé par les mains, étaient très connus de mon maître. Je lui entendais souvent regretter avec sa femme une certaine boîte d'or de trente à quarante louis qui lui serait infailliblement restée, disait-il, si son procureur avait eu un peu plus d'intelligence; pour se consoler enfin d'avoir rendu cette boîte, l'honnête M. Du Harpin projeta de la voler et ce fut moi qu'on chargea de la négociation.

Après m'avoir fait un grand discours sur l'indifférence du vol, sur l'utilité même dont il était dans la société puisqu'il rétablissait une sorte d'équilibre que dérangeait totalement l'inégalité des richesses, M. Du Harpin me remit une fausse clé, m'assura qu'elle ouvrirait l'appartement du voisin, que je trouverais la boîte dans un secrétaire qu'on ne fermait point, que je l'apporterais sans aucun danger et que pour un service aussi essentiel je recevrais pendant deux ans un écu de plus sur mes gages.

— Oh monsieur, m'écriai-je, est-il possible qu'un maître ose corrompre ainsi son domestique? qui m'empêche de faire tourner contre vous les armes que vous me mettez à la main et qu'aurez-vous à m'objecter de raisonnable si je vous vole d'après vos principes?

M. Du Harpin très étonné de ma réponse, n'osant insister davantage, mais me gardant une rancune secrète, me dit que ce qu'il en faisait était pour m'éprouver, que j'étais bien heureuse d'avoir résisté à cette offre insidieuse de sa part et que j'eusse été une fille pendue si j'avais succombé. Je me payai de cette réponse, mais je sentis dès lors et les malheurs qui me menaçaient par une telle proposition, et le tort que j'avais eu de répondre aussi fermement. Il n'y avait pourtant point eu de milieu, ou il eût fallu que je commisse le crime dont on me parlait, ou il devenait nécessaire que j'en rejetasse aussi durement la proposition; avec un peu plus d'expérience j'aurais quitté la maison dès l'instant, mais il était déjà écrit sur la page de mes destins que chacun des mouvements honnêtes où mon caractère me porterait, devait être payé d'un malheur, il me fallait donc subir mon sort sans qu'il me fût possible d'échapper.

M. Du Harpin laissa couler près d'un mois, c'est-à-dire à peu près jusqu'à l'époque de la révolution de la seconde année de mon séjour chez lui, sans dire un mot, et sans témoigner le plus léger ressentiment du refus que je lui avais fait, lorsqu'un soir, ma besogne finie, venant de me retirer dans ma chambre pour y goûter quelques heures de repos, j'entendis tout à coup jeter ma porte en dedans et vis non sans effroi M. Du Harpin conduisant un commissaire et quatre soldats du guet auprès de mon lit.

— Faites votre devoir, monsieur, dit-il à l'homme de justice, cette malheureuse m'a volé un diamant de mille écus, vous le trouverez dans sa chambre ou sur elle, le fait est inévitable.

— Moi vous avoir volé, monsieur, dis-je en me jetant toute troublée au bas de mon lit, moi, monsieur, ah qui sait mieux que vous combien une telle action me répugne et l'impossibilité qu'il y a que je l'aie commise!

Mais M. Du Harpin faisant beaucoup de bruit, pour que mes paroles ne fussent pas entendues, continua d'ordonner les perquisitions, et la malheureuse bague fut trouvée dans un de mes matelas. Avec des preuves de cette force il n'y avait pas à répliquer, je fus à l'instant saisie, garrottée et conduite ignominieusement dans la prison du palais, sans qu'il me fût seulement possible de faire entendre un mot de tout ce que je pus dire pour ma justification.

Le procès d'une infortunée qui n'a ni crédit, ni protection est promptement fait en France. On y croit la vertu incompatible avec la misère, et l'infortune dans nos tribunaux est une preuve complète contre l'accusé; une injuste prévention y fait croire que celui qui a dû commettre le crime l'a commis, les sentiments s'y mesurent sur l'état dans lequel on vous trouve et sitôt que des titres ou de la fortune ne prouvent pas que vous devez être honnête, l'impossibilité que vous le soyez devient démontrée tout de suite.

J'eus beau me défendre, j'eus beau fournir les meilleurs moyens à l'avocat de forme qu'on me donna pour un instant, mon maître m'accusait, le diamant s'était trouvé dans ma chambre, il était clair que je l'avais volé. Lorsque je voulus citer le trait horrible de M. Du Harpin et prouver que le malheur qui m'arrivait n'était qu'une suite de la vengeance et de l'envie qu'il avait de se défaire d'une créature qui, tenant son secret, devenait maîtresse de sa réputation, on traita ces plaintes de récriminations, on me dit que M. Du Harpin était connu depuis quarante ans pour un homme intègre et incapable d'une telle horreur, et je me vis au moment d'aller payer de ma vie le refus que j'avais fait de participer à un crime, lorsqu'un événement inattendu vint, en me rendant libre, me replonger dans les nouveaux revers qui m'attendaient encore dans le monde.

Une femme de quarante ans que l'on nommait la Dubois, célèbre par des horreurs de toutes les espèces, était également à la veille de subir un jugement de mort, plus mérité du moins que le mien, puisque ses crimes étaient constatés, et qu'il était impossible de m'en trouver aucun. J'avais inspiré une sorte d'intérêt à cette femme; un soir, fort peu de jours avant que nous ne dussions perdre l'une et l'autre la vie, elle me dit de ne pas me coucher, mais de me tenir avec elle sans affectation, le plus près que je pourrais des portes de la prison.

— Entre minuit et une heure, poursuivit cette heureuse scélérate, le feu prendra dans la maison... c'est l'ouvrage de mes soins, peut-être y aura-t-il quelqu'un de brûlé, peu importe, ce qu'il y a de sûr c'est que nous nous sauverons; trois hommes, mes complices et mes amis, se joindront à nous et je te réponds de ta liberté.

La main du ciel qui venait de punir l'innocence dans moi servit le crime dans ma protectrice, le feu prit, l'incendie fut horrible, il y eut dix personnes de brûlées, mais nous nous sauvâmes; dès le même jour nous gagnâmes la chaumière d'un braconnier de la forêt de Bondy, espèce de fripon différent, mais des intimes amis de notre bande.

— Te voilà libre, ma chère Sophie, me dit alors la Dubois, tu peux maintenant choisir tel genre de vie qu'il te plaira, mais si j'ai un conseil à te donner, c'est de renoncer à des pratiques de vertu qui comme tu vois ne t'ont jamais réussi; une délicatesse déplacée t'a conduite au pied de l'échafaud, un crime affreux m'en sauve; regarde à quoi le bien sert dans le monde, et si c'est la peine de s'immoler pour lui. Tu es jeune et jolie, je me charge de ta fortune à Bruxelles si tu veux; j'y vais, c'est ma patrie; en deux ans je te mets au pinacle, mais je t'avertis que ce ne sera point par les étroits sentiers de la vertu que je te conduirai à la fortune; il faut à ton âge entreprendre plus d'un métier, et servir à plus d'une intrigue quand on veut faire promptement son chemin... Tu m'entends, Sophie... tu m'entends, décide-toi donc vite, car il faut gagner du champ, nous n'avons de sûreté ici que pour peu d'heures.

— Oh madame, dis-je à ma bienfaitrice, je vous ai de

grandes obligations, vous m'avez sauvé la vie, je suis désespérée sans doute de ne le devoir qu'à un crime et vous pouvez être très sûre que s'il m'eût fallu y participer, j'eusse mieux aimé périr que de le faire. Je ne sais que trop quels dangers j'ai courus pour m'être abandonnée aux sentiments d'honnêteté qui germeront toujours dans mon cœur, mais quelles que puissent être les épines de la vertu, je les préférerai toujours aux fausses lueurs de prospérité, dangereuses faveurs qui accompagnent un instant le crime. Il est dans moi des idées de religion qui grâces au ciel ne m'abandonneront jamais. Si la providence me rend pénible la carrière de la vie, c'est pour m'en dédommager plus amplement dans un monde meilleur; cette espérance me console, elle adoucit tous mes chagrins, elle apaise mes plaintes, elle me fortifie dans l'adversité et me fait braver tous les maux qu'il lui plaira de m'offrir. Cette joie s'éteindrait aussitôt dans mon cœur si je venais à le souiller par des crimes, et avec la crainte de revers encore plus terribles en ce monde j'aurais l'aspect affreux des châtiments que la justice céleste réserve dans l'autre à ceux qui l'outragent.

— Voilà des systèmes absurdes qui te conduiront bientôt à l'hôpital, ma fille, dit la Dubois en fronçant le sourcil, crois-moi, laisse là la justice céleste, tes châtiments, ou tes récompenses à venir, tout cela n'est bon qu'à oublier quand on sort de l'école ou qu'à faire mourir de faim si l'on a la bêtise d'y croire, quand on est une fois dehors. La dureté des riches légitime la coquinerie des pauvres, mon enfant; que leur bourse s'ouvre à nos besoins, que l'humanité règne dans leur cœur, et les vertus pourraient s'établir dans le nôtre, mais tant que notre infortune, notre patience à la supporter, notre bonne foi, notre asservissement ne serviront qu'à doubler nos fers, nos crimes deviendront leur ouvrage et nous serions bien dupes de nous les refuser pour amoindrir un peu le joug dont ils nous chargent. La nature nous a fait naître tous égaux, Sophie; si le sort se plaît à déranger ce premier plan des lois générales, c'est à nous d'en corriger les caprices, et de réparer par notre adresse les usurpations des plus forts... J'aime à les entendre, ces gens riches, ces juges, ces magistrats, j'aime à les voir nous prêcher la vertu; il est bien difficile de se garantir du vol quand on a trois fois [plus] qu'il ne faut pour vivre, bien difficile de ne jamais concevoir le meurtre quand on [n'] est entouré que d'adulateurs ou d'esclaves soumis, énormément pénible en vérité d'être tempérant et sobre quand la volupté les enivre et que les mets les plus succulents les entourent, ils ont bien de la peine à être francs quand il ne se présente jamais pour eux aucun intérêt de mentir. Mais nous, Sophie, nous que cette providence barbare dont tu as la folie de faire ton idole, a condamnés à ramper sur la terre comme le serpent dans l'herbe, nous qu'on ne voit qu'avec dédain, parce que nous sommes pauvres, qu'on humilie parce que nous sommes faibles, nous qui ne trouvons enfin sur toute la surface du globe que du fiel et que des épines, tu veux que nous [nous] défendions du crime quand sa main seule ouvre la porte de la vie, nous y maintient, nous y conserve, ou nous empêche de la perdre; tu veux que perpétuellement soumis et humiliés, pendant que cette classe qui nous maîtrise a pour elle toutes les faveurs de la fortune, nous n'ayons pour nous que la peine, que l'abattement et la douleur, que le besoin et que les larmes, que la flétrissure et l'échafaud! Non, non, Sophie, non, ou cette providence que tu révères n'est faite que pour nos mépris, ou ce ne sont pas là ses intentions... Connais-la mieux, Sophie, connais-la mieux et convaincs-toi bien que dès qu'elle nous place dans une situation où le mal nous devient nécessaire, et qu'elle nous laisse en même temps la possibilité de l'exercer, c'est que ce mal sert ses lois comme le bien et qu'elle gagne autant à l'un qu'à l'autre. L'état où elle nous crée est l'égalité, celui qui le dérange n'est pas plus coupable que celui qui cherche à le rétablir, tous deux agissent d'après des impulsions reçues, tous deux doivent les suivre, se mettre un bandeau sur les yeux et jouir.

Je l'avoue, si jamais je fus ébranlée, ce fut par les séductions de cette femme adroite, mais une voix plus forte qu'elle combattait ses sophismes dans mon cœur, je l'écoutai et je déclarai pour la dernière fois que j'étais décidée à ne me jamais laisser corrompre.

— Eh bien, me dit la Dubois, fais ce que tu voudras, je t'abandonne à ton mauvais sort, mais si jamais tu te fais prendre, comme ça ne peut pas te fuir par la fatalité qui, tout en sauvant le crime, immole inévitablement la vertu, souviens-toi bien du moins de ne jamais parler de nous.

Pendant que nous raisonnions ainsi, les trois compagnons de la Dubois buvaient avec le braconnier, et comme le vin communément a l'art de faire oublier les crimes du malfaiteur et de l'engager souvent à les renouveler au bord même du précipice duquel il vient d'échapper, nos scélérats ne me virent pas décidée à me sauver de leurs mains sans avoir envie de se divertir à mes dépens. Leurs principes, leurs mœurs, le sombre local où nous étions, l'espèce de sécurité dans laquelle ils se croyaient, leur ivresse, mon âge, mon innocence et ma tournure, tout les encouragea. Ils se levèrent de table, ils tinrent conseil entre eux, ils consultèrent la Dubois, tous procédés dont le mystère me faisait frissonner d'horreur, et le résultat fut enfin que j'eusse à me décider avant de partir à leur passer par les mains à tous quatre, ou de bonne grâce ou de force; que si je le faisais de bonne grâce, ils me donneraient chacun un écu pour me conduire où je voudrais, puisque je me refusais à les accompagner; que s'il fallait employer la force pour me déterminer, la chose se ferait tout de même, mais pour que le secret fût gardé, le dernier des quatre qui jouirait de moi me plongerait un couteau dans le sein et qu'on m'enterrerait ensuite au pied d'un arbre. Je vous laisse à penser, madame, quel effet me fit cette exécrable proposition; je me jetai aux pieds de la Dubois, je la conjurai d'être une seconde fois ma protectrice, mais la scélérate ne fit que rire d'une situation affreuse pour moi, et qui ne lui paraissait qu'une misère.

— Oh parbleu, dit-elle, te voilà bien malheureuse, obligée de servir à quatre garçons bâtis comme cela! il y a dix mille femmes à Paris, ma fille, qui donneraient de bien beaux écus pour être à ta place à présent... Écoute, ajouta-t-elle pourtant au bout d'un moment de réflexion, j'ai assez d'empire sur ces drôles-là pour obtenir ta grâce si tu veux t'en rendre digne.

— Hélas, madame, que faut-il faire? m'écriai-je en larmes, ordonnez-moi, je suis toute prête.

— Nous suivre, prendre parti avec nous et commettre les mêmes choses sans la plus légère répugnance, à ce prix je te garantis le reste.

Je ne crus pas devoir balancer; en acceptant je courais de nouveaux dangers, j'en conviens, mais ils étaient moins pressants que ceux-ci, je pouvais les éviter et rien ne pouvait me faire échapper à ceux qui me menaçaient.

— J'irai partout, madame, dis-je à la Dubois, j'irai partout, je vous le promets, sauvez-moi de la fureur de ces hommes et je ne vous quitterai jamais.

— Enfants, dit la Dubois aux quatre bandits, cette fille est de la troupe; je l'y reçois, je l'y installe; je vous défends de lui faire violence, ne la dégoûtons pas du métier dès le premier jour; vous voyez comme son âge et sa figure peuvent nous être utiles, servons-nous-en pour nos intérêts, et ne la sacrifions pas à nos plaisirs...

Mais les passions ont un degré dans l'homme, où nulle voix ne peut les captiver; les gens à qui je devais avoir affaire n'étaient en état de rien entendre; se présentant à moi tous les quatre à la fois dans l'état le moins fait pour que je pusse me flatter de ma grâce, ils déclarèrent unanimement à la Dubois que quand l'échafaud serait là, il faudrait que je devinsse leur proie.

— D'abord la mienne, dit l'un d'eux, en me saisissant à brasse-corps.

— Et de quel droit faut-il que tu commences? dit un second en repoussant son camarade et m'arrachant brutalement de ses mains.

— Ce ne sera parbleu qu'après moi, dit un troisième.

Et la dispute s'échauffant, nos quatre champions se prennent aux cheveux, se terrassent, se pelotent, se culbutent et moi trop heureuse de les voir dans une situation qui me donne le temps de m'échapper, pendant que la Dubois s'occupe à les séparer, je m'élance, je gagne la forêt et perds en un instant la maison de vue.

— Être suprême, dis-je en me jetant à genoux, dès que je me crus en sûreté, être suprême, mon vrai protecteur et mon guide, daigne prendre pitié de ma misère; tu vois ma faiblesse et mon innocence, tu vois avec quelle confiance je place en toi tout mon espoir; daigne m'arracher aux dangers qui me poursuivent, ou par une mort moins ignominieuse que celle à laquelle je viens d'échapper, daigne au moins me rappeler promptement vers toi.

La prière est la plus douce consolation du malheureux, il devient plus fort quand il a prié; je me levai pleine de courage, et comme il commençait à faire sombre, je m'enfonçai dans un taillis pour y passer la nuit avec moins de risque; la sûreté où je me croyais, l'abattement dans lequel j'étais, le peu de joie que je venais de goûter, tout contribua à me faire passer une bonne nuit, et le soleil était déjà très haut quand mes yeux se rouvrirent à la lumière. C'est l'instant du réveil qui est le plus fatal pour les infortunés; le repos des sens, le calme des idées, l'oubli instantané de leurs maux, tout les rappelle au malheur avec plus de force, tout leur en rend alors le poids plus onéreux.

Eh bien, me dis-je, il est donc vrai qu'il y a des créatures humaines que la nature destine au même état que les bêtes féroces ! cachée dans leur réduit, fuyant les hommes comme elles, quelle différence y a-t-il maintenant entre elles et moi ? est-ce donc la peine de naître pour un sort aussi pitoyable ! et mes larmes coulèrent avec abondance en formant ces tristes réflexions. Je les finissais à peine, lorsque j'entendis du bruit autour de moi; un instant je crus que c'était quelque bête, peu à peu je distinguai les voix de deux hommes.

— Viens, mon ami, viens, dit l'un d'eux, nous serons à merveille ici; la cruelle et fatale présence de ma mère ne m'empêchera pas au moins de goûter un moment avec toi les plaisirs qui me sont si chers...

Ils s'approchent, ils se placent tellement en face de moi qu'aucun de leurs propos... aucun de leurs mouvements ne peut m'échapper, et je vois...

Juste ciel, madame, dit Sophie en s'interrompant, est-il possible que le sort ne m'ait jamais placée que dans des situations si critiques qu'il devienne aussi difficile à la pudeur de les entendre que de les peindre ?... Ce crime horrible qui outrage également et la nature et les lois, ce forfait épouvantable sur lequel la main de Dieu s'est appesantie tant de fois, cette infamie en un mot si nouvelle pour moi que je la concevais à peine, je la vis consommer sous mes yeux avec toutes les recherches impures, avec toutes les épisodes[1] affreuses que pouvait y mettre la dépravation la plus réfléchie.

L'un de ces hommes, celui qui dominait l'autre, était âgé de vingt-quatre ans, il était en surtout vert et assez proprement mis pour faire croire que sa condition devait être honnête; l'autre paraissait un jeune domestique de sa maison, d'environ dix-sept à dix-huit ans et d'une fort jolie figure. La scène fut aussi longue que scandaleuse, et ce temps me parut d'autant plus cruel, que je n'osai bouger de peur d'être aperçue.

1. Ce mot a été masculin ou féminin durant le XVIIe siècle. *(N. de l'É.)*

Enfin les criminels acteurs qui la composaient, rassasiés sans doute, se levèrent pour regagner le chemin qui devait les conduire chez eux, lorsque le maître s'approcha du buisson qui me recelait pour y satisfaire un besoin. Mon bonnet élevé me trahit, il l'aperçoit :

— Jasmin, dit-il à son jeune Adonis, nous sommes trahis, mon cher... une fille, une profane a vu nos mystères; approche-toi, sortons cette coquine de là et sachons ce qu'elle y peut faire.

Je ne leur donnai pas la peine de m'aider à sortir de mon asile; m'en arrachant aussitôt moi-même et tombant à leurs pieds :

— Oh messieurs, m'écriai-je en étendant les bras vers eux, daignez avoir pitié d'une malheureuse dont le sort est plus à plaindre que vous ne pensez; il est bien peu de revers qui puissent égaler les miens; que la situation où vous m'avez trouvée ne vous fasse naître aucun soupçon sur moi, elle est l'ouvrage de ma misère bien plutôt que de mes torts; loin d'augmenter la somme des maux qui m'accablent, veuillez la diminuer au contraire en me facilitant les moyens d'échapper à la rigueur qui me poursuit.

M. de Bressac, c'était le nom du jeune homme entre les mains duquel je tombais, avec un grand fonds de libertinage dans l'esprit, n'était pas pourvu d'une dose bien abondante de commisération dans le cœur. Il n'est malheureusement que trop commun de voir la débauche des sens éteindre absolument la pitié dans l'homme; son effet ordinaire est d'endurcir; soit que la plus grande partie de ses écarts nécessite une sorte d'apathie dans l'âme, soit que la secousse violente qu'elle imprime à la masse des nerfs diminue la sensibilité de leur action, toujours est-il qu'un débauché de profession est rarement un homme pitoyable. Mais à cette cruauté naturelle dans l'esprit de gens dont j'esquisse le caractère, il se joignait encore dans M. de Bressac un dégoût si marqué pour notre sexe, une haine si invétérée pour tout ce qui le caractérisait, qu'il était difficile que je parvinsse à placer dans son âme les sentiments dont je voulais l'émouvoir.

— Que fais-tu là enfin, tourterelle des bois, me dit assez durement pour toute réponse cet homme que je voulais attendrir... parle vrai, tu as vu tout ce qui s'est passé entre ce jeune homme et moi, n'est-ce pas?

— Moi, non, monsieur, m'écriai-je aussitôt, ne croyant faire aucun mal en déguisant cette vérité, soyez bien assuré que je n'ai vu que des choses très simples; je vous ai vus, monsieur et vous, assis tous deux sur l'herbe, j'ai cru m'apercevoir que vous y avez causé un instant, soyez bien assuré que voilà tout.

— Je le veux croire, répondit M. de Bressac, et cela pour ta tranquillité, car si j'imaginais que tu eusses pu voir autre chose, tu ne sortirais jamais de ce buisson... Allons, Jasmin, il est de bonne heure, nous avons le temps d'ouïr les aventures de cette catin; qu'elle nous les dise dans l'instant, ensuite nous l'attacherons à ce gros chêne et nous lui essaierons nos couteaux de chasse sur le corps.

Nos jeunes gens s'assirent, ils m'ordonnèrent de me placer près d'eux et là, je leur racontai ingénument tout ce qui m'était arrivé depuis que j'étais dans le monde.

— Allons, Jasmin, dit M. de Bressac en se levant dès que j'eus fini, soyons justes une fois dans notre vie, mon cher; l'équitable Thémis a condamné cette coquine, ne souffrons pas que les vues de la déesse soient aussi cruellement frustrées, et faisons subir à la criminelle l'arrêt qu'elle allait encourir; ce n'est pas un crime que nous allons commettre, c'est une vertu, mon ami, c'est un rétablissement dans l'ordre moral des choses, et puisque nous avons le malheur de le déranger quelquefois, rétablissons-le courageusement du moins quand l'occasion s'en présente.

Et les cruels m'ayant enlevée de ma place me traînaient déjà vers l'arbre indiqué, sans être touchés ni de mes gémissements, ni de mes larmes.

— Lions-la dans ce sens-ci, dit Bressac à son valet en m'appuyant le ventre contre l'arbre.

Leurs jarretières, leurs mouchoirs, tout servit et en une minute, je fus garrottée si cruellement qu'il me devint impossible de faire usage d'aucun de mes membres; cette opération faite, les scélérats détachèrent mes jupes, relevèrent ma chemise sur mes épaules, et mettant leur couteau de chasse à la main, je crus qu'ils allaient pourfendre toutes les parties postérieures qu'avait découvertes leur brutalité.

— En voilà assez, dit Bressac sans que j'eusse encore reçu un seul coup, en voilà assez pour qu'elle nous connaisse, pour qu'elle voie ce que nous pouvons lui faire et pour la tenir dans notre dépendance. Sophie, continua-t-il en détachant mes liens, rhabillez-vous, soyez discrète et suivez-nous; si vous vous attachez à moi, vous n'aurez pas lieu de vous en repentir, mon enfant, il faut une seconde femme de chambre à ma mère, je vais vous présenter à elle... sur la foi de vos récits je vais lui répondre de votre conduite, mais si vous abusez de mes bontés, ou que vous trahissiez ma confiance, regardez bien cet arbre qui devait vous servir de lit funèbre, souvenez-vous qu'il n'est qu'à une lieue du château où je vous conduis et qu'à la plus légère faute vous y serez à l'instant ramenée...

Déjà rhabillée, à peine trouvais-je des expressions pour remercier mon bienfaiteur, je me jetai à ses pieds... j'embrassais ses genoux, je lui faisais tous les serments possibles d'une bonne conduite, mais aussi insensible à ma joie qu'à ma douleur :

— Marchons, dit M. de Bressac, c'est votre conduite qui parlera pour vous et c'est elle seule qui réglera votre sort.

Nous cheminâmes. Jasmin et son maître causaient ensemble, et je les suivais humblement sans mot dire; une petite heure nous rendit au château de Mme la comtesse de Bressac et la magnificence des entours me fit voir que quelque poste que je dusse remplir dans cette maison-ci, il serait assurément plus lucratif pour moi que celui de la gouvernante en chef de M. et de Mme Du Harpin. On me fit attendre dans un office où Jasmin me fit très honnêtement déjeuner; pendant ce temps M. de Bressac monta chez sa mère, il la prévint et une demi-heure après il vint me chercher lui-même pour me présenter à elle.

Mme de Bressac était une femme de quarante-cinq ans, très belle encore et qui me parut fort honnête et principalement fort humaine, quoiqu'elle mêlât un peu de sévérité dans ses principes et dans ses propos; veuve depuis deux ans d'un homme de fort grande maison mais qui l'avait épousée sans autre fortune que le beau nom qu'il lui donnait, tous les biens que pouvait espérer le jeune marquis de Bressac dépendaient donc de cette mère et ce qu'il avait eu de son père lui donnait à peine de quoi s'entretenir. Mme de Bressac y joignait une pension considérable, mais il s'en fallait bien qu'elle suffît aux dépenses aussi considérables qu'irrégulières de son fils; il y avait au moins soixante mille livres de rentes dans cette maison, et M. de Bressac n'avait ni frère ni sœur; on n'avait jamais pu le déterminer à entrer au service; tout ce qui l'écartait de ses plaisirs de choix était si insupportable pour lui qu'il était impossible de lui faire accepter aucune chaîne. Madame la comtesse et son fils passaient trois mois de l'année dans cette terre et le reste du temps à Paris, et ces trois mois qu'elle exigeait de son fils de passer avec elle étaient déjà une bien grande gêne pour un homme qui ne quittait jamais le centre de ses plaisirs sans être au désespoir.

Le marquis de Bressac m'ordonna de raconter à sa mère les mêmes choses que je lui avais dites, et dès que j'eus fini mon récit :

— Votre candeur et votre naïveté, me dit Mme de Bressac, ne me permettent pas de douter de votre innocence. Je ne prendrai d'autres informations sur vous que de savoir si vous êtes réellement comme vous me le dites la fille de l'homme que vous m'indiquez; si cela est, j'ai connu votre père, et cela me deviendra une raison de plus pour m'intéresser à vous. Quant à votre affaire de chez Du Harpin, je me charge d'arranger cela en deux visites chez le chancelier, mon ami depuis des siècles; c'est l'homme le plus intègre qu'il y ait en France; il ne s'agit que de lui prouver votre innocence pour anéantir tout ce qui a été fait contre vous et pour que vous puissiez reparaître sans nulle crainte à Paris... mais réfléchissez bien, Sophie, que tout ce que je vous promets ici n'est qu'au prix d'une conduite intacte; ainsi vous voyez que les reconnaissances que j'exige de vous tourneront toujours à votre profit.

Je me jetai aux pieds de Mme de Bressac, je l'assurai qu'elle n'aurait jamais lieu que d'être contente de moi et dès l'instant je fus installée chez elle sur le pied de sa seconde femme de chambre. Au bout de trois jours les informations qu'avait faites Mme de Bressac à Paris arrivèrent telles que je pouvais les désirer, et toutes les idées de malheur s'évanouirent enfin de mon esprit pour n'être plus remplacées que par l'espoir des plus douces consolations qu'il dût m'être permis d'attendre; mais il n'était pas écrit dans le ciel que la pauvre Sophie dût jamais être heureuse, et si quelques moments de calme naissaient fortuitement pour elle, ce n'était que pour lui rendre plus amers ceux d'horreur qui devaient les suivre.

A peine fûmes-nous à Paris que Mme de Bressac s'empressa de travailler pour moi. Le premier président voulut me voir, il écouta mes malheurs avec intérêt, la coquinerie de Du Harpin mieux approfondie fut reconnue, on se convainquit que si j'avais profité de l'incendie des prisons du palais, au moins n'y avais-je participé pour rien et toute procédure s'anéantit (m'assura-t-on) sans que les magistrats qui s'en mêlèrent crussent devoir y employer d'autres formalités.

Il est aisé d'imaginer combien de tels procédés m'attachaient à Mme de Bressac; n'eût-elle pas eu d'ailleurs pour moi toute sorte de bontés, comment de pareilles démarches ne m'eussent-elles pas liée pour jamais à une protectrice aussi précieuse? Il s'en fallait bien pourtant que l'intention du jeune marquis de Bressac fût de m'enchaîner aussi intimement à sa mère; indépendamment des désordres affreux du genre que je vous ai peint, dans lequel se plongeait aveuglément ce jeune homme bien plus à Paris qu'à la campagne, je ne fus pas longtemps à m'apercevoir qu'il détestait souverainement la comtesse. Il est vrai que celle-ci faisait tout au monde ou pour arrêter ses débauches ou pour les contrarier, mais comme elle y employait peut-être un peu trop de rigueur, le marquis, plus enflammé par les effets mêmes de cette sévérité, ne s'y livrait qu'avec plus d'ardeur, et la pauvre comtesse ne retirait de ses persécutions que de se faire souverainement haïr.

— Ne vous imaginez pas, me disait très souvent le marquis, que ce soit d'elle-même que ma mère agisse dans tout ce qui vous intéresse; croyez, Sophie, que si je ne la harcelais à tout instant, elle se ressouviendrait à peine des soins qu'elle vous a promis; elle vous fait valoir tous ses pas, tandis qu'ils n'ont été faits que par moi. J'ose le dire, c'est donc à moi seul que vous devez quelque reconnaissance, et celle que j'exige de vous doit paraître d'autant plus désintéressée, que vous en savez assez pour être bien sûre, quelque jolie que vous puissiez être, que ce n'est pas à vos faveurs que je prétends... Non, Sophie, non, les services que j'attends de vous sont d'un tout autre genre, et quand vous serez bien convaincue de tout ce que j'ai fait pour vous, j'espère que je trouverai dans votre âme tout ce que je suis en droit d'en attendre...

Ces discours me paraissaient si obscurs, que je ne savais comment y répondre; je le faisais pourtant à tout hasard et peut-être avec trop de facilité.

C'est ici le moment de vous apprendre, madame, le seul tort réel que j'ai eu à me reprocher de ma vie... que dis-je un tort, une extravagance qui n'eut jamais rien d'égal... mais au moins ce n'est pas un crime, c'est une simple erreur qui n'a puni que moi et dont il ne me paraît pas que la main équitable du ciel ait dû se servir pour m'entraîner dans l'abîme qui s'ouvrait insensiblement sous mes pas. Il m'avait été impossible de voir le marquis de Bressac sans me sentir entraînée vers lui par un mouvement de tendresse que rien n'avait pu vaincre en moi. Quelques réflexions que je fisse sur son éloignement pour les femmes, sur la dépravation de ses goûts, sur les distances morales qui nous séparaient, rien, rien au monde ne pouvait éteindre cette passion naissante et si le marquis m'eût demandé ma vie, je la lui aurais sacrifiée mille fois, croyant encore ne rien faire pour lui. Il était loin de soupçonner des sentiments que je tenais aussi soigneusement renfermés dans mon cœur... il était loin, l'ingrat, de démêler la cause des pleurs que versait journellement la malheureuse Sophie sur les désordres honteux qui le perdaient, mais il lui était impossible pourtant de ne pas se douter du désir que j'avais de voler au-devant de tout ce qui pouvait lui plaire, il ne se pouvait pas qu'il n'entrevît mes prévenances... Trop aveugles sans doute, elles allaient jusqu'au point de servir même ses erreurs autant au moins que la décence pouvait me le permettre et de les déguiser toujours à sa mère. Cette manière de me conduire m'avait en quelque façon valu sa confiance, et tout ce qui venait de lui m'était si précieux, je m'aveuglais tellement sur le peu que m'offrait son cœur, que j'eus quelquefois l'orgueil de croire que je ne lui étais pas indifférente, mais combien l'excès de ses désordres me désabusait promptement! Ils étaient tels que non seulement la maison était remplie de domestiques sur cet exécrable ton près de moi, mais qu'il soudoyait encore même en dehors une foule de mauvais sujets, ou chez lesquels il allait, ou qui venaient journellement chez lui, et comme ce goût, tout odieux qu'il est, n'est pas un des moins chers, le marquis se dérangeait prodigieusement. Je prenais quelquefois la liberté de lui représenter tous les inconvénients de sa conduite; il m'écoutait sans répugnance, puis finissait par me dire qu'on ne se corrigeait pas de l'espèce de vice qui le dominait, que reproduit sous mille formes diverses, il avait des branches différentes pour chaque âge, qui rendant de dix en dix ans ses sensations toujours nouvelles, y faisaient tenir jusqu'au tombeau ceux qui avaient le malheur de l'encenser... Mais si j'essayais de lui parler de sa mère et des chagrins qu'il lui donnait, je ne voyais plus que du dépit, de l'humeur, de l'irritation et de l'impatience de voir si longtemps en de telles mains un bien qui devrait déjà lui appartenir, la haine la plus invétérée contre cette mère respectable et la révolte la plus constatée contre les sentiments de la nature. Serait-il donc vrai que quand on est parvenu à transgresser aussi formellement dans ses goûts les lois de cet organe sacré, la suite nécessaire de ce premier crime fût une affreuse facilité à commettre impunément tous les autres ?

Quelquefois je me servais des moyens de la religion ; presque toujours consolée par elle, j'essayais de faire passer ses douceurs dans l'âme de ce pervers, à peu près sûre de le captiver par de tels liens si je parvenais à lui en faire partager les charmes. Mais le marquis ne me laissa pas longtemps employer de telles voies avec lui ; ennemi déclaré de nos saints mystères, frondeur opiniâtre de la pureté de nos dogmes, antagoniste outré de l'existence d'un être suprême, M. de Bressac au lieu de se laisser convertir par moi chercha bien plutôt à me corrompre.

— Toutes les religions partent d'un principe faux, Sophie, me disait-il, toutes supposent comme nécessaire le culte d'un être créateur ; or, si ce monde éternel, comme tous ceux au milieu desquels il flotte dans les plaines infinies de l'espace, n'a jamais eu de commencement et ne doit jamais avoir de fin, si toutes les productions de la nature sont des effets résultatifs des lois qui l'enchaînent elle-même, si son action et sa réaction perpétuelles supposent le mouvement essentiel à son essence, que devient le moteur que vous lui prêtez gratuitement ? Daigne le croire, Sophie, ce dieu que tu admets n'est que le fruit de l'ignorance d'un côté et de la tyrannie de l'autre ; quand le plus fort voulut enchaîner le plus faible, il lui persuada qu'un dieu sanctifiait les fers dont il l'accablait, et celui-ci abruti par sa misère crut tout ce que l'autre voulut. Toutes les religions, suites fatales de cette première fable, doivent donc être dévouées au mépris comme elle, il n'en est pas une seule qui ne porte l'emblème de l'imposture et de la stupidité ; je vois dans toutes des mystères qui font frémir la raison, des dogmes outrageant la nature et des cérémonies grotesques qui n'inspirent que la dérision. A peine eus-je les yeux ouverts, Sophie, que je détestai ces horreurs, je me fis une loi de les fouler aux pieds, un serment de n'y revenir de mes jours; imite-moi si tu veux être raisonnable.

— Oh monsieur, répondis-je au marquis, vous priveriez une malheureuse de son plus doux espoir si vous lui enleviez cette religion qui la console; fermement attachée à ce qu'elle enseigne, absolument convaincue que tous les coups qui lui sont portés ne sont que l'effet du libertinage et des passions, irai-je sacrifier à des sophismes qui me font frémir l'idée la plus douce de ma vie?

J'ajoutai à cela mille autres raisonnements dictés par ma raison, épanchés par mon cœur, mais le marquis n'en faisait que rire, et ses principes captieux, nourris d'une éloquence plus mâle, soutenus de lectures que je n'avais heureusement jamais faites, renversaient toujours tous les miens. Mme de Bressac remplie de vertu et de piété n'ignorait pas que son fils soutenait ses écarts par tous les paradoxes de l'incrédulité; elle en gémissait souvent avec moi, et comme elle daignait me trouver un peu plus de bon sens qu'aux autres femmes qui l'entouraient, elle aimait à me confier ses chagrins.

Cependant les mauvais procédés de son fils redoublaient pour elle; il était au point de ne plus s'en cacher, non seulement il avait entouré sa mère de toute cette canaille dangereuse servant à ses plaisirs, mais il avait poussé l'insolence jusqu'à lui déclarer devant moi, que si elle s'avisait de contrarier encore ses goûts, il la convaincrait du charme dont ils étaient en s'y livrant à ses yeux mêmes. Je gémissais de ces propos et de cette conduite, je tâchais d'en tirer au fond de moi-même des motifs pour étouffer dans mon âme cette malheureuse passion qui la dévorait... mais l'amour est-il un mal dont on puisse guérir? Tout ce que je cherchais à lui opposer n'attisait que plus vivement sa flamme, et le perfide Bressac ne me paraissait jamais plus aimable que quand j'avais réuni devant moi tout ce qui devait m'engager à le haïr.

Il y avait quatre ans que j'étais dans cette maison, toujours persécutée par les mêmes chagrins, toujours consolée par les mêmes douceurs, lorsque l'affreux motif des séductions du marquis me fut enfin offert dans toute son horreur. Nous étions pour lors à la campagne, j'étais seule auprès de la comtesse; sa première femme avait obtenu de rester à Paris l'été, pour quelque affaire de son mari. Un soir, quelques instants après que je fus retirée de chez ma maîtresse, respirant à un balcon de ma chambre, et ne pouvant à cause de l'extrême chaleur me déterminer à me coucher, tout à coup le marquis frappe à ma porte, et me prie de le laisser causer avec moi une partie de la nuit... Hélas, tous les instants que m'accordait ce cruel auteur de mes maux me paraissaient trop précieux pour que j'osasse en refuser aucun; il entre, il ferme avec soin la porte, et se jetant auprès de moi dans un fauteuil :

— Écoute-moi, Sophie, me dit-il avec un peu d'embarras, j'ai des choses de la plus grande conséquence à te confier, commence par me jurer que tu ne révéleras jamais rien de ce que je te vais dire.

— Oh monsieur, pouvez-vous me croire capable d'abuser de votre confiance?

— Tu ne sais pas tout ce que tu risquerais si tu venais à me prouver que je me suis trompé en te l'accordant.

— Le plus grand de mes chagrins serait de l'avoir perdue, je n'ai pas besoin de plus grandes menaces.

— Eh bien, Sophie... j'ai conjuré contre les jours de ma mère, et c'est ta main que j'ai choisie pour me servir.

— Moi, monsieur, m'écriai-je en reculant d'horreur, oh ciel, comment deux projets semblables ont-ils pu vous venir dans l'esprit? Prenez mes jours, monsieur, ils sont à vous, disposez-en, je vous les dois, mais n'imaginez jamais obtenir de moi de me prêter à un crime dont l'idée seule est insoutenable à mon cœur.

— Écoute, Sophie, me dit M. de Bressac en me ramenant avec tranquillité, je me suis bien douté de tes répugnances, mais comme tu as de l'esprit, je me suis flatté de les vaincre en te faisant voir que ce crime que tu trouves si énorme n'est au fond qu'une chose toute simple. Deux forfaits s'offrent ici à tes yeux peu philosophiques, la destruction de son semblable et le mal dont cette destruction s'augmente quand ce semblable est notre mère. Quant à la destruction de son semblable, sois-en certaine, Sophie, elle est purement chimérique, le pouvoir de détruire n'est pas accordé à l'homme, il a tout au plus celui de varier des formes, mais il n'a pas celui de les anéantir; or toute forme est égale aux yeux de la nature, rien ne se perd dans le creuset immense où ses variations s'exécutent, toutes les portions de matière qui s'y jettent se renouvellent incessamment sous d'autres figures et quelles que soient nos actions sur cela, aucune ne l'offense directement, aucune ne saurait l'outrager, nos destructions raniment son pouvoir, elles entretiennent son énergie mais aucune ne l'atténue. Eh, qu'importe à la nature toujours créatrice que cette masse de chair conformant aujourd'hui une femme, se reproduise demain sous la forme de mille insectes différents? oseras-tu dire que la construction d'un individu tel que nous coûte plus à la nature que celle d'un vermisseau et qu'elle doit par conséquent y prendre un plus grand intérêt? or si le degré d'attachement ou plutôt d'indifférence est le même, que peut lui faire que par ce qu'on appelle le crime d'un homme, un autre soit changé en mouche ou en laitue? Quand on m'aura prouvé la sublimité de notre espèce, quand on m'aura démontré qu'elle est tellement importante à la nature que nécessairement ses lois s'irritent de sa destruction, alors je pourrai croire que cette destruction est un crime; mais quand l'étude la plus réfléchie de la nature m'aura prouvé que tout ce qui végète sur ce globe, le plus imparfait de ses ouvrages, est d'un prix égal à ses yeux, je ne supposerai jamais que le changement de ces êtres en mille autres puisse jamais offenser ses lois; je me dirai : tous les hommes, toutes les plantes, tous les animaux, croissant, végétant, se détruisant par les mêmes moyens, ne recevant jamais une mort réelle, mais une simple variation dans ce qui les modifie, tous, dis-je, se poussant, se détruisant, se procréant indifféremment, paraissent un instant sous une forme, et l'instant d'après sous une autre, peuvent au gré de l'être qui veut ou qui peut les mouvoir changer mille et mille fois dans un jour, sans qu'une seule loi de la nature en puisse être un moment affectée. Mais cet être que j'attaque est ma mère, c'est l'être qui m'a porté dans son sein. Eh quoi, ce sera cette vaine considération qui m'arrêtera, et quel titre aura-t-elle pour y réussir? songeait-elle à moi, cette mère, quand sa lubricité la fit concevoir le fœtus dont je dérivai? puis-je lui devoir de la reconnaissance pour s'être occupée de son plaisir? Ce n'est pas le sang de la mère d'ailleurs qui forme l'enfant, c'est celui du père seul; le sein de la femelle fructifie, conserve, élabore, mais il ne fournit rien, et voilà la réflexion qui jamais ne m'eût fait attenter aux jours de mon père, pendant que je regarde comme une chose toute simple de trancher le fil de ceux de ma mère. S'il est donc possible que le cœur de l'enfant puisse s'émouvoir avec justice de quelques sentiments de gratitude envers une mère, ce ne peut être qu'en raison de ses procédés pour nous dès que nous sommes en âge d'en jouir. Si elle en a eu de bons, nous pouvons l'aimer, peut-être même le devons-nous ; si elle n'en a eu que de mauvais, enchaînés par aucune loi de la nature, non seulement nous ne lui devons plus rien, mais tout nous dicte de nous en défaire, par cette force puissante de l'égoïsme qui engage naturellement et invinciblement l'homme à se débarrasser de tout ce qui lui nuit.

— Oh, monsieur, répondis-je tout effrayée au marquis, cette indifférence que vous supposez à la nature n'est encore ici que l'ouvrage de vos passions ; daignez un instant écouter votre cœur au lieu d'elles, et vous verrez comme il condamnera ces impérieux raisonnements de votre libertinage. Ce cœur au tribunal duquel je vous renvoie n'est-il pas le sanctuaire où cette nature que vous outragez veut qu'on l'écoute et qu'on la respecte ? si elle y grave la plus forte horreur pour ce crime que vous méditez, m'accorderez-vous qu'il est condamnable ? Me direz-vous que le feu des passions détruit en un instant cette horreur, vous ne vous serez pas plus tôt satisfait qu'elle y renaîtra, qu'elle s'y fera entendre par l'organe impérieux des remords. Plus est grande votre sensibilité, plus leur empire sera déchirant pour vous... chaque jour, à chaque minute, vous la verrez devant vos yeux, cette mère tendre que votre main barbare aura plongée dans le tombeau, vous entendrez sa voix plaintive prononcer encore le doux nom qui faisait le charme de votre enfance... elle apparaîtra dans vos veilles, elle vous tourmentera dans vos songes, elle ouvrira de ses mains sanglantes les plaies dont vous l'aurez déchirée ; pas un moment heureux dès lors ne luira pour vous sur la terre, tous vos plaisirs seront empoisonnés, toutes vos idées se troubleront, une main céleste dont vous méconnaissez le pouvoir vengera les jours que vous aurez détruits en empoisonnant tous les vôtres, et sans avoir joui de vos forfaits vous périrez du regret mortel d'avoir osé les accomplir.

J'étais en larmes en prononçant ces derniers mots, je me précipitai aux genoux du marquis, je le conjurai par tout ce qu'il pouvait avoir de plus cher d'oublier un égarement infâme que je lui jurais de cacher toute ma vie, mais je ne connaissais pas le cœur que je cherchais à attendrir. Quelque vigueur qu'il pût encore avoir, le crime en avait brisé les ressorts et les passions dans toute leur fougue n'y faisaient plus régner que le crime. Le marquis se leva froidement.

— Je vois bien que je m'étais trompé, Sophie, me dit-il, j'en suis peut-être autant fâché pour vous que pour moi; n'importe, je trouverai d'autres moyens, et vous aurez beaucoup perdu près de moi, sans que votre maîtresse y ait rien gagné.

Cette menace changea toutes mes idées; en n'acceptant pas le crime qu'on me proposait, je risquais beaucoup pour mon compte, et ma maîtresse périssait infailliblement; en consentant à la complicité, je me mettais à couvert du courroux de mon jeune maître, et je sauvais nécessairement sa mère. Cette réflexion, qui fut en moi l'ouvrage d'un instant, me fit changer de rôle à la minute, mais comme un retour si prompt eût pu paraître suspect, je ménageai longtemps ma défaite, je mis le marquis dans le cas de me répéter souvent ses sophismes, j'eus peu à peu l'air de ne savoir qu'y répondre, le marquis me crut vaincue, je légitimai ma faiblesse par la puissance de son art, à la fin j'eus l'air de tout accepter, le marquis me sauta au col... Que ce mouvement m'eût comblée d'aise si ces barbares projets n'eussent anéanti tous les sentiments que mon faible cœur avait osé concevoir pour lui... s'il eût été possible que je l'aimasse encore...

— Tu es la première femme que j'embrasse, me dit le marquis, et en vérité c'est de toute mon âme... tu es délicieuse, mon enfant; un rayon de philosophie a donc pénétré ton esprit; était-il possible que cette tête charmante restât si longtemps dans les ténèbres?

Et en même temps nous convînmes de nos faits : pour que le marquis donnât mieux dans le panneau, j'avais toujours conservé un certain air de répugnance, chaque fois qu'il développait mieux son projet ou qu'il m'en expliquait les moyens, et ce fut cette feinte si permise dans ma malheureuse position, qui réussit à le tromper mieux que tout. Nous convînmes que dans deux ou trois jours plus ou moins, suivant la facilité que j'y trouverais, je jetterais adroitement un petit paquet de poison que me remit le marquis dans une tasse de chocolat que la comtesse avait coutume de prendre tous les matins; le marquis me garantit toutes les suites et me promit deux mille écus de rentes à manger ou près de lui, ou dans tel lieu que bon me semblerait le reste de mes jours; il me signa cette promesse sans caractériser ce qui devait me faire jouir de cette faveur, et nous nous séparâmes.

Il arriva sur ces entrefaites quelque chose de trop singulier, de trop capable de vous faire voir le caractère de l'homme atroce à qui j'avais affaire, pour que je n'en interrompe pas le récit que vous attendez sans doute de la fin de cette cruelle aventure où je m'étais engagée. Le surlendemain de notre entrevue, le marquis reçut la nouvelle qu'un oncle sur la succession duquel il ne comptait nullement venait de lui laisser quatre-vingt mille livres de rentes en mourant. Oh ciel, me dis-je en l'apprenant, est-ce donc ainsi que la justice céleste punit le complot des forfaits? j'ai pensé perdre la vie pour en avoir refusé un bien inférieur à celui-ci, et voilà cet homme au pinacle pour en avoir conçu un épouvantable. Mais me repentant aussitôt de ce blasphème envers la providence, je me jetai à genoux, j'en demandai pardon à Dieu et me flattai que cette succession inattendue allait au moins faire changer les projets du marquis... Quelle était mon erreur, grand Dieu!

— Ô ma chère Sophie, me dit M. de Bressac en accourant dès le même soir dans ma chambre, comme les prospérités pleuvent sur moi! Je te l'ai dit vingt fois, il n'est rien de tel que de concevoir un crime pour faire arriver le bonheur, il semble que ce ne soit qu'aux malfaiteurs que sa route s'entrouvre aisément. Quatre-vingts et soixante, mon enfant, voilà cent quarante mille livres de rentes qui vont servir à mes plaisirs.

— Eh quoi, monsieur, répondis-je avec une surprise modérée par les circonstances auxquelles j'étais enchaînée, cette fortune inattendue ne vous décide pas à attendre patiemment cette mort que vous voulez hâter?

— Attendre, je n'attendrais pas deux minutes, mon enfant: songes-tu que j'ai vingt-huit ans et qu'il est bien dur d'attendre à mon âge? Que ceci ne change rien à nos projets, je t'en supplie, et que nous ayons la consolation de terminer tout ceci, avant l'époque de notre retour à Paris... Tâche que ce soit demain, après-demain au plus tard, il me tarde déjà de te compter un quartier de ta pension et de te mettre en possession du total.

Je fis de mon mieux pour déguiser l'effroi que m'inspirait cet acharnement dans le crime, je repris mon rôle de la veille, mais tous mes sentiments achevèrent de s'éteindre, je ne crus plus devoir que de l'horreur à un scélérat tellement endurci.

Rien de plus embarrassant que ma position; si je n'exécutais pas, le marquis s'apercevrait bientôt que je le jouais; si j'avertissais Mme de Bressac, quelque parti que lui fît prendre la révélation de ce crime, le jeune homme se voyait toujours trompé et se décidait peut-être bientôt à des moyens plus sûrs qui faisaient également périr la mère et qui m'exposaient à toute la vengeance du fils. Il me restait la voie de la justice, mais pour rien au monde je n'eusse consenti à la prendre; je me déterminai donc, quelque chose qui pût en arriver, à prévenir la comtesse; de tous les partis possibles, celui-là me parut le meilleur et je m'y livrai.

— Madame, lui dis-je, le lendemain de ma dernière entrevue avec le marquis, j'ai quelque chose de la plus grande conséquence à vous révéler, mais à quelque point que cela vous touche, je suis décidée au silence, si vous ne me donnez avant votre parole d'honneur de ne témoigner à M. votre fils aucun ressentiment de ce qu'il a l'audace de projeter; vous agirez, madame, vous prendrez le meilleur parti, mais vous ne direz mot, daignez me le promettre ou je me tais.

Mme de Bressac, qui crut qu'il ne s'agissait que de quelques extravagances ordinaires à son fils, s'engagea par le serment que j'exigeais, et alors je lui révélai tout. Cette malheureuse mère fondit en larmes en apprenant cette infamie.

— Le scélérat, s'écria-t-elle, qu'ai-je jamais fait que pour son bien? Si j'ai voulu prévenir ses vices ou l'en corriger, quels autres motifs que son bonheur et sa tranquillité pouvaient m'engager à cette rigueur? A qui doit-il cette succession qui vient de lui échoir, si ce n'est à mes soins? Si je [le] lui cachais, c'était par délicatesse. Le monstre! ô Sophie, prouve-moi bien la noirceur de son projet, mets-moi dans la situation de n'en pouvoir plus douter, j'ai besoin de tout ce qui peut achever d'éteindre dans mon cœur les sentiments de la nature...

Et alors je fis voir à la comtesse le paquet de poison dont j'étais chargée; nous en fîmes avaler une légère dose à un chien que nous enfermâmes avec soin et qui mourut au bout de deux heures dans des convulsions épouvantables. La comtesse ne pouvant plus douter se décida sur-le-champ au parti qu'elle devait prendre, elle m'ordonna de lui donner le reste du poison et écrivit dans l'instant par un courrier au duc de Sonzeval son parent, de se rendre chez le ministre en secret, d'y développer la noirceur dont elle était à la veille d'être victime, de se munir d'une lettre de cachet pour son fils, d'accourir à sa terre avec cette lettre et un exempt, et de la délivrer le plus tôt possible du monstre qui conspirait contre ses jours... Mais il était écrit dans le ciel que cet abominable crime s'exécuterait et que la vertu humiliée céderait aux efforts de la scélératesse.

Le malheureux chien sur lequel nous avions fait notre épreuve découvrit tout au marquis. Il l'entendit hurler; sachant qu'il était aimé de sa mère, il demanda avec empressement ce qu'avait ce chien et où il était. Ceux à qui il s'adressa, ignorant tout, ne lui répondirent pas. De ce moment sans doute il forma des soupçons; il ne dit mot, mais je le vis inquiet, agité, et aux aguets tout le long du jour. J'en fis part à la comtesse, mais il n'y avait pas à balancer, tout ce qu'on pouvait faire était de presser le courrier et de cacher l'objet de sa mission. La comtesse dit à son fils qu'elle envoyait en grande hâte à Paris, prier le duc de Sonzeval de se mettre sur-le-champ à la tête de la succession de l'oncle dont on venait d'hériter, parce que si quelqu'un ne paraissait pas dans la minute, il y avait des procès à craindre; elle ajouta qu'elle engageait le duc à venir lui rendre compte de tout afin qu'elle se décidât elle-même à partir avec son fils si l'affaire l'exigeait. Le marquis, trop bon physionomiste pour ne pas voir de l'embarras sur le visage de sa mère, pour ne pas observer un peu de confusion dans le mien, se paya de tout et n'en fut que plus sûrement sur ses gardes. Sous le prétexte d'une partie de promenade avec ses mignons, il s'éloigne du château, il attend le courrier dans un lieu où il devait inévitablement passer. Cet homme, bien plus à lui qu'à sa mère, ne fait aucune difficulté de lui remettre ses dépêches, et le marquis, convaincu de ce qu'il appelait sans doute ma trahison, donne cent louis au courrier avec ordre de ne jamais reparaître dans la maison, et y revient la rage dans le cœur, mais en se contenant néanmoins de son mieux, il me rencontre, il me cajole à son ordinaire, me demande si ce sera pour demain, me fait observer qu'il est essentiel que cela soit avant que le duc n'arrive, et se couche tranquille et sans rien témoigner. Si ce malheureux crime se consomma, comme le marquis me l'apprit bientôt, ce ne put être que de la façon que je vais dire... Madame prit son chocolat le lendemain suivant son usage, et comme il n'avait passé que par mes mains, je suis bien sûre qu'il était sans mélange; mais le marquis entra vers les dix heures du matin dans la cuisine, et n'y trouvant pour lors que le chef, il lui ordonna d'aller sur-le-champ lui chercher des pêches au jardin. Le cuisinier se défendit sur l'impossibilité de quitter ses mets, le marquis insista sur la fantaisie pressante de manger des pêches et dit qu'il veillerait aux fourneaux. Le chef sort, le marquis examine tous les plats du dîner, et jette vraisemblablement dans des cardes que madame aimait avec passion la fatale drogue qui devait trancher le fil de ses jours. On dîne, la comtesse mange sans doute de ce plat funeste et le crime s'achève. Je ne vous donne tout ceci que pour des soupçons; M. de Bressac m'assura dans la malheureuse suite de cette aventure que son coup était exécuté, et mes combinaisons ne m'ont offert que ce moyen par lequel il lui ait été possible d'y parvenir. Mais laissons ces conjectures horribles et venons à la manière cruelle dont je fus punie de n'avoir pas voulu participer à cette horreur et de l'avoir révélée... Dès qu'on est hors de table, le marquis m'aborde :

— Écoute, Sophie, me dit-il avec le flegme apparent de la tranquillité, j'ai trouvé un moyen plus sûr que celui que je t'avais proposé pour venir à bout de mes projets, mais cela demande du détail; je n'ose aller si souvent dans ta chambre, je crains les yeux de tout le monde; trouve-toi à cinq heures précises au coin du parc, je t'y prendrai, et nous irons faire ensemble une grande promenade pendant laquelle je t'expliquerai tout.

Je l'avoue, soit permission de la providence, soit excès de candeur, soit aveuglement, rien ne m'annonçait l'affreux malheur qui m'attendait; je me croyais si sûre du secret et des arrangements de la comtesse que je n'imaginai jamais que le marquis eût pu les découvrir. Il y avait pourtant de l'embarras dans moi :

Le parjure est vertu quand on punit le crime

a dit un de nos poètes tragiques, mais le parjure est toujours odieux pour l'âme délicate et sensible qui se trouve obligée d'y avoir recours; mon rôle m'embarrassait, ça ne fut pas long. Les odieux procédés du marquis, en me donnant d'autres sujets de douleur, me tranquillisèrent bientôt sur ceux-là. Il m'aborda de l'air du monde le plus gai et le plus ouvert, et nous avançâmes dans la forêt sans qu'il fît autre chose que rire et plaisanter comme il en avait coutume avec moi. Quand je voulais mettre la conversation sur l'objet qui lui avait fait désirer notre entretien, il me disait toujours d'attendre, qu'il craignait qu'on ne nous observât et que nous n'étions pas encore en sûreté. Insensiblement nous arrivâmes vers ce buisson et ce gros chêne, où il m'avait rencontrée pour la première fois; je ne pus m'empêcher de frémir en revoyant ces lieux, mon imprudence et toute l'horreur de mon sort semblèrent se présenter alors à mes regards dans toute leur étendue, et jugez si ma frayeur redoubla quand je vis au pied du funeste chêne où j'avais déjà essuyé une si terrible crise, deux des jeunes mignons du marquis qui passaient pour ceux qu'il chérissait le plus. Ils se levèrent quand nous approchâmes, et jetèrent sur le gazon des cordes, des nerfs de bœuf et autres instruments qui me firent frémir. Alors le marquis ne [se] servant plus avec moi que des épithètes les plus grossières et les plus horribles :

— B..., me dit-il sans que les jeunes gens pussent l'entendre encore, reconnais-tu ce buisson dont je t'ai tirée comme une bête sauvage pour te rendre à la vie que tu avais mérité de perdre? Reconnais-tu cet arbre, où je te menaçai de te remettre si tu me donnais jamais sujet de me repentir de mes bontés? Pourquoi acceptais-tu les services que je te demandais contre ma mère si tu avais dessein de me trahir, et comment as-tu imaginé servir la vertu en risquant la liberté de celui à qui tu devais la vie? Nécessairement placée entre deux crimes, pourquoi as-tu choisi le plus abominable? Tu n'avais qu'à me refuser ce que je te demandais, et non pas l'accepter pour me trahir.

Alors le marquis me conta tout ce qu'il avait fait pour surprendre les dépêches du courrier et quels étaient les soupçons qui l'y avaient engagé.

— Qu'as-tu fait par ta fausseté, indigne créature? continua-t-il, tu as risqué tes jours sans conserver ceux de ma mère, le coup est fait et j'espère à mon retour voir mes succès amplement couronnés. Mais il faut que je te punisse, il faut que je t'apprenne que le sentier de la vertu n'est pas toujours le meilleur et qu'il y a des positions dans le monde où la complicité d'un crime est préférable à sa délation. Me connaissant comme tu dois me connaître, comment as-tu osé te jouer à moi ? t'es-tu figuré que le sentiment de la pitié que n'admit jamais mon cœur que pour l'intérêt de mes plaisirs, ou que quelques principes de religion que je foulai constamment aux pieds, seraient capables de me retenir... ? ou peut-être as-tu compté sur tes charmes ? ajouta-t-il avec le ton du plus cruel persiflage... Eh bien, je vais te prouver que ces charmes, aussi mieux dévoilés qu'ils peuvent l'être, ne serviront qu'à mieux allumer ma vengeance.

Et sans me donner le temps de répondre, sans témoigner la moindre émotion pour le torrent de larmes dont il me voyait inondée, m'ayant fortement saisi le bras et me traînant à ses satellites :

— La voilà, leur dit-il, celle qui a voulu empoisonner ma mère et qui peut-être a déjà commis ce crime affreux, quels qu'aient été mes soins pour le prévenir ; j'aurais peut-être mieux fait de la remettre entre les mains de la justice, mais elle y aurait perdu la vie, et je veux la lui laisser pour qu'elle ait plus longtemps à souffrir ; dépouillez-la promptement et liez-la le ventre à cet arbre, que je la châtie comme elle mérite de l'être.

L'ordre fut presque aussitôt exécuté que donné, on me mit un mouchoir sur la bouche, on me fit embrasser étroitement l'arbre, et on m'y garrotta par les épaules et par les jambes, laissant le reste du corps sans liens, pour que rien ne pût le garantir des coups qu'il allait recevoir. Le marquis, étonnamment agité, s'empara d'un nerf de bœuf ; avant de frapper, le cruel voulut observer ma contenance ; on eût dit qu'il repaissait ses yeux et de mes larmes et des caractères de douleur ou d'effroi qui s'imprégnaient sur ma physionomie... Alors il passa derrière moi à environ trois pieds de distance et je me sentis à l'instant frappée de toutes les forces qu'il était possible d'y mettre, depuis le milieu du dos jusqu'au gras des jambes. Mon bourreau s'arrêta une minute, il toucha brutalement de ses mains toutes les parties qu'il venait de meurtrir... je ne sais ce qu'il dit bas à un de ses satellites, mais dans l'instant on me couvrit la tête d'un mouchoir qui ne me laissa plus le pouvoir d'observer aucun de leurs mouvements ; il s'en fit pourtant plusieurs derrière moi avant la reprise des nouvelles scènes sanglantes où j'étais encore destinée... *Oui, bien, c'est cela*, dit le marquis avant de refrapper, et à peine cette parole où je ne comprenais rien fut-elle prononcée, que les coups recommencèrent avec plus de violence ; il se fit encore une suspension, les mains se reportèrent une seconde fois sur les parties lacérées, on se parla bas encore... Un des jeunes gens dit haut : *Ne suis-je pas mieux ainsi?*... et ces nouvelles paroles également incompréhensibles pour moi, auxquelles le marquis répondit seulement : *Plus près, plus près*, furent suivies d'une troisième attaque encore plus vive que les autres, et pendant laquelle Bressac dit à deux ou trois reprises consécutives [ces] mots, enlacés de jurements affreux : *Allez donc, allez donc tous les deux, ne voyez-vous pas bien que je veux la faire mourir de ma main sur la place?* Ces mots prononcés par des gradations toujours plus fortes terminèrent cette insigne boucherie, on se parla encore quelques minutes bas, j'entendis de nouveaux mouvements, et je sentis mes liens se détacher. Alors mon sang dont je vois le gazon couvert m'apprit l'état dans lequel je devais être ; le marquis était seul, ses aides avaient disparu...

— Eh bien, catin, me dit-il en m'observant avec cette espèce de dégoût qui suit le délire des passions, trouves-tu que la vertu te coûte un peu cher, et deux mille écus de pension ne valaient-ils pas bien cent coups de nerf de bœuf?...

Je me jetai au pied de l'arbre, j'étais prête à perdre connaissance... Le scélérat, pas encore satisfait des horreurs où il venait de se porter, cruellement excité de la vue de mes maux, me foula de ses pieds sur la terre et m'y pressa jusqu'à m'étouffer.

— Je suis bien bon de te sauver la vie, répéta-t-il deux ou trois fois, prends garde au moins à l'usage que tu feras de mes nouvelles bontés...

Alors il m'ordonna de me relever et de reprendre mes vêtements, et comme le sang coulait de partout, pour que mes habits, les seuls qui me restaient, ne s'en trouvassent point tachés, je ramassai machinalement de l'herbe pour m'essuyer. Cependant il se promenait en long et en large et me laissait faire, plus occupé de ses idées que de moi. Le gonflement de mes chairs, le sang qui coulait encore, les douleurs affreuses que j'endurais, tout me rendit presque impossible l'opération de me rhabiller et jamais l'homme féroce auquel j'avais affaire, jamais ce monstre qui venait de me mettre dans ce cruel état, lui pour lequel j'aurais donné ma vie il y avait quelques jours, jamais le plus léger sentiment de commisération ne l'engagea seulement à m'aider; dès que je fus prête, il m'approcha.

— Allez où vous voudrez, me dit-il, il doit vous rester de l'argent dans votre poche, je ne vous l'ôte point, mais gardez-vous de reparaître chez moi ni à Paris, ni à la campagne. Vous allez publiquement passer, je vous en avertis, pour la meurtrière de ma mère; si elle respire encore, je vais lui faire emporter cette idée au tombeau; toute la maison le saura; je vous dénoncerai à la justice. Paris devient donc d'autant plus inhabitable pour vous que votre première affaire que vous y avez crue terminée n'a été qu'assoupie, je vous en préviens. On vous a dit qu'elle n'existait plus, mais on vous a trompée; le décret n'a point été purgé; on vous laissait dans cette situation pour voir comment vous vous conduiriez. Vous avez donc maintenant deux procès au lieu d'un, et à la place d'un vil usurier pour adversaire un homme riche et puissant, déterminé à vous poursuivre jusqu'aux enfers, si vous abusez par des plaintes calomniatrices de la vie que je veux bien vous laisser.

— Oh, monsieur, répondis-je, quelles qu'aient été vos rigueurs envers moi, ne craignez rien de mes démarches; j'ai cru devoir en faire contre vous quand il s'agissait de la vie de votre mère, je n'en entreprendrai jamais quand il ne s'agira que de la malheureuse Sophie. Adieu, monsieur, puissent vos crimes vous rendre aussi heureux que vos cruautés me causent de tourments, et quel que soit le sort où le ciel vous place, tant qu'il daignera conserver mes déplorables jours, je ne les emploierai qu'à l'implorer pour vous.

Le marquis leva la tête, il ne put s'empêcher de me considérer à ces mots, et comme il me vit couverte de larmes, pouvant à peine me soutenir, dans la crainte de s'émouvoir sans doute, le cruel s'éloigna et ne tourna plus ses regards de mon côté. Dès qu'il eut disparu, je me laissai tomber à terre et là, m'abandonnant à toute ma douleur, je fis retentir l'air de mes gémissements, et j'arrosai l'herbe de mes larmes :

— Ô mon Dieu, m'écriai-je, vous l'avez voulu, il était dans votre volonté que l'innocent devînt encore la proie du coupable; disposez de moi, seigneur, je suis encore bien loin des maux que vous avez soufferts pour nous; puissent ceux que j'endure en vous adorant me rendre digne un jour des récompenses que vous promettez au faible quand il vous a toujours pour objet dans ses tribulations et qu'il vous glorifie dans ses peines!

La nuit venait, j'étais hors d'état d'aller plus loin, à peine pouvais-je me soutenir; je me ressouvins du buisson où j'avais couché quatre ans auparavant dans une situation bien moins malheureuse sans doute, je m'y traînai comme je pus et m'y étant mise à la même place, tourmentée de mes blessures encore saignantes, accablée des maux de mon esprit et des chagrins de mon cœur, j'y passai la plus cruelle nuit qu'il soit possible d'imaginer. La vigueur de mon âge et de mon tempérament m'ayant donné un peu de force au point du jour, trop effrayée du voisinage de ce cruel château, je m'en éloignai promptement, je quittai la forêt et résolus de gagner à tout hasard les premières habitations qui s'offriraient à moi, j'entrai dans le bourg de Claye éloigné de Paris d'environ six lieues. Je demandai la maison du chirurgien, on me l'indiqua; je le priai de me panser, je lui dis que fuyant pour quelque cause d'amour la maison de ma mère à Paris, j'étais malheureusement tombée dans cette forêt de Bondy, où des scélérats m'avaient traitée comme il le voyait; il me soigna, aux conditions que je ferais une déposition au greffier du village; j'y consentis; vraisemblablement on fit des recherches dont je n'entendis jamais parler, et le chirurgien ayant bien voulu que je logeasse chez lui jusqu'à ma guérison, il s'y employa avec tant d'art qu'avant un mois je fus parfaitement rétablie.

Dès que l'état où j'étais me permit de prendre l'air, mon premier soin fut de tâcher de trouver dans le village quelque jeune fille assez adroite et assez intelligente pour aller au château de Bressac s'informer de tout ce qui s'y était passé de nouveau depuis mon départ. La curiosité n'était pas le seul motif qui me déterminait à cette démarche; cette curiosité, peut-être dangereuse, eût assurément été déplacée, mais le peu d'argent que j'avais gagné chez la comtesse était resté dans ma chambre, à peine avais-je six louis sur moi et j'en possédais près de trente au château. Je n'imaginais pas que le marquis fût assez cruel pour me refuser ce qui était à moi aussi légitimement, et j'étais convaincue que sa première fureur passée, il ne me ferait pas une seconde injustice; j'écrivis une lettre aussi touchante que je le pus... Hélas, elle ne l'était que trop, mon cœur triste y parlait peut-être encore malgré moi en faveur de ce perfide ; je lui cachais soigneusement le lieu que j'habitais, et le suppliais de me renvoyer mes effets et le peu d'argent qui se trouverait à moi dans ma chambre. Une paysanne de vingt à vingt-cinq ans, fort vive et fort spirituelle, me promit de se charger de ma lettre, et de faire assez d'informations sous main pour pouvoir me satisfaire à son retour sur tous les différents objets sur lesquels je la prévins que je l'interrogerais ; je lui recommandai expressément de cacher le lieu dont elle venait, de ne parler de moi en quoi que ce soit, de dire qu'elle tenait la lettre d'un homme qui l'apportait de plus de quinze lieues de là. Jeannette partit, c'était le nom de ma courrière, et vingt-quatre heures après elle me rapporta ma réponse. Il est essentiel, madame, de vous instruire de ce qui s'était passé chez le marquis de Bressac, avant que de vous faire voir le billet que j'en reçus.

La comtesse de Bressac, tombée grièvement malade le jour de ma sortie du château, était morte subitement la même nuit. Qui que ce soit n'était venu de Paris au château, et le marquis dans la plus grande désolation (le fourbe !) prétendait que sa mère avait été empoisonnée par une femme de chambre qui s'était évadée le même jour et que l'on nommait Sophie ; on faisait des recherches de cette femme de chambre, et l'intention était de la faire périr sur un échafaud si on la trouvait. Au reste le marquis se trouvait par cette succession beaucoup plus riche qu'il ne l'avait cru, et les coffres-forts, les pierreries de Mme de Bressac, tous objets dont on avait peu de connaissance, mettaient le marquis, indépendamment des revenus, en possession de plus de six cent mille francs ou d'effets ou d'argent comptant. Au travers de sa douleur affectée, il avait, disait-on, bien de la peine à cacher sa joie, et les parents convoqués pour l'ouverture du corps exigée par le marquis, après avoir déploré le sort de la malheureuse comtesse, et juré de la venger si celle qui avait commis un tel crime pouvait tomber entre leurs mains, avaient laissé le jeune homme en pleine et paisible possession du fruit de sa scélératesse. M. de Bressac avait parlé lui-même à Jeannette, il lui avait fait différentes questions auxquelles la jeune fille avait répondu avec tant de fermeté et de franchise qu'il s'était déterminé à lui faire une réponse, sans la presser davantage.

— La voilà, cette fatale lettre, dit Sophie en la sortant de sa poche, la voilà, madame, elle est quelquefois nécessaire à mon cœur et je la conserverai jusqu'à mon dernier soupir; lisez-la si vous le pouvez sans frémir.

Mme de Lorsange, ayant pris le billet des mains de notre belle aventurière, y lut les mots suivants :

« Une scélérate capable d'avoir empoisonné ma mère est bien hardie d'oser m'écrire après cet exécrable délit. Ce qu'elle fait de mieux est de bien cacher sa retraite; elle peut être sûre que l'on l'y troublera si on l'y découvre. Qu'ose-t-elle réclamer... que parle-t-elle d'argent et d'effets? Ce qu'elle a pu laisser équivaut-il les vols qu'elle a faits, ou pendant son séjour dans la maison, ou en consommant son dernier crime? Qu'elle évite un second envoi pareil à celui-ci, car on lui déclare qu'on ferait arrêter son commissionnaire jusqu'à ce que le lieu qui recèle la coupable fût connu de la justice. »

— Continuez, ma chère enfant, dit Mme de Lorsange en rendant le billet à Sophie, voilà des procédés qui font horreur... Nager dans l'or et refuser à une malheureuse qui n'a pas voulu concourir à un crime ce qu'elle a légitimement gagné, est une infamie qui n'a point d'exemple.

— Hélas, madame, continua Sophie en reprenant la suite de son histoire, je fus deux jours à pleurer sur cette malheureuse lettre, et je gémissais bien plus des procédés horribles qu'elle peignait que des refus qu'elle contenait. Me voilà donc coupable, m'écriai-je, me voilà donc une seconde fois déférée à la justice pour avoir trop respecté ses décrets... Soit, je ne m'en repens pas; quelque chose qui puisse m'arriver, je ne connaîtrai ni la douleur morale, ni les remords, tant que mon âme sera pure, et que je n'aurai d'autres torts que d'avoir trop écouté les sentiments d'équité et de vertu qui ne m'abandonneront jamais.

Il m'était cependant impossible de croire que les recherches dont le marquis me parlait fussent bien réelles; elles avaient si peu de vraisemblance, il était si dangereux pour lui de me faire paraître en justice que j'imaginai qu'il devait au-dedans de lui-même se trouver infiniment plus effrayé de ma présence auprès de lui, si jamais il venait à la découvrir, que je ne devais frémir de ses menaces. Ces réflexions me décidèrent à rester dans l'endroit même où je me trouvais, et à m'y placer si je le pouvais, jusqu'à ce que mes fonds un peu plus accrus me permissent de m'éloigner. M. Rodin, c'était le nom du chirurgien chez lequel j'étais, me proposa lui-même de le servir. C'était un homme de trente-cinq ans, d'un caractère dur, brusque, brutal, mais jouissant d'ailleurs dans tout le pays d'une excellente réputation; fort adonné à son talent, n'ayant aucune femme chez lui, il était bien aise, en rentrant, d'en trouver une qui prît soin de son ménage et de sa personne; il m'offrait deux cents francs par an et quelques profits de ses pratiques, je consentis à tout. M. Rodin possédait une connaissance trop exacte de mon physique pour ignorer que je n'avais jamais vu d'homme, il était également instruit du désir extrême que j'avais de me conserver toujours pure, il m'avait promis de ne me jamais tracasser sur cet objet; en conséquence nos arrangements mutuels furent bientôt pris... Mais je ne me confiai point à mon nouveau maître, et il ignora toujours qui j'étais.

Il y avait deux ans que j'étais dans cette maison et quoique je ne laissasse pas que d'y avoir beaucoup de peine, la sorte de tranquillité d'esprit dont j'y jouissais m'y faisait presque oublier mes chagrins, lorsque le ciel qui ne voulait pas qu'une seule vertu pût émaner de mon cœur sans m'accabler aussitôt d'infortune, vint encore m'enlever à la triste félicité où je me trouvais un instant pour me replonger dans de nouveaux malheurs.

Me trouvant seule un jour à la maison, en parcourant divers endroits où mes soins m'appelaient, je crus entendre des gémissements sortir du fond d'une cave; je m'approche... je distingue mieux, j'entends les cris d'une jeune fille, mais une porte exactement fermée la séparait de moi; il me devenait impossible d'ouvrir le lieu de sa retraite. Mille idées me passèrent alors dans l'esprit... Que pouvait faire là cette créature? M. Rodin n'avait point d'enfants, je ne lui connaissais ni sœurs, ni nièces auxquelles il pût prendre intérêt; l'extrême régularité dans laquelle je l'avais vu vivre ne me permettait pas de croire que cette jeune fille fût destinée à ses débauches. Pour quel sujet l'enfermait-il donc? Étonnamment curieuse de résoudre ces difficultés, j'ose interroger cette enfant, je lui demande ce qu'elle fait là et qui elle est.

— Hélas, mademoiselle, me répond en pleurant cette infortunée, je suis la fille d'un bûcheron de la forêt, je n'ai que douze ans; ce monsieur qui demeure ici m'a enlevée hier, avec un de ses amis, dans un moment où mon père était éloigné; ils m'ont liée tous les deux, ils m'ont jetée dans un sac plein de son, au fond duquel je ne pouvais crier, ils m'ont mise sur un cheval en croupe et m'ont entrée hier au soir de nuit dans cette maison ; ils m'ont déposée tout de suite dans cette cave ; je ne sais ce qu'ils veulent faire de moi, mais en arrivant, ils m'ont fait mettre nue, ils ont examiné mon corps, ils m'ont demandé mon âge, et celui enfin qui avait l'air d'être le maître de la maison a dit à l'autre qu'il fallait remettre l'opération à après-demain au soir, à cause de mon effroi, qu'un peu tranquillisée, leur expérience serait meilleure, et que je remplissais bien au reste toutes les conditions qu'il fallait *au sujet*.

Cette petite fille se tut après ces mots et recommença à pleurer avec plus d'amertume ; je l'engageai à se calmer et lui promis mes soins. Il me devenait assez difficile de comprendre ce que M. Rodin et son ami, chirurgien comme lui, prétendaient faire de cette infortunée ; cependant le mot de *sujet*, que je leur entendais souvent prononcer dans d'autres occasions, me fit à l'instant soupçonner qu'il se pouvait fort bien qu'ils eussent l'effroyable projet de faire quelque dissection anatomique sur cette malheureuse enfant ; avant que d'adopter cette cruelle opinion, je résolus pourtant de m'éclairer mieux. Rodin rentre avec son ami, ils soupent ensemble, ils m'éloignent, je fais semblant de leur obéir, je me cache, et leur conversation ne me convainc que trop du projet horrible qu'ils méditent.

— Jamais, dit l'un d'eux, cette partie de l'anatomie ne sera parfaitement connue, qu'elle ne soit examinée avec le plus grand soin sur un sujet de douze ou treize ans ouvert à l'instant du contact de la douleur sur les nerfs ; il est odieux que de futiles considérations arrêtent ainsi le progrès des arts... Eh bien, c'est un sujet de sacrifié pour en sauver des millions ; doit-on balancer à ce prix ? Le meurtre opéré par les lois est-il d'une autre espèce que celui qui va se commettre dans notre opération, et l'objet de ces lois si sages n'est-il pas le sacrifice d'un pour sauver mille ? Que rien ne nous arrête donc.

— Oh, pour moi, j'y suis décidé, reprit l'autre, et il y a bien longtemps que je l'aurais fait, si je l'avais osé tout seul.

Je ne vous rendrai point le reste de la conversation ; ne portant que sur des choses de l'art, je la retins peu, et ne m'occupai plus de ce moment-ci qu'à sauver à tout prix cette malheureuse victime d'un art précieux à tous égards sans doute, mais dont les progrès me semblaient trop chèrement payés au prix du sacrifice de l'innocence. Les deux amis se séparèrent et Rodin se coucha sans me parler de quoi que ce soit. Le lendemain, jour destiné à cette cruelle immolation, il sortit comme à son ordinaire, en me disant qu'il ne rentrerait que pour souper avec son ami comme la veille; à peine fut-il dehors que je ne m'occupai plus que de mon projet... Le ciel le servit, mais oserais-je dire si ce fut l'innocence sacrifiée qu'il secourut ou l'acte de pitié de la malheureuse Sophie qu'il eut dessein de punir?... Je dirai le fait, vous voudrez bien décider la question, madame, tellement accablée par la main de cette inexplicable providence, il me devient impossible de scruter ses intentions sur moi; j'ai tâché de seconder ses vues, j'en ai été barbarement punie, c'est tout ce que je puis dire.

Je descends à la cave, j'interroge de nouveau cette petite fille... toujours mêmes discours, toujours mêmes craintes; je lui demande si elle sait où l'on place la clé quand on sort de sa prison... Je l'ignore, me répond-elle, mais je crois qu'on l'emporte... Je cherche à tout événement, lorsque quelque chose dans le sable se fait sentir à mes pieds, je me baisse... c'est la clé, j'ouvre la porte... La pauvre petite malheureuse se jette à mes genoux, elle arrose mes mains des larmes de sa reconnaissance, et sans me douter de tout ce que je risque, sans réfléchir au sort auquel je dois m'attendre, je ne m'occupe que de faire évader cette enfant, je la fais heureusement sortir du village sans rencontrer personne, je la remets dans le chemin de la forêt, l'embrasse en jouissant comme elle et de son bonheur et de celui qu'elle va faire goûter à son père en reparaissant à ses yeux, et je reviens promptement au logis. A l'heure dite nos deux chirurgiens rentrent, pleins d'espoir d'exécuter leurs odieux projets; ils soupent avec autant de gaieté que de promptitude, et descendent à la cave dès qu'ils ont fini. Je n'avais pris d'autre précaution pour cacher ce que j'avais fait que de briser la serrure, et de remettre la clé où je l'avais trouvée, afin de faire croire que la petite fille s'était sauvée toute seule, mais ceux que je voulais tromper n'étaient pas gens à se laisser si facilement aveugler... Rodin remonte furieux, il se jette sur moi et m'accablant de coups, il me demande ce que j'ai fait de l'enfant qu'il avait enfermée; je commence par nier... et ma malheureuse franchise finit par me faire tout avouer. Rien n'égale alors les expressions dures et emportées dont ces deux scélérats se servirent; l'un proposa de me mettre à la place de l'enfant que j'avais sauvée, l'autre des supplices encore plus effrayants, et ces propos et ces projets, tout cela s'entremêlait de coups qui me renvoyant de l'un à l'autre m'étourdirent bientôt au point de me faire tomber à terre sans connaissance. Leur rage alors devint plus tranquille. Rodin me rappelle à la vie et dès que j'ai repris mes sens, ils m'ordonnent de me mettre nue. J'obéis en tremblant; dès que je suis dans l'état où ils [me] désirent, l'un d'eux me tient, l'autre opère; ils me coupent un doigt à chaque pied, ils me rassoient, ils m'arrachent chacun une dent au fond de la bouche.

— Ce n'est pas tout, dit Rodin, en mettant un fer au feu, je l'ai prise *fouettée*, je veux la renvoyer *marquée*.

Et en disant cela, l'infâme, pendant que son ami me tient, m'applique derrière l'épaule le fer ardent, dont on marque les voleurs...

— Qu'elle ose paraître à présent, la catin, qu'elle l'ose, dit Rodin furieux, et en montrant cette lettre ignominieuse, je légitimerai suffisamment les raisons qui me l'ont fait renvoyer avec tant de secret et de promptitude.

Cela dit, les deux amis me prennent; il était nuit; ils me conduisent au bord de la forêt et m'y abandonnent cruellement après m'avoir fait entrevoir encore tout le danger d'une récrimination contre eux, si je veux l'entreprendre dans l'état d'avilissement où je me trouve.

Toute autre que moi se fût peu souciée de cette menace; dès qu'on pouvait prouver que le traitement que je venais d'essuyer n'était l'ouvrage d'aucun tribunal, qu'avais-je à craindre? Mais ma faiblesse, ma candeur ordinaire, l'effroi de mes malheurs de Paris et du château de Bressac, tout m'étourdit, tout m'effraya et je ne pensai qu'à m'éloigner de ce fatal endroit dès que les douleurs que j'éprouvais seraient un peu calmées; comme ils avaient soigneusement pansé les plaies qu'ils avaient faites, elles le furent dès le lendemain matin, et après avoir passé sous un arbre une des plus affreuses nuits de ma vie, je me mis en marche dès que le jour parut. Les plaies de mes pieds m'empêchaient d'aller bien vite, mais pressée de m'éloigner des environs d'une forêt aussi funeste pour moi, je fis pourtant quatre lieues ce premier jour, le lendemain et le surlendemain autant, mais ne m'orientant point, ne demandant rien, je ne fis que tourner autour de Paris, et le quatrième jour de ma marche au soir, je ne me trouvai qu'à Lieusaint; sachant que cette route pouvait me conduire vers les provinces méridionales de la France, je résolus de la suivre, et de gagner comme je pourrais ces pays éloignés, m'imaginant que la paix et le repos si cruellement refusés pour moi dans ma patrie m'attendaient peut-être au bout du monde.

Fatale erreur! et que de chagrins il me restait à éprouver encore! Ma fortune, bien plus médiocre chez Rodin que chez le marquis de Bressac, ne m'avait pas obligée à mettre une partie de mes fonds de côté; j'avais heureusement tout sur moi, c'est-à-dire environ dix louis, somme à quoi se montait et ce que j'avais sauvé de chez Bressac, et ce que j'avais gagné chez le chirurgien. Dans l'excès de mon malheur, je me trouvais encore heureuse de ce qu'on ne m'avait pas enlevé ces secours et je me flattai qu'ils me conduiraient au moins jusqu'à ce que je fusse en situation de pouvoir trouver quelque place. Les infamies qui m'avaient été faites ne paraissant point à découvert, j'imaginai pouvoir les déguiser toujours, et que leur flétrissure ne m'empêcherait pas de gagner ma vie; j'avais vingt-deux ans, une santé robuste quoique fluette et mince, une figure dont pour mon malheur on ne faisait que trop d'éloges, quelques vertus qui quoiqu'elles m'eussent toujours nui, me consolaient pourtant dans mon intérieur et me faisaient espérer qu'enfin la providence leur accorderait sinon quelques récompenses, au moins quelques suspensions aux maux qu'elles m'avaient attirés. Pleine d'espoir et de courage, je continuai ma route jusqu'à Sens; là mes pieds mal guéris me faisant souffrir des douleurs énormes, je résolus de me reposer quelques jours, mais n'osant confier à personne la cause de ce que je souffrais, et me rappelant les drogues dont j'avais vu faire usage à Rodin dans des blessures pareilles, j'en achetai et me soignai moi-même. Une semaine de repos me remit entièrement; peut-être eussé-je trouvé quelque place à Sens, mais pénétrée de la nécessité de m'éloigner, je ne voulus pas même en faire demande, je poursuivis ma route, avec le dessein de chercher fortune en Dauphiné; j'avais beaucoup entendu parler de ce pays dans mon enfance, je m'y figurai le bonheur; nous allons voir comme j'y réussis.

Dans aucune circonstance de ma vie les sentiments de religion ne m'avaient abandonnée; méprisant les vains sophismes des esprits forts, les croyant tous émanés du libertinage bien plus que d'une ferme persuasion, je leur opposais ma conscience et mon cœur, et trouvais au moyen de l'une et de l'autre tout ce qu'il fallait pour y répondre. Forcée quelquefois par mes malheurs de négliger mes devoirs de piété, je réparais ces torts aussitôt que j'en trouvais l'occasion. Je venais de partir d'Auxerre le 7 de juin, je n'en oublierai jamais l'époque, j'avais fait environ deux lieues et la chaleur commençant à me gagner, je résolus de monter sur une petite éminence couverte d'un bouquet de bois, un peu éloignée du chemin vers la gauche, à dessein de m'y rafraîchir et d'y sommeiller une couple d'heures, à moins de frais que dans une auberge et plus de sûreté que sur le grand chemin. Je monte et m'établis au pied d'un chêne, où après un déjeuner frugal composé d'un peu de pain et d'eau, je me livre aux douceurs du sommeil; j'en jouis plus de deux heures avec tranquillité. En me réveillant, je me plus à contempler le paysage qui s'offrait à moi, toujours sur la gauche du chemin; du milieu d'une forêt qui s'étendait à perte de vue, je crus voir à plus de trois lieues de moi, un petit clocher s'élever modestement dans l'air.

— Douce solitude, me dis-je, que ton séjour me fait envie! ce doit être là l'asile de quelques religieuses ou de quelques saints solitaires, uniquement occupés de leurs devoirs, entièrement consacrés à la religion, éloignés de cette société pernicieuse où le crime luttant sans cesse contre l'innocence, vient toujours à bout d'en triompher; je suis sûre que toutes les vertus doivent habiter là.

J'étais occupée de ces réflexions, lorsqu'une jeune fille de mon âge, gardant quelques moutons sur ce plateau, s'offrit tout à coup à ma vue; je l'interrogeai sur cette habitation, elle me dit que ce que je voyais était un couvent de récollets, occupé par quatre solitaires, dont rien n'égalait la religion, la continence et la sobriété.

— On y va, me dit cette fille, une fois par an, en pèlerinage pour une vierge miraculeuse dont les gens pieux obtiennent tout ce qu'ils veulent.

Émue du désir d'aller aussitôt implorer quelques secours aux pieds de cette sainte mère de Dieu, je demandai à cette fille si elle voulait venir avec moi; elle me dit que cela lui était impossible, que sa mère l'attendait incessamment chez elle, mais que la route était facile, elle me l'indiqua et me dit que le père gardien, le plus respectable et le plus saint des hommes, non seulement me recevrait à merveille, mais m'offrirait même des secours, si j'étais dans le cas d'en avoir besoin.

— On le nomme le révérend père Raphaël, continua cette fille, il est Italien, mais il a passé sa vie en France, il se plaît dans cette solitude et il a refusé du pape dont il est parent plusieurs excellents bénéfices; c'est un homme d'une grande famille, doux, serviable, plein de zèle et de piété, âgé d'environ cinquante ans et que tout le monde regarde comme un saint dans le pays.

Le récit de cette bergère m'ayant enflammée davantage encore, il me devint impossible de résister au désir que j'avais d'aller en pèlerinage à ce couvent et d'y réparer par le plus d'actes pieux que je pourrais toutes les négligences dont j'étais coupable. Quelque besoin que j'aie moi-même de charités, j'en fais à cette fille, et me voilà dans la route de *Sainte-Marie-des-Bois*, c'était le nom du couvent où je me dirigeais. Quand je me retrouvai dans la plaine, je n'aperçus plus le clocher, et n'eus pour me guider que la forêt; je n'avais point demandé à mon instructrice combien il y avait de lieues de l'endroit où je l'avais trouvée jusqu'à ce couvent et je m'aperçus bientôt que l'éloignement était bien autre que l'estimation que j'en avais faite. Mais rien ne me décourage, j'arrive au bord de la forêt, et voyant qu'il me reste encore assez de jour, je me détermine à m'y enfoncer, à peu près sûre d'arriver au couvent avant la nuit... Cependant aucune trace humaine ne s'offrit à mes yeux, pas une maison, et pour tout chemin un sentier très peu battu que je suivais à tout hasard. J'avais au moins fait cinq lieues depuis la colline où j'avais cru que trois au plus devaient me rendre à ma destination, et je ne voyais encore rien s'offrir, lorsque le soleil étant prêt à m'abandonner, j'entendis enfin le son d'une cloche à moins d'une lieue de moi. Je me dirige vers le bruit, je me hâte, le sentier s'élargit un peu... et au bout d'une heure de chemin depuis l'instant où j'ai entendu la cloche, j'aperçois enfin quelques haies et bientôt après le couvent. Rien de plus agreste que cette solitude; aucune habitation ne l'avoisinait, la plus prochaine était à plus de six lieues, et de toute part il y avait au moins trois lieues de forêts; elle était située dans un fond, il m'avait fallu beaucoup descendre pour y arriver, et telle était la raison qui m'avait fait perdre le clocher de vue dès que je m'étais trouvée dans la plaine. La cabane d'un frère jardinier touchait aux murs de l'asile intérieur, et c'était là qu'on s'adressait avant que d'entrer. Je demande à ce saint ermite s'il est permis de parler au père gardien... il me demande ce que je lui veux... je lui fais entendre qu'un devoir de religion... qu'un vœu m'attire dans cette retraite pieuse et que je serai bien consolée de toutes les peines que j'ai prises pour y parvenir, si je peux me jeter un instant aux pieds de la Vierge et du saint directeur dans la maison duquel habite cette miraculeuse image. Le frère, m'ayant offert de me reposer, pénètre aussitôt dans le couvent et comme il faisait déjà nuit, et que les pères étaient, disait-il, à souper, il fut quelque temps avant que de revenir. Il reparaît enfin avec un religieux :

— Voilà le père Clément, mademoiselle, me dit le frère, c'est l'économe de la maison, il vient voir si ce que vous désirez vaut la peine que l'on interrompe le père gardien.

Le père Clément était un homme de quarante-cinq ans, d'une grosseur énorme, d'une taille gigantesque, d'un regard farouche et sombre, le son de voix dur et rauque, et dont l'abord me fit frémir bien plus qu'il ne me consola... Un tremblement involontaire me saisit alors, et sans qu'il me fût possible de m'en défendre, le souvenir de tous mes malheurs passés vint s'offrir à ma mémoire.

— Que voulez-vous, me dit ce moine assez durement, est-ce là l'heure de venir dans une église? vous avez bien l'air d'une aventurière.

— Saint homme, dis-je en me prosternant, j'ai cru qu'il était toujours temps de se présenter à la maison de Dieu; j'accours de bien loin pour m'y rendre, pleine de ferveur et de dévotion, je demande à me confesser s'il est possible, et quand ma conscience vous sera connue, vous verrez si je suis digne ou non de me prosterner aux pieds de l'image miraculeuse que vous conservez dans votre sainte maison.

— Mais ce n'est pas trop l'heure de se confesser, dit le moine en se radoucissant; où passerez-vous la nuit? nous n'avons point d'endroit pour vous loger; il valait mieux venir le matin.

A cela je lui dis toutes les raisons qui m'en avaient empêchée, et sans me répondre davantage il fut rendre compte au gardien. Quelques minutes après j'entendis qu'on ouvrit l'église, et le père gardien, s'avançant lui-même à moi vers la cabane du jardinier, m'invita à entrer avec lui dans le temple. Le père Raphaël, dont il est bon de vous donner une idée sur-le-champ, était un homme de l'âge que l'on m'avait dit, mais auquel on n'aurait pas donné quarante ans; il était mince, assez grand, d'une physionomie spirituelle et douce, parlant très bien le français quoique d'une prononciation un peu italienne, maniéré et prévenant au-dehors autant que sombre et farouche à l'intérieur, comme je n'aurai que trop occasion de vous en convaincre incessamment.

— Mon enfant, me dit gracieusement ce religieux, quoique l'heure soit absolument indue et que nous ne soyons point dans l'usage de recevoir si tard, j'entendrai cependant votre confession, et nous aviserons après aux moyens de vous faire décemment passer la nuit jusqu'à l'heure où vous pourrez demain saluer la sainte image que nous possédons.

Cela dit, le moine fit allumer quelques lampes autour du confessionnal, il me dit de m'y placer, et ayant fait retirer le frère et fermer toutes les portes, il m'engagea à me confier à lui en toute assurance; parfaitement remise avec un homme si doux, en apparence, des frayeurs que m'avait causées le père Clément, après m'être humiliée aux pieds de mon directeur, je m'ouvris entièrement à lui, et avec ma candeur et ma confiance ordinaires je ne lui laissai rien ignorer de tout ce qui me concernait. Je lui avouai toutes mes fautes, et lui confiai tous mes malheurs, rien ne fut omis, pas même la marque honteuse dont m'avait flétrie l'exécrable Rodin.

Le père Raphaël m'écouta avec la plus grande attention, il me fit répéter même plusieurs détails avec l'air de la pitié et de l'intérêt... et ses principales questions portèrent à différentes reprises sur les objets suivants :

1° S'il était bien vrai que je fusse orpheline et de Paris.

2° S'il était bien sûr que je n'avais plus ni parents, ni amis, ni protection, ni personne à qui j'écrivisse.

3° Si je n'avais confié qu'à la bergère le dessein que j'avais d'aller au couvent, et si je ne lui avais point donné de rendez-vous au retour.

4° S'il était constant que je fusse vierge et que je n'eusse que vingt-deux ans.

5° S'il était bien certain que je n'eusse été suivie de personne, et que qui que ce fût ne m'eût vue entrer au couvent.

Ayant pleinement satisfait à ces questions et y ayant répondu de l'air le plus naïf :

— Eh bien, me dit le moine en se levant, et me prenant par la main, venez, mon enfant; il est trop tard pour vous faire saluer la vierge ce soir, je vous procurerai la douce satisfaction de communier demain aux pieds de son image, mais commençons par songer à vous faire ce soir et souper et coucher.

En disant cela, il me conduisit vers la sacristie.

— Eh quoi, lui dis-je alors avec une sorte d'inquiétude dont je ne me sentais pas maîtresse, eh quoi, mon père, dans l'intérieur de votre maison ?

— Et où donc, charmante pèlerine, me répondit le moine, en ouvrant une des portes du cloître donnant dans la sacristie et qui m'introduisait entièrement dans la maison... Quoi, vous craignez de passer la nuit avec quatre religieux ? Oh, vous verrez, mon ange, que nous ne sommes pas si bigots que nous en avons l'air et que nous savons nous amuser d'une jolie fille.

Ces paroles me firent tressaillir : Ô juste ciel, me dis-je à moi-même, serais-je donc encore la victime de mes bons sentiments, et le désir que j'ai eu de m'approcher de ce que la religion a de plus respectable, va-t-il donc être encore puni comme un crime ? Cependant nous avancions toujours dans l'obscurité ; au bout d'un des côtés du cloître, un escalier se présente enfin, le moine me fait passer devant lui, et comme il s'aperçoit d'un peu de résistance :

— Double catin, dit-il avec colère et changeant aussitôt le patelin de son ton contre l'air le plus insolent, t'imagines-tu qu'il soit temps de reculer ? Ah ! ventrebleu, tu vas bientôt voir s'il ne serait peut-être pas plus heureux pour toi d'être tombée dans une retraite de voleurs qu'au milieu de quatre récollets.

Tous les sujets d'effroi se multiplient si rapidement à mes yeux que je n'ai pas le temps d'être alarmée de ces paroles ; elles me frappent à peine que de nouveaux sujets d'alarme viennent assaillir mes sens ; la porte s'ouvre, et je vois autour d'une table trois moines et trois jeunes filles, tous six dans l'état du monde le plus indécent ; deux de ces filles étaient entièrement nues, on travaillait à déshabiller la troisième et les moines à fort peu de chose près étaient dans le même état...

— Mes amis, dit Raphaël en entrant, il nous en manquait une, la voilà ; permettez que je vous présente un véritable phénomène ; voilà une Lucrèce qui porte à la fois sur ses épaules la marque des filles de mauvaise vie et là, continua-t-il en faisant un geste aussi significatif qu'indécent... là, mes amis, la preuve certaine d'une virginité reconnue.

Les éclats de rire se firent entendre de tous les coins de la salle à cette réception singulière et Clément, celui que j'avais vu le premier, s'écria aussitôt, déjà à moitié ivre, qu'il fallait à l'instant vérifier les faits. La nécessité où je suis de vous peindre les gens avec lesquels j'étais, m'oblige d'interrompre ici; je vous laisserai le moins possible en suspens sur ma situation.

Vous connaissez déjà suffisamment Raphaël et Clément, pour que je puisse passer aux deux autres. Antonin, le troisième des pères de ce couvent, était un petit homme de quarante ans, sec, fluet, d'un tempérament de feu, d'une figure de satyre, velu comme un ours, d'un libertinage effréné, d'une taquinerie et d'une méchanceté sans exemple. Le père Jérôme, doyen de la maison, était un vieux libertin de soixante ans, homme aussi dur et aussi brutal que Clément, encore plus ivrogne que lui, et qui, blasé sur les plaisirs ordinaires, était contraint, pour retrouver quelque lueur de volupté, d'avoir recours à des recherches aussi dépravées que dégoûtantes.

Florette était la plus jeune des femmes, elle était de Dijon, âgée d'environ quatorze ans, fille d'un gros bourgeois de cette ville et enlevée par des satellites de Raphaël qui, riche et fort en crédit dans son ordre, ne négligeait rien de tout ce qui pouvait servir ses passions; elle était brune, de très jolis yeux et beaucoup de piquant dans les traits. *Cornélie* avait environ seize ans, elle était blonde, l'air très intéressant, de beaux cheveux, une peau éblouissante et la plus belle taille possible; elle était d'Auxerre, fille d'un marchand de vin et séduite par Raphaël lui-même qui l'avait secrètement entraînée dans ses pièges. *Omphale* était une femme de trente ans fort grande, d'une figure très douce et très agréable, toutes les formes très prononcées, des cheveux superbes, la plus belle gorge possible, et les yeux les plus tendres qu'il fût possible de voir; elle était fille d'un vigneron de Joigny très à l'aise, et à la veille d'épouser un homme qui devait faire sa fortune, lorsque Jérôme l'enleva à sa famille par les séductions les plus extraordinaires, à l'âge de seize ans. Telle était la société avec laquelle j'allais vivre, tel était le cloaque d'impureté et de souillure, où je m'étais flattée de trouver les vertus comme dans l'asile respectable qui leur convenait.

On me fit donc entendre aussitôt que je fus au milieu de ce cercle effroyable, que ce que j'avais de mieux à faire était d'imiter la soumission de mes compagnes.

— Vous imaginez aisément, me dit Raphaël, qu'il ne servirait à rien d'essayer des résistances dans la retraite inabordable où votre mauvaise étoile vous conduit. Vous avez, dites-vous, éprouvé bien des malheurs, et cela est vrai d'après vos récits, mais voyez pourtant que le plus grand de tous pour une fille vertueuse manquait encore à la liste de vos infortunes. Est-il naturel d'être vierge à votre âge, et n'est-ce pas une espèce de miracle qui ne pouvait pas se prolonger plus longtemps?... Voilà des compagnes qui comme vous ont fait des façons quand elles se sont vues contraintes de nous servir, et qui comme vous allez sagement faire, ont fini par se soumettre quand elles ont vu que ça ne pouvait les mener qu'à de mauvais traitements. Dans la situation où vous êtes, Sophie, comment espéreriez-vous de vous défendre? Jetez les yeux sur l'abandon dans lequel vous êtes dans le monde; de votre propre aveu il ne vous reste ni parents, ni amis; voyez votre situation dans un désert, hors de tout secours, ignorée de toute la terre, entre les mains de quatre libertins qui bien sûrement n'ont pas envie de vous épargner... à qui donc aurez-vous recours, sera-ce à ce dieu que vous veniez implorer avec tant de zèle, et qui profite de cette ferveur pour vous précipiter un peu plus sûrement dans le piège? Vous voyez donc qu'il n'est aucune puissance ni humaine ni divine qui puisse parvenir à vous retirer de nos mains, qu'il n'y a ni dans la classe des choses possibles, ni dans celle des miracles, aucune sorte de moyen qui puisse réussir à vous faire conserver plus longtemps cette vertu dont vous êtes si fière, qui puisse enfin vous empêcher de devenir dans tous les sens et de toutes les manières imaginables la proie des excès impurs auxquels nous allons nous abandonner tous les quatre avec vous. Déshabillez-vous donc, Sophie, et que la résignation la plus entière puisse vous mériter des bontés de notre part, qui seront à l'instant remplacées par les traitements les plus durs et les plus ignominieux si vous ne vous soumettez pas, traitements qui ne feront que nous irriter davantage, sans vous mettre à l'abri de notre intempérance et de nos brutalités.

Je ne sentais que trop que ce terrible discours ne me laissait aucune ressource, mais n'eussé-je pas été coupable de ne point employer celle que m'indiquait mon cœur et que me laissait encore la nature? Je me jette aux pieds de Raphaël, j'emploie toutes les forces de mon âme pour le supplier de ne pas abuser de mon état, les larmes les plus amères viennent inonder ses genoux, et tout ce que mon âme peut me dicter de plus pathétique, j'ose l'essayer en pleurant, mais je ne savais pas encore que les larmes ont un attrait de plus aux yeux du crime et de la débauche, j'ignorais que tout ce que j'essayais pour émouvoir ces monstres ne devait réussir qu'à les enflammer... Raphaël se lève en fureur :

— Prenez cette gueuse, Antonin, dit-il en fronçant le sourcil, et en la mettant nue à l'instant sous nos yeux, apprenez-lui que ce n'est pas chez des hommes comme nous que la compassion peut avoir des droits.

Antonin me saisit d'un bras sec et nerveux, et entremêlant ses propos et ses actions de jurements effroyables, en deux minutes il fait sauter mes vêtements et me met nue aux yeux de l'assemblée.

— Voilà une belle créature, dit Jérôme, que le couvent m'écrase si depuis trente ans j'en ai vu une plus belle.

— Un moment, dit le gardien, mettons un peu de règle à nos procédés : vous connaissez, mes amis, nos formules de réception ; qu'elle les subisse toutes sans excepter aucune, que pendant ce temps-là les trois autres femmes se tiennent autour de nous pour prévenir les besoins ou pour les exciter.

Aussitôt un cercle se forme, on me place au milieu, et là pendant plus de deux heures, je suis examinée, considérée, palpée par ces quatre libertins, éprouvant tour à tour de chacun ou des éloges ou des critiques. Vous me permettrez, madame, dit notre belle prisonnière en rougissant prodigieusement ici, de vous déguiser une partie des détails obscènes qui s'observèrent à cette première cérémonie ; que votre imagination se représente tout ce que la débauche peut en tel cas dicter à des libertins, qu'elle les voie successivement passer de mes compagnes à moi, comparer, rapprocher, confronter, discourir, et elle n'aura vraisemblablement encore qu'une légère idée de tout ce qui s'exécuta dans ces premières orgies, bien légères pourtant en comparaison de toutes les horreurs dont je devais bientôt être encore victime.

— Allons, dit Raphaël dont les désirs prodigieusement irrités paraissaient au point de ne pouvoir plus être contenus, il est temps d'immoler la victime ; que chacun de nous s'apprête à lui faire subir ses jouissances favorites.

Et le malhonnête homme m'ayant placée sur un sopha dans l'attitude propice à ses exécrables plaisirs, me faisant contenir par Antonin et Clément... Raphaël, Italien, moine et dépravé, se satisfait outrageusement, sans me faire cesser d'être vierge. Ô comble d'égarement ! on eût dit que chacun de ces hommes crapuleux se fût fait une gloire d'oublier la nature dans le choix de ses indignes plaisirs. Clément s'avance, irrité par le spectacle des infamies de son supérieur, bien plus encore par tout ce à quoi il s'est livré en l'observant. Il me déclare qu'il ne sera pas plus dangereux pour moi que son gardien et que l'endroit où son hommage va s'offrir laissera de même ma vertu sans péril. Il me fait mettre à genoux, et se collant à moi dans cette posture, ses perfides passions s'exercent dans un lieu qui m'interdit pendant le sacrifice le pouvoir de me plaindre de son irrégularité. Jérôme suit, son temple était celui de Raphaël, mais il n'arrivait pas au sanctuaire; content d'observer le parvis, ému d'épisodes primitives dont l'obscénité ne se peint point, il ne parvenait ensuite au complément de ses désirs que par des moyens barbares dont vous m'avez vue prête à devenir la victime chez Dubourg et le devenir tout à fait dans les mains de Bressac.

— Voilà d'heureuses préparations, dit Antonin en se saisissant de moi, venez, poulette, venez, que je vous venge de l'irrégularité de mes confrères, et que je cueille enfin les prémices flatteurs que leur intempérance m'abandonne...

Mais quels détails... grand Dieu... il m'est impossible de vous les peindre; on eût dit que ce scélérat, le plus libertin des quatre quoiqu'il parût le moins éloigné des vues de la nature, ne consentît à se rapprocher d'elle, à mettre un peu moins d'inconformité dans son culte, qu'en se dédommageant de cette apparence d'une dépravation moins grande par tout ce qui pouvait m'outrager davantage... Hélas, si quelquefois mon imagination s'était égarée sur ces plaisirs, je les croyais chastes comme le dieu qui les inspirait, donnés par la nature pour servir de consolation aux humains, nés de l'amour et de la délicatesse; j'étais bien loin de croire que l'homme à l'exemple des bêtes féroces ne pût jouir qu'en faisant frémir ses compagnes; je l'éprouvai, et dans un tel degré de violence que les douleurs du déchirement naturel de ma virginité furent les moindres que j'eusse à supporter dans cette dangereuse attaque, mais ce fut au moment de sa crise qu'Antonin termina par des cris si furieux, par des excursions si meurtrières sur toutes les parties de mon corps, par des morsures enfin si semblables aux sanglantes caresses des tigres, qu'un moment je me crus la proie de quelque animal sauvage qui ne s'apaiserait qu'en me dévorant. Ces horreurs achevées, je retombai sur l'autel où j'avais été immolée, presque sans connaissance et sans mouvement.

Raphaël ordonna aux femmes de me soigner et de me faire manger, mais un accès de chagrin furieux vint assaillir mon âme en ce moment cruel; je ne pus tenir à l'horrible idée d'avoir enfin perdu ce trésor de virginité, pour lequel j'eusse cent fois sacrifié ma vie, de me voir flétrie par ceux dont je devais attendre au contraire le plus de secours et de consolations morales. Mes larmes coulèrent en abondance, mes cris retentirent dans la salle, je me roulai à terre, je m'arrachai les cheveux, je suppliai mes bourreaux de me donner la mort, et quoique ces scélérats trop endurcis à de telles scènes s'occupassent bien plutôt de goûter de nouveaux plaisirs avec mes compagnes que de calmer ma douleur ou de la consoler, importunés néanmoins de mes cris, ils se décidèrent à m'envoyer reposer dans un lieu où ils ne pussent plus les entendre... Omphale allait m'y conduire quand le perfide Raphaël me considérant encore avec lubricité, malgré l'état cruel où j'étais, dit qu'il ne voulait pas qu'on me renvoyât sans qu'il me rendît encore une fois sa victime... A peine a-t-il conçu ce projet qu'il l'exécute... mais ses désirs ayant besoin d'un degré d'irritation de plus, ce n'est qu'après avoir mis en usage les cruels moyens de Jérôme qu'il réussit à trouver les forces nécessaires à l'accomplissement de son nouveau crime... Quel excès de débauche, grand Dieu! se pouvait-il que ces débauchés fussent assez féroces pour choisir l'instant d'une crise de douleur morale aussi violente que celle que j'éprouvais, pour m'en faire subir une physique aussi barbare?

— Oh! parbleu, dit Antonin en me reprenant également, rien n'est bon à suivre comme l'exemple d'un supérieur, et rien n'est piquant comme les récidives : la douleur, dit-on, dispose au plaisir, je suis convaincu que cette belle enfant va me rendre le plus heureux des hommes.

Et malgré mes répugnances, malgré mes cris et mes supplications, je deviens encore pour la seconde fois le malheureux plastron des insolents désirs de ce misérable... Enfin on me laisse sortir.

— Si je n'avais pas pris de l'avance quand cette belle princesse est arrivée, dit Clément, elle ne sortirait parbleu pas sans servir de même une seconde fois à mes passions, mais elle ne perdra rien pour attendre.

— Je lui promets la même chose, dit Jérôme, en me faisant sentir la vigueur de son bras à l'instant où je passais auprès de lui, mais pour ce soir allons tous nous coucher.

Raphaël se trouvant du même avis, les orgies furent rompues; il retint près de lui Florette qui sans doute y passa la nuit, et chacun se dispersa. J'étais sous la conduite d'Omphale; cette sultane plus âgée que les autres me parut celle qui était chargée du soin des sœurs; elle me mena dans notre appartement commun, espèce de tour carrée dans les angles de laquelle était un lit pour chacune de nous quatre. Un des moines suivait ordinairement les filles quand elles se retiraient, et en fermait la porte à deux ou trois verrous; ce fut Clément qui se chargea de ce soin; une fois là, il devenait impossible d'en sortir, il n'y avait d'autre issue dans cette chambre qu'un cabinet attenant pour nos aisances et nos toilettes, dont la fenêtre était aussi étroitement grillée que celle de l'endroit où nous couchions. D'ailleurs aucune sorte de meuble, une chaise et une table près du lit qu'entourait un méchant rideau d'indienne, quelques coffres de bois dans le cabinet, des chaises percées, des bidets et une table commune de toilette; ce ne fut que le lendemain que je m'aperçus de tout cela; trop accablée pour rien voir en ce premier moment, je ne m'occupai que de ma douleur. Ô juste ciel, me disais-je, il est donc écrit qu'aucun acte de vertu n'émanera de mon cœur sans qu'il ne soit aussitôt suivi d'une peine! Eh, quel mal faisais-je donc, grand Dieu, en désirant de venir accomplir dans cette maison quelque devoir de piété, offensai-je le ciel en voulant m'y livrer, était-ce là le prix que j'en devais attendre? Ô décrets incompréhensibles de la providence, daignez donc un instant vous ouvrir à mes yeux si vous ne voulez pas que je me révolte contre vos lois! Des larmes amères suivirent ces réflexions et j'en étais encore inondée, quand vers le point du jour Omphale s'approcha de mon lit.

— Chère compagne, me dit-elle, je viens t'exhorter à prendre du courage; j'ai pleuré comme toi dans les premiers jours et maintenant l'habitude est prise, tu t'y feras comme moi; les premiers moments sont terribles, ce n'est pas seulement l'obligation d'assouvir perpétuellement les désirs effrénés de ces débauchés qui fait le supplice de notre vie, c'est la perte de notre liberté, c'est la manière brutale dont nous sommes traitées dans cette infâme maison...

Les malheureux se consolent en en voyant d'autres souffrir auprès d'eux. Quelque cuisantes que fussent mes douleurs, je les apaisai un instant pour prier ma compagne de me mettre au fait des maux où je devais m'attendre.

— Écoute, me dit Omphale en s'asseyant près de mon lit, je vais te parler avec confiance, mais souviens-toi de n'en abuser jamais... Le plus cruel de nos maux, ma chère amie, est l'incertitude de notre sort ; il est impossible de dire ce qu'on devient quand on quitte ce lieu. Nous avons autant de preuves que notre solitude nous permet d'en acquérir, que les filles réformées par les moines ne reparaissent jamais dans le monde ; eux-mêmes nous en préviennent, ils ne nous cachent pas que cette retraite est notre tombeau ; il n'y a pourtant pas d'année où il n'en sorte deux ou trois. Que deviennent-elles donc ? S'en défont-ils ? Quelquefois ils nous disent que oui, d'autres fois ils assurent que non, mais aucune de celles qui sont sorties, quelque promesse qu'elles nous aient faite de porter des plaintes contre ce couvent et de travailler à notre élargissement, aucune dis-je ne nous a jamais tenu parole. Apaisent-ils ces plaintes, ou mettent-ils ces filles hors d'état d'en faire ? Lorsque nous demandons à celles qui arrivent des nouvelles des anciennes, elles n'en ont jamais aucune connaissance. Que deviennent-elles donc, ces malheureuses ? voilà ce qui nous tourmente, Sophie, voilà la fatale incertitude qui fait le vrai tourment de nos malheureux jours, il y a quatorze ans que je suis dans cette maison et voilà plus de cinquante filles que j'en vois sortir... où sont-elles ? Pourquoi toutes ayant juré de nous servir, de toutes aucune n'a-t-elle jamais tenu parole ? Notre nombre est fixé à quatre... au moins dans cette chambre, car nous sommes toutes plus que persuadées qu'il y a une autre tour qui répond à celle-ci et où ils en conservent un pareil nombre ; beaucoup de traits de leur conduite, beaucoup de leurs propos nous en ont convaincues, mais si ces compagnes existent, nous ne les avons jamais vues. Une des plus grandes preuves que nous ayons de ce fait est que nous ne servons jamais deux jours de suite ; nous fûmes employées hier, nous nous reposerons aujourd'hui ; or certainement ces débauchés ne font pas un jour d'abstinence. Rien au surplus ne légitime notre retraite, l'âge, le changement des traits, l'ennui, les dégoûts, rien autre chose que leur caprice ne les détermine à nous donner ce fatal congé dont il nous est impossible de savoir de quelle manière nous profitons. J'ai vu ici une fille de soixante-dix ans, elle ne partit que l'été passé ; il y avait soixante ans qu'elle y était, et pendant que l'on gardait celle-là, j'en vis réformer plus de douze qui n'avaient pas seize ans. J'en ai vu partir trois jours après leur arrivée, d'autres au bout d'un mois, d'autres de plusieurs années ; il n'y a sur cela aucune règle que leur volonté ou plutôt leur caprice. La conduite n'y fait également rien ; j'en ai vu qui volaient au-devant de leurs désirs et qui partaient au bout de six semaines ; d'autres maussades et fantasques qu'ils gardaient un grand nombre d'années. Il est donc inutile de prescrire à une arrivante un genre quelconque de conduite ; leur fantaisie brise toutes les lois, il n'est rien de sûr avec elles. A l'égard des moines, ils varient peu ; il y a quinze ans que Raphaël est ici, il y en a seize que Clément y demeure, Jérôme y est depuis trente ans, Antonin depuis dix ; c'est le seul que j'aie vu arriver, il remplaça un moine de soixante ans qui y mourut dans un excès de débauche... Ce Raphaël, Florentin de nation, est proche parent du pape avec lequel il est fort bien ; ce n'est que depuis lui que la vierge miraculeuse assure la réputation du couvent et empêche les médisants d'observer de trop près ce qui se passe ici, mais la maison était montée comme tu le vois quand il y arriva. Il y a près de quatre-vingts ans qu'elle est, dit-on, sur ce même pied et que tous les gardiens qui y sont venus y ont conservé un ordre si avantageux pour leur plaisir ; Raphaël, un des moines les plus libertins de son siècle, ne s'y fit placer que parce qu'il la connaissait, et son intention est d'en maintenir les secrets privilèges aussi longtemps qu'il le pourra. Nous sommes du diocèse d'Auxerre, mais que l'évêque soit instruit ou non, jamais nous ne le voyons paraître en ces lieux ; en général ils sont peu fréquentés ; excepté le temps de la fête qui se trouve vers la fin d'août, il ne vient pas dix personnes ici dans l'année. Cependant lorsque quelques étrangers s'y présentent, le gardien a soin de les bien recevoir et de leur en imposer par des apparences sans nombre d'austérité et de religion ; ils s'en retournent contents, ils prônent la maison, et l'impunité de ces scélérats s'établit ainsi sur la bonne foi du peuple et sur la crédulité des dévots. Rien n'est sévère au reste comme les règlements de notre conduite et rien n'est aussi dangereux pour nous comme de les enfreindre en quoi que ce puisse être. Il est essentiel que j'entre dans quelques détails avec toi sur cet article, continua mon institutrice, car ce n'est pas une excuse que de dire ici : *Ne me punissez pas de l'infraction de cette loi, je l'ignorais* ; il faut ou se faire instruire par ses compagnes, ou tout deviner de soi-même; on ne vous prévient de rien, et on vous punit de tout. La seule correction admise est *le fouet*; il était assez simple qu'une épisode des plaisirs de ces scélérats devînt leur punition favorite; tu l'éprouvas sans commettre de faute hier, tu l'éprouveras bientôt pour en avoir commis; tous quatre sont entichés de cette manie barbare, et comme punisseur tous quatre l'exercent tour à tour. Il y en a chaque jour un qu'on appelle *le régent de jour*, c'est lui qui reçoit les rapports de la doyenne de la chambre, lui qui est chargé de la police intérieure du sérail, de tout ce qui se passe aux soupers où nous sommes admises, qui taxe les fautes et les punit lui-même; reprenons chacun de ces articles. Nous sommes obligées d'être toujours levées et habillées à neuf heures du matin; à dix on nous apporte du pain et de l'eau pour déjeuner; à deux heures on sert le dîner qui consiste en un potage assez bon, un morceau de bouilli, un plat de légumes, quelquefois un peu de fruit, et une bouteille de vin pour nous quatre. Régulièrement tous les jours, été ou hiver, à cinq heures du soir le régent vient nous visiter; c'est alors qu'il reçoit les délations de la doyenne; et les plaintes que celle-ci peut faire portent sur la conduite des filles de sa chambre, s'il ne s'est tenu aucun propos d'humeur ou de révolte, si on s'est levée à l'heure prescrite, si les toilettes de tête et de propreté ont été exactes, si l'on a mangé comme il faut et si l'on [n'] a médité aucune évasion. Il faut rendre un compte exact de toutes ces choses, et nous risquons nous-mêmes d'être punies si nous ne le faisons pas. De là, le régent de jour passe dans notre cabinet, et y visite différentes choses; sa besogne faite, il est rare qu'il sorte sans s'amuser d'une de nous et souvent de toutes les quatre. Dès qu'il est sorti, si ce n'est pas notre jour de souper, nous devenons maîtresses de lire ou causer, de nous distraire entre nous et de nous coucher quand nous voulons; si nous devons souper ce soir-là avec les moines, une cloche sonne, elle nous avertit de nous préparer; le régent de jour vient nous chercher lui-même, nous descendons dans cette salle où tu nous as vues, et la première chose qui se fait là est de lire le cahier des fautes depuis la dernière fois qu'on a paru; d'abord les fautes commises à ce dernier souper, consistant en négligences, en refroidissement vis-à-vis des moines dans les instants où nous leur servons, en défaut de prévenance, de soumission ou de propreté; à cela se joint la liste des fautes commises dans la chambre pendant les deux jours au rapport de la doyenne. Les délinquantes se mettent tour à tour au milieu de la salle; le régent de jour nomme leur faute et la taxe; ensuite elles sont mises nues par la doyenne ou la sous-doyenne si c'était celle-ci qui eût manqué, et le régent leur administre la punition prescrite d'une manière si énergique qu'il est difficile qu'elles ne s'en souviennent pas. Or l'art de ces scélérats est tel qu'il est presque impossible qu'il y ait un seul jour où quelques exécutions ne se fassent. Ce soin rempli, les orgies commencent, te les détailler serait impossible; d'aussi bizarres caprices peuvent-ils jamais être réglés? l'objet essentiel est de ne jamais rien refuser... de tout prévenir, et encore avec ce moyen quelque bon qu'il soit, n'est-on pas quelquefois très en sûreté. Au milieu des orgies, l'on soupe; nous sommes admises à ce repas, toujours bien plus délicat et plus somptueux que les nôtres; les bacchanales se reprennent quand nos moines sont à moitié ivres; à minuit tout se sépare, alors chacun est le maître de garder une de nous pour la nuit, cette favorite va coucher dans la cellule de celui qui l'a choisie et revient nous trouver le lendemain; les autres rentrent, et trouvent alors la chambre propre, les lits et les garde-robes en état. Le matin quelquefois dès qu'on est levée, avant l'heure du déjeuner, il arrive qu'un moine fait demander une de nous dans sa cellule; c'est le frère qui a soin de nous, qui nous vient chercher, et qui nous conduit chez le moine qui nous désire, lequel nous ramène lui-même ou nous fait reconduire par ce même frère, dès qu'il n'a plus besoin de nous. Ce cerbère qui approprie nos chambres et qui nous conduit quelquefois, est un vieux frère que tu verras bientôt, âgé de soixante-dix ans, borgne, boiteux et muet; il est aidé dans le service total de la maison par trois autres, un qui prépare à manger, un qui fait les cellules des pères, balaye partout et aide encore à la cuisine, et le portier que tu vis en entrant. De ces frères nous ne voyons jamais que celui qui nous sert, et la moindre parole envers lui deviendrait un de nos crimes les plus graves. Le gardien vient quelquefois nous visiter; il y a alors quelques cérémonies d'usage que la pratique t'apprendra et dont l'inobservation devient crime, car le désir qu'ils ont d'en trouver pour avoir le plaisir de les punir les leur fait multiplier chaque jour. C'est rarement sans quelque projet que Raphaël vient nous visiter et ces projets sont toujours ou cruels ou irréguliers ainsi que tu as eu occasion de t'en convaincre. Au reste toujours exactement renfermées, il n'est aucune occasion dans l'année où l'on laisse prendre l'air, quoiqu'il y ait un assez grand jardin, mais il n'est pas garni de grilles et l'on craindrait une évasion d'autant plus dangereuse qu'en instruisant la justice temporelle ou spirituelle de tous les crimes qui se commettent ici, on y aurait bientôt mis ordre. Jamais nous ne remplissons aucun devoir de religion; il nous est aussi défendu d'y penser que d'en parler; ces propos sont un des griefs qui méritent le plus sûrement punition. Voilà tout ce que je te puis dire, ma chère compagne, m'ajouta notre doyenne, l'expérience t'apprendra le reste; prends courage si cela t'est possible, mais renonce pour jamais au monde, il n'y a point d'exemple qu'une fille sortie de cette maison ait pu jamais le revoir.

Ce dernier article m'inquiétant horriblement, je demandai à Omphale quelle était sa véritable opinion sur le sort des filles réformées.

— Que veux-tu que je te réponde à cela, me dit-elle, l'espoir à tout instant détruit cette malheureuse opinion; tout me prouve qu'un tombeau leur sert de retraite, et mille idées qui ne sont qu'enfants de l'espoir viennent à tout instant détruire cette trop fatale conviction. On n'est prévenue que le matin, poursuivit Omphale, de la réforme que l'on médite de nous; le régent de jour vient avant le déjeuner et dit, je le suppose : *Omphale, faites votre paquet, le couvent vous réforme, je viendrai vous prendre à l'entrée de la nuit*, puis il sort. La réformée embrasse ses compagnes, elle leur promet mille et mille fois de les servir, de porter des plaintes, d'ébruiter ce qui se passe; l'heure sonne, le moine vient, la fille part, et l'on n'entend jamais parler d'elle. Cependant si c'est un jour de souper, il a lieu comme à l'ordinaire; la seule chose que nous ayons remarquée ces jours-là, c'est que les moines s'épuisent beaucoup moins, qu'ils boivent beaucoup plus, qu'ils nous renvoient de beaucoup meilleure heure et qu'il n'en reste jamais aucune à coucher.

— Chère amie, dis-je à la doyenne en la remerciant de ses instructions, peut-être n'avez-vous jamais eu affaire qu'à des enfants qui n'ont pas eu assez de force pour vous tenir parole... Veux-tu faire avec moi cette promesse réciproque? Je commence par te jurer d'avance sur tout ce que j'ai de plus sacré au monde qu'ou j'y mourrai, ou je détruirai ces infamies. M'en promets-tu autant de ton côté?

— Assurément, me dit Omphale, mais sois certaine de l'inutilité de ces promesses; des filles plus âgées que toi, peut-être encore plus irritées s'il est possible, appartenant aux gens les plus comme il faut de la province et ayant par ce moyen plus d'armes que toi, des filles en un mot qui auraient donné leur sang pour moi, ont manqué aux mêmes serments; permets donc à ma cruelle expérience de regarder le nôtre comme vain et de n'y pas compter davantage.

Nous jasâmes ensuite du caractère des moines et de celui de nos compagnes.

— Il n'y a point d'homme en Europe, me dit Omphale, plus dangereux que Raphaël et Antonin; la fausseté, la noirceur, la méchanceté, la taquinerie, la cruauté, l'irréligion sont leurs qualités naturelles et l'on ne voit jamais la joie dans leurs yeux que quand ils se sont le mieux livrés à tous ces vices. Clément qui paraît le plus brusque est pourtant le meilleur de tous, il n'est à craindre que quand il est ivre; il faut bien prendre garde de lui manquer alors, on y courrait souvent de grands risques. Pour Jérôme, il est naturellement brutal, les soufflets, les coups de pied et de poing sont des revenus sûrs avec lui, mais quand ses passions sont éteintes il devient doux comme un agneau, différence essentielle qu'il y a entre lui et les deux premiers qui ne raniment les leurs que par des trahisons et des atrocités. A l'égard des filles, continua la doyenne, il y a bien peu de choses à en dire; Florette est une enfant qui n'a pas grand esprit et dont on fait ce qu'on veut. Cornélie a beaucoup d'âme et de sensibilité, rien ne peut la consoler de son sort.

Toutes ces instructions reçues, je demandai à ma compagne s'il n'était pas absolument possible de s'assurer s'il y avait ou non une tour contenant d'autres malheureuses comme nous :

— Si elles existent comme j'en suis presque sûre, dit Omphale, on ne pourrait en être instruite que par quelque indiscrétion des moines, ou par le frère muet qui nous servant les soigne aussi sans doute; mais ces éclaircissements deviendraient fort dangereux. A quoi nous servirait-il d'ailleurs de savoir si nous sommes seules ou non, dès que nous ne pouvons nous secourir? Si maintenant tu me demandes quelle preuve j'ai que ce fait est plus que vraisemblable, je te dirai que plusieurs de leurs propos auxquels ils ne pensent pas, sont plus que suffisants pour nous en convaincre; qu'une fois d'ailleurs, en sortant le matin de coucher avec Raphaël, au moment où je passais le seuil de sa porte, et qu'il allait me suivre pour me ramener lui-même, je vis sans qu'il s'en aperçût le frère muet entrer chez Antonin avec une très belle fille de dix-sept à dix-huit ans qui certainement n'était pas de notre chambre. Le frère se voyant aperçu la précipita vite dans la cellule d'Antonin, mais je la vis; il ne s'en fit aucune plainte et tout resta là; j'eusse peut-être joué gros jeu si cela se fût su. Il est donc certain qu'il y a d'autres femmes ici que nous et que, puisque nous ne soupons avec les moines que d'un jour l'un[1], elles y soupent l'autre jour, en nombre très vraisemblablement égal au nôtre.

Omphale finissait à peine de parler que Florette rentra de chez Raphaël où elle avait passé la nuit, et comme il était expressément défendu aux filles de se dire mutuellement ce qui leur arrivait dans ce cas-là, nous voyant éveillées, elle nous souhaita simplement le bonjour et se jeta épuisée sur son lit où elle resta jusqu'à neuf heures, époque du lever général. La tendre Cornélie s'approcha de moi, elle pleura en me regardant... et elle me dit :

— Ô ma chère demoiselle, que nous sommes de malheureuses créatures!

On apporta le déjeuner, mes compagnes me forcèrent à manger un peu, je le fis pour leur plaire; la journée se passa assez tranquillement. A cinq heures, comme l'avait dit Omphale, le régent de jour entra; c'était Antonin, il me demanda en riant comment je me trouvais de l'aventure, et comme je ne lui répondais qu'en baissant des yeux inondés de larmes :

— Elle s'y fera, elle s'y fera, dit-il en ricanant, il n'y a point de maison en France où l'on forme mieux les filles qu'ici.

Il fit sa visite, prit la liste des fautes des mains de la doyenne qui, trop bonne fille pour la charger beaucoup, disait bien souvent qu'elle n'avait rien à dire, et avant de nous quitter Antonin s'approcha de moi... Je frémis, je crus que j'allais devenir encore une fois la victime de ce monstre, mais dès que cela pouvait être à tout instant, qu'importait que ce

1. *Sic*, pour *de deux jours l'un. (N. de l'É.)*

fût alors, ou le lendemain? Cependant j'en fus quitte pour quelques caresses brutales et il se jeta sur Cornélie, ordonnant pendant qu'il opérerait à tout ce que nous étions là de venir servir ses passions. Le scélérat gorgé de voluptés, ne s'en refusant d'aucune espèce, termine son opération avec cette malheureuse comme il avait fait avec moi la veille, c'est-à-dire avec les épisodes les plus réfléchies de la brutalité et de la dépravation. Ces sortes de groupes s'exécutaient fort souvent; il était presque toujours d'usage quand un moine jouissait d'une des sœurs, que les trois autres l'entourassent pour enflammer ses sens de toutes parts et pour que la volupté pût pénétrer en lui par tous ses organes. Je place ici ces détails impurs à dessein de n'y plus revenir, mon intention n'étant pas de m'appesantir davantage sur l'indécence de ces scènes. En tracer une est les peindre toutes, et pendant le long séjour que je fis dans cette maison, mon projet est de ne plus vous parler que des événements essentiels, sans vous effrayer plus longtemps des détails. Comme ce n'était pas le jour de notre souper nous fûmes assez tranquilles, mes compagnes me consolèrent de leur mieux, mais rien ne pouvait adoucir des chagrins de la nature des miens; en vain y travaillèrent-elles, plus elles me parlaient de mes maux, et plus ils me paraissaient cuisants.

Le lendemain dès neuf heures le gardien vint me voir quoiqu'il ne fût pas de jour, il demanda à Omphale si je commençais à prendre mon parti, et sans trop écouter la réponse, il ouvrit un des coffres de notre cabinet dont il tira plusieurs vêtements de femme :

— Comme vous n'avez rien avec vous, me dit-il, il faut bien que nous pensions à vous vêtir, peut-être bien un peu plus pour nous que pour vous; au moins ainsi point de reconnaissance; moi je ne suis point d'avis de tous ces vêtements inutiles et quand nous laisserions aller les filles qui nous servent nues comme des bêtes, il me semble que l'inconvénient serait très léger, mais nos pères sont des gens du monde qui veulent du luxe et de la parure, il faut donc les satisfaire.

Et il jeta sur le lit plusieurs déshabillés avec une demi-douzaine de chemises, quelques bonnets, des bas et des souliers, et me dit d'essayer tout cela; il assista à ma toilette et ne manqua à aucun des attouchements indécents que la situation put lui permettre. Il se trouva trois déshabillés de taffetas, un de toile des Indes qui pouvaient m'aller; il me permit de les garder, et de m'arranger également du reste, en me souvenant que tout cela était de la maison et de l'y remettre si j'en sortais avant que de l'user ; ces différents détails lui ayant procuré quelques tableaux qui l'échauffèrent, il m'ordonna de me mettre de moi-même dans l'attitude que je savais lui convenir... je voulus lui demander grâce, mais voyant la rage et la colère déjà dans ses yeux, je crus que le plus court était d'obéir, je me plaçai... le libertin entouré des trois autres filles se satisfit comme il avait coutume de faire aux dépens des mœurs, de la religion et de la nature. Je l'avais enflammé, il me fêta beaucoup au souper, et je fus destinée à passer la nuit avec lui ; mes compagnes se retirèrent et je fus dans son appartement. Je ne vous parle plus ni de mes répugnances, ni de mes douleurs, madame, vous vous les peignez extrêmes sans doute, et leur tableau monotone nuirait peut-être à ceux qui me restent à vous faire. Raphaël avait une cellule charmante, meublée par la volupté et le goût ; rien ne manquait de tout ce qui pouvait rendre cette solitude aussi agréable que propre au plaisir. Dès que nous y fûmes enfermés, Raphaël s'étant mis nu, et m'ayant ordonné de l'imiter, se fit longtemps exciter au plaisir par les mêmes moyens dont il s'y embrasait ensuite comme agent. Je puis dire que je fis dans cette soirée un cours de libertinage aussi complet que la fille du monde la plus stylée à ces exercices impurs. Après avoir été maîtresse, je redevins bientôt écolière, mais il s'en fallait bien que j'eusse traité comme on me traitait, et quoiqu'on ne m'eût point demandé d'indulgence, je fus bientôt dans le cas d'en implorer à chaudes larmes ; mais on se moqua de mes prières, on prit contre mes mouvements les précautions les plus barbares, et quand on se vit bien maître de moi, je fus traitée deux heures entières avec une sévérité sans exemple. On ne s'en tenait pas aux parties destinées à cet usage, on parcourait tout indistinctement, les endroits les plus opposés, les globes les plus délicats, rien n'échappait à la fureur de mon bourreau dont les titillations de volupté se modelaient sur les douloureux symptômes que recueillaient précieusement ses regards.

— Couchons-nous, me dit-il à la fin, en voilà peut-être trop pour toi, et certainement pas assez pour moi ; on ne se lasse point de ce saint exercice, et tout cela n'est que l'image de ce qu'on voudrait réellement faire.

Nous nous mîmes au lit ; Raphaël aussi libertin fut toujours aussi dépravé, et il me rendit toute la nuit l'esclave de ses criminels plaisirs. Je saisis un instant de calme où je crus le voir pendant ces débauches, pour le supplier de me dire si je devais espérer de pouvoir sortir un jour de cette maison.

— Assurément, me répondit Raphaël, tu n'y es entrée que pour cela ; quand nous serons convenus tous les quatre de t'accorder ta retraite, tu l'auras très certainement.

— Mais, lui dis-je à dessein de tirer quelque chose de lui, ne craignez-vous pas que des filles plus jeunes et moins discrètes que je ne vous jure d'être toute ma vie, n'aillent quelquefois révéler ce qui s'est fait chez vous ?

— Cela est impossible, dit le gardien.

— Impossible ?

— Oh très certainement.

— Pourriez-vous m'expliquer...

— Non, c'est là notre secret, mais tout ce que je puis te dire, c'est que discrète ou non, il te sera parfaitement impossible de jamais rien révéler quand tu seras dehors, de ce qui s'est fait ici dedans.

Ces mots dits, il m'ordonna brutalement de changer de propos et je n'osai plus répliquer. A sept heures du matin, il me fit reconduire chez moi par le frère, et réunissant à ce qu'il m'avait dit ce que j'avais tiré d'Omphale, je pus me convaincre trop malheureusement sans doute qu'il n'était que trop sûr que les partis les plus violents se prenaient contre les filles qui quittaient la maison, et que si elles ne parlaient jamais, c'est qu'en les enfermant dans le cercueil on leur en ôtait tous moyens. Je frissonnai longtemps de cette terrible idée et parvenant à la dissiper enfin à force de la combattre par l'espoir, je m'étourdis comme mes compagnes.

En une semaine mes tournées furent faites et j'eus dans cet intervalle l'affreuse facilité de me convaincre des différents écarts, des diverses infamies tour à tour exercées par chacun de ces moines, mais chez tous comme chez Raphaël le flambeau du libertinage ne s'allumait qu'aux excès de la férocité, et comme si ce vice des cœurs corrompus dût être en eux l'organe de tous les autres, ce n'était jamais qu'en l'exerçant que le plaisir les couronnait.

Antonin fut celui dont j'eus le plus à souffrir ; il est impossible de se figurer jusqu'à quel point ce scélérat portait la cruauté dans le délire de ses égarements. Toujours guidé par ces ténébreux écarts, eux seuls le disposaient à la jouissance, ils entretenaient ses feux lorsqu'il la goûtait et servaient seuls à la perfectionner quand elle était à son dernier période. Étonnée malgré cela que les moyens qu'il employait ne parvinssent pas malgré leur rigueur à rendre féconde quelqu'une de ses victimes, je demandai à notre doyenne comment il parvenait à s'en préserver.

— En détruisant sur-le-champ lui-même, me dit Omphale, le fruit que son ardeur forma ; dès qu'il s'aperçoit de quelque progrès, il nous fait avaler trois jours de suite six grands verres d'une certaine tisane qui ne laisse le quatrième jour aucun vestige de son intempérance ; cela vient d'arriver à Cornélie, cela m'est arrivé trois fois, et il n'en résulte aucun inconvénient pour notre santé, au contraire il semble que l'on s'en porte beaucoup mieux après. Au reste il est le seul comme tu vois, continua ma compagne, avec lequel ce danger soit à craindre ; l'irrégularité des désirs de chacun des autres ne nous laisse rien à redouter.

Alors Omphale me demanda s'il n'était pas vrai que de tous, Clément fût celui dont j'eusse moins à me plaindre.

— Hélas, répondis-je, au milieu d'une foule d'horreurs et d'impuretés qui tantôt dégoûtent et tantôt révoltent, il m'est bien difficile de dire quel est celui qui me fatigue le moins ; je suis excédée de tous, et je voudrais déjà être dehors quel que soit le sort qui m'attend.

— Mais il serait possible que tu fusses bientôt satisfaite, continua Omphale, tu n'es venue ici que par hasard, on ne comptait point sur toi ; huit jours avant ton arrivée, on venait de faire une réforme, et jamais on ne procède à cette opération qu'on ne soit sûr du remplacement. Ce ne sont pas toujours eux-mêmes qui font les recrues ; ils ont des agents bien payés et qui les servent avec chaleur ; je suis presque sûre qu'au premier moment il en va venir une nouvelle, ainsi tes souhaits pourraient être accomplis. D'ailleurs nous voilà à la veille de la fête ; rarement cette époque échoit sans leur rapporter quelque chose ; ou ils séduisent des jeunes filles par le moyen de la confession, ou ils en enferment quelqu'une, mais il est rare qu'à cet événement, il n'y ait pas toujours quelque poulette de croquée.

Elle arriva enfin, cette fameuse fête ; croiriez-vous, madame, à quelle impiété monstrueuse se portèrent ces moines à cet événement ? Ils imaginèrent qu'un miracle visible doublerait l'éclat de leur réputation, et en conséquence ils revêtirent Florette, la plus petite et la plus jeune de nous, de tous les ornements de la Vierge, l'attachèrent par le milieu du corps au moyen de cordons qui ne se voyaient pas et lui ordonnèrent de lever les bras avec componction vers le ciel quand on y lèverait l'hostie. Comme cette malheureuse petite créature était menacée du traitement le plus cruel si elle venait à dire un seul mot, ou à manquer son rôle, elle s'en tira du mieux qu'elle put et la fraude eut tout le succès qu'on en pouvait attendre; le peuple cria au miracle, laissa de riches offrandes à la Vierge et s'en retourna plus convaincu que jamais de l'efficacité des grâces de cette mère céleste.

Nos libertins voulurent pour parfaire leur impiété que Florette parût au souper dans les mêmes vêtements qui lui avaient attiré tant d'hommages, et chacun d'eux enflamma ses odieux désirs à la soumettre sous ce costume à l'irrégularité de ses caprices. Irrités de ce premier crime, les monstres ne s'en tinrent pas là; ils l'étendirent ensuite nue, à plat ventre sur une grande table, ils allumèrent des cierges, ils placèrent l'image de notre sauveur à sa tête et osèrent consommer sur les reins de cette malheureuse le plus redoutable de nos mystères. Je m'évanouis à ce spectacle horrible, il me fut impossible de le soutenir. Raphaël, voyant cela, dit que pour m'y apprivoiser il fallait que je servisse d'autel à mon tour. On me saisit, on me place au même lieu que Florette et l'infâme Italien, avec des épisodes bien plus atroces et bien autrement sacrilèges, consomme sur moi la même horreur qui venait de s'exercer sur ma compagne. On me retira de là sans mouvement, il fallut me porter dans ma chambre où je pleurai trois jours de suite en larmes bien amères le crime horrible où j'avais servi malgré moi... Ce souvenir déchire encore mon cœur, madame, je n'y pense point sans verser des pleurs; la religion est en moi l'effet du sentiment, tout ce qui l'offense ou l'outrage fait jaillir le sang de mon cœur.

Cependant il ne nous parut pas que la nouvelle compagne que nous attendions fût prise dans le concours de peuple qu'avait attiré la fête; peut-être cette recrue eut-elle lieu dans l'autre sérail, mais rien n'arriva chez nous. Tout se soutint ainsi quelques semaines; il y en avait déjà six que j'étais dans cette odieuse maison, quand Raphaël entra vers les neuf heures un matin dans notre tour. Il paraissait très enflammé, une sorte d'égarement se peignait dans ses regards; il nous examina toutes, nous plaça l'une après l'autre dans son attitude chérie, et s'arrêta particulièrement à Omphale. Il reste plusieurs minutes à la contempler dans cette posture, il s'agite sourdement, il se livre à quelqu'une de ses fantaisies de choix, mais ne consomme rien... Ensuite la faisant relever, il la fixe quelque temps avec des yeux sévères et la férocité peinte sur les traits :

— Vous nous avez assez servi, lui dit-il enfin, la société vous réforme, je vous apporte votre congé ; préparez-vous, je viendrai vous chercher moi-même à l'entrée de la nuit.

Cela dit, il l'examine encore avec le même air et sort brusquement de la chambre.

Dès qu'il fut dehors, Omphale se jeta dans mes bras :

— Ah, me dit-elle en pleurs, voilà l'instant que j'ai craint autant que désiré... que vais-je devenir, grand Dieu !

Je fis tout ce que je pus pour la calmer, mais rien n'y parvint ; elle me jura par les serments les plus expressifs de tout mettre en usage pour nous délivrer, et pour porter plainte contre ces traîtres si l'on lui en laissait les moyens, et la façon dont elle me le promit ne me laissa pas douter d'un moment, qu'elle le ferait ou que très certainement la chose était impossible. La journée se passa comme à l'ordinaire, et vers six heures, Raphaël remonta lui-même.

— Allons, dit-il brusquement à Omphale, êtes-vous prête ?

— Oui, mon père.

— Partons, partons promptement.

— Permettez que j'embrasse mes compagnes.

— Bon, bon, cela est inutile, dit le moine en la tirant par le bras, on vous attend, suivez-moi.

Alors elle demanda s'il fallait qu'elle emportât ses hardes.

— Rien, rien, dit Raphaël, tout n'est-il pas à la maison ? Vous n'avez plus besoin de tout cela.

Puis se reprenant comme quelqu'un qui en a trop dit :

— Toutes ces hardes vous deviennent inutiles, vous vous en ferez faire sur votre taille qui vous iront bien mieux.

Je demandai au moine s'il voulait me permettre d'accompagner Omphale, seulement jusqu'à la porte de la maison, mais il me répondit par un regard si farouche et si dur, que je reculai d'effroi sans récidiver ma demande. Notre malheureuse compagne sortit en jetant des yeux sur moi remplis d'inquiétude et de larmes, et dès qu'elle fut dehors nous nous abandonnâmes toutes trois aux chagrins que cette séparation nous coûtait. Une demi-heure après Antonin vint nous prendre pour le souper; Raphaël ne parut qu'environ une heure après que nous fûmes descendues, il avait l'air très agité, il parla souvent bas aux autres et néanmoins tout se passa comme à l'ordinaire. Cependant je remarquai comme m'en avait prévenue Omphale, que l'on nous fit remonter beaucoup plus tôt dans nos chambres et que les moines qui burent infiniment plus qu'ils n'avaient coutume, s'en tinrent à exciter leurs désirs sans jamais se permettre de les consommer. Quelles inductions tirer de ces remarques? Je les fis parce qu'on prend garde à tout dans pareilles occasions, mais pour les conséquences je n'eus pas l'esprit de les voir, et peut-être ne vous rendrais-je pas ces particularités sans l'effet étonnant qu'elles me firent.

Nous fûmes quatre jours à attendre des nouvelles d'Omphale, tantôt persuadées qu'elle ne manquerait pas au serment qu'elle avait fait, convaincues l'instant d'après que les cruels moyens qu'on prendrait vis-à-vis d'elle lui ôteraient toute possibilité de nous être utile; nous désespérâmes enfin et notre inquiétude n'en devint que plus vive. Le quatrième jour du départ d'Omphale, on nous fit descendre au souper ainsi que cela devait être, mais quelle fut notre surprise à toutes trois de voir une nouvelle compagne entrant par une porte du dehors au même instant où nous paraissions par la nôtre.

— Voilà celle que la société destine à remplacer la dernière partie, mesdemoiselles, nous dit Raphaël; ayez la bonté de vivre avec elle comme avec une sœur, et de lui adoucir son sort en tout ce qui dépendra de vous. Sophie, me dit alors le supérieur, vous êtes la plus âgée de la classe, et je vous élève au poste de doyenne; vous en connaissez les devoirs, ayez soin de les remplir avec exactitude.

J'aurais bien voulu refuser, mais ne le pouvant pas, perpétuellement obligée de sacrifier mes désirs et mes volontés à celles de ces vilains hommes, je m'inclinai et lui promis de tout faire pour qu'il fût content.

Alors on enleva du buste de notre nouvelle compagne les mantelets et les gazes qui couvraient sa taille et sa tête, et nous vîmes une jeune fille de l'âge de quinze ans, de la figure la plus intéressante et la plus délicate; ses yeux quoique humides de larmes nous parurent superbes, elle les leva avec grâce sur chacune de nous et je puis dire que je n'ai vu de ma vie des regards plus attendrissants; elle avait de grands cheveux blonds cendrés flottant sur ses épaules en boucles naturelles, une bouche fraîche et vermeille, la tête noblement placée et quelque chose de si séduisant dans l'ensemble qu'il était impossible de la voir, sans se sentir involontairement entraînée vers elle. Nous apprîmes bientôt d'elle-même (et je le joins ici pour ne faire qu'un article de ce qui la regarde) qu'elle se nommait Octavie, qu'elle était la fille d'un gros négociant de Lyon, qu'elle venait d'être élevée à Paris, et qu'elle s'en retournait avec une gouvernante chez ses parents, lorsque attaquée la nuit entre Auxerre et Vermenton, on l'avait enlevée malgré elle pour la porter dans cette maison, sans qu'elle ait jamais pu savoir des nouvelles de la voiture qui la conduisait, et de la femme qui l'accompagnait ; il y avait une heure qu'elle était enfermée seule dans une chambre basse et qu'elle s'y livrait au désespoir, lorsqu'on l'était venu prendre pour la réunir à nous, sans qu'aucun moine lui eût encore dit un seul mot.

Nos quatre libertins, un instant en extase devant autant de charmes, n'eurent la force que de les admirer ; l'empire de la beauté contraint au respect, le scélérat le plus corrompu lui rend malgré tout une espèce de culte qui ne s'enfreint pas sans remords. Mais des monstres tels que ceux à qui nous avions affaire languissent peu sous de tels freins.

— Allons, mademoiselle, dit le gardien, faites-nous voir, je vous prie, si le reste de vos charmes répond à ceux que la nature place avec tant de profusion sur vos traits.

Et comme cette belle fille se troublait, comme elle rougissait sans comprendre ce qu'on voulait lui dire, le brutal Antonin la saisit par le bras, et lui dit avec des jurements et des apostrophes d'une trop grande indécence pour qu'il soit possible de les répéter :

— Ne comprenez-vous donc pas, petite mijaurée, que ce qu'on veut vous dire est de vous mettre à l'instant toute nue...

Nouvelles pleurs[1]... nouvelles défenses, mais Clément la saisissant aussitôt fait disparaître en une minute tout ce qui voile la pudeur de cette intéressante créature. Il était difficile que les charmes que la décence dérobait chez Octavie répondissent mieux à ceux que l'usage lui permettait de montrer.

1. Au XVIIe siècle et, plus rarement, au XVIIIe siècle, ce mot pouvait s'employer au féminin. *(N. de l'É.)*

On ne vit jamais sans doute une peau plus blanche, jamais des formes plus heureuses, et cependant tant de fraîcheur, tant d'innocence et de délicatesse allaient devenir la proie de ces barbares. Ce n'était que pour être flétries par eux que la nature semblait lui prodiguer tant de faveurs; le cercle se forma autour d'elle, et ainsi que je l'avais fait, elle le parcourut en tous les sens. Le brûlant Antonin n'a pas la force de résister, un cruel attentat sur ces charmes naissants détermine l'hommage et l'encens fume aux pieds du dieu... Raphaël voit qu'il est temps de penser à des choses plus sérieuses; lui-même est hors d'état d'attendre, il se saisit de la victime, il la place suivant ses désirs; ne s'en rapportant pas à ses soins, il prie Clément de la lui contenir. Octavie pleure, on ne l'entend pas; le feu brille dans les regards de cet exécrable Italien; maître de la place qu'il prendra d'assaut, on dirait qu'il n'en considère les avenues que pour mieux prévenir toutes les résistances; aucune ruse, aucun préparatif ne s'emploie. Quelque énorme disproportion qui se trouve entre l'assaillant et la rebelle, celui-ci n'entreprend pas moins la conquête; un cri touchant de la victime nous annonce enfin sa défaite. Mais rien n'attendrit son fier vainqueur; plus elle a l'air d'implorer sa grâce, plus il la presse avec férocité, et la malheureuse à mon exemple est ignominieusement flétrie sans avoir cessé d'être vierge.

— Jamais lauriers ne furent plus difficiles, dit Raphaël en se remettant, j'ai cru que pour la première fois de ma vie, j'échouerais en les obtenant.

— Que je la saisisse de là, dit Antonin sans la laisser relever, il est plus d'une brèche au rempart et vous n'en avez saisi qu'une.

Il dit, et s'avançant fièrement au combat, en une minute, il est maître de la place; de nouveaux gémissements s'entendent...

— Dieu soit loué, dit ce monstre horrible, j'aurais douté de la défaite sans les complaintes de la vaincue, et je n'estime mon triomphe que quand il a coûté des pleurs.

— En vérité, dit Jérôme en s'avançant les faisceaux à la main, je ne dérangerai point non plus cette douce attitude, elle favorise au mieux mes desseins.

Il considère, il touche, il palpe, l'air retentit aussitôt d'un sifflement affreux. Ces belles chairs changent de couleurs, la teinte de l'incarnat le plus vif se mêle à l'éclat des lis, mais ce qui divertirait peut-être un instant l'amour si la modération dirigeait ces manies, devient incessamment un crime envers ses lois. Rien n'arrête le perfide moine, plus l'écolière se plaint et plus éclate la sévérité du régent... tout est traité de la même manière, rien n'obtient grâce à ses regards; il n'est bientôt plus une seule partie de ce beau corps qui ne porte l'empreinte de sa barbarie, et c'est enfin sur les vestiges sanglants de ses odieux plaisirs que le perfide apaise ses feux.

— Je serai plus doux que tout cela, dit Clément en saisissant la belle entre ses bras et collant un baiser impur sur sa bouche de corail... voilà le temple où je vais sacrifier...

Quelques nouveaux baisers l'enflamment encore sur cette bouche adorable, formée par Vénus même. Il contraint cette malheureuse fille aux infamies qui le délectent, et l'organe heureux des plaisirs, le plus doux asile de l'amour se souille enfin par des horreurs.

Le reste de la soirée devint semblable à tout ce que vous savez, mais la beauté, l'âge touchant de cette jeune fille enflammant encore mieux ces scélérats, toutes leurs atrocités redoublèrent et la satiété bien plus que la pitié, en renvoyant cette infortunée dans sa chambre, lui rendit au moins pour quelques heures le calme dont elle avait besoin. J'aurais bien désiré pouvoir la consoler au moins cette première nuit, mais obligée de la passer avec Antonin, c'eût été moi-même au contraire qui me fusse trouvée dans le cas d'avoir besoin de secours; j'avais eu le malheur, non pas de plaire, le mot ne serait pas convenable, mais d'exciter plus ardemment qu'une autre les infâmes désirs de ce débauché, et il s'écoulait peu de semaines depuis longtemps sans que je n'en passasse quatre ou cinq nuits dans sa chambre. Je retrouvai le lendemain en rentrant ma nouvelle compagne dans les pleurs, je lui dis tout ce qui m'avait été dit pour me calmer, sans y réussir avec elle plus qu'on n'avait réussi avec moi. Il n'est pas bien aisé de se consoler d'un changement de sort aussi subit; cette jeune fille d'ailleurs avait un grand fonds de piété, de vertu, d'honneur et de sentiment, son état ne lui en parut que plus cruel. Raphaël qui l'avait prise fort en gré passa plusieurs nuits de suite avec elle, et peu à peu elle fit comme les autres, elle se consola de ses malheurs par l'espérance de les voir finir un jour. Omphale avait eu raison de me dire que l'ancienneté ne faisait rien aux réformes, que seulement dictées par le caprice des moines ou peut-être par quelques recherches ultérieures, on pouvait la subir au bout de huit jours comme au bout de vingt ans; il n'y avait pas six semaines qu'Octavie était avec nous, quand Raphaël vint lui annoncer son départ... elle nous fit les mêmes promesses qu'Omphale et disparut comme elle sans que nous ayons jamais su ce qu'elle était devenue.

Nous fûmes environ un mois sans voir arriver de remplacement. Ce fut pendant cet intervalle que j'eus, comme Omphale, occasion de me persuader que nous n'étions pas les seules filles qui habitassent cette maison et qu'un autre bâtiment sans doute en recelait un pareil nombre que le nôtre, mais Omphale ne put que soupçonner et mon aventure bien autrement convaincante confirma tout à fait mes soupçons; voici comme cela arriva. Je venais de passer la nuit chez Raphaël et j'en sortais suivant l'usage sur les sept heures du matin, lorsqu'un frère aussi vieux, aussi dégoûtant que le nôtre et que je n'avais pas encore vu, survint tout à coup dans le corridor avec une grande fille de dix-huit à vingt ans qui me parut fort belle et faite à peindre. Raphaël qui devait me ramener, se faisait attendre; il arriva comme j'étais positivement en face de cette fille que le frère ne savait où fourrer pour la soustraire à mes regards.

— Où menez-vous cette créature? dit le gardien furieux.

— Chez vous, mon révérend père, dit l'abominable mercure. Votre Grandeur oublie qu'elle m'en a donné l'ordre hier au soir.

— Je vous ai dit à neuf heures.

— A sept, monseigneur, vous m'avez dit que vous la vouliez voir avant votre messe.

Et pendant tout ce temps-là je considérais cette compagne qui me regardait avec le même étonnement.

— Eh bien qu'importe, dit Raphaël en me ramenant dans sa chambre et y faisant entrer cette fille. Tenez, me dit-il, Sophie, après avoir fermé sa porte et fait attendre le frère, cette fille occupe dans une autre tour le même poste que vous occupez dans la vôtre, elle est doyenne; il n'y a point d'inconvénients à ce que nos deux doyennes se connaissent, et pour que la connaissance soit plus entière, Sophie, je vais te faire voir notre Marianne toute nue.

Cette Marianne, qui me paraissait une fille très effrontée, se déshabilla dans l'instant, et Raphaël m'ordonnant d'exciter ses désirs, la soumit à mes yeux à ses plaisirs de choix.

— Voilà ce que je lui voulais, dit l'infâme aussitôt qu'il fut satisfait, il suffit que j'aie passé la nuit avec une fille pour en désirer le matin une nouvelle; rien n'est insatiable comme nos goûts, plus on y sacrifie, plus ils échauffent; quoique ce soit toujours à peu près la même chose, on suppose sans cesse de nouveaux appas, et l'instant où la satiété éteint nos désirs avec une est celui où le même libertinage vient les allumer avec l'autre. Vous êtes deux filles de confiance, ainsi taisez-vous toutes deux; partez, Sophie, partez, le frère va vous ramener; j'ai quelque nouveau mystère à célébrer encore avec votre compagne.

Je promis le secret qu'on exigeait de moi et partis, bien assurée maintenant que nous n'étions pas les seules qui servissions aux plaisirs monstrueux de ces effrénés libertins.

Cependant Octavie fut incessamment remplacée; une petite paysanne de douze ans, fraîche et jolie mais bien inférieure à elle, fut l'objet qu'on mit au lieu d'elle; avant deux ans je devins la plus ancienne. Florette et Cornélie partirent à leur tour, me jurant comme Omphale de me donner de leurs nouvelles et n'y réussissant pas plus que cette infortunée; l'une et l'autre venaient d'être remplacées, Florette par une Dijonnaise de quinze ans, grosse joufflue n'ayant pour elle que sa fraîcheur et son âge, Cornélie par une fille d'Autun appartenant à une très honnête famille et d'une singulière beauté. Cette dernière, âgée de seize ans, m'avait heureusement enlevé le cœur d'Antonin, lorsque je m'aperçus que si j'étais effacée des bonnes grâces de ce libertin, j'étais incessamment à la veille de perdre également mon crédit près des autres. L'inconstance de ces malheureux me fit frémir sur mon sort, je vis bien qu'elle annonçait ma retraite, et je n'avais que trop de certitude que cette cruelle réforme était un arrêt de mort, pour n'en pas être un instant alarmée. Je dis un instant! malheureuse comme je l'étais, pouvais-je donc tenir à la vie, et le plus grand bonheur qui pût m'arriver n'était-il pas d'en sortir? Ces réflexions me consolèrent, et me firent attendre mon sort avec tant de résignation que je n'employai aucun moyen pour faire remonter mon crédit. Les mauvais procédés m'accablaient, il n'y avait pas d'instant où l'on ne se plaignît de moi, pas de jour où je ne fusse punie; je priais le ciel et j'attendais mon arrêt; j'étais peut-être à la veille de le recevoir lorsque la main de la providence, lassée de me tourmenter de la même manière, m'arracha de ce nouvel abîme, pour me replonger bientôt dans un autre. N'empiétons pas sur les événements et commençons par vous raconter celui qui nous délivra enfin toutes des mains de ces insignes débauchés.

Il fallait que les affreux exemples du vice récompensé se soutinssent encore dans cette circonstance, comme ils l'avaient toujours été à mes yeux à chaque événement de ma vie; il était écrit que ceux qui m'avaient tourmentée, humiliée, tenue dans les fers, recevraient sans cesse à mes regards le prix de leurs forfaits, comme si la providence eût pris à tâche de me montrer l'inutilité de la vertu; funeste leçon qui ne me corrigea point et qui, dussé-je échapper encore au glaive suspendu sur ma tête, ne m'empêchera point d'être toujours l'esclave de cette divinité de mon cœur.

Un matin sans que nous nous y attendissions, Antonin parut dans notre chambre, et nous annonça que le révérend père Raphaël, parent et protégé du Saint-Père venait d'être nommé par Sa Sainteté général de l'ordre de Saint-François.

— Et moi, mes enfants, nous dit-il, je passe au gardiennat de Lyon; deux nouveaux pères vont nous remplacer incessamment dans cette maison, peut-être arriveront-ils dans la journée; nous ne les connaissons pas, il est aussi possible qu'ils vous renvoient chacune chez vous comme il l'est qu'ils vous conservent, mais quel que soit votre sort, je vous conseille pour vous-même, et pour l'honneur des deux confrères que nous laissons ici, de déguiser les détails de notre conduite, et de n'avouer que ce dont il est impossible de ne pas convenir.

Une nouvelle aussi flatteuse pour nous ne permettait pas que nous refusassions à ce moine ce qu'il paraissait désirer; nous lui promîmes tout ce qu'il désirait, et le libertin voulut encore nous faire ses adieux à toutes les quatre. La fin entrevue des malheurs en fait supporter les derniers coups sans se plaindre; nous ne lui refusâmes rien et il sortit pour se séparer à jamais de nous. On nous servit à dîner comme à l'ordinaire; environ deux heures après, le père Clément entra dans notre chambre avec deux religieux vénérables et par leur âge et par leur figure.

— Convenez, mon père, dit l'un d'eux à Clément, convenez que cette débauche est horrible et qu'il est bien singulier que le ciel l'ait soufferte si longtemps.

Clément convint humblement de tout, il s'excusa sur ce que ni lui ni ses confrères n'avaient rien innové, et qu'ils avaient les uns et les autres trouvé tout dans l'état où ils le rendaient ; qu'à la vérité les sujets variaient, mais qu'ils avaient trouvé de même cette variété établie, et qu'ils n'avaient donc fait en tout que suivre l'usage indiqué par leurs prédécesseurs.

— Soit, reprit le même père qui me parut être le nouveau gardien et qui l'était en effet, soit, mais détruisons bien vite cette exécrable débauche, mon père, elle révolterait dans des gens du monde, je vous laisse à penser ce qu'elle doit être pour des religieux.

Alors ce père nous demanda ce que nous voulions devenir. Chacune répondit qu'elle désirait retourner ou dans son pays ou dans sa famille.

— Cela sera, mes enfants, dit le moine, et je vous remettrai même à chacune la somme nécessaire pour vous y rendre, mais il faudra que vous partiez l'une après l'autre, à deux jours de distance, que vous partiez seule, à pied, et que jamais vous ne révéliez rien de ce qui s'est passé dans cette maison.

Nous le jurâmes... mais le gardien ne se contenta point de ce serment, il nous exhorta à nous approcher des sacrements ; aucune de nous ne refusa et là, il nous fit jurer au pied de l'autel que nous voilerions à jamais ce qui s'était passé dans ce couvent. Je le fis comme les autres, et si j'enfreins près de vous ma promesse, madame, c'est que je saisis plutôt l'esprit que la lettre du serment qu'exigea ce bon prêtre ; son objet était qu'il ne se fît jamais aucune plainte, et je suis bien certaine en vous racontant ces aventures qu'il n'en résultera jamais rien de fâcheux pour l'ordre de ces pères. Mes compagnes partirent les premières, et comme il nous était défendu de prendre ensemble aucun rendez-vous et que nous avions été séparées dès l'instant de l'arrivée du nouveau gardien, nous ne nous retrouvâmes plus. Ayant demandé d'aller à Grenoble, on me donna deux louis pour m'y rendre ; je repris les vêtements que j'avais en arrivant dans cette maison, j'y retrouvai les huit louis qui me restaient encore, et pleine de satisfaction de fuir enfin pour jamais cet asile effrayant du vice, et d'en sortir d'une manière aussi douce et aussi peu attendue, je m'enfonçai dans la forêt, et me retrouvai sur la route d'Auxerre au même endroit où je l'avais quittée pour venir me jeter moi-même dans le lac, trois ans juste après cette sottise, c'est-à-dire âgée pour lors de vingt-cinq ans moins quelques semaines. Mon premier soin fut de me jeter à genoux et de demander à Dieu de nouveaux pardons des fautes involontaires que j'avais commises; je le fis avec plus de componction encore que je ne l'avais fait près des autels souillés de la maison infâme que j'abandonnais avec tant de joie. Des larmes de regret coulèrent ensuite de mes yeux. Hélas, me dis-je, j'étais pure quand je quittai autrefois cette même route, guidée par un principe de dévotion si funestement trompé... et dans quel triste état puis-je me contempler maintenant! Ces funestes réflexions un peu calmées par le plaisir de me voir libre, je continuai ma route. Pour ne pas vous ennuyer plus longtemps, madame, de détails dont je crains de lasser votre patience, je ne m'arrêterai plus si vous le trouvez bon, qu'aux événements ou qui m'apprirent des choses essentielles, ou qui changèrent encore le cours de ma vie. M'étant reposée quelques jours à Lyon, je jetai par hasard un jour les yeux sur une gazette étrangère appartenant à la femme chez laquelle je logeais, et quelle fut ma surprise d'y voir encore le crime couronné, d'y voir au pinacle un des principaux auteurs de mes maux. Rodin, cet infâme qui m'avait si cruellement punie de lui avoir épargné un meurtre, obligé de quitter la France pour en avoir commis d'autres sans doute, venait, disait cette feuille de nouvelles, d'être nommé premier chirurgien du roi de Suède avec des appointements considérables. Qu'il soit fortuné, le scélérat, me dis-je, qu'il le soit puisque la providence le veut, et toi malheureuse créature, souffre seule, souffre sans te plaindre, puisqu'il est écrit que les tribulations et les peines doivent être l'affreux partage de la vertu!

Je partis de Lyon au bout de trois jours pour prendre la route du Dauphiné, pleine du fol espoir qu'un peu de prospérité m'attendait dans cette province. A peine fus-je à deux lieues de Lyon, voyageant toujours à pied comme à mon ordinaire avec une couple de chemises et de mouchoirs dans mes poches, que je rencontrai une vieille femme qui m'aborda avec l'air de la douleur et qui me conjura de lui faire quelques charités. Compatissante de mon naturel, ne connaissant nul charme au monde comparable à celui d'obliger, je sors à l'instant ma bourse à dessein d'en tirer quelques pièces de monnaie et de les donner à cette femme, mais l'indigne créature, bien plus prompte que moi quoique je l'eusse jugée d'abord vieille et cassée, saisit lestement ma bourse, me renverse d'un vigoureux coup de poing dans l'estomac, et ne reparaît plus à mes yeux, dès que je suis relevée, qu'à cent pas de là, entourée de quatre coquins, qui me font des gestes menaçants si j'ose approcher. Oh juste ciel, m'écriai-je [avec] amertume, il est donc impossible qu'aucun mouvement vertueux puisse naître en moi, qu'il ne soit à l'instant puni par les malheurs les plus cruels qui soient à redouter pour moi dans l'univers! En ce moment affreux, tout mon courage fut prêt à m'abandonner. J'en demande aujourd'hui pardon au ciel, mais la révolte fut bien près de mon cœur. Deux affreux partis s'offrirent à moi; je voulus, ou m'aller joindre aux fripons qui venaient de me léser aussi cruellement, ou retourner dans Lyon m'abandonner au libertinage... Dieu me fit la grâce de ne pas succomber et quoique l'espoir qu'il alluma de nouveau dans mon âme ne fût que l'aurore d'adversités plus terribles encore, je le remercie cependant de m'avoir soutenue. La chaîne des malheurs qui me conduit aujourd'hui quoique innocente à l'échafaud, ne me vaudra jamais que la mort; d'autres partis m'eussent valu la honte, les remords, l'infamie, et l'un est bien moins cruel pour moi que le reste.

Je continuai ma route, décidée à vendre à Vienne le peu d'effets que j'avais sur moi pour gagner Grenoble. Je cheminais tristement, lorsqu'à un quart de lieue de cette ville, j'aperçus dans la plaine à droite du chemin, deux hommes à cheval qui en foulaient un troisième aux pieds de leurs chevaux, et qui après l'avoir laissé comme mort se sauvèrent à toutes brides. Ce spectacle affreux m'attendrit jusqu'aux larmes... Hélas, me dis-je, voilà un infortuné plus à plaindre encore que moi; il me reste au moins la santé et la force, je puis gagner ma vie, et s'il n'est pas riche, qu'il soit dans le même cas que moi, le voilà estropié pour le reste de ses jours. Que va-t-il devenir? A quelque point que j'eusse dû me défendre de ces sentiments de commisération, quelque cruellement que je vinsse d'en être punie, je ne pus résister à m'y livrer encore. Je m'approche de ce moribond; j'avais un peu d'eau spiritueuse sur moi, je lui en fais respirer; il ouvre les yeux à la lumière, ses premiers mouvements sont ceux de la reconnaissance, ils m'engagent à continuer mes soins; je déchire une de mes chemises pour le panser, un de ces seuls effets qui me restent pour prolonger ma vie, je le mets en morceaux pour cet homme, j'étanche le sang qui coule de quelques-unes de ses plaies, je lui donne à boire un peu de vin dont je portais une légère provision dans un flacon pour ranimer ma marche dans mes instants de lassitude, j'emploie le reste à bassiner ses contusions. Enfin ce malheureux reprend tout à coup ses forces et son courage; quoique à pied et dans un équipage assez leste, il ne paraissait pourtant point dans la médiocrité, il avait quelques effets de prix, des bagues, une montre, et autres bijoux, mais fort endommagés de son aventure. Il me demande enfin, dès qu'il peut parler, quel est l'ange bienfaisant qui lui apporte du secours, et ce qu'il peut faire pour en témoigner sa gratitude. Ayant encore la bonhomie de croire qu'une âme enchaînée par la reconnaissance devait être à moi sans retour, je crois pouvoir jouir en sûreté du doux plaisir de faire partager mes pleurs à celui qui vient d'en verser dans mes bras, je lui raconte toutes mes aventures, il les écoute avec intérêt et quand j'ai fini par la dernière catastrophe qui vient de m'arriver, dont le récit lui fait voir l'état cruel de misère dans lequel je me trouve :

— Que je suis heureux, s'écrie-t-il, de pouvoir au moins reconnaître tout ce que vous venez de faire pour moi! Je m'appelle Dalville, continue cet aventurier, je possède un fort beau château dans les montagnes à quinze lieues d'ici; je vous y propose une retraite si vous voulez m'y suivre, et pour que cette offre n'alarme point votre délicatesse, je vais vous expliquer tout de suite à quoi vous me serez utile. Je suis marié, ma femme a besoin près d'elle d'une femme sûre; nous avons renvoyé dernièrement un mauvais sujet, je vous offre sa place.

Je remerciai humblement mon protecteur et lui demandai par quel hasard un homme comme il me paraissait être se hasardait à voyager sans suite et s'exposait comme ça venait de lui arriver, à être malmené par des fripons.

— Un peu replet, jeune, et vigoureux, je suis depuis longtemps, me dit Dalville, dans l'habitude de venir de chez moi à Vienne de cette manière; ma santé et ma bourse y gagnent. Ce n'est pas cependant que je sois dans le cas de prendre garde à la dépense, car Dieu merci je suis riche et vous en verrez incessamment la preuve si vous me faites l'amitié de venir chez moi. Ces deux hommes auxquels vous voyez que je viens d'avoir affaire sont deux petits gentillâtres du canton, n'ayant que la cape et l'épée, l'un garde du corps, l'autre gendarme, c'est-à-dire deux escrocs; je leur gagnai cent louis la semaine passée dans une maison à Vienne; bien éloignés d'en avoir à eux deux la trentième partie, je me contentai de leur parole, je les rencontre aujourd'hui, je leur demande ce qu'ils me doivent... et vous avez vu comme ils m'ont payé.

Je déplorais avec cet honnête gentilhomme le double malheur dont il était victime, lorsqu'il me proposa de nous remettre en route.

— Je me sens un peu mieux, grâce à vos soins, dit Dalville; la nuit s'approche, gagnons un logis distant d'environ deux lieues d'ici, d'où moyen en les chevaux que nous y prendrons demain matin, nous pourrons peut-être arriver chez moi le même soir.

Absolument décidée à profiter du secours que le ciel semblait m'envoyer, j'aide à Dalville à se remettre en marche, je le soutiens pendant la route, et quittant absolument tout chemin connu, nous nous avançons par des sentiers à vol d'oiseau vers les Alpes. Nous trouvons effectivement à près de deux lieues l'auberge qu'avait indiquée Dalville, nous y soupons gaiement et honnêtement ensemble; après le repas, il me recommande à la maîtresse du logis qui me fait coucher auprès d'elle, et le lendemain sur deux mules de louage qu'escortait un valet de l'auberge à pied, nous gagnons les frontières du Dauphiné, nous dirigeant toujours vers les montagnes. Dalville très maltraité ne put cependant pas soutenir la course entière, et je n'en fus pas fâchée pour moi-même qui, peu accoutumée à aller à cette manière, me trouvais également très incommodée. Nous nous arrêtâmes à Virieu où j'éprouvai les mêmes soins et les mêmes honnêtetés de mon guide, et le lendemain nous continuâmes notre marche toujours dans la même direction. Sur les quatre heures du soir, nous arrivâmes au pied des montagnes; là le chemin devenant presque impraticable, Dalville recommanda au muletier de ne pas me quitter de peur d'accident, et nous nous enfilâmes dans les gorges; nous ne fîmes que tourner et monter près de quatre lieues, et nous avions alors tellement quitté toute habitation et toute route humaine, que je me crus au bout de l'univers. Un peu d'inquiétude vint me saisir malgré moi. En m'égarant ici dans les roches inabordables, je me rappelai les détours de la forêt du couvent de Sainte-Marie-des-Bois, et l'aversion que j'avais prise pour tous les lieux isolés me fit frémir de celui-ci. Enfin nous aperçûmes un château perché sur le bord d'un précipice affreux et qui, paraissant suspendu sur la pointe d'une roche escarpée, donnait plutôt l'idée d'une habitation de revenants que de celle de gens faits pour la société. Nous apercevions ce château sans qu'aucun chemin parût y tenir; celui que nous suivions, pratiqué seulement par les chèvres, rempli de cailloux de tous côtés, y conduisait cependant, mais par des circuits infinis : Voilà ma maison, me dit Dalville dès qu'il crut que le château avait frappé mes regards, et sur ce que je lui témoignai mon étonnement de le voir habiter une telle solitude, il me répondit assez brusquement qu'on habitait où l'on pouvait. Je fus aussi choquée qu'effrayée du ton; rien n'échappe dans le malheur, une inflexion plus ou moins prononcée chez ceux de qui nous dépendons étouffe ou ranime l'espoir; cependant comme il n'était plus temps de reculer je [ne] fis semblant de rien. Encore à force de tourner cette antique masure, elle se trouva tout à coup en face de nous; là Dalville descendit de sa mule et m'ayant dit d'en faire autant, il les rendit toutes deux au valet, le paya et lui ordonna de s'en retourner, autre cérémonie qui me déplut souverainement. Dalville s'aperçut de mon trouble.

— Qu'avez-vous, Sophie, me dit-il en nous acheminant à pied vers son habitation, vous n'êtes point hors de France, ce château est sur les frontières du Dauphiné, mais il en dépend toujours.

— Soit, monsieur, répondis-je, mais comment peut-il vous être venu dans l'esprit de vous fixer dans un tel coupe-gorge ?

— Oh coupe-gorge, non, me dit Dalville en me regardant sournoisement à mesure que nous avancions, ce n'est pas tout à fait un coupe-gorge, mon enfant, mais ce n'est pas non plus l'habitation de bien honnêtes gens.

— Ah monsieur, répondis-je, vous me faites frémir, où me menez-vous donc ?

— Je te mène servir des faux-monnayeurs, catin, me dit Dalville, en me saisissant par le bras, et me faisant traverser de force un pont-levis qui s'abaissa à notre arrivée et se releva tout aussitôt. T'y voilà, ajouta-t-il dès que nous fûmes dans la cour; vois-tu ce puits? continua-t-il en me montrant une grande et profonde citerne avoisinant la porte, dont deux femmes nues et enchaînées faisaient mouvoir la roue qui versait de l'eau dans un réservoir. Voilà tes compagnes, et voilà ta besogne; moyen en que tu travailleras douze heures par jour à tourner cette roue, que tu seras comme tes compagnes bien et dûment battue chaque fois que tu te relâcheras, il te sera accordé six onces de pain noir et un plat de fèves par jour. Pour ta liberté, renonces-y, tu ne reverras jamais le ciel; quand tu seras morte à la peine, on te jettera dans ce trou que tu vois à côté du puits, par-dessus trente ou quarante qui y sont déjà et on te remplacera par une autre.

— Juste ciel, monsieur, m'écriai-je en me jetant aux pieds de Dalville, daignez vous rappeler que je vous ai sauvé la vie, qu'un instant ému par la reconnaissance vous semblâtes m'offrir le bonheur, et que ce n'était pas à cela que je devais m'attendre.

— Qu'entends-tu, je te prie, par ce sentiment de reconnaissance dont tu t'imagines m'avoir captivé, dit Dalville, raisonne donc mieux, chétive créature, que faisais-tu quand tu m'as secouru? Entre la possibilité de suivre ton chemin et celle de venir à moi, tu choisis la dernière comme un mouvement que ton cœur t'inspirait... Tu te livrais donc à une jouissance? Par où diable prétends-tu que je sois obligé de te récompenser des plaisirs que tu t'es donnés et comment te vint-il jamais dans l'esprit qu'un homme comme moi qui nage dans l'or et dans l'opulence, qu'un homme qui, riche de plus d'un million de revenu, est prêt à passer à Venise pour en jouir à l'aise, daigne s'abaisser à devoir quelque chose à une misérable de ton espèce? M'eusses-tu rendu la vie, je ne te devrais rien dès que tu n'as travaillé que pour toi. Au travail, esclave, au travail! apprends que la civilisation, en bouleversant les institutions de la nature, ne lui enleva pourtant point ses droits; elle créa dans l'origine des êtres forts et des êtres faibles, son intention fut que ceux-ci fussent toujours subordonnés aux autres comme l'agneau l'est toujours au lion, comme l'insecte l'est à l'éléphant; l'adresse et l'intelligence de l'homme varièrent la position des individus; ce ne fut plus la force physique qui détermina le rang, ce fut celle qu'il acquit par ses richesses. L'homme le plus riche devint l'homme le plus fort, le plus pauvre devint le plus faible, mais à cela près des motifs qui fondaient la puissance, la priorité du fort sur le faible fut toujours dans les lois de la nature à qui il devenait égal que la chaîne qui captivait le faible fût tenue par le plus riche ou par le plus fort, et qu'elle écrasât le plus faible ou bien le plus pauvre. Mais ces sentiments de reconnaissance que tu réclames, Sophie, elle les méconnaît; il ne fut jamais dans ses lois que le plaisir où l'on se livrait en obligeant devînt un motif pour celui qui recevait de se relâcher de ses droits sur l'autre. Vois-tu chez les animaux qui nous servent d'exemple ces sentiments dont tu te targues? Lorsque je te domine par ma richesse ou par ma force, est-il naturel que je t'abandonne mes droits, ou parce que tu t'es servie toi-même, ou parce que ta politique t'a dicté de te racheter en me servant? Mais le service fût-il même rendu d'égal à égal, jamais l'orgueil d'une âme élevée ne se laissera abaisser par la reconnaissance. N'est-il pas toujours humilié, celui qui reçoit de l'autre, et cette humiliation qu'il éprouve ne paye-t-elle pas suffisamment l'autre du service qu'il a rendu — n'est-ce pas une jouissance pour l'orgueil que de s'élever au-dessus de son semblable, en faut-il d'autre à celui qui oblige, et si l'obligation en humiliant l'orgueil de celui qui reçoit devient un fardeau pour lui, de quel droit le contraindre à le garder? Pourquoi faut-il que je consente à me laisser humilier chaque fois que me frappent les regards de celui qui m'oblige? L'ingratitude, au lieu d'être un vice, est donc la vertu des âmes fières aussi certainement que la bienfaisance n'est que celle des âmes faibles; l'esclave la prêche à son maître parce qu'il en a besoin, mais celui-ci, mieux guidé par ses passions et par la nature, ne doit se rendre qu'à ce qui le sert ou qu'à ce qui le flatte. Qu'on oblige tant qu'on voudra si l'on y trouve une jouissance, mais qu'on n'exige rien pour avoir joui.

A ces mots auxquels Dalville ne me donna pas le temps de répondre, deux valets me saisirent par ses ordres, me dépouillèrent et m'enchaînèrent avec mes deux compagnes, que je fus obligée d'aider dès le même soir, sans qu'on me permît de me reposer de la marche fatigante que je venais de faire. Il n'y avait pas un quart d'heure que j'étais à cette fatale roue, quand toute la bande des monnayeurs, qui venait de finir sa journée, vint autour de moi pour m'examiner ayant le chef à leur tête. Tous m'accablèrent de sarcasmes et d'impertinences relativement à la marque flétrissante que je portais innocemment sur mon malheureux corps; ils s'approchèrent de moi, ils me touchèrent brutalement partout, faisant avec des plaisanteries mordantes la critique de tout ce que je leur offrais malgré moi. Cette douloureuse scène finie, ils s'éloignèrent un peu; Dalville saisissant alors un fouet de poste, toujours placé à portée de nous, m'en cingla cinq ou six coups à tour de bras sur toutes les parties de mon corps.

— Voilà comme tu seras traitée, coquine, me dit-il en me les appliquant, quand malheureusement tu manqueras à ton devoir; je ne te fais pas ceci pour y avoir manqué, mais seulement pour te montrer comme je traite celles qui y manquent.

Chaque coup m'emportant la peau et n'ayant jamais senti de douleurs aussi vives ni dans les mains de Bressac, ni dans celles des barbares moines, je jetai les hauts cris en me débattant sous mes fers; ces contorsions et ces hurlements servirent de risée aux monstres qui m'observaient, et j'eus la cruelle satisfaction d'apprendre là que s'il est des hommes qui, guidés par la vengeance ou par d'indignes voluptés, peuvent s'amuser de la douleur des autres, il est d'autres êtres assez barbarement organisés pour goûter les mêmes charmes sans autres motifs que la jouissance de l'orgueil, ou la plus affreuse curiosité. L'homme est donc naturellement méchant, il l'est donc dans le délire de ses passions presque autant que dans leur calme, et dans tous les cas les maux de son semblable peuvent donc devenir d'exécrables jouissances pour lui.

Trois réduits obscurs et séparés l'un de l'autre, fermés comme des prisons, étaient autour de ce puits; un des valets qui m'avaient attachée m'indiqua la mienne et je me retirai après avoir reçu de lui la portion d'eau, de fèves et de pain qui m'était destinée. Ce fut là où je pus enfin m'abandonner tout à l'aise à l'horreur de ma situation. Est-il possible, me disais-je, qu'il y ait des hommes assez barbares pour étouffer en eux le sentiment de la reconnaissance, cette vertu où je me livrerais avec tant de charmes, si jamais une âme honnête me mettait dans le cas de la sentir? peut-elle donc être méconnue des hommes, et celui qui l'étouffe avec tant d'inhumanité doit-il être autre chose qu'un monstre? J'étais occupée de ces réflexions que j'entremêlais de mes larmes, lorsque tout à coup la porte de mon cachot s'ouvrit; c'était Dalville. Sans dire un mot, sans prononcer une parole, il pose à terre la bougie dont il est éclairé, se jette sur moi comme une bête féroce, me soumet à ses désirs, en repoussant avec des coups les défenses que je cherche à lui opposer, méprise celles qui ne sont l'ouvrage que de mon esprit, se satisfait brutalement, reprend sa lumière, disparaît et ferme la porte. Eh bien, me dis-je, est-il possible de porter l'outrage plus loin et quelle différence peut-il y avoir entre un tel homme et l'animal le moins apprivoisé des bois?

Cependant le soleil se lève sans que j'aie joui d'un seul instant de repos, nos cachots s'ouvrent, on nous renchaîne, et nous reprenons notre triste ouvrage. Mes compagnes étaient deux filles de vingt-cinq à trente ans qui, quoique abruties par la misère et déformées par l'excès des peines physiques, annonçaient encore quelque reste de beauté; leur taille était belle et bien prise, et l'une des deux avait encore des cheveux superbes. Une triste conversation m'apprit qu'elles avaient été l'une et l'autre en des temps différents maîtresses de Dalville, l'une à Lyon, l'autre à Grenoble; qu'il les avait amenées dans cet horrible asile où elles avaient encore vécu quelques années sur le même pied avec lui, et que pour récompense des plaisirs qu'elles lui avaient donnés, il les avait condamnées à cet humiliant travail. J'appris par elles qu'il avait encore au moment présent une maîtresse charmante mais qui, plus heureuse qu'elles, le suivrait sans doute à Venise où il était à la veille de se rendre, si les sommes considérables qu'il venait de faire dernièrement passer en Espagne, lui rapportaient les lettres de change qu'il attendait pour l'Italie, parce qu'il ne voulait point apporter son or à Venise; il n'y en envoyait jamais, c'était dans un pays différent que celui qu'il comptait habiter, qu'il faisait passer ses fausses espèces à des correspondants; par ce moyen ne se trouvant riche dans le lieu où il voulait se fixer, que de papier d'un royaume différent, son manège ne pouvait jamais être découvert, et sa fortune restait solidement établie. Mais tout pouvait manquer en un instant, et la retraite qu'il méditait dépendait absolument de cette dernière négociation où la plus grande partie de ses trésors était compromise; si Cadix acceptait ses piastres et ses louis faux, et lui envoyait pour cela d'excellent papier sur Venise, il était heureux le reste de ses jours; si la friponnerie se découvrait, il courait risque d'être dénoncé et pendu comme il le méritait. Hélas, me dis-je alors en apprenant ces particularités, la providence sera juste une fois, elle ne permettra pas qu'un monstre comme celui-là réussisse et nous serons toutes trois vengées. Sur les midi on nous donnait deux heures de repos dont nous profitions pour aller toujours séparément respirer et dîner dans nos chambres; à deux heures on nous renchaînait et on nous faisait tourner jusqu'à la nuit sans qu'il nous fût jamais permis d'entrer dans le château. La raison qui nous faisait tenir ainsi nues cinq mois de l'année, était à cause des chaleurs insoutenables avec le travail excessif que nous faisions, et pour être d'ailleurs à ce que m'assurèrent mes compagnes, plus à portée de recevoir les coups que venait nous appliquer de temps en temps notre farouche maître. L'hiver, on nous donnait un pantalon et un gilet serré sur la peau, espèce d'habit qui nous enfermant étroitement de partout, exposait de même avec facilité nos malheureux corps aux coups de notre bourreau. Dalville ne parut point ce premier jour, mais vers minuit, il fit la même chose qu'il avait faite la veille. Je voulus profiter de ce moment pour le supplier d'adoucir mon sort.

— Et de quel droit, me dit le barbare, est-ce parce que je veux bien passer un instant ma fantaisie avec toi ? Mais vais-je à tes pieds exiger des faveurs de l'accord desquelles tu puisses exiger quelque dédommagement ? Je ne te demande rien... je prends et je ne vois pas que de ce que j'use d'un droit sur toi, il doive résulter qu'il me faille abstenir d'en exiger un second. Il n'y a point d'amour dans mon fait, c'est un sentiment qui ne fut jamais connu de mon cœur. Je me sers d'une femme par nécessité, comme on se sert d'un vase dans un besoin différent, mais n'accordant jamais à cet être, que mon argent ou mon autorité soumet à mes désirs, ni estime ni tendresse, ne devant ce que je prends qu'à moi-même et n'exigeant jamais d'elle que de la soumission, je ne vois pas que je sois tenu d'après cela à lui accorder aucune gratitude. Il vaudrait autant dire qu'un voleur qui arrache la bourse d'un homme dans un bois parce qu'il se trouve plus fort que lui, lui doit quelque reconnaissance du tort qu'il vient de lui faire ; il en est de même de l'outrage qu'on fait à une femme, ce peut être un titre pour lui en faire un second, mais jamais une raison suffisante pour lui accorder des dédommagements.

Dalville qui venait de se satisfaire sortit brusquement en disant ces mots et me replongea dans de nouvelles réflexions, qui comme vous croyez bien n'étaient pas à son avantage. Le soir il vint nous voir travailler et trouvant que nous n'avions pas fourni dans le jour la quantité d'eau ordinaire, il se saisit de son cruel fouet de poste et nous mit en sang toutes les trois, sans que (quoique aussi peu épargnée que les autres) cela l'empêchât de venir cette même nuit se comporter avec moi comme il avait fait précédemment. Je lui montrai les blessures dont il m'avait couverte, j'osai lui rappeler encore le temps où j'avais déchiré mon linge pour panser les siennes, mais Dalville jouissant toujours ne répondit à mes plaintes que par une douzaine de soufflets entremêlés d'autant de différentes invectives, et me laissa là comme à l'ordinaire aussitôt qu'il s'était satisfait. Ce manège dura près d'un mois après lequel je reçus au moins de mon bourreau la grâce de n'être plus exposée à l'affreux tourment de lui voir prendre ce qu'il était si peu fait pour obtenir. Ma vie ne changea pourtant point, je n'eus ni plus ni moins de douceurs, ni plus ni moins de mauvais traitements.

Un an se passa dans cette cruelle situation, lorsque la nouvelle se répandit enfin dans la maison que non seulement la fortune de Dalville était faite, que non seulement il recevait pour Venise la quantité immense de papier qu'il en avait désirée, mais qu'on lui redemandait même encore quelques millions de fausses espèces dont on lui ferait passer en papier les fonds à sa volonté sur Venise. Il était impossible que ce scélérat fît une fortune plus brillante et plus inespérée; il partait avec plus d'un million de revenu sans les espérances qu'il pouvait concevoir; tel était le nouvel exemple que la providence me préparait, telle était la nouvelle manière dont elle voulait encore me convaincre que la prospérité n'était que pour le crime et l'infortune pour la vertu.

Dalville s'apprêta au départ, il vint me voir la veille à minuit, ce qui ne lui était pas arrivé depuis bien longtemps; ce fut lui-même qui m'annonça et sa fortune et son départ. Je me jetai à ses pieds, je le conjurai avec les plus vives instances de me rendre la liberté et le peu qu'il voudrait d'argent pour me conduire à Grenoble.

— A Grenoble, tu me dénoncerais.

— Eh bien, monsieur, lui dis-je en arrosant ses genoux de mes larmes, je vous fais serment de n'y pas mettre les pieds; faites mieux pour vous en convaincre, daignez me conduire avec vous jusqu'à Venise; peut-être n'y trouverais-je pas des cœurs aussi durs que dans ma patrie, et une fois que vous aurez bien voulu m'y rendre, je vous jure sur tout ce que j'ai de plus sacré de ne vous y jamais importuner.

— Je ne te donnerai pas un secours, pas un écu, me répliqua durement cet insigne coquin, tout ce qui s'appelle aumône ou charité est une chose qui répugne si tellement à mon caractère, que me vît-on trois fois plus couvert d'or que je ne le suis, je ne consentirais pas à donner un demi-denier à un indigent; j'ai des principes faits sur cette partie, dont je ne m'écarterai jamais. Le pauvre est dans l'ordre de la nature; en créant les hommes de forces inégales, elle nous a convaincus du désir qu'elle avait que cette inégalité se conservât même dans le changement que notre civilisation apporterait à ses lois. Le pauvre remplace le faible, je te l'ai déjà dit, le soulager est anéantir l'ordre établi, c'est s'opposer à celui de la nature, c'est renverser l'équilibre qui est à la base de ses plus sublimes arrangements. C'est travailler à une égalité dangereuse pour la société, c'est encourager l'indolence et la fainéantise, c'est apprendre au pauvre à voler l'homme riche, quand il plaira à celui-ci de lui refuser son secours, et cela par l'habitude où ce secours aura mis le pauvre de l'obtenir sans travail.

— Oh monsieur, que ces principes sont durs! parleriez-vous de cette manière, si vous n'aviez pas toujours été riche?

— Il s'en faut bien que je l'aie toujours été, mais j'ai su maîtriser le sort, j'ai su fouler aux pieds ce fantôme de vertu qui ne mène jamais qu'à la corde ou qu'à l'hôpital, j'ai su voir de bonne heure que la religion, la bienfaisance et l'humanité devenaient les pierres certaines d'achoppement de tout ce qui prétendait à la fortune et j'ai consolidé la mienne sur les débris des préjugés de l'homme. C'est en me moquant des lois divines et humaines, c'est en sacrifiant toujours le faible quand je le heurtais dans mon chemin, c'est en abusant de la bonne foi et de la crédulité des autres, c'est en ruinant le pauvre et volant le riche que je suis parvenu au temple escarpé de la divinité que j'encensais. Que ne m'imitais-tu? ta fortune a été dans tes mains, la vertu chimérique que tu lui as préférée t'a-t-elle consolée des sacrifices que tu lui as faits? Il n'est plus temps, malheureuse, il n'est plus temps; pleure sur tes fautes, souffre et tâche de trouver si tu peux dans le sein des fantômes que tu révères, ce que ta crédulité t'a fait perdre.

A ces mots cruels, Dalville se précipita sur moi... mais il me faisait une telle horreur, ses affreuses maximes m'inspiraient tant de haine que je le repoussai durement; il voulut employer la force, elle ne lui réussit pas, il s'en dédommagea par des cruautés, je fus abîmée de coups, mais il ne triompha pas; le feu s'éteignit sans succès, et les larmes perdues de l'insensé me vengèrent enfin de ses outrages.

Le lendemain avant de partir ce malheureux nous donna une nouvelle scène de cruauté et de barbarie dont les annales des Andronics, des Nérons, des Venceslas et des Tibères ne fournissent aucun exemple. Tout le monde croyait que sa maîtresse partait avec lui, il l'avait fait parer en conséquence; au moment de monter à cheval, il la conduit vers nous.

— Voilà ton poste, vile créature, lui dit-il en lui ordonnant de se déshabiller, je veux que mes camarades se souviennent de moi en leur laissant pour gage la femme dont ils me croient le plus épris; mais comme il n'en faut que trois ici... que je vais faire une route dangereuse dans laquelle mes armes me sont utiles, je vais essayer mes pistolets sur une de vous.

En disant cela il en arme un, le présente sur la poitrine de chacune des trois femmes qui tournaient la roue, et s'adressant enfin à l'une de ses anciennes maîtresses :

— Va, lui dit-il, en lui brûlant la cervelle, va porter de mes nouvelles en l'autre monde, va dire au diable que Dalville, le plus riche des scélérats de la terre, est celui qui brave le plus insolemment et la main du ciel et la sienne.

Cette infortunée qui n'expire pas tout de suite se débat longtemps sous ses chaînes, spectacle horrible que l'infâme considère délicieusement; il l'en fait sortir à la fin pour y placer sa maîtresse, il veut lui voir faire trois ou quatre tours, recevoir de sa main une douzaine de coups de fouet de poste, et ces atrocités finies, l'abominable homme monte à cheval suivi de deux valets et s'éloigne pour jamais de nos yeux.

Tout changea dès le lendemain du départ de Dalville; son successeur, homme doux et plein de raison, nous fit relâcher dès l'instant.

— Ce n'est point là l'ouvrage d'un sexe faible et doux, nous dit-il avec bonté, c'est à des animaux à servir cette machine; le métier que nous faisons est assez criminel sans offenser encore l'être suprême par des atrocités gratuites.

Il nous établit dans le château, remit sans aucun intérêt la maîtresse de Dalville en possession de tous les soins dont elle se mêlait dans la maison, et nous occupa dans l'atelier, ma compagne et moi, à la taille des pièces de monnaie, métier bien moins fatigant sans doute et dont nous étions pourtant récompensées par de très bonnes chambres et une excellente nourriture. Au bout de deux mois le successeur de Dalville, nommé Roland, nous apprit l'heureuse arrivée de son confrère à Venise; il y était établi, il y avait réalisé sa fortune et y jouissait de toute la prospérité dont il avait pu se flatter.

Il s'en fallut bien que le sort de son successeur fût le même; le malheureux Roland était honnête, c'en était plus qu'il [n']en fallait pour être promptement écrasé. Un jour que tout était tranquille au château, que sous les lois de ce bon maître, le travail quoique criminel s'y faisait aisément et avec plaisir, tout à coup les murs sont investis; au défaut de passage du pont, les fossés s'escaladent, et la maison, avant que nos gens aient le temps de songer à leur défense, se trouve remplie de plus de cent cavaliers de maréchaussée. Il fallut se rendre, on nous enchaîna tous comme des bêtes, on nous attacha sur des chevaux et on nous conduisit à Grenoble. Oh ciel, me dis-je en y entrant, voilà donc cette ville où j'avais la folie de croire que le bonheur devait naître pour moi! Le procès des faux-monnayeurs fut bientôt jugé, tous furent condamnés à être pendus. Lorsqu'on vit la marque que je portais, on s'évita presque la peine de m'interroger et j'allais être condamnée comme les autres, quand j'essayai d'obtenir enfin quelque pitié du magistrat fameux[1], honneur de ce tribunal, juge intègre, citoyen chéri, philosophe éclairé, dont la bienfaisance et l'humanité graveront au temple de Mémoire le nom célèbre et respectable; il m'écouta... il fit plus, convaincu de ma bonne foi et de la vérité de mes malheurs, il daigna m'en consoler par ses larmes. Ô grand homme, je te dois mon hommage, permets à mon cœur de te l'offrir, la reconnaissance d'une infortunée ne sera point onéreuse pour toi, et le tribut qu'elle t'offre en honorant ton cœur sera toujours la plus douce jouissance du sien. M. S. devint mon avocat lui-même, mes plaintes furent entendues, mes gémissements trouvèrent des âmes, et mes larmes coulèrent sur des cœurs qui ne furent pas de bronze pour moi et que sa générosité m'entrouvrit. Les dépositions générales des criminels qu'on allait exécuter vinrent appuyer par leur faveur le zèle de celui qui voulait bien s'intéresser à moi. Je fus déclarée séduite et innocente, pleinement lavée et déchargée d'accusation avec pleine et entière liberté de devenir ce que je voudrais. Mon protecteur joignit à ces services celui de me faire obtenir une quête qui me valut près de cent pistoles; je voyais le bonheur enfin, mes pressentiments semblaient se réaliser, et je me croyais au terme de mes maux, quand il plut à la providence de me convaincre que j'en étais encore bien loin.

Au sortir de prison je m'étais logée dans une auberge en face du pont de l'Isère, où l'on m'avait assurée que je serais honnêtement; mon intention d'après les conseils de M. S.

1. Mr Servant. (*Note marginale de l'auteur.*)

était d'y rester quelque temps pour essayer de me placer dans la ville ou de retourner à Lyon si je n'y réussissais pas, avec des lettres de recommandation qu'il aurait la bonté de me donner. Je mangeais dans cette auberge à ce qu'on appelle *la table de l'hôte*, lorsque je m'aperçus le second jour que j'étais extrêmement observée par une grosse dame fort bien mise, qui se faisait donner le titre de baronne; à force de l'examiner à mon tour, je crus la reconnaître, nous nous avançâmes mutuellement l'une vers l'autre, nous nous embrassâmes comme deux personnes qui se sont connues, mais qui ne peuvent se rappeler où. Enfin la grosse baronne, me tirant à l'écart :

— Sophie, me dit-elle, me trompé-je, n'êtes-vous pas celle que j'ai sauvée il y a dix ans à la conciergerie et ne remettez-vous point la Dubois ?

Peu flattée de cette découverte, je répondis cependant avec politesse; mais j'avais affaire à la femme la plus fine et la plus adroite qu'il y eût en France, il n'y eut pas moyen d'échapper. La Dubois me combla d'honnêtetés, elle me dit qu'elle s'était intéressée à mes affaires avec toute la ville mais qu'elle ignorait que cela me regardât; faible à mon ordinaire, je me laissai conduire dans la chambre de cette femme et lui racontai mes malheurs.

— Ma chère amie, dit-elle en m'embrassant encore, si j'ai désiré de te voir plus intimement, c'est pour t'apprendre que ma fortune est faite, et que tout ce que j'ai est à ton service. Regarde, me dit-elle en m'ouvrant des cassettes pleines d'or et de diamants, voilà les fruits de mon industrie; si j'eusse encensé la vertu comme toi, je serais aujourd'hui pendue ou enfermée.

— Oh, madame, lui dis-je, si vous ne devez tout cela qu'à des crimes, la providence qui finit toujours par être juste ne vous en laissera pas jouir longtemps.

— Erreur, me dit la Dubois, ne t'imagine pas que la providence favorise toujours la vertu; qu'un faible moment de prospérité ne te plonge pas dans de telles erreurs. Il est égal au maintien des lois de la providence qu'un tel soit vicieux pendant que celui-ci se livre à la vertu; il lui faut une somme égale de vice et de vertu, et l'individu qui exerce l'un ou l'autre est la chose du monde qui lui est le plus indifférente. Écoute-moi, Sophie, écoute-moi avec un peu d'attention, tu as de l'esprit et je voudrais enfin te convaincre. Ce n'est pas le choix que l'homme fait du vice ou de la vertu, ma chère, qui lui fait trouver le bonheur, car la vertu n'est comme le vice qu'une manière de se conduire dans le monde; il ne s'agit donc pas de suivre plutôt l'un que l'autre, il n'est question que de frayer la route générale; celui qui s'écarte a toujours tort. Dans un monde entièrement vertueux, je te conseillerais la vertu parce que les récompenses y étant attachées, le bonheur y tiendrait infailliblement; dans un monde totalement corrompu, je ne te conseillerai jamais que le vice. Celui qui ne suit pas la route des autres périt inévitablement, tout ce qui le rencontre le heurte, et comme il est le plus faible, il faut nécessairement qu'il soit brisé. C'est en vain que les lois veulent rétablir l'ordre et ramener les hommes à la vertu; trop vicieuses pour l'entreprendre, trop faibles pour y réussir, elles écarteront un instant du chemin battu mais elles ne le feront jamais quitter. Quand l'intérêt général des hommes les portera à la corruption, celui qui ne voudra pas se corrompre avec eux luttera donc contre l'intérêt général; or quel bonheur peut attendre celui qui contrarie perpétuellement l'intérêt des autres? Me diras-tu que c'est le vice qui contrarie l'intérêt des hommes, je te l'accorderai dans un monde composé en parties égales de vicieux et de vertueux, parce que alors l'intérêt des uns choque visiblement celui des autres, mais ce n'est plus cela dans une société toute corrompue; mes vices alors n'outrageant que le vicieux déterminent dans lui d'autres vices qui le dédommagent et nous nous trouvons tous les deux heureux. La vibration devient générale, c'est une multitude de chocs et de lésions mutuelles, où chacun regagnant à l'instant ce qu'il vient de perdre se retrouve sans cesse dans une position heureuse. Le vice n'est dangereux qu'à la vertu, parce que faible et timide elle n'ose jamais rien, mais qu'elle soit bannie de dessus la terre, le vice n'outrageant plus que le vicieux ne troublera plus rien, il fera éclore d'autres vices, mais n'altérera point de vertus. M'objectera-t-on les bons effets de la vertu? autre sophisme, ils ne servent jamais qu'au faible et sont inutiles à celui qui par son énergie se suffit à lui-même et qui n'a besoin que de son adresse pour redresser les caprices du sort. Comment veux-tu n'avoir pas échoué toute ta vie, chère fille, en prenant sans cesse à contresens la route que suivait tout le monde? si tu t'étais livrée au torrent, tu aurais trouvé le port comme moi. Celui qui veut remonter un fleuve arrivera-t-il aussi vite que celui qui le descend? L'un veut contrarier la nature, l'autre s'y livre. Tu me parles toujours de la providence, et qui te prouve qu'elle aime l'ordre et par conséquent la vertu? Ne te donne-t-elle pas sans cesse des exemples de ses injustices et de ses irrégularités? Est-ce en envoyant aux hommes la guerre, la peste et la famine, est-ce en ayant formé un univers vicieux dans toutes ses parties, qu'elle manifeste à tes yeux son amour extrême de la vertu? et pourquoi veux-tu que les individus vicieux lui déplaisent, puisqu'elle n'agit elle-même que par des vices, que tout est vice et corruption, que tout est crime et désordre dans sa volonté et dans ses œuvres? Et de qui tenons-nous d'ailleurs ces mouvements qui nous entraînent au mal? N'est-ce pas sa main qui nous les donne, est-il une seule de nos volontés ou de nos sensations qui ne vienne d'elle? Est-il donc raisonnable de dire qu'elle nous laisserait, ou nous donnerait des penchants pour une chose qui lui serait inutile? Si donc les vices lui servent, pourquoi voudrions-nous nous y opposer, de quel droit travaillerions-nous à les détruire et d'où vient que nous résisterions à leur voix? Un peu plus de philosophie dans le monde remettra bientôt tout à sa place et fera voir aux législateurs, aux magistrats que ces vices qu'ils blâment et punissent avec tant de rigueur ont quelquefois un degré d'utilité bien plus grand que ces vertus qu'ils prêchent sans jamais les récompenser.

— Mais quand je serais assez faible, madame, répondis-je à cette corruptrice, pour me livrer à vos affreux systèmes, comment parviendriez-vous à étouffer le remords qu'ils feraient à tout instant naître dans mon cœur?

— Le remords est une chimère, Sophie, reprit la Dubois, il n'est que le murmure imbécile de l'âme assez faible pour ne pas oser l'anéantir.

— L'anéantir, le peut-on?

— Rien de plus aisé, on ne se repent que de ce qu'on n'est pas dans l'usage de faire. Renouvelez souvent ce qui vous donne des remords et vous parviendrez à les éteindre; opposez-leur le flambeau des passions, les lois puissantes de l'intérêt, vous les aurez bientôt dissipés. Le remords ne prouve pas le crime, il dénote seulement une âme facile à subjuguer. Qu'il vienne un ordre absurde de t'empêcher de sortir à l'instant de cette chambre, tu n'en sortiras pas sans remords, quelque certain qu'il soit que tu ne ferais pourtant aucun mal à en sortir. Il n'est donc pas vrai qu'il n'y ait que le crime qui donne des remords; en se convainquant du néant des crimes ou de la nécessité dont ils sont eu égard au plan général de la nature, il serait donc possible de vaincre aussi facilement le remords qu'on aurait à les commettre, comme il te le deviendrait d'étouffer celui qui naîtrait de ta sortie de cette chambre d'après l'ordre illégal que tu aurais reçu d'y rester. Il faut commencer par une analyse exacte de tout ce que les hommes appellent crime, débuter par se convaincre que ce n'est que l'infraction de leurs lois et de leurs mœurs nationales qu'ils caractérisent ainsi, que ce qu'on appelle crime en France cesse de l'être à quelque cent lieues de là, qu'il n'est aucune action qui soit réellement considérée comme crime universellement dans toute la terre et que par conséquent rien dans le fond ne mérite raisonnablement le nom de crime, que tout est affaire d'opinion et de géographie. Cela posé, il est donc absurde de vouloir se soumettre à pratiquer des vertus qui ne sont que des vices ailleurs, et à fuir des crimes qui sont de bonnes actions dans un autre climat. Je te demande maintenant si cet examen fait avec réflexion peut laisser des remords à celui qui pour son plaisir ou pour son intérêt aura commis en France une vertu de la Chine ou du Japon, qui pourtant le flétrira dans sa patrie. S'arrêtera-t-il à cette vile distinction, et s'il a un peu de philosophie dans l'esprit, sera-t-elle capable de lui donner des remords? Or si le remords n'est qu'en raison de la défense, n'en naît qu'à cause du brisement des freins et nullement à cause de l'action, est-ce un mouvement bien sage à laisser subsister en soi, n'est-il pas absurde de ne pas l'anéantir aussitôt? Qu'on s'accoutume à considérer comme indifférente l'action qui vient de donner des remords, qu'on la juge telle par l'étude réfléchie des mœurs et coutumes de toutes les nations de la terre; en conséquence de ce raisonnement, qu'on renouvelle cette action quelle qu'elle soit, aussi souvent que cela sera possible, et le flambeau de la raison détruira bientôt le remords, il anéantira ce mouvement ténébreux, seul fruit de l'ignorance, de la pusillanimité et de l'éducation. Il y a trente ans, Sophie, qu'un enchaînement perpétuel de vices et de crimes me conduit pas à pas à la fortune, j'y touche; encore deux ou trois coups heureux et je passe de l'état de misère et de mendicité dans lequel je suis née à plus de cinquante milles livres de rente. T'imagines-tu que dans cette carrière brillamment parcourue, le remords soit un seul instant venu me faire sentir ses épines ? Ne le crois pas, je ne l'ai jamais connu. Un revers affreux me plongerait à l'instant du pinacle à l'abîme que je ne l'admettrais pas davantage ; je me plaindrais des hommes ou de ma maladresse, mais je serais toujours en paix avec ma conscience.

— Soit, mais raisonnons un instant sur les mêmes principes de philosophie que vous. De quel droit prétendez-vous exiger que ma conscience soit aussi ferme que la vôtre, dès qu'elle n'a pas été accoutumée dès l'enfance à vaincre les mêmes préjugés ; à quel titre exigez-vous que mon esprit qui n'est pas organisé comme le vôtre, puisse adopter les mêmes systèmes ? Vous admettez qu'il y a une somme de maux et de biens dans la nature, et qu'il faut qu'il y ait en conséquence une certaine quantité d'êtres qui pratique le bien, et une autre classe qui se livre au mal. Le parti que je prends, même dans vos principes, est donc dans la nature ; n'exigez donc pas que je m'écarte des règles qu'il me prescrit, et comme vous trouvez, dites-vous, le bonheur dans la carrière que vous suivez, de même il me serait impossible de le rencontrer hors de celle que je parcours. N'imaginez pas d'ailleurs que la vigilance des lois laisse en repos longtemps celui qui les transgresse ; n'en venez-vous pas de voir l'exemple sous vos yeux mêmes ? de quinze scélérats parmi lesquels j'avais le malheur d'habiter, un se sauve, quatorze périssent ignominieusement.

— Est-ce cela que tu appelles un malheur ? qu'importe premièrement cette ignominie à celui qui n'a plus de principes ? Quand on a tout franchi, quand l'honneur n'est plus qu'un préjugé, la réputation une chimère, l'avenir une illusion, n'est-il pas égal de périr là, ou dans son lit ? Il y a deux espèces de scélérats dans le monde, celui qu'une fortune puissante, un crédit prodigieux met à l'abri de cette fin tragique et celui qui ne l'évitera pas s'il est pris ; ce dernier, né sans bien, ne doit avoir que deux points de vue s'il a de l'esprit : la *fortune*, ou la *roue*. S'il réussit au premier, il a ce qu'il a désiré ; s'il n'attrape que l'autre, quel regret peut-il avoir puisqu'il n'a rien à perdre ? Les lois sont donc nulles vis-à-vis de tous les scélérats, car elles n'atteignent pas celui qui est puissant, celui qui est heureux s'y soustrait, et le malheureux n'ayant d'autre ressource que leur glaive, elles doivent être sans effroi pour lui.

— Eh, croyez-vous que la justice céleste n'attende pas dans

un monde meilleur celui que le crime n'a pas effrayé dans celui-ci ?

— Je crois que s'il y avait un dieu, il y aurait moins de mal sur la terre ; je crois que si le mal existe sur la terre, ou ces désordres sont nécessités par ce dieu, ou il est au-dessus de ses forces de l'empêcher ; or je ne crains point un dieu qui n'est qu'ou faible ou méchant, je le brave sans peur et me ris de sa foudre.

— Vous me faites frémir, madame, dis-je en me levant, pardonnez-moi de ne pouvoir écouter plus longtemps vos exécrables sophismes et vos odieux blasphèmes.

— Arrête, Sophie, si je ne peux vaincre ta raison, que je séduise au moins ton cœur. J'ai besoin de toi, ne me refuse pas tes secours ; voilà cent louis, je les mets à tes yeux de côté, ils sont à toi dès que le coup aura réussi.

N'écoutant ici que mon penchant naturel à faire le bien, je demandai sur-le-champ à la Dubois de quoi il s'agissait, afin de prévenir de toute ma puissance le crime qu'elle s'apprêtait à commettre.

— Le voilà, me dit-elle, as-tu remarqué ce jeune négociant de Lyon qui mange avec nous depuis trois jours ?

— Qui, Dubreuil ?

— Précisément.

— Eh bien ?

— Il est amoureux de toi, il me l'a confié. Il a six cent mille francs ou en or, ou en papier dans une très petite cassette auprès de son lit. Laisse-moi faire croire à cet homme que tu consens à l'écouter ; que cela soit ou non, que t'importe ? Je l'engagerai à te proposer une promenade hors de la ville, je lui persuaderai qu'il avancera ses affaires avec toi pendant cette promenade ; tu l'amuseras, tu le tiendras dehors, le plus longtemps possible ; je le volerai pendant ce temps-là, mais je ne m'enfuirai point, ses effets seront déjà à Turin que je serai encore dans Grenoble. Nous emploierons tout l'art possible pour le dissuader de jeter les yeux sur nous, nous aurons l'air de l'aider dans ses recherches ; cependant mon départ sera annoncé, il n'étonnera point, tu me suivras, et les cent louis te sont comptés en arrivant l'une et l'autre en Piémont.

— Je le veux, madame, dis-je à la Dubois, bien décidée à prévenir le malheureux Dubreuil de l'infâme tour qu'on voulait lui jouer ; et pour mieux tromper cette scélérate : Mais réfléchissez-vous, madame, ajoutai-je, que si Dubreuil est amoureux de moi, je puis en tirer bien plus ou en le prévenant, ou en me vendant à lui, que le peu que vous m'offrez pour le trahir?

— Cela est vrai, me dit la Dubois, en vérité je commence à croire que le ciel t'a donné plus d'art qu'à moi pour le crime. Eh bien, continua-t-elle en écrivant, voilà mon billet de mille louis, ose me refuser maintenant.

— Je m'en garderai bien, madame, dis-je en acceptant le billet, mais n'attribuez au moins qu'à mon malheureux état, et ma faiblesse et le tort que j'ai de vous satisfaire.

— Je voulais en faire un mérite à ton esprit, dit la Dubois, tu aimes mieux que j'en accuse ton malheur, ce sera comme tu voudras, sers-moi toujours et tu seras contente.

Tout s'arrangea; dès le même soir je commençai à faire un peu plus beau jeu à Dubreuil, et je reconnus effectivement qu'il avait quelque goût pour moi.

Rien de plus embarrassant que ma situation; j'étais bien éloignée sans doute de me prêter au crime proposé, y eût-il eu trois fois plus d'argent à gagner, mais il me répugnait excessivement de faire pendre une femme à qui j'avais dû ma liberté dix ans auparavant; je voulais empêcher le crime sans le dénoncer, et avec toute autre qu'une scélérate consommée comme la Dubois, j'y aurais certainement réussi. Voici donc à quoi je me déterminai, ignorant que la manœuvre sourde de cette abominable créature non seulement dérangeait tout l'édifice de mes projets honnêtes, mais me punirait même de les avoir conçus.

Au jour prescrit pour la promenade projetée, la Dubois nous invita l'un et l'autre à dîner dans sa chambre; nous acceptâmes, et le repas fait, Dubreuil et moi descendîmes pour presser la voiture qu'on nous préparait. La Dubois ne nous accompagnant point, je fus donc seule un instant avec Dubreuil avant que de monter en voiture.

— Monsieur, lui dis-je précipitamment, écoutez-moi avec attention, point d'éclat, et observez surtout rigoureusement ce que je vais vous prescrire. Avez-vous un ami sûr dans cette auberge?

— Oui, j'ai un jeune associé sur lequel je puis compter comme sur moi-même.

— Eh bien, monsieur, allez promptement lui ordonner de ne pas quitter un instant votre chambre de tout le temps que nous serons à la promenade.

— Mais j'ai la clé de cette chambre dans ma poche; que signifie ce surplus de précaution?

— Il est plus essentiel que vous ne croyez, monsieur, usez-en de grâce ou je ne sors point avec vous. La femme de chez qui nous sortons est une scélérate, elle n'arrange la partie que nous allons faire ensemble que pour vous voler plus à l'aise pendant ce temps-là. Pressez-vous, monsieur, elle nous observe, elle est dangereuse; que je n'aie pas l'air de vous prévenir de rien; remettez promptement votre clé à votre ami, qu'il aille s'établir dans votre chambre avec quelques autres personnes si cela lui est possible et que cette garnison n'en bouge que nous ne soyons revenus. Je vous expliquerai tout le reste dès que nous serons en voiture.

Dubreuil m'entend, il me serre la main pour me remercier, et vole donner des ordres relatifs à ma recommandation; il revient, nous partons et chemin faisant, je lui dénoue toute l'aventure. Ce jeune homme me témoigna toute la reconnaissance possible du service que je lui rendais, et après m'avoir conjurée de lui parler vrai sur ma situation, il me témoigna que rien de ce que je lui apprenais de mes aventures ne lui répugnait assez pour l'empêcher de me faire l'offre de sa main et de sa fortune.

— Nos conditions sont égales, me dit Dubreuil, je suis fils d'un négociant comme vous, mes affaires ont bien tourné, les vôtres ont été malheureuses; je suis trop heureux de pouvoir réparer les torts que la fortune a eus envers vous. Réfléchissez-y, Sophie, je suis mon maître, je ne dépends de personne, je passe à Genève pour un placement considérable des sommes que vos bons avis me sauvent; vous m'y suivrez, en y arrivant je deviens votre époux et vous ne paraissez à Lyon que sous ce titre.

Une telle aventure me flattait trop pour que j'osasse la refuser, mais il ne me convenait pas non plus d'accepter sans faire sentir à Dubreuil tout ce qui pourrait l'en faire repentir. Il me sut gré de ma délicatesse, et ne me pressa qu'avec plus d'instance... Malheureuse créature que j'étais, fallait-il donc que le bonheur ne s'offrît jamais à moi que pour me faire plus vivement sentir le chagrin de ne pouvoir jamais le saisir, et qu'il fût décidément arrangé dans les décrets de la providence, qu'il n'éclorait pas de mon âme une vertu qu'elle ne me précipitât dans le malheur! Notre conversation nous avait déjà conduits à deux lieues de la ville, et nous allions descendre pour jouir de la fraîcheur de quelques allées sur le bord de l'Isère, où nous avions eu dessein de promener, lorsque tout à coup Dubreuil me dit qu'il se trouvait infiniment mal... Il descend, d'affreux vomissements le surprennent, je le fais à l'instant remettre dans la voiture, et nous revolons en hâte vers Grenoble; Dubreuil est si mal qu'il faut le porter dans sa chambre. Son état surprend ses amis qui selon ses ordres n'étaient pas sortis de son appartement. Je ne le quitte point... un médecin arrive; juste ciel, l'état de ce malheureux jeune homme se décide, il est empoisonné... A peine apprends-je cette affreuse nouvelle que je vole à l'appartement de la Dubois... la scélérate... elle était partie... je passe chez moi, mon armoire est enfoncée, le peu d'argent et de hardes que je possède est enlevé, et la Dubois, m'assure-t-on, court depuis trois heures la poste du côté de Turin... Il n'était pas douteux qu'elle ne fût l'auteur de cette multitude de crimes, elle s'était présentée chez Dubreuil, piquée d'y trouver du monde, elle s'était vengée sur moi, et elle avait empoisonné Dubreuil au dîner pour qu'au retour, si elle avait réussi à le voler, ce malheureux jeune homme, plus occupé de sa vie que de la poursuivre, la laissât fuir en sûreté, et pour que l'accident de sa mort arrivant pour ainsi dire dans mes bras, j'en fusse plus vraisemblablement soupçonnée qu'elle. Je revole chez Dubreuil, on ne me laisse point approcher, il expirait au milieu de ses amis, mais en me disculpant, en les assurant que j'étais innocente, et en leur défendant de me poursuivre. A peine eut-il fermé les yeux, que son associé se hâta de venir m'apporter ces nouvelles en m'assurant d'être très tranquille... Hélas, pouvais-je l'être, pouvais-je ne pas pleurer amèrement la perte du seul homme qui, depuis que j'étais dans l'infortune, se fût aussi généreusement offert de m'en tirer... pouvais-je ne pas déplorer un vol qui me remettait dans le fatal abîme de la misère dont je ne pouvais venir à bout de me sortir? Je confiai tout à l'associé de Dubreuil, et ce qu'on avait combiné contre son ami, et ce qui m'était arrivé à moi-même; il me plaignit, regretta bien amèrement son associé et blâma l'excès de délicatesse qui m'avait empêchée de m'aller plaindre aussitôt que j'avais été instruite des projets de la Dubois. Nous combinâmes que cette horrible créature, à laquelle il ne fallait que quatre heures pour se mettre en pays de sûreté, y serait plus tôt que nous n'aurions avisé à la faire poursuivre, qu'il nous en coûterait beaucoup de frais, que le maître de l'auberge, vivement compromis dans les plaintes que j'allais faire et se défendant avec éclat, finirait peut-être par écraser quelqu'un qui ne semblait respirer à Grenoble qu'en échappée d'un procès criminel et n'y subsister que des charités publiques... Ces raisons me convainquirent et m'effrayèrent même tellement que je me résolus d'en partir sans prendre congé de M. S. mon protecteur. L'ami de Dubreuil approuva ce parti, il ne me cacha point que si toute cette aventure se réveillait, les dépositions qu'il serait obligé de faire me compromettraient, quelles que fussent ses précautions, tant à cause de ma liaison avec la Dubois qu'à cause de ma dernière promenade avec son ami, et qu'il me renouvelait donc vivement d'après tout cela le conseil de partir tout de suite de Grenoble sans voir personne, bien sûre que de son côté, il n'agirait jamais en quoi que ce pût être contre moi. En réfléchissant seule à toute cette aventure, je vis que le conseil de ce jeune homme se trouvait d'autant meilleur qu'il était aussi certain que j'avais l'air coupable comme il était sûr que je ne l'étais pas; que la seule chose qui parlât vivement en ma faveur — l'avis donné à Dubreuil, mal expliqué peut-être par lui à l'article de la mort — ne deviendrait pas une preuve aussi triomphante que je devais y compter, moyen en quoi je me décidai promptement. J'en fis part à l'associé de Dubreuil.

— Je voudrais, me dit-il, que mon ami m'eût chargé de quelques dispositions favorables à votre égard, je les remplirais avec le plus grand plaisir; je voudrais même, me dit-il, qu'il m'eût dit que c'était à vous qu'il devait le conseil de garder sa chambre pendant qu'il sortait avec vous; mais il n'a rien fait de tout cela, il nous a seulement dit à plusieurs reprises que vous n'étiez point coupable et de ne vous poursuivre en quoi que ce soit. Je suis donc contraint à me borner aux seules exécutions de ses ordres. Le malheur que vous me dites avoir éprouvé pour lui me déciderait à faire quelque chose de plus de moi-même si je le pouvais, mademoiselle, mais je commence le commerce, je suis jeune et ma fortune est extrêmement bornée; pas une obole de celle de Dubreuil ne m'appartient, je suis obligé de rendre à l'instant le tout à sa famille. Permettez donc, Sophie, que je me restreigne au seul petit service que je vais vous rendre; voilà cinq louis, et voilà, me dit-il en faisant monter dans sa chambre une femme que j'avais entrevue dans l'auberge, voilà une honnête marchande de Chalon-sur-Saône ma patrie, elle y retourne après s'être arrêtée vingt-quatre heures à Lyon où elle a affaire.

« Madame Bertrand, dit ce jeune homme en me présentant à cette femme, voici une jeune personne que je vous recommande; elle est bien aise de se placer en province; je vous enjoins, comme si vous travailliez pour moi-même, de vous donner tous les mouvements possibles pour la placer dans notre ville d'une manière convenable à sa naissance et à son éducation. Qu'il ne lui en coûte rien jusque-là, je vous tiendrai compte de tout à la première vue... Adieu, Sophie... Mme Bertrand part cette nuit, suivez-la et qu'un peu plus de bonheur puisse vous accompagner dans une ville, où j'aurai peut-être la satisfaction de vous revoir bientôt et de vous y témoigner toute ma vie la reconnaissance des bons procédés que vous avez eus pour Dubreuil.

L'honnêteté de ce jeune homme qui foncièrement ne me devait rien me fit malgré moi verser des larmes; j'acceptai ses dons en lui jurant que je n'allais travailler qu'à me mettre en état de pouvoir les lui rendre un jour. Hélas, me dis-je en me retirant, si l'exercice d'une nouvelle vertu vient de me précipiter dans l'infortune, au moins pour la première fois de ma vie, l'apparence d'une consolation s'offre-t-elle dans ce gouffre épouvantable de maux, où la vertu me précipite encore. Je ne revis plus mon jeune bienfaiteur, et je partis comme il avait été décidé avec la Bertrand, la nuit d'après le malheur que venait d'éprouver Dubreuil.

La Bertrand avait une petite voiture couverte, attelée d'un cheval que nous conduisions tour à tour de dedans; là étaient ses effets et passablement d'argent comptant, avec une petite fille de dix-huit mois qu'elle nourrissait encore et que je ne tardai pas pour mon malheur de prendre bientôt en aussi grande amitié que pouvait faire celle qui lui avait donné le jour.

Mme Bertrand était une espèce de harengère sans éducation comme sans esprit, soupçonneuse, bavarde, commère, ennuyeuse et bornée à peu près comme toutes les femmes du peuple. Nous descendions régulièrement chaque soir tous ses effets dans l'auberge et nous couchions dans la même chambre. Nous arrivâmes à Lyon sans qu'il nous arrivât rien de nouveau, mais pendant les deux jours dont cette femme avait besoin pour ses affaires, je fis dans cette ville une rencontre assez singulière; je me promenais sur le quai du

Rhône avec une des filles de l'auberge que j'avais priée de m'accompagner, lorsque j'aperçus tout à coup s'avancer vers moi le révérend père Antonin maintenant gardien des récollets de cette ville, bourreau de ma virginité et que j'avais connu, comme vous vous en souvenez, madame, au petit couvent de Sainte-Marie-des-Bois où m'avait conduite ma malheureuse étoile. Antonin m'aborda cavalièrement et me demanda quoique devant cette servante, si je voulais le venir voir dans sa nouvelle habitation et y renouveler nos anciens plaisirs.

— Voilà une bonne grosse maman, dit-il en parlant de celle qui m'accompagnait, qui sera également bien reçue, nous avons dans notre maison de bons vivants très en état de tenir tête à deux jolies filles.

Je rougis prodigieusement à de pareils discours, un moment je voulus faire croire à cet homme qu'il se trompait; n'y réussissant pas, j'essayai des signes pour le contenir au moins devant ma conductrice, mais rien n'apaisa cet insolent et ses sollicitations n'en devinrent que plus pressantes. Enfin sur nos refus réitérés de le suivre, il se borna à nous demander instamment notre adresse; pour me débarrasser de lui, il me vint à l'instant l'idée de lui en donner une fausse; il la prit par écrit dans son portefeuille et nous quitta en nous assurant qu'il nous reverrait bientôt. Nous rentrâmes; chemin faisant j'expliquai comme je pus l'histoire de cette malheureuse connaissance à la servante qui était avec moi, mais soit que ce que je lui dis ne la satisfît point, soit bavardage naturel à ces sortes de filles, je jugeai par les propos de la Bertrand lors de la malheureuse aventure qui m'arriva avec elle, qu'elle avait été instruite de ma connaissance avec ce vilain moine; cependant il ne parut point et nous partîmes. Sorties tard de Lyon, nous ne fûmes ce premier jour qu'à Villefranche et ce fut là, madame, où m'arriva la catastrophe horrible qui me fait aujourd'hui paraître à vos yeux comme criminelle, sans que je l'aie été davantage dans cette funeste situation de ma vie, que dans aucune de celles où vous m'avez vue si injustement accablée des coups du sort, et sans qu'autre chose m'ait conduite dans l'abîme du malheur, que le sentiment de bienfaisance qu'il m'était impossible d'éteindre dans mon cœur.

Arrivées dans le mois de février sur les six heures du soir à Villefranche, nous nous étions pressées de souper et de nous coucher de bonne heure, ma compagne et moi, afin de faire le lendemain une plus forte journée. Il n'y avait pas deux heures que nous reposions, lorsqu'une fumée affreuse s'introduisant dans notre chambre nous réveilla l'une et l'autre en sursaut. Nous ne doutâmes pas que le feu ne fût aux environs... juste ciel, les progrès de l'incendie n'étaient déjà que trop effrayants; nous ouvrons notre porte à moitié nues et n'entendons autour de nous que le fracas des murs qui s'écroulent, le bruit affreux des charpentes qui se brisent et les hurlements épouvantables des malheureux qui tombent dans le foyer. Une nuée de ces flammes dévorantes s'élançant aussitôt vers nous ne nous laisse qu'à peine le temps de nous précipiter au-dehors, nous nous y jetons cependant, et nous nous trouvons confondues dans la foule des malheureux qui comme nous nus, quelques-uns à moitié grillés, cherchent un secours dans la fuite... En cet instant je me ressouviens que la Bertrand, plus occupée d'elle que de sa fille, n'a pas songé à la garantir de la mort; sans la prévenir, je vole dans notre chambre au travers de flammes qui m'aveuglent et qui me brûlent dans plusieurs endroits de mon corps, je saisis la pauvre petite créature, je m'élance pour la rapporter à sa mère; m'appuyant sur une poutre à moitié consumée, le pied me manque, mon premier mouvement est de mettre ma main au-devant de moi; cette impulsion de la nature me force à lâcher le précieux fardeau que je tiens, et la malheureuse petite fille tombe dans les flammes aux yeux de sa mère. Cette terrible femme ne réfléchissant ni au but de l'action que j'ai voulu faire pour sauver son enfant, ni à l'état où la chute faite à ses yeux vient de me mettre moi-même, emportée par l'égarement de sa douleur, m'accuse de la mort de sa fille, se jette impétueusement sur moi, et m'accable de coups. Cependant l'incendie s'arrête, la multitude des secours sauve encore près de la moitié de l'auberge. Le premier soin de la Bertrand est de rentrer dans sa chambre, l'une des moins endommagées de toutes; elle renouvelle ses plaintes, en me disant qu'il y fallait laisser sa fille et qu'elle n'aurait couru aucun danger. Mais que devient-elle lorsque cherchant ses effets, elle se trouve entièrement volée! n'écoutant alors que son désespoir et sa rage, elle m'accuse hautement d'être la cause de l'incendie et de ne l'avoir produit que pour la voler plus à l'aise, elle me dit qu'elle va me dénoncer, et passant aussitôt de la menace à l'effet, elle demande à parler au juge du lieu. J'ai beau protester de mon innocence, elle ne m'écoute pas; le magistrat qu'elle demande n'était pas loin, il avait lui-même ordonné les secours, il paraît à la réquisition de cette méchante femme... Elle forme sa plainte contre moi, elle l'étaye de tout ce qui lui vient à la tête pour lui donner de la force et de la légitimité, elle me peint comme une fille de mauvaise vie, échappée de la corde à Grenoble, comme une créature dont un jeune homme sans doute son amant l'a forcée de se charger malgré elle, elle parle du récollet de Lyon; en un mot, rien n'est oublié de tout ce que la calomnie envenimée par le désespoir et la vengeance peut inspirer de plus énergique. Le juge reçoit la plainte, on fait l'examen de la maison; il se trouve que le feu a pris dans un grenier plein de foin, où plusieurs personnes déposent m'avoir vue entrer le soir, et cela était vrai; cherchant un cabinet d'aisances mal indiqué par les servantes auxquelles je m'étais adressée, j'étais entrée dans ce grenier, et j'y étais restée assez de temps pour faire soupçonner ce dont on m'accusait. La procédure commence donc et se suit dans toutes les règles, les témoins s'entendent, rien de ce que je puis alléguer pour ma défense n'est seulement écouté, il est démontré que je suis l'incendiaire, il est prouvé que j'ai des complices qui pendant que j'agissais d'un côté, ont fait le vol de l'autre, et sans plus d'éclaircissement, je suis le lendemain dès la pointe du jour ramenée dans la prison de Lyon, et écrouée comme incendiaire, meurtrière d'enfant et voleuse.

Accoutumée depuis si longtemps à la calomnie, à l'injustice et au malheur, faite depuis mon enfance à ne me livrer à un sentiment quelconque de vertu qu'assurée d'y trouver des épines, ma douleur fut plus stupide que déchirante et je pleurai plus que je ne me plaignis. Cependant comme il est naturel à la créature souffrante de chercher tous les moyens possibles de se tirer de l'abîme où son infortune la plonge, le père Antonin me vint dans l'esprit; quelque médiocre secours que j'en espérasse, je ne me refusai point à l'envie de le voir, je le demandai. Comme il ne savait pas qui pouvait le désirer, il parut, il affecta de ne me point reconnaître; alors je dis au concierge qu'il était possible qu'il ne se ressouvînt pas de moi, n'ayant dirigé ma conscience que fort jeune, mais qu'à ce titre je demandais un entretien secret avec lui; on y consentit de part et d'autre. Dès que je fus seule avec ce moine, je me jetai à ses pieds et le conjurai de me sauver de la cruelle position où j'étais; je lui prouvai mon innocence, et je ne lui cachai pas que les mauvais propos qu'il m'avait tenus deux jours avant, avaient indisposé contre moi la personne à laquelle j'étais recommandée et qui se trouvait maintenant ma partie adverse. Le moine m'écouta avec beaucoup d'attention, et à peine eus-je fini :

— Écoute, Sophie, me dit-il, et ne t'emporte pas à ton ordinaire sitôt que l'on enfreint tes maudits préjugés ; tu vois où t'ont conduite tes principes, tu peux maintenant te convaincre à l'aise qu'ils n'ont jamais servi qu'à te plonger d'abîmes en abîmes, cesse donc de les suivre une fois dans ta vie si tu veux qu'on sauve tes jours. Je ne vois qu'un seul moyen pour y réussir ; nous avons un de nos pères ici proche parent du gouverneur et de l'intendant, je le préviendrai ; dis que tu es sa nièce, il te réclamera à ce titre, et sur la promesse de te mettre au couvent pour toujours, je suis persuadé qu'il empêchera la procédure d'aller plus loin. Dans le fait tu disparaîtras, il te remettra dans mes mains et je me chargerai du soin de te cacher jusqu'à ce que de nouvelles circonstances me permettent de te rendre ta liberté, mais tu seras à moi pendant cette détention ; je ne te le cèle pas, esclave asservie de mes caprices, tu les assouviras tous sans réflexion, tu m'entends, Sophie, tu me connais, choisis donc entre ce parti ou l'échafaud et ne fais pas attendre ta réponse.

— Allez, mon père, répondis-je avec horreur, allez, vous êtes un monstre d'oser abuser aussi cruellement de ma situation pour me placer ainsi entre la mort et l'infamie ; sortez, je saurai mourir innocente, et je mourrai du moins sans remords.

Ma résistance enflamme ce scélérat, il ose me montrer à quel point ses passions se trouvent irritées ; l'infâme, il ose concevoir les caresses de l'amour au sein de l'horreur et des chaînes, sous le glaive même qui m'attend pour me frapper. Je veux fuir, il me poursuit, il me renverse sur la malheureuse paille qui me sert de lit, et s'il n'y consomme entièrement son crime, il m'en couvre au moins de traces si funestes qu'il ne m'est plus possible de ne pas croire à l'abomination de ses desseins.

— Écoutez, me dit-il en se rajustant, vous ne voulez pas que je vous sois utile ; à la bonne heure, je vous abandonne, je ne vous servirai ni ne vous nuirai, mais si vous vous avisez de dire un seul mot contre moi, en vous chargeant des crimes les plus énormes, je vous ôte à l'instant tout moyen de pouvoir jamais vous défendre ; réfléchissez-y bien avant de parler, et saisissez l'esprit de ce que je vais dire au geôlier, ou j'achève à l'instant de vous écraser.

Il frappe, le concierge entre :

— Monsieur, lui dit ce scélérat, cette bonne fille se trompe, elle a voulu parler d'un père Antonin qui est à Bordeaux, je ne la connais ni ne l'ai jamais connue ; elle m'a prié d'entendre sa confession, je l'ai fait, vous connaissez nos lois, je n'ai donc rien à dire, je vous salue l'un et l'autre et serai toujours prêt à me représenter quand on jugera mon ministère important.

Antonin sort en disant ces mots, et me laisse aussi stupéfaite de sa fourberie que confondue de son insolence et de son libertinage.

Rien ne va vite en besogne comme les tribunaux inférieurs ; presque toujours composés d'idiots, de rigoristes imbéciles ou de brutaux fanatiques, à peu près sûrs que de meilleurs yeux corrigeront leurs stupidités, rien ne les arrête aussitôt qu'il s'agit d'en faire. Je fus donc condamnée tout d'une voix à la mort par huit ou dix courtauds de boutique composant le respectable tribunal de cette ville de banqueroutiers et conduite sur-le-champ à Paris pour la confirmation de ma sentence. Les réflexions les plus amères et les plus douloureuses vinrent achever alors de déchirer mon cœur.

Sous quelle étoile fatale faut-il que je sois née, me dis-je, pour qu'il me soit devenu impossible de concevoir un seul sentiment de vertu qui n'ait été aussitôt suivi d'un déluge de maux, et comment se peut-il que cette providence éclairée dont je me plais d'adorer la justice, en me punissant de mes vertus, m'ait en même temps offert aussitôt au pinacle ceux qui m'écrasaient de leurs vices ? Un usurier, dans mon enfance, veut m'engager à commettre un vol, je le refuse, il s'enrichit et je suis à la veille d'être pendue. Des fripons veulent me violer dans un bois parce que je refuse de les suivre, ils prospèrent et moi je tombe dans les mains d'un marquis débauché qui me donne cent coups de nerf de bœuf pour ne vouloir pas empoisonner sa mère. Je vais de là chez un chirurgien à qui j'épargne un crime exécrable, le bourreau pour récompense me mutile, me marque et me congédie ; ses crimes se consomment sans doute, il fait sa fortune et je suis obligée de mendier mon pain. Je veux m'approcher des sacrements, je veux implorer avec ferveur l'être suprême dont je reçois autant de malheurs, le tribunal auguste où j'espère me purifier dans l'un de nos plus saints mystères, devient l'affreux théâtre de mon déshonneur et de mon infamie; le monstre qui m'abuse et qui me flétrit s'élève à l'instant aux plus grands honneurs, pendant que je retombe dans l'abîme affreux de ma misère. Je veux soulager un pauvre, il me vole. Je secours un homme évanoui, le scélérat me fait tourner une roue comme une bête de somme, il m'accable de coups quand les forces me manquent, toutes les faveurs du sort viennent le combler et je suis prête à perdre mes jours pour avoir travaillé de force chez lui. Une femme indigne veut me séduire pour un nouveau crime, je reperds une seconde fois le peu de biens que je possède pour sauver la fortune de sa victime et pour la préserver du malheur; cet infortuné veut m'en récompenser de sa main, il expire dans mes bras avant que de le pouvoir. Je m'expose dans un incendie pour sauver un enfant qui ne m'appartient pas, me voilà pour la troisième fois sous le glaive de Thémis. J'implore la protection d'un malheureux qui m'a flétrie, j'ose espérer de le trouver sensible à l'excès de mes maux, c'est au nouveau prix de mon déshonneur que le barbare m'offre des secours... Ô providence, m'est-il enfin permis de douter de ta justice et de quels plus grands fléaux eussé-je donc été accablée, si à l'exemple de mes persécuteurs, j'eusse toujours encensé le vice? Telles étaient, madame, les imprécations que j'osais malgré [moi] me permettre... qui m'étaient arrachées par l'horreur de mon sort, quand vous avez daigné laisser tomber sur moi un regard de pitié et de compassion... Mille excuses, madame, d'avoir abusé aussi longtemps de votre patience, j'ai renouvelé mes plaies, j'ai troublé votre repos, c'est tout ce que nous recueillerons l'une et l'autre du récit de ces cruelles aventures. L'astre se lève, mes gardes vont m'appeler, laissez-moi courir à la mort; je ne la redoute plus, elle abrégera mes tourments, elle les finira; elle n'est à craindre que pour l'être fortuné dont les jours sont purs et sereins, mais la malheureuse créature qui n'a pressé que des couleuvres, dont les pieds sanglants n'ont parcouru que des épines, qui n'a connu les hommes que pour les haïr, qui n'a vu le flambeau du jour que pour le détester, celle à qui ses cruels revers ont enlevé parents, fortune, secours, protection, amis, celle qui n'a plus dans le monde que des pleurs pour s'abreuver et des tribulations pour se nourrir... celle-là, dis-je, voit avancer la mort sans frémir, elle la souhaite comme un port assuré où la tranquillité renaîtra pour elle dans le sein d'un dieu trop juste pour permettre que l'innocence avilie et persécutée sur la terre ne trouve pas un jour dans le ciel la récompense de ses larmes.

L'honnête M. de Corville n'avait point entendu ce récit sans en être prodigieusement ému; pour Mme de Lorsange, en qui (comme nous l'avons dit) les monstrueuses erreurs de sa jeunesse n'avaient point éteint la sensibilité, elle était prête à s'en évanouir.

— Mademoiselle, dit-elle à Sophie, il est difficile de vous entendre sans prendre à vous le plus vif intérêt.. mais faut-il vous l'avouer, un sentiment inexplicable, plus vif encore que celui que je viens de vous peindre, m'entraîne invinciblement vers vous, et fait mes propres maux des vôtres. Vous m'avez déguisé votre nom, Sophie, vous m'avez caché votre naissance, je vous conjure de m'avouer votre secret; ne vous imaginez pas que ce soit une vaine curiosité qui m'engage à vous parler ainsi; si ce que je soupçonne était vrai... ô Justine, si vous étiez ma sœur!

— Justine... madame, quel nom!

— Elle aurait votre âge aujourd'hui.

— Ô Juliette, est-ce toi que j'entends, dit la malheureuse prisonnière en se précipitant dans les bras de Mme de Lorsange... toi, ma sœur, grand Dieu... quel blasphème j'ai fait, j'ai douté de la providence... ah, je mourrai bien moins malheureuse, puisque j'ai pu t'embrasser encore une fois!

Et les deux sœurs, étroitement serrées dans les bras l'une de l'autre, ne s'exprimaient plus que par leurs sanglots, ne s'entendaient plus que par leurs larmes... M. de Corville ne put retenir les siennes, et voyant bien qu'il lui était impossible de ne pas prendre à cette affaire le plus grand intérêt, il sortit sur-le-champ et passa dans un cabinet, il écrivit au garde des Sceaux, il peignit en traits de sang l'horreur du sort de l'infortunée Justine, il se rendit garant de son innocence, demanda jusqu'à l'éclaircissement du procès que la prétendue coupable n'eût que son château pour prison et s'engagea à la représenter au premier ordre du chef souverain de la justice. Sa lettre écrite, il en charge les deux cavaliers, il se fait connaître à eux, il leur ordonne de porter à l'instant sa lettre et de revenir prendre leur prisonnière chez lui, s'il en reçoit l'ordre du chef de la magistrature; ces deux hommes qui voient à qui ils ont affaire ne craignent point de se compromettre en obéissant, cependant une voiture avance...

— Venez, belle infortunée, dit alors M. de Corville à Justine qu'il retrouve encore dans les bras de sa sœur, venez, tout vient de changer pour vous dans un quart d'heure; il ne sera pas dit que vos vertus ne trouveront pas leur récompense ici-bas, et que vous ne rencontriez jamais que des âmes de fer... suivez-moi, vous êtes ma prisonnière, ce n'est plus que moi qui réponds de vous.

Et M. de Corville explique alors en peu de mots tout ce qu'il vient de faire...

— Homme respectable autant que chéri, dit Mme de Lorsange en se précipitant aux genoux de son amant, voilà le plus beau trait que vous avez fait de vos jours. C'est à celui qui connaît véritablement le cœur de l'homme et l'esprit de la loi, à venger l'innocence opprimée, à secourir l'infortune accablée par le sort... Oui, la voilà... la voilà, votre prisonnière... va, Justine, va... cours baiser à l'instant les pas de ce protecteur équitable qui ne t'abandonnera point comme les autres... Ô monsieur, si les liens de l'amour m'étaient précieux avec vous, combien vont-ils me le devenir davantage, embellis par les nœuds de la nature, resserrés par la plus tendre estime!

Et ces deux femmes embrassaient à l'envi les genoux d'un si généreux ami et les arrosaient de leurs pleurs. On partit. M. de Corville et Mme de Lorsange s'amusaient excessivement de faire passer Justine de l'excès du malheur au comble de l'aisance et de la prospérité; ils la nourrissaient avec délices des mets les plus succulents, ils la couchaient dans les meilleurs lits, ils voulaient qu'elle ordonnât chez eux, ils y mettaient enfin toute la délicatesse qu'il était possible d'attendre de deux âmes sensibles... On lui fit faire des remèdes pendant quelques jours, on la baigna, on la para, on l'embellit; elle était l'idole des deux amants, c'était à qui des deux lui ferait plus tôt oublier ses malheurs. Avec quelques soins un excellent artiste se chargea de faire disparaître cette marque ignominieuse, fruit cruel de la scélératesse de Rodin. Tout répondait aux vœux de Mme de Lorsange et de son délicat amant; déjà les traces de l'infortune s'effaçaient du front charmant de l'aimable Justine... déjà les grâces y rétablissaient leur empire; aux teintes livides de ses joues d'albâtre succédaient les roses du printemps; le rire effacé depuis si longtemps de ces lèvres y reparut enfin sur l'aile des plaisirs.

Les meilleures nouvelles arrivaient de Paris, M. de Corville avait mis toute la France en mouvement, il avait ranimé le zèle de M. S. qui s'était joint à lui pour peindre les malheurs de Justine et pour lui rendre une tranquillité qui lui était aussi bien due... Des lettres du roi arrivèrent enfin, qui purgeant Justine de tous les procès qui lui avaient été injustement intentés depuis son enfance, lui rendaient le titre d'honnête citoyenne, imposaient à jamais silence à tous les tribunaux du royaume qui avaient comploté contre cette malheureuse, et lui accordaient douze cents livres de pension sur les fonds saisis dans l'atelier des faux-monnayeurs du Dauphiné. Peu s'en fallut qu'elle n'expirât de joie en apprenant d'aussi flatteuses nouvelles; elle en versa plusieurs jours de suite des larmes bien douces dans le sein de ses protecteurs, lorsque tout à coup son humeur changea sans qu'il fût possible d'en deviner la cause. Elle devint sombre, inquiète, rêveuse, quelquefois elle pleurait au milieu de ses amis sans pouvoir elle-même expliquer le sujet de ses larmes.

— Je ne suis pas née pour un tel comble de bonheur, disait-elle quelquefois à Mme de Lorsange... oh ma chère sœur, il est impossible qu'il puisse durer.

On avait beau lui représenter que toutes ses affaires étant finies, elle ne devait plus avoir aucune sorte d'inquiétude; l'attention que l'on avait eue de ne point parler dans les mémoires qui avaient été faits pour elle d'aucun des personnages avec lesquels elle avait été compromise et dont le crédit pouvait être à redouter, ne pouvait que la calmer encore; cependant rien n'y parvenait, on eût dit que cette pauvre fille, uniquement destinée au malheur et sentant la main de l'infortune toujours suspendue sur sa tête, prévît déjà le dernier coup dont elle allait être écrasée.

Mme de Lorsange habitait encore la campagne; on était sur la fin de l'été, on projetait une promenade qu'un orage affreux qui se formait, paraissait devoir déranger; l'excès de la chaleur avait contraint de laisser tout ouvert dans le salon. L'éclair brille, la grêle tombe, les vents sifflent avec impétuosité, des coups de tonnerre affreux se font entendre. Mme de Lorsange effrayée... Mme de Lorsange qui craint horriblement le tonnerre, supplie sa sœur de fermer tout le plus promptement qu'elle pourra; M. de Corville rentrait en ce moment; Justine, empressée de calmer sa sœur, vole à une fenêtre, elle veut lutter une minute contre le vent qui la repousse, à l'instant un éclat de foudre la renverse au milieu du salon et la laisse sans vie sur le plancher.

Mme de Lorsange jette un cri lamentable... elle s'évanouit; M. de Corville appelle au secours, les soins se divisent, on rappelle Mme de Lorsange à la lumière, mais la malheureuse Justine était frappée de façon à ce que l'espoir même ne pouvait plus subsister pour elle. La foudre était entrée par le sein droit, elle avait brûlé la poitrine, et était ressortie par sa bouche, en défigurant tellement son visage qu'elle faisait horreur à regarder. M. de Corville voulut la faire emporter à l'instant. Mme de Lorsange se lève avec l'air du plus grand calme et s'y oppose.

— Non, dit-elle à son amant, non, laissez-la sous mes regards un instant, j'ai besoin de la contempler pour m'affermir dans la résolution que je viens de prendre; écoutez-moi, monsieur, et ne vous opposez point surtout au parti que j'adopte et dont rien au monde ne pourra me distraire à présent. Les malheurs inouïs qu'éprouve cette malheureuse, quoiqu'elle ait toujours respecté la vertu, ont quelque chose de trop extraordinaire, monsieur, pour ne pas m'ouvrir les yeux sur moi-même; ne vous imaginez pas que je m'aveugle sur ces fausses lueurs de félicité dont nous avons vu jouir dans le cours de ces aventures les scélérats qui l'ont tourmentée. Ces caprices du sort sont des énigmes de la providence qu'il ne nous appartient pas de dévoiler, mais qui ne doivent jamais nous séduire; la prospérité du méchant n'est qu'une épreuve où la providence nous met, elle est comme la foudre dont les feux trompeurs n'embellissent un instant l'atmosphère que pour précipiter dans les abîmes de la mort le malheureux qu'elle éblouit... En voilà l'exemple sous nos yeux; les calamités suivies, les malheurs effrayants et sans interruption de cette fille infortunée sont un avertissement que l'Éternel me donne de me repentir de mes travers, d'écouter la voix de mes remords et de me jeter enfin dans ses bras. Quel traitement dois-je craindre de lui, moi... dont les crimes vous feraient frémir, s'ils étaient connus de vous... moi dont le libertinage, l'irréligion... l'abandon de tous principes ont marqué chaque instant de la vie... à quoi devrais-je m'attendre, puisque c'est ainsi qu'est traitée celle qui n'eut pas une seule erreur volontaire à se reprocher de ses jours... Séparons-nous, monsieur, il en est temps... aucune chaîne ne nous lie, oubliez-moi, et trouvez bon que j'aille par un repentir éternel abjurer aux pieds de l'être suprême les infamies dont je me suis souillée. Ce coup affreux pour moi était néanmoins nécessaire à ma conversion dans cette vie, et au bonheur que j'ose espérer dans l'autre; adieu, monsieur, vous ne me verrez jamais. La dernière marque que j'attends de votre amitié est de ne faire même aucune sorte de perquisition pour savoir ce que je suis devenue; je vous attends dans un monde meilleur, vos vertus doivent vous y conduire, puissent les macérations où je vais, pour expier mes crimes, passer les malheureuses années qui me restent, me permettre de vous y revoir un jour.

Mme de Lorsange quitte aussitôt la maison, elle fait atteler une voiture, prend quelques sommes avec elle, laisse tout le reste à M. de Corville en lui indiquant des legs pieux, et vole à Paris où elle entre aux carmélites dont au bout de très peu d'années elle devient le modèle et l'exemple, autant par sa grande piété que par la sagesse de son esprit et l'extrême régularité de ses mœurs.

M. de Corville, digne d'obtenir les premiers emplois de sa patrie, n'en est honoré que pour faire à la fois le bonheur du peuple, la gloire de son souverain et la fortune de ses amis.

Ô vous qui lirez cette histoire, puissiez-vous en tirer le même profit que cette femme mondaine et corrigée, puissiez-vous vous convaincre avec elle que le véritable bonheur n'est que dans le sein de la vertu et que si Dieu permet qu'elle soit persécutée sur la terre, c'est pour lui préparer dans le ciel une plus flatteuse récompense.

Fini au bout de quinze jours,
le 8 juillet 1787.

Librio

172

Achevé d'imprimer en Allemagne (Pössneck) par GGP
en juin 2003 pour le compte de E.J.L.
84, rue de Grenelle, 75007 Paris
Dépôt légal juin 2003

Diffusion France et étranger : Flammarion